PĀṆINI AS A LINGUIST : IDEAS AND PATTERNS

By

Yajan Veer Dahiya

EASTERN BOOK LINKERS

DELHI : : (INDIA)

Published by :

EASTERN BOOK LINKERS,

5825, NEW CHANDRAWAL, JAWAHAR NAGAR,

DELHI - 110007

First Edition : 1995

I.S.B.N. 81-86339-09-4

Printed by:

Aman Printing Press
8/25, Vijay Nagar, Delhi - 110009

Laser Typesetting by :

Compu Media The D.T.P. People,
43, Banglow Road, Kamla Nagar, DELHI-110007
Phone : 2911869

Dedicated to my Father

Chaudhari
Darbari Singh Dahiya

Who raised me as a Pāṇini conscious child
from the beginning of my life.

त्वदीयं वस्तु हे तात ।
तुभ्यमेव समर्पये ।।

लेखकाभाषः

पाणिनि एज.ए.लिग्विष्ट आइडीयाज् एण्ड पैटर्न्स् (Pāṇini as a Linguist : Ideas and Patterns) ग्रन्थप्रणेतॄणां शास्त्री, आचार्य, बी.ए. आनर्ज इन इग्लिश, एम.ए.पीएच.डी., डी.लिट् (Shastri, Ācārya; B.A. Honours in English; M.A; Ph.D. D.litt.) आद्यनेकविरुदावलिविभूषितानां महर्षियानन्दविश्वविद्यालयस्थ संस्कृतपालिप्राकृतविभागाध्यक्षाणां डीन आफ ह्युमैन्टीज (Dean of Humanities) पदवीमलङ्कुर्वतां प्रोफेसर यज्ञवीरदहियामहाभागानां पुण्यपरिचयमारचयितुं नूनं मे हृदि समुल्लसति कोऽप्यपूर्वो हर्षप्रकर्षोल्लासः ।

स असौ हरयाणाप्रान्ते सोनीपत जनपदान्तर्वर्त्तिनि रोहणानाम्नि ग्रामे महोज्ज्वले सुप्रतिष्ठितस्य महर्षिदधीचेर्वंशावतंसस्य (दधीचि-दाधीच-दहिया) दहियागोत्रोत्पन्नस्य श्री चोधरी दरबारिसिंहस्य द्वितीयविश्वयुद्धस्य सप्तम अश्वारोही दल इत्याख्यस्य भारतीय सेनाङ्गस्य (7th cavalry) समरशौण्डस्य पुरुषप्रकाण्डस्य तथा च श्रीमत्या बखतावरिदेव्या गर्भशुक्तिमौक्तिकः, चारित्रमात्रधनधर्मधवले कुले, 1949 तमे क्रैस्ताब्दे जनिं जग्राह । भ्राता चास्य अनूपसिंहो भारतीयमल्लविद्याप्रतियोगितासु लब्धनैकस्वर्णपदको मल्ल विद्याविशारदेषु केसरीव राराजते ।

बाल्य एव विहित वेदारम्भसंस्कारसमारम्भो गुरुकुलझज्जरमहाविद्यालये गीर्वाणवाणीमभ्यसितुं तत्पितृचरणैः प्रेषितः । स च मेधावी प्रखरप्रतिभाविभवेन व्याकरण-वेद-दर्शन-साहित्य-भाषा-विज्ञानादिसमस्तशास्त्रेषु निष्णातः समपद्यत तथा च शास्त्री आचार्य उपाधी अलभत ।

तत्पश्चाद् आङ्ग्लभाषामधिगन्तुं कुरुक्षेत्रविश्वविद्यालयस्याङ्ग्लभाषाविभागे प्रवेशं लेभे । सर्वामपि आङ्ग्लभाषामधिगत्य तस्याः साहित्यपाथोनिधिमन्थनोत्थां 'बी.ए. आर्नज इन इंग्लिश' उपाधिमङ्गीचकार । तदनन्तरं पञ्जाबविश्वविद्यालयात् एम.ए,पीएच.डी. उपाधी जग्राह । गढवाल विश्वविद्यालयाच्च डी.लिट्. उपाधिमलभत ।

स्ववैदुष्यगुणगरिम्णैवासौ महानुभावः कुरुक्षेत्रविश्वविद्यालयस्थ दयानन्दाध्ययनपीठ-विभागाध्यक्षः तथा च संस्कृत एवं प्राच्यविद्यासंस्थानस्य निदेशकपदे (Director) उपलम्भितः । अस्यैव संस्थानस्य प्राची ज्योतिः (Digest of indological studies) नाम्नि शोधपत्रिकायाः सम्पादकश्च किल अभूत । स्वविद्याद्युतिप्रभावेण व्याकरण भाषातत्त्वपारदर्शी असौ महर्षि दयानन्दविश्वविद्यालयस्थ संस्कृतपालिप्राकृतविभागस्य प्रोफेसर एवम् अध्यक्षपदे सुशोभते तथा च मानविकी संकायस्य (Faculty of Humanities) डीन (Dean) पदमलङ्करोति ।

ग्रन्थेऽस्मिन् निम्नलिखिता विभिन्नविषया गर्भीकृताः, ध्वनि-सन्धि-समास- नाम-लकार-धातु-आख्यात-कृत्य-तद्धित शब्द एवं वाक्य- वैधिक एवम् अवैधिक-समीपता- लाघव एवं संक्षेप-विकल्प-वैदिकोद्धरण-भाषा-वाक्य-स्वरप्रभृतयः ।

अत्रार्थे तन्निर्मितोऽयं ग्रन्थ एव जागरूकं प्रमाणमिति को नाम नाङ्गीकरोति । एतादृशस्य महतोऽशेषविशेषस्य संस्कृतव्याकरणार्णवस्य आङ्ग्लैव गिरा यत् समालोचनपुरस्सरं

गभीरावगाहनं कृतं तत्खलु कस्य न सहृदयस्य मनसि कौतुकमुपजनयेत् । प्रतिविषयं विषय प्रतिपादनतन्मया शैली च महानुभावस्य मन्ये तत्तद्विषयोपज्ञतामिवाविष्करोति । अस्मिन् हि ग्रन्थरत्ने लौकिकवैदिकोभयविध संस्कृतव्याकरणस्य मार्मिकं पर्यालोचनं भाषातत्त्वविद्रुपेण सुललितया सरसया भावशालिन्या सुप्रवाहया च भाषयोपस्थापितम् । उपरिर्निदिष्टानां विभिन्नविषयाणां यन्मूलङ्कषमालोचनमकारि, तत्कस्य न विदुषो मनसो मोदाय प्रभवति । एतादृशश्चायं संस्कृतव्याकरणसारभूतत्त्वालङ् कृतः सर्वङ्कषः सर्वाभिमतश्चानन्यसाधारण एकल एव अपूर्वो ग्रन्थः । नातितिरोहितं विदुषां यत् तत्तद्विषयवर्णनप्रसङ्गे तन्मयतया तत्परतया च ग्रन्थरचयितृविषया वर्णनीयविषयोपज्ञताधीरेव ग्रन्थाध्येतृवर्गे बलादुपजायत इति नूनं सर्वमनवद्यम् । एवं गणनातितानि बहूनि-उत्कर्षधायकानि तत्त्वानि वैज्ञानिकमेव भावमुद्दिश्य ग्रन्थकर्त्तुर्व्याचिरव्यासितानीति । एवं सर्वस्मिन्नपि ग्रन्थे नवनवा समालोचना ग्रन्थकृतां गभीरां मतिमुद्भासयतितराम् । भाषाऽपि प्रयुक्ताऽस्मिन् पुस्तकेऽतीव प्रौढा श्लाघनीया नितरां प्राञ्जला सुतरां रञ्जयति मनांसि वैय्याकरणानाम् । सन्दर्भेऽस्मिन् सन्निविशितानां विषयाणां परिशीलनेन दहियावर्याणां व्याकरणधुरन्धरत्वं, भाषावैज्ञानिकत्वं, प्रखरतार्किकत्वं, लौकिकवैदिक सकलसंस्कृतव्याकरणपारगामित्वञ्च सुतरां प्रस्फुटीभवति । संस्कृताङ्गलोभयोर्भाषेऽसामान्य-मधिकारत्वात् त इमे वश्यवाणी-सम्राड् सन्तीति नातिशयिततालेशोऽपि ।

अस्य महानुभावस्य द्वे पुस्तके 'दी लैंग्वेज आफ दी अथर्ववेद' एवं 'संस्कृत व्याकरण की रूपरेखा' वर्तेते तथा च पञ्चाशदिति यावत् शोधनिबन्धसमुदयोऽपि व्याकृति धुरन्धरत्व मारव्याति विप्रतल्लजस्य । ते च इमे भूयसीनामपि भाषाणां हरयाणवी-राजस्थानी-हिन्दी-पञ्जाबी-जर्मन-फैंच प्रभृतीनां विद्वांसोऽपि सन्तः संस्कृताङ्गलभाषययोः परां प्रौढिमाप्ता इति कैर्नानुज्ञायते ।

आशासे ग्रन्थोऽयं व्याकरण-भाषाविज्ञान-संस्कृतप्राच्यविद्याक्षेत्रे रतानां शोधकर्तृणां कृते कोऽप्यपूर्वः कोशः सम्पत्स्यते । यथाऽस्य लेखकस्य पूर्वे निबन्धा ग्रन्थाश्च लब्धप्रतिष्ठा अतिष्ठन्, तथैव नूतनमिदं प्रकाशनं भाषातत्त्वकोविदैः प्राच्यविद्यारसिकैश्च सादरं स्वीकरिष्यते सोत्साहं च पठिष्यत इति विश्वसिमि । सोऽयं महता प्रयत्नेन सावधानतया च निर्मितो ग्रन्थो मौकुरीं श्रियमादधानः प्राच्यविद्यानुरागिणां वैय्याकरणानाञ्च पथप्रदर्शको भविता, इति मे मतिः ।

(प्रोफेसर राममूर्ति शर्मा)
भूतपूर्वः प्रोफेसर एवं संस्कृतविभागध्यक्षः
पंञ्जाबविश्वविद्यालयः, चण्डीगढ, भारत

FOREWORD

I have great pleasure in introducing to the world of scholars the valuable work of Dr. Yajan Veer Dahiya : *Pāṇini as a Linguist-Ideas and Patterns* which adds new dimension to Pāṇinian studies. Dr. Dahiya is of the firm opinion that Pāṇini had sentence as a unit of speech in his mind in planning his grammar. Though not very explicit about it in his text he had for sure the system of discourse too very much in his mind. He was, therefore, not just a grammarian, explaining the grammar of a language through the system of the analysis of the word-units, but a linguist explaining the structure of it. There are numerous *sūtras* in his work which bear it out. As a matter of fact, his whole Kāraka Prakaraṇa is an eloquent testimony to his vision of sentence as a unit, the case being determined in an overwhelming number of cases by the presence or absence of a particular word in syntactical connection with the one the case of which is to be decided. This goes even to the extent of a verb not being actually in position in spoken form but very much present in the mind of the speaker and therefore easily inferrable : *gamyamānāpi kriyā kārakavibhaktau prayojikā.*

It may not be out of place to mention here that even the verbs though ostensibly standing in isolation have sentential undercurrent. Their suffixes denote *kartṛ, karma, saṁkhyā* and *kāla,* the agent, the object, the number and the period. The verb *pacati* does not merely denote the act of cooking but also some one who cooks; and that some one is in number; as also the time of the cooking, the present in the case in point. *Pacati* therefore, has to be understood with reference to all the above. It just would not do to analyse it as *pac+a(śap)+ti.* That would be too narrow an approach. In the secondary verbs the sentential connection comes to the fore more prominently. This also is the case in deciding the Ātmanepada or Parasmaipada going with a verb. Ātmanepada is enjoined, for instance, to the roots *bhī* and *smi* if there is a cause of fear : *bhīsmyor hetubhaye.* Now this *hetubhaya* is outside of the verb but it influences the formation of it.

Dr. Yajan Veer Dahiya, an accomplished grammarian and linguist that he is, has carried out the demanding task that he had set before himself with admirable precision and thoroughness and has laid bare a vast treasure of information before grammarians and linguists in divining the mind of Pāṇini, the most enigmatic of the analysts of speech the world has ever produced who accomplished a veritable feat in explaining the structure of a complex language like Sanskrit with an enormous corpus of words in a little short of four thousand aphorisms. Dr. Dahiya's treatment brings a whiff of fresh air to Pāṇinian studies and consequently deserves warm welcome of connoisseurs.

Delhi
13.12.1994

(Satya Vrat Shastri)
Professor of Sanskrit,
University of Delhi
Ex-Vice-Chancellor,
Shri Jagannath Sanskrit
University, Puri, Orissa.

प्रास्ताविकम्

I.0 सम् पूर्वात् कृ धातोर्निष्पन्नोऽयं 'संस्कृत' शब्दः । प्रकृतिप्रत्ययादिविभागैः संस्कृतत्वादियं संस्कृतभाषेत्युच्यते । भाषातत्त्वविदः प्रतिपादयन्ति यत् संस्कृतभाषात एव ग्रीक-लेटिन प्रभृतयो निखिला भाषा प्रादुरभवन् । अस्या भाषाया असाधरणं गौरवं यद् ऋग्वेदादयो विश्वस्य प्रारम्भिका ग्रन्थाः संस्कृतभाषायोमेव विलसन्ति । बाभान्ति व्याकरणसन्दर्भा अस्यामेव भाषायाम् वैज्ञानिकपद्धतिमवलम्ब्य । भाषातत्त्वज्ञानस्य सजीवचित्रं पुरस्कुर्वन्ति वैय्याकरणाः । पूर्वैराऽऽ चार्यैरस्यामेव भाषायां बहवो व्याकरणग्रन्था विरचिता । व्याकरणप्रक्रियामाश्रित्य कश्चनातीव हृदयङ्गमो विचारो गर्भीकृतो दृश्यते । प्राचीनैर्भारतीयविद्वद्भिरस्यामेव भाषायां नीतितन्त्र-राजतन्त्र-शिल्पकला-धर्मशास्त्र- अर्थशास्त्र पुराणशास्त्र-दर्शनशास्त्र-कामशास्त्र-मोक्षशास्त्र-व्याकरणशास्त्रादि विविधान् विषयानवलम्ब्य बहूनि पुस्तकरत्नानि प्रणीतानि । व्याकृतिपरिज्ञानस्य सूक्ष्मात्सूक्ष्मतरं ध्यानं कुर्वाणैः पाणिनिकात्यायन-पतञ्जलि-चन्द्रगोमिन् जयादित्य-वामन-जिनेन्द्रबुद्धि-हरदत्त-भर्तृहरि-कैयट-भट्टोजिदीक्षित-नागेशभट्ट-शाकटायनप्रभृतिभिर्मानवमस्तिष्कस्योच्चैस्तरं शिखरं परिचुम्बितमासीदित्यत्र नास्ति संशयावकाशः । इतरतश्च वैदिके तावद् वेद-वेदाङ्ग उपाङ्ग-ब्राह्मण-आरण्यक-उपनिषदान्तं, लौकिके च वाल्मीकि-व्यास भास-कालिदास-अश्वघोष-माघ-भारवि- भट्ट-भवभूति-श्रीहर्ष-हर्षवर्धन सुबन्धु दण्डि-बाण भट्ट-जयदेव-भर्तृहरि-गुणाढ्य-सोमदेव-विशारवदत्त-मेधाव्रत-प्रभृतिभिः संख्यातीतैर्ललित- साहित्यसन्दर्भ-रत्नैरस्य संस्कृतसाहित्यस्याक्षय्यो निधिः परिपूरितः । वस्तुतत्त्वेषु विमृश्यमानेषु विदितं भवति यद् विश्वसाहित्यालङ्कारभूतं संस्कृतसाहित्यं सर्वमपि विश्वमात्मीयत्वेनानुबध्नाति । सर्वा एव भाषा येन केन प्रकारेण संस्कृतब्याकरणस्याधमर्णतामावहन्तीति भाषातत्त्वविदां डिण्डिमः । यत्र तत्र प्रकीर्णाः संस्कृतशब्दाः सर्वासु भाषासु प्रयुज्यमानाऽस्या सर्वभाषाप्रसवयित्रीत्वमुररीकुर्वन्ति । ऐतिह्यतत्त्वकोविदाऽप्यरिवलासु भाषासु संस्कृतभाषैव प्राचीनतमेति दुन्दुभिपटहनादेन स्वीकुर्वन्ति ।

I.1 पाश्चात्त्यविपश्चितः तदुच्छिष्टभोजिनः केचन भारतीयाऽ पि विप्रतिपद्यन्ते यत् संस्कृत-भाषा कदापि व्यवहारिकीभाषा नासीत् । अत्रैतदवधेयं यद् वचनमिदं तु भ्रान्तिविजृम्भणमात्रम् । पण्डितप्रवरेणाचार्ययास्केन भाषिकेभ्यो धातुभ्यो नैगमा कृतो भाष्यन्ते (नि. II.2) । तत्र भवता पाणिनाऽपि "दूराद्धूते च" – "प्रत्यभिवादे शूद्रे" (अष्टा. VIII. 2.83-84) तथा च पतञ्जलिनाऽपि शवतिर्गतिकर्मा कम्बोजेषु भाष्यते, विकारमस्यार्येषु भाषन्ते शव इति, दातिर्लवनार्थे प्राच्येषु दात्रमुदीच्येषु (महा.प.) इत्यादिभिः प्रमाणैः संस्कृतभाषाभाषणादिप्रयोगेषु प्रचलिताऽऽसीदिति सुतरां सिद्ध्यति ।

I.2 संस्कृतभाषायां यदुच्चार्यते तदेव लिरव्यते न मात्राऽपि भेदमर्हति परमाङ्गलभाषायां शतशः शब्दा एवंभूता वर्तन्ते येषां लेखनमन्यादृशमुच्चारणञ्चान्यथैव भवति । आङ्गलभाषायां तकारस्याभावः तथा च फ्रैंचभाषायां टकारडकारयोरभावो नितरां तत्तद् भाषातत्त्वकोविदान् मूकीकरोति । अन्यच्चाङ्गललिप्यां ख-च-छ-ठ-थ-ध-फ वर्णा न स्वातन्त्रयमर्हन्ति, परं

संस्कृतलिप्यां तु ते स्वयं राजन्ते । तथा च वर्गाणां चतुर्थस्याक्षरस्य सर्वथैवोपेक्षण-माङ्गललिपिनिबद्धासु भाषासु दृग्पथमवतरतिमतिमताम् । एवं सर्वासामपि पाश्चात्य भाषाणामक्षर समाम्नाय तत्तद्दोषदुष्टैवेति खलु विभाव्यते । यथा हि आङ्गलभाषायां वर्णदारिद्रयं वर्तते तथैव शब्ददारिद्रयमपि पदे पदेऽक्षिलक्षी भवति । तद्यथा उदककृत एकलः शब्दः 'Water' (वाटर) इति । सोमवाचकः केवल एक शब्दः 'Moon' (मून) इति । मरीचिमालिन् कृतेऽप्येकलः शब्द 'Sun' (सन्) इत्येव समुपलभ्यते । एवमाङ्गलभाषायां पर्यायान्तरबुभुक्षिताः शब्दाः संख्यामतिक्रमन्ते, परं संस्कृतभाषायां तु पर्यायवाचिशब्दानामभूतपूर्वसंग्रहो लूषति ।

I.3. एवं निखिलविश्वस्य सर्वासामपि भाषाणां मन्थनान्तरं प्रज्ञावन्तः स्वयमनुमातुं शक्नुवन्ति यत् संस्कृतभाषाया किमप्यपूर्वं वैशिष्टयं वरीवर्ति तदेव चास्याः सजीवत्वे परमं प्रमाणाम् । आङ्गलभाषा प्रभाविते समाजेऽपि लब्धसर्वाधिकप्रचारा सम्पूर्णेऽपि भारते ज्ञायमाना संस्कृतभाषैव वरीवर्त्ति, तच्चोररीकृतं पण्डितप्रकाण्डेन मोक्षमूलरमहानुभावेनाधोऽङ्गतं गद्यं द्वारीकृत्य- ..."Even at the present moment, after a century of English rule and English teaching, I believe that Sanskrit is more widely understood in India than Latin was in Europe."...(India what can teach us).

इहलोके संस्कृत-पालि-प्राकृत-ग्रीक-लेटिन-आङ्गलाद्या भाषापदार्हाः तत्तद् देशोद्भवा विलसन्ति, तासु सर्वासु व्याकरणपरिपूर्णत्वेन संस्कृतभाषैव प्रमाण्यकोटिमवगाहते, विश्वस्यान्यस्यां कस्यामपि भाषायां पञ्चाङ्गसम्पन्नं व्याकरणमद्यावधि दृष्टिपथं नावगतः । यादृशं तर्कसम्मतं वैज्ञानिकमक्षरसमाम्नायं स्वनं वा संस्कृतभाषायामुपलभ्यते न तादृशमन्यस्यां कस्यामपि भाषायाम् ।

II.0 भगवतः पाणिनेः चरितमद्यापि तमसावृतमेव वर्तते । पाणिनेः काल निर्णिनीषवो बहवो नानाविधं प्रतिपादयन्ति । पाणिनेः प्रादुर्भावमवलम्ब्य नास्ति कश्चिदेकः सर्वसम्मतो निर्णयः । एतत् सर्वं मृग्यम् । आसन् बहवो पाणिनेर्नामान्तराणि, त्रिकाण्डशेषे पुरुषोत्तमदेवेन पाणिनेः पर्यायान्तरबुभुक्षिताः, शब्दाः प्रतिपादिताः, ते च यथा- पाणिन, पाणिनि, दाक्षीपुत्र, शालङ्कि शालातुरीय, इत्यादयः । पुस्तकविस्तारभिया नात्राहं सर्वेषामभिधानां व्याकरणप्रक्रियां दर्शयितुं शक्नोमि । पाणिनिः स्वाष्टाध्याय्यां "गाथिविदथिकेशिगणिपणिनश्च" (अष्टा. VI.4.165) इति सूत्रेण पाणिनं शब्दं व्याकरोति । तस्यापत्यं पाणिनिः । पञ्चतन्त्रकारेण कस्माच्चित् पुरातनग्रन्थात् श्लोकोऽयमुद्धृतः पाणिनेर्मृत्युकारणमक्षिलक्षीकृत्य ।

सिहों व्याकरणस्य कर्तुरहरत् प्राणान् प्रियान् पाणिनेः,
मीमांसाकृतमुन्ममाथ सहसा हस्ती मुनिं जैमिनिम् ।
छन्दोज्ञाननिधिं जघान मकरो वेलातटे पिङ्गलम् ,
अज्ञानावृत चेतसामतिरूषां कोऽर्थ स्तिरश्चां गुणैः ।

(पञ्चतन्त्रम्, मित्रसंप्राप्ति, श्लोकः ३६, जीवानन्द संस्करणम्)

सोऽयमलौकिकगुणसम्पन्नो महर्षिः क्वचिदरण्ये ध्यानावस्थितो व्याघ्रेणाक्रान्तः त्रयोदश्या भौतिकं शरीरं तत्याज । इति हेतोरेव व्याकरणसम्प्रदाये तस्यामेव पुण्यतिथौ सर्वैरनध्यायः क्रियते ।

II.1 व्याक्रियन्ते प्रकृतिप्रत्ययभेदेन व्युत्पाद्यन्ते शब्दा अनेनास्मिन् वेति करणेऽधिकरणे वा अनट् ।

'व्याक्रियन्ते विविच्यन्ते ऽसाधुशब्देभ्यः साधुशब्दाः प्रथक् क्रियन्ते येन तद् व्याकरणम् । वि + आङ् पूर्वकात् कृ धातोः करणे ल्युटि सति व्याकरणशब्दो निष्पद्यते । एवञ्च शब्दनिष्ठसाधुत्वज्ञानजनकं शास्त्रं व्याकरणशास्त्रमित्यायातम् ।

महाभाष्य कृताऽपि लक्ष्यं लक्षणञ्चेत्समुदितं व्याकरणमिति व्याकरणपदार्थविचारावसरे यदुक्तं "लक्ष्यलक्षणे व्याकरणम्" लक्ष्यं च लक्षणञ्चैतत्समुदितं व्याकरणं भवति, किं पुनर्लक्ष्यम्, किं वा लक्षणम् ? शब्दो लक्ष्यः, सूत्रं लक्षणम् ।

अथ शब्दानुशासनं नाम शास्त्रमधिकृतं वेदितव्यमिति ब्रुवता भाष्कृता शब्दानुशासनपदेनापि व्याकरणशास्त्रमेव विषयीकृतमित्यपि न तिरोहितं विदुषाम् ।

तत्रापि शब्दानामनुशासनमिति विग्रहः प्रदर्शितः, तत्र चानुशासनमिति करणे ल्युट् अनुशिष्यते साधुत्वं ज्ञाप्यते येनेति चार्थः ।

शब्दानामिति कर्तृकर्मणोरिति कर्मणि षष्ठी, अतश्च न कर्मणि च इति समास निषेध इत्यादि सर्वं स्पष्टं कैयटीयप्रदीपे ।

एवञ्च शब्दानुशासनमित्यस्यशब्दनिष्ठसाधुत्वानुशासनं शास्त्रमित्यर्थे यदुक्तं पर्यवसितम् ।

तच्च व्याकरणं प्रकृते पाणिनीयमेव गृह्यते तस्यैव साम्प्रतं संस्कृतसाहित्ये साङ्गोपाङ्गेनोपलभ्यमानत्वात् ।

अन्यद्दृष्ट्या इदमपि वक्तुंशक्यते भाषाया अस्तित्वरक्षकं शास्त्रम्, नियमविशेषः व्याकरणशास्त्रम् । अन्यथा भाषाया व्याकरणात्मकबन्धनाभावे तस्या अस्तित्वमेव समाप्तं स्यात् ।

II.2 पाणिनीयशब्दानुशासनस्य सूक्ष्मपर्यवेक्षणेन दृष्टिपथमवतरति मतिमताम्, यदसौ न शब्दशास्त्रज्ञ एव, अपितु समस्तेऽपि प्राचीनवाङ्मयेऽप्रतिहतमतिरासीत् । वैदिकवाङ्मयाद व्यतिरिक्तं भूगोल-इतिहास-मुद्रांशास्त्र- लोकव्यवहारादीनामर्कमणिरसावासीत् । तस्य शब्दानुशासनं न केवलं शब्दाज्ञानाय एव, अपितु प्राचीनखगोल- भूगोल-इतिहासादीनामपि महान् प्रकाशस्तम्भः कल्पते । महाभाष्यकारेण पतञ्जलिना पाणिनिविषये उक्तम् -"प्रमाणभूत आचार्यो दर्भपवित्रपाणिः शुचाववकाश प्राङ्मुख उपविश्य महता प्रयत्नेन सूत्राणि प्रणयति स्म । तत्राशक्यं वर्णेनाप्यनर्थकेन भवितुम् , किं पुनरियता सूत्रेण ।" (महाभाष्यम् I.I.I_ तेनैव पुनर्लिखितम् "सामर्थ्य योगातन्नहि किञ्चिदस्मिन् पश्यामि शास्त्रे यदनर्थकं स्यात्" (महाभाष्यम्)। "उदक् च विपाशः" (अष्टा. IV.2.74) सूत्रस्यवृत्तौ जयादित्यमहाभाग आलेखि "महती सूक्ष्मेक्षिका वर्त्तते सूत्रकारस्य" । तदिदं पाणिनीयं व्याकरणमष्टभिरध्यायै गुम्फितत्वादष्टाध्यायी, इति पदेनापि परिभाष्यते तच्च किल व्याकरणं "वृद्धिरादैच्" इत्यारभ्य "अ अ" इत्यन्तमष्टाध्यायात्मकं शब्दशास्त्रं पाणिनिमुनिभगवत्पादैरुपनिबद्धम् ।

II.3. कमपि विषयमत्यन्तसूक्ष्मेक्षिकया पर्यवेक्षणस्य भगवतः पाणिनेर्मनीषा आसीत् । एवं च कुर्वता तेन बहवो विधयः समाश्रिताः । सर्वेभ्यः प्राक् पाणिनिर्महाभागः संक्षेपयितुं

प्रत्याहारविधिं समालिलिङ्ग । प्रत्याहारस्याद्यक्षरं 'हल्' 'इत्' संज्ञाभ्यामपेतं भवति । अपरञ्च वर्णो निश्चितरूपेण हल् संज्ञको भवति । प्रत्याहाराणां निर्माणं चतुर्दशमाहेश्वरसूत्राणामाधारेण जायते । एषां प्रथमवर्णादारभ्यान्त्य इत् संज्ञकवर्णपर्यन्तं, मध्य आगतानामक्षराणां गणना भवति । यथा हि 'अच्' प्रत्याहारग्रहणेन अ, इ, उ, ऋ, लृ, ए, ओ, ऐ, औ वर्णानां ग्रहणं भवति । एवञ्च मिलित्वा (अण्, अक्, इक, उक् एङ्, अच्, इच्, एच् ऐच्, अट्, अण्, इण्, यण्, अम्, यम् ङ्म्, यञ्, झष्, भष्, अश्, हश्, वश्, जश्, झश्, बश्, छव, यय्, मय्, झय्, खय्, यर्, झर्, खर् चर्, शर्, अल्, हल्, वल्, रल्, झल्, शल्,) एकचत्वारिंशत् प्रत्याहारा भवन्ति । तथा च प्रत्याहारद्वारेण पाणिनिर्महाभागः स्वकीयान् व्याकरण-घटरूपक-नियमान् संक्षेपयितुं शशाक ।

II.4. समानविधिभाजां शब्दानां प्रसङ्गे तु पाणिनिर्मुनिर्न सर्वान् पदान् प्रयुङ्क्तेऽपितु तेषु प्रथममक्षरं संगृह्य तस्यैवाभिधानेन गणस्यापि नामकरणं सञ्चकार । एवं कृते सति बहूनां शब्दानामेकस्मिन् गणे समावेशो जायते । यथा हि "सर्वादीनिसर्वनामानि" (अष्टा. I.1.27) सूत्रे सर्वशब्दोपदेशेन सर्वादिगणमध्य आगतानां पञ्चत्रिंशत् शब्दानां ग्रहणं भवति । एवं गर्गशब्दग्रहणेन सर्वस्यापि गर्गादिगणस्य ग्रहणं भवति । अनया कलयाऽतिलाघवेन पाणिनिर्गणञ्चकार ।

II.5 अष्टाध्याय्यामधोलिखितानां वर्णानाम् इत् संज्ञा कृताऽवलोक्यते । (क) धात्वादेः समुदायस्य यदन्त्यं हल् तस्य (ख) उपदेशे योऽजनुनासिकः तस्य । कस्तावदुपदेशः-

धातुसूत्रगणोणादिवाक्यलिङ्गानुशासनम् ।
आगमप्रत्ययादेशा उपदेशाः प्रकीर्तिताः ।।

(ग) धात्वादेर्वर्तमानानां ञि टु डुवाम् (घ) प्रत्ययस्यादिचवर्गटवर्गयोः (ङ) प्रत्ययस्यादिषकारस्य (च) प्रत्ययस्यादितो वर्तमानानां लकारशकारकवर्गाणाम् तद्धितवर्जितानाम् च इत् संज्ञकस्य लोपो भवति । परमेषामेवाधारेण क्वचित् क्वचित् गुण-वृद्धि-आगम-आदेशादीनां कार्याण्यपि सम्पाद्यन्ते । वैदिक भाषा नियमनिर्माणे पाणिनिमहा भागोऽनुबन्धप्रयोगमाधिक्येन चकार ।

II. 6 सूत्रेषु विस्तरो न स्यादिति हेतोर्भगवान् पाणिनिरनुवृत्तिरूपां कामप्युच्चतमां कोटिमाटीकमानां शैलीमनुशेरते । अनया पूर्वसूत्रे वर्तमानं पदमग्रिमे सूत्र आकृष्यते, क्वचिच्च मण्डूकप्लुतिन्यायेनापि । अनया विधया पाणिनिः स्वव्याकरणे लाघवं कर्त्तुं पारयामास । तथा च लघ्वर्थं नितरां जागर्तितराम् , इति को नाम संशयीत ।

II.7 ज्ञायते लघ्वर्थं प्राणिमौति आसीत् प्रतिज्ञा भगवतः पाणिनेः । एतस्मादेव हेतो विस्तारभिया, संज्ञादयो विभिन्नार्थाः परिभाषादयश्च कल्पयामास । यथा हि-

वृद्धिः, आ ऐ ओ इत्येषां वृद्धिसंज्ञा स्यात् ।

गुणः , अ ए ओ इत्येतेषां गुणसंज्ञा स्यात् ।

सम्प्रसारणम्, , य व र लां स्थाने आगन्तुकानां इ उ ऋ लृ आदीनां सम्प्रसारणमित्येषा संज्ञा स्यात् ।

संयोगः , व्यञ्जना अज्भिरव्यवहिताः संयोगसंज्ञा स्युः ।

लोपः, अदर्शनस्य (वर्णविनाशस्य) लोप इतीयं संज्ञा स्यात् ।

आदेशः, पूर्णरूपेण कस्यापि शब्दस्य सत्तां विलुम्प्य अन्यस्य शब्दस्य आगमनादेशः । तथा च भणितिरियं, (शत्रुवदादेशा भवन्ति' यथा हि कृत्वा स्थाने ल्यप्) कार्त्स्न्येन सुतरां संजाघटीति ।

आगमः, पूर्ववर्णस्य विद्यमानेऽप्यन्यस्य वर्णस्यागमनागमः । उक्तञ्च मित्रवदागमा भवन्ति ।

उपधा, अन्त्यादलः पूर्वो यो वर्णः सोपधा संज्ञकः स्यात् ।

टि, अचां सन्निविष्टानां योऽन्त्योऽच् तदादिशब्दरूपं टि संज्ञं भवति ।

पद, सुबन्तञ्च तिङन्तञ्च शब्दरूपं पदसंज्ञं स्यात् ।

भ, यकारादावजादौ च स्वादौ सर्वनामस्थानवर्जिते प्रत्यये परतः, पूर्वं भसंज्ञं भवति ।

घ, तरप् तमप् प्रत्ययौ घः संज्ञौ स्तः ।

विभाषा, – प्रतिषेधविकल्पयोर्विभाषा संज्ञा भवति ।

निष्ठा, – क्तक्तवतू प्रत्ययौ निष्ठा संज्ञौ स्तः ।

प्रगृह्यम्, ईत्, ऊत् , एत्, इत्येतदन्तं द्विवचनं शब्दरूपं प्रगृह्यसंज्ञं भवति ।

सन्धिविषयकाः परिभाषादयोऽपि व्याकृतिधुरन्धरत्वमारव्यायन्ति वैय्याकरणतल्लजस्य । तद्यथा–

एकादेशः, पूर्वपरयोर्वर्णयोः स्थाने एकादेशः ।

पररूपः, पूर्वपरयोः स्थाने पररूपमेकदेशः ।

पूर्वरूपः, पूर्वपरयोः वर्णयोः स्थाने पूर्वरूपमेकादेशः ।

III.0 तदिदं पाणिनीयव्याकरणमष्टभिरध्यायैर्गुम्फितत्वादष्टाध्यायीति नाम्ना संसारे सर्वातिशायि सौष्ठवमवगाहते ।अस्मिन् हि प्रत्यध्याये चत्वारः पादा वर्तन्ते सत्यमशेषशेमुषीसम्पन्नस्य शिवदेवताराधनप्रसादाल्लब्धशक्तेः सिद्धवाग्विभवस्य व्याकरण–कौमुदीचन्द्रहासस्य पाणिनिमहाभागस्याप्रतिमं प्रातिभं ज्योतिर्यादृशामिताभया प्रतिभासते संस्कृतव्याकरणव्योम्नि, न तादृगन्यस्य कस्यचित् । इदं हि खलु पाणिनेरेव व्याकरणं यदनुपमं भाषातत्त्वामृतं निष्यन्दमानोऽनन्यसामान्यप्रतिभाविशेषं परिस्फोरयन् विलसति संस्कृतव्याकरणप्राङ्गणे । पाणिनीय प्रखरप्रतिभाप्रसूतानि सूत्राणि इतराखिलव्याकरण प्रपञ्चेषु नूनमग्रिमपदमर्हन्तीत्यत्र नास्ति सन्देहलेशोऽपि ।

III. 1 पाणिनीयाष्टकप्रतिपाद्या विषयाः समुपसंहृता निम्नाङ्कितानि पद्यानि द्वारीकृत्य–

सूत्राणां क्रमविन्यासो रुचिरो मुनिना कृतः ।
निरीक्ष्यतां सावधानं पूर्णञ्च परितुष्यताम् ।।
संज्ञानां परिभाषाणां पूर्वाध्याये प्रदर्शनम् ।
समासश्च विभक्त्यर्थाः द्वितीयाध्यायगोचराः ।।
तृतीये धातुविहिताः प्रत्ययाः सुव्यवस्थिताः ।
तुर्यपञ्चमयोरुक्ता अवशिष्टाश्च ते क्रमात् ।।

षष्ठे प्रकृतकार्याणि प्रायेण दर्शयन्मुनिः ।
सप्तमे प्रत्ययस्थानि द्विष्ठानि च यथाक्रमम् ।।
अष्टमे पूर्वचरणे पदकार्यं समासतः ।
यान्यसिद्धानि पूर्वत्र त्रिपाद्यां तान्यवेशयत् ।।
कृत्वा पूर्णमनोयोगं शिष्यप्रियचिकीर्षया ।
पाणिनीयमिदं पाठ्यं गुरुभिः करुणार्णवैः ।।
शब्दाम्बोधितितीर्षा चेद् व्याकृत्याधिजिगाँसुना ।
पाणिनीयं प्रयत्नेन समभ्यस्यं तदर्थिभिः ।।

तथा च सूत्रलक्षणं विकासस्य पराकाष्ठामवगाहमानो यथा सञ्जाघटीति पाणियनीयसूत्रेषु न तथा क्वचिदन्यत्र।

उपश्लोकितञ्च भवतिः-

अल्पाक्षरमसन्दिग्धं सारवद्विश्वतो मुखम् ।
अस्तोभमनवद्यञ्च सूत्रं सूत्रविदो विदुः ।।

किञ्च पाणिनेर्महाभागस्य सूत्रलक्षणमद्भुतं चमत्कारि च संप्रवृत्तम् ।

III.2 पाणिनीयाष्टकसूत्राणि सप्तसु विभागेषु विभक्ताः सन्तीति को नाम संशयीत । तद्यथा-

संज्ञा, सम्यग् जानीयुर्यया सा संज्ञा, यथा "वृद्धिरादैच्" (अष्टा० I.1.1.) इत्यादिः ।

परिभाषा, परितः सर्वतो भाष्यन्ते नियमा याभिस्ताः परिभाषाः, यथा "इको गुणवृद्धी" (अष्टा.I.1.3) इत्यादिः ।

विधिः, यो विधीयते स विधिर्विधानं वा, यथा- "सिचिवृद्धिः परस्मैपदेषु" (अष्टा.VII.2.1) इत्यादिः ।

निषेधः, निषिध्यन्ते निवार्यन्ते कार्याणि यैस्ते निषेधाः यथा- "न धातुलोप आर्द्धधातुके" (अष्टा. I.1.4) इत्यादि ।

नियमः, नियम्यन्ते निश्चीयन्ते प्रयोगा यैस्ते नियमाः, यथा- "अनुदात्तङित आत्मनेपदम्" (अष्टा. I.3.12) इत्यादिः ।

अतिदेशः, अतिदिश्यन्ते तुल्यतया विधीयन्ते कार्याणि यैस्तेऽतिदेशाः यथा- "आद्यन्तवदेकस्मिन्" (अष्टा. I.1.2) इत्यादिः ।

अधिकारः, अधिक्रियन्ते पदार्था यैस्तेऽधिकाराः, यथा- "कारके" (अष्टा. I.4.23) इत्यादिः ।

इत्थमिदं सप्तविभागविभक्तं पाणिनीयतन्त्रमखिलव्याकरणराशिशिरोरत्नायमानं संप्रवृत्तमिति निश्चप्रचम् ।

IV.0 स्फोटवादस्य प्रारम्भः कदाऽभूत्, इति निश्चय्येन लेखितुं न शक्यते । परं स्फोटवादाख्यो मौलिकः सिद्धान्तो वेदब्राह्मणग्रन्थेषूपलभ्यमानो नितरां सचेतसां चेतांसि चमत्करोति । शब्दः (वाक्-तत्वम्) नित्यः, अक्षरश्च, तस्मादेव सृष्टिर् अर्थस्येत्यपि को नाम शंसयीत । पदकाराः तद् वाक्यात्मकं शब्दशास्त्रं विश्लेष्य सुबोधं सरलञ्चातन्वते । वेदब्राह्मणग्रन्थेषु शब्दः, वाक्, गावित्यादयः शब्दा अमुम् एवार्थं सहर्षं प्रकटयन्ति, परं तेषु

स्फोटाख्यः शब्दः क्वचिदपि नोपलभ्यते । सर्वेभ्यः प्राक् पाणिनेरष्टाध्याय्याम् "अवङ्स्फोटायनस्य" (अष्टा. VI.1.123) इति सूत्रे उपलभ्यमानः स्फोटशब्दो हृदये आनन्दममन्दं जनयति । विद्वद्वरेण परमतार्किकेण श्रीहरदत्तमहाभागेन स्फोटायननाम्नी व्याख्या, काशिकायाः पदमञ्जरीनामक्टीकायां कृताऽवलोक्यते–

स्फोटोऽयनं परायणं यस्य स स्फोटायनः ।
स्फोटप्रतिपादनपरो वैय्याकरणाचार्यः ।।
(प.म. VI.1.123)

व्याकरणधुरन्धरो नागेशोऽपि काम् एतादृशीम् एवोक्तिं निगदयामास–

वैय्याकरणनागेशः स्फोटायन ऋषेर्मतम् ।
परिष्कृतोक्तवांस्तेन प्रीयतां जगदीश्वरः ।।

शब्दस्यानित्यतां स्वीकुर्वाणस्याचार्यस्य 'औदुम्बरायणस्य' मतं खण्डयन् शब्दस्य नित्यत्वं, व्यापकत्वं, सूक्ष्मत्वं प्रतिपादयन् स्वीयं मतं प्रस्तौति यास्काचार्यः । दुर्गाचार्येणाऽस्य व्याख्यां स्फोटवादो व्याख्यात इति को नाम न जानीत । न हि स्फोटवादमन्तरा इदं समर्थितं भवति–

व्याप्तिमत्त्वात्तु शब्दस्याणीयत्वाच्च इति ।
(निरुक्त I.1)

IV. 1 वार्त्तिकप्रणयनपटुः कात्यायनो, लोकानुजिधृक्षया भगवान् पतञ्जलिः 'सिद्धे शब्दार्थसंबन्धें (पस्यशाह्निक) इत्यस्य तत्त्वार्थप्रदर्शयितुं व्याचिख्यमानौ पाणिनेः शब्दस्य. नित्यत्वं सिद्धान्तं स्वीकृतवन्तालोक्यते । निम्नलिखितेषु सूत्रेषु स्फोटवादस्य भावः पाणिनेर्मतञ्च दृश्यते, यदासीदाचार्यः स्फोटवादसमर्थकः । "सर्वत्र विभाषा गोः" "अवङ्स्फोटायनस्य" "इन्द्रे च नित्यम्" (अष्टा. VI. 1,122,123,124.) इति भगवता पतञ्जलिनाऽन्तिमयो द्वयोःसूत्रयोः स्फोटवादस्य भावः पारिभाषिकप्रक्रियाद्वारेणोदात्तानुदात्तादेर्व्याख्या स्पष्टीकृता इति निर्विशङ्कम् । अपि च व्याकरण प्रसरप्रपञ्चे विराजमानाः भट्टोजिदीक्षित- वामनजयादित्यमहाभागाः गो अग्रम् गोऽग्रम्, गवाग्रम्, गवेन्द्रः, एषु चतुर्षूदाहरणेषु स्फोटवादं पाणिनेर्मतञ्च परिपोषयांबभूवुः ।

IV.2 स्फोटवादस्य रहस्यं जिज्ञासमानैः केचन राद्धान्ता अवश्यमेव ज्ञेयाः, यथा च शब्द एको नित्यश्च, ध्वनिना स व्यजते, ध्वनिरपि प्राकृतवैकृतभेदाभ्यां द्विविधोऽस्ति । वर्णपदानां निरर्थकत्वात् वाक्यस्यैव सार्थकत्वम् , वाक्यदेवार्थस्य प्रतीतिरिति व्याडेर्मतम् ।

नास्ति कश्चिद् भेदविशेषः शब्दार्थयोर्व्यवहाररूपेण पृथक् ग्रहणात्, शब्दार्थयोर्मौलिकं तत्त्वमेकमेव, तच्चैकं नित्यञ्च । तद्यथा–

शब्दार्थयोरसंभेदे व्यवहारे प्रथक् क्रिया ।
यतः शब्दार्थयोस्तत्त्वमेकं तत् समवस्थितम् ।।
(वा.प.टी. I.26)

न विभज्यते शब्दः, परं विभागयुक्तैर्वर्णैर्वैखरीध्वनिद्वारेण व्यज्यते, स च ध्वनिरूपैर्वर्णैरभिव्यक्तीभूयार्थं द्योतयति, स चार्थः शब्दतत्त्वेन सह तादात्म्यमधिगच्छति । अत्राऽयमाशयः शब्द उच्चारणानन्तरं बुद्धिस्थशब्देन सह तादात्म्यं प्राप्नोति, बुद्धिस्थशब्दद्वारे णैवार्थस्याभिव्यक्तिरिति । तद्यथा –

अविभक्तोविभक्तेभ्यो जायतेऽर्थस्य वाचकः ।
शब्दस्तत्रार्थरूपात्मा संभेदमुपगच्छति ।।
(वा.प.टी. I.45)

IV.3 प्राकृतध्वनिनोपलभ्यते स्फोटः, वैकृतध्वनिस्तु वृत्तिभेदे कारणम्, तथा चोक्तं पदकारेण ।

स्फोटस्य ग्रहणे हेतुः प्राकृतो ध्वनिरिष्यते ।
वृत्तिभेदे निमित्तत्वं वैकृतः प्रतिपद्यते ।।
(वा.प.टी. I.77)

वाक्यस्यैव सार्थकत्वमिति द्योतयति–केवलमेव न कमप्यर्थं स्फुटयति, पदानाञ्च नाऽस्ति कोऽपि निश्चितार्थः, न च तेषां प्रथक् सत्ता । सार्थकं तु केवलं वाक्यमेव, तेनैव पदानां सार्थकता सत्ता च सिद्ध्यति । तथा च

न हि किञ्चित्पदन्नामरूपेण नियतं क्वचित् ।
पदानामर्थरूपञ्च वाक्यार्थादेव जायते ।।
(वा.प.टी. I. 26)

सत्यम् पतञ्जलिर्महाभागेन, लोकोत्तरमेधाविनः पाणिनेः प्रखरप्रतिभाप्रसूतस्य शब्दस्य नित्यवादोऽनन्यसामान्यशब्दैः सुतरां ध्वनित इति नास्ति संशयलवोऽपि । अत एवागमादिषु प्रकृष्टतमेषु स्थलेषु पाणिनेर्नित्यः शब्दवादो मुक्तकण्ठेन उररीकृतः । विकारादिषु समापन्नेषु शब्देषु नित्यत्त्वं नोपपद्यत इति व्याचक्षमाणेन तत्तत्स्थलेष्वादेशाः कर्त्तव्याः, इति स्पष्टमेव प्रतिपादितम् । एवं च कृते पाणिनेः सिद्धान्तः सुतरां मण्डितो भवति, तथा चोक्तं तेनैव ।

सर्वे सर्वपदादेशादाक्षीपुत्रस्य पाणिनेः ।
एकदेशविकारे हि नित्यत्वं नोपपद्यते ।।
(महा. VII. 1.27)

IV.4 "अ इ,उ ण्," इति सूत्रं व्यावृणुता पतञ्जलिर्महाभागेन व्यक्तिजातिस्फोटयोर्बलाबलं चिन्तयता, प्रत्याहाराह्निकान्ते । "अक्षरं नक्षरं विद्यात्" इति भाष्यव्याख्यावसरे व्यवहारनित्यता तु वर्णपदवाक्यस्फोटानाम्, नित्यत्वं तु जातिस्फोटस्यैवेति प्रतिपादयता, अनुपदमेव ब्रह्मतत्त्वमेव हि शब्दरूपतया भाति, इति व्याचक्षमाणेन शब्दस्य नित्यत्वं प्रतिपादितमेव । नित्येषु च शब्देषु प्रत्येकं वर्णः सर्वथा निर्लेपः निरञ्जनश्च स्यादिति, न च तेषु केनाऽपि प्रकारेण क्षयवृद्धिविकारादयः सोढुमर्हाः, अनेन पतञ्जलेर्महाभागस्याभिमतं शब्दब्रह्मत्वमेवास्तीति सुतरां समर्थितं भवति । तथा च तेनैव निगदितम् –

"नित्याश्च शब्दा नित्येषु च शब्देषु कूटस्थैरविचालिभिर्वर्णैर्भवितव्यमनपायोजपनविकारिभिः" । (महा. आ.२)

"अ इ उ ण्" सूत्रमवलम्ब्य व्याचक्षमाणेन भगवता पतञ्जलिर्महाभागेन (स्फोट) शब्दस्य लक्षणमित्थं कृतम् –

"श्रोत्रोपलब्धिर्बुद्धिनिग्रार्ह्यः प्रयोगेणाभिज्वलितो ह्याकाशदेशः शब्दः । एकं च पुनराकाशम्" । (महा.आ. २)

कैयटनागेशावप्युपरिनिर्दिष्टां पतञ्जलेर्व्याख्यां स्वीकृतवन्तौ, अन्यच्च "येनोच्चारितेन सास्नालाङ्गूलककुदखुरविषाणिनां सम्प्रत्ययो भवति स शब्दः" (पस्पशाह्निकः) इति भाष्यग्रन्थोक्तः सिद्धान्तः सुष्ठु समर्थितो भवति । अत्र हि उच्चारितेनेत्यस्योच्चारितप्रकाशितेनेत्यर्थः । येनेत्येकवचनेन शब्दस्यैकत्वम्, विषाणिनामिति बहुवचनेना ऽर्थस्य बहुत्वं च सूचितं भवति, ईदृक् स्वरूप एव शब्दः, स्फोटपदेन संकेतितो काशते । पतञ्जलेर्भाषा मधुरा कोमलपदविन्याशालिनी च, भावभङ्गी हृदयङ्गमा, विषयोपन्याससरणिश्चानितरसाधारणी, कमनीयव्याकरणत्वालङ्कृता रचना च कापि निरतिशयश्चमत्कारिणी वर्तते । किं बहुना पतञ्जलिनाऽ मुना स्वीये व्याकरण महाभाष्ये-काऽप्यपूर्वैव रीतिराविष्कृता स्फोटविषयं विवृणुता, सा किल तदनुजातीयैः स्वीकृता महास्वरेण ।

"तपरस्तत्कालस्य" (अष्टा. I.1.70) इति सूत्रस्य व्याख्यायां पतञ्जलिना स्फोटध्वन्योर्द्वयोरपि विश्लेषणं कृतम् । तेन तत्रैव प्रतिपादितं यत् स्फोटस्तु शब्दो ध्वनिः तद्‌गुणश्च, स्फोटध्वन्योर्द्वयोरपि शब्देऽन्तर्भावः, एतयोर्ध्वनिरेव लक्ष्यते लघुदीर्घवृद्धिह्रासादीनां भावानामङ्गीकारात् । केषुचन स्फोटध्वनी उभावप्य लक्ष्यते , केषुचन ध्वनिरेव । मनुष्यादिव्यक्त ध्वनिषु द्वयोरपि प्रतीतिः अव्यक्ते ध्वनौ त्वेको ध्वनिरेव लक्ष्यते । स्फोटध्वनी सर्वत्र स्वभाविकरूपेण निवसत इति व्याकरण तत्त्वविदां डिन्डिमः । यथा हि -

स्फोटः शब्दः । ध्वनिः शब्दगुणः । कथम् ? भेर्याघातवत् । स्फोटस्तावानेव भवति । ध्वनिकृतावृद्धिः ।

अपि च -

ध्वनिः स्फोटश्च शब्दानां ध्वनिस्तु खलु लक्ष्यते ।
अल्पो महांश्च केषाञ्चिदुभयं तत् स्वभावतः ।।
(महा. I.1.70)

वैय्याकरणेषु श्रेष्ठतमो विद्वान् भर्तृहरिः स्फोटविषये बहूक्तवान् - 'स्फुटत्यर्थो यस्मात् स स्फोटः' हृदयान्तर्निर्गतो नादो वर्णविशेषरहितः । वैरवरीरूपरूपितः स्वार्थं समर्थयति । स्फुटचतेऽ ।सौ स्फोट इत्येवं व्युत्पद्यमाने वाच्योऽपि बोद्ध एव खलु । तदेवं वाच्यवाचकयोरुभयोरपि बोद्धत्वं समर्थितं भवति । एवमेवेकमक्षरमेकं पदमेकं वाक्यमिति बुद्ध्याऽपि स्फोटमङ्गी कृत्यैवोपपद्यन्ते नान्यथेति । उक्तञ्च वाक्यपदीये-

स्फोटाख्योनिरवयवनित्यशब्दो ब्रह्मैवेति ।

एवं सत्स्वप्यष्टसु स्फोटेषु वैय्याकरणानां वाक्यस्फोटस्यैव मुख्यत्वम् । तदुक्तं वैय्याकरणभूषणसारे -

वाक्यस्फोटोऽतिनिष्कर्षे तिष्ठतीतिमतिस्थितिः ।

स्फोटवादोऽद्वैतवादस्य वैय्याकरणरुपप्रतिपादकत्वेन गृह्यते । एतयोर्विवेचनं न किमपि मौलिकमन्तरमाश्रयते, यथा हि अद्वैतवादविषये विभिन्नानि मतानि सञ्जातानि, तथैव स्फोटवाद विषयेऽपि ।

यथा हि-

स्फोटो न द्रव्यं न गुणोऽपितु भावात्मैव ।

वस्तुत एतत्सर्वं कार्यं भूतशब्दस्यैव वक्तुंशक्यते । वस्तुतस्तु सर्वकारणानामपि कारणभूतोऽनादिनिधनो विभुः प्रपञ्चात्मकविवर्तोपादानस्वरूपस्फोटपदाभिधेयः पदार्थस्तु न द्रव्यादिरूपो गुणक्रियादिशून्यत्वात् । अपितु केवलं भावात्म एवेति वक्तुंशक्यते । इत्याशकमाभाणकं भट्टोजिदीक्षितमहाभागः शब्दकौस्तुभाख्ये स्वग्रन्थे जग्रन्थे । अद्वैतवादमते ब्रह्मैव केवलमस्य चराचरप्रपञ्चस्य कारणत्वेनोन्नीयते । आश्रीयते च तदुपोद्बलकत्वेन 'वागेव विश्वा भुवनानि जज्ञे', इत्येषा श्रुतिर्वाचो भुवनकर्तृत्वं प्रतिपादयति । 'वागेवेदं बभुजे' इत्येषां श्रुतिर्वाचो भुवनपालकत्वं संहारकत्वञ्च प्रतिपादति । एवञ्च 'यतो वा इमानि भूतानि जायन्ते', 'येन जातानि जीवन्ति', 'यत्प्रयन्ति अभिसंविशन्ति च', इत्यादि श्रुत्या सहैकवाक्यतयैववाक् तत्त्वस्य ब्रह्मरूपता समायाति । 'वाग्वैवब्रह्म', इति श्रुतिरपि वाचो ब्रह्मरूपतां प्रस्तौति । एषां नये नित्यशुद्धबुद्धमुक्तस्वभावस्य स्वयंप्रकाशस्य चिद्रूपस्य ब्रह्मणो मायाऽविद्याद्युपाधिना कुण्ठित प्रकाशत्वमसङ्गस्य च तस्याकाशादिप्रपञ्च जनकत्वञ्च स्वीकृतम् । न च कथमेतस्य ब्रह्मणोऽस्य प्रपञ्चस्यैतन्निमित्तोपादानोभयकारणत्वं सम्भवति । अचेतनस्य जडात्मकस्य जगतश्चैतन्योपादानत्वासम्भवात्, स्वकार्यव्यापित्वेन च ब्रह्मणे एकदेशि दण्डादिवन्निमित्तकारणत्वस्य दुरूपपादादिति वाच्यम् । मायोपाध्यविच्छिन्नत्वेन ब्रह्मणस्तदुपपत्तेः । माया, अविद्या, अज्ञानमित्यनर्थान्तरम् । अविद्योपहिते ब्रह्मणि नामरूपे संसारस्वरूपे सम्भवतः । एकमपि सद् ब्रह्म कूटस्थनित्यं मायया मायाविदनेकधा विभाज्यते । शब्दमिव द्विरूपं हि ब्रह्म । एकं नामरूपविकारभेदोपाधिविशिष्टम् । तद्विपरीतञ्च सर्वोपाधिविवर्जितम् । तदविद्याकृतनामरूपगुणैर्विशिष्टं सगुणमुच्यते । तैर्विवर्जितं निरस्तसमस्तोपाधिसम्बन्धञ्च निर्गुणम् । तदेव ब्रह्म पराऽपर नाम्नाप्यभिलप्यते ।

IV. 5 तदित्थमेष अद्वैतवादो हि नाम स्फोटवादस्य मौलिको राद्धान्तः, ब्रह्म-जीव-जगत्-मायादीनि जीर्णानि नामानि तु वैय्याकरणेभ्यो न रोचन्ते, ते तु तत्तत्स्थलेष्वन्यानि नवानि नामानि परिचक्रुः । अद्वैतवादिनां ब्रह्म, स्फोटवादनये शब्दब्रह्मरूपेणोदाह्रियते । तदेव ज्ञातृ-ज्ञान-ज्ञेयादिषु त्रिषु रूपेषु चकास्ति । तदेवोपादनकारणत्वं समेषाम् । तदेव भोक्तृ-भोक्तव्यभोगादिभिरभिधानैर् गृह्यते । माया हि नाम 'वृत्तिः' इति नाम्ना लब्धप्रचारा स्फोटवादे, सैव क्रियास्वरूपा । स्फोटवादिनस्तु शब्दसृष्टेर्मूले विद्यमानां बीजरूपां शक्तिं ध्वनिमित्याहुः । ध्वनिना संयुक्तः स्फोटो वाक्यस्पोटरूपेणोदाह्रियते । अयमेव शब्दशास्त्रस्योपादनकारणत्वम् । उक्तञ्च भर्तृहरिणा 'एकोऽनवयवः शब्दः' ।

अतो वैय्याकरणानां मतेऽखण्डवाक्यस्फोट एव पारमार्थिकसत्ता अवष्टभ्यते । स्फोटवादो व्यवहारिकी सत्ता, वर्णवादो ध्वनिरूपाणां वर्णानाञ्च सत्तेति । वैय्याकरणाः तात्त्विकपारमार्थिक दृष्टया ज्ञानमार्गस्य पोषकाः । अद्वैतवादः, ब्रह्मवादः, परमात्मवादः, ईश्वरवादः, निर्गुणवादः, निराकारवादिनां पारमार्थिकत्वेन सत्तां स्वीकुर्वन्ति एतेषां मार्गाणां विभाजनं तु न समीचीनं वैय्याकरणानां नये, तेषां त्वयमेवाशयः, मूलसृष्टौ समन्वयः, मूलार्थत्वे समन्वयः, शब्दस्तु स्वयमेव स्फोटध्वन्योः समन्वयः, स्फोटं विना ध्वनिः, तथा च ध्वनिं विना स्फोटो नैव शक्नोति स्थातुम् । शब्दतत्त्वरुपेण विद्यमानः स्फोटः, ध्वनिः तद् गुणश्च । स्फोट आकाशं, ध्वनि तद् गुणश्च । स्फोटः शब्द, ध्वनि (प्रतिभा) तद् गुणश्च । स्फोटः शब्दः, ध्वनिश्चार्थः । स्फोटः प्रकृतिः, ध्वनिश्च प्रत्ययः । स्फोटो ब्रह्म, ध्वनिश्च माया । स्फोट आत्मा, ध्वनिश्च

शरीरम्। स्फोटः प्रतिभा, ध्वनिश्च ज्ञानम्। स्फोटः परोक्षः, ध्वनिश्च प्रत्ययः। स्फोटः परमाणुः, ध्वनिश्चाणुः। स्फोटोऽक्षरम्, ध्वनिः क्षरश्च। स्फोटो नित्य, ध्वनिश्चानित्योऽस्तीति वैय्याकरणाः। अत एव स्फोटध्वन्योर्द्वयोरपि शब्देऽन्तर्भाव इति दिक्।

V. 0 कालसम्बन्धिविचारं विश्वपुस्तकालयस्य स्वर्णकलशायमाना ग्रन्था ऋग्वेदादयः सुचिरं पुपुषुः। परिवर्तनशीलोऽयं संसार एतदपि स्पष्टमभूत्, किल। रात्रिरद्यौषीत्। सुप्रभातमाजगे। शरद्हेमन्तादय ऋतवः कालक्रमानुरोधेन स्व.ाश्वतीं प्रवृत्तिं जगृहे। ग्रहनक्षत्रादयः स्वगुणगरिम्णा गतिशीला एव। परिवर्तनशीले संसारेऽस्मिन् कस्यापि वस्तुनः स्थैर्यस्यत्ववकाश एव नास्ति। वस्तु वर्धते उतवा अपक्षीयते। परिवर्तनममुं सम्यक्तया अवगन्तुं तथा चान्याषामवस्थानां पूर्वापरसम्बन्धज्ञानार्थं कोऽप्युपायाश्रयणीयो भविष्यत्येव स उपायः काल एव। सार्वभौमनियमरूपेण वैदिकऋषिभिर्भि "ऋत" (ऋतशब्दस्य सम्बन्धोऽवेस्ता भाषाया 'अश' शब्देन सह विद्यते। अवेस्तायां 'अश' शब्दस्य 'अर्श' 'एर्श' 'एरेत' रूपाण्युपलभ्यन्ते। अवेस्ताभाषाया 'एरेत' शब्दो वैदिक 'ऋत' शब्दस्य रूपान्तरमेवास्ति। एतत्तु निश्चप्रचं यदार्यकाले भारतीयार्या तथा च इरानी-आर्या प्रथक् सतां नाभ्रुवन् तदा ऋतज्ञानं पूर्णरूपेण परिसृतमासीत्। अवेस्ता भाषाया 'एरेत' तथा च वैदिकभाषाया 'ऋत' उभयोः शब्दयोरर्थोऽपरिवर्तनीयः शाश्वतो नियमोऽस्ति) नाम्नैका शक्तिः परिकल्पिताऽऽसीत्। ऋतावा (वरुणः) एतदवलोकयति यत् सूर्यचन्द्रनद्यादयः तथा च सर्वोऽपि लोकः स्वस्वव्यापारं यथान्यासम् उपनिन्ये न वा। वरुणः कालज्ञ आसीत्। वरुणो द्वादश मासान् चैत्रादीन् तदुत्पन्नं मलमासमपि सम्यक्तया वेद। निदर्शनदिशा पद्यमेकं पुरस्क्रियते।-

वेदं मासो धृतव्रतो द्वादेश प्रजावेतः।
वेदा य उपजायेते

(ऋग्वेदः I.25.8)

स्वतप्रमाणभूतान्मन्त्राद् वरुणस्य कालज्ञत्वे को नाम संशयीत। वत्सर-परिवत्सर-भूत-भव्यादय कालभेदद्योतकाः शब्दा ऋग्वेदे सुतरां पल्लविताः किल। देशकालादयः पुरुषस्य विकारा एव। सूर्यचन्द्रमसौ पुरुषादेव प्रसूतौ। वसन्तग्रीष्मशरदादयः पुरुषस्य क्रियैव। तद्यथा -

वसन्तो अस्यासीदाज्य ग्रीष्मः इध्मः शरद्धवि

(ऋग्वेदः X.90.6)

कालोऽपि पुरुष एव एतदपि दृग्गोचरीभवति ऋग्वेदे तद्यथा-

पुरुष एवेदं सर्वं यद् भूतं यच्च भव्यम्।

(ऋग्वेदः X.90.2)

V.1 अथर्ववेदे कालः परमदेवतारूपेण उच्चतमांकोटिमाटीकमानो राराजते। काल एव स्रष्टा, काल एव भर्ता च वर्वृतीति। काल एव सर्वं प्रतिष्ठितम्। कालादेव विश्वस्य विकासोऽभूत्। अन्ततोगत्वा काल एव विलीयते। तद्याथा-

कालो भूतिम सृजत काले तपति सूर्यः।
काले ह विश्वा भूतानि काले चक्षुर्विपश्यति ॥

(अथर्वनेदः xix 53.6)

तथा च–

कालादापः समभवन् कालाद् ब्रह्म तपो दिश ।
कालेनोदेति सूर्यः काले नि विशते पुनः ।।
(अथर्ववेदः XIX 5.4.1)

V.2 उपनिषत्स्वापि कालस्वरूपविचारो दृष्टिपथमुपयाति । सर्व एव भावाः कस्मिंश्चिद्देशे कस्मिंश्चिच्च काले जनिं लेभिरे । अतः कालो रचनाप्रपञ्चस्य कारणं भवितुमर्हति न वा– इत्यस्य विचारविमर्श उपनिषत्सु व्यक्तीभवति । तद्यथा –

कालः स्वभावो नियतिः यदृच्छा ।
भूतस्य योनिः पुरुष इति चिन्त्या ।।
(श्वेताश्वतरोपनिषद् I.2)

पुराणेषु कालो देवतारूपेण स्मृतः । महाभारते "कालःपचति भूतानि कालः संहरते प्रजाः" इत्यादि रूपेण अथर्ववेदोक्तकालस्यालौकिकमहिम्नः विवरणं दृष्टिपथमवतरति मतिमताम् । भर्तृहरिमहाभागेन ऐषां सर्वेषां मतानां संकेतः । " शक्त्यामदेवतापक्षे भिन्नं कालस्य दर्शनम् " वाक्ये कृतमिति अवलोक्यते ।

V. 3 आख्यातार्थेषु क्रियायानन्तरं कालः प्रमुखं स्थानं भजते । यास्कानुसारं कालशब्दो गत्यर्थकः "कालय" इत्यस्मादुत्पन्नोऽभूत्–"कालः कालयते गति कर्मणः (निरुक्त II. 25.1) पाणिनीय धातु पाठे "कल शब्दसंख्यानयोः, कलक्षेपे, कलगतौ संख्याने च" इति कल धातु र्नानार्थेषु पठितो वरीवर्त्ति । क्षीरस्वामी महानुभावेन "कलयत्यायुः कालः (अमरकोश I.1.59) इति पठितम् । पुनरपि "स कलाः कालयन् सर्वाः कालाख्यं लभते विभुः (वाक्यपदीयम् III.14) कालोऽन्यः कलनात्मकः (सूर्यसिद्धान्त I. 10) । कालः कलयतामहम् "(भगवद् गीता X.30) इत्यादिषु वाक्येष्वस्य प्रयोगः गतिसंख्याने चार्थेऽभूदिति नास्तिसंशयलवो ऽपि । अतः कालशब्दस्य व्युत्पत्तिलब्धार्थौ गतिः संख्यानञ्च स्तः ।

V.4 पाणिनिमहानुभावः कालसम्बन्धिनियमान् न शिशेष । कालस्य लोकाश्रयत्वात्तस्य ज्ञाने न कापि प्रत्यापत्ति, एतस्माद्हेतोरेव कालविशेषद्योतकानामनद्यतनादिशब्दानां परिभाषाया ऽ ऽ वश्यकतैव नानुभूता । परिणामतः पाणिने र्व्याकरणमकालकं जधटिरे । तच्च काशिकाकारेण उपगुम्फितम् –

पाणिन्युपज्ञमकालकं व्याकरण् ।
(काशिका II.4.21.)

परं पतञ्जलिमहानुभावेन कालमवष्टम्भ्य बहूपदिष्टम् । केचन वैय्याकरणाः 'क्रिया' एव 'काल' इति समुद्घोषयन्ति । क्रिययैव कालस्य बोधत्वात्, क्रियैव काल इति–अमंस्त । तच्चोक्तं पतञ्जलिना–

नान्तरेण क्रियां भूतभविष्यत्वर्तमानकालाः व्यज्यन्त ।
(महाभाष्यम् I.1.70)

अमुमेव मतं कैयटः पुपोष । तेन निगदितम् –

कालो हि प्रसिद्धपरिमाणा क्रिया अप्रसिद्ध परिमाणस्य क्रियान्तरस्य परिच्छेदिका
(महाभाष्याम् I.1.70)

कैयटेन क्रियायाः प्रसिद्धपरिमाणं सूर्यादिकर्तृकमुररीकृतम् । 'दिवसमधीते' इत्यस्मिन् वाक्ये दिवस् शब्दात् सूर्यस्य गति-क्रियाऽभिप्रेताऽस्ति , यदुदयकालादस्तकालपर्यन्तं व्याप्ताऽस्ति । सः दिवा (आदित्य-क्रिया-प्रबन्धः) अध्ययनक्रियायाः परिच्छेदको वरिवृतीति, अतः स एव काल इत्याङ्गीक्रियते । तच्चोक्तं कैयटेन -

प्रसिद्धपरिमाणक्रिया सूर्यादिकर्तृका अप्रसिद्धपरिमाणायाः क्रियायाः परिच्छेदोपात्ता अहरादिव्यपदेश्या काल इत्याहुः

(महाभाष्यप्रदीपः III.2.84)

अमुमेव मतं पतञ्जलिरपि पुपोष । एकस्मिन् स्थले स आलिलेख- "बाह्यश्च पुनरास्यात् कालः" (महाभाष्यम् I.2.1) उक्तिरियं क्रियां कालो मत्त्वैव सम्भवा । तथा चाह नागोजीभट्ट-

क्रियैव कालो नातिरिक्त इति मते इदम् ।

(महाभाष्यप्रदीपोद्योतः I.2.1)

V.5. प्रसिद्धपरिमाणवती क्रिया बाह्यक्रियान्तरस्य परिच्छेदका भवति । अस्य बाह्यत्वस्याधारेणैव सा क्रिया बाह्यकालः संज्ञोपेता भवति । 'गोदोहमास्ते' -गोदुग्ध दोहन काल पर्यन्तं स्थातव्यमिति भावः, अस्मिन् वाक्ये गोदोहक्रिया विशिष्टाऽस्ति । तस्या कालस्य इयत्ता सम्यक्तया ज्ञातकारणादेव सा क्रिया प्रसिद्धपरिमाणवती वरीवृत्यते । अत एव सः कालो देवदत्तस्य स्थातेः क्रियायाः परिच्छेदकोऽस्ति । परिणामतः सः कालोऽस्ति । यत्र बाह्यक्रिया नास्ति, यत्र सूर्यसंचार उतवा नालिकाम्रुति (कालनापन यन्त्रविशेष) आदिप्रसिद्धपरिमाण द्योतकानां यन्त्राणामभावोऽस्ति, तत्र बुद्धिनिवेशिनी क्रियैव क्रियान्तरस्य परिच्छेदका भवति । प्राणप्रवाहाधारेण कालस्य गणना संभवास्ति । प्राणप्रवाहाधारेणैवाधिकबुद्धेरूदयाच्चिर-कालस्याल्पबुद्धेरूदयाच्च क्षिप्रकालस्य परिज्ञानं बोभूयिष्यते ।

V.6 यदि क्रियाऽतिरिक्तं कालस्य सत्तैव नास्ति तर्हि ' भूता सत्ता' आदयः कथं सम्भवाः, यतो हि क्रिया स्वयमेव सत्तारूपाऽस्ति, तस्या कस्यापि सत्तारूपक्रियया सह योगस्यासंभवात् । अस्य प्रश्नस्योत्तरं भर्तृहरिणा स्वयमेव दत्तम् - यथा हि 'भूतो घटः' इत्यस्मिन् वाक्ये सत्ताख्याक्रियायैव भूतता स्वीक्रियते तथैव 'भूता सत्ता' इत्यस्मिन् वाक्ये सत्तारव्याक्रिययैव सत्ता भूतरूपे स्वीक्रियते । परिणामतो 'भूतो घटः' वाक्ये घटस्य भूतता ऽ संभवात् । घटस्य द्रव्यत्वात् । द्रव्यस्य कालेन सह सम्बन्धाऽभावात् । साध्यस्वभाववति क्रियायाः करणभूत-कालेन सह सम्बन्धसापेक्षत्वात् । निष्ठाप्रत्ययेन धातोर्वाच्य सत्तारव्यक्रियाया भूतताऽभिव्यक्ता भवति, सा सत्तारूपाक्रिया घटे विद्यते, अतः कालस्य क्रियायाः सम्बन्धात् घटेन सह परम्परया सम्बन्धो जायते, घटस्य च भूतता परिलक्षिता भवति, अत्र द्रव्यस्य तथा च कालस्य घनिष्ठतमो सम्बन्धो न विद्यते । एवमेव 'भूता सत्ता' इत्यस्मिन्, वाक्येऽपि धातुवाच्य क्रियारूपासत्तान्यैव तथा च प्रातिपदिकपदवाच्यं द्रव्यमन्यैवास्ति । अत्रापि धातु वाच्य सत्ताया भूतताामाध्यमेनेव द्रव्यायमाणसत्ताया भूतसत्वस्य प्रतीति र्भवति । अतः क्रियायाः कालत्वेनाड़ीकारे न कापि अनुपपत्तिरिति दिक् ।

V.7 क्रियाभेदस्य परिच्छेदकत्वात् कालो हायनः (संवत्सरः) नाम्ना ज्ञायते । हायनशब्दस्यार्थः क्रियां त्यजनम् "जहाति क्रिया इति हायनः" (पदमञ्जरी III.1.148) ।

व्रीहिरपि हायननाम्ना ज्ञायते यतो हि ऐषोऽपि सहावस्थितोदकं त्यजति हरदत्तमतानुसारं जागंल (कुरु जांगलः) देशस्य व्रीहिरेव हायन संज्ञोपकारकः । तद्यथा–

"जागंलदेशोद्भवा केचिद् व्रीहयो हायन इत्याहुः" (पदमञ्जरी (III. 1.148) अनया दृष्ट्या एव पाणिनिनाऽपि हायनशब्दस्य सिद्धिर्व्रीहि काले चार्थे कृताऽवलोक्यते । तेन सूत्रितम्...."हश्च व्रीहि कालयोः (अष्टा. III.1.148) येन प्रकारेण सहावस्थितेन जलेन व्रीहि रूपकृतो भवति तेनैव प्रकारेण सहकारिभिः क्रियाभिः कालभवानानामुपकारो भवति । अत एव कालः क्रियायाः परिच्छेदकोऽस्ति । सः क्रियाया भेदार्थमेवास्ति । तद्यथा "क्रियाभेदाय कालस्तु...." (वाक्यपदीये कालमसमुद्देशः२) ।

V.8. सर्वेषां पदार्थानामुत्पत्तिः स्थितिः तेषां विनाशश्च भवति । पदार्थानामुत्पतेः स्थितेश्च प्रथक् प्रथक् रूपं कालाधारेणैव सम्भवः । पदार्थाः कस्मिंश्चित् कालविशेष एवोत्पन्ना भवन्ति, कस्मिंश्चित् काले स्थिता भवन्ति, कस्मिंश्चित् च काले विनाशं जगमुः ।

अतो जन्मादि–अवस्थावतां पदार्थानां निमित्तकारणं काल एव, परिणामतो जन्मादिक्रियाणां परिच्छेदोऽपि काल एवास्ति । यद्यपि कालस्त्वेक एव पुनरपि उपाधिभेदेन भेदं प्राप्नोति, संसर्गिक्रियासु च भेदकरणे समर्थो भवति । मासादीनां भेदव्यवहारः । तथा च भूतादिव्यपदेशसंसर्गिसूर्यादीनां व्यवहाराः क्रियाभेदेनैव जायन्ते (वाक्यपदीये कालसमुद्देशः३)

यथा हि द्रव्यं न शुक्लं न च कृष्णं भवति, पुनरपि संसर्गिगुणेन शुक्लत्वे कृष्णत्वे च रूपे व्यक्तो भवति तथैव कालोऽपि भेदाभेदेन अनिर्वाच्योऽस्ति । उत्पत्त्यादिक्रियायाः सम्बोधेन कालम् उत्पत्तिकाल स्थितिकालः, विनाशकाल इत्यादिभिर्भेदद्योतकैः शब्दैर्व्याहरन्ति वैय्याकरणाः । वस्तुतत्त्वेषु विमृश्यमानेषु विदितं भवति यद् भर्तृहरिमतानुसारं भेदाभेद एकत्वानेकत्वादयः कस्यापि स्वाभाविका न भवन्ति । तद्यथा –

न हि गौः स्वरूपेण गौः नाप्यगौः
गौत्वाभिसम्बन्धात्तु गौः, इति । (हेलाराजः सम्बन्धःसमुद्देश 52)

V.9. पतञ्जलिमहानुभावः कालविषयेऽधोङ्कितां परिभाषामाचचक्षे । तद्यथा–

येन मूर्तीनाम् उपचयाश्चापचयाश्च लक्ष्यन्ते तं कालमित्याहुः (महाभाष्यम् II.2.5) । तरु–तृण लतादीनां कदाचिद् उपचयं कदाचिच्चापचयमवलोक्यते । पदार्थानां वृद्धिह्रासेन कालानुमानं सुतरां सिद्ध्यति । उपचयापचयौ कालकृत एव स्तः । तच्चोपगुम्फितं भर्तृहरिणा –

मूर्तीनां तेनभिन्नानामाचयापचयाः पृथक्।
लक्ष्यन्ते परिणामेन सर्वासां भेदयोगिना ।
(वाक्यदीयम् कालसमुद्देशः 13)

कालस्य कयाचित् क्रियया सम्बन्धेन अहर्निशे भवतः । सा क्रिया – आदित्यगतिरेवास्तीति भाष्यकार प्राह । यद्यपि आख्यातेन क्रियाया अभिव्यक्तिः सर्वदा निवृत्ति भेदरूपे भवति, अतः क्रियैकैव स्वीक्रियते, पुनरपि आदित्यादिः साधनभेदेन क्रिया भिन्ना भिन्नैव भवति । कालस्योपर्युक्तेन स्वरूपेण "कालः क्रियाया भेदकोऽस्तीति" पक्षस्तु सुतरां पल्लवितः किल ।

V.9 परं नागेशेन पूर्वपक्षस्तु नितरां निरस्तः किल । तन्मते कालं क्रियाया भेदकत्वे स्वीकारे सति क्रियायां क्षणोपाधिः संभवैव नास्ति । तद्यथा नागेशः प्राह –

"आद्यपक्षे क्षणोपाधे निर्वक्तुमशक्यत्वम् । उत्तरदेश- संयोगाविच्छिन क्रियेति चेत् तस्या विशेष्यविशेषण सम्बन्धरूपे त्रयाणमपि स्थिरत्वात् क्षणव्यवहार-नियामत्वाभावः । अतिरिक्तत्वे सिद्धोऽतिरिक्तः क्षणपदार्थ इति तत् प्रचयैरेव कलामुहूर्तादिव्यवहारोपपत्तौ किमखण्डेन तेन । (महाभाष्यप्रदीपोद्येतः II.2.84)

अपि च –

".....किं च प्रसिद्धपरिमाणेत्युक्तिरसंगता, तस्या अपि क्रियान्तरस्यैव परिच्छेदकत्वे अनवस्थापत्तिरिति दिक्." (मञ्जूषा पृ. 847)

क्षणप्रवाह एव काल इति नागेशो मनुते तथा चार्वाचीनसांख्याचार्याणां शब्दतन्मात्रापरिणामपक्ष एव सुतरां पुपोष । तद्यथा –

"प्रकृतेः परिणामस्य निवर्तस्य वातिभङ्गुरस्य विभोः क्षणस्य धारायाः कालत्वात्.....यद् वा शब्दतन्मात्रापरिणाम एव दिग्वत् कालः" (मञ्जूषा पृ. 839-840) स्पष्टमेवेतद् यन्नागेशो योगसाख्याचार्णां मतेन प्रभावितोऽस्तीति नास्ति संशयलवोऽपि । तस्य काल सम्बन्धिधारणा व्याकरणसम्प्रदाये प्रसिद्धां धारणां नानुसरति किल । स्वमतं पुष्टयितुं तेन भाष्यवचनान्यपि यथावसरं स्वानुकूलीकृतानि । तस्य समीक्षा तथ्यतां न बिभर्ति, सारहीना च वरीवर्त्ति यथा हि तेन क्षणसत्ता, पूर्वमेवाङ्गी कृता । वस्तुतत्त्वेषु विमृश्यमानेषु विदितं भवति क्षणोऽपि क्रियासन्तानस्याभ्यान्तर एवास्ति । यथोपरिस्पष्टीकृतं क्रिया भेदार्थं कालस्य सहायताऽपरिहार्या । व्याकरण दृशा अस्ति-अभूत् भविष्यति क्रियारूपान् कालमनाकलैय्य बोधयितुं न शक्यते ।

VI. 0. भर्तृहरेर्मते कालः शक्तिविशेषरूपेण व्याकरणे उच्चतमां कोटिमाटीकमानो विलसति । स्वातन्त्र्यशक्तिरेव काल इति निश्चितप्रायम् स्वातन्त्र्यरूपकालशक्त्या आश्रयेण जन्मादिः षड्भावविकारा विश्वस्य विकासे सहायका भवन्ति । कालशक्तिरेव लोकयन्त्रस्य सूत्रधारा इति को नाम संशयीत । भर्तृहरिमतानुसारं विश्वात्मा अयं कालः । तद्यथा–

"काल एव हि विश्वात्मा व्यवहार इति कथ्यते" (वाक्यपदीत्रे कालसमुद्देशः 12) हेलाराजेन भर्तृहरेः कालदर्शनं निम्नरूपेण व्याख्यातम् –

"अत एव स्वातन्त्र्यशक्तिः काल इति वाक्यपदीये सिद्धान्तितम्" (हेलाराजो वाक्यपदीये कालसमुदेशः 14)

अपि च –

कालाख्या स्वातन्त्र्यशक्तिर्ब्रह्मण इति तत्र भवद्
भर्तृहरेरभिप्रायः (हेलाराजो वाक्यपदीये कालसमुदेशः 62)

कालः स्वातन्त्र्यशक्तिरित्यालिलेख भर्तृहरिः–

"कालाख्येन हि स्वातन्त्र्येण सर्वाः परतन्त्रा जन्मवत्यः शक्यः समाविष्टाः कालशक्तिवृत्तिमनुपतन्ति । ततश्च प्रतिभावं वैश्वरूपस्य प्रतिबन्धाभ्यनुज्ञाभ्यां शक्तयवच्छेदेन

क्रमवानिवावभासोपगमो लक्ष्यन्ते । सर्वेषां हि विकाराणां कारणान्तरेष्वप्यपेक्षावतां प्रतिबन्ध जन्मनामाभ्यनुज्ञया सहकारिकारणं कालः" (वाक्यपदीयम् I/3 हरिवृत्ति लाहौर संस्करणम्)

VI.1 भर्तृहरेर्मतानुसारं कालशक्तेः सहकारिन्योऽन्यावान्तरशक्तयः-प्रतिबन्धशक्तिः, अभ्यनुज्ञानशक्तिः क्रमशक्तिः, समवायशक्तिः, जराख्याशक्तयश्च विद्यन्ते । आसाञ्च यथावसरं तेन विशदं वर्णनं कृतम् ।

भर्तृहरिणा स्वातन्त्र्यशक्तेः कर्तृशक्तेश्च मध्ये न कोऽपि भेद इति स्वीकृतम् । ब्रह्मणः कर्तृशक्तिः क्रमरूपमाकलैय्य कालशक्तिरूपे व्यक्ता भवति । तद्यथा-

अध्याहितकलां (अव्याहताः कलाः) यस्य कालशक्तिमुपाश्रिता, (वाक्यपदीयम् I.3)

तथा च -

तस्य क्रमवद्भिः मात्रारूपैः कर्तृशक्तिः प्रविभज्यमाना विकारमात्रगतं भेदरूपं तत्राध्यारोपयति (वाक्यपदीयं हरिवृत्तिः I.3) स्वानन्त्र्यशक्तिरेव कालशक्तिरिति वृषभेणाऽप्यङ्गीकृतम् । तद्यथा-

स्वातन्त्र्यकर्तृशक्तिः । पदार्थनिष्पादनोपसंहारयोग्या कर्तृशक्तिः (वाक्यपदीयम् टीका, 1/3 लाहौर संस्करणम्) ।

VI. 2. स्वतन्त्रशक्तेर्मूलस्रोतस्य प्रश्नोदये विद्वांसो बहुधा बेभिद्यन्ते । केचन विद्वांसः पाणिनिरेव स्वातन्त्र्यशक्तेर्मूलोद्भावक इति प्रतिपादयन्ति (एन हिस्टारिकल एण्ड फिलासफीकल स्टडी आफ अभिनव गुप्त डा.के.सी. पाण्डेय पृ. 203.204) तेषां मन्तव्यस्याधारः पाणिनेः "स्वतन्त्रः कर्त्ता " (अष्टा I.4.54) सूत्रमेवास्ति । स्वतन्त्रशब्देन स्वप्राधान्यमभिव्यक्तं भवति, तच्च कैयटेन स्पष्टीकृतमधोऽङ्कितां पंक्तिं द्वारीकृत्य -

"स्व आत्मा तन्त्रं प्रधानं यस्य स स्वतन्त्र उच्यते (महाभाष्य प्रदीपः I.4.54)

परं व्याकरणसम्प्रदाये कर्त्ता स्वातन्त्र्यशक्तिरूपेण नाङ्गीकृतः, तथा च कालेन सह तस्य न कोऽपि सम्बन्ध इत्येव विमृशितम् ।

भर्तृहरिणाऽपि "स्वतन्त्रः कर्त्ता " (सन्दर्भः 38 द्रष्टव्य) सूत्रस्य व्याख्यायां स्वातन्त्र्यशक्तेः क्वचिदपि संकेतो न विहितः । स्वयं पाणिनिनाऽपि स्वातन्त्र्यं प्रयोजकहेतुत्वेनैवोपलालितं तथा च "कर्तृकरणयोस्तृतीया " (अष्ट. II 3.18) सूत्रे साधन रूपे व्यवहृतमिति को नाम संशयीत ।

VI. 3 कालो व्यापकोऽस्ति । पर-अपर, चिर-क्षिप्रादीनां ज्ञानं सर्वैरेव सर्वेषु देशेषु समानरूपेणैव भवति, अनेन कालस्य व्यापकत्वं सिद्धयति । कालोऽमूर्तोऽस्ति । अकृतकोऽस्ति । नित्योऽस्ति । एकोऽस्ति । तस्मिन् भेदाः कल्पितैव ।

पतञ्जलिना कालस्य नित्यत्वमुररी कृतम् । तद्यथा -

"नित्ये हि कालनक्षत्रे" (महाभाष्यम् IV.2.3)

केचन "ऊकालोऽजह्रस्वदीर्घप्लुतः" (अष्टा. I.2.27) सूत्रमवलम्ब्य कालभेदविषये बहुधा विप्रतिपद्यन्ते । पतञ्जलिनाऽपि द्रुता-मध्यमा-विलम्बितादिषु वृत्तिषु कालभेदस्योल्लेखः कृतः । तच्च यथा -

"किं पुनः कारणं न सिद्धयति । कालभेदात् " (महाभाष्यम् I.. 1.70)

अनेन कालस्य नित्यत्वे व्याघातो भवति। परं भर्तृहरिणा पूर्वपक्षस्तु नितरां निरस्तः किल- तन्मते शब्दतत्त्वमभिन्नं, प्रचितापचितभावरहितः। अभिव्यक्तनिमित्त ध्वनिकृतकालभेदः तस्मिन् आभासितो लक्ष्यते। प्राकृतध्वनयः स्वगतकालभेदं शब्दे प्रतिबिम्बयन्ति।

तद्यथा -

"वैकृत ध्वनिजनितस्तु वृत्तिभेदो न भेदक" इति निर्णीतमेव पूर्वकाण्डे। वक्ष्यते चाग्रे सर्वश्च ह्रस्वदीर्घानुनासिकत्वादि धर्मव्रातः शब्दात्मनि व्यञ्जकाधीन इति" (कालसमुद्देशे 65 टीकायां भर्तृहरेर्वाक्यरूपेणोद्धृतो हेलाराजेन)।

VI.4 अतः कालस्यैकत्त्वं नित्यत्त्वञ्चापातितम्। परं नागेशभट्टमहानुभावः- कालस्यैकत्त्वं नाङ्गीकरोति। कालस्यैकत्त्वे स्वीकारे, तन्मते, काले कार्यवैचित्र्य नियामकता न सिद्ध्यति। तद्यथा-

"वस्तुतस्तु एकत्वे तस्य कार्यवैचित्र्यनियामकत्वानुपपत्तिः" (महाभाष्यप्रदीपोघोतः II..2.5)

नागेशः कालस्य नित्यत्वमपि नाङ्गीकरोति कालस्य कार्येऽ धिकरणत्वात् (मञ्जूषा पृ. 848)।

अन्यच्च, यदि कालस्यापि नित्यत्वं स्वीक्रियेत तत्तर्हि प्रवाहनित्यतारूपेणैव नित्यत्वं स्वीकर्तुं शक्यते, यदि स एक वचनीयः स्यात्तदपि समूहरूपेणैव। तद्यथा -

"नित्यः प्रवाहनित्यतया। एकः समूहरूपेण।" (महाभाष्य प्रदीपोद्योतः II.2.5)

परं भर्तृहरिणा "न नित्यः परमात्राभिः कालोभेदमिहार्हति" (वाक्यपदीयम् II.34) इत्यनेन नागेशपक्षस्तु सुतरां निरस्तः किल।

तथा च काले क्रमभेदेन भेदो भवति, कालस्यौपाधिक भेदाद् भिन्नत्वे। अतः कालः स्वतो ऽभिन्नो नित्यश्च। तद्यथा -

"भेदभावनानुगतबुद्धिनामेकात्वेन व्यवहरताम् अनादिना मिथ्याभ्यासेन विहितसमवायानाम् एकस्यां बुद्धौ अव्यतिरिक्तासु अनपायोपायिनीषु सर्वमात्रासु क्रमाख्यायाः शक्तेः सामर्थ्यमविद्यमानं प्रकल्प्यते क्रम प्रसिद्धये (वाक्यपदीये हरिवृत्तौ II.27)

VII. 0 पतञ्जलिना "वर्तमाने लट्" (अष्टा. III.2.123) सूत्रस्य व्याख्यायां कालोऽनुमानगम्य इति स्वीकृतः।

"सूक्ष्मो हि भावोऽनुमितेन गम्यः"

भर्तृहरिणाऽप्येतदेव स्वीकृतम् -

क्रिययोरपवर्गिण्योर्नानार्थसमवेतयोः।

सम्बन्धिना विनैकेन परिच्छेदः कथं भवेत् (वाक्यपदीये काल समुद्देशः 27)

नागेशेन, अस्मिन् समयेऽहं पश्यामि, अस्मिन् समयेऽहं जिघ्रामि, इत्यादिषु वाक्येषु अनुभवाधारेण कालस्य षडिन्द्रियवेद्यत्वमङ्गीकृतम् तच्च यथा-

क्षणसमूहरूपश्च सः षडिन्द्रियवेद्यः। (मञजूषा पृ. 849)

VII.1 कालः शाब्दव्यवहारे भिन्न-भिन्न-रूपे भासते । व्याकरणशास्त्रे शब्दव्यवहारः काल रूपेणैव गृह्यते । अस्ति -अभूत्-भविष्यत्यादिक्रियाभेदानां विवेचना तेन करणीया स्यादेव । तच्चोपगुम्फितं हेलाराजेन नास्माभिर्दशनविवेकः प्रारब्धः, किन्तु शाब्दे व्यवहारे यदङ्ग तत् परीक्ष्यम् । अस्ति च भिन्नकालः शाब्दो व्यवहारोऽभूत्, अस्ति भविष्यतीति । तत्र यथायोग्य-विचारितरमणीयः कालोऽ भ्युपगन्तव्यः "(हेलाराजो वाक्यपदीये कालसमुद्देशः 58)

परिणामतो व्याकरणशास्त्रं कालं वर्तमान-भूत-भविष्यत् त्रिषुरूपेण विशिनष्टि ।

VII.2 कालस्य तिस्त्रः शक्तयः स्वीक्रियन्ते वैय्याकरणैः । क्रियाया आधारेणैव कालभेदस्य मीमांसा क्रियते । तच्च यथा-

तस्याभिन्नस्य कालस्य व्यवहारे क्रियाकृताः ।
भेदा इव त्रयः सिद्धा यांल्लोको नातिवर्तते ।।
(वाक्यपदीये कालसमुद्देशः 48)

भूत-भविष्यत्-वर्तमानकालाः क्रियोपाधिकाः सन्ति । भर्तृहरिमतानुसारेण कालो दर्पणमिवास्ति । तद्यथा-

काले निधाय स्वं रुपं प्रजया यन्निगृह्यते ।
भावास्ततो निवर्तन्ते तत्र सङ्क्रान्तशक्तयः ।।

भाविनां चैव यद् रूपं तस्य च प्रतिबिम्वकम् ।
सुनिर्मिष्ट इवादर्शे काल एवोपपद्यते ।।
(वाक्यपदीये कालसमुद्देशः 39+40)

VII.3 वर्तमानकालविषये पतञ्जलिना उक्तम् - "एष नाम न्याय्यो वर्तमानः कालः यत्राभ्योऽनपवृक्तः " (महाभाष्यम् III.2.123)

यदापर्यन्तमध्ययनं समाप्तिं नागात् तदानीं पर्यन्तमध्ययनकाल एव भवति ।

यदा पर्यन्तं मानसव्यापारमुपरतं न भवति तदापर्यन्तं क्रियाऽप्युपरता न भवति । तच्च यथा-

"सन्दर्शनादिफलपर्यन्तः क्षणसमूहः क्रिया । तत्र च भौतिक व्यापारोपरमेऽप्यन्तरा सन्दर्शनप्रार्थनादेः मानस व्यापारस्य यावत् फलाधिगमः तावदविराम एव । (हेलाराजो वाक्यपदीये कालसमुद्देशः 82-83) परिणामतः प्रत्यवयव क्रियासमाप्तिमनगणय्यैव फलपर्यन्तक्रिया समूहाश्रयेण क्रियासन्तानस्य विवेचनं न्याय्यमिति दिक् ।

साहचर्येण कालव्यपदेशस्योदाहरणान्यप्युपलभ्यन्ते व्याकरणे । यस्मिन् समये मयूराः कलापिनो भवन्ति सः कालः कलापी नाम्ना ज्ञायते । यथा च -

"यस्मिन् काले मयूराः कलापिनो भवन्ति स कलापी (काशिका IV. 4.49)

पतञ्जलिनाऽप्यत्र साहचर्येण कालव्यपदेश स्वीकृतः । तद्यथा-

"कलापि सहचरितः कालः कलापी कालः" (महाभाष्यम् IV.3.46)

VII.4 केचन वर्तमानकालस्य सत्तायां न विश्वसन्ति, तस्य सदैकैव क्षण उपलब्धेः। एके न कोऽपि भेदो भवति । भेदभावे तस्मिन् क्रमस्यासंभवात् । एकैवास्मिन् क्षणे गमनादि क्रियायाः

संभारस्यासम्भवत् । अतो 'गच्छति' इति वर्तमानकालिक वक्तव्यस्यानुपपन्नत्वात्, वर्तमानकालस्य सत्तैव न तिष्ठति, तच्च समर्थितं कैयटेन ।

एक एव क्षण उपलभ्यते, नातीतो नापि अनागतो, न चैकस्य क्षणस्य गमनादिक्रियाविशेषः सम्भवति" (महाभाष्यप्रदीपः III. 2.123) ।

अस्य परिहारपक्षे निगद्यते यत् प्रारब्धापरिसमाप्तत्वकालः वर्तमानकालो नाम्ना ज्ञायते । क्रियाकलापस्यावयवा इतस्ततः विद्यमाना भवन्ति, पुनरपि ज्ञातात्मनि तेषामाधारः संक्रान्तो भवति, ज्ञातात्मन एकत्वे सत्येव ऽ तेऽपि 'एक एव, इति संज्ञामुपलभन्ते । अतो हेतोरेव वर्तमानकालोऽनेकक्षणसमूहात्मकत्वेन स्वीक्रियते । तद्यथा –

क्रियाप्रबन्धरूपं यदध्यात्मं विनिगृह्यते ।
सङ्क्रान्त बिम्वमेकत्र तामाहुर्वर्तमानताम् ।।
(वाक्यपदीये कालसमुद्देशः 90)

VII.5. अन्यच्च यदि वर्तमानकालस्य सत्ता न स्वीक्रीयेत, तदानीं भूतभविष्यतोः सत्ताऽपि संशयनिमग्ना भविष्यति । वर्तमानस्याभावे तयोरप्यभावः स्यात् । वर्तमानाधारेणैव भूत भविष्यतोः सत्ता स्यात् । वर्तमानस्य सिद्धय एवातीत- अगानतयोः सिद्धिः सम्भवा, अन्यथा न, तद्यथा –

"वर्तमानात्वाभावे च भूतभविष्यतोरप्यभावः प्रसंगः, वर्तमानो हि भूतत्वं भविष्यत्वञ्च प्रतिपद्यते । (महाभाष्यप्रदीयः III.2.123) ।

पतञ्जलेर्मतानुसारं कालस्य त्रयो विभागा योगिभिर्द्रष्टुं शक्यत्वाद् सिद्धैव । वस्तुतत्त्वेषु विमृश्यमानेषु विदितं भवति यद् सूक्ष्मादसूक्ष्मतरं चिन्तनं कुर्वाणमस्माकं महर्षिभिः कालोऽनुमानगम्यः सूक्ष्मश्च स्वीकृतः । तद्यथा –

"अस्तीति तां वेदयन्ते त्रिभावाः सूक्ष्मो हि भावोऽनुमितेन गम्यः" (महाभाष्यम् III. 2.122)

VIII. 0. भर्तृहरिणा वर्तमानकालो द्विधा मतः । प्रथमस्तु प्रारब्ध-अपरिसमाप्तेऽर्थेऽपरश्च "वर्तमान समीपे वर्तमान वद् वा " (अष्टा. III.3.131) सूत्रानुसारेण भूतभविष्यतोरर्थे भवति । एतयो र्द्वयोर्मध्ये प्रथम एव मुख्यः ।

VIII.1. यस्य स्वसत्ता समाप्तिमगात् सः काल 'भूत शब्देन व्याह्रयते । तच्चोक्तं कैयटेन-

"यस्य स्वसत्ता व्यपवृक्ता तत्सर्वं

भूतशब्देनोच्यते" (महाभाष्यप्रदीपः II.2.84)

पतञ्जलिस्तु – अल्पसत्तायाः परिसमाप्तेरपि भूतकालो भवतीति स्वीकरोति । तद्यथा –

"एष च न्याय्यो भूतकालो यत्र किचिंदपवृक्तं दृश्यते" (महाभाष्यम् III.2.102)

उत्पन्नान्तरे ध्वस्तायाः क्रियाया उपाधेर्रूपे भूतकालस्य प्रयोगः क्रियते । भर्तृहरेर्मतानुसारं पञ्चधाऽयं भूतकालः तच्च हेलाराजेनऽधोङ्कितेन रूपेणाङ्गीकृतम् –

सामान्यभूतः, अद्यतनभूतः, अनद्यतन भूतः, अद्यतनानद्यतनभूतः , भविष्यतः स्थाने आरोपितभूतः ।

VIII.2. यत्र भूतविशेषस्याश्रयमनासृत्यैव सामान्यभूतार्थे क्रियायाः प्रयोगो भवति, तद् सामान्यभूत पदेन व्याह्रियते तच्चोररीकृतं पाणिनिना "लुङ्" (अष्टा. III.2.. 110) इत्यस्मिन् सूत्रे । विशेषेऽपि सामान्यो भवति । अनेनाधारेणैव यदा कदा विशेषभूतस्यार्थे सामान्यभूतस्य व्यवहारः क्रियते । यथा हि –'अगमाम घोषान् अपाम पयः' ईदृशेषु वाक्येषु विशेषभूतस्य सम्भावनायां सत्यामपि तद् अविवक्षायां सामान्यभूतस्यैव प्रयोगोऽभूत् । वस्तुतो विवक्षारूढोऽर्थो हि शब्दप्रयोगस्य निमित्तं भवति । विशेषभूतस्य विवक्षायामुपर्युक्ते वाक्ये तत् सदृशेष्वन्येष्वपि वाक्येषु विशेषभूतद्योतकस्य लङ्लकारस्य प्रयोगोऽपि भविंतुं शक्यते ।

ननु शब्देन सह प्रश्नस्योत्तरे सामान्य भूतार्थे वर्तमानकालस्य प्रयोगो भवति । यथा 'अकार्षीः कटं देवदत्तः , ननु करोमि भो' । नु शब्देन प्रत्युत्तरे सामान्यभूतार्थे वर्तमानकालो व्यवह्रियते विकल्पेन । तद्यथा– अकार्षीः कटं देवदत्तः, नु करोमि भो । अथवा नाकार्षम् ।

VIII.3. अद्यतनभूतकालमवलम्ब्य वैय्याकरणा बहुधा बेभिद्यन्ते । न्यासकारमतेन–

"दिवसः सकलः अतिक्रान्ताया रात्रेश्चतुर्थो याम

आगामिन्याश्च प्रथमो याम इत्येषोऽद्यतनः कालः, इति (न्यास III.2.110)

भट्टोजिदीक्षितमतेन –

"अतीताया रात्रेः पश्चार्धेन आगामिन्याः पूर्वार्धेन च सहितो दिवसः अद्यतनः" (सिद्धान्त कौमुदी III.2.110)

पतञ्जलिमतेन –

"अद्यतनेऽपि अद्यतनो विद्यते । कथम् ।

व्यपदेशिवद् भावेन ।" (महाभाष्यम् III .2.111) ।

वस्तुतत्त्वेषु विमृश्यमानेषु विदितं भवति यद् अद्यतन– श्वस्तनश्च शब्दौ पूर्वाचार्याणां संज्ञे विद्येते तथा च स्वे मूले रूप एतयोर्भावः –अद्यभवः अद्यतनः कालः, श्वो भवः श्वस्तनः कालो रूप आस्ताम् ।

यदा अद्यतने कापि क्रिया समाप्ता स्यात् सः कालः अद्यतनभूतरूपे व्याह्रियते । यद्यप्यत्र सामान्य भूतस्यापि सत्ता वर्तते पुनरपि सामान्ये विशेषो वर्तते । अनेनाधारेणैव अद्यतनो विशेषः स्वीक्रियते तथा च सामान्य भूताद् अद्यतन भूतः प्रथक् क्रियते । अत्रावयवव्यतिरिक्तरूपे समुदायसत्ताऽऽधाररूपे नास्ति । एकस्य कालस्य अपरेण कालेन सह आधाराधेयभावः सर्वथा कल्पितो भवति । यथोक्तं भर्तृहरिणा–

कालस्याप्यरं कालं निर्दिश्यन्त्येव लौकिकाः ।
न च निर्देशमात्रेण व्यतिरेकोऽनुगम्यते ।।
(वाक्यपदीये सम्बन्धसमुद्देशः 83)

VIII. 4. अनद्यतने शब्दे बहुव्रीहिः समासो वर्तते । यस्मिन् अद्यतनं नास्ति सः अनद्यतन इति । तच्च पाणिनिना "अनद्यतने लङ्" (अष्टा० III.2.111) सूत्रेण व्याख्यातम् । अकरोत्, अहरत्, अभवद्, इत्यादयः क्रियारूपा अनद्यतन भूतकालम् आचचक्षिरे ।

परोक्षोऽप्यनद्यतन भूतकालस्यैव भेदोऽङ्गीक्रियते वैय्याकरणैः । कैयटमतानुसारम् -

"इन्द्रियगोचरसाधनसाधितानद्यतनक्रियावाचिनस्तु धातोर्लिट् प्रत्यय इति निर्णयः । तथा ह्यः पपाचेत्याद्यपि भवति ।" (महाभाष्यप्रदीपः III.2.115) ।

उत्तमे पुरुषे यत्र क्रियाऽऽत्मसाध्या भवति, तत्र परोक्षस्य व्यवहारः चित्तव्याक्षेपाधारेण भवति । अस्मिन् प्रसंगे भाष्यकारेण शाकटायनस्य तल्लीनताया उल्लेखः कृतः यश्च राजमार्ग आसीनोऽप्यग्रतो गम्यमानान् शकटान् अवलोकयितुं न शशाक "तद्यथा वैय्याकरणानां शाकटायनो रथमार्ग आसीनः शकटसार्थं यान्तं नोपलेभे" (महाभाष्यम् III.2.115) भाष्यकारमतेन मनसा संयुक्तानीन्द्रियाण्येवोपलब्धौ कारणानि भवन्ति । तद्यथा-

किं पुनः कारणं जाग्रदपि वर्तमानंकालं नोपलभते । मनसा संयुक्तानि इन्द्रियाणि उपलब्धौ कारणानि भवन्ति, मनसोऽ सान्निध्यात् " (महाभाष्यम् III.2.115) ।

VIII.5. भर्तृहरिणा भूतकालस्याद्यतनस्यानद्यतनस्य चैको मिश्रितो रूपोऽप्यङ्गीकृतः । अद्यतनानद्यतनस्य च समुदायः अनद्यतनाद् भिन्नो वर्तते । अतः अद्यतनानद्यतन' नाम्नैको भूतभेदः स्वीकृतः । उदाहरणरुपेण 'अद्य ह्यः अभुक्तमहि' प्रदत्तम् ।

VIII.6 पाणिनिना "आशंसायां भूतवच्च " (अष्टा. III.3.132) इति सूत्रे भविष्यत्कालस्यार्थे भूतकालप्रत्ययानां विधानं कृतमवलोक्यते । ईदृशेषु स्थलेषु भविष्यतः स्थान आरोपित भूतत्वादेकोऽन्यो भूतभेदः स्वीक्रियते ।

IX.0 भर्तृहरिमतेन भविष्यत्कालः चतुर्धा विभक्तुंशक्यते । तच्च यथा- सामान्य भविष्यत् अद्यतनभविष्यत् अनद्यतन भविष्यत्, अद्यतनाद्यतन भविष्यच्च ।

ऐषु सामान्यभविष्यन्निर्देशकः लृट्लकारः, अद्यतनभविष्यदर्थेऽपि लृट्लकारः, अनद्यतनभविष्यदनद्यतनभूतकालमिवास्य द्योतको लुट् लकारः, अद्यतनानद्यतनसमुदायः अद्यतनानद्यतनश्च भविष्याद् भिन्नमस्ति ।

यथा हि भविष्यतः स्थान आरोपितो भूतो भवति तथैव अनद्यतनभूतार्थे भविष्यत् कालस्यारोपोऽवलोक्यते, विशेषरूपेण स्मरणार्थकैर्धातुभिः सह । यथा हि 'अभिजानासि देवदत्त यत् कश्मीरेषु वत्स्यामः' । परं भर्तृहरिणाऽस्य पृथक् भविष्यद् भेदरूपे सत्ता नैवाङ्गीकृता, अनेनैव प्रकारेण अनद्यतनभविष्यद्-वर्तमानेऽपि, यस्मिन् सामान्यभविष्यतः प्रत्ययादयः प्रतिषेधाधारेण क्रियन्ते, ते सामान्यभविष्यति एव परिगणितव्याः स्युः । तद्यथा -

"यस्तु अनद्यतनवत् प्रतिषेधात् भविष्यत् सामान्यकार्याणि प्रतिपद्यन्ते, सोऽनद्यतनोऽपि शास्त्रव्यवहारो भविष्यत्सामान्यमेव " (हेलाराजः कालसमुद्देशः 38)

IX.1. परिवेदनेऽर्थेऽद्यतनभविष्यति- अनद्यतनभविष्यतः प्रयोगः साधुः स्वीक्रियते यथा हि 'इयं कदा नु गन्ता या एवं पादौ निदधाति' । पूर्वाचार्याणां लुट्लकारस्य श्वस्तनी तथा च लृट्लकारस्य भविष्यन्ती संज्ञे विज्ञायेते ।

लोके भविष्यदर्थे भूतकालस्य प्रयोग एकस्मिन् वाक्ये दृष्टिपथमवतरति, तच्च यथा । 'देवश्चेद् वृष्टः निष्पन्नाः शालयः' वस्तुतः संपत्स्यन्ते शालय इत्येवाचक्षणीं स्यात्, यतो हि शालयो भवितारः, न तु निष्पन्नाऽधुना यावत् । पुनरपि जना भविष्यत्-कालस्य प्रयोगं नाकुर्वन्

यदि च कश्चिद् भविष्यत्कालस्य प्रयोगः (संपस्त्यन्ते) अकरोत्, स निवेद्यते स्म यद् संपत्स्यन्ते स्थाने संपन्ना एवं व्यवहरणीयः ।

कात्यायनेन पक्षोऽयं सुतरां पल्लवितः किल । तद्यथा
"हेतु भूतकालस्य संप्रेक्षितत्वात् "
(वार्त्तिकं महाभाष्ये III.3.133) ।

अस्मिन् प्रसंगे भर्तृहरेर्मतानुसारं निष्पत्तेर्हेतवोऽनवस्थिता विद्यन्ते, तेषां कारणशक्तेः परिकल्पना साधुत्वं नाधिगच्छति । निष्पत्तेः सम्बन्धर्हेतुजन्मफलजन्माभ्यां सह विद्यते । सिद्धेश्च सम्बन्ध फलजन्मेन सहैव । निष्पत्तिर्बाह्यसाधनैराविर्भूता, सिद्धिश्चान्तरङ्गैः । तद्यथा –

निष्पपत्तावविधिः कश्चित् कश्चित् प्रतिविवक्षितः ।
हेतुजन्मव्यपेक्षातः फलजन्मेति चोच्यते ।।
अबहिस्साधनाधीना सिद्धिर्यत्र विवक्षिता ।
तत् साधनान्तराभावात् सिद्धिमित्युपदिश्यते ।।
(वाक्यपदीये कालसमुद्देशः 109 & 110)

एवमुपलब्धौ भूतभविष्यतोर्विवक्षा प्राधान्यरूपेण नावतिष्ठते, केवलं वस्तुनः सन्मात्रस्य विवक्षा मानसिकग्रहणेऽवलोकयितुं शक्यते । तच्च प्रतिपादितं भर्तृहरिणाऽ धोङ्कितं पद्यं द्वारीकृत्य

सतामिन्द्रियसम्बन्धात् सैव सत्ता विशिष्यते ।
भेदेन व्यवहारो हि वस्त्वन्तर निबन्धनः ।।
अस्तित्वं वस्तुमात्रस्य बुद्धया तु परिगृह्यते ।
यः समासादनाद् भेदः स तत्र न विवक्षितः ।।
(वाक्यपदीये कालसमुद्देशः 112&113)

IX.2 यदा प्रतिबन्धकत्वाद् उतवा सामग्रेर्विकलतायाः कस्या ऽपि क्रियायारनुपपत्तिः स्यात्, सा क्रियातिपत्ति र्नाम्ना व्याह्रियते । यथा चाह काशिकाकारः–

"कुतश्चिद् वैगुण्याद् अनभिनिर्वृत्तिः क्रियायाः क्रियातिपत्ति "
(काशिका III.3.139)

क्रियायारनुत्पत्त्या सह भूतभविष्यतोः सम्बन्धो नैव स्थातुं शक्यत इति प्रश्नोदय इदं विचार्यते यद् भूतकाल, उत्पन्नस्य अतिक्रान्तामवस्थां द्योतयति, यच्च अनुत्पादन्नः तेन सह तस्य दुर्घटः सम्बन्धो वरीवर्त्ति । अतः साधनसन्निधानस्य वर्तमाने सति संभाविता उत्पत्तिर्भविष्यतः क्षेत्रमिति दिक् ।

IX.3. भर्तृहरिमहानुभावेनास्य प्रश्नस्य समाधानः, अवधिभेदात् विषयभेद इत्याधारेण कृतः । तद्यथा 'कमलकम् आह्वास्यन् न शकटं पर्याभविष्यत् ' इत्यत्र भविष्येऽपि कमलकस्याह्वानं शकटस्य सुरक्षायां साधको भवत्येव बोध्यम् ।

नागेशमतेन एतादृशेषु स्थलेषु भविष्यदादेरारोपः क्रियते तथा चारोपितार्थद्वारेणैव क्रियातिपत्तेर्भविष्यादिना सह सम्बन्धः स्थापितो भवति । अयमेवाशयः किय्द्धारुतया ग्रथितम् ।

"साधनाभावाद् अभविष्यदपि वस्तुनि भविष्यत्वम् आरोप्यते निषेधप्रतियोगित्वा-येत्यदोषात् । सुभिक्ष भवन-हेतुसुवृष्टि भवनं भविष्यत्वेन असम्भावयन् एवमभिधत्ते । एवं हि क्रियातिपत्तिः अवगता भवति" (मञ्जूषा पृ. 929)

X.0 संस्कृत एतादृशानि बहूनि वाक्यानि दृष्टिपथमवतरन्ति मतिमतां येषु द्वयोः परस्परविरुद्धकालयोरेकदैवोत्पत्तिर्भवति । तद्यथा- भाविकृत्यम् आसीत्, अग्निष्टोमयागस्य पुत्रो जनिता, साटोपमुर्वीमनिशं नदन्तो ये प्लावयिष्यन्ति समंततोमी गोमान्, आसीत् आदयः । एतादृशानि वाक्यानिं 'व्यामिश्रकालः' नाम्ना ज्ञायन्ते । एषु प्रथमे वाक्ये भाविशब्दे भविष्यत् कालस्य प्रत्ययः, तथा च आसीत् भूतकालस्य । द्वितीये वाक्ये अग्निष्टोमयाजी शब्दे भूतकालस्य प्रत्ययः, जनिता शब्दे भविष्यत् कालस्य । तृतीये वाक्ये नदन्तः शब्दे वर्तमानकालस्य प्रत्ययः तथा च प्लावयिष्यन्ति शब्दे भविष्यत् कालस्य । चतुर्थे वाक्ये वर्तमान कालस्य भूतकालेन सह सम्बन्धो वरीवर्त्ति । पाणिना एतादृशानां प्रयोगानां "धातुसम्बन्धे प्रत्ययाः" (अष्टा० III.4.1) इति सूत्र द्वारेण साधुत्वमुररी कृतमिति को नाम संशयीत ।

X.1. व्यामिश्रकालविषये भर्तृहरिरपि भूतभविष्यतोः सहप्रयोगस्य पाणिनेर्मतं समर्थयति तद्यथा -

शुद्धे च काले व्याख्यातमामिश्रे न प्रसिध्यति ।
साधुत्वमयथाकालं तत् सूत्रेणोपदिश्यते ।।
(वाक्यपदीये कालसमुद्देशः 98)

एवं वाक्यपदीय एकादशकालभेदाः
प्रदर्शिताऽधोङ्कितं पदमधिकृत्य-
भूतः पञ्चविधस्तत्र भविष्यंश्च चतुर्विधः .
वर्तमानो द्विधा ख्यात इत्येकादश कल्पना ।।
(वाक्यपदीये कालसमुद्देशः 38)

परमित्यत्रैतदवधेयं भवति कालकल्पना इमा व्यवहार दृष्टा एव, न तु यथार्थता कालाख्यस्य स्वतन्त्रशक्तेर्भेदरहितत्वात् । तच्च उपश्लोकितं भवति-

विकल्परूपं भजते तत्त्वमेवाविकल्पितम् ।
न चात्र काल भेदोऽस्ति काल भेदश्च गृह्यते ।।
(वाक्यपदेये द्रव्यसमुद्देशः 8)।

X.2. भारतीयविचारपरम्परायां दिक्कालयोः साहचर्यमङ्गीकृतमवलोक्यते । व्याकरणेऽपि एतयोः साद्दयं दृश्यते पाणिनिरपि "दिक् शब्देभ्यः सप्तमी-पञ्चमी-प्रथमाभ्यो दिग्देशकालेष्वस्ताति" (अष्टा. V.3.27) "दक्षिणोत्तराभ्यामतसुच्" (अष्टा. V.3.28) "विभाषा परावराभ्याम्" (अष्टा. V.3.29) इत्यादिषु सूत्रेषु दिक्कालयोः सहभूतत्वं सुतरामुपनिन्ये ।

भर्तृहरिणाऽपि दिक्कालयोः साम्यमुपलालितम् । तद्यथा-

शक्तिरूपे पदार्थानामत्यन्तमनवस्थितः ।
दिक् साधनं क्रियाकाल इति वस्त्वभिधायिना ।।
(वाक्यपदीये काल समुद्देशः I)

X.3. कालशक्तिः क्रियाभेदकत्वे प्रसिद्धा दिक् शक्तिश्च मूर्तेः । तद्यथा कालात् क्रियाविभज्यन्ते आकाशात् सर्वमूर्तयः । (वाक्यपदीये साधनसमद्देशः 6) ।

मूर्तौ क्रमरूपकल्पना दिगाश्रिता भवति । ऽमूर्ताकाशेऽपि परत्वापरत्व वस्तूनां संयोगविभागाभ्याम् औपाधिकरुपे स्वीक्रियते । एवं पूर्वापरज्ञानबलेनैव दिक् सत्ता अनुमीयते । यथा हि-

"यथा पूर्वापरादि प्रख्यलक्षणेन कार्येण अनुमित
सत्वा तथाभ्युपगन्तव्या शक्तिरूपा दिक् ।"
(हेलाराजो वाक्ययदीये दिक्समुद्देशः 7)

भर्तृहरिणा दिशः बाह्यसत्ताऽतिरिक्तं तस्या आन्तरिकसत्ताऽपि स्वीकृता विभाव्यते । तदनुसारं दिक् अन्तःकरणस्यैको धर्म विशेषः यच्च बाह्यरूपे पूर्वापररूपे प्रकाशितो भवति । दिशः कोऽपि बाह्यरूपं नास्तीति को नाम संशयीत । तद्यथा - "अन्तःकरण धर्मो वा बहिरेवं प्रकाशते (वाक्यपदीये दिक्समुद्देशः 23)

तथा च हेलाराजः-
"न बाह्या काचिद् दिगस्ति ।"
(हेलाराजो वाक्यपदीये दिक्समुद्देशः 23) ।

एवं कालस्यावस्थानां सरूपाणाञ्च विषये संस्कृतवैय्याकरणैर्बहुविचारितं तथा चान्ततो-गत्वा कालः स्वतन्त्रशक्तिरूपेणाभिमतः, अयमेव सर्वसम्मतः पक्षः, इतिदिक् ।

XI.0. विद्यन्ते हि संस्कृतभाषायाम् नैकविधा निषेधात्मकप्रयोगा यथा किल अन्यासु भाषासु । ते च विविधाः प्रयोगा अधुना व्यवहारेण नानुसन्धातुं शक्यन्ते, प्रत्युत संस्कृतवाङ्मयस्य विविधानामङ्गानां ग्रन्थेषु लक्ष्यन्ते । पद्यकाव्ये, कथासाहित्ये , व्याकरणग्रन्थेषु, दर्शनग्रन्थेषु च तथा भूताः प्रयोगाः समुपलभ्यन्ते । भाणप्रबन्धेषु, नीतिकथासु, रूपकेषु पञ्चतन्त्रादिषु च तेषां बाहुल्यमुपलभ्यते । प्रथमं तावद् इदमेव विमर्शनीयं यत् निषेधात्मकप्रयोगशब्देन किमत्राभिप्रेतम् । यैः प्रयोगैः कस्यचित् पदार्थस्य जातिगुणक्रिया द्रव्याणाम् अन्यतमस्याभावो निषेधादिकं वा बोध्यते त एव निषेधात्मकप्रयोगा उच्यन्ते । अत्र च निषेधशब्दः पारिभाषिक इव मन्तव्यः । अत्र हि वक्ष्यमाणा अभावादयः सर्वेऽ प्यन्तर्भवन्ति । एवञ्च कस्यचित् पदार्थस्य निवृत्तिबोधकाः प्रयोगा एवात्र निषेधात्मकप्रयोगशब्देन विवक्षिताः । अत्र चेदम् आशङ्क्यत् यत् सतो विद्यमानस्य पदार्थस्येति यावत्, निवृत्तिः कर्त्तुं न शक्या । तथा हि परमलघुमञ्जूषायां प्रदर्शितः पूर्वपक्षः "नन्वेवं घटसत्तारूपोऽर्थः प्रथमबुद्धौ नञा निर्वतयितुम् अशक्यः सतौ निषेधायोगात्, असतसत्वसत्वाद् एव निवृत्तिसिद्धया निषेधो व्यर्थः । " तदुक्तम् (खण्डनकृता).....

सतां च न निषेधोऽस्ति सोऽसत्सु च न विद्यते ।
जगत्यनेन न्यायेन नञर्थः प्रलयं गतः ।।
(परमलघुमञ्जूषा नागेशभट्टः, पृ. 130, बड़ौदा 1961)

वैय्याकरणास् त्वेतां शङ्कामेवं समादधति---सत्यं यत् निषेधेन सतः पदार्थस्य सत्ता निवर्तयितुं न शक्या तथापि वैय्याकरणानां मते बौद्धः शब्दः स्फोटरूप एव वाचको बोद्धो ऽर्थ

एव च वाच्यः । एवञ्च बौद्धो विद्यमानस्यापि पदार्थस्य निषेधात्मकप्रयोगेण बाह्यजातिसत्ता निषिधयते । उक्तञ्च नागेशेन–"बोद्धो हि शब्दो वाचकः बोद्ध एवार्थो वाच्य इत्युक्तत्वात् । बुद्धिसतोऽप्यर्थस्य नञा बाह्यसत्तानिषेधात् बुद्धौ सन्नापि घटो बहिर्नास्तीत्यर्थात्" (परलघुमञ्जूषा नागेशभट्टः, पृ. 130 , बड़ौदा 1961) तथा च "न च घटास्तिपदाभ्यां या घटविषया ऽस्तिबुद्धि र्जाता सा नञा निवर्त्यते किं बोद्धार्थस्वीकारेणेति वाच्यम् । बुद्धेः शब्दावाचकत्वेन ना तन्निषेधायोगात् " (परमलघुमञ्जूषा नागेशभट्टः, पृ. 130, बड़ौदा 1961) ।

एवञ्चात्र पदार्थस्य क्वचित् सत्ताया निषेधकाः प्रयोगैव निषेधात्मकप्रयोगाः अभिमताः । वक्ष्यमाणरीत्या च भर्तृहरिणा षड् नञर्था उक्ताः । तेषु च त्रय एव पदार्थस्य निवृत्तिं बोधयन्ति न सर्वेऽपि । अन्येऽपि च केचन निषेधार्थकाः प्रयोगा अभिमताः । ते ततोऽतिरिच्यन्ते । अतोऽत्र प्रकारान्तरेण निषेधात्मकप्रयोगाः प्रतिपाद्यन्ते । संक्षेपतस्ते प्रयोगा अर्थभेदेन षोढा भवन्ति --अभावबोधकाः, भेदबोधकाविरोधबोधकाश्च, वारणार्थकाः प्रतिषेधार्थका वा, अस्वीकृतिबोधकाः, वर्जनार्थकाः, प्रतीकात्मका आलङ्कारिकाश्च । यद्यप्य् अभावादय इमे समे ऽपि समानार्थका इव प्रतीयन्ते । तथापि सूक्ष्मेक्षिकया एषां भेदो निर्धार्यते । किञ्चैवं न्यूना अधिका वा प्रकाराः स्युः नात्र कश्चिदभिनिवेशः ।

XI.1. अभावशब्दस्यार्थः-- न भावः सत्वमिति यावत् । तथा चासत्वम् (non-existence) अविद्यमानता (absence) वाऽस्यार्थः . यथा 'अत्र गौर्नास्ति' इत्युक्ते गोरभावो गम्यते । अत्र चाभावशब्देन संसर्गभावस्य ग्रहणम्, भेदस्य पृथक्ग्रहणात् । तथा च प्रागभावः प्रध्वंसाभावोऽत्यन्ताभावश्च अभावपदेन गृह्यन्ते । अन्योन्याभावस्तादात्म्याभावो वा भेदशब्दस्यार्थः । अनश्वो गौः, गौर्न अश्वः, इत्यादिषु प्रयोगेषु गवाश्वयोर् भेदो बोध्यते । उक्तञ्च नागेशेन " अयं भावः- भेद एव नञर्थः" (व्याकरणमहाभाष्यम् प्रदीपोद्द्योत् II. 2.6, हरयाणा-साहित्य -संस्थान, गुरुकुल झज्जरः, रोहतकः, हरयाणा -1963 पृ. 668) विरोधार्थस्तु भेदातिरिक्त इव प्रतिभासते यथा धर्मस्य विरुद्धः 'अर्धमः' इति । तृतीय प्रयोगस्तु वारणार्थकाः प्रतिषेधार्थका वा । भगवता पाणिनिना "अलङ्खल्वोः प्रतिषेधयोः प्राचांक्त्वा" (अष्टा. III.4.18) इत्युक्तवता 'अलं ' शब्दस्य प्रतिषेधार्थकत्वमुक्तं भवति । 'अलं ' शब्दो हि वारणार्थकः इति चामरकोशादिप्रसिद्धः । 'अलं ' महीपाल तव श्रमेण" (रघुवंशमहाकाव्यम् II.3.4) इति कालिदासीये प्रयोगे अलं शब्दो वारणं प्रतिषेधं वा बोधयति । अत्र च ' दानेन किञ्चिदपि साध्यं नास्ति' इति अभियुक्ता अर्थापयन्ति (सिद्धान्तकौमुदी, बालमनोरमाव्याख्या सूत्रम् 3316 ।

अस्वीकृतिबोधकेषु तु प्रयोगेषु अस्वीकारः अपलापः (deny) प्रत्याख्यान प्रत्यादेश-निराकरणप्रभृतिभिः Refusal or Refutation) च समायान्ति । अत्र च कस्यचित् प्रार्थनायाः 'अस्वीकरणम्, अस्वीकारः, यथा किञ्चित् कर्तुं प्रार्थितः कश्चिद् उत्तरयति 'न करोमि भोः' । कस्यचित् तथ्यस्यास्वीकरणम् अपलापोऽपह्नवो वा यथा 'प्रत्यक्षसिद्धमप्य् अपलपति' । अमुमेव अपह्नवम् अपह्नुतिनामालङ्कारः समाश्रयति यथा 'नेदं नभोमण्डलम्बुराशिः ' । किञ्च गृहीतस्य ऋणादेर् अस्वीकरणम् अप्य् अपलाप एव । तथा च "अपह्नवे ज्ञः" (अष्टा० I.3.44) इति पाणिनीयसूत्रस्योदाहरणे 'शतमपजानीते' अपलपतीत्यर्थः । कस्यचिन्मन्तव्यस्य वचनस्य वा निषेधः प्रत्याख्यानं प्रत्यादेशो निराकरणं वोच्यते । अस्य च प्रत्याख्यानस्य पद्धतिः

पाणिनीयाष्टकेऽपि समुपलभ्यते । भगवान् पाणिनिर्हि "लुपि युक्तवद् व्यक्तिवचने", "विशेषणानां चाजातेः" (अष्टा. I.2.51&52) इति सूत्रद्वयेन प्राचीनाचार्याणां मतम् उपन्यस्य प्रत्यादिशति-- "तदशिष्यं संज्ञाप्रमाणत्वात्" (अष्टा. I.2.53) महाभाष्ये त्वस्य निराकरणस्य नाटकीयाशैली समुपलभ्यते । यथा--'नैष दोषः पक्षान्तरैरपि परिहारा भवन्ति ' । अपि च ---- 'न चापशब्दपदार्थकः शब्दोऽपशब्दो भवति' 'अवश्यं चेतदेवं विज्ञेयम्' (महाभाष्यम्, ऋ लृ क्) ।

एभ्यः प्रत्यारव्यानादिबोधकेभ्यो भिन्ना वर्जनार्थकाः प्रयोगाः । अत्र च वर्जनशब्देन यत्किञ्चित्परित्यागः (Leaving) विनार्थोऽतिरिक्तार्थश्च (Exclusion) वाऽ भिप्रेतः । यथा ऋतेज्ञानान्न मुक्तिः, अपविष्णु संसारः (विष्णुं वर्जयित्वा संस्मरणम्) इत्यादिषु । अयं च वर्जनार्थः "परेर्वर्जने" (अष्टा. VIII.1.5) इत्यादिपाणिनिसूत्रेषु नैकधा निर्दिष्टः ।

प्रतीकात्मका निषेधद्योतकास्तु प्रयोगाः तत्तुच्छम्, गगनकुसुमायितम् इत्यादयः । पाणिनिव्याकरणेऽपि 'लुक्श्लुलुपः' (तु. "प्रत्ययस्य लुक्श्लुलुपः", अष्टा.I.1.61) प्रभृतयः लोपस्य प्रतीकभूताः । किञ्च स्थानिन् शब्दोऽपि स्थानमस्यास्तीति व्युत्पत्त्या कस्यचिद् अभावं प्रत्याययति (तु. "स्थानिवदादेशोऽनल् विधौ," अष्टा. I.1.. 56) । तथा च "युष्मद्युपपदेसमानाधिकरणे स्थानिन्यपि मध्यमः" (अष्टा. I.4.105) इति सूत्रस्य वृत्तौ 'युष्मदि अप्रयुज्यमाने प्रयुज्यमानेऽपि' इति भट्टोजिदीक्षितेनोक्तम्, (सिद्धान्तकौमुदी, सूत्रवृत्ति 2162) । आलङ्कारिकास्तु तद्विषयकप्रयोगा अग्रे प्रदर्शयिष्यन्ते । ते च निषेधात्मकप्रयोगाः शब्दभेदेन बहुधा भिद्यन्ते परमत्र समासतो वर्गचतुष्टयेन निरुप्यन्ते । तथा हि क्वचिन्नामशब्दै र्निषेधोऽभिलप्यते, क्वचिद् आख्यातपदैः, क्वचिद् उपसर्गेण, क्वचिच्च निपातैः । इमे हि चतुर्विधाः शब्दा यास्काभिमताः (तु. "चत्वारि पदजातानि नामारव्याते चोपसर्गनिपाताश्च", निरुक्त I.1) । यदि तु पाणिनीयव्याकरणमनुसृत्य उपसर्गा निपाताश्च प्रातिपदिकग्रहणेन गृह्यन्ते तदा तु भेदद्वयम् एव सुवचम् ।

XI.2. तत्र चतुर्विधेषु निषेधात्मकशब्देषु प्रथमतो नामशब्दा विमर्शमर्हन्ति । तेषामल्पत्वात् । अत्र चेदमप्यवधेयं यदत्र येऽपि शब्दाः प्रदर्श्यन्ते ते उदाहरण रूपेणैवावगन्तव्याः कार्त्स्न्येन परिगणनाय तु पाणिनिसदृशा दर्भपवित्रपाणयो महर्षय एव प्रभवन्ति, अत्र के वयं वराकाः ? अतो दिङ्मात्रमेवात्र प्रदर्श्यते । एतत्खलु प्रतिभाति यन्निषेधबोधकानि नामपदानि स्वल्पसंख्याकान्येव संस्कृतभाषाम् । यानि चोपलभ्यन्ते तेषामपि बहुसंख्यकानि नञो योगेन, उपसर्गबलेन वा निषेधबोधकतां यान्ति । तथा हि-अभाव इत्यत्र भावशब्दो नञा युक्तः । अस्वीकृतिः, अनुपलब्धिर् इत्यादिष्वपि तथा । निषेधः, प्रतिषेधः, अपलापः, इत्यादीनि च नामानि उपसर्गबलेन निषेधार्थं बोधयन्ति । पुनरपि कानिचित् तादृशानि नामपदानि निरूपसृष्टानि, नञा हीनानि चाप्युपलभ्यन्ते । यथा रिक्तम्, हानम्, हीनम्, शून्यम् रहितम्, वर्जनम्, अन्यत्, भेदः, इत्यादीनि । पाणिनीयाष्टके च "अदर्शनं लोपः" (अष्टा. I.I.60) इत्यत्र लोपशब्दोऽभावस्य वाचकः । निषेधबोधकानां नामपदानां च प्रयोगा बहुलमुपलभ्यते । तद्यथा 'गतो भावो अभावम् ' इति मृच्छकटिके (अङ्क I), "सर्वेषामप्यभावं तु ब्राह्मणा रिक्थभागिनः' इति मनुस्मृतौ, (IX.188) "नाभाव उपलब्धेः' इति ब्रह्मसूत्रे (II.2.28) " निषेधो वक्तुमिष्टस्य' इति काव्यप्रकाशे (आक्षेपालङ्कारः, उ. 10) 'न हि प्रत्यक्षसिद्धस्यापलापः कर्तुं

शक्यते' इति शारीरिक भाष्ये । रिक्त प्रभृतीनां प्रयोगास्तु यथा-' रिक्तो घटो घोषमुपैति नूनम्' इति सुभाषितम् । 'विद्याविहीनः पशुः' इति नीतिशतके (20) 'अङ्गुलीयकशून्या मे अङ्गुलिः' इति शाकुन्तले (अङ्क 5), 'दूषणशून्यबिन्दवः' इति नैषधीयचरिते (I.29) ''रहिते भिक्षुभिर्ग्रामे इति याज्ञवल्क्यस्मृतौ (III.59), ''मदर्थे त्यक्तजीविताः' इति श्रीमद्भगवद्गीतायाम् (I.9), त्यक्तलज्जः सुखी भवेद्' इति च लोकानामाभाणकः । आचार्यपाणिनिरपि "अपपरी वर्जने" (अष्टा. I.44 .88) इत्यादिकं प्रयुङ्क्ते । स्यान्नाम चात्र विदुषां विवादो यद् इमे हीनत्यक्त प्रभृतयः शब्दा निषेधार्थमभिदधति न वा तथापि निषेधार्थस्य व्यापकबुद्ध्या परीक्षणेऽ त्र निषेधार्थः प्रतिभाति ।

XI.3 निषेधार्थकानि आख्यातपदानि सम्प्रति निभालयामः । नामपदोक्तदिशाऽत्रापि शक्यते वक्तुमेतद् यद् हानार्थका धातवस् त्यज् - हा (ओहाक् त्यागे)- रह् प्रभृतयो रिचिर्विरिचने-वृजीवर्जने, इत्यादयश्च निरूपसृष्टा एव निषेधार्थमभिदधते । नभ् (भ्वादि. 152) धातुस्तु अभावेऽ प्यर्थे वर्तते । तथा च भट्टोजिदीक्षिता उपोद्बलयन्ति-णभ् तुभ् हिंसायाम् आद्योऽभावे च । नभन्तामन्यके समे मा भूवन्नन्यके सर्वे इति निरुक्तम्, (सिद्धान्त कौमुदी नभ् 752 भवादि.धातुः) । अन्ये च तादृशा धातवः, अल् 515 भ्वादि. उज्झ् उत्सर्गे 1304 तुदादि, ऊन् परिहणे 1889 चुरादि. णश् अदर्शने 1194 भ्वादि. लुस् छेदने 1431 तुदादि. इत्यादयः । ये च धातव उपसर्गविशिष्टा नामपदेषु निषेधार्थं बोधयन्ति यथा निषिध्-प्रतिषिध्-अपलप् प्रभृतयः, ते आरव्यातपदेष्वपि तथैव बोधयन्ति, एषाञ्च कर्तृवाच्ये कर्मवाच्ये वा बहुलं प्रयोग उपलभ्यते । स च वाङ्मयेऽन्वेषणीयः । ये तु नञ विशिष्टाः नामशब्दा उपरिनिर्दिष्टास्तेषां त्वारव्यातपदप्रयोगेऽयं विशेषो यन्नञ् आख्यातेन सह समासाभावात्, तु. "नलोपो नञः" (अष्टा. VI.3.73) इति नियमस्याप्राप्तौ न लोपो न भवति ततश्च नोपलभ्यते, नाङ्गीकरोति इत्यादि नञ युक्ता एव प्रयोगाः सम्भवन्ति । ते च निपातानां विवरणे नञप्रकरणे प्रतिपादयिष्यन्ते । न चैतन् मन्तव्यं यद् 'अपचसि त्वं जाल्म' इत्यादिप्रयोगेषु नञ आख्यातेन समासो दृश्यते, यतो हि तत्र नञसमासः, समासाभावेऽपि च "नञो नलोपस्तिङिक्षेपे" (सिद्धान्तकौमुदीतत्त्वबोधिनी-बालमनोरमा वा. 1094) इति वार्त्तिकेन न लोपो विधीयते, इति तत्त्वबोधिन्यादिषु सिद्धान्तकौमुदीटीकासु स्पष्टम् । किञ्च अत्र न निषेधार्थावगमः, अपितु क्षेपार्थोऽगम्यते । तथा च ' अपचसि त्वं जाल्म' कुत्सितं पचसीत्यर्थः, इति न तिरोहितमेव विदुषाम् ।

XI. 4 निषेधार्थकानाम् उपसर्गाणां सम्प्रति निरुपणावसरः । प्रादयो हि क्रियायोगे उपसर्गसंज्ञकाः पाणिनीये व्याकरणे "प्रादयः" (अष्टा. I.4.58) "उपसर्गाः क्रियायोगे" (अष्टा. I.4.59) एते चोपसर्गा निपातेष्वेवान्तर्भवन्ति तथाप्यत्र प्रबन्धे गोवलीवर्दन्यायेन पृथक् निरूप्यन्ते । किञ्च, तेषां यथायथं कर्मप्रवचनीयत्वेऽपि अत्र उपसर्गशब्देन व्यपदेशः । तेषु चोपसर्गेषु केचन निषेधस्य द्योतका न तु वाचकाः । उपसर्गा हि धातुषु निहितार्थं द्योतयन्ति, न ते किञ्चदर्थं स्वातन्त्र्येण अभिधया प्रतिपादयन्ति, इति वैय्याकरणानां राद्धान्तः । एभिश्चोपसर्गैः संयुज्य आख्यातपदानि बहुधा निषेधार्थमभिदधति, इत्युक्तमेव । नामपदानि चापि सोपसृष्टानि निषेधमभिदधते इत्यपि निगदितम् । अत्र चायं विशेषो यद् आख्यातपदैर् उपसर्गाणां न समासः, न च तैः सह एकपदत्वमपि । तथापि लोकभाषायां धातोः प्रागेव गत्युपसर्गसंज्ञकाः शब्दाः प्रयुज्यन्ते, इति "ते प्राग्धातोः" (अष्टा. I.4.80) इति पाणिनिसूत्रेणाभिहितम् । छन्दसि तु परेऽपि प्रयुज्यन्ते इत्यापि च तत्रोक्तम् तु. "छन्दसि परेऽपि" (अष्टा. I.4.81) । यदा तु प्रादीनां केचन न

गत्युपसर्गसंज्ञका कर्मप्रवचनीय संज्ञा च लभन्ते तदातु नामपदैः सह तेषामन्वयः । नामपदानां च ते विभक्तिनिमित्ततामपि यान्ति । तदा च ते नामपदेभ्यः परेऽपि प्रयुज्यन्ते । यथा सर्पिषोऽपि स्यात्, वृक्षं प्रति विद्योतते विद्युत् इत्यादयः । असमासे समासे चोभयथाऽ पि केचन उपसर्गाः, कर्म प्रवचनीया वा निषेधस्य द्योतका भवन्ति । यथा निषेधः, प्रतिषेधः, अपलापः, इत्यत्र न समासः । उपसर्गपूर्वकाद् धातोरत्र कृत्प्रत्ययं विधाय नामपदानि साध्यन्ते, समासे तु-यथा मक्षिकानामभावो निर्मक्षिकम् इत्याभावार्थके अव्ययीभावे 'निर्' उपसर्गो ऽभावं द्योतयति, हिमस्यात्ययो अतिहिमम्, इत्यत्र 'अति' उपसर्गः अत्ययं ध्वंसमिति यावत्, यवनानां व्यृद्धिः दुर्यवनम् इत्यत्र च 'वि' इत्युपसर्गः, अत्र च "अव्ययं विभक्तिसमीप-समृद्धिव्यृद्ध्यर्थाभावात्ययासम्प्रतिशब्दप्रादुर्भावपश्चाद्यथानुपूर्व्ययौगपद्यसादृश्य संपत्तिसा-कल्यान्त- वचनेषु" (अष्टा. II.1.6) इति पाणिनीयेव सूत्रेण समासः स्मर्यते । इत्यमेव अपविष्णु संसारः-अप विष्णोः वा, परिविष्णु-परिविष्णोः वा, इत्यत्र विकल्पेन समासः (तु. "अपपरिबहिरञ्चवः पञ्चम्या" (अष्टा. II.1.12) अपपरी कर्मप्रचनीया वर्जनार्थं द्योतयतः । तथा च विष्णुं वर्जयित्वा संसरणम् । इत्येवम् अर्थः । "अपपरी वर्जने" (अष्टा. I.4.88) इति पाणिनीयेन सूत्रेण प्रतीयते च अपपयोर्वर्जनार्थकता । एवञ्च अप-परि-निर्-दुर्-अति प्रभृतय उपसर्गा विविधेषु स्थलेषु निषेधार्थं द्योतयन्तीति निश्चप्रचम् ।

निपातास्तु निषेधस्य बोधकेषु प्राधान्यं भजन्ते । "प्राग्रीश्वरान् निपाताः" (अष्टा. I.4.56) इत्यधिकृत्य "अधिरीश्वरे" (अष्टा. I.4.97) इति यावत् भगवता पाणिनिना निपातसंज्ञा विहिता । अत्र च उपसर्गाः, कर्मप्रवचनीयाश्चापि निपातेषु समायान्ति ।अत्र प्रबन्धे तु यास्काचार्यमनुसृत्य निपातेभ्यः पृथगेव उपसर्गाणां ग्रहणं कृतमिति अधस्तात् प्रतिपादितम् । आचार्य पाणिनिना "चादयोऽसत्त्वे" (अष्टा. I.4.57) इत्येवं सूत्रयता विशेषतः चादिगणे निपाताः परिगणिताः । तेषु निपातेषु सन्ति केचन निषेधार्थकाः । तेषां च नञप्रमुखः, यस्य निरूपणमग्रे विधास्यते । पूर्वं तावद् अभिधानकोशादिभिर् अवगता अन्ये निषेधार्थका निपाता विचारणीयाः ।

तत्र नञा सह पठिता-मा, स्म, अलम् (मास्ममालं च वारणे, अमरकोशः) इमे त्रय एव । मा इत्यस्य च प्रयोगे पाणिनिना लुङ् विधीयते "माङिलुङ्" (अष्टा. III.3.175) इति । अस्य सूत्रस्य व्याख्यायां भट्टोजिदीक्षितः 'सर्वलकारापवादः' इत्याह । तथा च माङि प्रयुज्यमाने लुङ्लकार, एव सर्वेषां लकाराणां विषये भवतीति फलितम् । तस्मात् 'मा भूत्' 'मा कृथाः' इत्यादिप्रयोग एव साधीयान् , न तु 'मा भवतु' इत्यादिप्रयोगः, इति केचित् । इत्थञ्च 'मास्तु' इत्यादिप्रयोगेषु 'अस्तु' विभक्तिप्रतिरूपकम् अव्ययम् एव । यस्तु माङ्योगे काव्यप्रभृतिषु अन्यलकारप्रयोगः स तु अपाणिनीय एवेति तेषां हृदयम् । अपरे तु 'माऽस्तु' इत्यादौ मा इत्यव्ययान्तरम् प्रतिषेधार्थकम् इत्याहुः (सिद्धान्तकौमुदी, बालमनोरमा सू. 2219) एवञ्च विविधाः प्रयोगा अनायासमेव साधुत्वं भजन्ते । तथा हि--'मद् वाणि मा कुरु विषादमनादरेण' (भामिनिविलासः IV.41) इति मायोगे लोट् प्रयोगः। 'लघु एनां त्रायस्व मा व्यस्यापि तपस्विनो हस्ते पतिष्यति (अभि.शा.२) इत्यत्र मायोगे लृटः प्रयोगः । अत्र च 'मा' भवं स्यात् (lest--ऐसा न हो कि) इत्यस्मिन् अर्थे प्रयुक्तम्, इत्यप्य, अवधेयम् । 'मा कश्चन ममाप्यनर्थो भवेद्' (पञ्चतन्त्रम् 5) 'मा नाम देव्याः किमप्यनिष्टमुत्पन्नं भवेत् ' (कादम्बरी, बम्बई 307) इत्यादिषु च मा योगे लिङ् प्रयुज्यते । मैवं प्रार्थ्यम् इति कृत्यप्रयोगः । मा तवत्, मा भवम्, मा नाम रक्षिणः

(मृच्छ.3) इत्यत्र च क्रियामन्तरेण 'मा' इत्यस्य प्रयोगः । इमे च सर्वेऽपि प्रयोगा अपाणिनीया एवेति न वक्तुंशक्नुमः ।

XI.5 माङोऽन्यत् मा इत्यव्ययान्तरम् एषाऽपि कल्पना पुनर्विमर्शमर्हति । यतो ह्यस्मिन् विषये प्रमाणं मृग्यम् । इयञ्च कल्पना कथं पाणिनीया स्यादित्यपि साधनीयम् । किञ्च, "आङ्माङोश्च" (अष्टा. VI.1.74) इति सूत्रभाष्ये तु ङितो मा शब्दस्य निर्देशात् प्रमाछन्द इत्यत्र न भवति, इत्युक्तम् । मा शब्दस्याव्ययान्तरस्य सत्तैव तु तदेवोदाह्रियेत (सिद्धान्तकौमुदी बालमनोरमा, "माङिलुङ्" सू. 2218) ततश्च सूत्रक्रमं निरीक्षमाणानामेषः कस्य साधीयान् प्रतिभाति "माङिलुङ्" (अष्टा.III.3.175) इति सूत्रं भगवता पाणिनिना विध्याद्यर्थप्रकरणे सूत्रितम् । तत्र च लिङ्लोटोः सन्दर्भः । अस्मात् सूत्रात् पूर्वं "क्तिच्क्तौ च संज्ञायाम्" (अष्टा.III.3.174) इत्येतत् सूत्रम् । ततश्च "माङिलुङ्" (अष्टा.III.3.175) इत्यत्र चकारोऽनुवर्तते । एवञ्च माङि प्रयुज्यमाने धातोः लिङ्लोटवषये लुङ् अपि भवति, इति सूत्रार्थः । अयं च लुङ् न सर्वलकारापवादोऽपितु लिङ्लोटोरेव । चकाराच्च लिङ्लोटोरपि समुच्चयः । तस्मात् माङि प्रयुज्यमाने लिङ्लोटोरपि प्रयोगः साधुरेव । अन्ये तु लकाराः कृत्याश्चापि यथाप्राप्तं भवन्ति । ईदृशे च व्याख्याने नियमोऽयं भाषामनुसरेत् । आम, अस्यां कल्पनायामयं दोषः स्फुट एव यदियं महाभाष्यादिषु न दृष्टचरा । वस्तुतः 'माङिलुङ्' इत्येतत् सूत्रं महाभाष्ये नोपलभ्यते । सम्भवतः प्रथमतः काशिकावृत्तावेतल्लभ्यते यदयं लुङ् 'सर्वलकाराणामपवादः' (काशिका III.3.175) । तत्रैव चापरस्य अङितो माङोऽपि कल्पना दृश्यते । तद्यथा- कथं मा भवतु तस्य पापम् मा भविष्यति ? असाधुरेवायम् । केचिदाहुः अङिदपरो माशब्दो विद्यते, तस्यायं प्रयोगः (न्यासपदमञ्जरी सहिता काशिकावृत्तिः, वाराणसी-1966 सू. "माङिलुङ्" III.3.175) न्यासकारेण पदमञ्जरिकारेण चात्र किमपि नालोचितम् । उत्तरकालिकैश्च वैय्याकरणैस्तदेव मतं सिद्धान्तरूपेण स्वीकृतम् यत् 'केचिदाहुः' इत्यादिना काशिकावृत्तौ प्रदर्शितम् ('ङकारः प्रतिषेधवाचिनो माशब्दस्य ग्रहणं यथा स्याद् इत्येवमर्थः' जैनव्याकरणम् गर्वनमेण्ट संस्कृत कालेज बनारस, 1910, सू. "माङिलुङ्") । तथा च 'मास्तु इत्यादौ तु निषेधार्थो मा शब्दो न माङ् इति न दोषः' (बृहच्छब्देन्दुशेखर, सरस्वती भवन ग्रन्थमाला, वाराणसी-1960 ,पृ. 1622) । अस्तु, तावदत्र तथ्यातथ्यं सुधिय एव विभावयन्तु ।

'मा स्म' इति नायम् एको निपातः प्रत्युत स्मसहितः मा निपात एव । अनेन च सह लङ्लुङ् च प्रयुज्येते -"स्मोत्तरे लङ् च" (अष्टा.III.3.176) इति हि पाणिनीयं सूत्रम् । यथा 'क्लैव्यं- मा स्म गमः पार्थ' (गीता II.3), मा स्म प्रतीपं गमः (अभि. शा. IV.17) इति लुङ् प्रयोगः, मा स्म करोत्, मा स्म हरत् इति लङ्प्रयोगः (काशिका) । किन्तु 'मा स्म' इत्यस्य प्रयोगेऽप्यन्यलकाराणां प्रयोग उपलभ्यते यथा 'मा स्म सीमन्तिनी काचिज्जनयेत् पुत्रमीदृशम्' **(V. S. Apte, Sanskrit-English Dictionary)** । ततश्च 'मा स्म' इत्येतन्निपातस्य प्रयोगविषयेऽपि माङिप्रदर्शिता सरणिरेव आश्रयणीया । अलंनिपातस्य प्रयोगविषये तु पुरस्तादेव निरूपितम् । इदन्त्वत्र चिन्त्यम् । सत्यपि प्रयोगबाहुल्ये पाणिनिनाऽऽचार्येण प्रतिषेधार्थकस्य वारणार्थकस्य वा अलमः प्रयोगे तृतीयाबोधार्थं न कोऽपि प्रक्रमो विहितः, किमत्र कारणम् ? वार्त्तिककृता महाभाष्यकारेण चाऽपि वराकोऽयम् उपेक्षितः । काशिकाकारेणापि चोपेक्षित एव । न्यासकारेण त्वत्र करणे तृतीया व्याख्याता- अलं बाले रोदनेनेत्यत्रापि अत एव हेतोः करणे

तृतीयैव। अत्र हि रोदनं करणभावमापन्नमेव प्रतिषेधेन सम्बध्यते। अयमेव भावः पदमञ्जर्यामपि प्रतिपादितः- एवमलमोदनेनेत्यत्रापि करणे तृतीया ओदनेन न किञ्चित् साध्यमित्यर्थावगमात्, (न्यासपदमञ्जरिसहिता काशिकावृत्तिः II.3.16) । कैयटेन तु "नमः स्वस्तिस्वाहास्वधाऽलंवषड्योगाच्च" (अष्टा. II.3.16) सूत्रोपरि 'अलमिति पर्याप्त्यर्थग्रहणम्' इति वार्त्तिकं व्याख्यायता तेन अलं रोदनेन इति चतुर्थी न भवति, इति सूचितम्, भट्टोजिदीक्षितेनापि 'गम्यमानाऽपि क्रिया कारकविभक्तौ प्रयोजिका' इत्यभिधाय 'अलं महीपालः तव श्रमेण' इत्यत्र श्रमेण साध्यं नास्तीति, उक्तम्, तथा चेद्दशेषु स्थलेषु "कर्तृकरणयोस्तृतीया" (अष्टा.II.3.18) इति करणे तृतीया-इह साधनक्रियां प्रति श्रमः करणम्। दीक्षितमेवानुसरता नागेशभट्टेन कैयटकृतप्रदीपस्य व्याख्यायां निरूपितम् -'अलं रोदनेनेति, रोदनं मा कुरु' इत्यर्थः। एवञ्चात्र तृतीया कथम् ? तस्माद् रोदनेन साध्यं नास्ति, अतस्तन्मा कुरू, इत्यर्थः (व्याकरणमहाभाष्यम्, प्रदीपोद्योत, अष्टा.II. 3 .16)। इत्थं च प्राचीनैर् अर्वाचीनैर् वाऽऽचार्यै र्न महता कण्ठेनेतद् निगदितं यत् प्रतिषेधार्थकस्य अलं शब्दस्य योगे तृतीया भवति। किञ्च सन्ति तादृशा अपि प्रयोगा यत्र गम्यमाना दुरूहा यथा 'अलम् 'इयद्भिःकुसुमः;' (अभि. शा.4)। यदि भाषाविज्ञानसरणिमनुसृत्येदम् आकल्यते यत् त्रिमुनिव्याकरणस्य पश्चाद् एव भाषायाम् 'अलं श्रमेण' इत्यादयः प्रयोगाः प्रचलिताः, अभवन् वा यदि त्रिमुनि समयेऽपि ते, देशान्तर एव अतिष्ठन्, न च ते त्रिमुनिदृष्टिपथं समागच्छन्। एतदपि न परम्परा पक्षपातिनां हृदयं तोषयति। अस्तु। दूरमतिक्रान्तोऽस्मि क्षम्येयम् आचार्याचारचर्या, विमर्शनीयोऽयं विषय सुधीभिः।

खलु शब्दोऽपि निषेधार्थक इति कोशप्रसिद्धम्, (निषेधवाक्यालङ्कारजिज्ञासानुनये खलु, अमरकोशः)। पाणिनिनाऽपि "अलङ्खल्वोः प्रतिषेधियोः प्राचां क्त्वा" (अष्टा. III.4.18) इत्युक्तम्। तस्योदाहरणम्, 'खलु कृत्वा' इति। 'निर्धारितेऽर्थे लेखेन खलूक्त्वा खलु वाचिकम्' इति माघः (II. 70)। 'पृथग्विनान्तरेण ते हिरुक् नाना च वर्जने' इत्यमरकोशात् पृथक् प्रभृतयोऽपि निपाता वर्जनार्थकाः। पाणिनिना तु विभक्ति विधानावसरे प्रायेण सर्वेषाम् एषां निर्देशो विहितः। पृथक् देवदत्तेन- पृथक्देवद्त्तात् अत्र हि तादात्म्याभावो बोध्यते। विनाशब्दस्य तु प्रयोगबाहुल्यमुपलभ्यते यथा-'यथा तानं विना रागः' (भामिनी वि. I.119) "पर्कः विना सरो भाति' (भामिनी वि. I.116), विना हस्त्यश्वं क्रियतां सर्वबन्ध मोक्षः (मुद्रा.7) विनोक्तिर्नाम चालङ्कारोऽपि आलङ्कारिकैः स्वीकृतः, अरुचिर्निशयां विना शशी, शशिना सापि विना महत्तमः, इति काव्यप्रकाशे (विनोक्तिः, उ. १०)। नाना शब्दस्य प्रकार भेदे बहुशः प्रयोग उपलभ्यते, वर्जनार्थं तु अल्पश एव यथा 'नानानारीं' निष्फला लोकयात्रा' (V.S. Apte, Sanskrit-English Dictionary)। 'अन्तरेण' इत्यस्यापि विनार्थे एव निषेधार्थकः प्रयोगः, यथा 'मार्मिकः को मरन्दानाम् अन्तरेण मधुव्रतम्' (भामिनी वि. I.117) । अस्मिन्नैवार्थे 'अन्तरा' इति निपातोऽपि प्रयुज्यते यथा- 'न च प्रयोजनमन्तरा चाणक्य स्वप्नेऽपि चेष्टते' (मुद्रा.3) । 'ऋते' इत्यस्यापि तथैव प्रयोगो यथा-'ऋतेरवेः क्षालयितुं क्षमेत कः' (माघः, I.38) । हिरुक् इत्यस्य त्वल्प एव प्रयोगः।

XI.6 सम्प्रति निपातः शिष्यते। अयञ्च निषेधार्थकानां प्रमुखः। सन्ति चैतस्य समानार्थकाः 'नहि, अ, नो, निपाताः' । उक्तञ्च अमरकोशे 'अभावे नह्य नो नापि' इति। अत्र चेदं प्रतीयते यद् अभावार्थकोऽरूपो निपातो न पाणिनिरभिमतः। अब्राह्मणः, अज्ञानम्, इत्यादिषु

शब्देषु एव कोशे निधेषार्थकोऽरूपो निपात उदाहृतः, तद्यथा 'अरुपहार्यं मदनस्य निग्रहात् ' (V.S. Apte, Sanskrit-English Dictionary) । स च पाणिनीयानां मते नञ एव । तथा च पाणिनिना न लोपो नञः (अष्टा.VI.3.73) इति सूत्रितम् । एतत्तु सत्यं यदास्ति अरुपो निपातः पृथक् यः 'अ अपेहि' इत्यादिषु प्रयोगेषु दृष्टचरः । परं सोऽभावार्थकः किञ्च नञपर्यायो नास्ति । यदि सोऽभविष्यद् आचार्यो नञो नलोपं न व्यधास्यत् । 'नो' इति कोशोक्तो निपातोऽपि न पृथक् निपातः, प्रत्युत निपातसमुदाय एवेत्यभियुक्ताः । एवञ्च न + उ इति समुदितं निपातद्वयम् एव 'नो' इति । अयमेव 'न च तत्प्रेत्य नो इह' (गीता XVII.28) इत्यादिषु प्रयुक्तः । 'न' निपातस्य तु रूपद्वयं 'नञ्, न' च इति वैय्याकरणाः । नञ एव समासे नलोपो विधीयते न तु 'न' इत्यस्यापि । अत एव नैकधाप्रभृतिषु शब्देषु नलोपो न भवति । उक्तं हि दीक्षितेन नैकधा इत्यादौ तु न शब्देन सह सुपा इति समासः, (सिद्धान्तकौमुदी, सूत्रम् 758) । नञर्थस्तु व्याकरणग्रन्थेषु विस्तेण निरुपितः । षड् नञर्थाः, इति प्राचीनाः । तदुक्तं न्यायकोशे-

सादृश्यंतदभावश्च तदन्यत्वं तदल्पता ।
अप्राशस्त्यं विरोधश्च नञर्थाः षट् प्रकीर्तिता ।।

यथा अब्राह्मणः - ब्राह्मणः सदृश इति गम्यते । एवमेव अपापम्- पापस्य अभावः, इति, अनश्वः-अश्वभिन्नः, इति, अनुदरा कन्या कृशोदरी इति, अकार्यम्-अप्रशस्तम् अनुचितं वा कार्यमिति, अधर्मः- धर्मस्य विरुद्धः, इति गम्यते । अत्र च विषये नागेशभट्टस्यायं विमर्शो यत् सादृश्यप्रभृतयो न साक्षाद् नञर्था अपितु अर्थाद् आपद्यन्ते उक्तञ्च तेन सादृश्याभावन्यत्वाल्पत्वाप्राशस्त्य विरोधास् त्वार्थिका अर्थबोध्याः' । तदुक्तं भाष्ये नजिवयुक्तमन्यसदृशाधिकरणे तथा ह्यर्थगतेरिति, (बृहच्छब्देन्दुशेखरः, पृ. 1045) ।

नञर्थ निरूपयता च नागेशभट्टेन परमलघुमञ्जूषायाम् उक्तम्-"नञ् द्विविधः पर्युदासः, प्रसज्यप्रतिषेधश्च । तत्रारोपितविषयत्वं नञ्-पर्युदासद्योत्यम् ।...तस्माद् अब्राह्मण इत्यादौ आरोपितब्राह्मणत्ववात् क्षत्रियादिरिति बोधः।.....प्रवृत्तिनिमित्तारोपस्तु सदृशे एव भवतीति पर्युदास....। पर्युदासे निषेधस्त्वार्थः"- (परमलघुमञ्जूषा पृ. 122/123) । अपि च "....पर्युदासस्तु समस्त एव प्रायः ।....घटः अपटो भवतीत्यर्थके 'घटो न पटः' इत्यादौ च समासविकल्पाद् असमासेऽपि । अत्रान्योन्याभावः फलितो भवति, " (परमलघुमञ्जूषा पृ. 125) ।

प्रसज्यप्रतिषेधस्तु समस्तोऽसमस्तश्चेति द्विविधः । तत्र...चासमार्थ्येऽपि "असूर्यललाटयोर्दृशितपोः" (अष्टा. III.2.36) इति ज्ञापकात् समासः । तदुक्तम्- 'प्रसज्यप्रतिषेधोऽयं क्रियया सह यत्र नञ् ' । अत्र क्रियापदं गुणस्यापि उपलक्षणमिति बहवः । अत एव नञसूत्रे भाष्ये 'प्रसज्यायं क्रियागुणो ततः पश्चान्निवृत्ति कुरुते' इत्युक्तम् । उदाहरणं नास्माकमेकं प्रियमिति... क्रियोदाहरणम्, "अनचि च" (भाष्ये VIII.4.47) गेहे घटो नास्ति, इत्यादि । तस्य समस्तस्य तु अत्यन्ताभाव एवार्थः । असमस्तस्य तु अत्यन्ताभावोऽन्योन्याभावश्च । असूर्यं पश्या राजदाराः, गेहे घटो नास्ति, घटो न पटः, इत्युदाहरणानि ।

अत्र च 'घटो न पटः' इति प्रयोगःपर्युदासे प्रसज्यप्रतिषेधे चोभयत्रापि संभवति । परं तात्पर्ये भेदः । पर्युदासे घटः अपटःपटसदृशः, इत्यर्थः । तत्र च घटपटयोस् तादात्म्या भावः

(अन्योन्याभावः) अर्थात् प्रतीयते । प्रसज्यप्रतिषेधे तु ' घटःपटो न भवति' इत्यर्थः । साक्षादेव चान्यान्याभावस्य बोध. ।

नञ् समासोऽयं पूर्वपदार्थप्रधानः अन्यपदार्थप्रधानः, उत उत्तरपदार्थप्रधानः, इति भाष्ये विकल्पितम् । ' उत्तरपदार्थप्रधानो हि नञ् समासः, इति च सिद्धान्तितम्' (बृहच्छन्देन्दुशेखरे पृ. 1043 । विवेचितं चैतत् विस्तरेण वाक्यपदीये वृत्तिसंमुद्देशे (कारिका 248/315) । भाष्ये च नञो वाचकत्वं द्योतकत्वं वेति संशय द्योतकत्वमेव निर्धारितम् । तथा च 'अब्राह्मणः' इत्यत्र नञ् अरोपितत्वं द्योतयति । इदं चारोपितत्वं ब्राह्मणत्वद्वारा ब्राह्मणम् अन्वेति । आरोपितब्राह्मणत्ववान् इति बोधः । अर्थात् ब्राह्मणभिन्नः, इति पर्यवस्यति, (नलोपो नञः सू. 757, सिद्धान्तकौमुदी बालमनोरमा) । एवञ्च 'अब्राह्मणोऽयम् इत्युक्ते ब्राह्मणभिन्नः तद्सदृशः, क्षत्रियादिः प्रतीयते । नव्यास्तु ब्राह्मणभिन्न इत्येव बोधः, इत्याहुः (बृहच्छब्देन्दुशेखरे, पृ. 1043) । तदयुक्तम्, यदि अब्राह्मणशब्दस्यार्थो ब्राह्मणभिन्न, इति क्रियते तर्हि पूर्वपदार्थस्य प्राधान्यम् आपयेत । तच्च भाष्यविरुद्धम् । पूर्वपदार्थप्रधाने च नञ्समासे स्वीक्रियमाणेऽ न्येषामपि दोषाणां प्रसङ्गः, इति महाभाष्यप्रभृतिभ्योऽ वगन्तव्यम् । उत्तरपदार्थप्राधान्ये तु स्वीकृते अनेकम् इति एकवचनम् अपि सिद्धं भवति । अनेकम् इति समस्तं पदं पर्युदासे प्रसज्यप्रतिषेधे चोभयथाऽपि प्रयुज्यते । 'अनेको जन आगतः' इत्यत्र यदा 'एको जतो नागतः' इत्येवंरूपा प्रतीतिः तदा नञः क्रिययाऽन्वयः नञ् च प्रसज्यप्रतिषेधार्थकः । अत्र च सामर्थ्याभावेऽपि ज्ञापकात् समासः, इत्युक्तम् । यदा पुनरत्र बहवा जना आगता इति प्रतीतिः, तदा तु न एक अनेकः, इति समासः सुकर एव, नञ् च पर्युदासार्थकः । किञ्च, यदा संख्यावाचकेन एक शब्देन नञ् समस्यते तदा 'अनेकः' इति एकवचनम् एव साधु । उक्तञ्च हि प्रदीपोद्योते –एवञ्चानेके इति बहुवचनमसाध्वेवेति बोध्यम् इति मञ्जूषायां विस्तरः । अस्ति चायम् एकशब्दो मुख्यार्थे चापि तदर्थकेन एकशब्देन समासे तु अनेके इति बहुवचनमपि सम्भवति । इत्थं च समासे वाक्ये च नञः प्रयोगविषयेऽन्यदपि विचारणीयमस्ति । अत्र विस्तारभयाद् विरम्यते ।

अत्र चेदमपि स्मर्तव्यं यन्न केवलं नामाख्यातोपसर्गनिपातैरेव निषेधार्थो बोध्यते, अपितु नामाख्यातैक्देशः प्रत्ययैरिति यावत् नामाख्यातादीनां च समुदाय भूतेन वाक्येनापि निषेधो बोध्यते । तथा हि 'घटो भविष्यति' इत्यादिषु वाक्येन भविष्यदर्थकप्रत्ययेन वा घटस्य प्रागभावो बोध्यते । 'घटः नष्टः' इत्यत्रापि च वाक्येन प्रध्वंसाभावो बोध्यते । उक्तञ्च नागेशभट्टेन 'प्रागभावप्रध्वंसाभावौ तु न नञ् द्योत्यौ ', (परमतघुञ्जुषा पृ.128) । अत्र घटो भविष्यति, घटो नष्टः, इत्यादिवाक्यबोध्य एव प्रागभावः प्रध्वंसाभावश्च इति व्याख्याकाराः ।

XI.7 कथाकाव्यप्रभृतिषु च निषेधात्मकप्रयोगाणामन्येऽपि प्रकारा दृग्गोचरीभवन्ति । प्रथमस्तावत् काकुप्रयोगः । कण्ठध्वनिः । विशेष हि काकुर्नेमि । उक्तञ्च कविराज विश्वनाथेन भिन्नकण्ठध्वनिर्धीरैःकाकुरित्यभिधीयते", (साहित्यदर्पणः, मोतीलाल बनारसी-दास दिल्ली-1961, पृ. 44) । यदा हि वक्ता भयक्रोधदुःखादीनां भावानां भेदेन अभिप्राय-विशेषमाविष्कर्तुं विशिष्टरूपेण कण्ठध्वनिं प्रयुङ्क्ते तदा काकुरिति व्यपदिश्यते । यथा कश्चिदपरं पृच्छति-तत्र किल भवान् गतवान् ? अपरस्तु काक्वा प्रत्युत्तरयति अहं तत्र गतवान् । अत्र हि काकोः प्रयोगेण प्रश्नस्यावगमः । तेन च ' नाहं तत्र गतवान् ' इत्यर्थो बोध्यते । काव्येषु च काकोः प्रयोगस्य बहुश उदाहरणानि लभ्यन्ते । "मथ्नामि कौरवशतं समरे न कोपात "

(वेणीसंहारः I.15) इत्यादि स्थलेषु नञि काकोः प्रयोगादन्यस्य नञः प्रतीतिर्जायते । द्वौ नञौ प्रकृतार्थं द्रढयतः । इत्यभियुक्तोक्तेश्च न मथ्नामीति न अपितु मथ्नाम्येव इत्यर्थः सम्पद्यते । क्वचित्तु प्रश्नमात्रेणैव निषेधार्थो द्योत्यते, यथा 'यदि दहत्यनलोऽत्र किमद्भुतम् ? इत्थमेव-

वेदाभ्यासजडः कथन्नुविषयव्यावृत्त कौतूहलो
निर्मातुं प्रभवेन् मनोहरमिदं रूपं पुराणो मुनिः ।

इत्यस्मिन् विक्रमोर्वशीयपद्ये ब्रह्मा इदं रूपं न निर्मातुं प्रभवेद् इति बोधः । गगनकुसुमायितप्रभृतयस्तु शब्दाः वस्तुनोऽसम्भावनामेव गमयन्ति । तद्यथा-

मृगतृष्णामसि स्नातः शशशृङ्गधनुर्धरः ।
एष वन्ध्यासुतो याति खपुष्पकृतशेखरः ।।
(इति सुभाषितम्) ।

इयं चासां भावना निदर्शनालङ्कारेणापि बोध्यते । यथा -मेरुं लिलंघयिषति ध्रुवमेष देवो यस्ते गुणान् गदितुमुद्यममादधाति । अत्र मेरुलंघनवत् तव गुणानां वर्णनमसम्भाव्यमित्यर्थः प्रतीयते । अतिशयोक्तिमहिम्नाऽपि निषेधार्थो गम्यते । यथा 'चन्द्रस् तस्याः मुखेन समा नास्ति' इत्येवं वक्तव्ये -

राकायामकलङ्कं चेदमृतांशो भवेद् वपुः ।
तस्याः मुखं तदा साम्यपराभवमवाप्नुयात् ।।
(काव्य.उ.10)

कदाचित् तु कश्चिदर्थो व्याजोक्त्याऽन्यरूपेण प्रदर्श्यते तत्र च तथ्यस्य निषेधः फलति । यथा रामेण भयेन वा कम्पे जाते कश्चिद् वदति 'अहो शैत्यं येन ममाङ्गानि कम्पन्ते' । परिसंख्याऽलङ्कारेणापि निषेधो बोध्यते यथा किम् आराध्यम् ? पुण्यम् इत्युक्ते गम्यते यत् पापं नाराध्यम् । एवञ्चान्यैरपि आलङ्कारिकप्रयोगै र्निषेधार्थो बोध्यते । तेषाञ्च प्रयोगाणां विकासः कालभेदेन देश भेदेन च जातः । अतः पाणिनिकृतिषु बीजमात्रमेव तेषामन्वेष्टुंशक्यते, न तु विकसितं रूपम् ।

न केवलम् अभिधया एव, अपितु लक्षणया व्यञ्जनया वा वृत्त्यापि निषेधार्थो गम्यते । यथा विपरीतलक्षणया--'उपकृतं बहु तत्र किमुच्यते' । अत्र हि उपकृमित्यादिपदम् उपकाराभावम् अपकरम् एव लक्षयति तथा च अपकृतम् इत्याद्यर्थं बोधयति । विधिमुखास्य प्रयोगा व्यञ्जनया निषेधार्थं गमन्ति, इत्यपि ध्वनिपथमनुसरतां काव्यतत्वविदां सुविदितमेव । तस्य बहूनि उदाहरणानि ध्वन्यालोके लोचने च प्रतिपादितानि, (लोचनसहितः ध्वन्यलोकः, का I.4. मोतीलाल बनारसीदास, दिल्ली-1963) । अत्र तु विस्तरभिया न प्रपञ्च्यन्ते ।

एतदभिहितं भवति । पाणिनिसूत्रेषु तेषाञ्च व्याख्यानेषु निषेधात्मकप्रयोगाणां विविधरूपाणि समुपलभ्यन्ते । यत्र क्वचिच्च तेषां विवरणमपि लभ्यते । पाणिनिनाम्ना चर्चिताः काव्यकृतयोऽपि चेद् उपालप्स्यन्त तासु निषेधार्थका अन्येऽपि प्रयोगा अद्रक्ष्यन्त । किञ्च न पाणिनिवाक्येष्वेव समेऽपि प्रयोगा अन्वेषणीयाः । देशकालभेयाद् हि भाषाभेदो जायते । संस्कृत

भाषायामपि काले काले विभिन्नेषु च प्रदेशेषु विविधाः प्रयोगाः प्रावर्तन्त । ते च समस्तेऽपि संस्कृतवाङ्मयेऽन्वेष्टुमर्हाः । तस्मा इदं सिद्धं भवति यत् पाणिनिना निषेधात्मकप्रयोगाणां बीजस्य वपनं कृतमेव ।

XII.0 संस्कृतभाषाया विकासस्यैतिह्यं पर्यालोचनेनानुमातुमिदं नास्ति दुष्करं यदस्यां भाषायां लकारप्रयोगानाश्रित्य नैकविधानि परिवर्तनानि जातानि । प्राचीनतमायां वैदिकभाषायां सप्तलकाराः -- लट् -लृट् लुट् लिट् लङ् लुङ् लृङादयःकालवाचकाः, अपि च विधिमूलक लेट्- लोट्-विधिलिङ्-आशीर्लिङ् क्रियावाचका आसन्निति भाषातत्त्वविदां निर्णयः । वैदिकसाहित्यस्य प्रारम्भेषु दिवसेषु लुट्लकारस्य स्फुटप्रयोगस्याभावोऽपि दृष्टिपथमुपयाति । लिट् लकारस्तु प्रायेण वर्तमानकाले उतवा आसन्नभूतकाले प्रयुज्यते स्म, परं शनैः शनैरस्य प्रयोगो भूतकाले जातः, पाणिनि समये चागत्यास्य प्रयोगो भूतानद्यतनपरोक्षार्थे समुपलभ्यते । वैदिकसाहित्यस्यारूणोदये लुङ्लकारस्य प्रयोग आसन्नभूतकाले भवति स्मेति निश्चप्रचम् । परं पश्चाद्वर्तिने साहित्येऽस्य प्रयोग एतिहासिक भूतकालेऽर्थे प्रसिद्धिं लेभे । ब्राह्मणेष्वुपनिषत्सु च भविष्यदनद्यतनेऽर्थेऽपि च सामान्यभविष्यतदर्थे क्रमेण लुट्लृटौ प्रयुज्येते स्म । प्राचीनतमे वैदिकसाहित्ये भविष्यदर्थे लेट्लकारोऽ प्यवलोक्यतेऽतो हेतोर्लृट्लकारस्य प्रयोगः प्राचीनतमे वैदिकसाहित्ये न्यूनतां भजते । कालक्रमानुरोधेन लेट्लकारस्य प्रयोग उत्तोरोत्तरं ह्रासत्वं गतः, अन्ततोगत्वा च पूर्णरूपेण विलुप्तोऽभवत्, तत्स्थाने च विधिलिङ्लृट्योः प्रयोगो वृद्धिमुपागतः ।

XII.1 पाश्चात्यविदुषां मतेन लड्वर्ग-लिड्वर्ग- लुङ्वर्गाख्येभ्योऽङ्गेभ्योऽस्य लकारस्य रुपाणि निर्मीयन्ते । शक्ताङ्गेन सह लेट्प्रत्ययेभ्यः प्रागस्य लकारस्य 'अकार' विशेषागमः क्रियतेऽपि चाकारान्तेनाङ्गेन सह सवर्णदीर्घसन्धिं प्राप्य 'आकार' एकादेशो जायते । अस्य लकारस्याडाटावागमौ लकार इतरानतिक्रामेते, इति सुतरां ऋतम्भरेति मन्यामहे । "लेटोऽ डाटौ" (अष्टा. III.4.94) इति सूत्रानुसारेण "लेटः अट् आट् एतावागमौ स्तस्तौ च पितौ" पित् प्रत्ययनिमित्तेन धातोः, इकार-उकार-ऋकाराणां गुणो भवति, "सार्वधातुकार्द्धधातुकयोः", "पुगन्तलधूपधस्य च" (अष्टा. VII.3.84 & 86) पाणिनेः, सूत्रे द्वेऽत्र प्रमाणम् । यथाऽथर्ववेदे ब्रवत (अथर्व. I.16.1) । ब्रूञ् व्यक्तायां वाचि, इत्यस्माद्धातोर्लेटि प्रथमपुरुषैकवचने गुणे अडागमे कृते च रुपम् ।

बिभरत् (अथर्व. I.35.3) डुभृञ्धारणपोषणयोः, इत्यस्माद्धातो र्लेटि प्रथमपुरुषैकवचने गुणे अडागमे कृते च रुपम् । नयाथः (अथर्व. II.30.2) नी नये, इत्यस्माद्धातोर्लेटि मध्यमपुरुषद्विवचने गुणे आडागमे कृते च रूपमुपपन्नमपि च भवाति (अथर्व. II.36.3) भुवः (अथर्व. III.17.8) भुवत् (अथर्व. III.20.6) भवासि (अथर्व. III.23.3) सुर्षत् (अथर्व. IV.11.3) पर्षत् (अथर्व. VI.34.1) करत् (अथर्व. VI.103.1) दोहत् (अथर्व. VII.77.7) सुवाति (अथर्व. XIV.1.33) चोदत् (अथर्व. XIX.5.1) करति (अथर्व. XIX.15.5) दोहते (अथर्व. XX.7.3) इत्येवमादयोऽ प्युपरोक्तां गुणप्रक्रियामाङ्गीकुर्वन्ति । पाणिनिर्मतानुसारेण लोट् सम्बन्धिन-उत्तमपुरुषस्याडागमो भवति, स च पिद्वद्भवति, तु. "आडुत्तमस्य पिच्च" (अष्टा. III. 4/92) परं पाश्चात्यविदुषां नयेन तानि सर्वाणि रूपाणि लेट्लकारस्योत्तमे पुरुषेऽन्तर्भवन्ति यथा-असानि (अथर्व. I.29.5) अत एवाधुनिके मते लेट्लकारस्योत्तमे पुरुषे पिदाडागमस्य प्राप्तिर्भवति ।

अथर्ववेदे समुपलभ्यमानेषु लेट्लकारप्रयोगेषु मूलगौणयोर्द्वयोरपि प्रत्ययोः समावेशो दृष्टिपथमवतरतिमतिमताम्। एतयोः केषां बाहुल्यमथर्ववेदे इति प्रश्नावतारे तु कथयितुं शक्यते, मूलप्रत्यानामेवाधिक्यं वरीवर्त्ति। लेट्लकारान्तरागतानां प्रत्यायानां वैशिष्यमत्र प्रस्तूयते विदुषां सन्तोषाय।

परस्मैपदी अस् भुवि, धातुमधिकृत्य अथर्ववेदे प्रथमपुरुषैकवचने मुख्यगौणयोर्द्वयोरपि प्रत्यययोः प्रयोगः समुपलभ्यते यथा हि असत् (अथर्व. I.22.2) असति (अथर्व. VIII 37.1), अथर्ववेदे लेट्लकारे अस् धातुः पञ्चचत्वारिंशद्वारं प्रयुक्तेति मे मतिः।

भूसत्तायम् लेट् सम्बन्धिन इत्यस्य धातोः प्रथमपुरुषैकवचनस्य मूलप्रत्ययस्य तु प्रयोगः समुपलभ्यतेऽथर्ववेदे यथा भवाति (अथर्व II.36.3, XVIII.1.2,XX.1.6)) इत्येवमादयः, परं लेट् सम्बन्धिनो गौणप्रत्ययस्य 'भवात्' इत्येतस्य रूपपस्योदाहरणं त्वथर्ववेदे क्वचिदपि नोपलब्धं मया।

युवत् (अथर्व. I.22.2, III.20.6, XIX.26.4, XX.49.4) उवङ् प्रत्ययस्योदाहरणानि बहुधा दृग्गोचरी भवन्त्यर्थववेदे।

लेट् सम्बन्धिन उत्तमपुरुषस्य सकारस्य लोपोऽप्यथर्ववेद एकस्मिन् स्थल एवोपलब्धम्। यथा- भवाव (अथर्व. XIV.2.71) यञ्च पाणिनिरपि स्वीकरोति "स उत्तमस्य" (अष्टा. III. 4.98) सूत्रं द्वारीकृत्य। एवञ्च कृत्वा लेट् सम्बन्धिनो भूधातोः प्रयोगोऽ थर्ववेदे द्वाविंशति वारं जातमिति संशयरहितम्।

लेट् सम्बन्धिनः परस्मैपदविषयस्य, इकारस्य लोपोऽपि विकल्पेनावलोक्यतेऽथर्ववेदे यथा- तिष्ठाति (अथर्व. III.12.1VI.53.2) तिष्ठात् (अथर्व. I.17.2) "इतश्च लोपः परस्मैपदेषु" (अष्टा. III.4.97) सूत्रानुसारेण पाणिनिनाऽपि स्वीकृतम्। एवञ्च वदत् (अथर्व. III.3.6) वदाति (अथर्व. V. 20.8) सर्वत्र ज्ञेयम्। मध्यमपुरुषैकवचनेऽपि मूलगौणयोर्द्वयोरपि प्रत्ययोः समावेशोऽवलोक्यते, यथा- वादिषः (अथर्व. VI.42.3) वदामसि (अथर्व. VI.142.2)।

प्रायोणेदन्तु दृष्टिपथमवगतमथर्ववेदे यदात्मनेपदिनो लेट्लकारसम्बन्धिन एकारस्य ऐकारादेशो विकल्पेन भवति। यथा आसातै (अथर्व. I.14.3, XVIII. 2.28, 41,42,44,45) उत्ऽ शिषातै (अथर्व. II.31.3) चरातै (अथर्व. III.4.3) वारयातै (अथर्व. IV.7.1 VI.85.1) मुच्यातै (अथर्व. IV.16.4) राजयातै (अथर्व V.98.1) परिऽईङ्खयातै (अथर्व. XVIII.2.58) ऐकारादेशाभावपक्षे दोहते (अथर्व. XX.7.3) इति रूपं पाणिनिनाऽपि "वैतोऽन्यत्र " (अष्टा. III.4.96) इति सूत्रमाध्यमेनोक्तं तथ्यं स्वीकृतम्। मध्यम पुरुषैकवचनेऽपि एकारस्य ऐकारादेशे कृते सति पश्यासै (अथर्व. III.44.3) इति रूपम्। एकारादेशाभावपक्षे जोषसे (अथर्व. XIX.49.6) रूपमपि लब्धम्। एवञ्च कृते मध्यमपुरषैकवचने 'सै ' 'से ' इत्येतौ प्रत्ययौ लभ्येतेऽपि च मध्यमपुरुष बहुवचने 'ध्वे ' प्रत्ययस्य समुल्लेखोऽपि दृग्विषयीभवति, यथा ईशिध्वे (अथर्व. IV.27.6) इत्यात्रात्मनेपदिनः, ईश् ऐश्वर्ये, इत्यस्याद्धातो ध्र्वम् प्रत्यये कृते सति "टित् आत्मनेपदानां टेरे " (अष्टा. III.4.79) इत्यनेनटेरेकादेशे कृते सति निष्पन्नमुक्तं रूपमपि च "वैतोऽन्यत्र " (अष्टा. III.4.96) इत्यनेन जायमानस्य ऐकारादेशस्याभावमपि ध्वनितम्।

लेट् सम्बन्धिन उत्तमपुरुषद्विवचन ऐकारस्य एकारादेशो भवति, यथा जनयावहै (अथर्व.

XIV.2.71) यञ्च पाणिनिः "एत ऐ " (अष्टा. III.4.93) सूत्रानुसारेण लोट् सम्बन्धिनि उत्तमपुरुषे मनुते, अन्यच्चोत्तमपुरुषैकवचनद्विवचन बहुवचनेषु क्रमेण 'ऐ' 'वहै' 'महै' इत्येते प्रत्ययाः सञ्जायन्ते, परं केषुचन स्थलेषु 'महै' इत्यस्य स्थाने 'महे' प्रत्ययस्यापि प्रयोगः समुपलभ्यते, यथा भयामहे (अथर्व. XIX.15.1) एवञ्च सम्पूर्णेऽ प्यथर्ववेदे लेट् सम्बन्धिन आत्मनेपदिन एकविंशतिरूपाण्येव समुपलभ्यन्ते ।

नूनमथर्ववेदे प्रक्रियाऽन्तरागतानि रूपाण्यतीव स्वल्पमात्रायामेव नयनविषयतां यान्ति । लेट् सम्बन्धीनां णिजन्तानां तु व्याख्यानं सुतरां सामञ्जस्यमावहति परं ग्रन्थभूयस्त्वभिया नात्र तत्पल्लवयितुमुत्सहामहे, तथापि तत्प्रति नः सर्वथा उपेक्षणमपि न न्यायमिति किञ्चिदिव प्रदश्यते, यथा जनयाः (अथर्व. III.23.3) इत्यत्र जनि प्रादुर्भावे, इत्यस्माद्धातोर्ण्यन्ताल्लेटि आडागमे कृते सति रूपम् । एवञ्च ण्यन्तानामन्यानि रूपाणि यथा-यवयत् (अथर्व. VI.4.2.) रन्धयासि (अथर्व. VI.6.1 जनात् (अथर्व. VI.81.3) शिक्षात् (अथर्व. VII. 13.1) कीर्तयाः (अथर्व. VII.38.1) यवयाः (अथर्व. VII. 67.1) ।

यत्र कुत्रचिद् यङ्लुगन्तानामपि रूपाणि स्वस्थितिं व्यक्तीकुर्वन्ति, यथा करिक्रति (अथर्व. IV. 18.3), अत्र करोते र्यङ्लुगन्ताल्लेटि "रुग्रिकौ च लुकि" (अष्टा. VII.4..91) इत्यनेनाभ्यासस्य रिगागमे कृते रूपम् । एवं शोशुचत् (अथर्व. IV. 33.1) शुचेर्यङ्लुगन्ताल्लेटि अडागभे कृते रूपम् ।

क्यच् प्रत्ययान्तानां धातूनां रूपाणि त्वल्पीयांस्येवाङ्कुलिगणनार्हाणि, यथा पृतन्यान् (अथर्व. III. 19.3) पृतना शब्दात् "सुप आत्मने क्यच्" (अष्टा. III..1.8),"कव्यध्वरपृतनस्यर्चि लोपः" (अष्टा. VII. 4.39) इति क्यचि परतोऽन्त्य लोपः । तदन्ताल्लेटि आडागमः । एवमेव दुरस्यात् (अथर्व. IV.36.1) दिप्सात् (अथर्व. IV.36.1) इत्यादावपि क्यच् प्रत्ययान्तौ रूपौ स्तः ।

कण्ड्वादीनां रूपाणामपि वैरल्यं नयनविषयतां याति, यथा चरण्यात् (अथर्व. VII.30.1) चरण्गतौ इत्यस्माद्धातोर्यकिलेटि आडागमे कृते रूपम् ।

XII.2 पाणिनेरष्टाध्याय्यां लेट्लकारस्य प्रयोगविषये द्वे सूत्रे स्तः । "लिङर्थे लेट्" (अष्टा. III.4.7) "उपसंवादाशङ्कयोश्च" (अष्टा. III.4.8) प्रथमेसूत्रेऽऽचार्यः पाणिनिः प्रतिपादयति लिङर्थे लेट्लकारस्य प्रयोगः स्यात् । कस्तावल्लिङर्थः-विधिनिमन्त्रणामन्त्राणाधीष्टसम्प्रश्न प्रार्थनेत्यवमादयः। अपरे सूत्रेऽऽचार्यः प्रतिपादयति, उपसंवादे- आशङ्कायाञ्च गम्यमानायां लेट् लकारस्य प्रयोगो भवति । केषुचन स्थलेषु एष्वर्थेषु लेट्लकारस्य प्रयोगो दृष्टिपथमवतरति यथाऽथर्ववेदे (अथर्व. I.14.3, I.29.5, II.30.2,31.3, VI.1.3.20,24,133.1) इत्येवमादयः ।

आधुनिका विद्वांसस्तु लिङर्थेलेट् प्रयोगवियमधिकृत्य नितरां बेभिद्यन्ते, विद्यमानासु कासुचन समानतासु लिङ्लेट्योः कार्यकलापप्रपञ्चे महदन्तरं प्रतिभाति । अस्मिन् विषये मैक्डानलमहाभागेन स्वकीये छात्राणां कृते वैदिकव्याकरणे 352 तमे पृष्टे प्रतिपादितम्- ' विधिलिङ्लकारेण सह लेट्लकारस्य विरोधे कृते सति, लेडार्थः पूर्णतया सुस्पष्टो भवति' । (अनुदितम्) । तत्रैव तेनान्यदपि निगदितम् - 'यल्लेट्लकारस्य मूलार्थस्त्वाकूतिरेव, विधिलिङ्लकारस्तु सम्भावनायामिच्छायाञ्च प्रयुज्यते (अनुदितम्) । मैक्डानलमतानुसारेण लेट्विधिलिङ्यो र्भेदोऽयं तथ्येनानेन सुस्पष्टो भवति यदुतमेपुरुषे लेट् लकारस्य प्रयोगो

मुख्यरूपेण तै र्धातुभिः सह समुपलभ्यते, येषां क्रिया कर्त्तोराकूतेराधीना भवेत्, ते च धातवः हन्-कृ-सु-ब्रू-जि -तृ-सह-अश्-नश्-विद्-ईश्-सच् -शकित्येवमादयः ।

मण्डूकप्लुतिन्यायेन लेट्विधिलिङ्लकारयोः प्रयोगेषु यत्र कुत्रचित् साहश्यं दृश्यत इति निर्विशङ्कम् । परं लिङर्थे लेट्, इति स्वीकुर्वता, अतिव्याप्तिर्लक्षण दोषो भवतीति को नाम न जानीत । पुनरपि पाणिनिमहाभागेन "लिङर्थे लेट् " इति प्रतिपादितं यश्च वैदिकसाहित्य परिशीलनेन नौचित्यं भजते । तथा च वैदिकसाहित्येऽनुरतानां शोधछात्राणां कृते दुःखास्पदमिदं स्थानं यत् पाणिनिः सदृशो महावैय्याकरणोऽपि बहुषु सन्देहास्पदेषु स्थलेषु " व्यत्ययो बहुलम्," "बहुलं छन्दसि" इत्युक्तवैव मौनमाश्रयते ।

विधिमूलक लेट्लकारयोश्च प्रयोगेषु बहुविधं साम्यं दृष्टवैव ह्विटने महानुभावः संस्कृतव्याकरणे 211 तमे पृष्ठे विधिमूलकं लेट्लकारात् प्रथग् न स्वीकरोति, अपि चामु लेट्लकारस्य भेदविशेषं स्वीकुर्वन्नस्मै लङ्मूलकलेट् - अनियमितलेट् इति संज्ञा द्वे प्रयुङ्क्ते । अस्मिन् विषये टी . बरो महानुभावः स्वकीये संस्कृतलैंग्वेजारव्ये ग्रन्थे 299 तमे पृष्टे निरुपयति 'यद्रूपरचना दृष्टयाः त्वित्थं प्रतिभाति-विधिमूलकप्रकारविशेषाल्लेट्कारस्य प्रादुर्भावो ऽभवदत एव विधिमूलकलेट्लकरायोः प्रयोगदृष्टयाः पर्याप्तं साम्यं वर्तते' (अनुदितम्) । विधिमूलकानुसारेण लेट्लकारस्य प्रयोगोऽपि भविष्यद् -आदेश उपदेश- प्रार्थनादिष्वर्थेष्वपि चेच्छायाऽभिष्यक्तौ जायते । विद्यमानास्वेतासु समानतासु महदन्तरमिदं यत् प्राचीनतमे वैदिकसाहित्ये लेट्लकारो भविष्यदर्थे प्रयुज्यते स्म । विधिमूलक लकारस्य प्रयोगस्तु प्रायेण 'मा'-'मत' निपातयोः सहैव लभ्यतेऽतोऽतिरिक्तमस्य प्रयोगो निराकाङ्क्ष वाक्येष्वपि दृश्यते । परं लेट्लकारस्य प्रयोगस्तु यद्-यदि -यदा, इत्येतैरव्ययैः सह साकाङक्षेषु वाक्येषु च समुपलभ्यते ।

एवञ्चोपरि निर्दिष्टेष्वर्थेषु लेट्लकारस्योदाहरणानि पर्याप्तरूपेण समुपलभ्यन्ते, परं विस्तरभिया तानि सर्वाण्यत्र नोदाह्रयन्ते । दिङ्मात्रं यथा-

आदेशे- "स धां नो देवः संविता साविषदमृतानि भूरि" (अथर्व. VI.1.3) इत्यस्मिन्मन्त्रांशेऽऽदेशार्थे लेट्लकारस्य प्रयोगः सञ्जातः, इति को नाम संशयीत ।

उपदेशे-"ज्योक् पितृष्वासाता आशीर्ष्णः शमोप्यात्" (.अथर्व.I.14.3) मन्त्रार्थेऽस्मिन्नुपदेशार्थे लेट्लकारस्य प्रयोगविषये कस्य वैमत्यम् ।

प्रार्थने- "संदान वो बृहस्पतिः संदान सविता करत् (अथर्व. VI. 103.1) इत्यत्र प्रार्थनेऽर्थे लेट्लकारस्य प्रयोगः कियच्चारुतया ग्रथितः । इच्छाऽभिव्यक्तौ-

यस्य देवस्यं प्रशिषा चरामः स
पारमिच्छात् स उनो विमुञ्चात्
(अथर्व. **VI.133.1**)

अस्मिन् मन्त्र इच्छाऽभिव्यक्तौ लेट्लकारस्य प्रयोगः स्वस्थितिं व्यक्तीकरोतीति दिक् ।

तस्मा इदं सिद्धं यत् पाणिनीयतन्त्रं गणनातीतान्युत्कर्षधायकानि तत्त्वानि स्वगर्भेऽऽधाय, वैदिकलौकिकोभयभाषालङ्कृतत्वात् सर्वाङ्गपूर्णं व्याकरणं जघटिरे ।

ये ये विषयाः ग्रन्थेऽस्मिन् गर्भीकृताः ते सर्वे युक्ति प्रमाणोपपत्तिपूर्वकमेव प्रपञ्चिताः, संस्कृतसन्दर्भाश्च रोमनलिप्यामलङ्कृताः ।

संस्कृतरचनानां शुद्धं मुद्रणं नितरां कठिनं मुद्रणालयकर्मकृतां प्रायेणाऽसंस्कृतज्ञत्वात् । यत्र तत्र स्खलितानि सञ्जातानि, क्वचिद् आत्मनो दृष्टिदोषात् कुवचिद् कार्यन्तरव्यापृतौ संशोधनात्, क्वचित् सीसाक्षरयोजकप्रमादात्, क्वचिन्मदीयाज्ञानविलंसिततत्वाच्च, तानि तत्तत्स्थलेषु पाठकै र्याथातथ्यं स्वयम् उह्यानि ।

ग्रन्थस्यास्य निर्माणाय येषां कृतिभ्यो वस्तूद्धरणं वा गृहीतं, तेषां सर्वेषां कृतज्ञोऽहम्, तेऽस्मदुपजीव्या, इति स्वीकुर्वता नास्ति मे कापि प्रत्यापत्तिः ।

'हेम्नः संलक्ष्यते ह्याग्नौ विशुद्धिः श्यमिकाऽपि वा' उक्तिरियम् ऋतम्भरा भवेदिति हेतो गुणाऽ वगुणनीरक्षीरविवेकपटुषु करकमलेषु कृत्तिमिमाम् समर्पयामि ।

1081, सैक्टर I,
रोहतक, 124001
हरयाणा, भारत ।

वाग्देवताचरणकमलचञ्चरीकः
यज्ञवीरो दहिया
(बी.ए.आर्नज (इंगलिश), शास्त्री आर्नज (संस्कृत), व्याकरणाचार्य, एम.ए.,पी.एच.डी.,डी.लिट् (संस्कृत), विशेषयोग्यता–जर्मन, फैंच)
प्रोफेसर आफ संस्कृत,
अध्यक्ष–संस्कृतपालिप्राकृतिभागः,
डीन–फैकल्टी आफ ह्युमन्टीज़
महर्षिदयानन्दविश्वविद्यालयः
रोहतक, हरयाणा, भारत ।

CONTENTS

LIST OF ABBREVIATIONS

Ab. = Aitireya Brāhmaṇa.

Abl. = ablative.

Acc. = Accusative.

Ak. = Anit Kārika.

Alt.Gr. = Altindische Grammatik.

Aor. = Aorist.

AP. = Aṣṭādhyāyī of Pāṇini.

ASS. = Āśvalāyana Śrautsūtra.

AV. = Atharva Veda.

AV.Pr. = Atharva Veda Prātiśākhya.

BD. = Bhaṭṭojidikśita.

BM. = Bālamanormā.

BL. = Brāhmaṇa Literature.

Cf. = Compare with.

Ch. = Chapter.

Com. = Comparative.

Comm. = Commented/Commentory.

CSL. = Classical Sanskrit Literature.

CV. = Cāndra Vyākaraṇa.

Dat. = Dative.

DPK. = Dīpika of Bhartṛhari.

DPP. = Dhātupāṭha of Pāṇini.

DS. = Durgasiṁha.

DSV. = Durgasiṁha's Vṛtti on the Kātantra.

Ed. = Edited.

Fem. = Feminine.

F.N. = Foot Note.

Gen. = Genative.

Gr.Lg.Ved. = Grammaire de la language Vedique par L. Reneu Paris, 1952.

HOS. = Harvard Oriental Series.

HPP. = Hemachandra's Paribhāṣā Pāṭha.

HVP. = Helarāja on Vākyapadīya.

Imper. = Imperative.

Ind. = Indefinite.

Ind.Ant. = Indian Antiquary.

Ins. = Instrumental.

JAOS. = Journal of the American Oriental Society.

JV. = Jainendra Vyākaraṇa.

KK. = Kāśikā.

KV. = Kātantra Vyākaraṇa.

LOC. = Lolcative.

Mas. = Masculine.

MB. = Mahābhāsya of Patañjali.

MBP. = Mahābhāsya Pradīpa by Kaiyaṭa.

MD. = Mādhavīya Dhātu Vṛtti.

MS. = Maitrāyaṇi Saṁhitā.

MW. = Monier William.

MWD. = Monier William's Dictionary.

Neu. = Neuter.

No. = Number.

Nom. = Nominative.

Ns. = Nyāsa of Jainendra Buddhi.

Opt. = Optative.

P. = Page.

Pai. = Paipalāda recension of the AV.

Pari. = Paribhāṣā.

Per.or pers. = Person.

Perf. = Perfect.

PBS. = Paribhāśenduśekhara.

Pl. or Plu. = Plural.

PM. = Padamañjari.

PP. = Pages.

Pres. = Present.

PSP. = Phiṭ sūtra Pāṭha.

Pub. = Published.

PVP. = Purūṣottama on Vākyapadīya.

Ref. = Reference.

RKT.Pr. = Ṛktantra Prātiśākhya.
RṬ. = Rūpāvatāra.
RV. = Ṛg Veda.
RV.Pr. = Ṛg Veda Prātiśākhya.
SB. = Śabda Kaustubha.
SHS. = Siddhahema Śabdānuśāsana.
Sing. = Singular.
SK. = Siddhanta Kaumudī.
Skt.Gr. = Sanskrit Grammar by W.D.Whitney-1950.
Skt.lg. = The Sanskrit language by T. Burrow London, 1955.
SPV. = Sīradeva paribhāṣā vṛtti.
SS. = Śiva Sūtra.
Subj. = Subjunctive.
Sup. = Superlative.
Tai.Pr. = Taittirīya Prātiśākhya.
TB. = Taittirīya Brāhmaṇa.
Trns. = Translated.
TS. = Taittrīya Saṁhitā.
UM. = Uddyota on Mahābhāṣya Pradīpa.
US. = Uṇādisūtra.
Ved.Gr. = Vedic Grammar by A.A. Macdonell, Strassburg, 1910.
Ved.Gr. Stu. = A Vedic Grammer for students by A.A. Macdonell Oxford, 1916.
VOC. = Vocative.
VP. = Vākya Padīya of Bhatṛhari.
VPK. = Vitthala Prasada on the Prakriya Kaumudi.
VS. = Vājasaneyi Saṁhitā.
Vs.Pr. = Vājasaneyi Prātisakhya.
Vols. = Volumes.
YN. = Yaskā's Nirukta.
YV. = Yajur Veda.
WZR. = Wörterbuch Zurn Ṛgveda Von H. Grassmann, Leipzing - 1973.

PREFACE

The purpose of this treatise is to study *'Pāṇini as a Linguist: Ideas and Patterns'* in the *Aṣṭādhyāyī* (Fourth century B.C.?). Ever since the writing of the Aṣṭādhyāyī by Pāṇini, this fundamental text has been subjected to various tests and types of studies. The long queue of commentators evidently denotes its importance. But a comprehensive study, embracing all the important aspects in terms of its ideas and patterns, has so far remained a desideratum. The elements of ideas and patterns in this seminal work of great magnitude can be comprehended through sustained analysis of its perspectives, something which has not preceded this work.

Apart from the old grammatical traditions, the *Aṣṭādhyāyī* demands a new outlook and new tools of evaluation. In this treatise an humble attempt has been made to present the ideas and patterns in the *Aṣṭādhyāyī*. A study of the *Aṣṭādhyāyī*, in this context and direction, is expected to go a long way in revealing the original, unexplored depths of the text and the profound dimensions of Pāṇini's mind.

It is hoped that this research will throw a new light on the vision and design in Pāṇini broadly subsumed under his ideas and patterns, and will be useful in the study of the *Aṣṭādhyāyī* in the field of grammar.

The first chapter is devoted to the analysis of phonological devices and the second is about euphonic coalitions of the initial and final letters which occur when we speak words without interruption and with rapidity. The third chapter highlights that a nominal will be compounded with another nominal if it is syntactically related with it. The fourth highlights the peculiarities of nominal forms. The fifth determines the whole structure of verbal forms. The sixth mentions various functions in connection with the root. The seventh determines the formation of conjugational systems. The eighth points out the primary suffixation. The ninth chapter deals with the secondary suffixation. The tenth defines the relationship between the word and sentence. The eleventh prescribes formal and informal categories in grammar and establishes relationship between the two, while the twelfth chapter is devoted to bring uniformity in the system. The thirteenth explains the arrangement and economy, without sacrificing lucidity and clarity. The fourteenth chapter states the optional terms, their critical appreciation and sets aside the hypothesis suggested by Mr. P. Kipasky. The fifteenth chapter enshrines Vedic information. The sixteenth chapter entitled 'Language', deals with the finding that language is an integral part of total human behaviour, influencing, and being influenced by, other norms of behaviour. The seventeenth concerns with a phenomenon that is deeply associated with human behaviour in general and at the same time is based in smaller social groups. The eighteenth defines accent and its role in the Sanskrit language. At the conclusion of the book, an appendix containing the accented text of the *Aṣṭādhyāyī*, for the purpose of facility of ready reference has been added.

I am indebted to Ācārya Bhagwān Deva, now Swamī Omānanda Saraswatī, Director, Pāṇinian School of Grammar Gurukul Jhajjar, Rohtak, Haryana for initiating me into the sutdy of the *Aṣṭādhyāyī* in early sixties.

I gratefully acknowledge that in the course of the preparation of the treatise in hand, I have all along been benefited by the relevant works, erudite commentaries on Pāṇini right from Patañjali upto Nāgeśa and got inspiration from the learned scholars and great treatises including *Otto Böhtillink's 'Pāṇini's Grammatik'* (Leipzing, 1887), Reprografischer Nachdurk, 1964), *T. Burrow's 'The Sanskrit Language'* (London-1973), *A.A. Macdonell's 'Vedic Grammar'* (Strassburg 1910), *W.D.Whitney's 'Sanskrit Grammar'* (Leipzing, 1924), *T. Gold-stucker's 'Pāṇini'*, (London 1860) and Von. *J. Wackernagel's 'Altindische Grammatik'*, *(Göttingen*, 1896-1954).

1081, Sector-I,
H.U.D.A,
Rohtak-124001,
Haryana-India.

YAJAN VEER DAHIYA
B.A. (Hons.) in English, Shastri (Hons.) in Sanskrit, Vyākaraṇācārya,
M.A., Ph.D., D.Lit. in Sanskrit,
Proficiency in German and French,
Professor of Sanskrit,
Head, Dept. of Sanskrit, Pāli & Prākrit,
Dean, Faculty of Humanities,
M.D.University, Rohtak-124001,
Haryana, India.

INTRODUCTION

This book presents a vivid and thoroughly detailed researched study of the data found in the Aṣṭādhyāyī of Pāṇini (in subsequent references abbreviated as AP). Although the AP has been subjected to various types of researches during the last several centuries yet no special study, to the best of my knowledge, has been devoted to the exploration of Pāṇini's ideas and patterns constituting its weft.

A lot of research has been carried out in the specific area of the AP which explicity acknowledges the value and importance of Indian grammatical thought. Mr. George Cardona has done a remarkable job in this regard. He has brought out a book entitled, Panini: A Survey of research (1976)[1] in which he has given a detailed account of research work done in the field of Pāṇinian grammar.

The ambit of this book is delimited to Pāṇinian grammar. A brief description of the author's findings are shown under:

In all there are 3996 (aphorisms) in the AP[2]. The aphoristic style, known for its brevity, was very much popular in ancient Sanskrit Literature for the writing of books in various disciplines, such as grammar, philosophy, law, literary criticism etc. The greatest advantage of this style is its concision, and perhaps no one used it to a better purpose than Pāṇini. This devise has its plus as well as minus points. On the plus side it makes the memorising of a text exceedingly easy; (the author of this book remembered by heart whole text of the AP i.e. 3996 aphorisms very early in his life). Thus, there is also a lot of saving of time. On the minus side, comprehension becomes difficult, at times even impossible, without proper initiation. That is why Hartmut Scharfe, a scholar of international repute, has referred to the AP as 'organised chaos'. To the uninitiated, it is 'organised chaos', no doubt, but out of this 'chaos, there has grown a vast mass of literature in the form of commentaries, explanations, annotations, annotations on annotations with the result that it is a life-time job to master all this. And in this process grammar has become philosophy, as subtle and abstruse as any philosophy could be. At has, in fact, been designated as philosophy and placed side by side with other metaphysical systems of Indian philosophy. To claim the position of a scholar in the traditional Sanskrit lore, one has to be an adept in grammar, and grammar here means Pāṇinian grammar. We can, however, be sure that Pāṇini himself never wanted his grammar to develop into philosophy. He was a down to-the-earth pragmatist and was writing the grammar of a living language spoken over the tract of land extending from Gandhar to Assam, and from the Himalayan range to the Godavari basin. Besides being in actual use, the language had also a long and rich literary and cultural tradition. Adequate and full grammatical analysis of a language with such historical, geographical and cultural perspective was no easy task but Pāṇini accomplished it with self-speaking success which has no parallel in the history of mankind.

Scores of distinguished grammarians and etymologists had preceded Pāṇini and their works were available to him as is evident from his frequent references to some of them. Unfortunately all those works are lost to us and we know nothing of them except some of the bare names. It, is therefore, not possible for us to form a comparative estimate of their worth vis-a-vis that of Pāṇini. But it will not be uncharitable to infer that Pāṇini's immeasurable superiority had its share in their eclipse.

One may ask as to what is so unique about Pāṇini who has evoked universal admiration. The answer in one word is 'his methodology', that is, his theory and technique. Even an adverse critic like W.D. Whitney (1827-1897) has been obliged to admit that "the grammar (Aṣṭādhyāyī) remains nearly, if not altogether, the most admirable product of the scientific spirit in India, ranking with the best products of that spirit that the world has seen"[3].

Pāṇini's technical terminology is a vital part of his methodology. How much of the terminology is his own creation and how much borrowed from his predecessors is a matter we have no basis to determine. Some borrowings may not be ruled out but the bulk of it must necessarily be his own because it is the very foundation of his whole grammatical structure besides being a wonderful aid to consciousnss and accuracy.

Pāṇini's tour dé force is brevity. In order to achieve this he employes a number of devices, first and foremost among them being the *Pratyahāras.* Pāṇini grouped the sounds or phonemes of Sanskrit into 14 sections called the *Pratyahāra sūtras.* i.e. (1) a i u (ṇ), (2) ṛ ḷ (k), (3) e o (ṅ), (4) ai au (c), (5) ha ya v a ra (ṭ), (6) la (ṇ), (7) ña ma ṅa ṇa na (m), (8) Jha bha (ñ), (9) gha ḍha dha (s), (10) ja ba ga ḍa da (ś, (11) kha pha cha ṭha tha ca ṭa ta (v), (12) ka pa (y), (13) śa ṣa sa (r), (14) ha (1).

These aphorisms are said to have been given to Pāṇini by Lord Śiva as a reward for his penance. They are, therefore, also called *Māheśwara Sūtras.* This is in keeping with the Indian tradition of relating anything of importance to some divine power or deity. I would personally like to keep the deity apart, and give full credit to the great grammarian's transcendental vision. These fourteen pratyahāras are the crux of his whole phonology. The grouping of the phonemes is done with an eye on all referential points likely to occur throughout the grammar. A *Pratyahāra* is formed combining the first letter of *Pratyahāra sūtra* with the final indicatory letter of any *Pratyahāra sūtra.* The limit of the brevity achieved by this device can be easily gauged from the following Pratyahāras:-

Al (*a* of the first Pratyahāra sūtra combined with *1* of the final i.e. 14 the pratyahāra sūtra) denotes all the sounds (vowels as well as consonats) of Sanskrit language; similarly *ac* denotes all the vowels and *hal* all the consonants. The sign *halanta,* employed in modern Indian languages for words ending in consonants, is from Pāṇini. Another noteworthy feature of this grouping is the placement of the phonemes on strictly phonetic principles, for example, all the vowels are placed together wih a dividing line between the simple vowels, the long vowels and the dipthongs. A similar ingenuity is shown in the placement of the consonants according to their point of articulation and phonetic features such as aspiration, voicing, nasalization etc. The alphabet of no other language has such a scientific basis of classification and placement of its phonemes. A.A. Macdonell's remark in this regard is notheworthy: "This complete alphabat...which was evidently worked out on phonetic principles... is the alphabet which is recognised in Pāṇini's great Sanskrit grammar and has remained uncodified ever since. It not only represents all the sounds of Sanskrit language but is arranged on a thoroughly scientific method... We Europeans, on the other hand, 2500 years later and in a scientific age, still employ an alphabet which is not only inadequate to represent all the sounds of our language, but even preserve the random order in which vowels and consonants are jumbled up as they were in the Greek adaptation of the primitive semantic arrangement of 3000 years ago."[4]

Pāṇini uses more than half a dozen abbreviatory devices to ensure brevity such as *anuvṛtti, anubandhas,* technical symbols like *ṭi, ghu, luk, lup,* the Gaṇapāṭha, omission of auxiliary verbs, elliptical sentences etc. I have explained them in their proper places but here I would like to explain them as briefly as possible. In the framing of the aphorisms Pāṇini meticulously omitted such words as could be supplied or understood from the preceding aphorisms. *Anuvṛtti* (indication or suggestion from what has been stated previously) is the name of this device. Needless to say that considerable economy in the use of words could be achieved with the help of this method. *Anubhandhas* have a multi-functional purpose. A suffix like *ghañ* has two *anubandhas gh* and *ñ; gh* is for effecting a phonological change in the root and *ñ* for *Vṛddhi* (the lengthening of the first vowel in the root). In another suffix *lyuṭ, l* enjoins acute accent, *ṭ* the feminite suffix *ṅīp* in the words formed by the adding of this suffix. Technical symbols such as *ṭi ghu* also have functions. In the Gaṇapāṭha are listed words undergo similar grammatical change(s). Pāṇini would use only the first word of a Gaṇa (group) in an aphorism but the aphorism would apply to all the words enumerated in that Gaṇa. Thus, instead of mentioning say thirty or forty or two hundred words some of the Gaṇas consist of more than two hundred words. In some of them the mention of a single word will suffice for the structural change in all of them. These Gaṇapāṭhas yield ample material of historical, geographical and cultural values.

Another remarkable contribution of Pāṇini is his concept of Sandhi. Vowels and consonants in close (uninterrupted) proximity affect and modify one another during the process of articulation. The rules of Sandhi are relevant not only for Sanskrit but, by and large, for all the languages, because they are based on the processes involved in the production of human voice. Hence, they are valid for, and applicable to all the languages. For instance, according to one of the rules of sandhi an unvoiced consonant preceding a voiced consonant becomes voiced. Now this rule applied as much to English as to Sanskrit. In a sentence like 'look back' *k* in 'look' is unvoiced and just after that there is a voiced consonant *b* in 'back'. The result is that in quick articulation *k* sounds like *g* and the sentence is heard as 'loog back'. Not only the concept of sandhi but also the term itself has been borrowed by modern linguistics from Pāṇini. This demonstrates its intrinsic worth and practical utility.

Pāṇini showed the way as to how to analyse words into their constituent units. The principle of dividing words into different units was already in existence and etymologists like Yāska (circa 7th century B.C.) had freely employed it but Pāṇini gave it a new orientation and a sound footing. The free morphemes, as we call them in structural linguistics, are nothing else but roots (prakṛtis) and suffixes (pratyayas) of Pāṇini with different names. Many subtle problems raised by and applied on the AP have not even been taken up, much less tackled by modern linguistics. For example, modern linguistics is yet to explain the function of prefixes in words, that is to say, why the meaning of a word undergoes complete change with the addition of prefixes. Reception, deception, conception, perception give entirely different meanings because of the prefixes, the root being the same. What is then the basis of meaning: the root or the prefix? Another set of examples from Sanskrit in which the root and the suffix being the same words assume entirely different meanings: *ahāra, vihāra, prahāra, upahāra, apahāra, anuhāra, udhahāra, pratihāra, samhāra* etc.

Pāṇini's division of the parts of speech into two (Subanta and Tiṅata) is perhaps the simplest and the most logical. Like Sandhi, the concept of Zero inflection also has been found to be of such significance that it has been adopted by the western linguistics.

Hartmut Scharfe is quite near the mark in his appraisal, when he says: "Pāṇini and with him the grammarians that contributed to the science of grammar before him owe their greatness to a combination of fundamental discoveries".

(1) The insight that the proper object of grammar is the spoken language, not its written presentation; (2) the theory of substitution; (3) the analysis in root and suffix; (4) the recognition of ablaut correspondences; (5) the formal description of language as against a 'logical' characterisation; and (6) the concise formulation through the use of a meta language. It is often said that the transparent natural texture of Sanskrit made the analysis possible. But we can argue as well that it was first Pāṇini's analysis which made the structure so transparent.

Pāṇini's treatment of phonetics, phonology. and morphology is so complete and exhaustive that it leaves nothing to be desired. Pāṇini is a sentence grammarian. It is worth noting that in an inflectional language like Sanskrit, syntax almost goes with the inflection of words and therefore, a separate treatment of syntax is not essential. Further, the rules governing the cases and the compounds are parts of syntax and hardly leave any scope for pitfalls. Pāṇini's division of the word into *Śabda* and *Pada* is also an aid to syntax. A *Śabda* is a meaningful unit no doubt but it cannot be used in a sentence unless it acquires the status of a *pada* by adding nominal and verbal suffixes to it, and with the additions of nominal and verbal suffixes its function in a sentence becomes fixed and precise. Therefore, the treatment of syntax in the AP is complete in itself.

Pāṇini does not believe in abstract conceptualization. He has presented the descriptive analysis of the living language of his day in as faithful a manner as possible. He is a thorough-going empiricist whose approach to language is absolutely practical. The philosophical enquiry is a later development which started with Patañjali (circa 2nd century B.C.) and through Bhartṛhari (6th century A.D.) continued right up to the seventeenth century and found in Kaunḍ Bhaṭṭa and Nāgeśa very able exponents of the philosophical aspects of linguistic analysis. It is not my purpose to give here an account of the grammatical literature in Sanskrit or to evaluate the contribution of individual scholars. The researcher here only wishes to show that Indian intellectual tradition is essentially and intrinsically synthetic in its approach and its originator is Pāṇini.

Pāṇini views language as a part of man's total behaviour. His analysis, therefore, is based as much on its use as on its structure. The AP stands for its unique character for analyizing the two languages i.e. classical and Vedic together. Pāṇini has given a lot of information regarding the vedic language while discussing the classical language.

The remarkable contribution of Pāṇini in this regard is his treatment of Accent. From the internal evidence of the AP it seems that Pāṇini had taught the Aṣṭādhyāyī to his students with a proper sense of accent. Now the question arises why it disappeared later. Many arguments can be put forward in this connection. The major argument in this regard, in the opinion of the researcher here, is the lack of Vedic studies. In Pāṇini's time Vedic studies rested on the high pedestal.

Accent plays a major role in Vedic studies. Vedic studies are generally considered difficult due to their technical nature. From Pāṇini onward people left the Vedic Studies and turned to studies of classical languages where accent has not much to do, and language is free from variation of tone or pitch and where there is hardly any involvement of difference of stress; classical Sanskrit marks no accent. Owing to this reason accent disappeared from AP.

This treatise deals with the element of accent in detail. Accented text of the AP is appended at the close of this book.

After seeing Pāṇini's Ideas and Patterns in the Aṣṭādhyāyī, the Indian scholars have paid their rich tribute to him and here is a sample.

1. *Pramāṇa bhūta ācāryo darbhapavitrapāṇi śucāvakāśe prāṅmukhe upaviśa mahatā yatnena sūtram praṇayati sma, tatra aśakyam varṇenāpi anarthakena bhavitum kim punariyatā sūtreṇa.*[5]
2. *Pāṇinīyam mahat suvihitam*[6]
3. *Mahatī sūksmekśikā varate sūtrakārasya*[7]
4. *Śobhanā Khalu Pāṇineḥ sūtrasya kṛtḥ*[8]
5. *Yacchabda āha tadasmākam pramāṇam*[9]
6. *Sarvamveda Pāriṣadam hīdam śāstram*[10]
7. *Pāṇini śabdo loke prakāśate*[11]
8. *Ākumāram yaśaḥ Pāṇineḥ*[12]
9. *Pāṇinerācāryasya siddham*[13]
10. *Sūtrakāraśca śabda vidām mūrdhābhiśiktaḥ*[14]
11. *Analpamati Ācarya*[15]

European scholars have also paid their homage in the same spirit. Some of the observations are reproduced below:

1. "The Sanskrit language,whatever be its antiquity, is of a wonderful structure; more perfect than Greek, more copious than latin, and more exquisitely refined than either; yet bearing to both of them stronger affinity both in the root of verbs and in the forms of grammar than could possibly have been produced by accident; so strong, indeed, that no philologist could examine them all without believing them to have sprung from some common source, which, perhaps no longer exists".[16]
2. "It was the discovery of Sanskrit that was the real turning point in the history of linguistics. it must be said that the first acquaintance with this language gave a mighty impulse to linguistic studies and exerted a lasting influence on the way in which European languages were viewed by scholars."[17]
3. "Sanskrit certainly forms the only sound foundation of comparative philology and it will always remain the only safe guide through all its intricacies. The comparative philologist without a knowledge of Sanskrit is like an astronomer without a knowledge of mathematics."[18]
4. "It was in India that there arose a body of knowledge which was destined to revolutionise European ideas about language. The Indian grammar presented to European eyes, for the first time, a complete and

accurate description of a language, based not upon theory but observation. The Hindu grammar taught Europeans to analyse speech forms."[19]

5. "The features of Sanskrit single it out from all other great languages of the world. Sanskrit has a unique value for the theoretical study of such problems as language and time, language and culture, language and society, the interpretation of the literary language and spoken dialects, the intermixture of language, the problem of the artificial language and the possibility of the co-existence of cognate languages at different stages of development. All this makes the study of Sanskrit very important for general linguistics."[20]

6. Pāṇini ... "is one of the greatest monuments of human intelligence."[21]

7. "He (Ṛṣi Pāṇini) was from his birth extensively informed about men and things. He then laboured incessantly and put forth all his power of mind. He collected a multitude of words and made a book on letters.... . The king issued an edict that throughout the Kingdom it should be used and taught to others; and he added that whosoever should learn it from beginning to end, should receive as his reward a thousand pieces of gold. And so from that time masters have received it and handed it down in its completenss for the good of the world."[22]

8. "The Sanskrit grammarians were the first to analyse word forms, to recognise the difference between root and suffix, to determine the functions of suffixes, and on the whole to elaborate a grammatical system so accurate and complete as to be unparalled in any other country."[23]

9. Pāṇini's grammar is "Superior to all similar works of other countries, by the throughness with which it investigates the roots of the language and the formation of its words."[24]

10. "Pāṇini's work is indeed a kind of natural history of the Sanskrit language.... . No work has struck deeper roots than his in the soil of the scientific development of India."[25]

11. "The Aṣṭādhyāyī certainly bears internal evidence of its having been accomplished by a single effort."[26]

12. "Pāṇini's grammar has, in all probability, been little compared with; we have better warrant for its integrity than in the case of any other work."[27]

13. "Patañjali applies the term *Bhagwān* exclusively to Pāṇini in recognition of his supreme position in the field of study he had made his own."[28]

14. "Pāṇini's spirit and wisdom, and of his vigorous mind which he devoted to investigate worldly literature."[29]. etc.

15. "I adore Pāṇini because he reveals to us the spirit of India, I adore India because it reveals to us the spirit, the spirit".[30]

In this way, one could go on quoting endlessly from the linguists all over the world about the importance of Pāṇini in linguistic studies. No doubt, the anchor sheet of this discipline is furnished by the grammar of Pāṇini.

REFERENCES

1. Mounton & Co. B.V. Publishers. The Hauge -- 1976.
2. Triṇi sūtrashastrāṇi tathā nava śatāni ca ṣaṇavatiñca sūtrāṇām Pāṇiniḥ kṛtavān svayam. (Quoted from Kā śikā vivaraṇapañjikā, pub. by Virendera Research Society, Rajashi, Bengal, 1913-1916, Introduction, p.4.
3. Sanskrit grammar, *Introduction*.
4. History of Sanskrit literature by A.A. Macdonell p.14.
5. MB.I.1.1.
6. Patañjali on AP IV. 3.66.
7. KK on AP IV 2.74.
8. Patañjali on AP II 3.66.
9. Patañjali on AP II. 1.1.
10. Patañjali on AP II 1.68.
11. KK on AP II. 1.6.
12. Patañjali on AP 1.4.89.
13. Kātyāyan on AP VIII, 4.68.
14. PM on AP IV. 1.93.
15. Patañjali on AP I. 4.51.
16. Sir William Jones, Inaugural address at the Royal Asiatic society of Bengal, 1986.
17. *Language: its Nature, Development and Origin* by O. Jesperson, p.33.
18. Ibid. p.67.
19. *Language*, pp. 10-12.
20. Mr. V.V. Ivanov and Mr. V.N. Toporov. In Soviet Publication. "Sanskrit, USSR Academy of Sciences."
21. *Language* by L. Bloomfield, p.12.
22. Si-yu-ki Yuan Chwang, quoted from 'A Readers on the Sanskrit Grammar; by J.F. Staal Pub. The MIT Press, Massuchusetts, p.6.
23. A.A. Macdonell, in India's Past. p.136.
24. Weber, in 'History of Indian Literature', p.216.
25. Gold Strücker, in 'Pāṇini' (Introduction).
26. Colebrooke, in 'Miscellaneous esays", 1873 Vol.II, p.5.
27. Burnell, in 'the Aindra school of Sanskrit Grammarians', p.31.
28. Kielhorn, J.A.R.S., 1908, p.503.
29. Yuan Chwang, Siyuki, I. 116. Beal, Calcutta, 1957.
30. Prof. Bared Faddegon (1874-1955) Professor of Sanskrit, University of Amstradam.

REFERENCES

1. [illegible] ... 1976.
2. [illegible] ... Parishad (Comp. ...) pub. by Mitra ... Research Society, Bengal, [illegible]
3. [illegible]
4. History of Sanskrit Literature by A. A. Macdonell p. [illegible]
5. [illegible]
6. [illegible]
7. [illegible]
8. [illegible]
9. [illegible]
10. [illegible]
11. [illegible]
12. [illegible]
13. [illegible]
14. [illegible]
15. [illegible]
16. [illegible] ... Asiatic Society of Bengal, 1936
17. Language, its Nature, Development and Origin by O. Jespersen p. [illegible]
18. [illegible]
19. [illegible]
20. [illegible] ... Soviet Publication, "Sanskrit," USSR Academy of [illegible]
21. [illegible]
22. [illegible]
23. [illegible]
24. [illegible]
25. [illegible]
26. [illegible]
27. [illegible]
28. [illegible]
29. [illegible]
30. [illegible]
31. [illegible]

CHAPTER - I

PHONOLOGY

1.0 Pāṇini, the seminal grammarian, thought it essential to provide a list of speech sounds right in the opening section of his monumental work Aṣṭādhyāyī. These sounds are arranged so ingeniously as to provide Pāṇini with all the classes or segments which he came to employ in his grammar. He listed the following speech sounds: *a i u ṛ ḷ e o ai au h y r l ñ m ṅ ṇ jh bh gh ḍh dh j b ḍ d Kh ph ch ṭh th c ṭ t k p Ś Ṣ S* and *h*.

This list swelled further as the great grammarian introduced other features in later stages in the main text. These additions include three features in terms of length - - (i) short (harsva), (ii) long (dīrgha), and (iii) overlong (pluta), cf. *ūkālaḥ ac hrasvadīrgha plutaḥ* (AP. I.2.27). Three pitches i.e. acute (udāta), grave (anudādda) and circumflex (svarita), cf; *uccairudāttaḥ, nīcairanudāttaḥ, samāhāraḥ svaritaḥ* (AP. I. 2.29, 30 and 31) respectively and nasal (anunāsika) cf; *mukha nāsikā vacanonunāsikaḥ* (AP.I.1.8). All these speech sounds relate exclusively to vowels. Pāṇini employed these segments and features to represent linguistics elements of various levels significantly. What is remarkable about these uses is that at each level these symbols (in respect of sounds) constitute a different system which is both self-sufficient and qualitative. At lexical level for example, grave (anudātta) is employed as an It,[1] indicatory-symbol with the verbal roots to indicate that the verbal roots so marked take passive-voice suffixes, cf; *anudāttaṅita ātmanepadam* (AP.I.3.12). Likewise, nasal vowels whenever recorded in the original enunciation by Pāṇini are indicatory, cf; *upadeśe ajanunāsika it* (AP.I.3.2), while, on the other hand, acute (udātta) has phonological and phonetic levels and therefore necessarily nasal vowels find realization only at phonetic level. The notation used to represent lexical items so has phonetic as well as diacritic value. The lexical representation, therefore, appears to be unique in as much as it results in sequences which are not permissible at the phonetic level. A few instances can be given in this regard e.g.; *ośvi, ñindhū, ḍmatup, ṅin, ṅasi, ṇvul, ktin, patḷ, kṛñ, śānca, dhvansu, ñyañ, ksnu, Ihasl, sphañ mleḍṛ* and the like.

I.1. Another question may be put forward why Pāṇini chooses to make lexical representation so far removed from reality and almost totally unrelated to phonological and phonetic representation, thus making it look quite enigmatic and inscrutable. It may appear all the more incomprehensible when we remind ourselves of the fact that the Aṣṭādyāyī was intended to be transmitted orally. We rather find his lexical representation deviating from natural speech to an extent that it becomes almost unpronounceable by a native speaker of Sanskrit. Even the most fluent speaker may hopelessly stumble over such items *ṇin, kāmyac ṇīñ, sphañ, ṅasi,* etc.

In defence of Pāṇini's lexical representation we might argue that theoretically lexical representation does not have to be in the same notation as phonological and phonetic. Therefore, he cannot be charged with any theoretical lapse. Moreover, use of segments and features as It elements forming integral part of lexical items, as well shall analyse below, results in overall simplicity and brevity in grammatical description. In this way, Pāṇini's lexical representation is theoretically unassailable and otherwise well motivated.

I.2. Pāṇini's representation of lexical items subsumed under *upadeśa*[2] keeps some segments and features which are called by him, and also by his commentators, as *anubandha*[3]. These take place initially or finally in an item. These are: nasalized vowels; final consonants except dentals, *S* and *m* belonging to termination (nominal and verbal inflextional suffixes); initial *ñi ṭu, ḍu,* initial *Ṣ* and palatal and retroflex stops in a suffix and *l, ś* and veler stops initially in a suffix other than a secondary-suffix, cf. *upadeśeajanunāsika it, halantyam, na vibhaktau tusmāḥ, ādirñiṭu ḍ avaḥ, ṣaḥ pratyayasaya, cuṭū, laśakvataddhite* (AP.I.3.2. to 8) respectively. Finally, these are to be dropped, cf. *tasya lopaḥ* (AP.I.3.9).

It is the abundant use of It elements that makes a lexical item unpronounceable. The question arises with Pāṇini leads the lexical items so heavily with these seemingly redundant elements and makes them (the lexical items) look so cumbersome. Is there any justification to treat them as integral part of a lexical item[4]. With regard to these questions some observations ought to be kept in mind here.

The use of *It* elements forms a very significant part of his strategy. It enables him to achieve generalizations and consequent brevity in statement of various grammatical operations. He manipulates to invest diverse grammatical elements with a common label so that these could be referred to as *K-it, L-it, c-it* etc. For instance *C-it* subsumes more than eighty grammatical elements. We give below some illustrative instances how germane is the use of It elements to Pāṇinian system.

I.3. To explain that the final syllable of stems structured with a group of linguistic elements carries (udātta) Pitch, he formulates the statement thus A stem structured by a suffix, augment or substitute having an indicatory C, bears acute (udātta) on the final syllable, cf. *Uñchādīnām Ca* (AP.VI. 1.160) e.g. *bhañj+ghurac→bhaṅgura* "brittle" and *ghurac* by *bhañjabhāsamido ghurac* (AP.III.2.161); *bhū+ktic-bhūti* "prosperity", success "*ktic ktau ca saṁjñāyām* (AP.III.3.174); *Kṛ+tṛc→Kartṛ,* "one who does" cf. *ṇvula tṛ cau* (AP.III.1.133) *Vatsa+lac→Vatsala "loving to children" cf. Vatsāṁsābhyām Kāmabale* (AP.V.2.98). Likely the syllable preceding a suffix with an indicatory l carries acute (udātta) Pitch, cf. *anudātte ca* (AP.VI.1.190) e.g. *hṛ+ṇvul→hāraka* "One who carries", (AP.III.1.133) mentioned earlier.

1.4 The Vṛddhi[5] is the substitute of the stem final vowels before a suffix with an indicator *ñ* or *ṇ*, cf. *aco ñṇiti* (AP.VII.2.115) e.g. *Kṛ+ghañ→Kār-a* "making, doing". *ni+ci+ghañ→ni+cai+a→ni-cāy-a* "a heap": *dakṣa+in→dākṣin, cf. ata iñ* (AP.IV.1.95), *Kṛ+ṇvul=Kār→aka* "one who does" similarly, *Vṛddhi* is substituted in place of the first vowel of a stem before a secondary-suffix with an indicatory *K*, cf. *Kiti ca* (AP.VII.2.118) e.g. *akṣa+ṭkṣa-ākṣa+ika-ākṣ→ika* "relating to dice", *naḍa+Phak→nāḍa+ayana→nāāyana* "descendent of naḍa".

The final vowel of *ghī* stems, cf. *śeṣo ghyasakhi* (AP.I.4.7) will have *guṇa*[6] substitution before a suffix having *ṅ* as *It*, cf. *gherṅniti* (AP.VII 3.111) e.g. *agni+ṅasi→agene+as→agneḥ* "of fire" by *saṁprasāraṇācca* (AP. VI.1.108); *Vāyu+ṅe-Vāyo-e-Vāyav-e* by *eko Yaṇaci* (AP. VI.1.77) "for the wind".

1.5 There is lengthening of the Penultimate Vowel of a verbal stem ending in a nasal consonant before the suffix *kvi* and those beginning with *Jhal* - segments and having an indicatory *K* or *ṅ* cf. *anunāsikasya Kijhaloḥ Kṅiti* (AP.VI.4.15) e.g. *śam+Ktin,* by *striyām ktin* (AP.III 3.94) → *Śām+ti Śān-ti* (m-n) by *mono dhātoḥ* (AP. VIII.2.64) "Peace".

In construction a short vowel changes a long one taking place in the first member provided it is not an *avyaya* when followed by a second member ending in a suffix having an indicatory *Kh,* cf. *Khityanvyayasya* (AP.VI.3.66) *Kāli+mum+man+śyan+Khaś→Kāli+m+manya→Kālimmanyā* (feminine) "She considers herself Goddess Kālī".

1.6 There is a *samprasāraṇa*[7] substitution, cf. *igyaṇaḥ samprasāraṇam,* (AP.I.1.45) in the verbal roots, e.g. *Vac* "speaks" *Svap* "Sleep, *Yaj* "sacrifice" and others, before a suffix having an indicatory *K,* cf. *Vaci Svapiyajādīnām Kiti* (AP.VI.1.15) e.g. *Svap+Kta→Sup-ta* "a sleep: *Vap+Kta→Up-ta*" "sown". Likely the verbal roots *gṛh* "take", *vyadh* "strike", etc. have samprasārana substitution before suffixes having an indicatory *K* or *ṅ* cf. *grahi Jyā Vayi Vyadhi Vaṣṭi Vicati Vṛścati Pṛcchati bhṛjjatīnām niti ca* (AP.VI 1.16) e.g. *Vyadh+kta→Vidh-ta→*Viddha "struck", Vyadh+yaṅ+te cf. dhātorekācohalādiḥ Kriyāsamabhihāre vaṅ, (AP.III I.22) Vi+vidh-ya-te→*Vevidhyate is "repeatedly struck".*

Elision (lop):[8] Before a suffix having *K* or ṅ as indicatory the Penultimate *N* is elided in case of verbal stems ending in a consonant and not read with an *i* as indicatory, cf. *aniditām hala upadhyāyāḥ kṅiti* (AP.VI.4.24) e.g. *sransu+Kta→Srasta "dropped", dhvansu+Kta→dhvasta* "destroyed". There is obligatorily deletion of *S* of first person suffixes of a la with an indicatory ṅ, cf. *nityam ṅitaḥ* (AP.III 4.99) e.g. *Pac-laṅ→aṭ Pac-śap-Vas→a-Pac-a-va→apaccāva* (a-ā by *ato dīrgho yañi,* AP.VII.3.101) "we two cooked" similarly, *apacāma* "we cooked".

1.7 Augment (*āgam*)[9]: substitute (*ādeśa*)[10] : A verbal root ending in a short vowel, *tuk* is attached before a Primary-suffix having an indicator *P,* cf. *hrasvasya piti kṛtituk* (AP.VI.1.71) e.g. *agnim-acaiṣit→agni-ci-Kvip→agni-ci-tuk-kvip→agnicit* "one who arranged the fire". *Soma-su-t* "one who pressed the soma" *iy* is the substitute in place of ā portion of a sārvadhātuka suffix with an indicatory *ṅ* when it is coming after a stem ending in a cf. *āto ṅitha* (AP.VII 2.81) e.g. *pac-śap-ātām→Pac-a-āatām→Pac-a-iytām→Pac-a-itām* (y- by *lopovyorvali,* AP. VI.1.66)- *Pac-a-i-te* (*ām+e* by *ṭita ātmanepadānamṭere,* (AP.III.4.79) *pacete* "they two cook".

1.8 Pāṇini uses the *It* elements also to restrict the scope of an operation. For example the aphorism *Sārvadhātukārdhadhātukayoḥ* (AP.VII.3.84) succinctly denotes that a verbal stem ending in ik vowels has a *guṇa* substitution before sārvadhātuk and *ārdhadhātuk* suffixes, cf. (AP.III.4. 113 to 117). Nevertheless, the aphorism Kṅiti ca (AP.I.1.) block this operation in case of suffixes that have an indicatory K, g and ṅ. To illustrate this point *Ci-Ktvā→Citvā* "having collected".

It may be kept in view that the use of two It elements with a lexical item will lay down simultaneous application of two operations. For instance *Catvārimśat-ḍaṇ→Catvārimśa* "containing forty". cf. trimśaccatvārimśatobrahmaṇe samjñāyām ḍaṇ (AP.VI.1.62). Here ṇ causes vṛddhi by taddhiteṣu acāmādeḥ (AP.VII.2.117) while ḍ drops am by ṭeḥ (AP.VI.4.143).

1.9. Pāṇini employs that It elements to denote other grammatical purposes (Selection of suffixes, etc.) also. For instance a verbal root recorded with an indicatory grave (anudātta) pitch or *ṅ* selects *ātmanepada suffixes,* cf. *anudāttaṅita ātmanepadam* (AP.I.3.12) e.g. *śīn-laṭ→śī-Śap-te→śī-luk-te→śī-te=śete* "he sleeps" (*i is guṇeted by guṇo yaṅlukoḥ* AP.VII.4.82), *edh-laṭ→edh-śap-te→edhate* "he grows". Verbal roots with indicatory ṭu take the suffix *athuc,* cf. *ṭvitaḥ athuc* (AP.III. 3.89) so, *ṭu Ośvi-athuc→śvayathu* "swelling".

1.10 An indicatory feature may be used to specify a particular segment. śnam comes after verbal roots of *rudhādi*-class before a *sārvadhātuk* suffix that indicates agent (kartā) cf. *rudhādhyaḥ śnam* (AP.III 1.78). Here Ś and *m* are It segments. The suffix realized is *na*, *m* denotes that the suffix containing it will take place after the last of the vowels of the stem to which it is to be attached, cf. *midaco antyātyprah* (AP.I.1.47), while *ś* besides other things, specifies *na*. Thus he has an aphorism that a *na* coming after *śna* is elided, cf. *śnātnalopaḥ* (AP.VI.4.23). In *bhañj-tip* is to be inserted *śnam* after a root by *rudhādibhyaḥśnam* (AP.III.1.78). Thus we get *bhañj+Śnam-tip→bhanakli* "he breaks", *ś* specifies *na* which causes deletion of the following *n*. It is a na that comes after Ś which is *It* that causes deletion and not any na. For example the following *na* in *praśna-nām* is retained and we get *praśnānām* "of the questions".

So it is clear from the above discussion that use of *It* elements in the AP explicitly indicates that this device enables Pāṇini to achieve generalizations and state precisely and economically those phonological or grammatical operations which are lexically conditioned[11]. The It elements are treated as integral part of a lexical item.

11.0 Next the lexical string undergoes such operations as augmentation[12], substitution[13], intervention[14] and elision[15] before it assumes phonological representation. The final phonological output then is arrived at through several intermediary stages. The lexical string *likh-laṭ*, for example, is a morphological construction, The verbal root *likh* stands for the concept "write" and *laṭ* for "the present tense". Here *laṭ* is to be changed by one of the items of a set of suffixes known as *tiṅ* collectively, cf. *lasya* (AP.III.4.77). After this substitution is effected we get *likh-tip*, where *tip* stands for the third per. In such a situation *śap*, an intervene is inserted before *tip* which is a *sārvadhātuk* suffix indicating an agent, cf. *Karttari śap* (AP.III.1.68) we have, in this way, *likh-śap-tip*. The segments *S* and *P* in tip are indicatory and thus to be deleted; cf. *tasya lopa-* (AP.I.39) we are now left with *likh-a-ti*. As to be placement of pitch *likh* bears acute accent (high pitch) on the final syllable by *Karṣātvatoḥ ghañaḥ anta udattaḥ* (AP.VI.1.159) while both a and ti are grave (low pitch) by *anudāttau supitau* (AP.III.1.4). So *likhati* is the final shape of the phonological representation here. The notation used at this level is the same as employed for lexical representation. Nevertheless, the symbols now belong to another system, *likh-a-ti*, the output of lexical representation is the input for phonetic representation. It is to be subjected to Phonological operations, application of which will result in the phonetic representation, the pronounceable form, *likhati* "he writes.

II.1. The term augment (*āgama*) is not available in the AP. Even then it is employed to designate those elements which are added to a grammatical form in certain environments and which form part of it.[16]. The aphorisms *ādyantau ṭkitau, midaco antyāparaḥ* (AP.I.4.46.47) relate to augment and specify their place of insertion in a form. Augments with indicatory *ṭ* and *K* are added respectively initially and finally to the structure that takes place in the 6th termination, while one with an indicatory *m* is placed aftr the last of the vowels. A few instances are; An *ārahadhātuka* suffix beginning with Val group of segments (i.e. any consonant other that *Y*) takes *It* cf. *ārdhādhatukasya eṭ valādeḥ* (AP.VII.2.35). Now, the above convention will point out that Iṭ is to be added to the suffix initially. In the string *gam-sya-ti* the augment *Iṭ* comes in the beginning of *sya* and form part of it. Thus we have *gam-iṭ-say-ti→gamiṣyati* "he wiil go". Before *āna* present participle suffix *muk* is attached to the verbal stems ending in *a*, cf. *āne muk*

(AP.VII.2.82). According to the convention set up *Iṭ* comes at the end of the verbal stem. So, *paṭh-śap-muk-ān→paṭh-a-m-āna* "studying". Here *num* is an augment added to a verbal root read with an indicatory vowel i, cf. *iditonum dhātoḥ* (AP.VII.1.58). It will come after the last vowel. Thus *KṛtiKṛ-num-tiKṛnt* "to cut". Here the indicatory segments namely *u m* and *i* are elided.

It may be worth-noting that an augment has no meaning of its own and in no way effects the meaning of the form to which it is added.

II.2. In the AP. we do not find any formal definition of substitute (ādeśa). An element that chances another is a substitute. Formally the use of the 6th and Ist terminations in an aphorism denote the element which is replaced, substitutendum (saṭhānī) and the one that changes, substitute respectively. For example, in aster *bhūḥ* (AP.II.4.52) *asteḥ* takes place in the 6th termination and refers to the item to be substituted by *bhūh* which is in the Ist termination. The aphorism is thus explained to mean that in place of as the verbal root *bhū* is substituted before *ārdhādhātuk*-suffixs. So, *as-tumun, bhū-tum→bhū-i-tum-bho-i-tum→bhav-i-tum* "in order to be". In *sthānivadādeśo analvidhau, scaḥ parasmin pūrvavidhau, na padān ta dvirvacan vare yalopa svara savaraṇa anusvāra dīrgha jaś car vidhiṣu, dvirvacane aci,* (AP.I.1.56,57,58,59) respectively and *pratyayalope Pratyayalakṣaṇam, na lumatāṅgasya* (AP.I.1.62,63). Pāṇini discusses the grammatical relations between substitute and substituendum. In general a substitute is to be treated like the substituendum (for the operation of grammatical rules) except in case of rules that apply to speech sounds (AP.I.1.56) quoted above. For instance, *lyap* which changes *ktvā* in a compound construction where prior member is other than *na,* the negative particule, is treated like *ktvā* for all operations except phonological. A form in *lyap* will be treated as an avyaya like one in Ktvā and thus nominal-suffix after it will be elided, cf. *avyayāt āp supaḥ* (AP.II.4.82). Nevertheless, for the purposes of an *Iṭ* augment a phonological operation - which is conditioned by an ārdhadhātuk-suffix beginning with a speech sound of *Val*-class (any consonant other than *Y*) *lyap* will not be considered like *ktvā*. In this way, it will not be admitted before *lyap*, which begins with *Y* while it will be permissible before *ktvā*, *grah-ktvā→grah-iṭ-ktvā→gṛh-ī-tvā* "having taken" while *sam-grah-ktvā→sam-grah-lyap→sam-gṛh-ya* "having collected".

In the AP. there are exceptions and counter-exceptions to the general aphorisms mentioned earlier which do not require any discussion here.

II.3. The term intervention (vikaraṇa) does not occur in Pāṇini. He lists them under suffixes[17]. Commenting on *Syatāsiḷuṭoḥ* (AP.III.1.33) *patañjali,* however, makes use of the term *Vikaraṇa* (intervention) and describes it there. The interventions are those elements which are attached to verbal roots. Pāṇini mentions them in the aphorisms-*syatāsīḷluṭoḥ, sya tās,* (AP.III.1.33), *sipbahulam leṭi, sip* (AP.III.1.34), *kāsapratyāyatāmantreliṭi, ām* (AP.III.1.35), *Cliluṅi, Cli* (AP.III. 1.43), *sārvadhātuke yak, yak* (AP.III.67), *Karttari Śap, Śap* (AP.III.1.68) and *liṅi āśiṣi, aṅ* (AP.III.1.86). Conditional variants of some of these also occur. These are also listed there. Besides, *Yak, Ciṇ* (Ciṇbhāvakar-maṇoḥ, AP.III. 1.66 variant of cli) and śyan (*divādibhyaḥ śyan,* AP.III.1.69) variant of *śap*) are used in *Karmakartari* constructions also. Thus *bhū-laṭ→bhū-tip→bhū- śap-tip→bhū-a-ti→bhavati* "he is *bhū-lṛt, bhū-sya-lṛt→bhū-iṭ sya-tip→bhū-isya-ti→bhav-isya-ti* "he will be".

II.4. The term elision (lopa) has been explicitly stated by Pāṇini as disappearance of a linguistic element, cf. *adarśanam lopaḥ* (AP.I.1.60). The disappearance of a suffix is designated by *luk, ślu* and *lup,* cf. *Pratyayasya lukślu lupaḥ* (AP.I.1.61). These are thus four types of disappearances, i.e. Zeroes. These are treated by Pāṇini as substitute of linguistic forms. Pāṇini concedes that a suffix even after disappearance continues to invoke all the grammatical operations as a sufix as if it were present, cf. *pratyaya lope pratyayalakṣaṇam* (AP.I.1.62). However, he points out that it is not the case with those suffixes which are caused to disappear by *luk, ślu* and *lup* substitution, cf. *na lumatāṅga sya* (AP.I.1.63). But these do serve as conditioning factors to effect grammatical changes, though unrelated to the original suffix replaced by them. A few illustrative instances of these are given here.

After the verbal roots of the *Ad-class* luk is substituted in place of *Śap*, cf. *adiprabhṛtibhyaḥ śapaḥ* (AP.II.4.72). In this way, *nu-śap-tip→nu-luk-tip*. Now *uto vṛddhirlukihali* (AP.VII.3.89) lays down that there is *vṛddhi* substitute of the final *u* of a verbal stem if the suffix is zeroed by *luk* and it is followed by a sārvadhātuk-suffix with an indicatory *P* having a consonant initially (but not if the stem is reduplicated). All these condition are met with in the example quoted above. Thus *nu-luk-tip→nau-ti* "he praises". Likely there is *ślu* substitution for *Śap* after the roots of *Juhoti-class*, cf. *juhotyābhyaḥ śluḥ* (AP.II.4.75), and then there is reduplication of the root before *ślu*, cf. *ślau* (AP.VI.1.10). So *hu-śap-tip→hu-ślu-tip→ju-ho-ti* "he sacrifices".

In case of the roots nij *"wash" vij "tremble"*, and *Viṣ* "permeate", there is *guṇa* substitute for the vowel of the reduplicate before *ślu*, cf. *nijām trayāṇām guṇa ślau* (AP.VII.4.75) Thus *nij-ślu-tip→ni-nek-ti* "he washed". Before lup the gender and number of the original are retained, cf. *lupi yuktavatvyakti vacane* (AP.I.2.51). For example the suffix *Kan* in meaning of "like this" is zeroed by *lup* when a man is to be denoted cf. *lum manuṣye* (AP.V.3.98). *Cañcā iva* (Purūṣaḥ)→*cañca-kan-cañcā-lup→cañcā* (Purūṣaḥ) "a straw man doll". There is elision of the causal suffix ṇic before an ādhahātaku-suffix that does not take *Iṭ* augment cf. *ṇeraniṭi* (AP.VI.5.51). But it will still effect the phonological changes that it causes, namely *vṛddhi* substitute of the stem vowel by *vibhāṣā dvitīyātṛtīyābhyām* (AP.VII.3.115). So *Kṛ-ṇic-yak-laṭ→Kṛ-Yak-laṭ→Kār-ya-te* "is caused to be done".

II.5. Thus, we can conclude from the above survey that augmentation and substitution in the ultimate analysis are the devices to state allomorphy. There is no way to affect the meaning of the original[18]. Augmentation, however, merely augments the original by suffixing the additional elements; *radh-randh* "cook", *jabh→jambh* "begin" by *radhi jabhoraci* (AP.VII.1.61). Substitution, on the other hand, is a complete or partial substitution of the lexical item; e.g. *han-vadh* by *hano badha lini* (AP.II.4.42) as→*bhu* by *asterbhū* (AP.II.4.52) *bru→vac* by *bruvo vaciḥ* (AP.II.4.53), *cakṣi→khya* by *cakṣṅaḥ khyāñ* (AP.II.4.54) *i-u* in *ti* and *anti* by *eruḥ* (AP.III.4.86); *jh→ant in jhi by jho antaḥ* (AP.VII.1.3 thus *jhi-anti*), *ktvā-lyap* by *samāse anañ pūrve ktvo yap* (AP.VII.1.37) etc. Intervention is a stem forming suffix attached to verbal roots and may be said to be indirectly contributing to the meaning of the stem thus structured; e.g. *man-tas→mantā* "he will think", the future stem by *syatāsilḷutoḥ* (AP.III.1.33) *Paṭh-yak→Paṭhya* the passive stem by *Sārvadhātuke yak* (AP.III.1.67). Elision is a device to account for phonological, grammatical, or semantic changes where no over-linguistic element is found, e.g. *yaska-aṇ-yāska* "a descendant of Yāska", but in Yāska-jas (*Yaksa-aṇ-jas)→Yaskāḥ* "the descendants of Yaska", *Yaskādibhyo gotre* (AP.II.4.63). Here to account for the meaning of the plural from *Yaskāḥ aṇ* is supposed to have been elided.

III.0. In phonetic representation we see that the final output aimed at, as mentioned earlier, is phonetic. To achieve this goal Pāṇini gives (a) phonological aphorisms that operate on phonologically represented lexical strings occurring as constituents in a morphological formation designated as pada (word) of *sup-tiṅantampadam* (AP.I.4.14) and across word boundary in larger constructions. Accordingly, he recognizes dichotomy of phonological operations as inter and inter-pada (word), (b) He makes explicit statements ascribing phonetic values to phonological units, cf. *tasyādita udāttamarddhahrasvam* (AP.I.2.32), *pluta aica idutau* (AP.VIII.2.106), *eco apragṛhyasyā-dūrātdhute Pūrvasyādhasyātuttarsya it utau* (AP.VIII 2.107) and *a a iti* (AP.VIII. 4.68). Passing through these operations an utterance receives phonetic realization. At this stage a phonological unit may receive phonetically diverse realization. For example S is realized variously as O S Ś S R U ḥ (c). Moreover, to achieve phonetic realism Pāṇini adds scales to certain features. He recognizes fortis and lenis varieties of *Y* and *V*, cf. *Vyorlaghuprayatnataraḥ Śākaṭāyanasya* (AP.VIII 3.18), light and heavy vowels in a syllable, cf. *hrasvam laghu* (AP.I.4.10), *Saṁyogeguru* (AP.I.4.11) *dīrgham ca* (AP.I.4.12), lover, cf. *udāttasvaritaparasya...* (AP.I.2.40), and higher, cf. *uccaistarām Vā Vaṣaṭkāraḥ* (AP.I.2.35) scales of low and high pitches respectively, and also monotone of all pitches, cf. *ekaśrutidurātsambudhau* (AP.I.2.33).

III.1. Phonological aphorisms of Pāṇini can be explained broadly under three heads, viz. *closest proximity*, pitch and the rest. These account for various alternations in lexical items under specified environments. The processes of augmentation, substitution, intervention and elision referred to in the foregoing section belong here. In fact, all phonological processes can be understood as varieties of augmentation and substitution.

III.2. The closest-proximity of two speech sounds is termed as *saṁhitā*[19] in Pāṇinian system, cf. *Paraḥ Saṁnikarṣaḥ Saṁhitā* (AP.I.4.109) when a speech is enunciated immediately after another without any interruption, the two are said to be standing closest to each other. Nevertheless, there is sometime bound to be lag between two speech sounds even though produced uniterruptedly one after the other, since physical movements manifesting speech sounds cannot all be simultaneous. These have to be rather in temporal sequence. The minimum unavoidable time interval is calculated to be half a mora, cf. *Sannikarṣa Varṇānām ardhmātrā Kāla Vyavadhānam.* KK on the AP (I.4.109). So under *saṁhitā* are subsumbed all such changes that occur among speech sounds in close physical context. We may then maintain that any phonologically conditioned change in speech sounds that occur in an uninterupted sequence is subsumed under closest proximity aphorisms[20]. For example the aphorism *che ca* (AP.VI.1.73) lays down that there is *tuk* (=t) augment after a short vowel and before *ch*. In this way, *gach* (gam by *iṣu gami yamāmchaḥ*, AP.VIII.3.77) - *gatch=gacch* "go" while, on the other hand, *tuk* augment after short vowel of a verbal stem before a primary suffix with an indicatory *P*, (cf. *hrasvasya Piti Kṛtituk*, (AP.VI.1.71) is not included under closest proximity aphorisms. The simple interpretation is that in one case the conditioning factor Ch is a speech sound as such in immediate sequence with a short vowel in AP.VI.1.71 (quoted above) it is primary-suffix as such.[21].

III.3. For the purposes of vicinity, the maximum phonological stretch assumed by Pāṇini is one bounded by Pause (avasāna)[22] which is stated as cessation of speech activity, cf. *virāmo avasānam* (AP.I.4.110). The vicinity changes are thus effective within an utterance bounded by pauses. Here it may be in a syallable *saṁhitāyām* (AP.VI.1.72) a word *eco ayavāyāvaḥ* (AP.VI.1.78) in word final *Vāpadānatasya* (AP.VIII 4.59), across word boundary *padāntātvā* (AP.VI.1.76) or in utterance final *kharavasānyor Visarjanīyaḥ* (VIII 3.15) *vāvasāne* (AP. VIII 4.56) some of the aphorisms have a less restricted scope e.g. *eko yaṇaci* (AP.VI.1.77) which defines that before a vowel *ik* (=*i, u, ṛ, ḷ,*) change to Yaṇ (*y, v, r, l*), while others may be restricted to a single form, e.g. sūtram *Pratiṣṇātam* (AP.VIII 3.90) which denotes that *Pratiṣṇātam* is the form in the meaning of sūtra. Here S-Ṣ and n-ṇ are accounted for by merely listening to them[23].

III.4. Reference has already been made previously to proximity aphorisms which are mentioned in terms of augment action (*āgama) che ca* (AP.VI.1.73) substitution (*ādeśa*) *bhayyapravayye ca chandasi* (AP.VI.1.83) and elision (*lopa*) *ḍo ḍe lopaḥ, rori* (AP.VIII.3.13, 14) also. Usually one segment undergoes a change in one stem, e.g. *dadhi atra→dadhy atra* "curd here" (AP.VI.1.77) stated earlier. But more than one segment could also be handled the same way, e.g. *Paṭat iti-Paṭ iti* = *Paṭiti ato guṇe* (AP.VI.1.97) where at-[24] ϕ Similarly *oa-ā* in *go-am→gām* "to the cow" *vāsupyāpiśale* (AP.VI.1.92).

III.5. Some of these vicinity changes illustrate varied manifestations of the same phenomenon. For instance the preceding and the succeeding segments may change to a single segment (AP.VI.1.83) quoted above which could be either the preceding *Ṣatvatukorasiddaḥ* (AP.VI.1.86) or the succeeding *auto aṃśasoḥ* (AP.VI.1.93) or one different from the either (AP.VI.1.86) mentioned above.

It may also be taken into consideration that phonological changes indicated through the use of *It* elements are excluded from vicinity aphorisms. In other words, in the formulation of vicinity aphorisms he eschews the use of *It* elements, thus implying a distinction between the two, i.e. the vicinity and non-vicinity aphorisms.

Exceptions to or optional application of vicinity aphorisms are listed along with those environments where vicinity aphorisms are inoperative and are of greater interest. These are listed together in the (AP.VI.1.113-128).

IV.0. The phonological aphorisms relating to pitch (Svara[25]) form a class by themselves. Most of these are treated in the AP. VI.1.158 to VI.2.199 forming a block. A few more are mentioned at other places. Some of these are expressed by means of the use of It segments *sibhahulam leṭi* (AP.III, I.34), *idamo anvādeśe aśanudāttat,tīyādau, etadastratasostratasau cā nudātau* (AP.II.4.32-33); It may, however, be pointed out that several of these accent aphorisms are of the nature of proximity aphorisms. For example *Udāttādanudāttasya Svarita* (AP.VIII.4.66) which denotes that a grave (low) pitch following an acute (high) becomes circumflex. Here the acute and grave form an uninterrupted sequence like *i,a* in *dadhi atra*. May be Pāṇini considers accent as a satellite feature and thus is not prepared to accord to it the same status as to speech sounds. There appears to be ample justification for not treating accent at per with speech sounds. These in fact function differently. This will be illustrated by the following instance. Consider the utterance, *ayam daṇdas hara anema* "Here is the stick, Drive with it". The proximity aphorisms will reduce it to *ayam dando harānena*. But the accent aphorism: an inflected verbal form, i.e. finite verb will be grave if preceded by a non-finite form, *tiṅatiṅaḥ* (AP.VIII.1.28) will not be operative on the sequence *daṇdas hara*, since the words here do not belong to the same sentence, *samāna-vākya*. In this way, it is clear that proximity aphorisms operate on any speech-sounds that stand side by side irrespective of the fact whether they are syntactically related or not. While on the other hand, accent aphorisms operate on syntactically related forms only. In *nadyās tiṣṭhati Kūlam* "The bank of the river stands" for example, the verbal form *tiṣṭhati* loses its accent because it is preceded by a non-finite form, namely *nadyās*.

Each lexical item is presumed to have an inherent accent. In morphological and syntactic constructions, it undergoes some modification. The maximum domain of accent aphorisms is a sentence. Nevertheless there are within a sentence certain other syntactical groups that behave like a unit with regard to the placement of accent. For instance, an inflected nominal form followed by a vocative is treated as if it were a constituent of it for the purposes of placement of accent cf. *subāmantrite pāṅgavatsvare* (AP.II.1.2). Thus *mádrāṇān rājan* "O king of Madra country" or *tíkṣṇayā sūcyāsivyan* "O you are sewing with a sharp needle" receive accention the first syllable by *acaḥ kartṛyaki* (AP.VI.1.195).

IV.1. The rest of the phonological aphorisms are lexically conditioned and may involve change of a single or more segments. These are also mentioned in term of substitute (ādeśa[26]), augment (āgama[27]), and elision (lopa[28]). Some examples may be worth noting:- In a compound, the final vowel of *agnī* (the Fire) is lengthened when followed by *soma* or *varuṇa*, both Vedic Gods, cf. *devatādvandve ca* (AP.VI.3.26) e.g. *agnī-varuṇau* (the Gods Agnī and Varuṇa). *Ku* is replaced by *Kat* in a determinative compound when the second member has vowel initially, cf. *Koḥ Kattat Purūṣe aci* (AP.VI.3.101) e.g. *Ku-aśvaḥKat-aśvaḥKadaśvaḥ* (a bad horse). The augment *Yak* (=*Y*) is attached to *Śā* (*śo*) "sharpen", *chā* (*cho*) "finish", Hvā (hve) "Call" Vyā (vye) "cover", *Ve* "weare" and *Pā* "drink" before the causal suffix ṇic (=i) cf. *śācchāsāhvāvepām yuk* (AP.VIII.3.37) e.g. *Pā-ṇic-śap-tip→Pā-yuk-ṇic-śap-tip→Pāy-i-a-tiPāy-ay-a-ti* "he causes to drink". The final of a verbal stemp is dropped before śyan (= Ya) cf. *Otaḥ Śyani* (AP.VII.3.71) e.g. *so-śyan-tip→S-ya-ti* "he finishes".

IV.2. The distinction made above between proximity and nonproximity aphorisms is not always there, compare, for example, *eco ayavāyāvaḥ* (AP.VI.1.78) read under proximity, which succinctly defines that O and au become *av* and *āv* respectively before a suffix beginning with *y*, e.g. *babhru- yñbā-bhro-yabābhrav-ya* "descendent of Babhru" and *lopovyorvali* (AP.VI.1.65), a non-proximity aphorism, which lays down that *V* and *Y* are elided before a suffix beginning with *val* group of speech sounds (any consonant except *Y*) e.g. *ūy-taū-ta* "woven". In both the aphorisms the segments, namely *o y* and *y t* take place in an uninterrupted sequence and the conditioning factors are phonological cum morphological, namely *Y* and *t*, respective, occurring initially in a suffix. Strictly speaking these seem to belong together.

IV.3. Conditioning factors of phonological change: Phonological changes are occasioned by various factors, linguistic and non-linguistic which may be immediate or non-immediate. We can survey them briefly here.

IV.4. Linguistic environments:

IV.5. Phonological elements:

Ik (*i u ṛ ḷ*) vowels are changed by yaṇ (*Y V r l*) respectively if followed by ac, i.e. any vowel, cf. *iko-yaṇaci* (AP.VI.1.77); e.g. *iti-ādi›ityādi* "etc, etc". *madhuatra›madhvatra* "honey here". There is tuk *āgama* after a long vowel if *ch* follows, cf. *āṅ māṅośca* (AP.VI.1.74), e.g. *mlech-śap-tip›mle-tuk-ch-śap-tipmlecch-a-ti* "he speaks indistinctly".

IV.6. Lexical item: the n of *svatavān* is replaced by ru (=r) before *pāyu*; cf. *svatavānpāyau* (AP.VIII 3.11) e.g. *bhūvas taśya svātvāḥ Pāyúragne* (Ṛgveda IV.2.6). The vowel in the eight verbal roots beginning with *śam* is lengthened before *śyan*, cf. *śamāmaṣṭānām dīrghaḥ śyani* (AP.VII.3.74); e.g. *śam-śyan-tip›śām-ya-ti* "he is pacified".

IV.7. Pada (word): A verbal form (*tiṅ*) following a non-verbal form receives grave accent cf. *tiṅatiṅaḥ* (AP.VIII 1.28), e.g. *devadattaḥPacati*, "devadatta cooks" A gati (a sub-class of avyaya) before another *gati* bears grave accent cf. *gatiragatau* (AP.VII.1.70) e.g. *abhi-sam-pra-yā-ti* "he goes towards". In a *ṛc* the final *ak* (*i u ṛ* and *ḷ*) is lengthened before *su*, a particle, cf. *ṛcitunughamākṣutaṅkutra uuṣyāṇām* (AP.VI.3.133) *abhi su naḥ śakhīnāmabhī sṣu ṇaḥ sakhīām* (Ṛgveda IV.31.3). The visarjanīya of ablative-termination is usually changed into s before *Pātu* in the chandas, cf. *Patau ca bahulam* (AP.VIII 3.52) e.g. *divaḥ Pātudivas Pātu*.

IV.8. Grammatical Category:- The vowel of a crude form (Pratipadika[29]), *arthavadadhāturapratyayaḥ Pātipadikam* (AP.I.2.45) is shortened if neuter gender is to be expressed, cf. *hrasvo napunsake prātipadikasya* (AP.I.2.47); e.g. *atirai→ati-ri* (Kulam) "an extravagant (family"). The final *ik* (*i u ṛ* and *ḷ*) vowels of a verbal stem have guṇa substitute before a *sārvadhātuk*[30] or *ārdhadhātuka*[31] - suffix, cf. *sāradhātuka-ārdhātukayoḥ* (AP.VII.3.84) e.g. *bhū-śap-tipbho-a-ti-bhav-a-ti* "he becomes, *tṛ-śap-tip›tar-a-ti* "he swims across".

IV.9. Meaning of semantic features: The *S* of nis before tap (heat) replaces by ṣ if the meaning is "not to do repeatedly", cf. *nisastapatāvanāsevane* (AP.VIII 3.102). Thus *nis-tap-śap-tip›niṣ-tap-a-ti-niṣ-tap-a-ti*" he heats once"; otherwise the form is *nistapati* "he heats repeatedly". After *ava* and *vi* the *s* of *svan* changes into *ṣ* if the meaning is "to make sound while eating", cf. *Veśca Svanobhojane* (AP.VIII 3.69). Thus *Vi-Svanati›Vi-ṣvaṇati* "he makes soundwhile eating and *Vi-svanti* "he makes noise". There is no germination of the consonant in Putra "son" when followed by the word *ādinā* "eater". (female) if the whole expression denotes "abuse" cf. *nādinyākrośe Putrasya* (AP.VIII.4.48). Thus Putrādinī means "eater of one's sons" as an abuse while *Puttrādinī* (with gemination of *t*) means "one who actually eats one's sons".

IV.10 Phonological change: A phonological change may obligatorily or optionally entail another phonological change. The *ḍh* and *ṛ* followed by *ḍh* and *r* respectively are elided; cf. *ḍhoḍhe lopaḥ, rori* (AP.VIII 3.13.14). Thus *Punar ramate›Puna › ramate* "he enjoys again". Now applies *ḍhralope Pūrvasya dīrghḥ aṇaḥ* (AP.VI.3.111) obligatorily which lengthens the *aṇ* (*a*, *i* and *u*) vowels that precede *a ḍh* or *r* that has been dropped. Thus *Puna ramate›Punā ramate*. The *samprasāraṇa*[32] vowels, vowel arising out of the *samprasāraṇa* process, is the single substitute when followed by another vowel, cf. *samprasāra-ṇacco* (AP.VI.1.108) e.g. *Vap-taUp-ta→upta* "sown".

Similarly, there is samprasāraṇa of Y of the suffix *ṣyaṅ* (when the word formed with it occurs) in a determinative compound followed by Putra (son) and Pati (husband), cf. *ṣyaṅaḥ samprasāraṇam Putrapatyos tatpuruṣe* (AP.VI.1.13). the phrase *Karīkṣa-gandhyāyāḥ Putraḥ* gives us the determinative compound *Karīṣagandhyā-putra›Karīṣa-gandhi-putra* by the above aphorism. Now there is obligatory application of *vale* (AP.VI.3.118) which defines that the vowel substituted for yaṇ (*Y v r* and *l*) occurring in the prior member in a compound is lengthened. Thus *karīṣagandhi-putra›Karīṣagandhī-Putraḥ*" "son of Karīṣagandhyā". Here the lengthening of i is dependent on its being an output of an earlier phonological aphorism.

IV.11. Morphological constructions: Phonological changes are conditioned by such morphological constructions as compounding, primary and secondary derivations also. A few examples follow: In a compound with a preposition, *Vana* "forest" occurring as second member bears acute accent on the final syllable, cf. *vanam samāse* (AP.VI.2.178) e.g. *Pravaṇām* "the side of a hill, slope". *nirvaṇam* "a country without forests". The final vowel of *Viśva* is lengthened before *vasu* and *raṭ* occurring as final members in a compound cf. *viśvasyavasurāṭoḥ* (AP.VI.3.128) e.g. *Viśvāvasu* "beneficial to all", *Viśva-rāṭ* "ruler of all". The *S* of *saṅga* changes into *ṣ* if it occurs after *aṅguli* in a compound cf. *samāse aṅguleḥ saṅgaḥ* (AP.VIII.3.80). Thus we have *aṅguli-saṅga* "contact of the fingers". Likewise an inflected verbal form, if not preceded by *gati,* retains its orinal accent before a secondary-suffix, cf. *canacitiva gotrāditaddhita āmreḍiteṣu agateḥ* (AP.VIII 1.57) e.g. *Pacatitarām.* "Cooks betters", *Pacatirūpam* "cooks excellently well". The *ṭi* (the last vowel with the consonant if any) of a *bha* stem ending in *n* is dropped before a secondary-suffix, cf. *naḥ taddhite* (AP.VI.4.144) e.g. *agni-śarman-iñāgni-śaram-i* "descerdent of Agni-śaran". Also in a determinative compound the *Vibhakti* (nominal inflectional suffix) of the first member is retained if the second member ends in a primary-suffix; cf. *tatpurue kṛti bahulam* (AP.VI.3.14) *stambe ramate›stambe-ram-acstamble ram-a* "delighting in a thicket of grass i.e. an elephant". *Karṇe japatkarṇejap-ac-Karṇejap-a* "one who whispers in the ear, a tale-bearer". In a compound *rātri* optionally takes *mum* augment before a word formed with primary suffix; cf. *rātreḥ kṛti vibhāṣā* (AP.VI.3.72) e.g. *rātri-mum-car-ṭarātri-m-car-a* "one who moves about during the night, a thief".

IV.12. Syntactic constructions: Syntactic constructions also are responsible for certain phonological changes. The *visarjanīya* of words ending in is and *us* is optionally changed into *Ṣ* before voiceless velars and labials provided the two words stand in a synthetic construction, cf. *isusoḥ sāmarthye* (AP.VIII 3.44) e.g. *sarpis karotisarpiṣ karoti* (optionally) "makes clarified butter", *Yajus Karoti→Yajuṣ -Karoti* "composes Yajus "*S* optionally replaced by *ṣ* in *syand* "flow after *anu, vi, pari, abhi* and *ni* if the subject of syand is not an animate being; cf. *anu vi abhi nibhyaḥ syandate aprāṇiṣu* (AP.VIII 3.72) e.g. *anuṣyandatetailam* "the Oil flows", but *anusyandate matsy udake* "the fish floats in the water". For the *n* of *kān, ru* is substituted before an *āmreḍita* (the second member of a reiterative), cf. *Kānāmreḍite* (AP.VIII 3.12) e.g. *Kān Kān āmantrayate→Kās Kān āmantrayate* "whom does he invite".

IV.13. Distributional Features: Certain phonological changes occur or are blocked in segments for the simple reasons that these occupy specific positions in linguistic constructions. For this purpose the relevant positions recognized by Pāṇini are initial, final, non-intitial and non-final in a word or sentence; prior or final members of a compound; final in a prātipadika, within the same word or foot of a stanza; *āmreḍita*[33] (first member of a reiterative) and utterance final (avasāna). A few illustrative instances are given below:-

A word initial *S* does not change into *Ṣ* cf. *Sātpadādyoḥ* (AP.VIII.3.111) e.g. *madhu siñcati* "he sprinkles honey" *dadhi siñcati* "he sprinkles curd". The word final *n* does not change into *ṇ,* cf. Padāntasya (AP.VIII.4.37) e.g. girīn "mountains", *arīn* "enemies", *Vṛkṣān* "trees". *N* or *m* occuring non-finally in a word change into *anusvār* before *Jhal* (all consonants except nasals and semi-vowels) consonants; cf. *naścāpadāntasya jhali* (AP.VIII 3.24) e.g. *Yaśāṁi (YaśānasiYaś n s)* "fame", *Payāṁsi* "waters". Before a non-initial voiceless veler or labial, the *visarjanīya* changes into *s,* cf. *sopadādau* (AP.VIII 3.38) e.g. *payaḥ-kalpamPayas-kalpam* "milk-like", *Yaśaḥ-kāmyatiYaśaskāmyati* "he wishes for fame" (here kāmy is a suffix, by AP.III 1.9). After *r* and *ṣ, n* changes into *ṇ* if these occur in the same word, cf. *raṣābhyām no ṇaḥ samānapade* (AP.VIII 4.1) e.g. *Puṣ-nā-tiPuṣṇāti* "he nourishes", *Jṛ-najīr-ṇa* "old". *N* occurring finally in a *Prātipadika*[35] is elided; cf. *na lopaḥ prātipadikāntasya* (AP.VIII 2.7) e.g. *rājan bhisrāja-bhis* "by the kings"; *rājan-tamarājatama* "the best of the kings". In a compound s of *svasṛ* (sister) changes into ṣ after *mātṛ* and *Pitṛ;* cf. *mātuḥpiturbhyāmanyatarasyām* (AP.VIII.3.85) e.g. *mātṛsvasāmātṛ-ṣvasā* "mother's sister", *Pitṛ-svasāPitṛ-svasā* "father's sister". The final of kakuda (hump) occurring as final member in a possessive-compound denoting "age" is elided cf. *kakudasya avasthāyām lopaḥ* (AP.V.4.146) e.g. *Pūrṇam Kakudam asyaPūrṇa kakud* "one fully developed". The word final *n* optionally replaced by *ru* if preceded by a long vowel and followed by a class of segments (any vowel or *h y v* and *r*) provided these occur in the same foot of a stanza in the RV: cf. *dīrghātaṭi samānapade* (AP.VIII 3.9) e.g. *devn ā iha vakṣati* ›*devā̃ eha vakṣati* (RV.I.1.2) *Paridhīn ati*→*Paridhī̃ rati* (RV.IX.107.19). Also, the sequence of final *e* or *o* and initial *a*, unless *a* is followed by *V* or *y*, does not undergo and sandhi-charge, if the sequence occurs within the foot of a stanza in that RV. cf. *Prakṛtyā antaḥ Pādamavyapare* (AP. VI.1.115) e.g. *te agre aśvam ayuñjan* (RV.V.79.1) "they yoked the horse first in the front", *śuktam te anyat* (RV. VI.58.1) and the like. After go "bull, cow" occurring at the end of pada[36], the genitive plural suffix *ām* takes an augment *nuṭ*, cf. *goḥ pādānte* (AP.VII.1.57) e.g. *Vidmāhi tvā satpatim śura gonām.* Of a sentence used in calling a person from a distance, the *ṭi*[37], the final syllable, becomes *Pluta*[38], (extra-long) and *udātta*[39] (acute) accent; cf. *dūrāt dhūte ca* (AP.VIII 2.84) e.g. *āgaccha bho devadatta*३. Likewise, of a sentence which expresses *Pratiśravaṇa*, Promise, etc. the *ṭi* becomes extra-long and acute; cf. *Pratiśravaṇe ca* (AP.VIII.2.99) e.g. *gām me dehi* "kindly give me a cow", *nanu te dadāmi*३ "yes, I shall gladly do that".

IV.14. Discourse Types: Here we might mention those phonological changes which are restricted to specific discourse types, literary or colloquial, which Pāṇini has not missed to notice.

In Vedic language the Particle *āṅ* (=a) 'near' is nasalized before a vowel and does not undergo any euphonic change further cf. *āṅo anunāsikaś chandasi* (AP.VI.1.126) e.g. *abhra ā̃ apaḥ* (RV.V.48.1) *gabhīra ā̃ ugraputra gighānsata* (AP.VI.1.126). Again in chandas the the visarjanīyas of a nominal in the ablative case is replaced by a before pari in the meaning of ahdi "over" cf. *Pañcamyāḥ Prāvabhyarthe* (AP.VIII.3.51) e.g. *divaḥ paridivaspavi* (RV. X.41.1) "above the heaven". In the Veda the vowel of the verbal root mīn (-mīn (-mī) "injure" is shortened before a suffix having an indicatory ś, cf. *mīnāternigame* (AP.VII.3.81) e.g. *Pra-mi-śap-jhi*›*Pra-mi-na ntipra-minanti* (RV.X.10.5). In the veda 3rd per. sing. perfect (*liṭ*) from sūñ "give birth" is *susūva* (RV.IV.18.10) which otherwise is *suṣuve;* cf. *sasūveti nigame* (AP.VII.4.74). In the RV. the final vowel i and u are lengthened before the particle *suñ* (=su); cf. *ikaḥ suñi* (AP.VI.3.133) e.g. *abhi suabhī-ṣu* (RV.IV.3.13) *urdhva u su*›*urdhva ū ṣu* (RV.I.36.13). In the Veda the initial vowel of *ātman* is dropped before *āṅ* in the instrumental singular; cf. *mantreṣu āṅi ādeḥ ātmanaḥ* (AP.VI.4.141) e.g. *ātman-āṅ*›*tmn-ā* "by self". In the recitation of the mantras called Subrahmaṇyā there is no monotone (*ekaśuti*) of pitch, rather the circumflex (*svarita*) becomes acute (*udāta*); cf. *na subrahmaṇyayām svaritasya tūdāttaḥ* (AP.I.2.37) e.g. *indra āgaccha*, in this sentence the first four syllables get the acute accent, while the fifth gets grave-accent. In the Yajur Veda the forms ending in e and *o* do not undergo any euphonic-change with the following *a* of *avapathāḥ* carrying grave-accent cf. *avapathāsi ca* (AP.VI.1.121) e.g. *trī ruderbhyo avapathāḥ, a-vap-śap-thās*→*avapathāḥ.* Here *avapathāḥ* is 2nd per. sing. imperfect of the root Vap in the middle voice (ātmanepada[40]). Thus a is gravely accented.

In the Kāṭhaka recension of the Kṛṣṇa Yajurveda ā is substituted for the final of deva "god" and sumna "gracious" before the verbalizing suffix kyac; cf.

devasumnayoyajusi kāṭhake (AP.VII.4.38) e.g. *devāyantaḥ* "serving the gods". In a literary composition phonological change may be dictated by exigency of style. For instance, the case-fussix in *sas* (nominative singular of tad "that") is dropped before a vowel if that completes the meter of the foot[41]; *etat tadāḥ su lopaḥ akaḥ a-nañsamāse-hali* (AP.VI.1.132). In *bhāṣā*, the colloquial standard, the final syllable (ṭi[42]) of the first alternative in an utterance expressing reflection becomes extra-long (pluta[43]); cf. Pūrvam tu *bhāṣāyām* (AP.VII.2.98) e.g. *ahir nu ३ rajjur nu* "Is it a snake or a rope?" In *bhāṣā* again the final of yuṣmad "you" and asmad "I" is replaced by *ā* before dual of first case; cf. *Prathamāyāśa dvivacane bhāṣāyam* (AP.VII.2.88). Thus we have tvām "you both" and āvām "we two" instead of *tvam* and *āvam* in the Vedic language.

IV.15. Speaker's Attitude, etc.: Pāṇini also notes that diverse attitudes and reactions of a speaker bring about specific phonological changes in utterances. For utterances expressing hesitancy or indecision, vicāryamāṇa, have their final syllable extra-long and acute, cf. *vicāryamāṇām* (AP.VIII.2.97). In an utterance denoting threat or scolding (bhartsana), the second member of an iterative is extra-long and acute; cf. *āmreḍitam bhartsane* (AP.VIII 2.95) e.g. *vṛsala vṛsala ३ ghātayi ṣyāmitva* "O rogue rogue, I shall have you finished". Likewise in an utterance the final syllable of the first member of an iterative (which is vocative) is extra-long and circumflex, if envy, anger blame or praise is expressed: cf. *savaritamāmreḍitesuyās ammatikopakutsaneṣu* (AP.VIII.2.103).

IV.16. Style, etc.: Pāṇini notices phonological change due to *style of speech*, locality or different realization in view of other grammarians. On style he is not very explicit. However, he does distinguish, for instance, between recitation of vedic texts in sacrificial rites, in Japa (muttering) and sāma and points phonetic peculiarities of these, cf. *yajñakarmaṇi ajapa nyuṅkha sāmasu* (AP.I.2.34). He meticulously makes an observation that words denoting the names of well bear acute accent on the initial or final syllable as these are located on the northern or southern banks of the river (*Vipāśa*, cf. *Udak ca vipāśaḥ* (AP.IV.2.74). Similarly, he refers to the views of other grammarians. For example, he mentions that according to Sphoṭāyana O in go is replaced by *avaṅ* before a vowel; cf; *avaṅsphoṭāyanasya* (AP.VI.1.123) while his own view being that euphonic operation takes place optionally every where i.e. both in the Veda and colloquial speech cf. *anudātte ca kudhapare* (AP.VI.1.120). Thus according we have gavagra-, *go gra* and *go agra* "headed by cows", having cows or milk as the chief or most excellent part".

IV.17. Non-linguistic environments:- In Pāṇini view even non-linguistic environments are responsible for certain phonological changes. A few instances follow:-

The final syllable, *ṭi*[44], of a sentence pronounced in answer to the salutation of a person other than śūtra-class, is extra-long and acute, cf. *Pratyabhivāde aśūdre* (AP.VIII.2.83). So, *abhivādaye devadatto haṃ.* "I Devadatta, bow to you". In answer to this is said, *bho āyuṣmān edhi devadattá* ३ "May you, O Devadatta live long". (if the person being blessed is non-śūtra) otherwise simple Devadatta. (if śūdra). The phonological change here takes place within a network of social hierarchy. Also note that in addressing a person from a distance there is *ekaśruti*[45] (monotone, neutralization) of pitches, cf. *ekaśruti dūrāt saṁbudhau* (AP.I.2.33). However, the vowel of the final syllable in such a sentence is extra-long and acute, cf. *dūrātdhūte ca* (AP.VIII 2.84). Physical distance here in a particular social situation effects this phonological change. On the occasion of sacrificial rites, a cultural factor, the Vedic texts are to be pronounced in *ekaśruti* cf. AP.I.2.34 (mentioned earlier).

Here are a few more instances where a phonological change takes place if the linguistic form refers to a particular type of object in the *world outside*. In a determinative compound the first member, which denotes colour, retains its lexical pitch if followed by another colour-denoting word except *eta* "the colour that appears to be changing", cf. *varṇovarṇesuanete* (AP.VI.2.3). The final vowel of *viśva* "all" is lengthened before *nara* "man" and *mitra* "friend" if the words thus formed stand for a proper name of an individual and a seer respectively, cf. *Viśvasya Vasurātoḥ nare saṁjñayām* (AP.VI.3. 128-129). Thus Viśvānara is the name of an individual and Viśvāmitra "the name of a seer". The vowel in *aj* "drive" has *Vṛddhi* substitute after *sam* if the word thus formed refers to "an assembly of men" cf. *Samudorajaḥ Paśuṣu* (AP.III.3.69). Thus *Samāja* refers to an assembly of men and *samāja* without *vṛddhi* to "a crowd" only. Similarly the verbal stem ci "collect" takes *Vṛddhi* and CK before the suffix *ghañ* if the word formed thus refers to an assembly of beings sharing some common quality and is not a mere crowd; cf. *saṁghe ānauttarādharyye* (AP.III.3.42). Thus two forms namely nikāya and *nicāya* are available from the same string ni-ci-ghañ. The phonetic realization rests on the object to be referred to.

IV.18. From the brief survey outlined above it is clear that to account for phonological changes Pāṇini takes into consideration both linguistic and non-linguistic factors. Language, it seems according to him, functions not within the narrow confines of its units but rather within the much large and broader context of man's entire world. Any factor from this totality of environments could be operating on the linguistic system. Pāṇini has given due recognition to this fact while presenting a description of Sanskrit. However, occasionally both linguistic and non-linguistic factors jointly may be operative. For instance, in a compound *n* of *vana* "forest" changes optionally to *ṇ* after the words that denote verb, *oṣadhi*, or *forest tree, Vanaspati*, provided other phonological factors that effect such change are present there, cf. *Vibhāṣā Oṣadhi Vanaspatibhyaḥ* (AP.VIII.4.6). Thus we have *śirīśavanam-śirīśa-vaṇam* "a forest of śirīṣa trees", *dūrvāvanam-dūrvā-vaṇam* "a thicket of dūrvā grass". Here the necessary conditioning phonological factors mentioned in *raṣābhyām no naḥ samāna Pade, aṭ kupuāṅ num vyavāye api* (AP.VIII.4-1,2) are present, but it is the presence of the *śirīṣa* and *dūrvā* that makes the change optional. Such conditioning factors could be very complex also. Note the following example. There is *Vṛddhi* substitute of the initial vowel of a stem that refers to season, *ṛtu*, and is preceded by a stem denoting a part and followed by a secondary-suffix having an indicatory *ñ n* or *k*, cf *avyavāt ṛtoḥ* (AP.VII.3.11) e.g. *Pūrvam varṣāṇām› Pūrva-Varṣā-ṭhak›Purva-vārṣikam* "relating to the first half of the rainy season". The above examples illustrate the varied range of factors taken into consideration for accounting grammatical process from artificial stratagem such as *IT*[46] segments to the physical environments.

V.0. Order of Application: Obviously the rules in grammar could not but be presented in a linear order. However, while assigning them a sequence Pāṇini has the consideration of economy by giving them an order where common words in a sūtra could be carried over to the following one(s). This arrangement saves him repetition of common elements. But does it impty that such an arrangement is also in consonance with their order of application? Generally it is. Thus it may be assumed that the aphorisms in the AP. are to be applied linearlly. However, in case of conflict when two or more aphorisms seek application simultaneously other features of aphorisms are invoked. Some of these features have been succinctly defined by Pāṇini while others have been worked out by his followers and discussed in hs works on Paribhāṣā[47]. We shall briefly discuss these here so far as these relate to phonological rules. The Paribhāṣā[48] points out the classes of aphorisms with regard to their application and prescribes order of priority. It reads: of the aphorisms *Pūrva*[49] (preceding), *para*[50] (subsequent), *nitya*[51] (immortal), *antaraṅga*[52] (internal), and *apavāda*[53] (exception) each following one is more powerful than the preceding one(s). This is a general dictum that has constraints and counter-contraints. These features provide binary division of rules.

V.1. Preceding (Pūrva[54]): subsequent (para[55]): Pāṇini explains in *Vipratiṣedheparam Kāryam* (AP.I.4.2) that in case of conflict of two aphorisms the subsequent one prevails. For example, to derive nominative dual form *akṣi* "eye" (neuter) the string formed is *akṣi-an*. Now applies *Padāntāt Vā* (AP.VI.1.76) according to which *iy* before *an*. But this is blocked by a later aphorism *ikaḥ aci vibhaktau* (AP.VII.1.73) which lays down that augment *num* is attached to a neuter stem ending in *ik*-vowels before an inflectional suffix. But this is also prevented from applying by a still later aphorism *ī ca dvivacane* (AP.VII.1.77) which says that in the Vedas an acute ī is substituted for the final of *asthi* "a bone", *sakthi* "the thigh" and *akṣi* "an eye" before dual inflectional suffix. Thus we have *akṣī-an*. Now the aphorism AP.VI.1.76 (quoted above) again seeks application. But this is once more supreseded by a later aphorism *atobhis ais* (AP.VII.1.9) which affects *ī* substitution for nominative and accusative dual after a neuter stem. So we get *akṣī-ī*. Now *nāmareḍetasyānyasya tu va* (AP.VI.1.99) reduces it to *akṣi* by putting a long vowel as a single substitute for an ak-vowel and the following homogeneous vowel.

V.2. Eternal (nitya[56]), non-eternal (anitya[57]): An eternal aphorism is one which finds scope whether the other aphorism in conflict with it has been applied or not. An aphorism other than such an aphorism is non-eternal. In case of conflict of two aphorisms, an eternal aphorism superseds a non-eternal aphorism. To form *tudati* "he torments" the initial string is *tud-tip*. Now, two aphorisms apply *simultaneously tudādibhyaḥ śaḥ* (AP.III 1.77) defines that śa will be attached after tud, while *sārvadhātukārdhadhātukayoḥ* (AP.VII.3.84), a later aphorism, says that guṇa of the penultimate vowel will take place before *tip*, a *sārvadhātuka* suffix. Here the aphorism AP.III. 1.77 (mentioned above) is eternal since it will find scope in any case even if *guṇa* takes earlier. While *guṇa* will not be effective if *śa* is inserted first because then *tud* no longer occurs immediately before *tip*. Hence AP. III.1.77 (quoted above) as an eternal aphorism has precedence over AP.VII.3.84 (mentioned above), though a later aphorism but non-eternal. According we have *tud-śa-tiptud-a-ti* rather than todati.

V.3. Internal (antaraṅga)[58]: External (bahiraṅga)[59]: In case of conflict an aphorism, conditions of application of which lie within or before the conditions of another aphorism, is known as internal (antaraṅga) and supersedes the other one called external (bahiraṅga). For instance, on the string Siv-na two aphorisms apply simultaneously, namely cchvoḥ *śūḍanunāsike ca* AP.VI.4.19, (which replaces *V* by *U*) and AP.VII.3.84 quoted earlier (which changes i to e) AP.VII.3.84 is later while AP.VI.4.19 mentioned above is eternal. Thus it over rides AP.VII.3.84 noted earlier and we get *siū-na*. Now again two aphorisms AP.VII.3.84 mentioned above and AP.VI.1.76 quoted earlier (which changes *i* to *y* before a vowel) apply on this string. Since the condition of by which lies before n, the aphorism AP.VI.1.76 noted above is internal (antarṅga) and has precedence. We thus get *syū-na*: AP VII.3.84 mentioned earlier still has scope and thus guṇa of ū before n is affected and we get finally *syo-na* "soft".

Patañjali discussing on AP.1.4.2 quoted above and concludes by asserting that "the paribhāṣā to be read then is thus: In regard to an internal aphorism an external aphorism will be deemed to have not taken effect (asidha)[60].

V.4. General (utsarga)[61]: Specific (apada)[62]: In case of conflict of general aphorism and exception, the latter prevails[63]. An aphorism that restricts the scope of a general aphorism is treated as an utsarga (exception). Kṅiti ca (AP.I.1.5) lays down that *guṇa* and *vṛddhi* do not take place before a suffix having an indicatory *K*, *g* or *ṅ*, *Kiti ca* (AP.VII.2.118) on the other hand, says that there will be *Vṛddhi* before a secondary-suffix having an indicatory *K*. Thus *akṣa-ṭhak* = *(ika)* *(‹akṣair dīvyati)›ākṣika* "one who plays with dice".

V.5. *Siddha*[64] (established): *asiddha*[65] (invalid):- There is another set of aphorism which Patañjali and other commentators include under internal (antraṅga) and external (bahiraṅga) varieties of aphorisms. However, we make a separate mention of these here as these are presented by Pāṇini as separate blocks. All the aphorisms of AP. fall into two categories say X and Z. He makes an observation that the application of the aphorisms of the category X will be assumed not to have taken effect in regard to the applicaiton of the aphorisms of the category Z. In other words this is a device to allow two aphorisms to operate simultaneously on the same in put if both can find scope or deny an aphorism the priviling of application on the output of another (even though it finds scope). Pāṇini makes use of this maxium in the following cases.

V.6. The aphorisms of the last three sections (AP.VIII. 2 to VIII.4) will be considered not to have taken effect in relation to the application of the aphorisms of the earlier sections of AP. And further in these sections a later aphorism will be deemed as not to have applied with regard to the application of an earlier aphorism *Pūrvatrāsiddham* (AP.VIII.2.1) For example, the string *asau ādityaḥ* "the Yonder sun" *asāv ādityaḥ*, *iko yaṇaci* (AP.VI.1.77) *asā ādityaḥ*, *lopaḥ Śaklyasya* (AP.VIII.3.19). Now when *ṣatvatukorasiddahaḥ* (AP.VI.1.86) *ā ā ā* seeks application, the application of AP.VIII.3.19 (mentioned above), one of the aphorisms in the last three sections of the AP. will be assumed not to have taken place. This means that the stage prior to the application of AP. VIII.3.19 (quoted earlier) is restored, i.e. *asāv ādityaḥ*. The aphorism AP.VI.1.86 (noted above) does not find scope on this string. Thus AP. VI.1.86 has, in this way, been denied the privilege of applying on the output of AP. VIII.3.19. Likewise the string *Kṣāmimat* will not be subjected to the application of *mādupadhāyāśac matorva ayovadibhyaḥ* (AP.VIII.2.9) which changes *m* to *v*, since *m* in *kṣāmi* is a substitute of ta by *kṣāyo maḥ* (AP.VIII.2.53) a later aphorism in this block which will be assumed not to have taken effect. Thus for the purpose of application of AP.VIII.2.9 (quoted earlier) it is still a ta. And in that case the condition for the application of AP. VIII 2.9 (mentioned above) is not met with.

V.7. In case of the set of aphorisms AP.VI.4.23 to 129, the aphorism that has taken effect already will be assumed not to have taken effect if another aphorism of the set is to apply AP. VI.4.22 (quoted earlier). For instance to derive *śādhi* "you may rule", the initial string is *śāshi*. According to *Śāhau* (AP.VI.4.35) *śās* is changed into *Śā* before *hi*. Now *hujhalbhyoherdhiḥ* (AP.VI.4.101) a later aphorism in the group, lays down that *dhi* replaces *hi* after *hu* "sacrifice" or a stem ending in a consonant of *Jhal*-class (which includes s also). Since *Śās*, having been replaced by *śā*, no longer ends in s to allow AP. VI.4.101 (noted earlier) to apply. But replacement to *śās* by *śaā* will be considered not to have taken effect fcr the purpose of the application of AP. VI.4.101 (mentioned above). Accordingly *Śā* is still considered as *śās*, ending in a Jhal-consonant, *hi* is thus replaced by *dhi* and we get *śādhi*.

V.8. The aphorisms AP. VI.1.86 to 109 effecting a single substitute in place of the preceding and the following constitute a block. An aphorism in this block will be considered not to have taken effect if change of ŚṢ or augment of *tuk* is involved; AP. VI.1.86 (quoted earlier). For example the string *adhi-i-ktvā›adhi-i-lyap*. cf. *Samāse anan Pūrva kto lyap* (AP.VII.1.37) *adhī lyap*; cf. *nāmreḍitasyāntyasya tu vā* (AP.VI.1.90). Now by *hrasvasya piti kṛiti tuk* (AP.VI.1.71) *tuk* augment is to come after the short *i* of the stem, which in the present case has already become long by coalescing with the preceding homogeneous vowel. But for the purposes of the āgama *tuk* this change is considered not to have taken effect. It will still be understood that lyap is preceded by a verbal stem ending in short *i*. So we get *adhī-tuk-lyap›adhī-t-ya* "having studied".

V.9. Sati Śiṣṭa[66]: As mentioned earlier Pāṇini recognizes three accents (Pitches), namely acute (udātta), grave (anudātta) and circumflex (svarita) AP.I.2.29 to 31. lexical items have inherent pitch patterns. However, certain generalizations are possible here. For example, acute is placed on the final syllable in a verbal form cf. Karṣātvato ghaño anta Udāttaḥ (AP.VI.1.159) or nominal stem[67] and on the initial in a suffix, cf. *ādhyudāttaśca* (AP.III.1.3). The augment (āgama) and substitute (ādeśa) may have their specific pitches. There are exception to the above general observations which have been duly noticed.

Conditional variants of lexical pitches occur in morphological and syntactic constructions. Here also some general patterns emerge. For instance, the final syllable of a compound is acute; cf. *anto avatyāḥ* (AP.VI.1.220) an *āmreḍita*[68], the second occurrence of an iterative is grave; cf. *anudāttam ca* (AP.VIII.1.3) and further all the syllables of an *āmreḍita* are given if it does not occur in the begining of a Pāda and is preceded by another word, cf. *āmantritasya ca* (AP.VIII.1.19); the initial syllable of an *āmantrita*, vocative, is acute; cf. *acaḥ kartṛyaki* (AP.VI.1.195) and an inflected nominal form followed by an āmantrita forms its integral part with regard to the placement of Pitch; cf. *subāmantrete Prāṅgavatsvare* (AP.II.1.2); a finite verbal form loses its acute if preceded by a non-finite form cf. tiṅatiṅaḥ (AP.VIII.1.28). Other idiosyncratic peculiarites of pitch placement are mentioned exhaustively.

Pāṇini in this way appears to have taken adequate care to explain Pitch realizations in all types of constructions. However, we do come across circumstances where aphorisms are not helpful. For example, in the deviation of Kṛ-ti-tva-m, we have, according to aphorisms, all the syllables realized as acute which of course is far from reality. To bring order in such situations Pāṇini, accordingly, lays down a general dictum that in a word the exception of one syllable, all others are grave, cf. *anudāttam-padameka varjam* (AP.VI.1.158). Now the question is: which one of these is to be retained? The aphorisms are silent. In such a case it appears that a lexical category, primary or derivative, constitutes the domain of accent aphorisms wherein each successive realization of acute knocks out the preceding one. Thus in *Kṛ-ti-ṭva-m ›K ṛ-ti-tva-m*, where acute on the final constituent above is retained. All others become grave.

Let us also consider the derivation of *gopāyati* 'he protects', a morphological construction, a verbal form. And as such all its syllables except one will be grave. The underlying string here is *gup-āya-tip* where *gup* (being a verbal stem) and the initial syllable in *āya* (being a suffix) receive acute. *Śap* and *tip* are regarded as grave, from the point of view of *anudātu supitau* (AP.III.1.4). The pitch pattern of the underlying string, thus, works out as *gup-āya-śap-tip*. Here acute on *āya* knocks out the acute on *gup*. So we get *gup-āya-śap-tip*. Now the sequence *gup-āya* forms a derivative verbai stem. Thus as such it is entitled to be reconsidered for pitch placement. As a verbal stem, it receives acute on the final syllable, i.e. on a in *āya*. It accordingly knocks out the acute on *ā*. This re-adjustment results in *gup-āya-śap-tip* which through appropriate phonological aphorisms yields - gop-āya-ti.

VI.0. Formation of aphorisms: AP is written in the sūtra (Aphorism) style. The characteristic features of an aphorism are enumerated as follows:-

"The experts observe that an aphorism contains the minimum number of syllables, is unambiguous, pithy, faultless, all comprehensive and is not composed in meter[69]." The aphorism (sūtra) style means economy in wording which was highly prized. "The saving of even half a mora was regarded as joyous as the birth of a son by a grammarian[70]". Pāṇini has hiṣ own way of achieving this end. For this purpose he makes use of:-

VI.1. Sharply defined technical terms: e.g. *guṇa*[71] as *aden guṇaḥ* (AP.I.1.2) "at and *eṅ* are *guṇa*". Likely in a linguistic form the last vowel alongwith what follows it is known as *ṭi*[72], cf. *aco antyādiṭi* (AP.I.1.64) e.g. in *svāmin* "master" *gha* stands for the secondary-suffixes *tarap* and *tamap*; cf. *taraptamapau ghaḥ* (AP.I.1.22).

VI.2. Abbreviations, which are stated variously. Any speech sound in the *śivasūtra* with the final It[73] stands for all the intervening sounds including the initial cf. *ādirantyena sahetā* (AP.I.1.71) e.g. *ac* stands for all the vowels (*a,i,u,ṛ,ḷ,e,o,ai* and *au*). Similarly *hal* stands for all the consonants. The initial and final of a group put together represents the whole group; e.g. *tiṅ* AP.III.4.78 and *sup* AP.IV.1.2 (both are mentioned earlier) represent verbal and nominal inflections reprectively. *U* attached to the voiceless unaspirated stop of a series stands for the whole series; cf. *aṇuditsavarṇasya-cāḷratuauaḥ* (AP.I.1.69); e.g. *Ku* for velars and *cu* for palatals and so on.

VI.3. No finite verb as far as possible; e.g. *aden guṇaḥ* (bhavati) AP.I.1.2 (quoted above) "at an *eṅ* (are) *guṇa*".

VI.4. Operational conventions are stated unambiguously. For example, 7th case indicates following environments, cf. tasminiti *nirdiṣṭe Pūrvasya* (AP.I.1.66), 5th case the preceding; cf. *tasamāt iti uttarasya* (AP.I.1.67) and 6th case "in place of "cf. *ṣaṣthi sthāne yogā* (AP.O.1.49). Likewise, a word employed in the Ist case in the aphorisms dealing with compounds indicates the position it occupies in the compound word; cf. *prathamānirdiṣṭam samāsaupasrjanam, upasarjanam Pūrvam* (AP.I.2.43 and II.2.30). A word occurring in the 7th case in the section dealing with primary derivation is called upapada; cf. *tatropapadamsaptamīstham* (AP.III.1.92). An upapada which is not a finite verbal form is compounded with the word in construction with it; cf. *upapadamatiṅ* (AP.II.2.19) e.g. *Kumbha* with *kṛ* in *kumbha-kār-a* "a potter".

VI.5. *It*[74] segments express several types of grammatical functions. For instance, *ś* and *p* in *śap* are indicatory, the suffix is actually realized before a; ś indicates that it belongs to the class of suffixes known as *sārva-dhāak*[75]; cf. *tiṅ śit sārvadhātukam* (AP.III.4.113) and *P* denotes that it has grave accent; cf. AP.III.1.4 (quoted earlier).

VI.6. *Anuṛvṛtti*[76]: Pāṇini arranges the aphorisms in a sequence where common word(s) could be carried over to the following aphorism(s). For example:-

(1)	AP.I.4.3	*Yū stryākyau nadī*
	AP.I.4.4	*Neyaṅuvaṅsthānāv astrī (Yu, stryākhyu, nadī).*
	AP.I.4.5	*Vāmi (neyaṅuvaṅ, sthānāv, astrī, Yū, stryākhyau, nadī.*
(2)	AP.III.1.66	*Ciṇ bhāvakarmaṇoḥ (cleḥ, ta).*
	AP.III.1.67	*Sārvadhātuke Yak (bhāvakarmaṇoḥ).*
	AP.III.1.68	*Karttari śap (sārvadhātuke, dhātoḥ)* etc.

So arranging them in this way considerable economy in wording of the aphorisms is effected.

VII.0. Bases of Phonological classes: For the purposes of stating phonological conditioning, Pāṇini forms groups of Phonological units. These are made on diverse bases. Convenience and economy appear to have been the main considerations with him. Some of these operational statements are made by him in the AP.I.1.68 to 71. While others could be gleaned from his formulation of phonological statements. These are as follows:-

VII.1. The most common grouping is the formation of Prātyāhāra such as *ac, hal, al,* etc. The segments included in the *aṇ* Pratyāhāra refer to their homogeneous segments also, provided these do not stand for morphological units (Pratyaya), *aṇuditsavarṇasya cāpratyayaḥ* (AP.I.1.69).

VII.2. Likewise a segment with an indicatory *U* stands for itself and its homogeneous segments provided these are not morphological units, cf. AP.I.1.69 (mentioned above). Indicatory *U* here is added to stops only. Accordingly *KU* stands for velar stops.

VII.3. Descriptive names such as dantya (dental); cf. *luk vā duha diha liha guhāmātmanepade dantye* (AP.VII.3.73); Oṣṭhya (labial); cf. *ut Oṣṭhyapūrvasya* (AP.VII.1.102); *mūrdhanya* (retroflex); cf. *apadāntasya mūrdhanya* (AP.VIII. 3.55) are also employed although very sparingly. Commenting on the AP.VII.3.73 (quoted above) the author of the KK observes that dental includes labio-dental V also. If V was not intended to be included the use of tu could have been adequate[78]. The use of descriptive lables is intended to include non-stops also.

VII.4. A vowel preceded by a *t* refers to itself such homogeneous segments which have the same length; cf. *taparastatkālasya* (AP.I.1.70) e.g. at in *atobhis ais* (AP.VII.1.9) stands for short a which may be acute, grave, circumflex, oral or nasalized. It may be pointed out that he does not always observe this practice. For example see erac (AP.III.3.56); *aṣṭana ā vibhaktau* (AP.VII 2.84) etc.

VII.5. Pāṇini simply enumerates the segments which, according to him, it appears, could not be grouped for want of any common features, e.g. *ḍh* and *r* in *ḍhra lope Pūrvasya dīrgho aṇaḥ* (AP.VI.3.111).

VII.6. Where degrees on a scale are meant to be indicated Pāṇini makes use of features, e.g. tenseness in case of Y and V, cf. *Vyorlaghuprayatnatarah śākatāyanasya* (AP.VIII.3.18) rise and fall of Pitch; cf. *Uccaistarām Vā Vaṣaṭāraḥ, Udāttasva ritaparasya Sannataraḥ* (AP.I.2.35 and 40) respectively and length in vowels; cf. *Ūkalo aj hrasvadīghaplutaḥ* (AP.I.2.27).

VIII.0. Nature of Phonetic realization: The phonological aphorisms, as mentioned earlier, operate on the representation made in terms of the segments listed in the *SS* supplemented by inclusion of prosodial features. The resultant output is phonetic. The phonological and phonetic inventories are given here:-

VIII.1. (underlying) Phonological inventory:-

(a)	(1)	a	i	u	ṛ	ḷ
	(2)	e	o	ai	au	
	(3)	k	kh	g	gh	ṅ
		c	ch	j	jh	ñ
		ṭ	ṭh	d	dh	n
		P	Ph	b	bh	m
	(4)	Y	r	l	v	
	(5)	ś	ṣ	s	h	

(b)(6) Three lengths in simple vowels: *hrasva* (short), *dīrgha* (long), and pluta (extra-long).

(7) Three pitches, *Udātta* (acute), *anudātta* (grave) and Svarita (circumflex).

(8) Nasality (anunāsika).

VIII.2. (Surface) Phonetic inventory:-

The above plus the following:-

(a) Visarjanīya (voiceless glottal fricative).

Voiceless velar fricative.
Voiceless labial fricative.
Lenis varieties of Y and V.
Light and heavy qualities of vowels in syllables.

(b) Length in consonants - two or three degrees *ekaśruti* (monotone or neutralization of Pitch), sannatara (lower pitch), *Uccaistarām* (higher pitch),
anusvāra (one pure nasal: m(ṁ known as anusvāra, after sound).

(c) Specification of phonetic values:-

a as o
e o ai au as ai au āi respectively.

VIII.3. Here it may be pointed out that according to Pāṇini phonological units as such have the same values as corresponding phonetic ones except as specified above under 2 (c). Accordingly, this is what the phonological aphorisms achieve.

VIII.4. There are aphorisms that replace one phonological unit by another[79]. The phonetic value of the resultant unit remains invariant with the value it had in the listing of phonological units. For instance, a palatal stop is replaced by a velar before *jhal*-group of consonants, i.e. any stop or spirant and in the final position; cf. *coḥ kuḥ* (AP.VIII.2.30); e.g. *Vac-tṛ›Vaktā* "speaker" *Vāc Vāk*. Also, the single substitute of an acute and grave vowels is acute (udāttah); cf. *ekādeśa, udāttenodāttaḥ* (AP.VIII.2.5) e.g. *agni-auagnī*, here long *ī* single by *prathamayoḥ - pūrvasavarṇaḥ* (AP.VI.1.102). When short substitute is intended *i* and *u* replace *e ai* and *o au* respectively; cf. *eca ikhrasvādeśe* (AP.1.1.48). So according to AP.I 2.47-49 *ati-raiati-ri* "extravagant", *citra-go→citra-gu* "possessed of Variegated cows".

In these instances change of *c* to *k* or replacement of *ai* and *au* by *i* and *u* does not introduce any new unit which is not there in the inventory.

VIII.5. The aphorisms assign to phonological unit degrees of phonetic value on a scale. For instance, a grave followed by acute or circumflex is lowered further; cf *Udāttasvaritaparasya sannatarah* (AP. I.2.40). Accordingly to *śākaṭāyana* *Y* and *V* are lenis (laghu-prayatnatara) when occurring in bhagoy, etc. or after *a* or *ā* word finally; cf. *Vyorlaghupratanatarah śkaṭāyanasya* (AP.VIII.3.18). Also, a stop of yar-class is lengthened after *r* or *h* which are preceeded by a vowel; cf. *aco rahābhyam dve* (AP.VIII.4.46) e.g. *arkaarkka* "sun" *brahmmā-brahmmā*. More interesting instance is *saṁskartā* which may have as many as 108 forms including one with three degrees of length of *S*, i.e. *saṁsskartā* "one who performs the ceremony".

VIII.6. Specification of phonetic values of certain phonological units is defined by the aphorisms. Low central short vowel /a/ is realized as mid central short (θ) cf. a a iti (AP.VIII.4.68). Similarly, *plutāvaica idutau, eco apragṛhyasyādūrātdhūte pūrvasyārdhasyāduttarsyedutau* (AP.VIII.2.106 and 107) specify phonetic realization of phonological units *e ai o au as ai āi au āu* respectively. The phonetic value of circumflex brought out in *tasyādita Udāttamarddhahrasvam* (AP.I.2.32) is that in a circumflex the initial part is acute to the extent of one half mora of short (a).

VIII.7. We have phonological aphorisms that describe the change of a phonological unit into a phonetic one which is altogether a new entity. For instance, r changes into Visarjanīya (Phonetic nature of which has not been defined in Pāṇini) before *Khar*-class of consonants or finally in an utterance. So devas›devaḥ. A visrajanīya (again) before voiceless velars and labials changes into X and ɸ respectively; cf. *Kupvoḵ Ka ḻPau ca* (AP.VIII.3.37). Accordingly, *devaḥ karotideva Karoti*, "Deva does (it)", *devaḥ Paṭhati›devai Paṭhati* "Deva studies (it)". An anusvāra replaces a *m* occuring at the end of words before a consonant; cf. *mo anusvāaḥ* (AP.VIII.3.23) e.g. *Vamam Yāti›Vanaṁ Yāti* "he goes to the forest". However, Pāṇini has not defined the phonetic nature of *anusvāra*. Hence the *visarjanīya, anusvāra*, X and are ɸ new phonetic entities that replace phonological units.

IX.0. Object of Phonological description: The final output of phonological aphorisms is a reasonable approximation of the standardized Pronunciation of utterances in the language. Any discrepancy in this respect (or for that matter any linguistic usage in Sanskrit) is to be referred to the speech of elite, the śiṣtas, a graphic description of whom is preserved for us in the MB[80]. Patañjali in fact is very clear about the goal of linguistic. He emphatically asserts that "Grammar should be studied so that we do not employ incorrect speech" -- incorrect in pitch or in speech sounds (svarato Varṇato vā[81]). Thus, Phonetic realization of utterances through Phonological aphorisms ensured correct pronunciation. It was also pointed out that even the slightest fault in pronunciation, could prove fatal. It may lead to total annihilation[82]. So supremacy of spoken speech was recognized from the very start. Commenting on the Pratyāhāra-sūtra *a i u ṇ* Patañjali states that a is *saṁvaṛta* although it is indicated *vivṛta* here. The critic points out that it is not correct. The reason is that neither in the Veda, i.e. in the vedic recitation nor in the world, i.e. in the colloquial speech an a is spoken as *vivṛta*. What is it then ? "*Saṁvṛta*", the critic replies. Let it be what it is then[83]. In other words, Patañjali concedes that our grammatical observations must conform to reality. Grammatical enquiry cannot afford to deviate from the actual facts of language. Kātyāyan rightly points out that "grammar relates to data and aphorisms[84]. The results of our enquiry must reflect the real state of speech.

The linguistic study will be altogether unavailing if it is merely a record of the data. The aim of linguistic study has to be to capture generalization. This,nevertheless, does not imply that the facts that do not fit in the system have to be squeezed out. Exception to general aphorisms have to be properly accounted for[85]. Thus, Pāṇini, exceptions are woven in the texture in such a way the it gives an impression of an integral whole. He develops a system where facts of seemingly diverse nature could be subsumed under a general statement in terms of features of various sorts. To extract generalities at Phonological level, for example, he makes use of Phonological, grammatical, semantic, non-linguistic feature, etc. Instances of all these been mentioned already.

REFERENCES

1. See Ref. No.1. 'Primary suffixation.

2. Upadeśa: In Pāṇinian grammar it is regarded as original teaching; cf. *Upadeśa ātyoccāraṇam* BD. on the AP. *Upodeśe ajanunāsika it* (AP.I.3.2) and on the same aphorism KK. records, *Upadisyate anena iti Upadeśaḥ. Śāstra Vākyāni, Sūtra-pāṭhaḥ Khilapāṭhaśca.* Patañjali records in Paspaśāhnika on Vārttika 15 *"Varṇāāmupadeśaḥ Kartvyaḥ-atha ka upadeśaḥ uccāraṇam"*. cf. also VK.16, and also vyāḍi Pribhāṣā No.5. Thus, original enunciation; or first instruction called a Upadeśa. Sometimes employment of a word for others known as Upadeśa; Cf. KK on the AP aphorism *adonupadeśe* (I.4.70) *"Upadeśaḥ Prārtnaḥ Prāyogaḥ svayameva tu budhyā yadā Prāmṛśati tadā nāstupadeśaḥ"*.

3. *Anubandha*: The term Anubandha was employed for mute significatory letters by ancient grammarians. The Anubandha-letters are known as it, literally elision (lopa) cf. *Upadeśe ajanunāsika it....* AP.I.3.2 to 8 and then *tasya lopaḥ* (AP.I.3.9) *"Tasya it saṁjñaksya lopobhavati"* It means, the Anubandhas do not structure an essential part of the word to which they are added. Particaly, the word in usage being always available with out It letters. Sometimes these Anubandhas denote some specific purposes, e.g. the substitution of *Vṛddhi, guṇa* or *saṁprasāraṇa* or the addition of an affix *athuc, aṅ ktri,* etc; or sometimes their prevention. Sometimes, for technical purposes in grammar, they are termed as *anekāntā anubandhāḥ, ekānyāḥ* etc. Nāgeśa in PBS paribhāṣā 4 to 8. Besides Pāṇini has constantly employed the term It for Anubandha-letters in his aphorisms. Patañjali and the other subsequent authors on Pāṇinian grammar have used the term Anubandha in place of It - letters.

4. The question has been discussed with meticulous care by Patañjali and succeeding him by other commentators also on the aphorism (AP.I.3.9) mentioned above. He writes *Ubhayam idamanubandheṣu Uktam ekāntā anekāntā iti, kimatra nyāyyam?....Ācārya pravṛtti jñāpayati nānubandhakṛtamanejanta tvam bhavatīti Yadayamudīcām māṅo Vyatīhāre,* on (AP.III.4.19) *iti meṅaḥ sānubandhaksyāttvabutasya gahaṇaṁ koti.* We can summarize the whole matter in the following way: with regard to the Anubandhas both the views have been proffered, namely, that the Anubandhas form part of the (lexical) item and that these do not form part of it. What then is tenable here? These form part of the item is the correct view. In this way, it is part of his linguistic theory to treat at par all those segments and features that are read in lexical items whether these are retained, replaced or dropped ultimately. From the point of view of Pāṇini these seem to form an integral part of lexical items. An illustrative example will make it clear. *Ṇam* "bend" *ṇī* "carry" etc. are recorded with an initial ṇ which according to the aphorism *ṇo naḥ* (AP.VI.1.65) replaces obligatorily to *n*. Now *a n*, derived from *a ṇ* recorded in a verbal root in the lexicon, reverts to *ṇ* if it takes place aftr *r* or *ṣ* occurring in an *upasarga,* even though interrupted by a vowel, a velar, a labial *y v, h* perposition *ā* or the augment num. This change takes place both in simple and compound words (AP.VIII.1.14). So, *pra+ṇam+Śap+tipPra+ṇam+a+tiPraṇamati* "he bows" on the other hand *a n*, not derived from *a ṇ* recorded in the lexicon, does not change to *ṇ*. For example, *pra+nṛt+śyan+tipPranṛtyati* "he dances" The shape of lexical representation is thus basic to the final realization.

5. The technical term *Vṛddhi* is attested first of all the RKT. Pr. It is recorded by Pāṇini to indicate the vowels a, ai and au; a vowel belonging to the third grade out of the three grades of vowels belonging to the third grade out of the three grades of vowels which are called as Zero, normal and long grades; cf. *Vṛddhirādic* (AP.I.1.1.) or lengthening completely of a vowel which is known as *Pluti* in grammar.

6. The technical term guṇa is employed in the AP. to denote the vowels, *a, e* and *o*, cf. *adeṅ guṇaḥ* (AP.I.1.2). It is employed for the various shades of the meaning, cf. *guṇa śabdoyaṁ*

bahvarthaḥ astyeva sameṣu avayaveṣu vartate....carcāguṇaśca. Patañjali on the AP.V.1.119. The word guṇa is defined by Patañjali in his MB as *satve niviśate apaiti pṛthag Jātiṣu dṛśyate, ādheyaścākriyajaśca sahaśttva prakṛtirguṇaḥ, apra āha yanajjahātyant dṛṣṭo dravyāntareṣu api, Vācakaḥ sarva liṅāṇām dravyādanyo guṇaḥ.* On AP. (IV.1.44) and also *śabdaśparśa rupa rasagandhā guṇastatonyat dravyam* AP. (V.1.119). Properties of letters like *udāttatva, anudāttatatva, svaritātva, hrasvatva, dīrghatva, plutatva, ānunāsikya* etc; cf. *bhedakatvāt guṇasya, ānunāsikyaṁ nāma guṇaḥ,* Patañjali on AP (I. 1.1 VK. 13). Determinant, cf. *bhavati bahubrībau tad guṇas am vijñānamapi,* Patañjali on AP. (I.1.27). Guṇa is considered as the second out of the three degrees of a vowel viz. *Primary degree, guṇa degree, and vṛddhi degree,* e.g. *i, e* and *ai* or *u, o* and *au.* A is given as a *guṇa* of a but regarding *a* also, three degrees can be mentioned *a, a* and *ā*. In the Prātisākhya and Nirukta e is known as *guṇa* or even *guṇāgama* but no definition is stated; cf. *guṇāgamātetanabhāvi chetana,* RV. Pr.(XI.6) cf. also *śevam iti vibhāṣita guṇaḥ. Śevamityapibhavati,* YN (X.17) Durgācārya considers *guṇa* as *śeṣaḥ, aṅga, guṇaḥ iti samānārthāḥ,* on YN (I.12). Śaunaka regard the properties of Phonetic elements or lettrs as *śvāsa, nāda;* cf. RV Pr. chapter XIII. It is also explained as the properties residing in a substance just as whiteness, etc. in a garment which are different from the substance.

7. The term *saṁprasāraṇa* is rendered as a resultant vowel. In ancient terminology it was known as *Prasāraṇa* and most probably it referred to the extension of *Y* and *V* into their constituent parts i+a, u+a etc. The vowel a being of a weak grade but becoming strong after the merging of the subsequent vowel into it; for instance, *sarvatra Prasāraṇibhyo ḍaḥ* (AP.III.2.8, VK.1). For the words taking this *saṁprasāraṇa* change, cf. (AP.VI.1.13 to 19). From the point of view of some grammarians the term *saṁprasāraṇa* is applied to the substituted vowels while according to others, the term refers to the operation of the substitution; cf. Patañjali on AP.I.1.15 quoted above. The substitution of the *saṁprasāraṇa* vowel, is to be given preference in the formation of a word; cf. *Saṁprasāraṇam tadāśrayam ca kāryam balavat,* Nāgeśa in PBS-119. Literally, we can define it as an extension; the process of changing a semi-vowel into a simple vowel of the same place of utterance; the substitution of the vowels *e, u, r* and *ḷ* for the semi-vowels *y, v, r,* and *l* respectively; cf. AP.I.1.45 mentioned earlier.

8. See, Ref. No.20 'Formal and informal'.

9. Āgama (augment): Grammarians believe that words are eternal, state the addition of an augment as only the substitution of word with an augment in the place of a word without an augment cf. *ādeśāstarhīme bhaviṣyanti anāgamakānām sāgamakāḥ,* Patañjali on the AP (I.1.20 and 46). The term *āgama* is explained as *"anyatra vidyamānastu yo varṇaḥ śruyate adhikaḥ, āgamyamāntulyatvāt sa āgama iti smṛtaḥ"* commentary on the Tai. pr. I.23; cf. also Durga on KV *"āgamonupaghātena Vikāraścopamardanāt ādeśastu Prasaṅena lopaḥ sarvāpakarṣaṇāt* (I.2.1) and also KK on the AP. *"lopāgama Varṇavikārāḥ ....Yathopadiṣṭāni sādhūni bhavanti"* (VI.3.109); cf. also Durga on KV. aphorism II. 3.1. The *āgamas* becomes a part and parcel of the word to which they are added; cf. *Yadāgamāstad guṇībhūtastadgrahaṇana gṛhyante,* and *āgamānām āgamidharmivaiṣiṣṭyam, Nāgeśa,* in PBS. Paribhāṣā 11. The augment is an adventitious word element and hence differs from substitute which completely takes the place of the original. Our of the several augments stated by Pāṇini, those that are marked ṭ are prefixed, those, marked with K are affixed, while those marked with m are placed immediately after the last vowel of the word. Thus we can conclude that a word element is attached to the primitive word during the process of the construction of a whole word.

10. Ādeśa (substitute): In Pāṇinian grammar the substitute behaves like the original, cf. *Sathānivadādeśaḥ aalvidhau* (AP.I.1.56). In the other words, we can propose that substitute is opposed to the original (sthānin). Sometimes it is regarded as an indication or an assignment; cf. *Yojam Svarādeśaḥ antodāttam, Vadherādyudāttatvam, Svaḥsvaritamitiādeśaḥ, śaunak,* in RV. Pr. I. 30-32; cf. also *ādeśaḥ upadeśaḥ,* commentary on the Tai. pr. II.20, and also *anādeśa avikāraḥ,* VS. Pr. IV.131, where ācārya Uvvaṭa records *"Yatra Udāttādīnām Svarāṇām Sandhau ādeśo na Kriyate tatra avikāraḥ Pratyetavyaḥ".* cf. also *ekāro vibhaktyādeśaḥ chandasi,* AV. Pr.II.1.2, where *e* is prescribed as a substitute for a case-affix and tve and asme are given as instance where the acute accent is also prescribed for the substitute *e.* The application of the aphorism (AP.I.1.56) mentioned earlier in known as *Sathānivadbhāva,* for the purpsoe of *sathānivadhāva* the elision of phonetic element is looked upon as a sort of substitute; cf. *Upadhālopastha sthānivattvāt,* KK on the AP (I.1.58). Many times, the grammarians consider a whole word as a substitute for another word; though only a syllable in the pada is replaced into another and sometimes a syllable is attached to or dropped in a Pada; cf. *Pacatu, Pacantu.... eme apiādeśaḥ, Katham, ādeśyate yaḥ sa ādeśaḥ, eme cāpi ādiśyante,* Patañjali on the AP. (I.1.56) cf. also *anāgamakānām sāgamakā ādeśāḥ,* Patañjali on the AP. (I.1.20) and also sarve *sarvapadādeśā dākṣiputrasya* Pāṇineḥ, Patañjali on the AP. (I.1.20).

11. The *It* elements also serve to form abbreviation at various levels. The phonological groups of speech sounds (pratyāhāra) are structured by adding finally an *It* segment in the *Pratyāhāra*

aphorisms to any other segment to stand for all the interventing segments. For example *aṇ* stands for all the vowels and semi-vowels. Similarly an indicatory *u* added to *K, C, ṭ, t* and *P* indicated the full series of stops, cf. *aṇuditsavarṇasya āpratyayaḥ* (AP.I.1.69). The use of a particular *It* segments with diverse grammatical elements serves to string them into a class. For instance *śap śna, ślu*, etc. belong to a class to be designated as *śit*. Likely *la* stands for *laṭ, liṭ, luṭ, ḷṭ, loṭ, laṅ, luṅ*, and *ḷṅ*. An *It* segment attached to an augment denotes its place of occurrence. For example an augment having *ṭ* or *k* as It comes in the initial or final position respectively of the item concerned; cf. *ādyantau ṭakitau* (AP.I.1.46) e.g. *ṣuk* is attached finally to the root *bhī* by *bhiyo hetubhave suk* (AP.VII.3.40) to structure *bhīṣayate* "he frightens". An It augment is to be attached initially to an *ārdhadhātuk* suffix beginning with a consonant other than *y*, cf. *ārddhātukasya iṭ valādeḥ* (AP.VII.2.35). So in *bhu-sya-ti*, it is inserted before s and and forms part of *syati*. Sometimes an *It* segment is added to a lexical item just to protect the preceding segment. In the suffixes *vini, vati, i* is there to prevent *n* being final; because a final *n* will then have to be elided by AP. (I.3.3 and 9) mentioned earlier. Sometimes a vowel as in *cli, su*, etc. is simply for the sake of pronunciation of the item.

12. cf. also Ref. No.9 of that chapter.

13. cf. also Ref. No.10 of this chapter.

14. It is technically termed as *Vikraṇa* in grammar and freely used by the ancient grammarians. But it is not available in the aphorisms of Pāṇini. It is placed between the root and the suffix, for showing the specific tense e.g. *śap, ślu, śyan, śnu, sa, śnam, U, śnā, yak, sya, tās, ām, an, sip* and *cli* with its substitutes. The *Vikraṇas* can be designated *kṛ.*, thus they are attested in the topic (adhikāra) of affixes, therefore, they are termed as pratyaya. These are different fromthe major kinds of the regular affixes *tiṅ, kṛtya* and other similar ones. Patañjali has discussed them profusely in his MB. He says "*Vikaraṇāḥ Kriyantām niyama.... Paratvāt Vikaraṇaḥ, nityāḥ khalvapi vikaraṇāḥ....ācārya pravṛttirjñāpayati vikaraṇebhyo niyamo balīya,..... Vikaraṇa ābhāvāt-manepadaparamaipadāniāśryati*; (MB I.3.12); cf. also, *ammadhye patiṣyati yatha vikaraṇastadvat...* (MB III.1.31) and also, *sarvatra vikaraṇair vyavadhānam....* etc. (MB VI.1.5). The use of *Vikaraṇa* is also available in the Yājñavalkya-śikṣā in the sense of change, cf. *upadhārañjanam Kuryān manor vikaraṇe sati*, and we cannot deny the possibility that the ancient grammarians employed it in that very sense as they found the root *bhū* modified as *bhava*, and *ci* as *cina* before the suffixes *tip, tas, jhi* and the like.

15. cf. also Ref. No.20 'Formal and informal'.

16. Nāgeśa in PBS *Yathāgamāstadguṇibhūtās tadgrahṇena gṛhyante* (*Paribāṣā* 18), that to which an augment is attached denotes the same element because the augment forms part of it (not merely itself, but it indicates also) whatever results from its combination with the agument.

17. However unlike suffixes these have no meanings of their own. Their distribution is always conditioned. As part of the stem these do help to distinguish stems and indirectly contribute to the meaning of an inflected form where there is no other difference except in the stem. Compare for instance the forms *abhūt: abhavat and Paṭhati: Paṭhi-syati*. But again in *Paṭhīṣyati*: a *Paṭthiṣyat* the difference in the meaning is expressed by the suffixes.

18. Augment and substitute may carry their own Pitch, e.g. *anaṅ* having an acute accent by *asthi dadhi sakthi akṣṇām anmṅ udāttaḥ* (AP.VII.1.75), and *ām* is actuely accented by *caturanaḍuhorāmudāttaḥ* (AP.VII.1.98).

19. Cf. also, *saṁhitā ekapade nityā dhātūpasargayoḥ, nityā, vākye tu sā vivakṣāmapekṣate.* (SB on Māheśvara Sutra 5.1). The authors of the Prātisākhyas succinctly mentioned *saṁhitā* as *Padaprakṛtiḥ saṁhitā*. On the other hand, Pāṇini further splits up the padas into bases and affixes and states several substitutes and augments, the Phonetic-combinations, which resulted inside the word 9Pada), had to define by reasons of the close proximity of the several phonetic units forming th base, the affix, the substitute, the augment and so on. Originally when the Vedic hymns were split up into their different constituent parts namely the words (Padas) by the padakāras, the word *saṁhitā* or *saṁhitāpāṭha* came into use as contrasted with the *Padapāṭha*. The position of words in the construction of a word is quite close to each other which results into the natural phonetic coalescence of the preceding and succeeding letters.

20. It should be noted that in some cases even interruption of certain speech sounds does not block a phonological process. For instance *s* preceded by *iṇ* or *ku* changes to *ṣ* even though interrupted by *num, visarjanīya* or *śar*, cf. *numvisarjanīya śarvyavāye api* (AP.VIII.3.58).

21. In the derivation of *bhavati* "he is", the underlying string is *bhū-śap-tip*. Here the root vowel successively undergoes two changes, namely *ū-o* and *o-au*. The first one, the *guṇa* substitution is morphologically conditioned by a *sārvadhātuk* suffix *śap*, cf.

sārvadhātau-kārdhadhātukāyoḥ (AP.VII.3.84). This is a non closest proximity aphorism. The second on *oav* occurs in phonological conditions, i.e. before a vowel, *iko yaṇa ci* (AP.VI.1.77) and is included under closest proximity.

22. BD on the AP (I.4.110) "*varṇānāmabhāvaḥ avasānasaṁjñaḥ syāt*, cessation, pause.

23. Instead of formulating all the aphorisms needed to derive more complicated and irregular forms Pāṇini merely lists them. This is technically termed *nipātana* by his commentators.

24. It may be noted here that Pāṇini does not state that there is elision of *at*. He could have said that a single substitution in place of two successive elements saves him one step. This fits in with his technique of *ādeśa*.

25. The word *svara* is employed also in the sense of musical tone.
This meaning arose out of the second meaning 'accent' which itself arose from the first Viz 'vowel', and it is fully discussed in works explanatory of the chanting of sāmas. Patañjali mentions seven subdivisions of accent (Saptasvara) which may be at the origin of the seven musical tones. Besides, the word svara also means accent, a property possessed exclusively by vowels and not by consonants, as they are entirely dependent on vowels and can at the most be said to possess the same accent as the vowel with which they are uttered together. Generally, the accents are stated to be three; i.e. the acute, the grave and the circumflex explained respectively as *uccairudāttaḥ* (AP.I.2.29) *nīcairanudāttaḥ* (AP.I.2.30) *samāhāraḥ svaritaḥ* (AP.I.2.31). The point whether samāhāra means a combination or coming together one after another of the two, or a commixture is critically analysed by Pataājali in his MB on the AP. (I.2.31). There are, however, two types of circumflex defined by Pāṇini and available actually in use (1) the independent circumflex as possessed by the word svar (from which possibly the word *svarita* was structured) and a few other words as also many times by the resultant vowels out of two vowesl (acute and grave) combined, (2) secondary circumflex or the enclitic by which name, one or more grave vowels taking place after the acute, in a chain, are called; cf. *udāttasvaritayoryaṇaḥ Svaritoanudāttasya* (AP.VIII.2.4), *Svarito vā anudātte Padāuau* (AP.VIII.2.6) *uddātta anudāttasya Svaritaḥ* and *nodāttasvarito dayamagārgyakāśyapa gālavānām* (AP.VIII.4.44, 67). The topic of accents is completely examined by the ancient grammarians, cf. also (RV. Pr. III.1.19, VS Pr. I.108-132, II. 1.65; Tai. Pr. 38-47; AV. Pr.I.14, 15, 16, 17. Rkt. Pr. 51-66) and also Kaiyaṭa on MB. I.2.29. Moreover, Patañjali states the word *svara*, as *svayam rājante te svarāḥ* on (AP.I.2.29). The word *svara* is always employed in the sense of a vowel in the Prātiśkhyas; Pāṇini has also defined the *svara* as *ac* (short term or pratyāhāra formed of *a* in *'a i u ṇ'* and *c* at the ed of *ai, auc'* Pratyāhāra aphorism 1 and 4 always used for vowels. The numbers of vowels, although shown differently in different ancient treatises, is the same viz. five simple vowels *a, e, u, ṛ, ḷ* and four dipthongs *e, ai, o* and *au*. These nine, by the addition of the long varieties of the first four such as *ā, ī, ū,* and *ṛ*, increased to thirteen and further to twenty two by adding the plute forms, there being no long variety for ḷ and short one for the diphthongs. All these twenty varieties have further subdivisions, made on the creation of each of them being further characterized by the properties *udātta, anudātta, svarita, niranunāsika,* and *sānunāsika*. The term *svara* is delegated by Pāṇini to denote accents which are also termed *svara*. in the very old works of grammar i.e. *Prātiśākhyas*.

26. See Ref. No.10 'Phonology'.

27. See Ref. No.9 'Phonology'.

28. See. Ref. No.20. 'Formal and informal'.

29. Pāṇini defines *Prātipadika* as a word which is possessed of sense, but which is neither a root nor a suffix, cf. *arthavandadhātur Pātipadikam* (AP.I.2.45). Though his definition includes, the Kṛdanta words, the taddhitānta words and the compound words, still, he has recorded them separately in the aphorism *Kṛttaddhitasamāsāśca* (AP.I.2.46) to distinguish them as secondary noun-bases as compared with the Primary noun-bases which are stated i the sphorism AP.(I.2.45) mentioned above. So Pāṇini implies four kinds of Prātipadikas-*mūlabhūta, kṛdanta, taddhitānta and samāsa*. Kātyāyan seems to have given nine kinds, i.e. *guṇavacana, sarvanāma, avyaya, taddhitānta, Kṛdanta, Samāsa, Jāti, saṁkhyā*, and *Saṁjña* cf. VKS (39 to 40) on the AP (I.4.1). Lateron, Bhojarāja has mentioned six subdivisions; cf. *nāmāvyayānukaraṇakṛttaddhitasamāsāḥ Pātipadikāni* (Śṛṅgāraprakāśa I. Page 6). The term Prātipadika can be defined as *Prātipadam gṛahṇātitat Prātipadikam* cf. *Padottara-Padam gṛhṇāti* (AP.IV.4.39) or *Padam Padam Prati prati-Padam, Pratipadeṣu bhavam*. Usually it is available in every word, the original form of words. it originally included roots also. Ancient works like *śabda Pārāyaṇa* included them all. The term Prātipadika, although recorded in the Brāhmaṇa works, is not found in the Prātiśākhya works probably because those works were concerned with formed words which had been actually in use. The regular division of a word into the base (Prakṛti) and the affix (Pratyaya) is available, first in the grammar or Pāṇini, who has

attested two kinds of bases, the noun-base and the verb-base. The verb-base is named by him *Dhātu* while the noun-base is termed *prātipadika*.

30. The term *sāvadhatuka* is being employed in the system of Pāṇini for affixes applied to verbs, such as the personal endings and those kṛt-affixes which are marked with the mute letter *ś*, cf. *tiṅśitṣārvadhātukam* (AP.III.4.113). Similar to it, the term *sārvadhātuka* was also employed by the ancient grammarians before Pāṇini. It is recorded by the KK in the name of ancient grammarian; cf. *āpiśalāstu ru stu śamyamaḥ sārvadhātukāsu cchandasīti Paṭhanti*, KK. on the AP. (VIII.3.95). KV is also used it as *Pūrvācārya saṁjñā*; cf. *Sārvadhātukamiti Pūrvācārya Prasiddhāsaṁjñeyam niranvayā*, cf. also, *Svabhāvānnpunsakaliṅgamiti*, Trilok commentary on KV. (III.I.34).

31. In early grammatical treaties we find that the term ārdhadhātuka was termed as *ārdhadhātukā* (old term for *ārdhadhātuka*); cf. *athavā ārdhadhātukāsu iti Vakṣyāmi-Kāsu ārdhadhātukasu. Uktiṣu Yuktiṣu ruḍhiṣu Pratītiṣu-Śrutiṣu saṁjñāsu*, Patañjali on the AP.(II.4.35). It is not possible to say how the term *ārdhadhātuk* originated. Probably such affixes, like the kṛt-affixes usually as could be placed after certain roots only were known ārdhadhatuka, as contrasted with the verbal and the present participle affixes which were called sārvadhātuka on account of their being found in use after every root. Ārdhadhātuka employed in contrast to the term Sārvadhatuka for such verbal and kṛt-affixes, as are not personal endings of verbs nor marked with the mute letters *ś*, cf. *tiṅsitsārvadhātukam* and *ārdhadhātukam śeṣah* (AP.III.4.113 and 114) respectively. The personal endings of verbs in the perfect tense and the benedictive mood are termed *ārdhadhātuka*, cf. lit *ca*, *liṅāśiṣi* (AP.III.4.115 and 116); while both the terms are promiscuously found utilisted in the Vedas; cf. *chandasi Udhayathā* (AP.III.4.117). The main function of the term *ārdhadhātuka* is the augmentation of *iṭ* (i) to be prefixed ot the ārdhadhātuka-affixes.

32. See. Ref. No.7 'Phonology'.

32(a) Ref. No.29 'Phonology'.

33. According to Pāṇini the second or latter portion of a repeated words; cf. *tasya (dviruktasya) Paramāmreḍitam* (AP.VIII.1.2). The *āmreḍita* word gets the grave accent and has its last vowel protracted when it implies censure; cf. *anudāttam ca* (AP.VIII.1.3) and *āmreḍitam bhartsane* (AP.VIII.2.95). Haridatta tried his best to define how the term *āmreḍita* means the first member' cf. *nanu āmreḍita śabdo nighaṇṭuṣu Prasiddhaḥ āmreḍita dvistriuktamiti. Satyamarthe prasiddhaḥ iha tu sabde paribhāṣyate. Mahāsaṁjñākaraṇam Pūrvācāry a anurodhena, padamañjarī* on the AP. (VIII.1.2). *Āmreḍita* literally means: iterative; a repeated word, explained as *dviruktam padam*; cf. *dviruktamāmreḍitam Padam* e.g. *Yajñāyajñ vo agnaye*, Vs. Pr. (I.1.46).

34. See Ref. No.22 'Phonology'.

35. See Ref. No.29 'Phonology'.

36. According to Pāṇini *Pāda* means the fourth part of a section such as *adhyāya*, or of a verse which is divisible into four parts or lines; cf. *Prakṛtyā antaḥ Pādamvyapare* (AP.VI.1.115) and also *goḥ Pādānte* (AP.VII.1.57), which literally means foot.

37. Pāṇini describes *ṭi* in his *Aṣṭādhyāyī* as *acontyādi ṭi* (AP.I.1.64); the final syllable beginning with vowel; part of a word consisting of the final vowel in a word and the consonants following the final vowel.

38. The pluta (extra-long) is possessed of three *mātrās* while hrasva (short) having one *mātrā* and dīrgha (long) having two *mātrās*. In pronunciation pluta takes a longer time than the short and the long vowels; cf. *Ūkālaḥ ac hrasva dīrgha plutaḥ* (AP.I.2.27). In writing pluta vowels are marked with the devanāgari **figure - 3** placed after them. The word pluta is derived from Plu (pru also) I ātamane to go **and defined** as ***plavate iti***. The *plavate* is often found for *pluto bhavati* in the prātiśākhya litrature; **cf.** ***mātrā hrasvastāvadavagrahāntaram, dve dīrghastisraḥ plūta ucyate svaraḥ. adhaḥ svidās īzdupari svidāsized arthe plutibhūriva Vindāiztriḥ***, RV.Pr.16.

39. The udātta (acute) is the prominent accent in a word (poda) - a simple word as also a compound word and when a vowel in a word is possessed of the acute accent, the remaining vowels have the grave (anudātta) accent. Accent is a property of vowels, and consonants do not possess any independent accent. They possess the accent of the adjoining vowel connected with it. The acute accent which corresponds to that is called "accent" in the English language. Pāṇini defines it as *Uccairudāttaḥ* (AP.I.2.29). The word *uccaiḥ* is defined in MB on the AP. (I.2.29) in the following way:- *dyāmo dāruṇyamaṇutā ravasyeti uccaiḥ karāṇi śabdasya, āyāmo gātrāṇāmnigraḥ, dāruṇyam svarsya dāruṇatā rukṣatā, aṇutā ravasya kaṇthasya samvṛtatā, uccaikarāṇi sabdasya.* Thus, we can conclude that restriction of the organs, rudeness, and closure of the glottis are known as spceific characteristics of the acutre accent.

40. In Pāṇinian grammar the term *ātmenepada* is being employed as a contrast to the term *parasmaipada. Atmane* - means the fruit of the activity is such as generally goes to the agent while *paramai* - the furit is meant for another; cf. *Vaiyākaraṇākhyāyām caturthyāḥ Parasya ca* (AP.VI.3. 7 & 8). *Ātmane* is a technical term for the affixes known as *taṅ*; cf. *taṅānāvātmanepdam* (AP.I.4.100) and the affixes *ān*; cf. *liṭaḥ kānajvā, laṭaḥ śatṛśānacāvaprathamāsamānādhi-karaṇe* (AP.III.2.106 and 124) cf. also "The language of the Atharva Veda "by Dr. Yajan Veer, Ch. VI. sub-heading 'voices in the Atharva-Veda' on PP.90-91.

41. See Ref. No.36 'Phonology'.

42. See Ref. No.37 'Phonology'.

43. See Ref. No.38 'Phonology'.

44. See Ref. No.37 'Phonology'.

45. Pāṇini describes it as *ekaśruti dūrātsaṁbudhau* (AP.I.2.33) and they follow AP.I.2.40 and Patañjali thereon. In this discussion on the AP.I.2.33 (noted above) Patañjali has given three alternative views about the accent of *Ekaśruti Syllables*: (1) They possess an accent between the acute and grave; (2) They are in the same accent as is possessed by the Preceding vowel (3) *Ekaśruti* is looked upon as the seventh of the seven accents; cf. *saiṣā jñāpakābhyām udāttānudāttayomadhyameka śrutirantarālam ḥryate.... Sapta svarā bhavanti, udāttaḥ. udāttataraḥ, anudāttaḥ, anudātt ataraḥ, svaritaḥ, svarite ya udāttaḥ Sonyena Viśiṣṭhaḥ ekaśrutiḥ saptmaḥ*, Patañjali on the AP.I.2.33. *Ekaśruti* literaly means *monotone* which has got the same accent or tone; utterance in the same tone. The word is applied to the utterance of the vocative noun or phrase calling a man from a distance, as also to that of the vowels or syllables following a circumflex vowel in the *saṁhitā* i.e. the continuous utterance of vedic sentences.

46. See Ref. No.1 'Primary suffixation'.

47. See Ref. No.3 'Language'.

48. Cf. *Pūrva-Para-nityāntaraṅgapavadānam uttarottaram balīyaḥ* (Pāribhāṣika by Swāmī Dayānanda, Paribhāṣā No.39) see also, Paribhāṣā 42, 50, 64 in PBS Vo.IInd. ed. Abhyankar BORI, Poona (1962) and also Keihorn's translation thereof.

49. In Pāṇinian grammar Pūrva means preceding. On the other hand, we can define it as older ancient. In the grammatical treatise it is frequently employed as qualifying the word *ācarya* where it means ancient.

50. *Para*: literally means occurring after (something); cf. *Pratyayaḥ, Paraśca*, (AP.III.1.1 and 2) cf. also *tat Parasvaram* (Tai. pr. XXI.2). It is used as opposed to Pūrva or prior; the word is frequently employed in grammar in connection with an aphorism or an operation prescribed later on in a grammar; cf. *Vipratiṣedhe param kāryam* (AP.I.4.2). It is sometimes defined in the sense of *iṣṭa* or desired, possibly on the analongy of the meaning *śreṣṭha* possessed by the word. This sense is given to th word *para* in the aphorism *Vipratiṣedhe Param Kāryam* with a view to apply it to earlier aphorisms in case of emergency; cf. *Vipratiṣedhe param yadiṣṭam tad-bhavati, Patañjali* on AP.I.2.5, I.4.2; VK; 7 & 11.1.69.

51. See Ref. No.8. 'Language'.

52. See Ref. No.9, 'Language'.

53. See Ref. No.12, 'Language'.

54. See Ref. No.49, 'Phonology'.

55. See Ref. No.50, 'Phonology'.

56. See Ref. No.8, 'Language'.

57. See Ref. No.9, 'Language'.

58. See Ref. No.10, 'Phonology'.

59. See Ref. No.11, 'Language'.

60. Patañjali on the AP.I.4.2 "*Yadi santi prayojanānīyeṣā Paribhāṣākriyate, nanu ceyamapi Kartavyā asiddham bahiraṅga lakṣaṇamantaraṅgalakṣanam iti*".

61. See Ref. No.13, 'Language'.

62. See Ref. No.12, 'Language'.

63. Pāṇini does not follow a uniform practice in organizing general statements and exceptions to them. A general aphorism may be enunciated first and then followed by exceptions or vice-verse. In *ādi-udāttaśca* (AP.III.1.3) he makes a general statement that the initial syllable of a suffix bears acute accent (high pitch). The next aphorism *anudāttau suppitau* (AP.III.1.4) defines an exception to it that the suffixes *sup* and those having an indicatory *P* will have grave accent (low Pitch). In such an arrangement one may maintain that an exception by virtue of occurring later supersedes the general aphorism (however a specific (apavāda) is stronger than eternal (nitya) and internal (antaraṅga) also). On other occasions he lists the exception first and then gives the general aphorism. For example, exceptions to *ārddhadhātuksyeḍvalāde* (AP.VII.2.35) which deal with iḍāgama are described in the earlier aphorisms, namely AP.VII.2.8 to 34. To discover a rationale in these two different arrangements of general (utsarga) and specific (apavāda); see PBS Vol.I. ed. Abhyankar BORI-1962 Paribhāṣās 59-60).

64. The word *siddha* in Pāṇinian grammar means established proved, the word is employed many times in this sense in the MB, as also in VK (as especially when a reply is to given to an objection; cf. AP.I.1.3 VK-17; AP.I.1.4 VK-6, AP.I.1.5; AP. 1.9 VK-2 etc. The term is employed in the sense of eternal (nitya) in the CK. i.e. *Siddhe Śabdārtha-saṁbandhe* where Patañjali observes that the word siddha meaning eternal has been purposely put in to mark an auspicious beginning of the Śabdānuśāanaśātra which commences with that VK, cf. *māngalika ācāryo mahataḥ śāstraughasya mān galārtham siddhaśabdamāditaḥ Prayuṅkte* (Paspaśāhika).

65. The word *asiddha*, literally means invalid. In Pāṇinian grammar it is employed in the sense of suspended validity for the time being; or not functioning for the time being. It indicates (i) invalidity of the single substitute for two letters, that has already taken place when ṣ is to be substituted for S, or the letter t is to be prefixed; cf. *ṣatvatukorasiddha* (AP.VI.1.86). However, Pāṇini laid down the general aphorism that a subsequent aphorism or operation, in case of conflict, supersedes the preceding aphorism. In many cases it became necessary for him to set that aphorism aside, which he did by means of the stratagem of invalidity indicated above. Subsequent grammarians found out a number of additional cases where it became necessary to superseds the subsequent which they did by laying down a dictum of invalidty similar to that of Pāṇini. Kātyāyan, hence laid down the doctrine that aphorisms which are eternal (nitya) or internal (antaraṅga) or exception (apavāda) are stronger than, and hence supersede, the non eternal (anitya), external (bahiraṅga) and general (utsarga) aphorisms respectively. Later grammarians have laid down in general the invalidity of the external aphorism when the internal aphorism occurs along with it or subsequent to it. For details see also PBS. Paribhāṣā-50 and the MB ed. by Gurukul Jhajjar Rohtak - 1963. Pages 414 to 417; (2) invalidity by the aphorism *asiddhavadarābhāt* (AP.VI.4.22) which enjoins mutual invalidity in the case of operations prescribed in the *ābhīya* section beginning with the aphorism AP.VI.4.22 (mentioned above) and going up to the end of the Pāda (AP.VI.4.175); (3) Inv^lidity by the aphorism *Pūrvatrāsiddham* (AP.VIII.2.1) which makes an aphorism or operation in the second, third and fourth quarters of the eighth chapter of the AP. invalid when any preceding aphorism is to be applied. The term *asiddha* is frequently employed in Pāṇinian grammar in connection with aphorisms or operations which are prevented, or held in suspense, in connection with their application in the process of the formation of a word. It is also used in connection with aphorisms that have applied or operations that have taken place, which are, in certain cases, made invalid or invisible as far as their effect is concerned and other aphorisms are applied or other operations are allowed to take place, which ordinarily have been prevented by those aphorisms which are made invalid, had they not been invalidated. Therefore, we can conclude that Pāṇini has laid down this invalidity on three different occasions as mentioned above.

66. *Satiśiṣṭa*: In grammatical terminology it can be defined as occurring after the preceding accent has taken place. cf. *Sati śiṣṭo api vikaraṇa svaraḥ sārvadhātuka svaram na bādhate.* Literally means prescribed subsequently; however, the words *sati* and *śiṣah* are separate still it is habitual to take them combined in a n adjectival sense and make the word *satiśiṣṭa* an adjective to the word svara as in the dictum *satiśiṣṭa svara balīyastvam ca*, VK.9 on the AP. VI.1.158.

67. Cf. *Phīṣo anta unāttah* (Phiṭ sūtra Pāṭha 1.1) A nominal stem has acute accent on the final syllable.

68. See Ref. No.33 'Phonology'.

69. Cf. *alpāksaram asandigham sāravad viśvato mukham astobham anavadyam ca sūtram sūtravido viduḥ.*

70. Cf. *ardhamātrā lāghavena putrotsvam manyante Vaiyākaraṇāḥ* (Paribhāṣā 122, in PBS. Part I ed.

71. See Ref. No.6 'Phonology'.

72. See Ref. No.37 'Phonology'.

73. See Ref. No.1 'Primary suffixation'.

74. See Ref. No.1 'Primary suffixation'.

74. See Ref. No.30 'Phonology'.

76. In ṇinian grammar the word *Anuvṛtti* is of comon use. All commentators on the grammar of Pāṇini have frequently employed this term to denote recurrence of a word from the earlier to the subsequent aphorism(s), which is necessary for the sake of the intended interpretation. *Anuvṛtti* literally means repetition. It repeats a few word(s) from the previous aphorism to the following aphorism(s). This continuation is like the *gaṅgāśrotavat* (uninterrupted stream of a river). Sometimes it operates like the *maṇḍūkalplūtyā-anuvṛtti* (it means when it is not required in an intermediate aphorism, however, it proceeds further). Rarely, it is taken backwards in an aphorism work from a following aphorism to a earlier aphorism then it is known as *apakarṣa*.

77. This over riding consideration of economy sometimes results into reading an aphorism in an altogether unrelated context. For example, dealing with the replacement of Pratyayaya in AP.III.1.1. he reads as aphorism *treḥ trayaḥ* (AP.VII.1.53), dealing with the replacement of a pr.tipadika, nominal steam.

78. Cf. *Dantyoṣṭto api vakāro dantya iti gṛhyate. Yadi sa na gṛhyeta tatastau grahaṇamevātra kṛtam syāt.*

79. All substitutions complete or partial could also be subsumed under phonological change. Note particularly *Praṇavaṣṭeḥ* (AP.VIII.2.89) which replaces to final syllable, including a consonant if any, of an utterance by *om* e.g. *apām retaṁsi jinavati apām retaṁsi jinavatom* (RV.VIII.44.16).

80. Patañjali observes on the AP. VI.3.109 "*etasminnārya nivāse ye brāhmaṇāḥ kumbhidhānyā alolupā agṛhyamāṇakāraṇāḥ Kiñcidantareṇa kasyāś cid vidyāyaḥ Pāragās tatabhavantaḥ śiṣṭāḥ*' MB. Pub. Haryaṇā sāhitya Samsthānam, gurukul Jhajjar, Rohtak-1963. Vol.IV.P.653. "There live in the land of the Āryans the Brāhmaṇas who would store only that much as can be contained in a small pitcher, who are not greedy and never motivated by any idea of gain and have excelled in some field of learning. Such Brāhmaṇas are th elite".

81. *Mlecchā mā bhūmetyadhyeyam Vyākaraṇam* (Paspaśāhnika, Gurukul Jhajjar Publication - 1963, Vol.I. P.12.

82. Cf. *Sa vāg-vajro Yajamānam hinasti* (paspaśāhnika, Gurukul Jhajjar (Rohtak) Publication - 1963 Vol.I P.12.

83. Cf. *Naitadasti, naiva loke na ca Veda akāro Vivṛto asti, Kastarhi. Saṁvṛtaḥ, Yo asti sa bhaviṣyati* (MB. āhnika-2nd, Vol.Ist, P.57, Gurukul Jhallar (Rohtak Publication-1963).

84. Cf. *Lakṣya Lakṣaṇe Vyākaraṇam* (MB. āhinika Ist, Vol.Ist. P.45 Gurukul Jhajjar Rohtak (Publication-1963).

85. Cf. *tasmād anabhyupāyaḥ śabdānam Protipatau pratipadapāṭha, Katham tarhi ime śabdāḥ pratpattvyāḥ.? Kiñ cid sāmānya Viśeṣavallakṣaṇam Pravartyam, yenālpena yatena mahato mahataḥ Śabdaughān ṭtipadyeram* (MB Vol. Its, abnika-Ist, Haryānā Sāhitya Saṁsthāna, Gurukul Jhajjar, Rohtak publication-1963. p.25) "Therefore learning each word individually is no way of acquiring understanding of words. How is correct understandign of words to be acquired then ? Some treatise containing general and specific aphorisms should be attempted so that one could learn with a little effort the Vast multitude of words".

CHAPTER - II

EUPHONIC - COMBINATION

I.1. Euphonic combination in Pāṇini's view is the euphonic coalition of the final letters of roots, stems, and words with the initial letters of terminations, suffixes and other words. This coalition occurs only when the final and initial letters are in the closest proximity; cf. *Paraḥ Sannikarṣaḥ Saṁhitā* (AP.I.4.109). The question of the closest proximity does not arise in the case of formation of words - declensional and conjugational forms - - becauase the grammatical parts have to be knit together in their case. But in the case of a sentence where each word is separate from the other, the closest proximity of final and initial letters of the words is absolutely necessary. Normally, a sentence in Sanskrit is regarded as a euphonic chain which breaks only at the end of the sentence and is denoted by a stop (Virām) cf. *Virāmo avasānam* (AP.I.4.110). If, however, there is a break in the middle of the sentence, then there will be no euphonic combination between the final and initial letters of the two words, e.g. if we speak the two words *Yajña dattaḥ* and *calati* with some interval between them, then there will be no euphonic combination, but if we pronounce them quickly one after the other, it will become *Yajñadattaś calati*. Similarly, in a sentence like *Cautrā draviṇam acorayan, tān bhūpatiradaṇḍayat,* there will be no euphonic combination between *n* and *t* of *acorayan,* and *tān,* because we have put a stop between the two, but if we pronounce the two consecutively without stop, the form would be *acorayanas=tān.* Some people have wrongly interpreted the maxim *Sandhir vivakṣām apekṣate* (SK. Sandhi chapter) as euphonic combination which depends on the option of the speaker. The correct interpretation is:-

Euphonic combination implies exigency of speech, i.e. where we have to stop in a sentence for the sake of emphasis or clarity, there will be no euphonic combination.

I.2. Now, euphonic combination is of two kinds i.e. vowel combination, and consonant combination. The first kind of euphonic combination is between two vowels, and the second, between consonants and vowels or between consonants and consonants.

II.1. We shall first take up Visarjanīya[1] combination. Visarjanīya is the full emission or expulsion of air from the open mouth. In words it must follow some vowel in order to be distinctly audible.

II.2. For the sake of euphonic combination, Pāṇini has changed Visarjanīya into *S*, cf. *Visarjanīyasya saḥ* (AP.VIII.3.34) before hard consonants. Therefore, its euphonic combination before soft consonants or sonants (i.e., the third, fourth and fifth letter of a Varga) does not arise in this context. For Visarjanīya combination Pāṇini has two aphorisms i.e., *stoḥścunāścuḥ.* and *ṣṭunā ṣṭuḥ* (AP.VIII.4.40 & 41). These prescribe that when the final *s* and *tavarga* combine with *Ś* and *cavarga,* they become *ś* and *cavarga,* and when the final *s* and *tavarga* combine with *S* and *ṭavarga,* they become *Ṣ* and *ṭavarga.* These *aphorisms* can be split into two parts, viz., the euphonic combination of *S* with *Ś* and cavarga or *Ṣ* and *ṭavarga,* and of *tavarga* with *Ś* and *cavarga Ṣ* and *ṭavarga.* Here we are concerned only with the euphonic combination of *S* with only *Ś* and hard consonants of *cavarga* and *ṭavarga,* i.e., with *C, Ch* and *ṭ, ṭh.* For example, *Rāmas śete=Rāmaś Śete; Rāmas calati=Ramaś calati; Dhūrtas chalayati=Dhurtaś chalayati; Rāmas ṭikate=Rāmaṣṭīkate; Sādhos Chattram=sādhoś Chattram; Sādhos - ṭhakkuraḥ=sādhoṣ ṭhakkuraḥ.*

II.3. The change of Visarjanīya into *S* has eliminated the necessity of the rule for the change of Visarajanīya in combination with *t* and *th*.

II.4. Now, let us explain the Visarjanīya combination scientifically. Visarjanīya, as we know, is the full emission or expulsion of air from the open mouth. But if obstruction is placed in the way of full emission of air, it becomes a hissing sound which is known as *ūṣman* in Sanskrit. Now, if we utter *Rāmaḥ* and *calati* with some interval between them, then there will be euphonic combination. But if we speak the two words immediately after each other, then the sentence would be *Rāmaścalati*, because, in uttering C, the oral aperture was narrowed at the palate, and the Visarjanīya became the palatal hissing sound (uṣman) or Ś. Similarly, the oral aperture is narrowed at the roof of the palate, the resulting emission of Visarjanīya would be the cerebral or lingual hissing, or Ṣ, and on narrowing the aperture at the teeth, it will give the dental hissing sound; or S, e.g. *Rāmaṣ ṭīkate* and *Rāmas tarati.*

III.1. Now we come to the second part of the aphorism, viz., the conjunction of *tavarga* with Ś and *cavarga*, and with *ṭavarga* to becomes Ś and *cavarga* and *ṭavarga*, e.g., *Satiśabdah=sac-chabdaḥ; mahat cakram=mahac-carcram; bṛhat chattram=bṛhac-chattram; sat janaḥ=sajjanaḥ; tat jñānakam=taj-jñāakam; suhṛd cittam=suhṛc-cittam; mṛd-chadiḥ=mṛc chadiḥ; suhṛd janaḥ=suhṛj-janaḥ; mṛd-jñānakam=mṛj - jñānakam; samidh cayaḥ=samic-cayaḥ; samidh jvālā samij-jvālā;* etc; cf; *śaś choti* and *kharica* (AP.VIII.4.63 and VIII: 4.55) respectively.

This euphonic combination is called progressive assimilation because the previous letter is assimilated with the succeeding letter. But there are a few cases of regressive assimilation also, e.g. *Yaj-na=yajña; yāc-nā yācnā.*

III.2. Now with *ṭavarga* e.g. *tat ṭikā=taṭ-ṭīkā; tat-ṭhakkuraḥ=tat-ṭhakkuraḥ; tat ḍambaraḥ=tad-ḍambaraḥ; tat-ḍhakkaḥ=taḍ-ḍhakkaḥ; upaniṣad ṭikā upaniṣaṭ-ṭīkā*, etc. Final *t* also assimilates with the following *l* and *n* e.g. *tat līnam=tal-līnam; tat nāsti=tan nāsti* cf. *Tor* li and *Yaro anunāsike anunāsiko vā* (AP.VIII.4.60 and VIII.4.45) respectively.

III.3. Scientific explanation of consonantal assimilation

A mute consonant cannot be pronounced and made audible without the help of a vowel. When a word with final *t* is spoken, the tip of the tongue remains in contact with the teeth, and the sound *t* remains inaudible. While speaking a following word beginning with a letter of *cavarga* or *ṭavarga*, the position of the tongue shifts to the place of utterance of that letter, what would have been a *t*, is pronounced from that same place, so that it becomes assimilated with that letter. Here, the consonants are assimilated by change of place.

IV.1. Change of surds or hard into Sonants or soft letters in euphonic combination.

Pāṇini's aphorism: *Jhalām Jaś Jhaśi* (AP.VIII.4.53). The hard letters which occur at the end of words are *K ṭ, t, p;* while final *c, ś, ṣ,* are changed into *K, K* or *ṭ* respectively; and *r* and *S* to Visarjanīya. Except *r,* all other hard letters are included in the *Khar* group which is a part of *Jhal*. So *K, ṭ, t, P* when followed by *jhaś,* are changed into *g, ḍ, d, b* respectively e.g. *Vāc Jālam=Vāk Jālam=Vāg -jālam; diś-bharamaḥ dik-bhramaḥ dig-bhramaḥ; samyak-gatam=samyag-gatam;*

samrāj-dughā=samrāṭ=dughā=samrāḍ-dughā; mahat dhanuḥ mahad dhanuḥ; ap-bhram=abbhram; anuṣṭup-garbhā=anuṣṭub-garbhā.

IV.2. Here, when a nasal is spoken, the passage of the mouth is blocked, and the breath passes only through the nose. When after the nasal a siblant is uttered, the contact of the organs at the place of utterance of th nasal produces a gliding hard sound *K* in the case of *ṅ* and *ṭ* in the case of *ṇ*.

IV.3. The same phenomenon is seen in the aphorism, *Naśchvya-Praśān* (AP.VIII.3.7) which prescribes the change of the final *n* into *ru*, i.e., anusvāra and Visarjanīya, the latter changing into the sibilant of the place of the utterance of the following letter. This occurs when *n* is followed by the letters in the *chav* group (Ch, ṭh, th, c, ṭ, t), because in speaking quickly, the change of the place for the utterance of the following letter occurs before the final *n* becomes articulate and remains a pure nasal sound (anusvāra). The small quantity of air that escapes in that process turns into the sibilant of the place of the following letter, e.g. *bhavān tarati, chinatti, thakkuram pūjayati, thūtkaroti* would become *bhavāṁs tarati, bhavāṁs chinatti, bhavāṁṣ ṭhakkuram Pūjayati, bhavāṁs thūtkaroti*, etc.

V.1. Now we come to the vowel combination of *Guṇa*[2] and *Yaṇ*[3]. Let us first analyse the position of the lips at the utterance of the simple vowels. Since there is no occlusion of the speech organs in the utterance of the vowels, we have to mark the position of the lips only. In speaking the vowels *a* and *ā* the mouth is wide open and the distance between the upper.and lower lips is the widest. In speaking the vowls *i* and *ī*, the corners of the lips stretch sideways and the distance between the upper and lower lips becomes very narrow. And in speaking the vowels *U* and *Ū* the lips become rounded. This can best be illustrated by means of a triangle on the apex of which we shall place *a, ā,* on the left of the base, *i, ī,* and on the right *u* and *ū*.

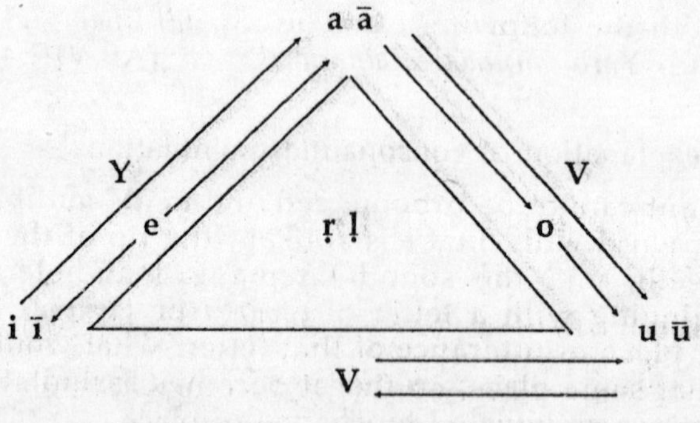

V.2. Now, let us start from *a, ā*. The mouth is fully open. From here, we start towards *i, ī*. Midway, our lips are half narrowed and their corners have receded towards right and left. In this position, only the vowel *e* can be uttered which represents the *Guṇa* coalition of *a, ā and i, ī*. Again we proceed from *a, ā*, but now towards *u ū*. Halfway, our lips narrow down to an open circle, from which we can utter only the vowel, *o*. This represents *Guṇa* coalition of *a, ā* and *u, ū*. The vowels *ṛ* and *ḷ* are in the neutral position of the lips and are placed within the triangle. In the case of *ṛ*, the tongue is very near the roof of the palate but does not touch it. The vowel spoken at this place is neutral *r* as in the English word 'butter' without a slur. Similarly, in the case of *ḷ*, the tongue touches the roof of the palate, but when the vowel is spoken, the breath escapes from the sides and the resulting vowel is a neutral *l* as the final *l* of the English word 'little'. Now, when we proceed from their position to any one of the other vowels, the resulting letter would be *ra* and *la* respectively. And if we proceed from *a* and *ā* towards them, the resulting *Guṇa* forms would be *ar* and *al* respectively. If we proceed from *i, ī* towards any of the other vowels, the resulting sound would be *y,* and if we proceed from *u, ū,* towards any other vowel, the resulting sound would be *v.*

V.3. This, in brief, is the scientific basis of the euphonic combinations. I have stated all this only as an illustration, with no effort at being exhaustive. But the euphonic combinations are all due to natural phonetic or euphonic changes which occur when we speak the words quickly and without interruption.

REFERENCES

1. Visarjanīya and Visarga are synonyms. The term Visarjanīya was used in ancient times. In latter grammatical works Visarga is also found used in the sense of Visarjanīya. It is a phonetic element and is looked upon as a letter. It is mentioned as one of the letters in the śikṣā and the prātiśākhya works. Patañjali has also advised its inclusion in the alphabet, but Pāṇini has not mentioned it in his alphabet. It cannot be found in use independently. It is an aspiration; DS. defines, it: *Visṛjyate Punrvarṇai na Saṁbadhyate iti Visarga* (DS. on KV.I.1.16). Śaunaka says that some scholars consider it as a chest sound; cf. *Kaṇṭhyokāraḥ prathamapañacaman ca dvau-uṣmāṇau kecidetau ursyaù* (RV.Pr.I.18). cf. also *urasi Visarjanīyovā* (Rkt. Pr.3). According to some scholars it is a glottal sound. If we define it more seriously then we can say: The Visarjanīya has the same position in the mouth as the vowel after which it occurs. The term *Visṛṣṭa* is also employed in the sense of Visarjanīya. It is always found at the completion of the utterance of a word when there is a pause.

2. Guṇa: See Ref. No. 6 'Phonology'.

3. Yaṇ : The semi-vowels, i.e. *Y, v, r* and *l,* cf. *igyaṇaḥ saṁprasāraṇam, ikoyaṇaci, iṇo yaṇ* (AP.I.1.45, VI.1.77, and VI.4.81) respectively.

CHAPTER - III

COMPOUND

I.0 Description of compounds in the AP takes place at several places according to the context of a particular aspect. The whole description of compounds can be separated into two portions.

I.1. (1) Determination of conditions as to what constituents of a sentence (Vigraha-Vākya[1]) could enter into a compound construction and assignment of such a string to a grammatical category. This portion covers the whole First Pāda[2] and the First 29 aphorisms of the second pāda of adhyāya second of the AP.

I.2. (2) Grammatical operations are workable on Vigraha-Vākya to transfer it into a finished form i.e. compound form. This section covers the remaining portion of the AP. pertaining to compound formations viz:-

(a) Fixation of the order of constituents.

(b) Assignment of the nominal stem designation to this string.

(c) Elison or non-elision of termination suffixes of the constituents.

(d) Morpho-Phonemic changes, in Pūrva Pada[3] and Uttra Pada[4].

(e) Change of gender and number in certain types, and

(f) Change or retainment of original accent.

II.0 The topic is introduced under the general guiding Principle, *Samarthaḥ Pada-Vidhiḥ* (AP.II.1.1). The rules pertaining to the words (Padas) are applicable only to those words which are syntactically related (*Samarthaḥ*[5]). Then Pāṇini gives the governing rule (*adhikāra sūtra*[6]) for compound i.e. *Prāk Kadārāt Samāsaḥ* (AP.II.1.3); 'before the aphorism *Kadārāḥ Karmadhāraye* (AP.II.2.38) with the word *Kadāra, Samāse* is the governing context; further on the constituents of a compound, in general, he observes that a nominal will be compounded with another nominal if it is syntactically related with it, if *saha supā* (AP.II.1.4). Thus he makes it clear that the necessary condition for two elements to enter into a compound is *sāmarthya*[7] - syntactical capability - which also assumes semantic capability.

Then he proceeds to describe the particular constituents alongwith the particular conditions to enter into a compound form of a particular category.

II.1. Pāṇini describes the following four categories of compounds:

Adverbial compound
Determinative compound
Possessive compound
Co-ordinative compound.

These four categories are recognised by Pāṇini in the order given above. The order is significantly designed so that the preceding class of compounds forms an exception to the succeeding one. If the order is changed, the aphorisms will give the wrong or undesirable formations of compounds.

II.2. For illustration we come across instances which possess the characteristics of a particular class of compounds, but are placed in a different class, i.e. *Pañca-nadam* 'five rivers', *Sapta-Gangam* 'Seven Ganges' etc., though characteristically Dvigu-determinative have been classed as adverbial compound and *unmatta-Gangam* 'name of the country the Ganga roars furiously', *Lohita-Gangam* 'name of country where the waters of the Ganga are red', etc. having the characteristics of possessive-compound are also classed as adverbial. These examples show that the adverbial compound is an exception to both the determinative compound and possessive compound.

Now, if adverbial compound was placed after the determinative compound or possessive compound it would have lost its character as an exception and the expressions quoted above would have had two alternative forms, one under the determinative-compound or possessive compound, and the other, under the adverbial compound whereas no alternative forms in determinative compound or possessive compound exists in the language.

II.3. The Order of aphorisms under a particular class of compound is determined largely by two considerations :

(1) of repetition and (2) specific to each class.

To achieve economy in the wording of the aphorisms, Pāṇini has made full use of the notion of repetition (*anuvṛtti*)[8] throughout his Aṣṭādhyāyī. Being a very common feature of Pāṇinian technique, we leave here this point without further explanation.

To illustrate the second observation we may briefly discuss the arrangement of the aphorisms in adverbial compound.

Pāṇini treats the adverbial compound in AP. (II. 1.5 to II 1.21). here the order of the aphorisms is based on the consideration of, apart from the first, the formal nature of the compound forms (from AP.II.1.6 to II.1.16). First of all he treats the constructions consisting at least of one indeclineable component, e.g. *Upa-Kumbham* 'near the jar', Sumadram 'Prosperity of Madras, etc. Whereas in (AP.II.1.10 to 21) he treats the compound consisting of declineable nominals (Sup) e.g. *Pāre Gangam* 'across the Ganges' *Pañcanadam* 'five rivers', etc.; in between these two major divisions he puts in (AP.II.1.17), the irregular forms belonging either to the first division or to the second one or none, e.g. *Pradakśinam* 'standing on the right', *Khale-Yavam* 'time when the barleys come to the threshing ground' and *Sam-Prati* 'now', etc; respectively. From the first division, he takes first the asyntactic compound in (AP.II.1.6 to 10) e.g.; *Upa Kumbham* etc; and then of course, the syntactic compound in AP.II.1.11 to 16) e.g. *Apa-trigartam-Apatrigartebhyaḥ* 'except the trigarta'.

III.0. Use of termination in this section is also significant. The use of Ist termination denotes that the words in the nominative will be known as *Upasarjana*[9] and will form the first component of the compounds. We will deal with it in detail at an appropriate place in this chapter.

III.1. The rules in this regard may be called transformational rules which after operating upon or applying to the Vigraha-Vākyas transform them into compound forms. These are taken up in the structural order.

Order of constituents in a compound

Although the order of words in a phrase is not fixed, for the purpose of the formation of a compound form Pāṇini would give to a phrase (which in fact according to him will be equivalent to the compound) a fixed order. For instance while the Phrase *puruṣaḥ rājñaḥ* is treated as basis of a compound, the word will have to be put in the order or *Rājñaḥ Puruṣaḥ* to which further rules will be applied. The following considerations weigh in fixing the order :-

I Upasrjana as the first component.

The term upasarjana in Pāṇini subsumes - -

(1) A pada read in the first termination in the aphorisms relating to the formation of compounds; cf. *Prathamā nirdiṣṭam Samāsa Upasarjjanam* (AP.I.2.43).

(2) A Pada that occurs in invariant form of termination (in the Vigraha-Vākya of a compound) is also called an Upasarjana when it does not occur as first component in a compound; cf. *eka Vibhakti cāpūvaṇipāte* (AP.I.2.44).

Both these statements refer to different levels of description in Pāṇinian system. It has nothing to do ostensibly with the underlying phrase of the compound form, while on the otherhand the second is in terms of the structure of the underlying phrase.

There does not appear to be any formal characterization of an upasarjana. It subsumes heterogeneous elements formally. Pāṇini sets up the upasarjana in (1) for the purpose of ordaining order in the constituents of a compound by *upasarjanam Pūrvam, Rājadantādiṣu Param* (AP.II.2.30 and 31) whereas the upasarjana (2) is required to bring about the morpho-Phonemic change in the second component.

Aphorisms *Vā āhitāgnyādiṣu* and *kaḍārāḥ Karmdhārye* (AP.II.2.37 to 38) are exceptions to (AP.II.2.30 to 31) (mentioned earlier), which list compounds and components, respectively, where the order is optional.

IV.0. It may be pointed out that all the components in possessive compound and co-ordinative compound are read in first termination and thus qualify to become upasarjana. To regulate the order of components here Pāṇini lays down other conditions. The components characterized by the following features will occur as first member. This constitutes a morphological class.

(a) The forms designated *ghi*[10] in a co-ordinative compound will occur as first component. The *ghi* class comprises non-feminine ending in *i* and *u* feminine words which are not included in the nadī[11] class, e.g., *hariśca hariśca-hari-haru.*

(b) A word beginning with a vowel and ending in *a*, e.g. *uṣṭraśca Kharaśca-Uṣṭra-Kharau*, etc.

(c) Words of fewer syllables, e.g. Plakasaś ca nyagrodhaś ca-Plakśa-nyagrodhau etc.

(d) In a possessive compound the component in the seventh termination and adjective e.g. *Kaṇthe kālo Yasyak-Kaṇṭhe-Kālaḥ, Citrā gāvo yasya-Citra-guḥ*, etc.

(e) In a possessive compound the word ending with past participle (niṣṭhā[12]) e.g. *Kṛtaḥ Kaṭo Yena-Kṛta-Kaṭaḥ* etc.

The latter grammarian Kātyāyana, however, noted an additional class of words which occur in the first position.

IV.1. Prātipadika[13] - Saṁjñā[14]

One a phrase qualifies to become a compound, it receives the designation of a prātipadika. The components will already be arranged into the order, as discussed above, by force of the paribhāṣā[15] "

"antaraṅga-Kāryam balīyaḥ". The internal operation is more forceful and will have priority.

IV.2. Elision and non-elison of termination

After becoming a prātipadika the internal terminations of its components are dropped.

But there are certain compound forms such as *manasāguptā, ātmane-padam,* etc., where the first component retains the case suffix. For such compounds Pāṇini has formulated exceptional rules in the 6th chapter of his Aṣṭādhyāyī which enjoin the prohibition of elision of particular terminations and not of any particular number in that termination which implies that the determination of a specific number is dependent on actual usage in the language. For example in *apsu-Jaḥ* "lotus", it is the 7th termination plural which is retained. Similarly, *gosu-carḥ* "Peacock" or *Sarsi-jaḥ* "lotus", instead of *gościaraḥ* or *gavaś caraḥ* and *sarassu-jaḥ* etc. It may be pointed out that there exists no instance of an *aluk-compound*[16] which shows retention of the same termination in its different numbers.

Pāṇini has nowhere mentioned aluk (retention) of Ist or 2nd termination although he makes use of such constructions as *parasparam, anyonyaḥ,* "each other", where the Ist termination is retained. One conjecture could be that there were not many such compound constructions in the language which could have been noted by him in the shape of regular statements. The few that were current in the language were illustrated by him through use in the aphorisms (i.e. jñāpakas). On the other hand forms which appear to be cases of retention of 2nd termination in such compound forms as *Vaśam-Vadaḥ* "Obedient", *Priyam-Vadaḥ* "Sweet-speaking", etc., are treated by him as cases of *mum* or *am* augment, i.e. instrusion of *m* after the final vowel of the first constituent, or placing *am* after it. The forms thus realized are identical with the 2nd termination singular number. The consideration here has been to cover under a general rule such instances as *ātmam-manyaḥ* "hoast hoast of oneself", etc. which could not be explained in any other way.

V.0. Morpho-Phonemic Changes :

In certain cases, the constituents of compounds have alternant forms, for instance *go* "cow" has an alternant form *gu* and *gava,* e.g. in *citra-guḥ* "a variegated cow" and in *Upagavam* "near of a cow" VS= *go caraḥ* "grazed over by the cattle". Such changes take place in either of the constituents of a compound. Such changes in the Pāṇinian system are described in the following terms:-

V.1. Substitute

Substitution of the linguistic element (including Zero) in place of another in certain environments is known as substitute (*ādeśa*[17]). It may be in place of a single phonological unit or in place of the full form. For example *jñu ādeśa* of *Jañu* "Knee" in a possessive compound if preceded by *Pra* and *Sam,* cf. *Prasambhyām Jānunorjñuḥ* (AP. V.4.129) e.g. *Pra - Jāñuḥ-Pra-Jñuḥ* "bandy-legged" etc. The final of gandha is replaced by *i* in a possessive compound if preceded by *ut, Pūti, su,* and *surbhi,* cf. *gandhasyetutpūtisu surbhibhyaḥ* (AP.V.4.135) e.g. *ut gandha-ut-gandh-i-ud-gandhi* "sharp smelling" etc.

Substitution is ordained in either number of a compound. The above examples illustrate a substitute in case of the second member of a compound. Examples of substitute in the first member are as follows:-

The final *a* in *iṣṭakā* "brick" *iṣīkā* "read" and mālā "garland" is replaced by *a* in a compound when followed by *cita* "heap", *tūla* "cotton" and *dhārin* "wearing" respectively, e.g., *iṣṭakā-citam-iṣṭaka citam* "heap of bricks", *iṣīkā-tūlam-iṣīka-tūlum*" cotton of reads" *mālā dhārin-māla dhārin* "wearing garland.

It may be noted that in a compound a feminine gender, if derived from a corresponding masculine form, is replaced by the latter under certain environemnts, e.g. *darśanīya-bhāryaḥ-darśanīyā bhāryā yasya* "whose wife is worth-see-ing".

Moreover, if a preposition is compounded with a gerundive, suffix *Ktvā* is replaced by *lyap*, e.g. *upa-gamya-up gatvā* "approaching near to".

IV.2. **Augment:**

Augment is an instrusive linguistic element that occurs initially, finally and before the last vowel of the linguistic form to which it is enjoined. Pāṇini makes use of indicatory letters to indicate the place of occurrence of an augment.

Examples of the occurrence of an augment are given only in a case of the prior members. In case of a latter member, instead of an augment, he enjoins instrusive element but calls them suffixes added at the end of the compound. It may be pointed out that an augment does not carry any meaning of its own nor do these final suffixes. Thus both augment and final suffixes (*Samāsānta Pratyayas*[18]) perform the same grammatical functions in the Pāṇinian system.A few instances of augment are as shown under :-

Mum will occur after the final vowel in *arus* "Sore", *dviśat* "enemy" and a form ending in a vowel in a compound followed by a word ending in a suffix having an indicatory *Kh*, *aurs tuda* (*tud-tud kha*) - *aru mums tuda-aruntudaḥ*. "Paining the wounds" *Nuṭ* will occur initially, e.g. *na ācāra-a nuṭ ācāra-anācāra*, not good conduct. Āduk will occur finally, e.g. *eka na vinśati-eka ād na vinśati-akānnavinśati* "nineteen".

We have pointed out above that augment does not carry any meaning of its own and thus has not been included among the suffixes which do carry some meaning or the other including *Svārtha*[19] (the meaning of the stem). Here is an interesting case where an augment by Pāṇini is treated like a suffix for the reason that it entails all morpho-phonemic changes which are caused by a suffix. In *ica ikācaḥam pratyayavacca* (AP.VI.3.68) he lays down that *am* will come after the final vowel of a non-syllabic stem or a stem ending in any vowel other than *a* and *ā* in a compound where the final component ends in a suffix with an indicatory *Kh*. For instance, *stri-manyaḥ-Stri-am-manyaḥ-Striyam-manyaḥ* and also *strīm-manyaḥ* "one who takes himself for a lady". Here the change of *ī* to *iy* is caused by am, being treated like a suffix. Similarly we have *śriyam manyaḥ*, etc.

V.3. **Final suffixes**

The suffixes ordained after the final member in a compound are treated by Pāṇini in AP.V.4.68 - 1 60. As pointed out earlier, such suffixes share the features of augment in as much as these have no meanings. These are interpreted by commentators in the meaning of the stem (Svārtha) only. Pāṇini thus could have treated them under augment. But he does not do so. The reason is not far to seek. These suffixes cause certain morphophonemic changes which properly are assigned by Pāṇini to Pratyaya only. We may illustrate these Pratyayas by a few examples.

In a determinative compound *Rajñaḥ Sakhā* the suffix *ṭac* is added to the stem *Sakhi* by AP.V.4.91 and then there is elision of *i*. The indicatory C in *ṭac* suffix causes the accent on the final vowel.

Similarly the suffix *Ṣa* is attached to the stem *mūrdhan* if preceded by *dvi* or *tri* in a possessive compound, e.g., *dvau mūrdhānau asya-dvi - mūrdhaḥ-sa, an* in mūrdhan is elided and the form comes as *dvi-mūrdhaḥ*. In feminine gender *ṅiṣ* suffix is attached further to a stem ending in a suffix having *ṣ* as indicatory and thus we have the form *dvi-mūrdha-ṅiṣ-dvimūrdh-ī-dvi-murdhī*. It may be noted that ordinary rules of euphonic combination will hold good as usual.

V.4. Gender

According to Patañjali no grammatical criterion can be laid down for determining the gender of the words which depends on the popular usage. Pāṇini has, however, set down some guiding rules where the original gender undergoes a change due to compound formation.

According to him the compounds whose numbers have been prescribed to be singular in the aphorisms are neuter in gender (He refers to them collectively by the pronoun *saḥ* in order to avoid repetition), for example, *Pāṇi-Pādam, Śva-Mārjāram,* etc. The gender of the adverbial compound is also always neuter e.g. *Upa-Kumāri, adhi-stri,* etc. Some of the determinative compounds except the *nañ* and the descriptive compounds too are found to be neuter in gender, e.g. *ikṣu-cchāyam, ivara-sakbham,* etc. Otherwise, the determinative and coordinative get the gender of the final component, e.g. *ardha-Pipalī, Kukkuṭa-mayurau,* etc. But the vārttika prohibits this rule in regard to certain numeral compounds.

In some of the co-ordinative compounds the gender of the first prevails, e.g. *aśva-vaḍavau, aho-rātre,* etc.

The determinative compound having *rātra, ahna,* and *aha* as their final component are always in the masculine gender i.e., *dvi-rātraḥ, pūrvāhnaḥ,* etc.

V.5. NUMBER:

The number of a compound depends on the number of either its components, or of both the components taken together, or in the case of a governing compound on the number of the object governed.

In the determinative compound the number depends on that of the Principal component, e.g. *Rāja-puruṣaḥ, Rāja-Puruṣau* etc., and in the possessive compound, on that of the *anya-padārtha*[20], e.g. *pītāmbaraḥ, Rāmaḥ* etc. Therefore, Pāṇini does not state any rule in regard to these compounds.

In case of adverbial compound, there is neutralization of number, e.g. *Upa-Kumbham,* etc. The numeral compound is always formed in the singular number, e.g. *Pañca-gu,* etc. Quite a large number of co-ordinative compounds also have the singular number either compulsorily or optionally, e.g. *Pāṇi-Pādam,* etc. Latter grammarians have assumed on the authority of *tiṣyapunar Vasvonakśatra dvandve bahuvacansya dvivaconam nityam* (AP.I.2.63) that every co-ordinative is optionally singular in number.

The singularity is confined only to collective co-ordinative compounds, e.g. *Rāmaśca Lakṣamaṇaś ca etayoḥ samāhāraḥ Rāmalakṣamaṇau*, etc.

V.6. **Change of accent:**

Pāṇini recognizes, in compound forms, such of the accents as *acute, grave,* and *circumflex.* Realization of accent works at several levels in the derivation of a word. The final accent will be determined by the syntactic position of a word. For the purpose of marking accent Pāṇini recognizes the following grammatical forms, namely crude-form, root, suffix, compound, and sentence. Starting from the nuclear element i.e. root or crude-form (if underived) he proceeds onwards reaching ultimately the sentence. The accent of the inner constituents will be successively modified by the outer elements as these are adjoined.

As a general rule, the final syllable, in a compound is to be acute, e.g. *Rāja-Puruṣaḥ, Yathā-Balām,* etc. The exceptions to this rule are listed in second Pāda of sixth adhyāya of AP. To begin with Pāṇini deals with the compounds that retain the original accent of their first component, e.g. *adhyāpaka Putraḥ* "A son of a teacher" *tulya-śvetaḥ* "equally white" etc.

After this follow successively the rules regarding the compunds whose first component is initially accented, whose first component is finally accented whose second component is initially accented, and whose second component is finally accented. The respective instances, to these are go-ballavaḥ "the Protector of Cows", etc. *Vṛddha-Kumārī, Kancī-Puram,* etc., go karaṇaḥ, etc., and *dvi-stna,* etc. Actually speaking, Pāṇini studies the accent of the prior member and the latter member, respectively. First he takes up the cases in the prior-member where the original accent is retained, and then those where the accent shifts to the initial or the final syllable. Regarding the latter member he states the shifts of the accent to the initial syllable and speak of the original accent where it is retained, and then of the original accent in both the components, respective examples of the latter-member are *Kumbhī-Kapālam,* etc., and Vánaspátiḥ, etc. In certain compounds having final suffixes the accent is indicated by the indicatory-letter of the suffixes, e.g. *Rāja Sakhdḥ-Rājan-sakhi-ṭac.*

We shall just show by illustration how these rules apply and function upon a *vigraha-vākya*[22].

Let us take the sentence *Rājñaḥ Sakha* or *Sakhā Rājñaḥ* "King's friend". Now this sentence is eligible to be compounded by the aphorism *Ṣaṣṭhī* (AP.II.2.8) a nominal gets compounded with the other nominal with which it is syntactically related and the compound is called determinative.

At this very stage the sentence *Sakhā Rājñaḥ* is technically designated as determinative compound.

Rājñaḥ gets the designation of upasarjana by *Prathamā nirdiṣaṭam Samāsa Upasarjjanam* (AP.I.2.43).

The compound then gets the order of its components fixed as *Rājñaḥ sakhā* by *upasarjanam Pūrvam* (AP.II.2.30).

The compound gets the designation of nominal steam by *Kṛttaddhitasamāsāśca* (AP.I.2.46).

The elements of case-suffixes, i.e. possessive in *Rājñaḥ* and nominal in *sakhā* are elided by *Supo dhātuprāti Padikayoḥ* (AP.II.4.71).

The suffix *ṭac* is attached at the end of the compound by *Rājāhassakhibhyaṣṭac* (AP.V.4.91). The suffix drops *ṭ* and *C* by *Cuṭū* and *laśakvataddhite* (AP.I.3.7 and 8) respectively, and thus only *a* remains.

This *a* causes the elision of *i* in sakhi (the nominal stem in *Sakha*) by *Yasyeti ca* (AP.VI.4.148). *N* of Rājan is dropped by *nalopaḥ Prātipadikāntasya* (APVIII. 2.7). And finally th. . *Rāja-Sakh-a* gets accent on the last vowel by *samāsasya* (AP.VI.1.223).

Thus we have the compound form *Rāja-Sakhaḥ* which being a nominal stem realizes nominal declention as *Rāja-Sakhaḥ* etc.

It is worth pointing out that Pāṇini takes into account the total linguistic environment to describe the compound-formation. Some of the conditioning factors may be mentioned as phonologial, morphological, grammatical, lexicon, semantic, social, religious, biological, academic, geographical, historical etc.

The treatment of compounds as described above would give us clear idea as to how compounds are formed. A generalized and simplified view can be presented schemetically as follows:-

(1) Input=Underlying (2) Transformational Rules (3) Output Structure.

1. Order of components

2. Crude form

3. Elision or retention of termination

4. Morphophonemic changes in the components, i.e. change in the Compound of first and second Vigraha Vākya - component and changed *form of accent*. However, there are quite a few compounds which have no corresponding *vigraha-vākyas* used in the language. Traditionally the commentators would call such compounds as asyntactic compounds and the corresponding sentence would not contain the words occurring in the compound. Thus their analytical exposition is a sort of paraphrase. For instance the adverbial compound *Yathā-sakti* "to the best of one's power" will be treated as an asyntactic compound and its underlying base is *saktim anatikramya*.

It may be noted that wherever Pāṇini felt that to describe a compound would involve formation of several rules and was thus not worth the labour, he merely provides us with a list of such irregular compounds, e.g. *mayūr-vyansakādis*; cf. *mayūrvyamsakādayaśca* (AP.II.1.72).

And thus Pāṇini transforms the *vigraha-Vākya* into compounds.

REFERENCES

1. *Vigraha Vākya* is a compound form and it is constructed with two different constitutents i.e *vigraha* and *Vākya*. The word *Vigraha* is employed in the Prātiśākhya literature in the sense of the separate use of a word as contrasted with the use in a compound cf. *accheti Vigraha Plutam bhavati* (Rv.Pr.VII.1.) and moreover BD. defines *Vigraha* as *Vṛttyarthavabodhakam Vākyam Vigrahaḥ* (SK). The compounds whose separation into constituent words cannot be shown by those words (viz. the constituent words) as are popularly termed *nitya samāsa*. The term *nityasamāsa* is defined as *mityaḥ samāso nitya samāsaḥ, Yasya Vigraho nāsti* (Patañjali on AP.II.2.19 VK.4). The Upapada compound is termed as *nityasāmasa*. Sometimes, especially in some copulative compounds, each of the two separated words is capable of giving individually the sense of both words e.g. the words *mitrā* and *varuṇā* of the compound *mitrāvaruṇā*, literally means separation of the two parts of a thing; the word *vigraha* is generally used to describe the separation of the constituent words of a compound word. It is mentioned to be of two kinds (1) technical separation e.g. *Rājapuruṣaḥ* into *Rājan ṅas Puruṣa*

su and (2) common separation e.g. *Rajapurusaḥ* into *Rajñaḥ Puruṣaḥ*. According to the nature of the constituent words, it is divided into two kinds (1) separation by means of the constituent words, e.g. *Rājahitam* into *Rajñehitam* (2) *sumukhi* into *śobhanam mukhamasyāḥ*, cf. (Patañjali on AP. V.4.7). And the word *Vākya* gives an idea in a single unit of expression, cf. Patañjali on AP.II.1.1 VK.10).

2. The AP. is divided into *32 pādas* and *8 adhyāyas*. It is a technical term used by Pāṇini for a 4th part of chapter (adhyāya) cf. *Prakṛtyāntaḥ Pādamavyapare* (AP.VI.1.115) and *goḥ Pādānte* (AP.VII.1.57).

3. A technical term employed in Sanskrit grammar to indicate the first out of the two members of a compound as contrasted with the next member which is uttarapada; cf. *Pūrvapadottarapadayorekādeśaḥ Pūrvapadasyāntavad-bhavati* (Patañjali on AP. VI.1.85 VK.4).

4. It is also a technical term *uttarapada* as the latter member of a compound word as contrasted with Pūrvapada; cf. *Patiruttarapadamādyudattam* (AV.Pr.II.3.11), cf. also *alug Uttarapade* (AP.VI.3.1).

5. Capable of expressing the sense e.g. word with the euphonic combination well observed; cf. *samarthānām Prathamād Vā (AP.IV.1.82). Sāmarthya Pariniṣṭhitatvam, Kṛtasandhik āryatavamitiyāvat* (BD. on AP.IV.1.82) cf. also, *samartaḥ Patuḥ Śaktaḥ iti Paryāyāḥ, Śaktatvam Ca Kāryotpādanayogyatvam* (BM. on AP.IV.1.82). Meanings are mutually connected together; cf. *samarathaḥ śaktah, Vigraha-Vākyārthābhidhāne Yaḥ Śaktaḥ Sa Samartho Veditavyaḥ, athavā Samarthapadā śryatvāsamarthaḥ, Samarthānām Padānām Sambaddhārthānām Samsrṣṭārthānām Vidhirveditavyaḥ* (KK. on AP.II.1.1). Sometimes samarth keeps identical sense; cf. *Propābhyām Samarthābhyām, tau cet Propau Samarthau tulyārthau bhavataḥ, Kva Cānayostulyārthatā, ādikarmaṇi* (KK. on AP.I.3.42). The term samartha is connected with relationship of sense, as between the master and the servant; cf. *Rājñaḥ Puruṣaḥ* and the like.

6. See Ref. No.6 'Primary suffixation'.

7. *Sāmarthya*: It is derived from Samartha in the sense of compositeness; cf. *Tatra ekarthibhāvaḥ Vyapekaśā Va Sāmarthyam*, (Patañjali on AP.II.1.1) which literally means capacity of a word to express its sense. It is also employed in the sense of conformity, cf. *isusoḥ Sāmarthe* (AP.VIII.3.41), cf. also *upasargaḥ Sāmarthe* (RKt. Pr. 105 cf. also RKt. Pr.98 and 130).

8. *Anuvṛtti*: See Ref.No.76 'Phonology'.

9. *Upasarjana*: A technical term employed in Pāṇinian grammar to indicate the subordinate class; or an adjective cf. *gostriyo-rupasarjanasya* (AP.I.2.48), cf, also *anupasarjanāt* (AP.IV.1.14); and also *saṁjñopasarjanībhūtastu nasarvādayah*. (BD. on AP.I.1.29, cf. also AP.I.1.27 VK.2.). Sometimes it shows that word which has one and the same case when a compound in the different cases is shown as dissolved, e.g. the word *Kauśāmbī* in the compound *niṣkauśāmbiḥ* which keeps its ablative case when the compounds *niṣkauśābim, niṣkauśāmbinā, niṣkauśāmbaye* are dissolved; cf. (AP.I.2.44). Sometimes a word referred to by the word which is put in the nominative-case in aphorisms of Pāṇini Prescribing compounds, e.g. *Kaṣṭa* (in the compound *Kaṣṭaśritaḥ*) which is referred to by the word *dvitīya* in the aphorism *dvitīyā śritātītapatitagatātyastapräp tāpanaiḥ* (AP.II.1.24) which prescribes the accusative determinative compound, these words are given the first place in a compound, cf. AP.I.2.43 (Quoted above) cf. also *Upasarjanam Pūrvam* (AP.II.2.30).

10. A technical term used in Pāṇinian grammar to indicate noun bases ending in *i* and *u* excepting the words Sakhi and Pati and those which are named nadī; cf. *śeṣo dhyasakhi, Patiḥ Samāsa eva* (AP.I.4.7 and 8). It is employed in Jainendra Vyākaraṇa for a short vowel; cf. *Pro ghica* (JV.I.2.99).

11. A technical term found used in the AP. to indicate the feminine gender ending in *ī* and *ū* except a few like *strī śrī* and *bhrū* etc. It is employed to indicate the words ending in *i*. and *u* optionally in the feminine gender, before case affixes of the dative, ablative, genitive and locative singular. Most probably it was in use before Pāṇini and it seems it was drawn from the feminine word *nadī* which was considered as a model. It is possible that there was a long list of words like nada (nadaṭ) *caura* (cauraṭ) etc. which were ending in *ṭ* and to which the affix ī (ṅīp) was attached for forming the feminine base; the first word *nadī* so structured, was considered as a model and all words in the list and similar others were known as *nadī, ūstryākhyau nadī, Neyaṅuvaṅsthānāvastrī, Vā āmi, Ṅitihraśvasca* (AP.I.4.3-6).

12. See Ref. No. 21 'Phonology'.

13. See Ref. No. 29 'Phonology'.

14. See Ref. No. 2 'Language'.

15. See Ref. No. 3 'Language'.

16. Aluck-Compounds are mentioned by Pāṇini in Aṣṭādhyāyī VI.3.1 to VI.3.24. In aluck compound the case affixes are not dropped. There is totals absence of elision in this compound.

17. See Ref. No. 10 'Phonology'.

18. Samāsānta Pratyayas are known as final suffixes which are described at the end of compounds in particular cases and which seems as secondary suffixes; e.g. the samāsānta *ḍac* (a), causing omission of the last syllable of the compound word, is attached to compound known as *saṁkhyābahuvrīhi*, e.g. *Upaviṁśāḥ, upatriṁśāḥ, dvitrāḥ, Pañcadaśaḥ,* cf. *bahuvrīhau saṁkhyeye ḍajabahugaṇāt* (AP.V.4.73). Samāsānta *a* is attachd to compounds ending with *ṛc, pur ap, dhur,* and *ac,* towards ending with *loman, akśan, sāmau, catur, anaḍuh, puṁs, varcaś, manas, sreyas tamas, uras, rahas, go, adhvan, tāvat,* etc. under specified dispositions; cf. AP.V.4.68 to V.4.85. *Ac* (a) is added at the end of the determinative compounds to the words *aṅguli* and *rātrī* under specified dispositions; cf. AP.V.4.86 and 87. *Ḍac* (a) is attached at the end of determinative compounds ending in *rājan, han, sakhi, go* and *uras* and under specified circumstances to those ending in *takśan, śavn, sakthi, nā, khāri* and *añjali* as also to words ending in *as* and *an* in the neuter gender in vedic literature, and to the word *brahman* under specified dispositions; cf. AP.V.4.91 to V.4.105. *Ḍac (a)* is attached at the end of co-ordinative compounds ending in *C, Ch, J, Jh, Ñ, D, Ṣ* and *H* and at the end of adverbial compounds ending with the words *vipāś, anas śarad* and *manas,* etc. as also at the end of words ending in *an* or with any of the class consonants except nasals, cf. AP.V.4.106 to 112. *Ṣac* (a) is attached to possessive compounds ending with *sakthi, akśi* and *aṅguli* while *Ṣa, ap* and *ac* are added to specified words under specific circumstances. *Asic* (as) is attached at the end of a possessive compound ending in *Prajā* and *medhā*. Ic is added at the end of the particular possessive compound structured of *daṇḍ, musala* etc. cf. AP.V.4.113 to 128. In addition to these affixes, a general samāsānta suffix *Kap* is attached; cf. AP. V.4.151 to 159.

19. A technical term employed in the Pāṇinian grammar to indicate one's own sense possessed by a word, such as *Jāti, Saṁjñā, Kriyā, Guṇa* which is known as *Pravṛttinimitta* in the case of nouns, and kriyā in the case of verbs; cf. *anirdiṣṭārthāḥ Pratyayāḥ Svārthe bhavanti,* Patañjali on AP.III.2.4 VK.2.

20. A term applied in the sense of different from what has been expressed by the wording given; cf. *anekamanya padārthe* (AP.II.2.24) and also *anyapadārtha Pradhāno bahuvrīhiḥ* (Patañjali on AP.II.1.6).

21. See Ref. No.1. in this chapter.

CHAPTER - IV

Noun

I.1. The nominal forms in Pāṇini are structured in three genders, namely masculine, feminine and neuter.[1] The personal pronouns show no sign of gender distinction. The inflexions of *asmad* and *yuṣad* are formed on the same pattern in all the genders. The pronouns *tad* and *etad* are the most peculiar and have a distinct feature in all the three genders. The numerals Ist to 4th are most distinct in all the genders, but the rest of the numerals, declinable in the plural only, are the same in all the genders. Even then, Patañjali remarks that it is not possible to mention the complete knowledge of gender in a particular book. To acquire a knowledge of gender one must have a sound knowledge of worldly affairs and bookish knowledge all to gather.[2]

I.2. The nominal forms in Pāṇini have three numbers in all, namely, singular, dual, and plural; cf. *dvayekayer dvivacanaikavacane* and *bahuṣu bahuvacanam* (AP.I.4.22 & 21) respectively; for instance, if duality is mentioned then a dual case-affix should be used, and if unity is to be expressed then singular case-affix should be added; Thus *Puruṣa+su, Puruṣa+au;* In the sameway, if multiety is to be expressed then plural case-affix should be added; e.g. *Puruṣa+Jas.* The word *dvā* is declined in dual only. Some are declined in plural only e.g. *trayaḥ* etc. In copulative compound dual is employed, where two objects are indicated by two individuals, e.g. *Plakśanyagrodhau.* To signify the combination (Samāhāra); it is significant to note that singular is used, e.g. *Pāṇipādam.*

I.3. The nominal forms in Pāṇini have seven cases, viz., Nominative, Accusative, Instrumental, Dative, Ablative, Genitive and Locative. The Vocative is not considered as a separate case, because it has no separate termination of its own. It is regarded as a modification of the nominative only. But some European Sanskrit Scholars such as Macdonell,[3] Whitney,[4] Kale[5] and Monier Williams[6] are of the view that the Vocative should be considered as a different case. So according to them, there are eight cases in all. I am also of the view that there are seven cases in all. Because the so called 8th case (Vocative) has no separate identity due to lack of separate terminations of its own. It is just a variation or a modification of Nominative only. Each of these seven cases has three numbers (mentioned above). Thus become triple seven (twenty one). One interpretation of the word triṣaptāḥ (AV.I.1.1) indicates these twenty one cases. Moreover, Patañjali also observes in Paspaśānka, the existence of seven cases, when he explains *Saptahastāsaḥ* (RV.IV.58.3) Pāṇini has given twenty one case endings i.e. *su, au, jas, am, auṭ, śas, ṭā, bhyām, bhis, ṅe, bhyām, bhyas, ṅasi, bhyām, bhyas, ṅas, os, ām, ni, os, sup,* (AP.IV.1.2). And also states of twenty one case-endings the three expressions in each successive set of the three are known as singular, dual, and plural cf. *supaḥ* (API.4.103).

II.1. Nouns ending in vowels
Tendency of changing consonantal stems into vowel stems:-

Historically we can state that some consonantal stems have changed into vowel stems. The language of the RV. contains some examples where stems end in consonants in the RV. are found to end in vowels in the later vedic and classical language. it appears, for sometime both the stems were being used in the language side by side. Gradually, the stems ending in vowels become more popular and those ending in consonants went out of use due to a period of transition in the history of language. To illustrate this point, we may cite the example of the word *Dharma*. In the language of the RV. we find the neut. word *Dharman* (RV.V.15.2, IX.7.1,110.4, X.170.2) and mas. Word *Dharman* (RV.X.20.2), while in th later vedic language (AV.), the word *Dharman*, stem-ending in a consonant does not occur even once. In the later vedic (AV.) the word *Dharman* (AV.XI.9.17 XII.6.1) stem ending in a vowel is available. In classical language the word *Dharman* totally went out of use. In classical language (which is governed by the aphorisms of Pāṇini) the word *Dharman* was considerd to be the supplement of the word *Dharma*, cf. *dharmādanic-kevalāt* (AP.V.4.124). So after seeing the loss of the word *Dharman* categorically, we can state that the word *Dharman*, lost its original form in the later vedic and classical languages altogether. We can put forward the large number of words of this category, e.g. *gir- gira; pur-pura, hṛd-hṛda; as-apa; dvār-dvāra*, etc. This tendency of changing consonantal stems into vowel stems has also been noted down by BD. in his treatise.[7]

It is noteworthy here that most probably the nominal stems ending in consonants are liable change to into vowels, stems e.g. *Kakud-kakuda, viṣṭap-viṣṭapa* etc. But in stem ending in *ā*, is a quite different thing. In such a case Pāṇini added an affix *asic* after the word *medha* and acknowledged the formation *medhas* cf. *nityamacic prjāmedhayoḥ* (AP.V.4.122).

II.2. (a) The nominal *mas. stems ending in at, mat vat, in, yas, vas,* and *añc,* get the affix *ī (ṅīp* to form the feminine stem, cf. *ṛnnebhyo ṅīp, ugitaśca,* VK. *añcateścopasamkhyanam* (AP.IV.1.5, 6 and VK.2) e.g. *adat-adatī, piprat-pipratī.* But, *bhavat-bhavanī* Puṣyat-Puṣyanī *madat-madantī* cf. *ācchīnadyornum, śapśyanornityam* (AP.VII.1.80 and 81); *dhenumat-dhenu-mati, amavat-amavatī, arkin-arkiṇī, navīyas-navīyasī, jagmivas-jagmuṣī, prtyañc-pratīcī, prañc-prācī* and the like.

(b) The nominal mas. stems ending in van, get the affix *ī* (ṅip) to form the feminine stem and the final *n* is replaced by *r* cf. *Vano ra ca* (AP. IV.1.7), e.g., *ṛtāvan-ṛtāvarī, dhīvan-dhīvarī, pīvan-pīvarī, śarvan-śarvanī,* etc. But the nominal stems ending in *man*, remain the same in mas. & neu, cf. *manaḥ* (AP.IV.1.11) e.g. *dāman* is both fem. and mas. and is declined in the following way. *dāmā, dāmanau, dādanaḥ.* Likely *pāmā, pāmanau, pāmānaḥ.* etc.

(c) The nominal stem *yuvan* gets the fem. affix *ti*, cf. *yūnastiḥ* (AP.IV.1.77) e.g. *yuvatiḥ.*

II.3. *Nouns inding in a*: The nouns ending in *a* are formed in mas. and neut. only. With the exception of nom. and acc., in rest terminations they remain the same.

(i) Irregular terminations or various case ending.

The terminations which are employed with the nominal stem ending in *a* get the following changes :-

(a) The terminations of nom. and acc., sign. in neu. i.e. *su* and *am,* are replaced by *am,* cf. *ato am,* e.g., nom. sign. in neu. *Phalam.* And acc. sing. in neu. *Phalam.* Here, it is interesting to note that both the formations i.e. nom. sing. in neu. and acc. sing. in neu. remain the same, while the terminations differ with each other. From the view point of terminations there should be two different word formations. But Pāṇini applies his theory which is popular in language and technically fix the *am* in both of the places.

(b) The terminations of nom. and acc. dual in neu., i.e. *au, auṭ*, are replaced by *ī*, cf. *napuṁsakācca* (AP.VII.1.19). And in mas. sometimes *au* sometimes *ā* terminations are employed, cf. *supaṁsulukpūrvasavarṇācchey-āḍāḍyāyālaḥ* (AP.VII.1.39) e.g. nom. and acc. dual in neu. *phale;* non. and acc. dual in mas. *Priyau; Priyā*. Here it is noteworthy in comparison with the *ā*, the termination *au* is more frequent in classical sanskrit language. But in early vedic, it is quite reversed.

(c) The termination of nom. *plu.* in mas. sometimes changes into *asas*, cf. *ājjaserasuk* (AP.VI.1.50) e.g. *priyāḥ, priyāsaḥ*. The usage with *jas* are more frequent in the language.

(d) The case affix *i* (*śi*) of nom. and acc. plu. is dropped optionally, cf. śeśchandasi bahulam (AP.VI.1.70), and the word formation ends in *ā* only where optioin is applied, e.g. *Priyā, Priyāṇi, nāmā, nāmāni, yā, yāni, vanā, vanāni, kśetrā, kśetraṇ*, etc. But in classical sanskrit language, we do not find the usage of the case-endings in *ā*. , And we get the word-formations ending in *āni* only, cf. *jaśśasoḥ śiḥ, śisarvanāmasthānam, napuṅsakasya jhalacaḥ, sarvanāmasthāne cā sambuddau* (AP.VII.2.20.I.1.56; VII.1.72; VI 4.8) respectively, e.g. *dhanāni, phalāni*. etc.

(e) The *n* is the substitute for *s* in acc. plu. when it is preceded by a homogenous long vowel, cf. *Prathameyoḥ, purvasavarṇaḥ, tasmā-cchaso naḥ pumsi* (AP.VI.1.102 & 103) respectively, e.g. *Purūṣān, śucīn madhūn, pitṛn*, etc.

Here, it is worth mentioning that from the point of view of European Scholars and comparative Philologists, this termination basically had the *ns* at the end[8], cf. Gothic-ans and *Greek-ons*.

(f) After the nominal stem ending in *a*, ins-sing *ā* (*ṭā*) is changed into *in*, dat. sing. *e* (*ṅe*) into *ya*, abl. sing. *as* (*ṅasi*) into *āt*, gen. sing. *as* (ṅas) into *sya*, cf. *ṭāṅasiṅasāminātsyāḥ, ṅeryaḥ* (AP.VII. 1.12, 13), e.g. *.vṛkśeṇa, vṛkśāya, vṛkśāt, vṛkśasya*.

(g) Most probably *ais* is substituted for ins. plu. *bhis*, when it is preceded by a nominal stem ending in *a*, cf. *ato bhis ais, bahulam chandesi* (AP.VII.1.9 & 10). *Vṛkśaiḥ plakśaiḥ, devebhiḥ*, etc. In the vedic language we find both of the nominal stems which ending in *ais* and *bhis* altogether. But in post vedic language stems ending in *bhis* are not found. Here it will not be out of context to mention that post vedic language seems to do good to the Vedic language by becoming free from Variations and also by adopting the rigid attitude towards its usages.

(h) When the nominal stems end in short or long vowel, then the augment *n* is inserted before the gen. plu. termination *ām*, cf. *hrasvanadyāponuṭ* (AP.VII.I.54), e.g. *Vṛkśāṇām, agnīṇām, Vāyūnām, Kartṛṇām, Kumārīṇām mālānām* and the like.

(i) When a nominal stem end in *e* or *o* a short vowel, then the termination *su* and its substitute *am* is dropped in vac. sing; cf. *eṅhrasvātsambuddheḥ* (AP. VI.1.69) e.g. *he vadhu? he nadi? he somedeva?* etc.

(j) The last *a* of a nominal stem is prolonged when it is followed by dat., sing. *Ya* and inst., det., abl., dual *bhyām*, cf. *supi ca* (AP.VII 3.102) e.g., *vṛkśāya, Vṛkśābhyām* and so on.

(k) The final short vowel is prolonged when it is followed by gen., plu. *nām* (with the augment *nuṭ*), cf. *nāmi* (AP.VI 4.3) e.g. priyāṇām, *agnīnām, vayūnām, hortṛnām*, etc.

(e) The final *a* of a nominal stem is replaced by *e*, before all the plu. case-ending beginning with *bh*., loc. plu. and gen. loc., dual; cf. *bahuvacanejhalyet*

Osica (AP. VII 3.103,104) e.g. *Priyebhiḥ, Vṛkśebhyaḥ, Vṛkśeṣu, Vṛkśe+os=Vṛkśayoḥ* and the like.

III.i. Noun ending *ā*

In forming the inflexions of nouns ending in *ā*, such changes as occur in pāṇini are of two kinds; (1) Those ending in fem. *ā* i.e. *ṭāp, dāp* and *cāp* cf. *ajādyataṣṭṭāp dābu-bhābhyām aṅyatarasyām, yaṅaścāp, āvaṭyācca* (AP.IV. 1.4; 13, 74, 75) respectively e.g. kanyā, maniṣā (2) Root born ending in *ā*, e.g. *dā*, "one who gives", *sthā*, "one who stops" etc. Their inflexions differ with each other, and we discuss them as under :-

1) Those ending in tem. *ā*.

(a) Nominal affix *s* is dropped if nom., sing in forming noun, cf. *halṅyābhyo dīrghātsutisyapṛktam hal* (AP.VI.1.68) and in fem. noun. and acc. *i* (śi) is substituted for the dual endings *au* cf. *auṅ āpaḥ* (AP.VII.1.18) e.g. *rājā, takśā, Kumārī, khaṭvā; śubhre khaṭve* and *ā* changes *e* before the *ā* of the inst. sing. and the *os* of the gen. and loc. dual and i the voc sing; cf. *āṅi cāpaḥ, sambuddhau ca* (AP.VII 3.105, 106); e.g. *mālayā, manīṣayā, khaṭvayā*. But in some cases, the termination *ā* is directly appended to a nominal stem. cf. VII.1.39 (quoted earlier) e.g. *manīṣā* etc., *yā* s inserted before the dat; abl. gen., and loc. sing. and *i* is inserted before *ām* in the loc sing, cf. *yāḍāpaḥ, ṅerāmandyā-manībhyaḥ* (AP.VII.3.113, 116) e.g. *bahurājāyai khaṭvāyai, khaṭvāyāḥ, kumāryām, grīvāyām, maryām* etc.

(b) The vowel *ā* of the fem., *ambā* is shortened in voc. sing. when it indicates the sense of mother.[9] cf. *ambārthandyorhrasvaḥ* (AP.VII 3.107) e.g. *he amba*? According to some European Scholars the enclitic word *amba* was not always employed as synonymous of mother and possibly, it may have employed as a participle to indicate an original sound.[10]

(c) According to pāṇini dat. is substituted for gen. in vedic language; cf. *caturthyarthe bahulam chandari* (AP.II.3.62) cf. also *ṣaṣṭhyarthe caturthī vaktayā* (VK. on the same) e.g. *Vāyurasmā upā manyat* (RV.X.136.7); *ahalyāyai jāraḥ* (TS.II.5.1.7) *Jyāyasī yājyāai* (AB) *Jirṇāyaitvacaḥ* (KB) And from the point of view of certain European scholars dat. sing. is employed in place of abl. & gen. sing.[11]

(d) According to pāṇini, cf. AP.VII. 1.39 (quoted earlier) in some nominal formations loc. sing. is elided completely and we get nominal formations ending in *ā* (dā) only[12] e.g. *guhā doṣā* (RV.I.6.5;;II 8.3) respectibely. But some modern scholars are of the view that such types of nominal formations are constructed in ins. sing. And there is a total lack of nominal formations ending in *ā* in loc. sing.

(2) Root born ending in ā

(a) The root=born stem ending *ā* construct their nominal formations in mas. and fem; but they can not construct any nominal formation in neu. because in neu. stem ending in long vowel, changes into short vowel; cf. *harsvo napuṁsake prāti-padikasya* (AP.I.2.47) e.g. *ati+rai=atiri; ati+lo=atilu*, etc.

(b) The last *ā* of the weak cases is dropped when it ends in a root before the terminations beginning with a vowel; cf. *āto dhātoḥ* (AP.VI.4.140) e.g. *śumbhayā+e=sumbhaye;kīlālp+e=kīlāpe* and so on. In such cases accent remains on crude-form.

(c) The root born mas. stem ending in *ā*, get the affix *viṭ*. (the whole of which is dropped) cf. *Janasanakhanakramagamo viṭ.* (AP.III.2.67) e.g. *jā* from *jan;; sā* from san; *khā* from *khan*; *dadhikrāḥ* from *kram*, *agregā* from *gam*. Most probably these are appended to a latter member of the compounds as their adjectives, e.g. *adrijā, dhansā, gosā, ṛbhukśā, bisakhā, dadhikrā, agregā*. And on the same analogy-*godā, dhāmadā, ratanadhā, āyuṣpā, ṛtapa, somapā, kilālapā, carṣaṇiprā, devayā, ṛtasthā, ratheṣṭhā*, etc.

(d) The *ā* is substituted in place of *in* portion of *pathin, mathin* and *ṛbhukśn*, before the case ending *su* (nom. sing) cf. *Pathimathyṛbhukśāmat* (AP.VII.1.85) e.g. *Panthāḥ, manthāḥ* and *ṛbhukśāḥ*. And *ā* takes the place *i, tha* is replaced by *ntha* in strong cases; cf; *itoatsarvanāmasthāne, tho nthaḥ* (AP.VII 1.86,87) respectively. e.g. *Panthānau, panthānaḥ, manthānau, manthānaḥ, ṛbhuśkāṇau, ṛbhuśkāṇaḥ*. In weak-cases final *n* is dropped before the terminations beginning with consonant, e.g. *Pathibhiḥ, mathibhiḥ, ṛbhukśbhiḥ*, and in weak-cases final *in* is elided before the terminations beginning with a vowel cf. *bhasyaṭerlopaḥ* (AP.VII. 1.88) e.g. *Pathaḥ, mathaḥ, ṛbhukśaḥ* etc. It is also noteworthy that Pāṇini makes the nominal word formation *uśaṇā* in nom. sing. from the crude form *Uśanas*, cf. *ṛduśanaspurudanaso anehasāmcā* (AP.VII.1.94).

(e) According to Pāṇini the *t* or mahat is replaced by *ā* cf. *ānmahataḥ samānā-madhikaraṇajāhīyayoḥ* (AP.VI.3.46) c.f. *mahā*. But some modern scholars on the basis of *mahā* crude form, in examples like mahām acc. sing. and mahākula, mahāgrām compounds, they consider *mahā* as a prior member of these forms. The nominal formation ending in *ā atathā (nañ+tathā)* is regarded as a nom. sing.

IV.1. Nouns ending in *i* and *u*

Nouns ending in *i* and *u* vowels may be conveniently classed together as they are analogously inflected and pāṇini used a term *ghi* for these inflections with the exception of *sakhi*; cf. *śiṣo dhyasakhi* (AP.1.4.7).

(a) The final vowel *i, u* of crude forms of mas; and fem. and the vowel of case affixes of nom. & acc. dual (*au*) gets the single substitute of a long vowel corresponding to the first vowel; cf. *Prathamayoḥ Pūrvasavarṇaḥ* (AP.VI.1.102), e.g. *agni+au=agnī; Vāyu+au=vāyū; bāhu + au = bāhū, dhenu+au=dhenū* etc. In acc. plu. it is prologed, e.g. *vṛkśa+as (śas) = Vṛkśāḥ* And in mas. *s* is replaced by *n*; cf. *tasmācchasonaḥ Punsai* (AP.VI.1.103) e.g. *vṛkśa+śas=vṛkśa+an=vṛkśān, vāyūn, girīn* etc.

(b) It is noteworthy that *bāhavā* is substituted for *bāhu* in acc. dual. And *Paśvaḥ, Paśūn* are substituted for Paśu in acc. plu. But KK. and SK. while explaining the VK. *āḍayājayārāmupasamkhyānam* on AP. VII 3.93 consider *bāhavā* ins. sing. in place of *bāhunā*; In fact *bāhavā* (cf. RV.VII 62.5) is an acc. dual formation. The *nā* (of AP. VII.3.120) is not substituted for *ā* in ins. sing here cf. VK. *Jasādiṣu chandasi vā vacanam-prāṅ ṇau caṅyupadhāyā hrasva iti* (on AP.VII. 3.109) Macdonell[14] also considers *bāhavā* as a formation of *bāhava*.

(c) In neu. (With the exception of stem ending in *a*) nom. & acc. sing. case endings are omitted; cf. *svamornapuṃsakāt* (AP.VII. 1.23) e.g. *dadhi+su=dadhi, dadhi+am=dadhi; madhu+su=madhu, madhu+am=madhu* etc.

The augment num (n) is inserted before the case ending in nom. and acc. plu. and the preceding vowel is prolonged; cf. *napumsakasya Jhalacaḥ, sarvanāmasthane cā samubudhau* (AP.VII.1.72 & VI. 4.8) respectively; e.g. śucīni, *madhūni*, etc.

(d) Sometimes in neu, nom. and acc. plu the omission of the case-ending *i* (*śi*) is not regular; cf. *śeśchandasibahulam* (AP.VI.1.70) e.g. *śucī, bhūri, vasū, madhu* etc.

(e) In neu, and mas. the *ā* is replaced by *nā* in ins. sing. after *i* and *u* cf. *āṅo nā astriyām* (AP.VII.3.120) e.g. *śucinā, madhunā* and so on.

(f) When a neu. stem ending in simple vowel other *ā* before a case-affix beginning with a vowel then the augment *num* (n) is inserted, cf. *iko aci vibhaktau* (AP.VII.1.73) e.g. *Jatunī, trapuṇī,* etc.

(g) In nom. plu. and dat; abl. gen. sing of mas. and fem. the final *i* and *u* get the Guṇa substitute, cf. *jasica, gheṅiti* (AP.VII.3.109 & 111) respectively, e.g. *agnayaḥ, agnaye, vāyave, agneḥ, vāyoḥ,* in last two examples *a* of *as* is the single substitute of the form of the first *e* or *o*, cf. *ṅasi ṅasośca* (AP.VI.1.110).

(h) The long vowel is the singl substitute of both vowels i.e. *i* and *a* (*as*), cf. *vā chandasi* (AP.VI.1.106) e.g. *mārutīḥ, avanīḥ bhūmīḥ nābhīḥ,* etc.

(i) In loc. sing. final vowel of stem becomes *a* and the termination (i) changes into *au*; cf. *accagheḥ* (AP.VII.3.119) e.g. *agnau, śucau, vāyau, madhau* etc.

(j) In some loc. sing. *ām* is substituted for *i* when such come after Nadi[15] stems ending in short *i* & *u* cf. *idudbhyām* (AP.VII.3.117) e.g. *kṛtyām, dhenvām,* etc.

(i) In mas. & fem. stems of Voc. sing. Guṇa is substituted for final vowel i.e. *i* and *u; hrasvasyaguṇaḥ* (AP.VII.3.108) e.g. *he agne? he vāyo, headite, he sindho* etc.

It is interesting to note that in some examples of neu; we find Guṇa is substituted for the same, e.g. *gugulo'* (AV.XIX.38.2) and *uro* (Ts.I.3.8.1) cf.

Sambodhane tūśanasastriupam sāntam tathā nāntamathāpyadantam mādhyandirnivaṣṭi guṇam tvigante napunsake vyāghrapadām Variṣṭhaḥ (KK. on AP.VII.1.94)

It is also noteworthy that M.B. records *he trapo*? and *he trapu*? on AP.VII. 1.73 and VI. 1.69 respectively.

IV.2. The words *pati* and *sakhi* have some peculiarities. We shall below discuss:-

(a) When the words *Pati* and *Sakhi* are used in the language in the sense of husband and friend respectively then the *u* takes the place of *a* of abl. and gen. sing. after them accordingly; cf. khyatyātparasya (AP.VI.1.112) e.g. *Patyuḥ, Sakhyuḥ* And in loc. sing. *au* is substituted for *i*, cf. *aut* e.g. *Patyau, Sakhyau.*

(b) But when *Pati* indicates the sense of lord or it comes as second member of compoind, then it's inflections follow the general rules of ending in *i* (*ghi*)[16]; *Patiḥ Samāsa eva, Ṣaṣṭhi Yuktaś chandasi,* (AP.I.4.8. & 9) *respectively.* e.g. *Patinā, Pataye, Patye, Prajāpatinā, Prajāpataye, Prajāpateḥ, Prajāpatau, bṛhaspatinā, bṛhaspataye, gopatau* etc.

(c) In nom. sing. sakhi gets *ā* at the end. And is strong cases (with the exception of voc. sing) Guṇa is substituted for *i of sakhi; cf. sakhyurasambudhau anan sau (AP.VII.1.92; 93) respectively, e.g. nom. sing. -sakhā dual-sakhāyā, sakhāyau, plu-sakhāyaḥ. acc. sing.-sakhāyam, dual-sakhāyā, sakhāyau plu. -sakhīn; voc. sing. he sakhe.*

(d) It is noteworthy that the word *sakhi* ending in *i*, becomes, ending in *a*, as sakha; cf. *rājāhassakhibhyaṣṭac* (AP.V.4.91) e.g. *mandayatsakham rājasakhaḥ,* etc. Historically we find a tendency of changing consonantal stems into vowel stems (as stated on P.2 Noun). But here we see a tendency of changing vowel stems into vowel stems, i.e. *i* is changed into *a* and the word *sakhi* becomes *sakha* as it's crude-form. And it's inflections begings as a word ending in *a* i.e. *sakha*. But it's formations are not so common. Most probably it's inflections are found when standing at the end of a Determinative-compound, e.g. *Yajadattasakhaḥ, brāhmaṇasakhaḥ*, etc.

V.1. *Nouns ending in ī and ū*

Stems ending in ī and ū are generally considered fem. There are a few mas. some common words as final members of the composition are adjunctives used both in the fem. and mas. Bases ending in ī and ū are not found even once as neu.

(a) Bases ending in ī and ū as a final member of a compound becomes an adjustive of neu; their final ī and ū becomes short vowel; cf *hrasvo napumsake Prātipatikasya* (AP.I.2.47) e.g. *ati+rai=atiri, ati+lo=atilu.* They become *atirikulam* and *ati lu kulam* respectively. From the point of view of Lehmann and Macdonell, bases ending in ā compounds with new. cannot be considered as neu.[17] Most probably the forms of neu. are changed into mas.

(b) The chief peculiarity affecting the inflective base in nouns terminating in ī and ū regarding the substitution in some cases of the syllables *iy* and *uv* for the final ī and ū before those inflective terminations which begin with vowels. When these syllables are substituted the nouns are inflected before the vowel termination as if they ended with the semivowels *y* and *V*. After the syllables *iy* and *uv* the inflective terminations undergo no change, *iy* and *uv* are separately substituted for the final ī and ū, when they are mono-syllablic, cf. *striyāḥ, Vā amśasoḥ* (AP.VI. 4.79 & 80) e.g. *striyau, striyaḥ; strīm paśya; or Striyam Paśya, Striḥ paśya* or *striyaḥ paśyaḥ*.

(c) We can decline *stri vadhūḥ* in the following way. The *S* of nom. sing. is rejected after such nouns in ī, but not after ū. After both, *m* is substituted for *am*, *s* for the *as*, *n* is inserted before the gen. pl. *ā* before the abl. and gen. sing. and *ām* for loc. sing. and make the vowel short in Voc. sing. cf. Ambārthanadyorhrsvaḥ (AP.VII.3.107) e.g. *strī, striyaḥ, striyam, striyai, striyaḥ, strīṇām, strīṣu, Vadhūḥ, vadhvaḥ, vadhūn, vadhvai, vadhu* etc. But, in some instances, there is no elision of *S* in nom. sing. cf. *Halṅyābbhyoḥ dīrghātsutisyapṛktam hal* (AP.VI.1.68) e.g. *Lakṣmiḥ* etc.

V.2. From the point of view of word formation, the crude-forms in AP. can be devided into three main categories:-

1. Nadīsanjñaka Prātipadika

cf. *yū śtryākhyau nadī* (AP.I.4.3)

2. Iyṅuvṅsthān Prātipadika

cf. *Neyaṅuvṅsthanāvastrī* (AP.I.4.4)

3. Yaṇsthān Pratipadika.

These appear to in terms of the following :

V.3. There are a large number of nominal stems, which end in ī (*ṅi*) a common for three affixes i.e. *ṅip, ṅiṣ* and *ṅin*. And *ā* (*āp.*) is a common name for three affixes i.e. *ṭāp, ḍāp* **and** *cāp*. These are feminine affixes. The term Prātipadika means a crude form; cf. *Ṅy āp prātipadikāt* (AP.IV 1.1) e.g. *Vṛkī, yamī Gaurī* and the like.

(a) After the long vowels ī and ā (*ṅī* and *āp*) and a consonant the nom. sing. s is dropped; cf. *Halṅyābbhyo dīrghātsutisya prktam hal* (AP.VI.1.68) e.g. *Devī+su=Devī, Khatvā+su=Khatvā, Rajan+su=Rajā* etc.

(b) In the word formation of dual of nom. and acc., long vowel becomes a substitute of both vowels alternatively' in the Vedas; cf. *Vā chandasi* (AP. VI.1.106) e.g. *Devī, Patnyau, Nadyā* and so on.

(c) The sing. of acc. becomes a single substitute of both vowels; cf. *Ami Pūrvaḥ* (AP.VI.1.107) e.g. *Devīm,* sometimes it coverts into *Y* e.g. *Nadyam, Gauryam, Kumāryam* etc.

(d) In the sing. of dat. abl. and gen. the augment *ā* (*āṭ*) is added before the cases; cf. *Āṇ Nadyāḥ* (AP.VII.3.112) e.g. *Devyai, Devyaḥ & Devyāḥ.*

(e) In the sing. of loc. *i* is repalced by *ām;* cf. *supām su luk Purvasavarṇa ā āt śe yā ḍā dyā yāc ālaḥ* (AP.VII. 1.39) e.g. *Devyām* but in two cases sing. of loc. is elided e.g. *Gaurī* and *Sarasī.*

(f) *Iyaṅ* takes place of ī before the affixes starting with a vowel and before the accusative endings i.e. *am* and *śas* it becomes optional e.g. *strī, striyau, striyaḥ* and *strīm Paśya* or *Striyam Paśya, Strīḥ Paśya* or *Striyaḥ* Pasyaḥ. From the point of view of European Scholars,[18] the word Strī basically had two vowels (just like *Sūtrī* Janayitrī).

V.4. The words ending in ī and ū are known as *nadī saṁjaka* but sometimes words ending in *i* and *u* are termed as *nadī saṃjakas* alternatively, it will not apply on *strī* which always remains *nadī samjaka;* it will apply when a case-affix having an indicatory *ṅ* follows, cf. *ṅiti hrasvaśca* (AP.I.4.6) e.g. *nataye* or *natyai, dhenave* or *dhenvai, striye* or striyai; *nateḥ* or *natyāḥ dheno* or *dhenvāḥ striyaḥ* or *striyāḥ. natau* or *natyām dhenau* or *dhenvām, striyi* or *striyām.* But the word *strī* always remains *stryai.*

V.5. The long ī is releaced by *iy* (*iyaṅ*) before a vowel, when it is not preceeded by a conjunct consonant; cf. *eranekaco asaṁyoga pūrvasya* (AP.IV.4.82) e.g. *grāmaṇyu, gramaṇyaḥ, ninyatuḥ ninyuḥ unnyau unnyaḥ* and the like.

In some Vedic usages the ī of *sudhī* is substituted by *iy* or y; cf. *chandasyubhayathā* (AP.VI.4.86) e.g. *sudhyaḥ* (RV.VI.1.7), *Sudhiyaḥ* (TB.III.6,10,3) both the formations are in nom. pl. and in classical sanskrit *yaṇ* takes place; cf. *na bhūsudhiyaḥ* (AP.VI.4.85).

V.6. Some nominal stems are made by adding fem. ū to the mas. crude-forms and to the adjectives also,[19] e.g. *Prāśu, ataptatanū, Sarvatanū Kṛkadāśu, makṣū,* excepting these five nominal stems, the rest are formed in fem. gender.

When *Pū, bhū* and *sū* come as a final member of a compound, then ū is substituted by *V* (*yaṇ*) if a case affix beginning with a vowel follows; cf. *oḥ supi Varṣābhvaśca* (AP.VI.4.83 & 84) e.g. *gṛtapvaḥ, navasvaḥ, Prasvaḥ, vibhvaḥ & subhvaḥ* all are in nom. pl.

VI.1. *Nouns ending in ṛ*

The final *ṛ* of a crude-form is replaced by guṇa (*ar*) in the loc. sing. and in the strong cases; cf. *ṛto ṅisarvanāmasathānnayoḥ* (AP.VII.3.110) e.g. *Pitari, mātari, pitarau, mātarau* etc. But it should be noted here, long *ṛ* will be replaced by *ir;* cf. *ṛta iddhātoḥ* (AP.VII.1.100) e.g. *Kirati, girati* and so on.

(a) The final *ṛ* of a nominal stem in replaced by *Vṛddhi* (*ār*) when it is followed by strong cases e.g. *Svasāram, dātāram.*

(b) Nominal stems ending in *ṛ* in nom. sing., first they take *ā*, then case affix dropped; cf. *ṛduśanaspurodaṁsoanehasām ca* (AP.VII.1.94) e.g. *mātā, pitā, uśanā, purdaṁsa, anehā.*

In the room of abl. and gen. sing. the *a* of final *ṛ* (ar) and of the case affix *as* is replaced by *u* (*us*) cf. *ṛta ut* (AP.VI.1.111) e.g. *dātuḥ Pituḥ, hotuḥ.*

(c) The *ṛ* of *nṛ* in gen. plu. is lengthened optionally; cf. *nṛ ca* (AP.VI.4.6) e.g. *nṝṇām. nṛṇām* But in the Vedic usages it is not lengthened e.g. *Pitṛṇām* (TS.I.3,6,1) *dhāṛṇām* (TS.IV. 7,14,5) *netṛṇām* (TS.I.3,6,1) *udātṛṇām* (TS.III.2, 9,5) *bhratṛṇām* (TS.II.6,62) etc. In the Mahābhārata we come accros some instances where *ṛ* is not lengthened e.g. *naptṛṇām* (Mahābhārata XII.66, 23) etc. BD. makes the thing clear, he states on AP.VI. 4.5. *-nāmidīrgovā dhātā dhātṛṇāmiti BAHVṚCĀḤ, TAITTIRĪYĀSTU HARSVAMEVA Pathanti.*

Nouns ending in ai

VI.1. There are some nouns ending in *ai* declining regularly, the terminations remain unchanged, the inflective base substitutes *ā* for its final before the consonantal terminations and changed into *āy* before the vowels, cf. *rāyohali* (AP.VII.2.85) e.g. *rābhyām, rāḥ, rāyaḥ, raye rayīṇām* etc. The word *rai* 'substance' 'Wealth' most probably it is used in neu. gender but sometimes it is found as fem. also.

VII.1. *Nouns ending in O*

There are some nouns ending in *O*, viz *go, dyo* both are mas. and fem. also.

(a) The final *O* of nominal stems changed into *au* before the strongcases; cf. *goto ṇit* (AP.VII.1.90) e.g. *gauḥ gāvau* and *gāvaḥ*. But in acc. sing. and plu. *O* changes into *ā*; *auto aṃśasoḥ* (AP.VI.1.93) e.g. *gām, gāḥ.*

(b) In gen. plu. the augment *nuṭ (na)* comes after the crude form *go* at the end of verse, cf. *goḥ pādānte* (AP.VII 1.57) e.g. *gonām*. But in some cases this rule does not apply e.g., *gavām*. In this regard KK. mentions on the same aphorism i.e. *"Sarve vidhayaś cchandi Vikalpyanta iti pādāne api kvacinna na bhavati."*

IX.1. Nouns ending in au

We find a few nouns, whose bases end in *au*, not sufficiently numerous to form several classes.

Nau fem. and *glau* mas. are inflected strictly regular, it can be judged by a few inflexions occurring in the language, e.g. *nauḥ, nāvaḥ, glauḥ* etc.

The word formation *nāvayā* (RV.I.97.8) is attested by a VK. on AP.VII.1.39 i.e. *āḍayājayārāṇāmupasaṁkhyānam.*

Nouns ending in consonants

X.1. The nouns ending in consonants modify their finals before the inflectional terminations, according to the rules of Euphonic-combinations. They end in the last four classes of nouns. The modifications of the inflective stems may undergo a few exceptions, are confined to the strong cases. The inflexion terminations are unchanged, there is of course one from the both mas. and fem. nouns. In the neu. the termination of two first cases dual and plu. are changed, when after nominal stems ending in vowel, *i* or *ī* and *n* is prefixed to the last consonant of the stem.

X.2. Nouns ending in Gutturals

In Pāṇinian grammar no guttural occurs as the final[20], because a hard consonant is optionally converted into a soft when it is final, in the nom.sing. and completely before the terminations of the dual and plu. beginning with *bha*. A soft consonant must be replaced by a hard consonant before *su*. The terminations starting before vowels are not replaced, because then they are not regarded as final letters.

X.3. Nouns ending in Patatals

Nominal stems ending in Palatal, generally replace *k* for the final before the inflectional terminations beginning with consonants; cf. *coḥ kuḥ* (AP.VIII 2.30) e.g. *vāc=vāk; ṛc=ṛk*. This is again a subject to the common euphonic alteration, e.g. *vācam, vācā, vācaḥ, ṛcā, ṛgbhiḥ, ṛgbhyaḥ, ṛcaḥ, ṛcām*. There are several words of this class, which are declined in the same manner, e.g. *tvacaḥ, sucaḥ*

(a) There is a large number of words ending in *c*, formed by adding the affix *k* and they insert a nasal before the final in the strong case only; cf. *ugidacām sarvanāmasthāne adhātoḥ* (AP.VII.1.70) e.g. *arvāṅ, arvāñcau, arvāñcaḥ, arvāñcam*. Similarly *prāṅ, prāñcau* and *prāñcaḥ*, etc.

(b) In Pāṇini we have not come across a nominal stem ending in *ch*. It is found once in the Ṛgveda i.e. bandhu-pṛcch (RV.III 54.16).

Nouns ending *J* are declined in the same way as the word *asṛj* is formed by adding the affix *K*, cf. *kinpratyayasya kuḥ* (AP.VIII 2 62) e.g. *asṛk, spṛk*, similarly *ṛtvijaḥ* etc.

(c) The final *j* of *Samrāj* changes into *ṣ* and *ṣ* changes into *ṭ*; cf. *jhlām jaśo ante* (AP.VIII. 2.39) e.g. *Samrāṭ*. Pāṇini attested another formotion of the same; cf. *khari ca* (AP.VIII 4.55) e.g. *samrāḍ*.

(d) The nominal stem *asṛj* is substituted by *asan* cf. *Pad dat nas mās hṛt niś asan yuṣan doṣan yakan śakan udan, āsan śas Prabhṛtiṣu* e.g. *asan*.

X.4. Nouns ending in Linguals

Nominal stems ending in lingual letters are very much limited in the lanaguage. But *ṭ* and *ḍ* are used substitute for nouns ending in *j* cf. (AP.VIII 2.39 & VIII 4.55) referred earlier, e.g. *samrāj=samrāṭ* & *samraḍ* respectively.

We find a word *raghaṭ* in the language, where the letter *ṭ* occurs as final e.g. *raghaṭaḥ*. But some scholars[21] have considerable discordant views on this reading. They mean to say *raghaṭaḥ* is corrupted reading of *raghavaḥ*.[22]

X.5. Nouns ending in Dentals

In the language, mostly all the nouns of dental class, however, appear as the last member of compounds. Stems ending in consonants of this class are for the most part regular, being subject to no other changes than those which the laws of Euphonic-combination require. The final in the nom is either the non-aspirated hard or soft letter *t* or *d*, before *bh* it is the soft *d* and before *su* the hard consonant *ṭ*, cf. (AP.VIII.4.55) referred earlier e.g. *marutaḥ, maruddhiḥ, hṛdaḥ, hardbhiḥ, hṛtsu*, etc.

(a) Besides nouns of a common feature ending in dentals, there are certain declinable participles ending in *at* and *vat* which undergo some modification of the inflective base before the terminations of the non. and before the acc, sing. and dual, e.g. *gacchata, gacchatam, kṛṇvat.*

(b) In all the other cases, they are regularly declined like other nouns ending in *t*, that is, the vowel affixes are attached to the fianl *t* is unaltered before *su*, and becomes *d* before before *bh*.

(c) These participial and possessive nouns prefix *n* to their final *t* before the terminations of the strong cases; cf. *ugidacām sarvanāmasthāne adhātoḥ samyogāntasyalopaḥ* (VIII.1.70 and VIII 2.23) respectively e.g. *pacat=pacan, kṛṇvat=kṛṇavan.*

(d) Those ending in *vat* or *mat* also make the penultimate long in the nom, e.g. *kṛṇvat* becomes *kṛṇvānaḥ.*

(e) The word mahat makes the penultimate long in the strong cases of the mas, and that of the two first cases of plu. of the neuter, cf. *sāntamahataḥ somyogasya* (AP.VI.4.10) e.g. *mahān, mahāntau mahāntaḥ mahāntam.*

(f) The final letter *th* is replaced by *nth* in the room of *Pathin* and *mathin* in the strong cases; cf. *thonthaḥ* (AP.VII.1.87) e.ġ. *Panthāḥ Panthānau, Panthānaḥ, manthā, manthanu* and *manthānaḥ.*

(g) The letter *m* of *dam* is substituted by *n* at the end of a word; cf. *monodhātoḥ* (AP.VIII 2.64) e.g. *pradān.*

X.(6) Nouns ending in labials

All the mono-syllabic bases are declined on similar grounds whether they are mas. or fem.

(a) The nom. ends in *p* or *b*. The final remains before the vowel terminations, and *b* befoer *bh* and *p* before *su*; cf. *halṅyapbhyaḥ dīrghāt su ti si apṛktam hal, Jhalām Jaśaḥ ante, kharica* (AP.VI 1.68, VIII 2.39, & 4.55) respectively. e.g. *sup=sub; kakup=kakubh; kakadbhyām, kakudbhiḥ* and the like.

(b) There is one irregular noun in libial class known as *ap* (water) which is declinable only in the piu. number, and penultimate becomes long; cf. *aptrintṛcsvsṛ naptṛ neṣṭri tvṣṭṛ kṣaptṛ hotṛ potṛ praśāsṛṇām* (AP.VI.4.11) e.g. *āpaḥ*. In some cases *p* changes into *t* and consiquently into *d* cf. *apo bhiḥ* (AP. VII. 4.48) e.g. *adbhiḥ, adbhyaḥ* etc.

(c) The fem. word *kakubh* is having something peculiar. it keeps two optional forms by the force of *vāvasāne* (AP.VIII 4.56) e.g. *kakub* and *kakup.*

X.7. Nouns ending in Nasals (*ṅ, ñ, ṇ, n and m*)

Nouns terminating in *ṅ* and *ñ* do not even once occur in the Vedic language, few are found ending in *ṇ* in the language. But bases ending in *n* are numerous in the language and exhibiting so may peculiarities. They can be divided in two ways- - the one ending in *an*, the other ending in *in*.

(a) Regularly inflected nouns in *an* drop the final in the nom. sing. and before the terminations beginning with consonant and in the mas. and fem. genders, they make the penultimate letter long before all the terminations of the strong cases cf. *nalopaḥ Prātipadikāntasya Sarvanāmsthāne Cāsambuddhau* (AP.VIII.2.7 & VI. 4.8) respectively, e.g. *rājā, rājānau, rājānaḥ, rājānam, rājānau* and the like.

But in voc. sing. *n* is not dropped, e.g. *rājan, ātman.*

In acc. plu. dat. sing. and gen. plu. *n* of *rājan* is changed into *ñ* cf.

kṣumnādiṣu ca (AP.VIII.4.39) e.g. *rājñaḥ, rājñe, rājñām* and so on.

In a stem ending in *an,* we have both of the formations; cf. *vibhā-ṣāṅiśyoḥ* (AP.VI. 4.136) e.g. *rājñi* and *rājani.*

... form, the vowel is made long according to general rules, in the plu. where, however, a nasal is not inserted before a nasal, e.g. *sāman, sāmāni* and nom. sing. *su* and *n* both are dropped; cf. *Svamornapuṃsakat* (AP.VII.1.23) and VIII.2.7 referred earlier) e.g. *sāma.*

(b) Most probably the nouns ending in *in* are mas., which are hardly found in neu, and in fem. *ī* is inserted to them e.g. *aśvin-aśvinī; daṇḍin-daṇḍī pūṣan-puṣā aryaman-aryamā.* All of which declined on the same pattern. They make the base of the penultimate longer and reject the final n before the consonents in nom. sing. cf. *sauca* (AP.VI.4.137 and (AP.VIII.2.7) referred earlier e.g. *vājin›vājī vāgvin›vāgvī tapasvin-tapasvī.* But the *n* is not dropped in voc. sing cf. *naṅisambuddyoḥ.* (AP.VIII.2.8) e.g. *Vājin.* They retain *n* before the vowels, e.g. acc. sing. *vājinam,* nom. dual and acc. dual *aśvinau* and so on.

We have one irregular noun of this class i.e. *Pathin.* It should be noted here that *ā* is substituted for the final syllable before the affix of the nom. sing; *a* is substituted for *i* in the other affixes of the strong cases and *nth* is substituted for *th* in the nom. and those of the acc. sing. and dual, cf. *Pathi mathi rubhukṣāmāt, itotsarvanāmsthane* (AP.VII. 1.85 & 86) and (AP.VII.1.87) referred earlier e.g. *Panthāḥ Panthānau, Panthānaḥ, Panthānam, Panthānau.*

It should also be noted here that *ṭi (in)* is elided before a weak case ending; cf. *Bhasyaṭerlopaḥ* (AP.VII.1.88) e.g. *Pathaḥ, mathā, ṛbhukṣe* etc.

X.8. Nouns ending in semi vowels (*y, r, l, v*)

Stems ending in *y* and *l* have rare occurrences in the language and if somewhere they occur, they are certainly regular.

(a) Nouns borrowed from verbal roots ending in *r* of *V* make a penultimate vowel long before the inflectional terminations which begin with consonant cf. *Vor rupadhāyādīrgha ikaḥ, hali ca upadhāyām ca,* (AP.VIII.2.76, 77 & 78) respectively, e.g. *gir›gīḥ, dhur›dhūḥ, div›dīvyīta, siv›sīvyīta, hurcchā dhūrvī* etc.

(b) But this rule does not apply in *kur* and *cchur* cf. *na bha kur cchurām* (AP.VIII.2.79) e.g. *kur›kuryāt, cchur›cchuryāt.*

(c) The visarjanīya takes the place of *r* at the end of a pause; cf. *karavasānyorvisarjanīyaḥ* (AP.VIII.3.15) e.g. *Vṛkṣaḥ, plakṣaḥ* etc.

(d) In loc. plu. visarjanīya is substituted for *r* of *ru*; cf. *roḥ supi* (AP.VIII. 3.16) e.g. *gīrṣu bhūrṣu* etc.

(e) The *V* of nominal stem *div* is replaced by *au* in nom sing. cf. *diva aut* (AP.VII.1.84) e.g. *dyauḥ.*

It should be noted here that the nominal *div* has no indicatory letter annexed to it. The root *div* i.e. *divu* as is exhibited in the DPP with indicatory *u* should not be taken here.

X.9. *Nouns ending in Sibilants (Ś, Ṣ S)*

(a) The nominal stems ending in *ś* are not many in the language. These are declined in all three genders on similar grounds, and all are formed by the verbal roots. For instance, we can take up the fem. noun diś. It is formed from the verbal root ending *Ś* with the affix k cf. (AP.VIII.2.62) mentioned earlier; e.g. *dik, dig, diśau, diśaḥ*. The other nominal stems- *viś, liś, gṛtaspṛś, dṛś kīdṛś Prāvṛṣ āśiṣ, īdṛś, sadṛś 'tādṛś' yādṛś', etādṛś' tyādṛś* will be derived on the same pattern.

But in the Vedic language, where *dṛś* occurs as the final member of compounds, then *ṅ* is substituted for final s in nom. sng; cf. *dṛksvavas-svatavasām cchandi* (AP.VII.1.83) e.g. *īdṛṅ, kīdṛṅ, yādṛṅ tādṛṅ sadṛṅ.*

(b) The nominal stems ending in Ṣ are also not frequent in the language. Most probably these are derived from the roots, e.g. *dviṣ, ukṣ, muṣ, dhṛṣ, vṛṣ* etc. But the derivation of some crude-forms ending in Ṣ has not been determined so far.

Some nouns have independent existence in the language e.g. *iṣ, tviṣ, ṛṣ, uṣ, pṛkṣ, dadhṛṣ*. And some occur as the final member of the compounds. Nouns of this class are inflected by converting in *ṭ* for the final before the consonants inflexions. Secondly, by converting k in the similar forms, thirdly, by converting in r cf. *ṛtvik dadhṛk srak dik uṣnik añcu yujikruñcām ca* (AP.III.2.59, VIII.2.62) referred earlier and *sasajuṣoruḥ, Kharvasānayovisajanīya* (AP.VIII 2.66, 3.15) respectively e.g. *dadhṛk, uṣaḥ, dviṣaḥ, isaḥ* etc.

(c) Nominal stems ending in *s* are more frequent in the language then the previous two categories mentioned just above. They find in all three genders.

Mas. and fem. crude-forms ending in *s* when preceded by *a* make the penultimate long in the nom. sing. *ru* becomes *u* before the inflections beginning with *bh* and after that preceding *a* becomes *O*; cf. *atvasantasyacādhātoḥ* (AP.VI.4.14, AP.VIII 2.66) referred earlier and *ato roraplutādaplute* (AP.VI.1.113) e.g. *chandramas›chandramāḥ, chandramau, chandramasaḥ*. The other nominal stems of this class i.e. *Jātavedas, Visvayaśas, draviṇodas, Viś vavedas, Viśvabhojas, aṅgiras, nodhas, Purodhas, vyodhas, vedhas, nṛcakṣas* will be derived on the same pattern.

One mas. noun ending in *as* is irregular i.e. *anehas* (time). It is declined in the nom. sing. ending in *an* e.g. *anehā*.

There are some mas. participial stems ending in *vas*, prefix a nasal to the *s* of *vas* before the inflextions of the strong cases, there preceding vowel is prolonged. And in the nom. sing. the *s* is rejected as the final of a conjunct consonant; cf. (AP.VII.1.70; VI. 4.10; VI.1.68 & VIII.2.23) referred earlier e.g. *Vidavas›Vidvān-Vidvānasu, Vidvānasaḥ, Vidvānsam*. And in *bha* stem the *v* of *vas* is changed into *u*, cf. *Vasoḥ Samprasāraṇam* (AP.VI.4.13) e.g. *Viduṣaḥ, viduṣā*.

When a word ending in affix vas then the final *s* changed into *d*, cf. *Vasusransudhvansvanaḍuhāmd daḥ* (AP.VIII.2.72) e.g. *Vidvadbhyām Vidvadbhiḥ* etc. The other nominal stems i.e. *Parṇadhvas, ukhāsras, tasthivas, papivas sedivas, śuśruvas, upeyivas; sreyas, alpīyas, pāpiyas, kaniyas, yavīyas; apsaras, uṣas, sumanas; manas, bhūvas, pāthas, vacas, ambhas* and *anes* will be derived on the same anology.

It is interesting to note that *t* is substituted for the final of *sthavas, svatavas, mās, uṣas* before *bha* stem in the Vedic language, cf. *svavaḥsvatavas* or *mas uṣasaśca ta eṣyate* (VK. on AP. VIII. 4.48) e.g. *svavadbhiḥ, svavadhyaḥ, svatavadbhiḥ, svatavadbhyaḥ, mādbhiḥ, uṣadbhiḥ*. In the same way *vapus, yajus, arus, dhanus, āyus jyotis, arcis, śocis, barhis, havis, sarpis* will be derived.

Nominal stem in as does not make the penultimate long in the nom. and acc. sing. and the *S* of inflexion is dropped; cf. (AP.VI.1.68) referred earlier; e.g. *yajuḥ*. In the acc. plu. vowel is made long cf. (AP.VI.4.14) mentioned earlier and after that *śi* and *num* are substituted; cf. *jaśśasoḥ śiḥ* (AP.VII.1.20) and (AP.VII. 1.70) referred earlier, e.g. *yajūnṣī*. The remaining forms are declined on the same pattern.

X.10. *Nouns ending in aspiration h*

Crude forms ending in *h* are rare in the language. mas. fem. and neu. all are found in their inflection but neu. is hardly found, if found, then makes nom, and acc. only.

Excepting a few, all the remaining ones occur as final member of the compounds. The fem. is the same as the mas.

(a) Nominal stems ending in *h* substitute *dh* for *d* and *gh* for final *h*, which becomes *k* before consonant inflections; cf. *dāderdhātorghaḥ, ekāco baśo bhaṣjhaṣantasya sdhvoḥ* (AP.VIII.2.32;37) respectively and (AP.VIII.2.39 and VIII.4.55) referred earlier; e.g. *godhuk* or *godhug*.

(b) In *guḍalih h* changes into *ḍh*; cf. *ho ḍhaḥ* (AP.VIII.2.31) e.g. *guḍaliḥ-guḍaliṭ* or *guḍaliḍ*. The other inflections are declined on the same pattern.

(c) The *h* of *mitradruh, unmuh, ghṛtasniḥ* and *utsnuh* is changed into *gh* optionally at the end of a word or before a *jhal;* cf. *Vā druhamuhaṣṇuhaṣṇihām* (AP.VIII.2.33) e.g. *mitradruk, mitradrug or mitradruṭ, mitradruḍ* etc.

(d) In the nom. and voc. sing. of mas. *anaḍuh* gets the augment *num (na)*, before the strong cases, *ām (a)* is inserted, and then *u* becomes *V;* cf. *Sāvanaḍuhaḥ, caturanaḍuhorāmudattaḥ* (AP.VII.1.82, 98) and (AP.VI.1.77) referred earlier, e.g. *anaḍvān, anaḍvāhau, anaḍvāhaḥ, anaḍvāham, anaḍvāhau.*

And before the consonantal inflection *h* is replaced by *d;* cf. (AP.VIII.2.72) referred earlier; e.g. *anaḍudbhyaḥ*.

(e) The *h* of *upānah* is replaced by *dh* at the end of a word or before a *jhal* cf. *naho dhaḥ* (AP.VIII.2.34) e.g. *upānah›dh›d* and optionally *car-upānat* or *upānad*.

The other inflections of this class contain the same analogy.

XI.1. *Degree of comparison*

Nouns of this class are declined on the pattern of substantive nouns in the language. They admit three genders and are varying as to their inflectional terminations according to their proper finals. These affixes are useful in forming the comparative and the superlative degrees according to attributives and adverbs. Technically, they are known as *tarap, tamap;* cf. *taraptampau ghaḥ* (AP.I.1.22). The crude form of nouns undergoes certain changes before these terminations; cf. *ghrupaklapcelaḍabruvagotramatahateṣuṅyaḥ anekacaḥ hrsvaḥ* cf. (AP.VI.3.43) e.g *priyatamā*. Thus, the word *priyatamā* is formed by adding the affix of superlative degree to the fem. word *priyā* (a wife) whose long *ā* is shortened before the affix *tama*.

(a) In the language the same affixes are added to some roots, e.g. *ud* (up) may make *uttaraḥ* and *uttamaḥ* 'better' and 'best'. These are formed with the terminations of the comparative and superlative degrees.

(b) The adjectives of comparison are also formed by adding the affixes *īyas* and *iṣṭha*. They denote the comparative and sueprlative degrees respectively. Those which are formed with *īyas* are declined like nouns ending in s (mentioned above), and those with *iṣṭha* in the manner explained under nouns ending in *a*.

Most probably these are added to the original nouns e.g.

com. Kaniyaḥ
Sup. Kaniṣṭhaḥ
Com. śreyaḥ
sup. śreṣṭham
com. varsīyasaḥ
sup. Varṣiṣṭhaḥ etc.

XII.1. *Numerals*

The numerals are formed on the principles of the formation of other nouns. But in some cases they undergo peculiar changes of the stem which are worth considering.

EKA: *eka* is formed as a numeral in the ṣing. number only, in all three genders, e.g.

mas. *ekaḥ*
neu. *ekam*
fem. *ekā*

Dvi: dvi is declined in the dual only. Its final *i* is changed to *a*; cf. *tyadādīnāmaḥ* (AP.VII.2.102) e.g., nom. & acc. dual. mas. *dvā, davau.*

fem. & neu. *dve.*
ins. and others *dvābhyām.*

Tri : *tri* and the rest are formed in the *plu.* only. *Tri* substitutes e for *i* becoming ay before a vowel, cf. Jasica (AP.VII.3.109) and VI 1.78 referred earlier e.g. *trayaḥ. Tri* converted into *tisṛ* in the fem. gender and the *ṛ* of *tisṛ* becomes *r* before a vowel; cf. *Tricaturostriyām tisṛcatasṛ, aci ra ṛtaḥ* (AP.VII.2.99 & 100) e.g. *tīsraḥ*. In *neu nom.* and *acc. n* is inserted and *i* is made long; cf. *eko aci vibhaktau* (AP.VII.1.73) and (AP.VII.1.20 & VI. 4.8) referred earlier, e.g. *trīṇi*. And the rest follow the analogy of mas.

Catur: *Catur* inserts ā before the final in the nom. mas. and nom. and acc. neu;, cf. (AP.VI.4.8) referred earlier; e.g. *catvāraḥ catvāri* and its substitutes *catasṛ* before the inflections of the fem. and *ṛ* becomes r before a vowel; cf. (AP.VII.2.99 & 100) referred earlier. i.e. *catasraḥ*.

The rest of the numerals declinable in the plu. only, are equal in all three genders.

Dealing with the numerals which end in *n*, it can be said that a final *n* is dropped before all the affixes, and the terminations of the nom. and acc. are set aside. The word *aṣṭan* has a peculiarity which is necessary to notice, *au* is substituted for nom. and acc. cases; cf. *aṣṭan'a ā vibhaktau, aṣṭābhya auś* (AP. VII.2.84 and VII 1.22) respectively, e.g. *aṣṭau* and the remaining *pañcan, saptan, navan, daśan* are declined on the same analogy of this class.

The first nine are composed with *daśan* to construct the next nine, under going in some places inadequate changes of termination. The remaining numerals upto hundred or more than hundred are found in the form of copulative compounds; eg.

ekaviṁśaḥ
catvāriṁśat
ekaśatam
triśatāḥ
daśaśatāḥ
ṣaṭsahasrāḥ etc.

XIII.1. *Ordinals*

The treatment of the ordinals can be defined by saying that the bases ending in *a* are formed in the mas. and neu. and those ending in ī and ā are declined in fem. It means ordinals are declinable in three genders.

First (prathama): Various suffixes are used when we are dealing with the ordinals from first to tenth. The ordinal first (Prathama) is formed in all the genders, e.g. *mas. Prathamaḥ, fem. Prathamā, neu, Prathamam.*

According to pronominal inflexion, other synonym *ādyam* is declined in neu. only.

From the viewpoint of European scholars *th* in *Prathamā* is due to the influence of *caturtha, pañcatha, ṣaṣtha*[23]. But according to *Wackernagel*, it is formed by adding *tha* and *ma* two affixes with *pra*[24].

Second and third: When we are on the way of forming ordinals from *dvi* and *tri*, then affix *tīya* is inserted in the complete sense after the word and there is vocalisation (samprasāraṇ) of the stem; cf. *dvestīyaḥ, treḥsamprasāraṇam ca* (AP.V.2.54 & 55) respectively; e.g. *dvitīyaḥ*, 'the second' which completes the two (*dvayoḥ pūraṇo = dvitiyaḥ)* and *tṛtīya*, 'the third' which completes the three (*trayaḥ pūraṇo=tṛīya*).

One thing should be noticed here that Pāṇini has used a new term *Pūraṇa* (complete) for ordinals excluding the first; cf. *puraṇaguṇasuhitārtha sadavyayatavyasamānādhikaraṇena, pūrṇāddhāt ṭhan, tasyapūraṇe ḍaṭ, pūraṇātbhāge tīyādan, Pūraṇādvibhāṣā* (AP.II.2.11; V. 1.48; 2.48; 3.48; 4.149) respectively.

Forth: In forming ordinal form *catur*, affix *īya* is added to its proper final and there is elision of the first letter (*ca*) cf. *caturaśccharyatāvādyakṣarlopaś ca* (VK. on AP. V.2.51) e.g. *turīyaḥ* or *turyaḥ*.

From the viewpoint of European scholars, the word *turīya* came through **K-turīva*[25]. But according to grassman its first position will be **caturīya.*[26]

In constructing ordinals from *catur*, *ṣas* and *saptan*, affix *tha* is inserted to their proper final; cf. *Kimaḥ, samkhyāparimāne ḍati ca* (AP.V.2.41) & (AP.V.2.18) referred earlier, and *thaṭ ca chandasi* (AP.V.2.50), e.g. *caturthaḥ, ṣaṣṭhaḥ, saptatham.* In making ordinals from *pañcan, saptan, aṣṭan, navan* and *daśan* generally affix *ma* is added; cf. *nantādasamkhādermaṭ* (AP.V.2.49) e.g. *pañcamaḥ saptamaḥ, aṣṭamaḥ, navamaḥ* & *daśamaḥ.*

The termination a is inserted in ekādaśan and remaining in twenty, cf. (AP.V.2.48) already mentioned, e.g. *ekādaśaḥ, dvādaśa, travodaśaḥ, pañcadaśaḥ ṣoḍaśam* etc.

The same affix, causing the loss either of the final syllable, or final vowel, is also inserted in the numerals from twenty onwards, e.g. *ekavimśaḥ* etc.

In another form hundred onwards, they add *tama* to their finals; cf. *nityamśatadimāsārddhamāsasmvatśarācca* (AP.V.2.57) e.g. *ekaśatamaḥ, dviśatamạ* e.g. *sahasṛatamaḥ, lakṣatamaḥ* etc.

We have some other modifications of the numerals, declinable or indeclihable in various forms of meaning, where *kṛtvas* and *dhā* are inserted; cf. *sakhāyāyāḥkriyabhyāvṛttigaṇe kṛtvasuc, samkhayayā vidhārthe dha, adhikaraṇavicāle ca* (AP.V. 4.17, V.3.42, 43) respectively e.g. *saptakṛtvaḥ, aṣṭakṛtvaḥ, pañcadhā aṣṭādhā, navadhā, sahasradhā* and the like.

Pronouns

XIV.1. The pronouns in the language are so irregular in their formation that no single base would be equally applicable to all the cases. Due to some peculiarities of inflexion they are distinguished from all other nouns. Pāṇini has declined them in detailed in his treatise. We can class them in the following ways:-

(a) Personal pronouns: *Yuṣmad, Asmad, tad, tava tyad.*
(b) Demonstrative pronouns: *Adas, Etat, Idam.*
(c) Relative pronouns: *Yad*
(d) Interrogative pronouns: *Kim*
(e) Honorific pronouns: *Bhavat*
(f) Pronominal pronouns: *Sarvaḥ, Viśam* etc.

REFERENCES

1. cg. Stanakeśvatī strī syāllomaśaḥ puruṣaḥ smṛtaḥ, ubhayorantaram yacca tadabhāve napunsakam.
MB on AP.IV 1.3
2. cf. Liṅgamaśiṣyam lokāśrayatvāliṅgasya.
(MB. on AP.II.1.1)
3. cf. Ved.gr. stu; p.47
4. cf. Skt. Gr. p.89
5. cf. Hr.Skt.Gr. p.33
6. cf. Skt. gr. p.66
7. cf. Vaṣṭe bhāgurirallopam vāpyorupasargayoḥ
āpaṁ caiva halantānām yathā vacā niśā diśā.
8. cf. ṇakāra ākāropadhaḥ padyānot api svarodayaḥ (RV.Pr.IV.65) & also nakārasya loparephoṣ mabhāve pūrvastatsthānādanunāsikaḥsvaraḥ
(RV.Pr.IV.80.)
9. The enclitic word amba is employed in RV. (II.41.16, X.86.7) as a Voc. of *ambā*. But in VS (XXIII.18) and TS. (VII.4.19.1) we find the word *ambe*. In SPB. It was employed to give a call to a woman, cf. ambeti vai yoṣāyā āmantraṇam (SPB. VI.6.25)
10. cf. G.L.V. p.219, AG.III. p.121 ff; VG. p.265; JAOS.X. p.360.
11. cf. SG.P.134; VGS P.78
12. cf. Bollensen, ZD,MG; XXII. P.606, 618
13. cf. AG.III.P.120; JAOS.X.P.360
14. cf. AG.P.297 FN.9.
15. See. Compound P.6. FN.11
16. See. P.6. FN. 10 of compound.
17. cf. JAOS. X P.455 ff. and ved.Gr. P.251 FN.14
18. cf. WZR.Skt.Gr. P.135, and MDW.
19. cf. AP.IV.1.66-72.
20. cf. Ved.Gr. P.179; Ved.Gr. Stu. P.50.
21. cf. Böhtingk, R.Roth and St. Reterburg.
22. Sanskrit wöterbuch 1852-1875, HOS VIII. P.501.
23. cf. Ved. Gr. P.311, F.N.4. Ved.Gr.Stu. P.102, FN 4.Skt.Gr.P.184. MDW.
24. cf. Alt.Gr.III P.404; Gr.Lg. Ved.P.245
25. Ved.Gr.P.311, Ved.Gr.Stu.102; Alt.Gr.III.P.401, Gr.Lg. Ved.P.245. MWD.
26. WZR.

CHAPTER - V

TENSE AND MOOD

I.0 The various verbal finite forms of Sanskrit language are grouped, in the first instance, into "systems" by the modern western grammarians. Each of these systems is characterized by a particular tense-stem. To such a tense-stem, formed generally with a suffix added to the root or to the simple root, as in the case of the present of roots like *ad*, or *as*, in the perfect, to the merely reduplicated root, are added the endings of the moods concerned, Indicative (past or present) and others. Each tense-stem (except the future) is capable, theoretically, of having, in a greater or lesser degree, all the different moods.

Of the different moods, the Indicative, in each system, has naturally a different value. In the case of other moods the value of a particular mood form is the same, no matter from what tense-stem it is formed: The Injunctive (i.e. the augmentless preterite form having a modal value), whether it is imperfect (i.e. formed on the present stem) like *bhavat* or aoristic like *bhūt*; and optative, Impeative and Subjective, whether these are forms of the present (like gacchet), perfect (like Jagamyāt) or aorist (like gamet) tense-stem. (The future has practically no moods).

In the modern analysis of the Sanskrit verbal forms the formation of the tense-stem is the primary step, and each of the tense-stems can have, with the relevant exceptions and limitations, all the different modal forms.

I.1. The position in the analysis given by the ancient Sanskrit grammarians is different. The concept of a tense-stem as a primary step in the verbal formation is not found there; so also that of the parallel modal forms is distinguished by a difference in the stem formation. Instead, it is the personal ending (tiṅ) which is the starting point and, indeed, the central factor which determines the whole structure of the verbal form. Also, since the common link of a tense-stem is not recognized, all the formations are regarded as independent to each other. According to this analysis, a mood, say Imperative, can be normally formed only in a particular way, and there is no possibility of a particular modal form made in different ways (corresponding to the tense-stems of the modern grammarians) To understand this, it is necessary to outline, at least in its broad features, the process of arriving at concrete verb forms formulated by Pāṇini.

II.1. The general term used by the ancient Sanskrit grammarians for what is called "tense and moods", is *lakāra*[1]. It comes from Pāṇini's term *laṭ* (roughly present indicative), *laṅ* "Imperfect", etc., all of which contain the letter *1*, in all, ten lakāras are mentioned:-

(1) *laṭ*, (2) *liṭ*, (3) *luṭ* (4) *lṛṭ*, (5) *leṭ*, (6) *loṭ*, (7) *laṅ*, (8) *liṅ*, (9) *luṅ* and (10) *lṛṅ*.

It is necessary to remember that *laṭ* etc., are not names of formations, strictly they are styled pratyaya "suffix". It is only in the secondary sense of the term that they can be used as names of formations made with these suffixes.

II.2. These suffixes, *laṭ*, etc; which come in as a verbal root show a particular action characterized by a particular temporal or modal feature, cf; *Varttamāne laṭ* (AP.III.2.123) etc. are only metalinguistic elements. They are subsequently replaced (cf. *lasya*, (AP.III.4.77) by the actual relevant ending *ti*, cf. *tip*, *tas*, *jhi*, *sip*, *thas*, *tha, mip, vas, mas, ta, ātām, jha, thās, āthām, dham, iḍ, Vahi, mahiṅ* (AP.III.4.78) etc. The lakāras, then, always operate through the ending *ti,* etc. (compressed, for economy, into *tiṅ* according to the usual process of abbreviation, cf., *ādirantyenasahetā* (AP.I.1.71).

II.3. This single set of *tiṅ* endings is liable to a considerable replacement, and accordingly, it represents this or that lakāra. For example, the 3rd, Singular active-voice ending *ti* (tip with the code-letter *P* dropped) after its *i* is replaced by *u,* cf. *eruḥ* (AP.III.4.86) becomes *tu* when it represents *loṭ* (i.e. in the Imperative, in the modern terminology); and it loses its *i* altogether and becomes *t* when it represents a lakāra which is furnished with a code letter *ṅ,* cf., *itaśca* (AP.III.4.100), *laṅ* (imperfect), *liṅ* (operative), *luṅ* (Aorist), *lṛṅ* (conditional); while the entire set of the nine active-voice endings (i.e. from *tip* to *mas*) is replaced by another set (*ṇal* etc.) when *liṭ* (perfect) is to be represented, cf. *Parasmai-pādānām ṇlatususthalathusaṇalvamāḥ* (AP.III.4.82).

II.4. It is this set of *tiṅ* endings (undergoing various) replacements in different formations which are said to denote either the agent (kartṛ:the active-voice), object (Karman: the passive-voice) or *bhāva* (the Impersonal construction), cf. *laḥ karmaṇi ca bhāve cākarmakebhyaḥ* (AP.III.4.69). The temporal or modal feature of verb is included in the meaning of the verbal root itself according to the ancient Indian grammarians, as was already hinted above.

II.5. The set of *tiṅ* endings is technically named as a rule, *sārvadhātuka*[2], cf. *tiṅśitsārvadhātukam* (AP III.4.113). There are two exceptions: the *tiṅ* endings, when they represent *liṭ,* and when they represent *āśīr-liṅ* (benedictive), are named *ārdhadhātuka*[3], cf. *liṭ ca, liṅāśiṣī* (AP.III.4.115 and 116), which supersedes the designation sārvadhātuka. Pāṇini further observes that in the Veda, a suffix can have both these characters simultaneously cf. *chandasyubhayathā* (AP.III.4.117).

II.6. Suffixes, other than the *tiṅ* ones, taught after verbal roots (whether forming "stems" or primary nouns) are also called *ārdhadhātuka,* excepting those which are furnished with a code-letter *ś* in which case they are called *sārvadhātuka.*

III.1. With these preliminaries, we now come to the actual process of verb formation. The verbal root (cf. *dhātoḥ* AP.III.1.91) is first to have a particular lakāra since the action is characterized by a particular temporal or modal feature. This lakāra to be immediately replaced by one of the relevant *tiṅ* endings. Assuming that the existence in the present time of somebody other than the speaker and the person addressed to (i.e. the third person) is to be conveyed, we will have the position *bhū+laṭ* resulting into *bhū+ti* and similarly *ad+ti, hu+ti, cur+ti,* etc. After this, since the ending *ti,* is termed sārvadhātuk, and since it denotes the agent, there will be an additional suffix (called simply pratyaya by Pānini by *vikaraṇa*[4] by the later ancient Indian grammarians, and described as a stem-building suffix by the modern grammarians) *śap* (i.e. *a*) immediately after the root *bhū+a+ti,* which with the guṇa[5] and the euphonic operations give *bhavati.*

III.2. This *śap,* further, undergoes various replacements according to the particular class to which the verbal root may belong. If the root belongs to the fourth (div.) class, then *śyan* supersedes *śap* so *nṛt+yat+ti*), if the fifth (su) (*su+nu+ti*), etc. In the case of the second (ad) class, *śap* is replaced by *lopa*[6] (elision) called luk, (cf. *bahulam chandasi* APII.4.73) so *ad+śap+ti = ad + a + ti* gives ultimately *atti* while in the case of the roots of the third (hu-) class, *śap* is replaced by lopa termed *ślu;* cf. *juhotyādibhyaḥ śluḥ* (AP.II.4.75) which brings about a reduplication of the root, cf. *ślau* (AP.VI.1.10) *hu+śap+ti› hu+ślu+ti› ju+hu+o+ti =*

juhoti. In the case of the tenth (cur-) class, the root will have *ṇic*, cf. *satyāpapāśa rupavinātulaślokasenalomatvaca varmavarṇacurṇacurādibhyyoṇic* (AP.III.1.25) i.e., *i* as an integral part of the root, before the *śap (cur+śap+ti=cur+i+a+ti)* which, with the guṇa and the other euphonic operations, ultimately gives *corayati*.

III.3. This *śap*, or its substitutes, *śyan* etc. or *luk* or *ślu* come in, as said above, if the following *sārvadhātuka* suffix denotes the agent. If, however, this denotes the karman (object) or the bhāva (action) i.e. in the passive or impersonal construction, the *vikaraṇa* (interpose), is *yak* (i.e. *ya*), no matter to what class the root belongs; cf. *sārvadhātuke yak* (AP.III.1.67) and the *tiṅ* endings have always to be (whether the suffix is termed *sārvadhātuk* or *ārdhadhātuk)* those which are named ātmanepada (middle-voice) cf. *bhāvakarmmaṇoh* (AP.I.3.13). So the passive or impersoanl forms will be *bhu+ya+te, ad+ya+te, hu+ya+te=hūyate;* cf; *akṛt-sārvadhātukayordīrghaḥ* (AP.VII.4.25) etc.

III.4. This set of *Vikaraṇas* (interposes) śap (with its substitutes *śyan / luk / ślu, etc.*) in the active and *yak* in the passive is applicable only when the following *tiṅ* suffix is a *sārvadhātuka* one. If the *tiṅ* suffix is *ārdhadhātuk* (as in the case of *liṭ* and *āśīr-liṅ*) no such *vikaraṇa* (interpose) steps in.

III.5. Further, in the case of certain lakāras, a single *vikaraṇa*, differing from lakāra to lakāra (and even from one variety to another within the same lakāra) supersdes both the *śap* (with its substitutes *śyan / luk / ślu*, etc.) in the active and *yak* in the passive. This is illustrated below: -

III.5.1. We now take the lakāras one after the other for illustration :-

III.5.2. Laṭ: This is already illustrated (III.1, III.4).

III.5.3. *Liṭ* (Perfect); A *tiṅ* substitute of *liṭ* is styled ārdhadhātuka. So no *śap* etc./ *yak*. The *tiṅ* ending (a special set *ṇal-ma* for the active-voice) are to be added directly to the reduplicated root, cf. *liṭidhā to-ranabhyāsaya* (AP.VI.1.8). Thus from *bhū › (bhūva ba - bhūva;* cf. *bhuvo vuglunliṭoḥ* (APVI.4.88) etc. In the passive, *cikṣipe (ksip+eś*[7]*)*, *bahūve* (impersonal), cf. *liṭastajhayoreśirec* (AP.III.4.81) etc.

III.5.4 *Luṭ* (periphrastic future): The set *śap* etc. /*yak*, due by the sārvadhātuka character of the *tiṅ* endings (which represent *luṭ*) is superseded here by a special interpose: *tās*, cf. *syatāsī ḷlutoḥ* (AP.III. 1.33). So the first singular of *bhū* e.g., is *bhavitāsmi*. The interpose *tās*-- which is *valādi-* is called *ārdhadhātuka*, cf. *ārddhātukam śeṣaḥ* (AP. III.4.114) and so is the cause of the radical-guṇa; cf; *pugantalaghūpdhasya ca* (AP.VII.3.86). The third singular is *bhavitā*, cf;, *luṭaḥ prathamasya ḍāraurasaḥ* (AP.II.4.85) which being identical in the active-voice, also serves as a middle-voice form.

It will be seen that here (as in the case of *liṭ* and some following formations), the activity or the passivity was regarded as conveyed by the finite (tin) endings. The interposes were regarded, what we now call, empty morphs.

III.5.5. *Lṛṭ* (Sya-future): Here also the interposes *śap* etc./*Yak* are superseded by a special interpose, viz. *sya*, cf. *syatāsī ḷluṭoḥ* (AP.III.1.33). So from *bhū*, (with usual operations) *bhaviśyati*, from han, *haniśyate* (passive) etc.

III.5.6. *Leṭ* (Subjunctve): The interposes *śap* etc. come in on account of the *sārvadhātuka* character of the *tiṅ* endings, which may latter undergo some change (as the loss of final *i* of the active-voice endings, cf. *itaśca lopaḥ parasmaipadeṣu* (AP.III.4.97), or the change of *e* to *ai* in the case of middle-voice endings; cf. *Vaito anyatra* (AP.III.4.97). The endings further take an augment, either *aṭ* (i.e. *ā*) or *āṭ* (i.e. *ā*) cf. *leṭo aṭāṭau* (AP.III.4.94). So from *bhū*-bhavāti (=*bhū+śap+āṭ+ti*)', from *īś*, *īśai=(īś+śap+luk+ai)*, form *kṛ kṛṇavat=Kr+sṇu+t*) etc.·

There is another kind of leṭ formation, in which interpose *śap*, etc. may (*bahulam*)[8] be superseded by *śip*, i.e. s, cf. *sipbahulam leṭi* (AP.III.1.34). Thus *Vakṣat* from *Vah (+sip+aṭ+tip)*, *tāriṣat* from (*tṛ +iṭ+sip+aṭ+t*), *kramsate* from *kram* (with the middle-voice ending - *te*), etc.

III.5.7. *Loṭ* (imperative): With the usual interposes (*śap* etc. */Yak*) required by the *sārvadhātuka* endigns, we have forms like *bhavatu* (with *śap*), *etu* (with *śapo luk*), *juhotu* (with śapaḥ śluḥ and the consequent radical reduplication etc.) *edhatām* and *śetām* (middle voice forms), etc. In the passive, with *yak* throughout we get forms like gamyatām, banyatām, hūyatām, etc.

III.5.8. *laṅ* (Imperfect) : with the usual *śap* etc.*/yak*, the preterite augment *aṭ* (i.e. a) and āṭ (i.e. *ā*) in the case of roots beginning with a vowel, cf. *luṅ laṅ ḷṅkśvaduḍāttaḥ, āḍajādīnām* (AP.VI.4.71 and 72) and the secondary endings, indicated by the code-letter *ṅ*, cf. *nityam nitaḥ, itaśa, tasthasthamipām tāmtamatāmaḥ* (AP.III.4.99, 100, 101), we arrive at forms like *abhavat, āsīt, ajuhot, anṛtyat* etc., (active-voice), *aspardhata, aśeta*, etc. (middle-voice) ; and *agamyata, ahanyata, ahūyata* etc. (Passive).

III.5.9. Liṅ: This formation has two varieties differentiated by a difference in the form and meaning: the *vidhi-liṅ* "optative" or "potential", and the *āśīr-liṅ* "benedictive". The *Vidhi-liṅ* is formed with the usual *śap* etc.*/ yak* and the secondary endings, cf. AP.III.4.99-101 (quoted above). In addition, the *tiṅ* suffixes have, in both of the varieties of *liṅ*, a prefixed augment *Yāsuṭ* (i.e. yās) in the active voice, cf. *yāsut parasmai padeṣūdātto ṅicca* (AP. III.4.103) and *sīyut* (i.e. sīy) in the middle-voice, cf. *liṅassīyut* (AP.III.4.102), the s of both of these being dropped if the ending is sārvadhātuka, cf. *liṅaḥ salopo anatyasya* (AP.VII.2.79). Further, this prefixed augment *yā* is replaced by *iy* (*i* before the consonantal endings, cf; *ato yeyaḥ* (AP.VII.2.80), if this *ya* follows *a* i.e. in the cases of roots belonging to the classes Ist, 4th, 6th, and 10th where the stem is thematic, cf. AP.VII.2.80 (quoted above). The augment *iy* (i.e. siy) after the dropping of *s*, similarly becomes *ī* before cononantal endings, cf. AP.VII.2.80 (mentioned above).

The prefixed augments of the Vidhi-liṅ endings, then are: *īy/ī* in the middle-voice throughout; in the active-voice, *iy/i* if it follows an *a*, otherwise *yā*. This gives us the following forms: active-voice-*bhavet(=bhu+śap+i+t)* ist. Singular., *bhaveyam; hanyāt (=han+śapo luk+yā+t) juhyāt (=hu+sapaḥ śluḥ yā+t), nṛtyet (=nṛt+śyan+i+t)*, etc., middle-voice 3rd. Singular *spardheta (=spardh+śap+i+ta)* ist.Singular *spardheta, śayīta (śi+śapo luk+ī+ta), juhvīta (=hu+śapah śluh+i+ta)*, etc.

III.5.10. With the *āśīr-liṅ* the case is different. As it is termed *ārdhadhātuka*, no *śap* etc*/yak* come in with the augments *yās* and *sīy/sī*, the following forms are arrived at: (ist. singular active-voice) *bhūyāsam, hanyāsam, deyāsam*, etc.[9] (Ist. singular middle-voice) *lapsīya* (from *labh*), *edhiṣīya* (3rd. singular) *lapsīṣṭa, edhiṣīṣṭa* etc. (With the augment *suṭ*. (i.e. *s*) prefixed to *t* endings, cf. *suṭ tithoḥ* (AP.III.4.107).

III.5.11. Pāṇini recognizes, for the Vedic language, another variety of *āśīr-liṅ*. It is formed with *aṅ* (i.e. *a* cf. *linyāśīśyaṅ* (AP.III.1.86). Pāṇini does not mention the roots which behave in this way, but they are listed by Kātyāyana: *sthān, gā, gam, vac, vad, sak, ruh, and dṛs* (the interpose in the last case being *ak=a* instead of *aṅ*). Thus we have *śakeyam* from sak (*aṅ+yāsuṭ* (› *yās*) *yā›* *iy*) + mip (› *am*), *gamema* from *gam*, etc. It is to be noted that *āśīr liṅ* (with yāṣut prefixed) being termed *ārdhadhātuka*, the dropping of *s* of *yās* should normally be not available. But the dual nature of the *liṅ* endings in the Veda is invoked here, which optionally makes *āśīr liṅ* here *sārvadhātuka* and thus provides for the change *yās› yā*. Incidentally, this *aṅ* comes in supersession (apavāda) of *śap*, etc.

III.5.12. *Luṅ* (aorist): The interpose *śap* etc./yak, due by the *Sārvadhātuka* nature of the *tiṅ* endings representing *luṅ*, are superseded here, in the first instance, by a special interpose *cli*, cf. *cli luṅi* (AP.III.1.43). This *cli* is to be immediately replaced (unless it is nipped in the *bud* in the case of roots like *ghas, hvar* etc., cf. *mantre ghashvar ṇaś vṛ dahāt vṛc kṛ gami janibhyoḥ leḥ* (AP.II.4.80) by *sic* (i.e. *S*) cf., *cleḥ sic* (AP.III.1.44), this *sic* is dorpped (strictly, replaced by its elsion called luk), in case of roots like *bhū, sthā, dā* etc., cf., *gatisthāghupābhūbhyaḥ sicaḥ parasmaipadeṣu* (AP. II.4.77). This *sic* is superseded by some other interpose in case of certain roots; by *ksa* (i.e. *sa*) cf., *śala igupadhāt aniṭaḥksaḥ, śilṣa ā liṅgane, nadṛśaḥ* (AP.III.1.45, 46 and 47), by *caṅ* (i.e. *a*) with reduplication in the active-voice only; cf. *caṅi* (AP.VI.1.11), otherwise *sic* remains[10], by *aṅ* (i.e. *a*)[11], and lastly by *ciṇ* (i.e. *i*), after all the roots before the 3rd. singular middle-voice ending *ta* in the passive (or impersonal)[12], but even outside passive in case of some roots.[13] The examples are:-

With cli-luk; aghas, ānat, ajñata (3rd. pl. middle-voice).

With sic-luk; abhūt, agāt, asthāt (only active-voice).

With sic; anaiṣīt, atāriṣam, atārṣam, atārīt, vy-aramsīt.

With ksa; adhukṣat, alikṣat; auhukṣata.

With caṅ, acīkarat, aśiśriyat, adudruvat, acīkamata.

With aṅ; avocat, alipat, āhvat, alipata, ahavat;

With ciṇ; (active-voice) adīpi "shone", ajani "was born".

(Passive or impersonal) akāri "was done", aśāyi "there was a sleeping by".

III.5.13. *Lṛṅ* (conditional) : with *sya* as the interpose; cf. *syatāsī lṛlutoḥ* (AP.III.1.33) which supersedes *śap* etc./*yak*, and the augment *aṭ*, cf. *luṅ laṅ lṛṅṣu aḍudāttaḥ* (AP.VI.4.71), we get forms like *abhaviṣyat, ayāsyat, ahoṣyat*, etc.

IV.1. Let us now take up the three moods. Imperative, Optative, and the Subjunctive, especially as they occur in the Veda, and see how Pāṇini's rules function with regard to these.

IV.2. *Imperative*

IV.2.1. Present imperative: *bhavatu, etu, jahotu, edhatām, śetām* etc. These forms have been already explained (III.5.7) according to Pāṇini's system.

IV.2.2. Perfect Imperative: *mumugdhī, mumoktu, mamattu, vavṛtsva, mimikṣva*, etc.

Such forms cannot be explained by normal rules of Pāṇini, as in *loṭ*, there is no provision for reduplication and the absence of the interpose *śap* etc./*Yak*. The permitted forms are *muñca, muñcatu* etc.

IV.2.3. Aorist Imperative (Root Aor.) *Kṛdhī, gahī, gantū, bhūtu, kṛsvā, yukṣva* etc., (*a*-Aor.), *kara, muca, sadatu, mucadhvam* etc.; (Sigmatic Aorists) no sure forms in *s*-Aor; *Aviddhī, aviṣṭu; aviṣṭana, Yāsiṣṭam, dhukṣasva*, etc. Here also there is no provision for such forms, the absence of *śap*, etc. /*Yak*, and the reduplication, and the elements, *a* and *s* (also *iṣ, siṣ, sa*) cannot be normally explained.

IV.3. Optative

IV.3.1. Present Optative: The forms like *bhavat, hanyāt, juhuyāt, spardheta, śayīta* etc. have been already explained (III.5.9).

IV.3.2. Perfect Optative: *Jagamyāt, babhūyāt, Vavṛyāt, Jagrasīta, Vavṛtīta,* etc.

Such forms cannot be regularly explained in the Pāṇinian system. As there is no provision therefore reduplication and the dropping of *śap* etc./*Yak* when Vidhi-liṅ follows.

IV.3.3. Aorist Optative

(Root Aor. Simple) *aśyām, deyām, murīya, Vurīta* etc., (Precative) *Jīvyāsam, bhūyāsam;* (3rd. singular), *avyās, gamyās, Padīṣṭa* etc. (*a*-Aor.) *gameyam, dṛseyam, gamet; videya, gamemahi,* (Press.) *Videsta.* (Reduplicate/Aor) *Voceyam, ririṣeḥ, Voceyuḥ, cucyavīrata* etc. (Press.) *rīriṣīṣṭa.*

Of the sigmatic Aorists, no optative forms occur from *sa-* Aor. The remaining three, *S-, iṣ* - and *siṣ*-Aor., are attested only in the middle, all inserting *s* - before ending beginning with *t* or *th* (except in bhakṣīta);

(s-Aor.) *bhakṣīya, mukṣīya, mamsīṣṭa, bhakṣita, mamsīrata* (*iṣ*-Aor.) *edhisīya, ruciṣīya, Janiṣīṣṭa, Vaniṣīṣiṭa, tārṣīmahi,* etc. (*sis*-Aor.) *Vamsiṣīya, Yāsiṣīṣṭhāḥ, Pyāsiṣimahi.* etc.

Of these Aor. opt., those from Root Aor. like the active *aśyām, deyām* etc. and the middle like *murīya, Vurīya* etc. cannot be regularly explained in the Pāṇinian system. With the interpose *śap* etc. and (other changes caused by them), only the forms like *bhaveyam, aśnuyām, dadyām* etc. are available.

The precative active forms the Root Aor. like *bhūyāsam* etc. are regarded as *āśīr-liṅ* in the Pāṇinian system. Their mode of formation has been described above (III.5.10). The difference, however, is that Pāṇini had universalised this form, making it possible for all roots to have such forms without reference to their mode of Aorist formation.

Pāṇini has provided for *a* --Aor. opt. (like gameyam) by teaching the interpose *aṅ* in supersession of *śap* etc. This is already explained above (III.5.11). Though Pāṇini (cf. AP.III.1.86 mentioned earlier) has taught this formation in the general way, Kātyāyana lists the root concerned (op.cit.) It, however, does not tally with the facts, seeing that root, *āp, bhid* etc. which show such forms are not included there while those like *Vad* and gā occuring are not known to have such forms.

There is no provision for the reduplication. Aor. opt. like ririṣeḥ the *a*-Aor. and *iṣ*-Aor. opt. (both middle) like *bhakṣīya* and *edhiṣīya* are looked upon *āśīr-liṅ* (above IV.3.3). They, too, like their active counterparts from Root Aor, are universalised by Pāṇini and made applicable to all the roots. A technical point which is observed here is that s, which is looked upon by Western grammarians as a suffix forming the Aor stem is looked upon by Pāṇini as an augment prefixed to the finite *āśīr-liṅ* endings, thus severing its connection with sigmatic Aor.

There is no regular provision is the Pāṇinian system for accounting for *siṣ*-Aor. opt like *Yāsiṣīmahi.*

There is one more point: the *s* appearing in precative forms from Root Aor. (Padīṣṭa), *a*-Aor. (Videṣṭa) and Reduplicate Aor. (ririṣīṣṭa) cannot be explained in Pāṇinian system since there it (suṭ) is taught as a prefix of the *āśīr-liṅ* endings only.

IV.4. Subjunctive:

IV.4.1. Pres. subj.: Forms like *bhavāti kṛṇavat, īśai,* etc. have been already explained (III.5.6).

IV.4.2 Pref. subj.: Forms like *Jujoṣati-dideśati., ciketat, jujoṣat, jujoṣate, śaśāmate* etc. cannot be regularly derived in the Pāṇinian system as (1) there is no provision in it for reduplication when *leṭ* follows and (2) there is nothing to prohibit the insertion of interposes like *śap.*

IV.4.3. Aor. subj.: (root Aor.) *karati, bhedati, karat, gamat, karāmaḥ, yavanta* etc.

(a-Aor.) *vidāsi, mucāti, vidāt, mucāte, śiṣāmahe,* etc.

(Reduplicate Aor.) *Vocāti, sīsādati, vocāvahi,* etc.

(S-Aor) *neṣati, Parṣati, neśat, yamsat, mamsai, trāsate, māśātai,* etc.

(iṣ-Aor.). *tāriṣat; Yāciṣat; Yāciṣāmahe; Vanuṣanta,* etc.

(Sis-Aor.) *gūsiṣat, Yāsiṣat.*

No *sa*-subj. forms.

The subjunctives from the first three Aor. varieties, root Aor., a-Aor., and reduplicate Aor., cannot be regularly derived in the Pāṇinian system as there is no provision to prevent *śap* etc., nor for reduplication when *leṭ* follows.

The subjunctives from *s-Aor.* and *iṣ-Aor.*, however, have been provided for by Pāṇini who teaches that *sip* (=s) may supersede *śap* etc. when *leṭ* follows. This has been already explained above (III.5.6). But Pāṇini does not connect this mood (*leṭ*) with sigmatic Aor. (luṅ with sic) as is clear from the fact that by calling this interpose *sip,* he keeps it apart from *sic.*

The sis-Aor. subjunctives, however, have not been regularly provided for in Pāṇini.

We have seen that whereas the modal forms based on the present stem can be regularly explained in the Pāṇinian system, those based on Perf. and Aor. stems (mostly) cannot.

V.1. Is there no way, then, at all to account for such forms in Pāṇini's system? Has Pāṇini altogether ignored these forms? The answer is that Pāṇini has not ignored such forms. He has provided for them, but in a very broad way. He has not, of course, said anything expressly about these modal forms, but the explainations given by the commentators, both of the AP. and of the Veda, leave no doubt about Pāṇini's procedure in this matter.

The main difficulty in accounting for the perf. modal forms is the sanction for reduplication and for the absence of the interposes. This is secured in the Pāṇinian system by (1) invoking *"Vyatyayo bahulam"* (AP.III.1.85) which provides in a general way, for an interchange of interposes in the Veda where any interpose, not ordinarily available, can thus come in the place of the ordinarily prescribed interpose, and then (2) by invoking *"bahulamchandasi"* (AP.II.4.76) so that with t e, *ślu* thus brought in, there is the dropping of the interpose *śap* and also the reduplication of the stem, cf. *ślau* (AP.VI.1.10) even when the roots concerned do not belong to the *hu*-class. Thus the perf. imper. *Jujuṣṭana* is accounted for by the KK.[14] as *jujuṣṭana, juṣateti, prāpte chāndasatvāt śluḥ.* Similarly sāyaṇa on perf. Opt. jagamyāt:[15] *gamaḷ sṛpḷ* gatau, liṅi "bahulam chandesi" iti *śluḥ;*

and on perf. Imper. *mumugdhi*[16] *mucḷ mokṣaṇe* "bahulam chandasi" iti *śluḥ*.

When commenting on the perf. Opt. babhūyāt, however, Sāyaṇa follows a different procedure. He first brings in the suffix *liṭ* which provides for the reduplication of the stem, cf. *liṭi dhātoranbhyāsasya* (AP.VI.1.8) and the absence of *śap*; once this is affected, he replaces *liṭ* by *liṅ* (which accounts for the Yāsut and the secondary ending *t*) on the basis of the MB. statement[18] *"tiṅām (ca) tiṅo bhavanti"*, which practically means that in the Veda, any finite verbal ending may be replaced by any other such ending.

The forms of the root Aor. moods are accounted for by similarly invoking *Vyatyayo bahulam* (cf. AP.III.1.85) and *bahulam chandasi* (cf. AP.II.4.73) which explains the absence of *śap* even though the roots concerned do not belong to the *ad-class*. Thus the root Aor. Imper. like *śrudhī*, *Pūrdhi*, *Kṛdhi*, *apā-Vṛdhi* are explained by the KK. on *śruśṛṇupṛkṛvṛbhyaśchandasi* (AP.VI.4.102) as *Vyatyayo bahulam - iti śap*, *tasya bahulam chandosi iti luk*. Similarly Sāyaṇa explains *gahi gameḥ bahulam chandasi iti śapo luk*[19]. He similarly comments on *bhūtu* thus: *chandasaḥ śapo luk*[20].

Sometimes subjunctive forms are regarded as present ind. Thus *bhedati* which is regarded as root Aor. Subj. by Western grammarians is looked upon as *laṭ* with Vedic *śap* for *śnam* in the Pāṇinian schol: *bhedati, bhinattīti Prāpte*[21]. Similarly *neṣatu* which is an imper. from the thematised S-Aor. of *nī-*, is explained as *loṭ* formed with two interposes, the usual *śap* and an additional *sip* (i.e. *s*) which later is taught by Pāṇini in connection with *leṭ*, cf. *Sipbhabulam leṭi* (AP.III.1.34) but is extended by the commentator the *loṭ* also. The KK. (Op.cit.) says: *neṣatu, nayatu-itiprāte*. On this the PM. *nayate loṭi śapsipau*.

Pāṇini mentions[22] by way of nipātana the root-Aor. Imper. *dhiṣva* which is explained by the KK thus: *dhiṣveti loṇmadhyamaikavacane dadhāter ittvam iḍāgamo vā pratyayasya dvirvacanābhāvaśca nipātyate*.

VI. Pāṇini's treatment of Vedic modal forms, then, is not as exhaustive, or even as sufficient, as it is in other topics. Whereas the modal forms belonging to the present system can be sufficiently accounted for in the Pāṇinian system, those belonging to the perfect system, and to many varieties of the Aorist system cannot be so explained regularly.

The main reason for this deficiency is that the formation of any common tense stem, as a primary step, on which various moods could be formed, is not recognised in the Pāṇinian system. With the *tiṅ* suffix as the starting point, and each lakāra formation regarded as independent, that system is so built that normally moods can be formed only on what is called present stem. Thus the possibility of modal forms on the non-present stems on the one hand, and one and the same mood being formed in more than one way (according to the tense stem) is a concept which is lacking in the Pāṇinian system.

But although there is no regular provision for such forms they can be technically accounted for in the Pāṇinian system by invoking the various *"bahulam chandasi"* rules which are of a Portmanteau nature. Such a solution, however, which depends upon *Vikaraṇa-Vyatyaya, tiṅvyatyaya*, etc., is only technical and does not satisfy theoretical demands. To regard the form *gahi*, e.g. as formed with *śapo luk*, or *jujuṣṭana* with *ślu*, is practically equivalent to including, temporarily, the root *gam* in the *ad-class*, and *jus-in* the *hu-class*[23] (to which they ordinarily do not belong), which is just an ad hoc solution. The importance of the tense stem still remains unappreciated.

It is true that Pāṇini has specifically accounted for *a-Aor.* Opt. and *s*-Aor. subj., But in his technique, these are not regarded as connected with *a-Aor.* and *S-Aor.* They are just (varities of) *liṅ* and *leṭ*, respectively, having nothing to do with luṅ. It is already said above that in the Pāṇinian system all the tense and moods (lākāras) are regarded as formations independent of one another.

It is true that some of the non-present modal forms are not very productive.[24] Some modal formations, based on Aor. stems, are rare not showing more than a dozen forms, and restricted, mostly or exclusively, to only one voice. Further, they are extremely rare in some cases: there are in the RV., only two cases each of *siṣ*-Aor. subj. and impr. (from only two roots, viz., *gā* and *yā* -); and no *sa-Aor.* opt. and subj. at all. That may be a reason why Pāṇini satisfied himself with explaining these forms as Vedic irregularities. But whether showing a smaller, or a larger number of forms, they follow definite patterns, and as such demand recognition from a theoretical point of view.

When Sāyaṇa explains a form like *bahūyāt* in such a way as to make it a combined product of the two lakāras, *liṭ* and *liṅ* (against the usual practice of assigning the forms to a single lakāra), he had almost stumbled upon the correct explanation. But this proved only an occasional flash without leading to any attempt to formulate a system as such.

REFERENCES

1. Ref.No. 10 'Formal and Informal'.
2. See Ref.No.30 'Phonology'.
3. See Ref.No.31 'Phonology'.
4. See Ref.No.15 'Phonology'.
5. See Ref.No.6 'Phonology'.
6. See Ref.No.20 'Formal and informal'.
7. It is not necessary to consider periphrastic perf. (liṭ with ām) here.
8. The technical term employed in the aphorisms of the AP. Literally it means various applications or different types of functions, cf. *Kvacit Pravṛttiḥ kvacidapravṛttiḥ kvacidvibhāṣā kvacidanya eva. Vidhervidhānam bahudhā samīkśya caturvidhambāhulakam vadanti* (commentary on Vs. Pr.III.18). It is used by Pāṇini in connection with a grammatical rule or affix or the like that is seen necessarily applied in some cases, optionally applied in few other cases, and not at all applied in the other cases still. The term *bahulam* is used by Pāṇini in all such cases, cf. AP.II.1.32, 57. II.3.62, II.4.39, 73, 76, 84; III.1.34, III.2.28, IV.2.122, VI.1.34, VII.1.8, 10, 103, VII.3.97, VII.4.78 etc.
9. Third singular, *bhūyāt, hanyāt, deyāt*, etc.
10. Cf. Ap.III.1.48-51.
11. Cf. Ap.III.1.52-59
12. Cf. Ap.III.1.66.
13. Cf. Ap.III.1.60-65.
14. KK. on AP. VII.1.45.
15. RV. I.58.9.
16. RV.I.24.9.
17. RV.I.27.2.
18. MB. on AP.VII.1.39.
19. RV. I.4.2.

20. RV. I.131.7.
21. KK. on AP.III.1.85.
22. AP. VII.4.45.
23. It is to be remembered, further, that the perf. reduplication and the pres. reduplicate may not always be the same. Thus, the perf. reduplicate stem of *Vac-*, *Sac* -and *Sṛ* for example, is *uvac- saśc-* and *sasṛ-*, while the pres. stem is *vivac-*, *sisas-* and *sisṛ* - further, sometimes, extremely anomalous stand is taken in the traditional interpretation as when sāyaṇa, while giving an alternative explanation of the *IS*- Aor. Imper. *aviḍḍhi*, takes it from the root *Viś* with a preterite augment *aṭ* even when *loṭ* follows.
24. To take a single example: while there are 142 3rd. singular. imperative forms (in-*tu*) made from different kinds of present stem, there are only 6 more Perf. tems, and only 10 from all the varieties of the Aor. stems put together.

CHAPTER - VI

ROOT

I.0 Pāṇini's lexicon of roots (Dhātupāṭha) contains about 2200 roots. He explains various functions in connection with roots, in various places in the AP. as per requirement of the context. As a matter of fact, one finds mention of the roots in nearly 644 aphorisms of AP. out of 3996. The number of roots mentioned thus is no fewer than 570.

I.1 The arrangement of chapters as adopted by Pāṇini is said to be ideal. The entire AP. seems to be built upon the principle of Anuvṛtti (already explained at Ref.No.76 'Phonology'). This has, however, posed rather a tough task for the students of grammar. Brevity and order seem to be the key-words of Pāṇinian grammar. The mention of roots made by Pāṇini in his work is indeed full of variety in every sense. Whether the origin of this variety lies with him or somewhere else, is a question that frequents the mind of Pāṇinian students. Whether this problem has a satisfactory solution is the topic of discussion in the present chapter.

To begin with, let us find out as to how many topics contain such a mention of roots; and these topics happen to be more than ten.

They are:-

Direct mention of roots,

Cf. Bhūvadayo dhāavaḥ (AP.I.3.1).

Statement of middle voice-active voice

Cf. vā gamaḥ (AP.I.2.13).

Cf. Abhipratyatibhyaḥ kṣipaḥ (AP.I.3.80).

Statement regarding tiṅādi suffixs

Cf. Gupūdhūpavicchipaṇipanipanibhyaḥāyaḥ (AP.III.1.28)

Gada madacarayamaś cācupasarage (AP.III.1.100), Guptijkiddhyaḥ san (AP.III.1.5).

Statement of Functions relating to conjugations,

Cf. Adprabhṛtibhyaḥ śapaḥ (AP.II.4.72)

Taṇādikṛbhyaḥ uḥ (AP.III.1.71).

Statement of functions relating to sub conjugations (antargaṅa)

Cf. Byudbhyo luṅi (AP.I.3.91),

Na vṛdbhyaḥ caturbhyaḥ (AP.VII.2.59).

Statement of Augments in general

Cf. Pataḥ pum (AP.VII.4.19)

Vaca um (AP.VII.4.20).

Statement of iḍāgama in particular,

Cf. Ṛuhdanoḥ sye (AP.VII.2.70),

Kiraśca pañcabhyaḥ (AP.VII.2.75).

Statement of hrasva:

Cf. Pvādīnām harsvaḥ (AP.VII.3.80).

Upasargāt hrsva ūhateḥ (AP.VII.4.23).

Statement of dīrghaḥ

Cf. Graho aliti dirghaḥ (AP.VII.2.37)

śamāmaṣṭānām dīrghaḥ śyani (AP.VII.3.74)

Statement of Ṣatva

Cf. Śāsivasighasīnām ca (AP.VIII.3.60),

Sphurati Sphulatyoḥnis ni vibhyaḥ (AP.VIII.3.76).

Statement of ṇatva,

Cf. Aniteḥ (AP.VIII.4.19).

Hanter atpūrvasya (AP.VIII.4.22).

Statement of ādeśa,

Cf. Adojagdhir lyapti kiti (AP.II.4.36).

II.1. On perusal of the above contexts, as to the mention of roots by Pāṇini, we obtain the following moods:-

A single root is mentioned in two ways,

e.g. Hano vadha liṅi (AP.II.4.42) - without case.

Hanaśca vadhaḥ (AP.III.3.76) - with case;

A single root is mentioned in three ways

e.g. Samudorajaḥ paśuṣu (AP.III.3.69) with no addition, Samjñāyām samajaniṣada (AP.III.3.99) - with an addition of "*a*".

Agrivrajyośca (AP.VII.3.60) with the help of "*ik.*" *Sometimes all roots in one context are mentioned with the help of "stip".*

e.g., Sravati śṛṇoti dravati pravati plavati cyavatīnām vā (AP.VII.4.81).

Sometimes all roots in one context are mentioned with the help of "ik".

e.g. Nahivṛti vṛṣi vyadhi rucisahitaniṣu kvau (AP.VI.3.116).

Sometimes both 'ik' and 'stip' are used for the mention of roots in a single aphorism

e.g. Indhibhavatibhyām ca (AP.I.2.6).

Sometimes neither of the two ('ik' or 'stip') is used for the above purpose.

e.g. Mṛḍamṛdagudhakuṣa kliśa vadavasaḥ ktvā (AP.I.2.7).

kṛsṛbhṛvṛstudrusru śruvo liṭi (AP.VII.2.13).

In this way a variety of expressions is seen in Pāṇini's way of mentioning roots.

III.0. It will now be useful to take note of the modes in which roots have been traditionally mentioned in early works of authority on the topics allied to grammar. Nighaṇṭu, the earliest available glossary of Vedic vocabulary, mentions the verbs in their c—' —ted forms e.g.

(a) Vartate, ayate, lotate, lothate, syandate, kasati, Sarpati iti, dvāviṁśaśatam gatikarmāṇaḥ.

(b) Vaśmi, uśmasi, veti, Venati, Vesati, Vāñchati, Vaṣṭi -- iti aṣṭādaśa krāntikarmāṇaḥ.

Obviously there is no independent mention of roots here. Turning to Nirukta, the commentary of Nighaṇṭu, we find that Yāska mentions, in all, 109 roots which are useful for our present discussion. All these verbs, with an exception of the two, have been mentioned with the help of "śtip"[1]

(a) syatiḥ upasṛṣṭo vimocane (YN.I.17).

(b) saktuḥ sacateḥ (YN IV.10).

In the two places of exception, he makes use of "ik"[2] as follows:-

(a) ghaseḥ kśīram.

(b) Vaceḥ Vāk.

III.1. Brāhmaṇa literature contains numerous passages furnishing etymologies of various words according to context. There also, we find conjugated forms of verbs without any hint to the original roots. e.g.

Aitareya brāhamaṇa -

iṣṭi śabda nirvacanam darśayati:

Yajño vai devebhya udakrāmattamiṣṭibhiḥ preṣam ecchanyadiṣṭibhiḥ preṣam ecchan tadiṣṭīnābhiṣṭatvam (I.2)

Hotṛśabda nirvacanam:-

Sa tatra yathābhājanam devatā amumāvahāmumāvahetyāvāhayati tadeva hetuḥ hotṛtvam hotā bhavati (I.2) Prāyaṇīya sabdārtha:-

Svargam vā etena lokamupaprayanti yatprāyaṇīyas tatprāyaṇīyasya prāyaṇīyatvam (II.1.).

III.2. Prātiśākhya literature, however, has some speciality in dealing with this topic e.g. kśātau khakārayakārā u eke (RV.Pr.VI.55), See Uvaṭa's Commentary on the same:-

Kśātedhātoḥ Kakāraśakārayoḥ Sthāne Khakārayakārau Karttavyau-manyante eke ācāryāḥ.

Also, Atharva prātiśākhya:-

(a) asteḥ preṣaṇyā madhyamasyekavacanam (II.1.2)

(b) api-pūrvo dadhātiḥ (III.1.4)

(c) ụtpūro hṛṣiḥ (III.2.1)

(d) ekārādīnyetehrbhastanyām (III.2.5).

sa pratyudetsalilāt----iti

ekārādīnieteharyastanyām.

These instances go to show that "*ślip*" and "*ik*" have been utilised here for the sake of mentioning roots.

III.3. Kātyāyana, the author of VK. makes the following observations about the mention of roots as follows:-

ik and *śtip* are used for the purpose fo mentioning roots. This observation occurs therein as a VK. commenting on the aphorism "Roga *ākhyā yām ṇvul bahulam* (AP.III.3.108). Kātayānyana follows his own rule, but generally and not strictly. Consequently, one finds more exceptions made by him to his own rule e.g.:-

(a) *spṛśamṛśakṛ ṣatṛpadṛpām sijvā vaktavyaḥ*, on AP.III.1.44.

(b) syādaśibhyām anuś chandasi, on AP.III.2.139,

(c) *glājyā hābhyo niḥ*, on AP.III.3.95.

III.4. Patañjali in his MB. is inclined to mention the roots with the help of *ik*:-

(a) *ayamubjirupadhmānīyopadhaḥ paṭhyate* (Patañjali on S.S.No.5.

(b) *athavā naitadubje rupam gameretad dyupasargāt do vidhī-yati* (Patañjali on SS.No.5)

(c) *eme eṣayo bahavaḥ Paṭhyante tatra na jñāyate kāsyāyamarthe san vidhīyate iti* (Patañjali on APIII.1.7),

(d) *Yadayam oṇim ṛditam Karoti.*

The two commentaries of KK. PM. and NS. contain following observations: As for the use of "śtip" - *sailīyamācāryasya yatra yasya dhātograhaṇamicchati tasya śtipā nirdeśam karotiyathā artipipatyorśca.* (on AP. VII. 4.77). But this observation is also general so also regarding the use of "ik" Hardatta says:- *sailīyamūcārysya yatra vyañjanānta ādeśastatrekārekāramuccāryati, yathā Jagdhyādau. tasmādikārākaraṇādakāranto ayamādeśaḥ* (on AP.II.4.42) and also, Jinendrabuddhi observes:-

Sailīyamācārsya yatreha prakaraṇe vyañjanānta ādeśaḥ, tatroccāraṇārthamikāram karoti, Yathā - Jagdhirityadau. tasmādikārānākaranātakārā to ayamādeśa iti vijñāyati (on AP.II.4.42).

III.6. From the above observations about mentioning of roots as made by Pāṇini and also by other authorities we gather the following information. Out of about 570 places of mentioning of roots in the AP, more than half the instances are covered by *ik* and *śtip* alone. There again the use of *ik* appears to be much more than that of *śtip*. The actual number is as follows:-

ik	C.180
śtip	C.140
Without *ik* or *śtip*	C.250
Total	C.570

About 250 instances of mentioning roots are found without the help of either *ik* or *śtip*. This number is also negligible.

IV.0 Regarding the other authorities, we find that preference of Prātiśākhyas goes to *ik* and *śtip* while Yāska prefers mainly *śtip* for the sake of mentioning roots. In majority of cases of mentioning roots, kātyāyana makes use of *ik*, and *śtip*. There are, however, some instances of mentioning roots without *ik* or *śtip*, though in a small number. Patañjali's inclination is in favour of the use of *ik*. In latter works of grammar, use of *ik* and *śtip* became as if it was a rule of mentioning roots.

IV.1. The general tendency of the traditional authorities of both pre and post-Pāṇinian period appears to be in favour of *ik* and *śtip*. It seems that on this point the followers of Pāṇini tradition hold him as an authority (ikśtipau dhātunirdeśa). It seems, therefore, that they took for granted the rule of *ik* and *śtip* coming down to them from ancient times through the medium of Pāṇini. Obviously, the followers of Pāṇini neither follow his way of mentioning roots without *ik* and *śtip* nor do they comment on how and why Pāṇini does so.

IV. From the above discussion, one can only guess that Ṛṣi Pāṇini entertained a variety in his way of mentioning roots, for the following reasons:-

(a) Perhaps in many cases of mentioning roots without *ik* or *śtip* the instances come down to him from the predecessors, for whom he had deep respect. Besides, there was no harm in accepting those traditional examples without any modifications. Therefore, he retained those cases of mentioning roots as they were.

(b) Secondly, those cases automatically suited his love for variety of expressions.

REFERENCES

1. *Śtip*: A term employed in Sanskrit grammar to denote a root for grammatical operations. A root which is specifically mentioned with *śtip* indicates that the root belongs to a particular conjugation and it cannot be dragged into any other conjugation, cf. *ikśtipau dhātunirdeṣe*, for example - *asyativaktikhyātibhyo aṅ* (AP.III.1.52). Though actions laid down for a primary root are appropriate to a frequentative root when the frequentative symbol *Y* has been dropped, grammatical actions mentioned for a root which is specified in an aphorism with ti (śtip) attached to it, do not include in the frequentative roots; cf. *śatipā śpānubandhena....Pañcaitani na yaṅluki*. (SK.).
2. *IK*: A terse term found in Pāṇini grammar to indicate the *i, u, ṛ* and *ḷ* vowels; cf. *iko guṇavṛddhī* (AP.I.1.3), *igyaṇaḥ Saṁprasāranam* (AP.I.1.45), *eca igghrasvādeśe* (AP.I.1.48), *ikohrasvoaṅyogālavsya* (AP.VI.3.61), *iko yaṇaci* (AP.VI.1.77) *iko asavarṇeśākalyasya hrasvaścas* (AP.VI.1.127). Primary affix *ik* applied to the roots kṛn and others in the sense of verbal operations e.g. *kṛṣiḥ, kiriḥ*, cf. ik *kṛṣyādibhyaḥ*. (VK.8 on AP.III.3.108). Moreover, it is applied to the roots form to cite a root, for example *vadi, Jani*, cf. *ikśtipau dhātunirdeśe itivakttavyam*. (VK 2 on AP.III. 3.108).

CHAPTER - VII

Conjugation

I.0. The roots of the Sanskrit language as enumerated by the Indian Linguists comprise a list of some two thousand. Among them about eight hundred roots are being utilised in forming the verbal structure of the sanskrit language; about four hundred are found in the Vedic and Classical Sanskrit side by side; about one hundred and fifty roots appear in the Vedic Language; two hundred and fifty roots are found in classical sanskrit.

There are some roots, which are conjugated in more than one class, e.g.

Kṛ occurs in first, sixth and eighth conjugation.

Yaj is found in fourth, seventh and tenth conjugation.

Cal is read in first, sixth, tenth conjugation etc.

I.1. The Pāṇinian conjugational system has three numbers, namely-singular, dual, plural; cf. *tāneyekavacanadvivacanbahuvacana yekaśaḥ* (AP.I.4.101), and in each number it has three persons; cf. *tiṅastrīṇi trīṇi Prathamamadhyamottamāḥ* (AP.I.4.100.). They are systematized by the Ancient Indian Linguists in an inverse order to that which European scholars follow, e.g., third person being placed first and the first person last.

I.2. The Pāṇinian conjugational system contains two voices: an active voice (Parasmai pad) means a word for another, cf. *laḥ Parasmaipadam* (API.4.98) e.g. *sarvebhyo vaḥ pari pari dadāmi*. Here the verb *dadāmi* is directed to another, because the action is considered to be transitive or to pass Parasmai 'to another (object)'. A middle voice (ātamane pada) means a word for one's self; cf. *taṅānāvāvātnane padam* (AP.I.4.99) *edhyante asyāḥ jñātayaḥ*. Here the verb *edhante* is directed to the agent himslef, because the action is considered to be reflective, ātmane 'to oneself'. These technical terms are known as transitive and reflective verbs accordingly.

I.3. The conjugational system of Pāṇini is identified formally by its endings. These fall into eleven paradigmatic sets, each set containing two varieties distinguised by types of endings i.e. an active voice (parasmai Pada) and a middle voice (ātamane Pada). These display distinctions of three persons and three numbers and various tenses and modes. Conjugational forms also give us information regarding types of syntactic constructions these participate in. Forms made from a verbal stem may be ninety nine or one hundred ninety eight depending on the fact whether it is inflected in one voice or both. Some verbs are conjugated in both voices (ubhaya pada) e.g. *Devān Yajati* & Devān Yajate. In the first case sacrifices for another (his devān), the verb is then put in the active voice, but in another case, he sacrifices for himself, the middle voice is then employed. It should be noted here that all the tenses and moods are common to the usual distinctions of both the voices.

Verbal forms are transparent in their structure. Main constituents are stems and inflectional suffixes. For instance, a verbal form like *gacchati* 'he goes' may be segmented into *gaccha*, a verbal stem meaning *'to go'* and *ti*, an inflectional suffix denoting categories of Pada, person, number, tense and voice. On the other hand, a form like *atarṇiṣyam* 'had I eaten' is enalysed into *a, tṛn, i, sya* and *m.* Here *tṛn* is an alternant of the root system *tṛṇ* 't eat' *m* is inflectional suffix, *a* is an augment prefixed to the stem, *sya* a thematic element and *i* another *āgama.* Induction of thematic element *sya* and augment *a* is conditioned by inflection suffixes after and before a stem respectively while insertion of *i* by the thematic element *sya.*

I.5. In the formation of conjugational system, the first task is to identify basic constituents, verbal stems and inflectional suffixes. Stems are either roots or derivatives. Both types are called dhātu.[1] About 2014 roots are listed in an appendix called *dhātupāṭha.*[2] Identification of inflectional suffixes is not so simple and straightforward. Initially Pāṇini recognizes ten basic suffixes, namely *laṭ* cf. *vartamāne laṭ* (APIII.2.123.) *liṭ* cf. *parokṣe liṭ* (AP.III.2.115), *luṭ* cf. *anadyatane luṭ* (AP.III.3.15) *ḷṭ.* cf. *ḷṭ, seṣe ca* (AP.III.3.13), *leṭ* cf. *liṅarthe leṭ* (AP.III.4.7), *loṭ* cf. *loṭ ca* (AP..III.3.162) *laṅ* cf. *anadyatane laṅ* (AP.III.2.111); liṅ cf. *vidhinimantraṇāmantraṇādhīṣṭa sampraśna Prārthaneṣu liṅ, Liṅāśiṣi* (AP.III.3.161 & III.4.116) cf. also *āśisilinlotau* (AP.III.3.173) luṇ cf. *luṇ* (AP.III.2.110) and *ḷṅ,* cf *liṅ nimitte ḷṅ kriyātipattau* (AP.III.3.139). Here *liṅ* is homophonous and denotes two which are normally distinguished as *vidhi* and *āśir.* Thus finally we end up with eleven distinctions. Collectively these may be called *lakāras.*

These are replaced obligatorily by identical set of eighteen elements; cf. *tip tas jhi sip thas tha mip vas masta ātām jha thās āthām dhvam iṭ vahi mahiṅ* (AP.III.4.78) abbreviated as *tiṅ.* These may further be replaced by their alternants. In the final run the eleven basic suffixes multiply to one hundred ninety eight elements occurring in eleven sets of paradigms of nine forms each. The matter does not end here. In this context Pāṇini makes use of another term, namely, *l* or *la.* The way it has been described and interpreted traditionally, we are not sure of its precise nature and function in the verbal system. One thing, however, is clear that it is lakāra-suffix and not *la* that figure in Pāṇini's derivation of verbal forms.[2] However we proceed on the assumption that basic inflectional suffixes recognized by Pāṇini are *laṭ, laṅ, liṅ* and the like.

With the identification of basic constituents, namely stems and inflections, the way is clear to proceed to derive verbal forms. Inflectional suffixes are introduced after stems in the context of semantic notions such as *vartamāna* 'present' (AP.III.2.123), *anadyatana bhaviṣyat* 'non-current future' (AP.III.3.15) *āśer* 'benediction' (AP.III.3.173) already referred. After adding appropriate suffixes to stems, *say likh* 'to write', formal structural strings like *likh-laṭ. likh-;laṅ, likh-liṅ* are produced. To complete a derivation, however, further option involving substitution of inflectional suffixes, insertion of elements i.e. thematic element and augment need be carried out. Verbal stems are also replaced by their alternants in certain constructions.

Derivation is thus, not a straight and unidirectional process. In fact, appropriate environments of application of an operation may have to be secured by prior application of another. These operations, within the confines of initial strings, interact variously. Thus no fixed order of their application could be decided upon. Substitution of stems, limited to roots, for instance, is carried out at different stages of derivation in particular cases. The root *han* 'to kill' is changed into *vadha* before the *ārdhadhātuk* suffixes; cf. *hano badha lini* (AP.II.4.42). Thus *han* before *liṅ* can not be changed unless we have inflectional suffixes into *ārdhadhātuka.* Again replacement of *han* by *vadha* before *luṅ,* cf. *luṅi ca, ātmanepadeṣvanyatarasyām* (AP.II.4.43 & 44) respectively can take place only when *luṅ* has been changed by its active voice or middle substitutes and the interpose suffix *cli* introduced before *luṅ* is substituted by *sic;* cf. *cli luṅ, cleḥ sic* (AP.III.1. 43 & 44) respectively. In this way, the whole environment passes through several stages.

II.0 From the view point of Pāṇini the roots can be divided in ten major groups. The basis of distribution is the way in which the roots from their present stem. So, Pāṇini was fully acquainted with this as the basis of the distribution is the way in which the roots form their present stem. So Pāṇini was fully acquainted with this as the basis of distribution is very scientific. Whitney seems in agreement with them that "the present system is the most prominent and important part of the whole conjugation, since, from the earliest period of the language its forms are much more frequent than those of all the other systems put together[3]".

II.1. The verbal form in its inflected manner is the combination of two elements, firstly, known as the base, the modified verb to which the inflexions are subjoined; secondly, some syllables which constitute the inflectional terminations and are subjoined to the base.

In Pāṇini system we find some remarkable changes which effect the verbs when classifying them in the ten conjugations. Thus the *guṇa* which effects the simple vowel, the affixes are composed immediately on the base; the root gets the reduplication; interposes of *Y*, addition of *nu*, interposes of *a*, subjoins *n*, adds *u*, takes *an*, inserts *ay*.

The sequence of these groups are as follows:-

(a) *Bhū*-class with a as the characteristic class sign, cf. *karttari sap* (AP.III.1.68).

(b) *Ad*-class sing by disappearance of *a*, cf. *adprabhṛtibhyaḥ śapaḥ* (AP.II.4.72).

(c) *Hu*-Class marked with *ślu*, a simple absence and having a reduplication of the roots. cf. *juhotyādibhyaḥ śluḥ ślau* (AP.II.4.72 & VI.1.10) respectively.

(d) *Div*-class marked with *ya* cf. *divādibhyaḥ śyan* (AP.III.1.69)

(e) *Su*-class marked with characteristic *nu*, *svādibhyaḥ śnuḥ* (AP.III.1.73)

(f) *Tud*-class marked with *a*, cf. *tudādibhyaḥ śaḥ* (AP.III.1.77)

(g) *Rudh*-class signed with *na;* cf. *rudhādibhyaḥ śnam* (AP.III.1.78)

(h) *Tan*-class marked with characteristic class sign *u;* cf. *tanādikṛnbhya uḥ* (AP.III.1.79)

(i) *Krī*-class marked with nā cf. *krayādibhyaḥ śnā* (AP.III.1.81)

(j) *Cur*-class signed with *i*, cf. *satyapa pāśa rūp vīṇā tūla ślok sena lom tvaca varma varṇa curṇa cur ādibhyaḥ ṇic* (AP.III.1.25).

Here is one more point to note, these conjugational characteristic class-signs (interposes) are limited to four tenses only, viz. the present the imperative, the imperfect and the optative. All the others, except the tenth, in which the distinctive sign is preserved in most of the other tenses, have no conjugational characteristic distinctions.

II.2. The first class is the largest of all the classes. From the numerical point of view, it contains one thousand thirty five roots in all, which is more than half of the total number of roots, found in Pāṇinian system.

The first class interposes the characteristic class-sign *a* (śap) between the final of the verb and the inflectional terminations and requires the *guṇa* change of the simple vowel, before *ti*, the affix of the 3rd. per sing. of the present tense, the root *hṛ* substituting *guṇa* becomes, *hr* and *a* being inserted cf. *kartari śap, sārvadhātukārdhadhātukayoḥ* (AP.III.1.68, VIII.3.84). The entire form, therefore, is *harati*.

In the imperfect tense-*ajayat*, in the imperative tense-*jayatu* and in the potential tense-*jayema* an initial long vowel, long by nature is unaltered, e.g. *jīvati*, cf. *luṅlaṅlṛṅkṣvaḍudātaḥ, itaśca, eruḥ, usyapadāntāt, karttari śap* (AP.VI.4.71 III.4.100, III.4.36, VI.1.92, III,1.68) respectively.

III.3. The second class contains seventy one roots. This conjugation interposes *śap*, which is ultimately dropped.

There are some other roots also which form their inflectional terminations in the second conjugation, e.g. *kṛ=karṣi*, actually it belongs to first and ninth conjugations; *dā=dattaḥ*, it also belongs to first or third conjugations. Therefore, this rule is applied on some other roots also which are available in diffenent classes altogether.

This class has the most important peculiarity, which agrees in affixing the regular terminations to the final letter of the root immediately without the intevantion of a vowel or characteristic class-sign and the terminations cf. *vido lato vā, vidāṅkurvantu iti anyatarasyām* (AP.III.4.83 & III 1.41) respectively, e.g. *veda, vetti, vettu* and *vidantu* etc.

There are two general changes of the terminnations firstly, *hi* 2nd. pers.sing. of imperative is changed into *dhi*, cf. *hujhalbhyo herdhi* (AP.VI.4.101) e.g. *addhi*, secondly, *h* is altered into *gh*; cf. *ho hanter ñ ṇinneṣu* (AP.VII. 3.54) e.g. *ghnanti* etc.

II.4. The third class keeps twenty four roots, which form their verbal formations in it. The most important may be conveniently noticed here. It requires the reduplication of the base and the conversion of *guṇa* vowel, before certain terminations. It contains ślu which means elision of the characteristic class sign. It causes the reduplication of the root, cf. *juhotyādibhyaḥ śluḥ ślau* (AP.II.4.75 & VI. 1.10) respectively, e.g. *juhoti, juhutaḥ* and the like.

In reduplication, the initial consonant of a root and the first vowel are mostly reduplicated. When a root starts with a double consonant then only the first consonant is reduplicated, e.g. *hrī* = *jihreti, jihrītaḥ*, but when a root contains double consonant whose first is a sibilant and whose second is hard, then the second is repeated.

Regarding the vowels, it can be said that a short vowel is reduplicated; for a long and diphthongal sounds are repeated by their second element, cf. *artipipatyorśca* (AP.VIII.4.77) e.g. *piparti* etc.

Generally, the terminations remain in the same position except those of the 3rd. pers plu. present and imperative tenses which reject *n* and the 3rd. pers.plu. of the imperfect which contains *us* for *an*, cf. *jherjus, usyapadāntāt* (AP.III.4.108 & VI.1.95) respectively e.g. *juhuyuḥ* etc.

II.5. The fourth conjugation contains one hundred forty one roots. Some of them are to be found in other conjugations, sometimes in the same, sometimes in different moulds, when the non-conjugational tenses often adopt different modes of inflexion.

It interposes *ya* (Śyan) between the inflective base and inflectional terminations of the conjugational tenses. Sometimes it elongates a radical vowel. Before *ya,* the vowel of the root is not capable of a *guṇa* substitute and generally remains unaltered; cf. *divādibhyaḥ śyan, hali ca* (III.1.96 & VIII..2.77) e.g. *dīvyati, dīvyataḥ, dīvyanti* and so on.

It should be noticed here, that before *śit* affix, the root *jan* is changed into *jā;* cf. *jñājanor jā* (AP.VII.3.79) e.g. jāyate. Moreover, the vowel of the root is not substituted by *vṛddhi* before the *ñit, ṇit, kṛt* and *ciṇ* afffixes, cf. *janivadhyaśca* (AP.VII.3.35) e.g. *ajani.*

The *a* of the root *śam* gets the long substitute in the present tense; cf. *Śamāmaṣṭānām dīrghaḥ śyani* (AP.VII.3.74) e.g. *śāmyaṭi.*

II.6. The fifth conjugation contains thirty four roots; among them ten vedic roots are employed in the Vedic language and the rest are found in the Vedic and classical Sanskrit side by side. Some roots of this conjugation are stated to be peculiar to the language of the Vedas. A few which are available in previous conjugations are repeated here for the sake of the difference which their inflexions represent.

The roots of this conjugation insert *nu* (Śnu) as a characteristic class-sign. In ist, IInd & IIIrd pers sing; the *u* of *nu* is converted into *guṇa* letter O, cf. (AP.VII.3.84) referred earlier, e.g. *kṛṇomi, kṛṇosi karṇoti.*

In the IInd pers.sing. of the imperative *hi* is optionally elided; cf. *serhyapicca, aho heḥ* (AP.III.4.87 & VI.4.105) respectively e.g. *kṛṇu, kṛnuhi.*

The *u* of the characteristic class sign *nu,* where not preceded by a conjunct consonant will be dropped before *v* and *m,* e.g. *kṛṇvaḥ, kṛṇmaḥ.*

After a reduplication *h* of *hi* is changed into *gh;* cf. *heracaṅi* (AP.VII.3.56) e.g. *jighāya, Jighayitha.*

The *e* takes place of *a* in root *rādh,* before the *kit, ṅit, lit & seṭ thal,* meaning to 'hurt some one' and reduplicate is dropped; cf. *radho hinsāyām* (AP.VI.4.123) e.g. *redhatuḥ, aparedhatuḥ, aparedhuḥ, redhitha.*

The *e* takes place of a of root *dambh,* when followed by *kit lit,* and reduplicate is elided, cf. *dambha etvam vaktvyam* (VK. on AP.VI.4.120) e.g. *debhatuḥ, debhuḥ.*

III.7. The sixth conjugation contains one hundred fifty five roots. Its verbal construction inserts *śa* (a) affix as a characteristic class-sign. it does not substitute the *guṇa* and *vṛddhi* letter for the vowel of the base; cf. tudādi *bhyaḥ śaḥ* (AP.III.1.77) e.g. *tudati, tudate, tutoda* etc.

The letter *r* and penultimate s of the root *bharsj* is alternatively changed into *ram,* before a *ārdhadhātuka* affix, cf. *bharsjoropadhayo ramanyatarasyām* (AP.VI.4.47) e.g. *babhaja, babharjatuḥ, babharjitha* etc.

The penultimate *ik* does not take place of lengthening when the root ending in *r, v,* is known a *bha,* the roots *kur* and *chur* follow the same, cf. na *bhakurchurām* (AP. VIII.2.79) e.g. *kuryāt, khurati* etc.

The letter *r* of the *gṛ* is optionally changed into *l;* cf. *acivibhāṣā* (AP.VIII.2.21) e.g. *girati, gilati.*

The final short *ṛ* of the root is converted into *riy* and i ,ī, to *iy*, *u*, *ū*, to *uv*, before the characteristic class sign *a* of the conjugation e.g. *kṛ=kriyate; kṣi=kṣiyate, su=suvate,* etc. The other terminations of this conjugation follow the same modification as in the first conjugation.

II.8. The seventh conjugation keeps twenty five foots in all. This class interposes *śnam* as a characteristic class-sign, cf. *rudhābidhyah śnam* (AP.III.1.78) and then union with the initial consonant of the terminations takes place according to the rules of *euphonic-combination, e.g. ruṇaddhi, rundhanti, bhinadati* etc.

The *na* of characteristic class-sign *śnam* is dropped cf. *śnānalopaḥ* (AP.VI.4.23) e.g. *indhī=indhe, endhāte, indhate* etc.

Before an affix beginning with a consonant *i* (im) is added in place of *a* of the characteristic class-sign *na*, cf. *tṛṇaha im* (AP.VII.3.92) *tṛṇedhi, tṛṇeḍhu* etc.

The root *añj* gets the *i* (*iṭ*) augment in the aorist tense; cf. *añjeḥ-sici* (AP.VII.2.71) e.g. *añjīt, āñjṣṭām.*

III.9. The eighth conjugation contains ten roots to form the verbal constructions of this class; and the roots, except *kṛ*, end in nasals; being therefore, exactly analogous to verbs of the fifth conjugation which interposes characteristic class-sign *nu*.

In this conjugation *u* cf. *tanādikṛñbhya uḥ* (AP.III.1.79) is inserted between the roots and the terminations which must be guṇated before three pers. in sign. terminations. eg. *tanoti, sanoti kṣaṇoti, arṇoti, tṛṇoti* and so on.

After the root *tan*, the *sic* is optionally dropped in middle voice when *ta* and *thas* affixes follow; cf. *tanādibhyastathāsoḥ* (AP.II.4.79) e.g. *atata* or *ataniṣta, atathāḥ* or *ataniṣṭhā.*

The *a* of root *kṛñ* changed into *u*, and adding *u*, it becomes *kuru*; cf. *ata utsārvadhātuke* (AP.VI.4.110), e.g. *kurutaḥ, kurvanti* etc.

The *u* of affix is dropped before *v* and *m* in the room of *kṛ* (karoti) cf. *nityam karoteḥ* (AP.VI.4.108) e.g. *kurvaḥ, kurmaḥ.*

The affix *u* (characteristic alass-sign) is always dropped before personal ending beginning with *y* cf. *ye ca* (AP.VI.4.109) e.g. *kuryāt, kriyāt* etc.

In the Vedic language there is elision of *li* (cli) of (Aorist) after the roots *ghas, hvar, ṇaś, vṛ, dah* roots ending in long *ā, vṛc, kṛ, gami, jani* cf. *Mantreghashvar ṇaś vṛ dah āt vṛj kṛ gami janibhyo leḥ* (AP.II.4.80) e.g. *akṣan* (RV.I.82.2) *hvāḥ ahvāḥ praṇaṅ* (RV.I.18.3) *āvaḥ* (YV.XIII.3) *ādak* (RV.VI.61.4) *aprāḥ* (RV.I.115.1) *vark* (RV.VIII.75.12) *akran* (YV.III.47) *agman* (RV.VI.1.1), *ajñata* (Bl.).

II.10. The ninth conjugation contains sixty two roots. It interposes *nā* (śnā); cf. *krayābidhyaḥ śnā* (AP.III.1.81), e.g. *krīṇanti, kriṇāsi.*

The ā of *śnā* is converted into *ī* before the affixes beginning with a consonant cf. *ī halyaghoḥ* (AP.VI.4.113), e.g. *krīṇītaḥ, gṛṇīmaḥ, gṛṇītam* and the like.

In the 2nd, pers. sing. of the imperative *śānac* takes the place of *śnā* (characteristic class-sign) of nineth conjugation, when the roots ending in consonants, cf. *halaḥ śnaḥ śānaj jhau* (AP.III.1.83) e.g. *tasbhāna, stubhāna, stabhāna, skubhāna* etc.

In the Vedic language *śāyaj* is the substitute of *śna* in 2nd, pers. sing. of the imperative, when the roots ending in consonants, cf. *chandasi śāyajap* (AP.III.1.84), e.g. *gṛbhāya, stabhāya, stabhāya, stabhāna* and so on.

Some roots of this conjugation, ending in long vowels are converted into short vowels before a characteristic class-sign (nā) cf. *pvādīnām hrasvaḥ* (VII.3.80) e.g.pū=*punāti, punīte, mū=munāti, munite, lū=lunāti, lunīti*, etc.

The *n* does not change into *ṇ* in the words *kṣubhna* etc; cf. *kṣubhnādiṣu ca* (AP.VIII.4.39) e.g. *Kṣubhnāti, kṣubhnītaḥ, kṣubhnanti* etc.

After the root *gṛh*, the augment *iṭ* is lenghtened except the perfect tense; cf. *grahaḥ aliṭi dirghaḥ* (AP.VII.2.37), e.g. *grahīta, grahītau*. But it does not take place in perfect e.g. *jagrahitha, jagṛhima* etc.

II.11. The tenth conjugation contains four hundred ten roots in all. The verbs of this conjugation take characteristic class-sign *i* (ṇic), cf. *satyāpapāśa rūpaviṇātulaślokasenālomtvacavarma varṇacurṇacurādibhyoḥ ṇic* (AP.III.1.25) e.g. *cur=corayati corayataḥ, corayanti* etc.

They extend the interposition to all the tenses except the active voice of the injunctive. But according to Pāṇini the affix *i* is employed in both the senses; first in the sense of wishing and then in the sense of causative. Either ways the verbal formation remains in the same position. But T.Burrow, Macdonell and Whitney have their separate views. They say, there is clear difference due to the distinction of meaning.[4]

It is significant to note that it has consequently come to be regarded as an internal part of the root. Also, it does not supplant *a*, but comes side by side with it. All verbs admit of a modification implying sense of wishing, causality, as causing to be, to do, and the like.

Before the characteristic class sign *i* the vowel of the root converted into *guṇa* or *vṛddhi* as the case may be, e.g. *yuj=yojayati, arc=ārcīt* etc.

The penultimate of *bhrāj, bhās, bhāṣ, dīp, jīv, mīl, pīḍ* roots is optionally shorted, in the reduplicated Aorist, cf. *Bhrajabhāsa bhaṣadīpajīvamīlapīḍā- manya tarasyām* (AP.VII.4.3) e.g. pīḍ=*apīpiḍat, apipīḍat* etc.

In the reduplicated Aorist the short *ṛt* is alternatively takes the place, of penultimate *ṛ* cf. *urṛt* (AP. VIII.4.7) e.g. *Pṛth = apīpṛthat, apaparth*, etc.

The *i* takes the place of penultimate long *ṛ* of a root; cf. *upadhāyāśca* (AP.VII.1.101) e.g. *kṛ=kīrttayati, kīrtayāmcakāra, acīkṛtat*. In all these instances *i* is lenghtened by *upadhāyām ca* (AP.VII.2.78).

In the Vedic language *cli* is not replaced by *caṅ* in the folowing roots -*ūn, dhvan, il, ard* cf. *nīnayatidhvanayatyelayatyardayatibhyaḥ* (AP.III.1.51) e.g. *elayīt, dhvanayīt, elayīḥ, ardayīt* etc.

Regarding these conjugational disctionctions it may be noted that their main aim is obviously (in every conjugation except the second and third) to insert a vowel between the stem and the terminations. In four of them the vowel is mediately *a* and consequently an analogous made of adopting the terminations to the base prevails in all of them; that is, in the first, fourth, six and tenth. The vowel of the fifth and eighth classes is *u* of the nineth *ā*. the second and third dispense with the vowel. Therefore, we distribute the verbs in two ways: the first composed of the first, fourth, sixth and tenth, and the second of the remaining conjugations.

III.0. Pāṇini has given a detailed discription of individual verbs. They indicate that some notion should be conceived of these secondary or derivative forms of which the simple verb admits. Most probably these are marked as moods; for casuality, desire, intensity or frequency and denominatry are but different postions of the same action, and the alteration by which they are expressed are the simple verb. These appear to be in terms of the following:-

III.1. The independent source of action is known to cause as well as agent; cf. *tatprayo jako hetuśca* (AP.I.4.55). When cause is used as agent then verb is put in the causative form and *ṇic* is added after the roots cf. *hetumati ca* (AP.III.1.26) e.g. *sūtrayati=sūtram karoti* 'he makes the sūtra' and also *bhāvayati, corayati, samārayati, śāyayati, chāyayati, sāyayati, hvāyayati, samvyāyayati, vāyayati, pāayayati, vājayati, vāpayati, Bhiṣayate, Vismāpayate, sphāvayati, śātayati, ropayati, Jāpayati, pravāpayati, duṣayati, doṣayati, gamayati, ghatayati* and the like. In this way, Pāṇini has discribed them in detail.[5]

III.2. When the agent wishes to do the action, which the verb imports, then the affix *sa* technically known as *san* is attached to the roots, cf. *dhātoḥ karmaṇa* samānakartṛkādicchāyām Vā (AP.III.1.7) and the roots undergo reduplication, e.g. *Pipaḍhiṣati=paṭhitumicchati* 'he wishes to read' and also *rurudiṣati, Vividiṣati, mumuṣiṣati, suṣupsati, pipṛcchiṣati, bubhūṣati, titipsate, gighānsati, gigamisati, didyutiṣate, siseviṣati, īpsati, dhipsati titaniṣati, pitsati, pratiritsati, mokṣate, munukṣate, titariṣati, ismayiṣate,* and so on. Thus, Pāṇini has given detailed description in his treatise.[6]

III.3. The intensive verbs indicate the repetition of the action and they add y, technically known as *yaṅ*, to the roots; cf.; *dhātorekāco haladiḥ kriyāsamabhihāre Yaṅ* (AP.III.1.22) In making the intensive, the root is reduplicated and it takes the terminations of middle voice, e.g. *pac=pāpacyate* 'he cooks again & again' and also *bodhūyate, sosūcyate, aṭāṭyate, arāryate, vāvrajyate, lolupyate, cañcūryate, pampaśyate, jegilyate, cekrīyate, cokūyate, carīkṛṣyate, canikasyate, vāvaśyate, cekīyate, jegrīyate, peprīyate,* and the like. In this way, Pāṇini has described in detail.[7]

III.4. In the intensive verb *yaṅ* is dropped, when *ac* follows; cf. *yaṅo aci ca* (AP.II.4.74). The root is reduplicated e.g. *loluvaḥ* 'much cutter' and also *popuvaḥ, lālapīti, roravīti, dādharti, bobhūtu, Jāgāddhi, sāsvapīti, varvṛtīti, carkati, jājvarīti, totortti* and so on. Thus, Pāṇini has noticed them in his treatise.[8]

III.5. The demoniatives are constructed by adding certain affixes to the crude base of nouns. These are used in the sense of wishing.

The affix *ya*, technically called *kyac*, is optionally inserted before the terminations to imply desire, cf. *supa ātmaneḥ kyac* (AP.III.1.8) and *ī* takes place of final *a* and *ā* as the case may be, cf. *kyaci ca* (AP.VII.4.33) e.g. *putra+kyac=putrī+ya=putrīyati* 'one who wishes for a son' and also *rājīyati, gīryati, gargīyati, aśanāyati, mitrayati, duṣṭīyati, aghīyati, kuṭīyati, paṇtitāyate, pācikāyata, kaṣṭāyate, bhrāvayati* and the like. In this way, Pāṇini has described in detail.[9]

IV.0. We shall below discuss the inflectional suffixes and their substitution and examine how far substitutional relationship between the occupant and the substitute is upheld at different stages of derivation.

IV.1. The personal endings affixed to roots are introduced after a verbal stem in the environment of semantic notions that express distinctions of tenses and modes. And in traditional interpretation each personal ending affixed to root is replaced by an indentical set of eighteen personal endings. In term of substitutional theory, environments of occurrence of the occupant and its substitute have to be different and mutually exclusive. The occupant may have one or more substitutes. But environments of each one have to be different from all the others. And environments of the occupant have to be specific to itself. The nominal inflectional suffix *ṅe=e* and its substitutes occur in their respectve environments i.e. after different classes of nominal stems. But here in case of substitution of the personal endings affixed to roots by eighteen personal endings, there is no mention of any conditioning environments. Substitution is unconditional and at the same time obligatory. The personal endings affixed to roots are replaced by its substitutes once for ever. No more after its substitution do we hear of the personal endings affixed to roots in any environment.

Thus, for example, the relationship between *ktvā* and *lyap* shows that both are related as occupant and substitute. As such, these occur in their respective environments in derivatives. Structural relations between *laṭ* and *tiṅ* are also described as that of occupant and substitute. But *laṭ* does not show up any longer once it is replaced by *tiṅ*. There are two sets of environments specific to each of them. In fact, both share identical environments. Thus structural relations between them cannot be characterized as that of occupant and substitute. For such a relationship it is incumbent to have mutually exclusive environments as *ktvā* and *lyap* have. Nor can we concede that the personal endings affixed to roots and eighteen personal endings are in free variation as the primary suffixes *ṇvul=aka* and *tṛc=tṛ* etc. are in the derivates *vikṣep-aka* and *vikṣep-tṛ* 'one who scatters about', cf. *ṇvultṛcau* (AP.III.1.133). Our insistence on relating the personal endings affixed to roots and eighteen personal endings as occupant and substitute goes counter to what such relationship entails in terms of *prāgīśvarnnipātāḥ* (AP.I.4. 56). We may have to abandon traditional interpretation and take a second look at the facts.

IV.2. The substitute has to be like its occupant in its grammatical behaviour. The personal endings affixed to roots, as alluded to above, denote distinctions of various tenses and modes. Do eighteen personal endings as substitutes of these denote these relations? But Pāṇini nowhere in his grammar accredits eighteen persoanl endings to denote such distinctions. Moreover, how could eighteen personal endings, identical substitutes of all the personal endings affixed to roots, be equivalent in their grammatical behaviour to their occupants different from one another ?

Moreover, eighteen personal endings, on the other hand, denote distinctions of inflected word, active voice and middle voice; three persons and three numbers cf. (AP.I.4.99 to 102) referred earlier. These distinctions are not ascribed to the personal endings affixed to roots in Pāṇini. How can then substitute acquire additional distinctions not inherent in its occupant ? It is against the very assumptions of substitutional theory.

IV.3. By interpreting *la* in (AP.III.4.77) mentioned earlier as a common application for *laṭ, laṅ* etc. and in (AP.I.4.99) referred earlier as eighteen personal endings, the KK. unwittingly designates eighteen personal endings by lakāra-suffixes. Neither an occupant nor a substitute can designate one another. The two are always distinct, though functionally similar. The root *ad* 'to eat' for instance, does not include its substitute *jagdh* and *ghas* or Vice versa, cf. *ado jagdherlyapti kiti, luṅsanorghaslṛ* (AP.II.4.36 & 37) respectively.

IV.4. While defining *sārvadhātuka* type of inflectional suffixes the personal endings affixed to roots other than *liṭ* and *liṅ* denote 'benediction' are subsumed under *tiṅ* cf. *tiṅśitsārvadhātukam* (AP.III.4.113). But *tiṅ* as substitute of all the personal endings affixed to roots is not warranted to denote its occupant. Further use of *sārvadhātuk* in (AP.III.1.68 & 69) referred earlier is made to denote their occupant *laṭ, laṅ, loṭ* and *liṅ* (vidhi) only.

IV.5. Inflectional suffixes constitute one of the environments conditioning insertion of interpose and augment elements. Pāṇini's use of *ḷṭ, ḷṅ luṅ* etc. in this connection is simply in lieu of eighteen personal endings, their common substitutes. The terms *ātmanepada*, cf. *ātamanepadeṣ vanyatarasyām* (AP.III.1.54) *Paramaipada*, cf. *Puṣādidyutādiḷditaḥ Parasmaipadeṣu, yāsuṭ parasmaipadeṣudatto ṅiccaḥ* (AP.III.1.55 & III.4.103), Ist person, cf. *āṭ utamsya picca* (AP.III.4.92); *sārvadhātuka*, cf. *sārvadhātuke yak* (AP.III.1.67) etc. obviously refer to eighteen personal endings. For instance, *luṅ*, ātmanepada can refer to *ta*, ātām, jha etc. only. Particular eighteen personal endings are identified by either naming them e.g. *ta* in *ciṇ te padaḥ* (AP.III.1.60) etc. or by describing their phonological features e.g. beginning with *t* or *th* cf. *Suṭ tithoḥ* (AP.III.4.107). Narrower range of scope of these suffixes is denoted by qualifying these suitable, e.g. *luṅ* denoting an agent cf. *ṇiśri drusrubhyaḥ karttari caṅ* (AP.III.1.18), *sārvadhātuk* denoting an agent or object and an action or an agent cf. (AP.III.1.67 & 68) referred earlier; *ta* denoting an agent cf. (AP.III.1.60) mentioned just above; *karmakartā* cf. *acaḥ karmakattari* (AP.III.1.62) or object and action cf. *ciṇ bhāvakarmaṇoḥ* (AP.III.1.66). Thus, use of the personal endings affixed to roots and eighteen personal endings in this context do not reflect substitutional relationship. Rather the personal endings affixed to roots are used here as short-hand name for their substitutes, eighteen personal endings.

Thus, a close scrutiny of Pāṇini's statements here indicates that his use of the personal endings affixed to roots or their substitutes eighteen personal endings types, is a distinction without any structural implications.

V.O. We notice that in the derivation of verbal forms eighteen personal ending elements, which replace the personal endings affixed to roots obligatorily and unconditionally, are substituted in their turn by various alternants. For example, Pāṇini in *er uḥ* (AP.III.4.86) mentions that *i* occurring in eighteen personal endings that replace. Imperative is replaced by *u*. It, however, does not tell us anything about the environments under which substitution takes place. The same *i* occurs in eighteen personal endings that replaces the personal endings affixed to roots having *ṅ* as *iṭ* and belongs to the middle-voice set. Here *iṭ* is dropped obligatorily, cf. *nityam ṅitaḥ* (AP.III.4.9). In the substitutional process mention of environments of substitution, thus, becomes very crucial.

The verbal stem *han* 'to kill' is substituted by *vadha*. Environments of its substitution are described explicity in *hano badha liṅi* (AP.II.4.42). Likewise environments of substitution of *hi* (variant of sip) by *dhi* are mentioned in *hujhalbhyo herddhiḥ* (AP.VI.4.101).

To take into account imperative as sufficient environment under which replacement of *i* by *u* takes place is, to say the least, to over look the structural relation between *liṭ* and *sya, ti* or *jhi* (where *i* occurs). We may remind overselves that these are related as occupant and substitute. To consider for replacement of substitute in term of its occupant is negation of their substitutional relationship. A conditioning environment has to be different from both, the occupant and its substitute. Moreover, occupant and substitute by definition do not co-exist in a construction. As soon as a occupant is replaced by its substitute, it is no longer available there any more. Thus in the statements describing alternations of eighteen personal endings, there is conspicuous absence of mention of any environments under which replacement is supposed to take place. To illustrate

Pāṇini's process of derivation as understood traditionally, we may discuss below in detail how a form like *yajasva* is constructed.

The derivative process takes it start with the selection of the verbal stem *yaj* and introduction of the suffix *loṭ* after it in the meaning, to direct, invite etc. cf. *loṭ ca* (AP.III.3.162). We thus have the initial string *yaj-loṭ*. Secondly, the suffix *loṭ* is replaced by one of the eighteen personal endings listed in (AP.III.4.78) referred earlier. Which one? The choice rests with the speaker. In the present case *thās* is selected since the speaker addresses the person standing before him, IInd-pers.sing.cf. (AP.I.4.101-102) mentioned earlier and wants fruit of action to accrue to him cf. *svaritanitaḥ kartrabhiprāye kriyāphale* (AP.I.3.72).

It should be noticed here that *thās* is the only choice for IInd. pers. sing. in middle-voice set for any of the personal endings affixed to roots including *loṭ*. In fact, at this stage of derivation all the personal endings affixed to roots *laṭ*, *laṅ* etc. are replaced by an identical element for a particular person and number in a set. Tense-mode distinctions ascribed to *laṭ*, *laṅ*, *loṭ* etc. are not reflected in their substitutes formally. The string *yaj-thās*, thus, may be interpreted to denote any of the various distinctions of tense and mode. However, by considering *thās* as substitute of a particular suffix, it is assumed that it denotes that particular distinction. The string in itself is neutral to representation of any specific distinction.

Taking into account the derivation, we need know to what syntactic construction, agent, object, action or reflective voice, it denotes and which suffix type, *sārvadhātuka* or *ārdhadhātuka*, it belongs to. There is no inherent feature in *thas* that could decide the issue for us. it is *ārdhadhātuka* if it is a substitute of *liṭ* or *liṅ* denoting benediction, cf. *liṭ ca, liṅāśiṣi* (AP.III.4.115-116). otherwise it is *sārvadhātuk*, cf. *tiṅśitsārvadhātukam* (AP.III.4.113). In the present context *thās* is *sārvadhātuka* as it replaces *loṭ*. As to representation of syntactic constructions by inflectional suffixes, nature of verbal stems is also taken into consideration. All stems are capable of participating in agent formations. However, only transitive and intransitive stems participate in object and action constructions respectively, cf. *laḥ karmaṇi ca bhāve cākarmakebhyaḥ* (AP.III.4.69). And only particular type of transitive stems alone participate in reflective-voice construction. And constructions are denoted by inflectional suffixes. The set of suffixes of middle-voice alone denote object, action and reflective voice, cf. *bhāvakrmaṇoḥ, karmvatkarmaṇā tulyakriyaḥ* (AP.1.3.13 & III.1.87) respectively. Within these limitations the speaker may opt for one of these. The stem *yaj* is transitive. It qualifies to denote agent, object and reflective-voice. We go forward on the assumption that the speaker opts for agent.

Once these issues are cleared, the verbal stem is entitled to have interpose *śap* (a) after it before *thās*, a *sārvadhātuk* suffix denting agent (AP.III.1.68) referred earlier. With the addition of the interpose the string *yaj+thās* changes into *yaj+ta+thās*. Still there are no formal features that mark out the string *yaj+a+thās* as denoting exclusively 'direction' etc. It could as well denote 'present' if *thās* is considered a replacement of *laṭ*. Although *thās* may substitute any and every personal endings affixed to roots in middle-voice IInd, Pers.sing. but when it is substituted for *laṭ, liṭ luṭ ḷṭ, leṭ* and *loṭ* it is substituted by se, cf. Thāsas se (AP.III.4.80). We have, therefore, *yaj +a+se* in place of *yaj+a+thās*. The process of substitution continues. An *e* preceded by *s*, if it belongs somewhere in the line of substitutions of *loṭ*, is replaced by *va*, cf. *Savābhyām vāmau* (AP.III.4.91). Thus replacing *i* bv *va*, we obtain *yaj+a+sva=yajasva*. In this way, we have obtained the desired form. We may pause here and reflect. Derivative process, as explained above, involves successive substitution of inflectional suffixes. The basic suffix *loṭ*, in the example under discussion, is substituted by *thās* which in turn is substituted by *se* and *e* of *se* by *va*.

In the process of replacement at any level of linguistic organization three elements are invovlved, i.e. occupant, the element which is to be replaced, substitute, the element that replaces occupant and linguistic or non linguistic environments under which substitution takes place. Thus, conditioning environments have to be apart from occupant and substitute. Either occupant or its substitute by nature of their structural relationship could act conditioning factors. The suffix *loṭ* thus, can not serve as a conditioning factor of its substitute or their substitute further down in the line. As Pāṇini's statements mention only occupant and substitute, conditioning factors are conspicuously wanting therein. Substitution at every stage of derivation seems to be obligatory and context-free. Thus, in the absence of any structural constraints on substitutional operations, one is not sure how to proceed and where to stop. You cry halt only when you come to have a form that matches with one that is found in actual language. The series of substitutions in the above derivation could be truncated a step earlier at *yaj+a+se* if we intended to produce a form denoting 'present'. In that case *se* is considered a substitute of *thās* that replaces *laṭ* instead of *loṭ*. Substitutions are, thus, manipulated obviously with the full knowledge of forms to be produced. Grammatical statements purported to produce these forms appear simple, crude and unprincipled devices providing hardly any structural insight into their formation. The grammatical royal path for verbal formation is designed as if to bend, provide loops, branch off or terminate as it suits its wayfarer. There are no trafic controls. Pāṇini seems to be solely intent on arriving at the destination, already known well to him, by the shortest route. Generalized statements in this regard are seemingly unreal and illusory. These run palpably counter to his own theory of substitution.

The system Pāṇini builds up to explicate structure and formation of verbal forms is obviously based on linguistic data and its analysis. Verbal forms in the language are identifiable in terms of their endings. On the basis of their functions these fall into eleven paradigms. Forms in each paradigm are sorted out into two varieties keeping in view their inflectional endings. In each paradigm there are two sets of nine forms each denoting distinctions of three persons and three numbers. Each paradigm as a whole expresses distinction of some tense or mode. Symmetrically these forms are analysable into verbal stems; inflectional suffixes and the elements i.e. interposes, and augments. Of these stems and inflectional suffixes are considered basic and, thus, form nucleus of derivation of a form. The interpose and augment may occur in a form. Their occurence is conditioned by either of the basic constituents.

The terms *laṭ* (present), *laṅ* (imperfect), *lṭ* (IInd. future) etc. in AP. are names of various paradigms and inflectional suffixes occuring therein as well. The constructions *abhavat, abhavatām, abhavan* etc. and *edhata, edhetām, edhanta* etc. constitute two sets for the paradigm of imperfect denoting non-current past, cf. (AP.III.2.111) referred earlier. The imperfect stands for the sets of inflectional suffixes, namely *t, tām, an* etc. and *ta, ātām, anta* etc. Evan in other contexts a personal ending affixed to root is used as a designation for its substitutes as realized in the final run. For example, in *asamyogāt liṭ kit* (AP.1.2.5) he uses the expression *liṭ apit*. The expression does not apply directly to perfect which is neither *pit* nor *apit*. Obviously it stands here for its active-voice substitutes excluding those for *tip, sip* and *mip* which have a *p* as *it*, cf. *parasmaipadānām ṇl atus us thal athus a ṇl va maḥ* (AP.III.4.82).

Pāṇini's aphorisms regarding interpose or augment elements are interpreted accordingly. For instance, the aphorism *syatāsī ḷ luṭoḥ* (AP.III.1.33) is interpreted to state that interpose *sya* comes after verbal stems in the paradigms of IInd. future and conditional before all suffixes denoted by them. An interpose inserted before suffixes of a particular variety or some specific suffixes denoting any particular syntactic formation, is identified suitably. For instance, the interpose *caṅ* occurs after specific group of stem in the paradigm aorist when these suffixes denote agent formation cf. (AP.III.1.48) referred earlier; *aṅ* comes after another group of sets before active-voice set of suffixes denoting agent in the same paradigm, cf. (AP.III.1.55) mentioned earlier; *ciṇ* comes before the suffix *ta* middle-voice 3rd pers. sing. denoting different constructions after different groups of stems. In the paradigm aorist, cf. (AP.III. 1.60-66); *yak* comes before *sārvadhātuka* type of suffixes i.e. in paradigm present, imperfect. Imperative and benedictive when these denote object and action formations cf. (AP.III.1.67) referred earlier. In the same way, in explicating occurrence of augment the term *leṭ* (subjunctive), *liṅ* (potential and benedictive) are designations of paradigms and suffixes found therein. The augment *aṭ* or *āṭ* occurs initially with the suffixes of both the varieties in the paradigm of subjunctive, cf. *leṭaḥ aṭāṭau* (AP.III.4.94); *aṭ* is prefixed to the Ist. pers. suffixes of both the varieties in the paradigm of imperative, cf. *āṭ uttamasya pit ca* (AP.III.4.92); Yāsuṭ prefixed to active-voice suffixes in the paradigm of potential and benedictive, cf. *yāsuṭparasmaipadeṣūdātto ṅicca* (AP.III.4.103); *suṭ* is added initially to suffixes of both varieties beginning with *t* or *th* in the paradigm of potential and benedictive, cf. *suṭ tithoḥ* (AP.III.4.107). Thus, a look at paradigms reveals that quite a few of inflectional suffixes are shared by some of these either in toto or partially. For instance, suffixes in the paradigms of present and conditional are common. And so are in imperfect and conditional and in both i.e. potential & benedictive. The active-voice suffixes *tām* 3rd pers. dual; *tan* 2nd. pers. sing; *ta* 2nd. pers. plu. and *ām* Ist. pers. are common in paradigms ending in an indicatory *ṅ* cf. *tasthasthamipām tāmtamtāmaḥ* (AP.III.4.101) i.e. imperfect, conditional, potential & benedictive, and aorist. Some of the suffixes in paradigms in imperfect and imperative are shared by *loṭo laṅ vat* (AP.III.4.85) *Pāṇini* noticed in his treatise suffixes which are shared by any of these paradigms. He specifically realizes the structural significance of this fact. He sees a unique opportunity of achieving generalizations in his statements describing verbal forms. The vast variety of inflectional suffixes, one hundred ninety eight distinctions in all, are collapsed just into eighteen, nine for each word. Now it remains for him to demonstrate that these one hundred ninety eight distinctions are nothing but grammatical variants of these eighteen basic generalized elements occurring in well defined environments.

The eighteen suffixes i.e. *tip, tas, jhi, ta, ātām, jha* etc. counted in AP. (III.4.78) referred earlier, are morphological unit at theoretical level. These are common to all paradigms where these are replaced by their variants. These denote categories of a word, person, number and syntactic constructions, common to all paradigms. However, within a paradigm a particular variant may denote more than one syntactic construction. Such a representation, which may look an oddity, is a fact of usage. For instance, in the paradigm of aorist, the middle-voice 3rd. pers. sing. variant *ta* denotes the categories of agent; the object-agent after particular stems and those of object and action after all stems.[10] There is nothing to be surprised at. AP. linguistic structures are not logical syllogisms. Pāṇini needs a term, a label to signify these entities. He employs the expression *la* (with a) for this purpose. Thus *la* is a name, a designatory label for eighteen personal endings in AP. It is not an inflectional suffix in its own right nor a label common for all the personal endings affixed to roots. Its use is confined only to few contexts where either he refers to these suffixes or is to describe features relating to them.[11] Pāṇini's use of 6th termination with *la* in AP.(III.4.77) mentioned earlier, may be interpreted as 'in place of *la*' in conformity with the meaning of 6th termination as given in *ṣasthī sthāneyoga* (AP.I.1.49). However, its obligatory and unconditional replacement by *tip, tas, jhi, ta, ātām, jha* etc. indicates that it is synonymous with these elements. There are obvious difficulties for treating it as a unitary suffix or as a common designation for the personal endings affixed to roots.

In accordance with environment, conditioning occurence of variants of eighteen personal endings are provided by various paradigms designated as *laṭ* (present), *laṅ* (imperfect) etc. for example, the final syllable (ṭī) of middle-voice suffixes is substituted by *e* in paradigms having *ṭ* as *it* i.e. *laṭ* (present), *liṭ* (perfect), *luṭ* (Ist future), *lṭ* (IInd. future) and *loṭ* (imperative) cf. *ṭita-ātmanepadānām ṭere* (AP.III.4.79). Thus, *ta* changes to *te, ātām* to *āte* etc. by replacing the last syllables *a, ām,* etc. by *e*. The middle-voice 3rd. pers. pl. suffix *jha* is replaced by *ran* in the paradigm of potential and benedictive cf. *jhasya ran* (AP.III.4.105). All the active-voice suffixes in perfect-paradigm are substituted by *ṇal atus us* etc. cf. *parasmaipadānām ṇal atus thal atus a ṇal vamāḥ* (AP.III.4.82). A variant therefore *obtained* in a paradigm may be substituted again in specific environments. For example, the middle-voice Ist pers. suffix *i, vahi* and *mahi* changing to *e vahe* and *mahe* respectively by AP. (III.4.79) referred earlier, change again to ai, *vahai* and *mahai*. Here *e* of Ist. pers. in the paradigm of imperative changes to *ai* cf. *eta ai* (AP.III.4.93). It may be pointed out that inflectional suffixes may be replaced by their variants in some other environments also. For instance, the suffix *hi* obtained by replacing *si* in the paradigm of imperative cf. AP. (III.4.87) mentioned earlier, is substituted by *dhi* when it occurs after the stem *hu* 'to sacrifice' or after a stem ending in a consonant of *jhal*-class, cf. AP. (VI.4.101) referred earlier, e.g. *chind-hi* becomes *chind-dhi* 'you cut.' Again *hi* is elided after a stem ending in *a* cf. *ato heḥ* (AP.VI.4.105), e.g. *pac+a+hi* becomes *paca* (you) cook.

Organization of derivational process of verbal forms is conceived by Pāṇini at three levels. At the highest level these are looked upon as constituted of stem and inflection, two abstract notions. These are rspectively known as *dhātu* and *la* by him. The structure is, therefore, represented as *dhātu,* plus *la,* abstract and generalized, cf. AP.(III.1.91:III.4.77) referred earlier.

As he proceeds further, *dhātus* are specified as roots and derivates *bhūvādayo dhātavaḥ, sanādyantā dhātavaḥ* (AP.I.3.1. & III.1.32) and *la* as *tip tas, jhi* etc. AP. (III.4.78) mentioned above. These are divided into two classes of nine each, technically known as *parasmaipada* and *ātmanepada* cf. *laḥ parasmaipadam* and *taṅanāvātmanepadam* (AP.I.4.99 : 100) respectively. The suffixes denote the grammatical categories of person, numer and voice, common to all verbal forms. Although, the active-voice and middle-voice suffixes are identical with the endings of the paradigmatic sets technically called as *laṭ* and *laṅ* respectively, but Pāṇini does not treat them as such. At this level these are considered generalized abstract morphological elements for all paradigms. Now *dhātu* may be subttituted by any root or derivative and *la* by one of the suffixes. Structures like *pac* plut *ti* are obtained by substituting *pac* 'to cook' for *dhātu* and *ti* for *la*.

Here structures like *pac-ti* form basis of derivation of forms that are found in real, living language and show tense mode distinctions which are eleven in number. These are technically designed as *laṭ, liṭ, luṭ, ḷṭ* etc. When associated with any of these paradigms, these structures are subjected to grammatical and phonological operations peculiar to each paradigm. In other words *laṭ, liṭ* etc. serve as conditioning factors that trigger these operations. For example, when *pac+ti* is considered to denote *liṭ* (perfect) the suffix *ti* changes to *ṇal=a*, cf. AP (III.4.82) referred earlier; the stem is reduplicated cf. *liṭi dhātoranbhyāsasya* (AP.VI.1.8) and the like. Ultimately it produced the form *pa-pā-a* meaning 'he cooked' and the event was not withessed by the speaker. If associated with *laṅ* (imperfect) on the other hand, the same structure yields the form *a pac+at* 'he cooked sometimes in the past excluding the current day, after application of appropriate operations.

In this way Pāṇini starts the process of derivation with an abstract structure, then passes on to a semi-abstract one and finally ends up producing forms found in actual use in the language.

REFERENCES

1. *Dhātu-dhātur dadhāte* (YN.I.1) which keeps the various meaning. *Kryāvacano dhātuḥ* (MB. I.3.1), *Bhāva vacano dhātuḥ* (MBJ.3.1.) literally means indicating a verbal activity. *Nāma cu dhātujamāha nirukte vyākaraṇe Śakaṭasya ca tokam* (MB.III.3.1.) means the radical base for nouns which are all derivable from roots. However, Pāṇini has not defined the *dhātu* in his treatise. But he has listed 2014 roots (dhātus) under ten groups in an appendix called *Dhātupāṭha*. Formation of derivatives from roots and nominal stems is explained in his grammar. There is, thus, no mistaking about what verbal stems mean in Pāṇini.
2. *Dhātupā ṭha* pub. Ram Lal Kapoor Trust Press, 'Sonepat (Haryana) 1969.
3. Skt. Gr. P.227.
4. Skt. Lg. P.330, 356; Skt Gr. p.379, Ved. Gr. p.393.
5. cf. AP.I.3.68, 70; II.4.46, 51; VK. on VI.1.3., VI.1.81, and also Vks. 31, 32, 48, 49, 55, 56, 57; VI.4.24, 90, 91; VII.1.63, 64, VII.3.32, 37 & also VK. on the same, VII.3.38, 39, 40, 41, 42, 43 VII, 4.4, 5, 6, 80, 81, 96 etc.
6. Cf. AP.I.2.8, 9, 10; I.2.26; II.4.47, VK. on III.1.7. VI.4.16, 17; VII. 2.12, 41, 49, 74. 75; VII.4.54, 55, 56 & VK. on the same, VII.4.57, 58. etc.
7. Cf. vk. on AP.III.1.22. III 1.23, 24; VI 1.19, 20, 21, VI.4.49; VII.4.22, 27, 30, 31, 63, 64, 83, 84, 85, 90. VIII.2.20 etc.
8. Cf.I.1.19; VI.4.20 and vk on the same, VII.3.94, VII.4.65, 91, 92.
9. Cf. AP.I.3.90 I.4.15. vk. on III.1.8; III.1.9 and 10 vk on the same; III.1.11 VKS. III.1.12, 13 & also VK. III.1.14 and also vk on the same; III.1.15 and vks. III.1.16, VK. III.1.17 VKS III.1.18. 19, 20,21; VKs. on III 1.25 & 26; VK on III. 1.1.75; VI. 3.36, 37; VI.4.15, 50, 162, VII. 1.51 & VKs on the same VII.2.98; VII.4.34, 35, 37, 38, 39.
10. Cf. AP.III.1.60-66.
11. Cf. AP.1.4.99; III.4.69, II.3.69 & III.4.47.

CHAPTER - VIII

PRIMARY SUFFIXATION

1.0 In the third chapter of the Aṣṭādhyāyī, Pāṇini enumerates one hundred and twenty eight primary suffixes. The author chooses to take the veracity and authenticity of this count on himself. It is worthwhile pointing out that fifty six bound morphemes form a mixed part of these 128 primary suffixes which are taught in about four hundred forty aphorisms of the AP.

1.1. A bound morpheme, occurring at the final position of the derivative, which is a non-closed morphological construction, is suffixed to a root. The structure of the AP's primary suffix is such that the linkage of exponents (Its)[1] to bound morphemes is seen in the initial, penult and final positions of suffixes.

I.2. Generally, the accent of *'Its'* occurs in the final position (seventy times) and occasionally in the initial positions of the primary-suffixes (five times), while the nonaccents *'Its'* can occur in any of these positions. Some selected examples are schematised in the table that follows:-

Primary suffixes	Bound morphe-mes	Initial posi-tion.	penult-position	Final position	Accent It	Non-accent It	Aphorism No.
L - yu	*-ana*	√			L		III.1.134.
a-c	-a-			√	C		III.1.134.
K - *ta*	-ta	√				K	III.2.102.
na-Ṇ	*-na-*			√		N	III.3.90.
tum-U-N	*-tum*		√	√	N	U	III.3.10.
KH-*am*-U-Ñ	*-am*	√	√	√	Ñ	KH/U	III.4.25

That AP's formulation of primary suffixes structures with utmost care the kṛt-stem-formation at the morphological level together with the grammatical operations such as accentuation and morphophonemic changes all at one stroke -- levels Pāṇini's remarkable sense of economy[2]. This economy is regarded as one of the most fascinating tools of modern linguistic description. For example in the secondary suffix *Gh-ura -C* the exponents *Gh* (occurring initially) and *C* (appearing finally) are appended to the bound-morpheme - *ura* - the former *IT* indicating here the substitution of a velar for palatal, and the latter *C* the oxytonesis. When *Gh-ura-C.* is suffixed to the root *bhañj*, the resultant derivation is obtained by the following process:-

bhañj:-	Gh-ura-c	... Ghurac	by AP.III.2.161.
bhañj:-	ϕura-	... GH=ϕ	by AP.I.3.8,9.
		C o =ϕ	by AP.I.3.3,9.
bhaṅg:-	*ura*	*g* for *j*	by AP.VII.3.52.
bhaṅg -	*ura-*	oxytonesis	by AP.VI.1.163.
bhaṅgura:-	sup	bhaṅgura:- *r* = bhaṅguraḥ.	

What deserves a mention in this connection is that one of the essential mechanical principles of the AP's structuralism is that all *Its* appended to a primary-suffix must be zeroed, although the grammatical operations pertaining to the zeroed *It*, are applicable as if it were existent[3]. Concomitantly, when *Ghurac* is suffixed to the root, two grammatical operations will take place: Velarisation and oxytonesis. Thus, we obtain bhaṅguraḥ 'brittle.'

II.1. A derivative made by means of a primary-suffix may be either 'simple' (or non-compounded) or compounded. The dismemberment of a simple primary-derivative into its two essential components, Root and Primary suffix, the root occurring in the initial position and the suffix appearing after the root (AP.III.1.1,2) is in accord with AP's descriptive procedure. The compound derivative contains an Upapada[4] preposed to the root to which a primary-suffix is added. Both derivative and compound derivative are designated non-closed stems (Prātipadikas). In the AP. we find a definition of Prātipadika in the meta rule: *arthavad adhātur apratyayaḥ prātipadikam"* (AP.I.2.45). A Prātipadika (an open or nonclosed morphological construction) is significant form, which is neither a verbal root nor a suffix. In the next aphorism *"Kṛt-taddhita-Samāsāś ca"* (AP.I.2.46) Pāṇini assigns derivatives, made by means of primary-suffixes and secondary-suffixes and compounds to Prātipadikas. A single case morpheme (SUP) closes the nominal construction in Sanskrit. To put it particularly, a nominal word will be morphologically closed when a *sup* is added to a simple derivative or compound derivative. This is in conformity with Pāṇini's definition of a word[5] (Padam) as *sup-tiṅ-antam padam.* (AP.I.4.14). Consequently the essential components of a word made by means of a primary-suffix are root (with or without Upapada), suffix and *S-up.* If a primary-suffix is appended to a root which has an Upapada, the Upapada occurs before the root and the suffix and the case morpheme follow it (root).

II.2. It is possible to draw up a formula for a simple derivative and primary-word as follows:-

Root:- suffix=Derivative, and

Derivative:- Termination (sup)=Word.

on the other hand, may be represented by the formalae:-

I. (Upapada). Root:- suffix=compound derivative,

II. (Upapada$_1$ Upapada$_2$). Root:- suffix compound

derivative, and compound derivative=compound word.

To present an example for a simple Derivative we may cite *gam a-* which is derived from *gam* by means of the primary suffix *ap* (AP.III.3.58). when the masculine singular declensional affix *sup* is added to *gama-sup*, the morphological construction is closed, and we obtained *gam-a-ḥ* 'march'.

With regard to Compound-derivatives; the formulae (I) and (II) need an explanation. In several rules --numbering about two hundred and seventy seven in the AP. Pāṇini enjoins the addition of a primary-suffix to a root if it (root) has an Upapada supplemented to it. For example, he teaches in the aphorism *pūrve-karttari* (AP.III.2.19) that *ṭ-a* (a primary-suffix which recurs from AP.III.2.16 in to 19) is suffixed to root sṛ (*sartteḥ* recurring from AP.III.2.18 into 19), if *Pūrva-* denoting agent is the Upapada. Accordingly, we obtain *pūrva-sar-a-ḥ*, 'one who moves in front', which is an oxytonic word through the force of AP.VI.2.139

and III.1.3 by the following process of which the bottom to top analysis is structured:-

Pūrva	*Sṛ*:-	*Ṭ-a*	.... *Ṭa* by AP.III.2.19.
" "	" "	*ϕ*–a....	*Ṭ ϕ* by AP.I.3.7 & 9.
		Sar;-a	.... guṇa by AP.VII.7.8
pūrva-sar-a'		......	oxytone by AP.VI.2.139 which preserves the suffixal accent taught in AP.III.1.3.
Pūrvasara	:-	*s*-u	...... *SU* by AP.IV.1.2.
"	:-	*S-ϕ*	...... U=*ϕ* by AP.I.3.2 & 9.
	:-	*r*-u	...... *rU* for *S*-U by AP.VIII.2.66.
"	:-	r-*ϕ*	...... U=*ϕ*
	:-	*ḥ*	.... *ḥ* for *r* by AP.VIII.3.15.
Pūrvasaraḥ		....	initial S-accent remains, since *s* - U-p is grave by AP.III.1.4.

The word may be represented in the following frame in which the top to the

Upapad	Root	Suffix	Termination
Pūrva	Sar	á	ḥ
"	"	"	"
"	"	"	"
"	"	"	"
"	"	"	"
"	sṛ	Ṭ-a	-

Furthemore, Pāṇini teaches the addition of a primary-suffix to a root which has two Upapadas. Instances for this treatment may be represented in the following frame:-

1 Upapada1	2 Upapada2	3 root	4 suffix	5 Termi-nation.	6 Suffix-aphorism.	7 Accent aph-orism
Kūlam	ud	Vah	a	ḥ	AP. III.2.31	VI.2.139 & III.1.3.
Śaṅkha	pra	stār	a	ḥ	AP. III.3.32	VI.2.144
Īṣad	āḍhyam	kar	a	ḥ	AP. III.3.127	VI.2.139 & VI.1.193.

The examples cited here show that the three rules cited in column 7 will operate when two Upapadas (Upapada1 Upapada2) are preposed to roots listed in column3.

III.1. The root being the basic constituent (or nucleus), Pāṇini lays special emphasis on its structure. Here, too, the principle of economy is at work, which is evident from the manner in which Pāṇini enumerates root to which primary suffixes are added.

The aphorism *dhātoḥ* (AP.III.1.91), being an *adhikāra*[6] -aphorism, extends its operation upto the end of the third chapter of the AP. All primary-suffixes which are differentiated from *tiṅ* (tense makers) through the force of the aphorism *kṛd atiṅ* (AP.III.1.93), must appear after verbal roots (*Pratyayaḥ praśca*, AP.III.1.1 and 2).

Let it be observed that the roots appear with or without Upapads. In a certain number of aphorisms, preverbs are preposed to roots indicated by the term *Upasarage* (AP.III.1.136) and in others, by the use of the term *Anupasarge*. These, however, are not preposed to roots.

Pāṇini has listed approximately five hundred roots in the third chapter of the AP. of which a certain number of roots have a general distribution, and others occur before some specified primary-suffixes. In fact, the primary-suffixes *ṇ-vul-l, tṛ-c, tṛ-n,* k-ta, *k-tavat-u, Ś-at-ṛ, Ś-āna-c* only to mention a few -- can be appended to all roots. But there are others which are suffixed to roots as specified by Pāṇini in his AP. An example for this treatment is seen in *gāthakaḥ* 'singer' derived from the root *gai* by means of the suffix *thak-n* according to the aphorism *gas-thakan* (AP.III.1.146).

III.3. The roots to which primary-suffixes are added may be broadly arranged in the following eight categories:-

I. Direct listing of roots (AP.III.2.61) and root-classes (AP.III.1.134).

II. Roots ending in vowels (AP.III.1.97).

III. Roots ending in consonants (AP.III 3.121).

IV. Roots ending in vowels or consonants (AP.III.1.24).

V. Roots marked with exponents *ñ* : (AP.III.2.187), *ḍ*: (AP.III.3.88) *Ṣ*: (AP.III.3.104).

VI. Verbs ending in derivative-suffixes (AP.III.3.102).

VII. Verbal roots denoting the sense of motion or sound (AP.III.2.148) and

VIII. Unspecified roots (AP.III.1.96).

The categorisation of roots attempted here is only representative, but not exhaustive, of the several ways by which Pāṇini lists roots in the chapter dealing with primary-suffixation.

IV.1. The accent *ITs* are eight in number: *C, ñ, T* (T_1 T_2), *N, P, R,* and *I.* Pāṇini has specifically designed these exponents to mark the pitch features -- Udātta (acute), *Anudātta* (grave) and *Svarita* (circumflex). This is shown in the table that follows:-

Accent symbol	Accent position	Accent aphorism
C	end-acute	AP.VI.1.163.
ñ	initial-acute	AP.VI.1.197,
T | T-1	circumflex	AP.VI.1.185,
T-2	initial-acute	AP.VI.1.213,
n	initial-acute	AP.VI.1.197,
P	grave-tone	AP.III.1.4,
R	Penulte-acute	AP.VI.1.217,
I	(acute on the syllable) before the suffix)	AP.VI.1.193.

IV.2. Patañjali in his dequisition on AP.III.1.3 makes a binary categorisation of the primary-suffixes: *niyata svara pratyaya-s and aniyata svara Pratyaya-s.* In a total of one hundred twenty eight Primary-suffixes, seventy five suffixes are sealed with accent exponents belonging to the former category, while the rest (fifty three, primary-suffixes) which do not contain accent *Its* belong to the latter category, since the tonal features of these accent *IT-* less primary-suffixes will have to be decided by the logical application of the general aphorisms ordained by Pāṇini in his system of accentuation. For instance, the *niyata-svara* of the suffix *a-c* is that a word derived from this primary-suffix will be oxytonic through the force of AP.VI.1.63, whereas the *aniyatasvara* of a suffix like *Ṇ yuṭ* (=bound morpheme-ana-) will suggest that a word made by means of this suffix will be governed by AP.III.1.3. (suffix-initial accent).

Examples are:-

mod-a- (*mud*: *-a-c* AP.III.1.134) 'rejoining' and *gāy-ana* (*gai*:- *y-yuk* AP.VII.3.33:- *Ṇ-yu-ṭ* AP.III.1.147) 'singer' -- for both categories respectively.

V.1. Furthermore, in a derivative consisting of roots plus suffix, the accent falls on either the root or the suffix. The accentual categories of derivatives may be structurally distinguished as follows, confirming our data only to simple derivatives:-

VI.2. The Root is accented when -

I. Zero suffixes are appended to roots;

II. Primary-suffixes contain the exponents *ñ, n, p, l;*

III. *Yat* is suffixed to a root, if the word is dissyllabic (with the exception of anāva-according to AP (VI.1.213).

IV. *Ṇyat* is suffixed to the roots - *Īḍ, Vand, Vṛ. Śaṁs, duh,* tought in AP. (VI.1.214), and (V) when root accent appears in specifically enumerated word-lists AP. (VI.1.202, 203 VI. 2.205-207). Nevertheless, exceptions to I(II) with special reference to *ñ*, and *P* are seen in the following cases:-
(a) With *gh - a- ñ* oxytonic words are also formed:- *Karṣ-a-ḥ* (AP.VI.1.159), *uñc-a-ḥ* (AP.VI.1.160);
(b) with K-*ya*-P are formed oxytonic words too:- Vraj-yā feminine (AP.III.3.98; accent aphorism AP.III.3.96).

In this connection it deserves a mention that if the root contains more than one syllable, the *acute* falls on the radical final vowel in conformity with the general aphorism:- *dhātoḥ* (AP.VI.1.162).

V.3. The suffix is accented when

(I) words are formed with the *aniyata svara pratyaya-s* (14 *IT*- less primary-suffixes:- 39 accent *IT*- less primary suffixes) which will appear with suffix-initial accent (AP.III.1.3).

(II). Primary-suffixes contain the accent exponent *C* (AP.VI.1.163).

(III) Gerundives in *anīya-r* are formed (penulte vowel of the suffix is accented by AP.VI.1.217); and

(IV) When *ṇ-ya-t* and *tavya-t* are suffixed to roots, the suffix final will bear the circumflex intonation by (AP.VI.1.185).

Some exceptions to II (i), (ii) and (iv) are as under:-

(a) A dissyllabic participle in *K-ta* (allowing suffix-initial accent by AP.III.1.3), when a name (saṁjña) is designated, has the accent on the root vowel, but not if the initial syllable of derivative has *ā (niṣṭhā ca dvyajanāt* (AP.VI.1.205) e.g. *guptaḥ, dattaḥ, buddhaḥ.*

(b) A-c-words are, sometimes, barytonic (AP.VI.1.203), e.g. *Vṛs-a-ḥ;*

(c) *Ṇyat*-words are barytonic (AP.VI.1.185; see I.IV). e.g. *Īḍ-ya-ḥ (ṇyat* AP.III.1.124 accent aphorism AP.VI.1.214).

V.4. These are, succinctly speaking, the workable criteria governing the accentuation of simple derivatives in determining the accentuation of compound derivatives. On the other hand, we have to take into consideration several general rules and specific accentual formulations in AP.VI.2.

VI.1. An important characteristic of normal derivation in early IE is the dichotomy between agent nouns (having suffixal accentuation) and acton nouns (appearing with radical accentuation). Pāṇini has not seriously examined the problem of accentual polarisation causing differentiation in meaning. Yet the old relic is preserved to some extent and is exemplified by a small number of doublets such as *sparśaḥ* "touch" (or "one who touches"), *sparśaḥ* "warmth" or "disease". The former is an agent noun formed with *a-c* (AP.III.1.134) and is oxytonic (AP.VI.1.163); but the latter is an action noun made by means of *ghañ* (AP.III.3.16) and is barytonic (AP.VI.1.197).

VI.2. In a certain number of primary derivatives, accent may be said to be a contrastive feature in the phonemic sysem, although Pāṇini does not categorically state that the tonic accents /*/*/,/\/ and /∧/ can play the role of prosodies (or suprasegmentals). The following typical examples drawn from the AP. may serve the purpose of illustrating this principle:

(I) *sparśáḥ* "one who touches" (Agent noun, ac, AP.III.1. 134, accent aphorism, AP.VI.1.163).

Spárśaḥ "disease or warmth "Action noun, *ghañ* AP.III. 3.16, accent aphorism AP.VI.1.197).

(II) *garaḥ* "poison" (*ap*, AP.III.3.57, accent aphorism AP.VI.1.160).

garaḥ "swallowing" (*ap, id*, accent aphorism AP.III.1.4; VI.1.162).

(III) *Kṣayaḥ* "destruction" (*ac*,-AP.III.3.56, accent aphorism, AP.VI.1.163).

Kṣayaḥ "dwelling" (*gha*; AP.III.3. 118, accent aphorism, AP.VI.1.201).

(IV) *āśitáḥ* "what has been eatan (object, *kta*, AP.III. 2.188, accent aphorism AP.VI.2.144). *āśitaḥ* "who has eaten" (Agent noun, *kta id*, accent aphorism (AP.VI.1.207).

To put it in modern linguistic terminology, *sparśaḥ* and *sparśaḥ* are minimal pairs; the former is an agent noun which has the suffix-accent, while the latter is an action noun which appears with radical accent. Accordingly, there is the structural possibility of the phonemic contrast of an acute I/I supra segment with the grave I\I suprasegment at the final position of both the words.

VI.3. Such instances, however, are restricted to a small number of derivatives. In a vast majority of derivatives, accent is an indispensable element of morphology. Consequently,any description of nominal derivation in Sanskrit without accentuation is not only incomplete but also inadequate. This is what it is but the principal aim adopted in the AP seems to be the determination of the morphological role played by accent in Sanskrit.

REFERENCES

1. A letter is added to a word which has no importance in the spoken language; cf. *aprayogī It* (śākatāyana I.1.5), and also Hemchandra (I.1.37); *It* letters have some purpose in grammar. Sometimes they cause or prevent some grammatical effect in the shaping of the complete word. We do not find any definition of *It* in the AP, but something like a definition comes to be discovered when and where the vowels and consonants adhere to words are to be known as *It*. cf. *Upadeśe ajanunāsika It* (AP. I.3.2), *halantyam* (AP.I.3.3), *na Vibhakttau tusmāḥ* (AP.I.3.4) *ādirñiṭuḍavaḥ* (AP.I.3.5); *Ṣa Pratyayasya* (AP.I.3.6), *cuṭū* (AP.1.3.7), *laśakva taddhite* (AP.I.3.8). Ultimately, *It* letters will be dropped in final shape, cf. *tasya lopaḥ* (AP.I.3.9). *It*, literally means disappearing. In grammar, almost all the vowels and consonants are assigned as *It* for different aims and the *It* letters are attached to roots in the DPP nouns in the Gaṇapāṭha, as also to affixes, augments and the substitutes. Rarely, they are adhered to give facility of pronunciation. MB on AP. I.3.2. explicitly states that the term *It* had used by the pre-Pāṇinian grammarians also. Some other systems of Sanskrit grammar also employed such *It* letters as also in the uṇādi lists of affixes, for the same purpose which is found served in the grammar of Pāṇini. On some occasions the *It* letters, particularly vowels, which are known to be *It*, when pronounced as nasalized by Pāṇini, are considered only by the tradition, cf. *Pratijñā anunāsikyāḥ Pāṇiniyāḥ* (SK on AP.I.3.2). "The term *It* in this treatise (capitalised for the sake of clarity) is rendered as "element annexe', exponent, indice grammaticale" in *Terminologie Grammaticale du Sanskrit* L. Renou (Paris 1957). And G.L. Trager regards 'exponential sounds' as the qualities of the type of stress, pitch and quality on the phonetic level. *'The Theory of Accentual system'*, p.132. (Wisconsin, 1941).

2. Economy:- expressing in as few words as possible; brevity of thought, conception and expression. Regarding brevity of expression, aphorisms of the ancient grammarians are noteworthy, especially those of Pāṇini, whose brevity of expression is aptly extolled in the familiar expression, cf. *ardhamātrā lāghavena putrotsavom manyante Vaiyākaṇāḥ*. *Nāgeśa in Pribhāṣe nudśekhara.* prebhāṣā No.122. "Economy as the tendency of a language to follow the law of least efforts". by A. Martinet, *Elements of General Linguistics* (English translation by Palmer, London, 1964). Cf. *lāghvārtham hi Saṁjñākaraṇam*, MB. on AP.I.2.27; also VK. *Saṁjñā hi nāma yato na laghīyaḥ*; Explaining something as also in utterance cf. *Vyorlaghu prayatnataraḥ śākatāyansya* (AP.VIII.3.18).

3. Cf. *Varṇānām Upadeśastāvat, Upadeśottarakālet Saṁjñā.* (Patañjali on the AP.I.1.10). Firstly, the *It* letters are pronounced, secondly, they are designated *Its*, and thirdly, they drop out.

4. The term *Upapada*, literally means a word placed near. In the AP, this term *Upapada* is used for such words as are put in the locative case while prescribing the primary-suffixes in the aphorisms from III. 1.90 to III.4. end; cf. *tatropa padam Saptamīstham* (AP.III.1.92) e.g. *Karmaṇi* in *Karmaṇyaṇ* (AP.III.2.1). This term is also employed in the sense of an adjoining word connected in sense e.g. *Yuṣmadyupapade Samānādhikarṇe Sthāniapimadhyamaḥ* (AP.I.4.105) and also *prahāse ca manyopapade manyateruttama ekavacca* (AP.I.4.106) cf. also *kriyārthāyām kriyayāmupapadedhātor bhaviṣyati kāle tumun ṇvulau pratyayaubhavataḥ* (KK. on AP.I.3.10), cf. also etaretarān yonoyopapadāccā (AP. I.3.10), *mithyopapadāt kṛñobhyāse* (AP.I.3.71) and also *Upapadamatin* (AP.II.2.19) and *gatikārkopapadātkṛt* (AP.VI.2.139) Kaiyaṭ on the AP.III.1.92 VK. 2 defines the term *Upapada* as *Upoccāri or upoccāritam padam upapadam*. The term *upapada* is

employed in the prātiśākhya literature where it means an adjoining word affecting some change; cf. *ca, va, ha, aha, eva, etāni ca prabhṛtini yāni upapadāni uktāni ākhyātasya vikāriṇi* --Uvaṭ on VS.Pr. (VII.23), cf. also, the term *Upapada* is rendered as a supplementary, dependent, or accompanying word; 'Begleitwort' (Altindische Grammatik I.1. Sect.75). on Erganzungswort (BIRWE, Studien Zu Adhyāya III der Aṣṭādhyāyī Pāṇinis, p.25. (1966). According to AP.III.1.92, a word cited in the locative case is the upapada to the root.

5. A word is being used as a unit of language which makes sense; cf. *Akśara samudāyaḥ padam. Akśaram vā* (VS.Pr.VIII.45-47) and also *Arthaḥ padam* (VS.Pr.III.2) *Varaṇānām ekaprayeṇa yogaḥ saṁhitā* (VS.Pr.I.58); cf. also *Padaprakṛtiḥ Saṁhitā* (YN.1.17). The definition *Arathaḥ Padam* is attributed to Indra, an ancient grammarian, about whom it is believed that he was next to *Vṛhaspati* in the seniority list of Indian grammarians cf. *Vṛhaspatiś ca pravaktā Indraśca adhyayetā* (Paspāśāhnika). Pāṇini defines it as *suptiṅantam Padam* (AP.I.4.14) by which nouns are declined and verbs are conjugated. Pāṇini includes parts of words before the case affixes *bhyām, bhis, su* etc. as also before the *taddhita*-affixes *Mat, Vat* etc. which are given as separate Padas many times in the pada-pāṭha of the Vedas; cf. *Svādiṣu asarvanāma sathāne* (AP.I.4.17). There are four kinds of padas (words) viz. *nāma, ākhyāta, upasarga,* and *nipāta* (cf. YN. First chapter and Prātiśākhya literature) cf. also *Padamarthe Prayujyate, Vibhaktyantam ca Padam* (patañjali on AP.I.2.64 VK 19); *Varaṇsamudāyaḥ Padam* (Patañjali on AP.I.1.21 VK-5); *Pūrva-parayortha upalabdhau padam* (KV.I.20). *Padaśabaden artha ucyate* (Kaiyaṭa on MB I.2.42 VK 2, cf. also *Padyati gamyate arthaḥ anen iti padam iti anvarthasaṁjñ¯* (NS. on AP.III.1.92). Since an IE word is composed of the root (*la racine*), the suffix (*le suffixe*) and an ending (*la desinence*). See A. Meillet; *'Introduction a l' etude comparative des languages Indo europeennes.* (Alabama 1966), pp. 147; 151. This reflects the *IE* State of affairs too.

6. It gives its meaning in a large number of aphorisms that follow. To cite an instance, *Pratyayaḥ* (AP.III.1.1) *dhātoḥ* (AP.III.1.91), *ṅyāp prātipikāt* (AP.IV.1.1), *sarvasya dve* (AP.VIII.1.1) and so on. it can be defined as a superintending rule, which is taken as understood in every following aphorism up to a particular limit. Basically, it has no meaning of its own where it is mentioned, but indicates its purpose in the numerous following rules. *Adhikāra*, literally means, a governing aphorism, see Patañjali:- *adhikāraḥ pratiyogam - tasya anirdeśārtha iti yoge upatiṣṭate* (MB.II.1.1) and also MB on AP.I.3.11, I.4.49 and IV.1.83. Repetition of a word from the previous aphorism to the following aphorisms, which is compulsory for the sake of intended meaning. BD defines *adhikara* in the following way - *Ekatra upāttasya anyatra vyāpāraḥ adhikāraḥ* (SB. on AP.I.2.5). On some occasions the whole aphorism is repeated, for instance *aṅgasya* (AP.VI.4.1), *Samāsāntāḥ* (AP.V.4.68) etc. but sometimes a part of it, repeated. The recurrence goes on upto a particular stage which is described as in *asiddhavat atrābhāt* (AP.VI.4.22) *prāgīśvarān nipātāḥ* (AP.I.4.56). This *adhikāra* has its influence of three kinds. First, the continuation is generally uninterrupted like the stream of river. Secondly, it jumps like a frog leaving out one aphorism or more. Thirdly it is taken backwards in an aphorism with a lion's glance; cf. *sinhāvalokitam caiva maṇḍūkaplutam eva ca Gaṅga pravāha vaccāpi adhikārā tridhā matāḥ* (VP.II.79). cf. also *pratipādyeṣu śabdeṣu Vyākaraṇa Śāstrasyādhikāraḥ, adhidheye arthe śabdasyādhikāraḥ* PVP.II.79.

CHAPTER - IX

SECONDARY SUFFIXATION

I.1. We find in MB on AP. (IV. 3.23) *agrādipaścād ḍimac smṛtaḥ,*[1] *agrimam, ādimam, paścimam, antāc ceti Vaktavyam, antimam.* Here the usage of the word *smṛtaḥ* shows that Patañjali borrowed and used *agrādi* etc. from some earlier source and to this he attached his own remark: *antāc ceti vaktavyam.* These two vārtikas[2] explicitly show that the four words *agrima, ādima, Paścima* and *antima* are derived from *agra, ādi, paśca,* and *anta,* respectively, with the addition of suffix *ima.*

I.2. The treatment of these words has not been preserved by Pāṇini in his AP. though their analysis appears so clear and simple. In this regard, Pāṇini's silence is generally understood to mean either as a failure to notice the date or the above mentioned four words are post-Pāṇinian. Here it is not possible to depend on the former speculation if these words had existed in the Sanskrit language, Pāṇini would not have over looked them. As far as the latter assumption is concerned, it may be accepted partly. From the viewpoint of Lexicons *antima ādima* are found in the MB of Patañjali for the first time cf. (A Sanskrit English-Dictionary of MW), while *Paścima* is recorded first in some of the śrautaśūras although it might have come into Sanskrit after Pāṇini's time. The word *agrima* is attested once in the Ṛgveda[3]. Therefore, it is certainly pre-Pāṇinian. Now the question arises, the word is definitely old and may have been known to Pāṇini, then why he overlooked its analysis, particulary when he examines *agrya as agra:* -Ya (cf. *agrād yat.* AP. IV.4.116) and *agrīya* as *agra: -iya*[4] cf. (AP.IV.4.117).

I.3. Now we can formulate some principles to analyse the word-formations, on the basis of the primary-suffixes, dealt with in the AP. Amongst the others, one principle appears to be that Pāṇini usually keeps away from giving the analysis of a given word, although this type of analysis seems palpable, if the suffix acquired by such analysis is obtained to be a rare occurrence. A word will be examined into base and suffix if there are at least two instances to strengthen such analysis, otherwise not. Accordingly, for instance from the words *ajathya,* suited for goat' and *avithya*[5] suited for sheep' a suffix *thya* (thyan) will be extracted since it is obtained in at least two words. On the other hand, of the four words *agrima, ādima, Paścima* and *antima,* if the agrima only was known at the time of Pāṇini and not the others, then he would not proceed to give the analysis, for the suffix *ima* extracted from it would turn out to be rare occurrence, and the analysis would serve no fruitful aim. Possibly, Kātyāyan also knew nothing about the other word structured with the suffix ima. Afterwards, however, two more words *ādima* and *Paścima* appear to have been analogically structured. After some time, but before Patañjali, the word *antima* also came into use. After visualizing the productivity of the suffix the grammarians started to take note of it in the VK, like formulations referred to earlier.

I.4. The above explanation by Pāṇini teaches the analysis of a given word only if the resulting suffix turns out to be productive, was analysed on the relevant aphorisms in the AP. It was found that the idea was borne out by a large number of cases. There are, however, some cases where Pāṇini has given the analysis of words even if the resulting suffixes turn out to be of rare occurrence.

But it appears possible to take care of almost all these cases with the addition of one more assumption. It will be seen that no assumption is made to explain only a single case.

II.1. AP. shows a secondary-suffix even of rare occurrence if such a suffix does not require an independent aphorism for its teaching but can be combined in a single aphorism with some other suffix or suffixes. The suffixes thus combined in a single aphorism may be either productive or unique. Thus, although the suffix in question is non-productive, the aphorism in which it takes place is not. The aphorism is in a position to account for more than a single word and hence is productive. In short, we may say that Pāṇini's formulations show that either the suffix or the aphorism has to be productive.

(a) An aphorism can be considered productive if it accounts for more than one word by directly giving more than one suffix.

(b) If it adduces to other suffixes given in the previous aphorisms by the use of the word ca;

(c) If as an exception it is included together with some other aphorisms under some *adhikāra*[6] aphorism.

Some suffixes are listed below of rare occurrence which can be accounted for by the second explanation:

(a) An aphorism can be considered productive if it accounts for more than one word by directly giving more than one suffix:

II.2. The suffix *Kaṭya* (kaṭyac) has been recorded in the word *rathakaṭyā* (cf. AP.IV.2.51)[7] 'a collection of chariots'. The suffix turns out to be non-productive, but it has been recorded since it was possible to group it with two other suffixes, ini and tra. The aphorism thus produces, not one, but three words, viz. *Khalinī gotrā* and *rathakatyā.*

II.3. The suffixes *śāla* (*śālac*) and *śaṅkata* (*Śaṅkaṭac*) have been extracted from Viśāla 'extensive' and Viśaṅkaṭa[8] 'large'. Both suffixes are of rare occurrence but as they have been combined in a single aphorism, the aphorism becomes productive.

II.4. The suffixes *ṭīṭa (ṭīṭac), nāṭa (nāṭac)* and *bhraṭa* (bhraṭac) have been obtained from avaṭīṭa, avanāṭa, and avabhraṭa[9] (cf. AP. *nate nāsikāyāḥ saṁjñāyām ṭīṭañ nā ṭai bhraṭacaḥ* V.2.31) all meaning 'one with a bent nose'. All these (three) are of rare occurrence but have been joined together in a single aphorism making it productive.

II.5. In the same way, the suffixes *biḍa* (*biḍac*) and *birīsa* (birīsac) are obtained from the words nibiḍa and *nibirīsa*[10] (cf. AP. *Nebiḍaj birīsacan* V.2.32) 'bent nose'. The suffixes are of rare occurrence, but have been combined in a single aphorism making it productive.

II.6. Similarly the suffixes *ina* (inac) and *piṭa (piṭac)* are extracted from *cikina* and *cipiṭa,* (cf. AP. *inac piṭac-cikacica* V.2.33). The suffixes are supposed to be added to *ni* which is turned to *cik* before *ina* and *ci* before *piṭa*. The suffixes are non-productive, but the aphorism is not.

II.7. The suffixes *āla* (*ālac*) and *āṭa* (*āṭac*) are found in the words *vācāla* and *vācāṭa,* (cf. ālajāṭacau bahubhāṣiṇi AP.V.2.125) 'talkative'. The suffixes are rare, but the aphorism is not.

II.8. The suffixes *na* (nañ) and *sna* (snañ) are found in the forms *straiṇa* 'goup of women' 'relating to women', 'being among women', and *paumsna*[11] 'relating to men', 'being among men', 'group of men', (cf. strīpumsābhyām *nañsnañau bhavanāt*, AP.IV.1.87). The suffixes are unique, but are grouped in one aphorism. The analysis of these suffixes can be justified even otherwise. The suffix *na* is rare as secondary-suffix. But it is quite productive as primary-suffix. The suffix *sna* also may be deemed productive, if, formally, it is identified with the suffix *sna* extracted by Pāṇini in *mṛtsnā* (cf. sasnau praśamsāyām, AP.V.4.40) 'good earth'. Since the suffix takes place in two words, it is not rare. It may be noted that while identifying suffixes formally, the difference of their meanings or the differences they bring about in the form of the base are not taken into account. Thus the suffix *sna* in *Paumsna* is taught in the meaning *bhavana*, while the suffix *sna* in *mṛtsna* is taught in the meaning *praśamsā*. The former brings about *vṛddhi* in the first syllable of the base, the latter does not.

II.9. The suffix *ākin* (ākinic) of rare occurrence is found in *ekākin* 'without help', 'alone', (cf. *ekād ākinic cāsahāye* (AP.V.3.52). The aphorism does not have any other suffix. But it keeps ca which brings the suffix *ka* (Kan) and its optional disappearance (luk) from the previous (cf. *mānapaśva aṅgayoḥkanlukau ca* AP. V.3.51) aphorism. In this way, the aphorism prescribing *ākin* is capable to produce three forms *ekākin*, *ekaka* and *eka*.

II.10. The suffix *Kuṭāra* (Kuṭārac) takes place only after the word *ava* in *avakuṭāra*, (cf. *avāta kuṭarac ca*, AP.V.2.30). But the aphorism keeps the word *ca* which helps it to get the suffix *Kaṭa* (*kaṭac*) cf. (*Samprodaś ca Kaṭac*, AP.V.2.29) to produce another from *avakaṭa*.

II.11. Pāṇini gives the suffix ati (*ḍati*) after kim in the form *kati* (cf. *Kimaḥ Samkhyāparimāṇe ḍati ca*, AP.V.2.41) 'how many'. The suffix for *kim* is of rare occurrence since Pāṇini does not give similar forms like *Yati* and *tati*, which are recorded in the Veda[12]. But the use of the word *ca* in the aphorism brings in the suffix *gha* and thus helps to produce the form *Kiyat*, besides *kati*. The aphorism in this way becomes productive.

II.12. The suffix *aḍa* (*aḍac*) is recorded in the form *Upaḍa* (poor) *upendrdatta* (cf. *prācām upāder aḍajuvucau ca*, AP.V.3.80). But the aphorism also gives the suffix *Ka* (*VUC*) and by the use of Ca brings in the suffix *iya* (ghan) and *ila* (ilac) from previous aphorism. (cf. ghanilacau ca, AP.V.3.79). From the view point of the commentators it also brings in the optional use of *ika* (ṭhac) from the still preceding aphorism (cf. *bahvaco manuṣyanāmanaṣṭhaj va*, AP.V.3.78). So the aphorism recording the suffix *aḍa* produces more than one form, *Upaḍa*, *upaka*, *upiya*, *upila*, *Upika*, besides *upindradattaka*. Really speaking the suffix *aḍa* in *upaḍa* is not of rare occurrence since it can take place after any personal name beginning with *upa*, and not just after Upendradatta. Moreover, it may be noticed that Pāṇini refers to the teaching as of eastern grammarians.

II.13. The suffix *dhyam* (dhyamuñ) is recorded after *eka* as available in the form *ekadhyam* (cf. *ekād dho dhyamuñ anyatarasyām* AP.V.3.44). The aphorism gives the optional replacement of the suffix *dha*, recorded in *Saṁkhyāyā Vidhātrthe dhā* (AP.V.3.42), by *dhyam* after *eka*. The *aphorism* in this way produces two forms, *ekadhā* and *ekadhyam*, and not one. This, however, does not by the use of the word *Ca*, but by anyatarasyām.

II.14. The suffix *eyin* (ḍhinuk), obtained from *chāgaleyin* (cf. *chagaline ḍhinuk*, AP.IV.3.109) 'one who studies the text of chagalin[13], is of rare occurrence. The aphorism teaching the suffix does not have any other suffix, nor the word *ca*. But the aphorism has been taught under the *adhikāra* aphorism[14] *Tena proktam* (AP.IV.3.101) 'thought by him'. The aphorism giving the suffix *eyin* is an exception to the use of the suffix *a* (*aṇ*) taught in the previous aphorism *Kalāpino aṇ* (AP.IV.3.108). The suffix *Vaya* has been given by Pāṇini in the aphorism *māne vayaḥ* (AP.IV.3.162) the suffix *Vaya* is employed to express the meaning 'measure' (made out of it). If the aphorism as it stands is interpreted to mean that the suffix *Vaya* can be employed after any word expressing the material from which the measure is made, e.g. *dāruvaya* "measure made of wood", ayovaya" measure made of metal", etc. then the suffix is not rare. But the KK. on AP. (IV.3.162) interprets the aphorism to mean that it is prescribed only after the word *dru* "wood" which takes place in the earlier aphorism i.e. *drośca* (AP.IV.3.161). The only word which then results from it is *druvaya* and the suffix now becomes rare. But we can even then justify it on the ground that it takes place under the *adhikāra*[15], i.e. *tasya Vikāraḥ* (AP.IV.3.134) "modification of it". From the view point of the commentators the aphorism teaching the suffix *Vaya* is an exception to the use of the suffix *ya* (*yat*)[16] after *dru* when a special modification like measure is to be expressed.

The point needs special consideration as we find that the word *druvaya* in the sense "a wooden measure" is not attested. It is attested in the Atharva-veda[17] in the sense "made of wood".

II.16. The suffix *aïra* (*airak*) is taught only after *caṭakā* in the word *cāṭakaira* (cf. *caṭakāyā airak*, AP. IV.1.128) "the young one of *caṭakā*". Both the suffix and the aphorism are non-productive, but the aphorism takes place in the *adhikāra*[18] aphorism *Tasyāpatyam* (AP.IV.1.192) "his child".

The VK. (No.1) on the aphorism (AP.IV.1.128), however, explains that the suffix can take place also after the masculine base *caṭaka*, cf. *caṭakāc ceti vaktavyam*). In that case the suffix becomes productive.

II.17. The suffix *gmin* is recorded in the AP. only after *Vāc* in the word *Vāggmi* (cf. Vāco gminiḥ AP. V.2.124), "one who speaks much but well". This takes place as a special suffix under the general *adhikāra* aphorism *tad asyāsty asminn iti matup* (cf. AP.V.2.94) "the suffix *mat* takes place in the sense" that is of it or in it".[19] As a matter of fact *gmin* and the two suffixes *āla* and *āṭa* discussed above are all of rare occurrence. But whereas the latter two are joined together in one aphorism as they both carry derogatory (Kutsite) meaning; *gmin* is separated from them as it has a good meaning (samyag bahu bhāṣate).

II.18. The suffix *uka* (ukañ) has been given only after *karman* to yield the form *kārmuka* (cf. *karmaṇa* ukañ, AP.V.1.103) "efficacious". Though rare, the justification is to be obtained in the fact that it takes place under the *adhikāra* aphorism *tasmai prabhavati samtāpādibhyoḥ* (AP.V.1.101) "is able of doing that". From the viewpoint of the commentator *Uka* is prescribed as an *apavāda*[20] to the suffix *ika* (thañ). It should be taken into consideration that formally it is possible to identify this uka with the primary-suffix uka (cf. *laṣapatapadasthabhuvṛṣhanakamagamaśṛbhya ukañ*, AP.III.2.154) which is quite productive. The commentator takes note of it that *kārmuka* as an adjective of "bow". But in this use it is not recorded in literature. In *Carak* it is used as an adjective of medicine. Otherwise, kārmuka in the sense "made from the wood *kṛmuka*" is recorded in the śraut sūtras[21].

II.19. Likewise suffix *ura* (*urac*) is prescribed only after *danta* in the word *dantura* (cf. *danta unnata urac*, AP.V.2.106) "One having protruded teeth". It takes place as a special suffix in this sense under the *adhikara* noted earlier *tad astya asti asminnti matup* (AP.V.2.94). It may be noted again that this secondary-suffix can be formally identified with the primary-suffix of identical form which is productive. (cf. *bhañjabhāsamido ghurac,* vidibhidicchideḥ-*kurac,* (AP.III.2.161-162).

II.20. The suffix *Upa* (*ḍupac*) comes after *kutū* as noted. In the word *Kutupa* (cf. Kutuvā ḍupac, AP. V.3.89) "a small leathern oil beg". It may take place under the *adhikāra aphorism* hrasve (AP.V.3.86). From the view point of the commentators Upa is an exception to the suffix Ka (Kan) cf; *Saṁjñayām kan* (AP.V.3.87).

II.21. It is remarkable that the only word which is not amenable to the above assumptions is *Karmaṭha* produced to the aphorism *Karmaṇi ghaṭo aṭhac* (AP.V.2.35). According to the commentators, the aphorism teaches the suffix *aṭha* (aṭhac) comes after the work *karman* in the sense of "proficient", the resulting word being *karmaṭha* "proficient in action". The word is recorded first in the patañjali's MB. (on AP.VII.3.50) and then in such later literature as the Rājataraṅgiṇī and the Bhaṭṭikāvya. If this explanation of the aphorism is correct the teaching of the rare suffix *aṭha* has to be explained by resorting to the hypothesis that it is an exception and the suffixes given under the *adhikāra* aphorism *tatra sādhuḥ* (AP.IV.4.98). The only snag is that the aphorism *karmaṇi ghaṭo aṭhac* (AP.V.2.35) is very much separated from the suffixes given under the *adhikāra* aphorism *tatra sādhuḥ* (AP.IV.4.98).

It now becomes evident that the preceding analysis of the aphorism cannot interpret Pāṇini's silence about the word *agrima*. Had the great grammarian wanted this he could have given the suffix *ḍimac,* though of rare occurrence, as an exception to the suffixes given under the *adhikāra bhavechandasi* (AP.VI.4.110) or perhaps better under the *adhikāra Kālat ṭhañ* (AP.IV.3.11). It will have to be investigated whether Pāṇini gives even exceptional suffixes of rare occurrence which one comes across in the Vedic lanaguage or on the other hand such forms have been recorded only in the Vedic language. In case it is not Pāṇini's contribution, we can safely say that since *agrima* occurred (finds attestation) only in the Vedic language and was not employed in the *bhāṣā* at the time of Pāṇini, he did not give the derivation, even as an exceptional case.

REFERENCES

1. KK. differs from MB. reads *agrapaścād ḍimac* (IV.3.23) only and makes the word forms: *agrimam, paścimam,* drops the word *ādi,* in the VK. which is preserved by Patañjali.

2. A pronouncement which is as much authentic as it is original. This pronouncement adds to the value and significance of sūtra to which it is attached. Kātyāyana wrote the Vārttikas to correct, modify, or supplement the aphorisms of Pāṇini wherever they were or had become inapplicable in whatever degree. Kātyāyana in his VK. refers by name to Vājapyāyana (VK.35 On AP.I.2.64), Vyāḍi (VK. 45 on AP.1.2.64), and Paushkarasādi (VK 3 on AP.VIII.4.48), and designates a number of others under the general application of *Eke, Kecit,* (VK.4. on AP.II.1.1) and so on. Kātyāyana was followed in his task by a vast number of writers. The name of some of these are preserved for us by Patañjali i.e. *Bhārdvājīya, Sunāga Kuṇaravādava, Vādava, Sauryabhagat* and *Kuṇi.* To this list we must add the author to authors of the metrical vārttikas (over 250) that are quoted in Mahābhāṣya. Some of these belong to Patañjali himself, others probably to Kātyāyana, while still others, to either the predecessors or successors of Kātyāyana (the question as to the authorship of these ślok-vārttikas is discussed in the Indian Antiquary Vol.V, Note 4 on the MB. That some of them at least presuppose Kātyāyana is proved by Kārikā I in MB. on the AP. (III.2.118) which quoted one of his VK. The work VK. is defined as follows:- *Ukta anukta duruktānām chintā yatra pravartate, tam grantham Vārttikam, prāhu vārttikajñā maniṣiṇaḥ pārāśara Upapurāṇa*), cf. *ukta anukta durukta chintā vārttikam (Kāvyamīmānsā.* PS.) This definition applies to the Vārttikas on the aphorisms of Pāṇini. Although it applies to the *Bhaṣya granthas* i.e. (*Kumārila Bhaṭṭa's śloka vārttikas, tantra vārttikas on Śābara bhāṣya and sureśvarācārya's vārttika*-grantha on the śaṅkara's Bṛhadāraṇyaka's commentaries, etc.), the VK. is explained by Kaiyaṭa: *Vṛttau Sādu Vārttikam.* In the MB. the

word Vārttika is employed at two places only *hanteḥ purvavipratiṣedho Vārttikenaiva jñāpitaḥ* and *aparāha yad vārttika iti* (MB. on AP.III.4.37 VK.3, & on AP.II.2.24 VK. -18) respectively. Nāgeśa defines it *sūtre anukta durukta chintākāratvam vārttikam.* Moreover, a large number of vārttikas of other writers are quoted in the MB. without specific names of the writers.

3. *Samudramāsāmava tasthe agrima..* (RV.V.44.9).
4. Cf. *Ghacchau ca* (AP.IV.4.117) *agrya* and *agriya* are recorded since the Vedic language, although the word *agrīya* does not appear to be recorded.
5. Pāṇini: Ajāvibhyām thyan (AP.V.1.8). Both these word-formations are not attested.
6. See Ref.No.7 'Primary suffixation'
7. Cf. also *Khalagorathāt* (AP.IV.2.50).
8. Cf. (AP.*Veḥ Śālacchaṅ kaṭacau* V.2.28), Śaṅkaṭa is not attested Śaṅkaṭa is looked upon as identical with epic Samkaṭa cf. Altindische Grammatik of Weckernagel II.2.B.739,p.920.
9. All these (three words) are otherwise not attested.
10. These (Two) words are, however, attested in the sense 'full of', 'thick'.
11. Wackerngel considers in place of these two suffixes, a single suffix *na* (cf. Altindische Grammatik II.2.B 5626, p.734).
12. Cf. Wackernagel's Altindische Grammatik II.2. 473 (b) p.640.
13. Cf. Wackernagel, mentions the possibility of explaining the word as Chāgaleya: in Altindische Grammatik II.2.343, p.512.
14. See Ref.No.6 'Primary suffixation'.
15. See Ref.No.6 'Primary suffixation.'
16. Cf. *Gopayasoryat*, (AP.IV.3.160) and *droś ca* (AP.IV. 3.161).
17. Atharva-veda (Śaunaka) V 20.2; Atharva-veda Paippalāda IX.24.2.
18. See Ref.No.6 'Primary suffixztion'.
19. Wackernegel treats the suffix as *min* which occurs in the place of *Vin* due to dissimilation. Altindische Grammatik II.2. 6820, p.776 And *Vāgvin* is recorded in the Atharva-veda (V.20.11).
20. A special aphorism which sets aside the common aphorism or an aphorism structuring an exception to the general aphorism, which is known *nyāyya* or *prāpya; eg. ātonupasarge kaḥ* (AP.III.2.2) which is an exception of the common aphorism *Karmaṇyaṇ*. (AP.III.2.1) cf. Ven nāprāpto yo vidhir ārabhyate *sa tasya bādhako bhavati, tadapavādoyam Yogo bhavati* (PBS, Pari. No.57) and see also Pari. from 58 to 65 of the same book. Cf. *nyāyair miśrān apavādān pratiyāt, nyāyā utsargāḥ mahāvidhyaḥ mahāviṣayā vidhayak, apavādā alpavisayāḥ tān utsargeṇa miśrā ekīkṛtān jānīyāt, apavāda viṣayam muktvā utsargāḥ pravartante, ityarhaḥ* (RV.Pr.I.23 cf. commentary thereon) cf. also, *śāstra apavādāt pratipattibhedāt* (RV.Pr. XIV. 30) on which uvaṭa comments:- *Śāstrānāṃ apavādā doṣāḥ santi Punaruktatā avispaṣṭārthatā.*
21. Cf. Wackernagel's Altindische Grammatik II.2.293, p.482.

CHAPTER X

WORD AND SENTENCE

1.0 A bunch of questions arise. Did Pāṇini take it upon himself to offer a grammar dealing with formations larger than padas? Or, was he satisfied with giving a grammar only for padas?

II.0. We find in the current usage of language that people spell out to the effect of speaking that the basic unit of description for Pāṇini is a sentence. The same people, of course, claim partly legitimately that Pāṇini's description goes even beyond a sentence. But here, however, discussion is confined to the formation of sentence, as anything decisive about its being a basic unit for Pāṇini would be given a welcome step.

II.1. There is a wide-ranging opinion that Pāṇini's description does not go beyond the Pada[1]. And such a view has strong support from some facts of the AP. A *Pada* is defined in the AP as *suptiṅantam Padam* (AP.I.4.14). It is really something very strange that a sentence is not defined by Pāṇini, and for that matter we do not obtain anything like "phrase" or "clause" analysed by him. Though Pāṇini introduces the term *Vākya* (i.ẹ. *Vākya āder āmantriatasya sūyā asammati Kopa kutsana bhartsaneṣu, Vākasya teḥ pluta udāttaḥ* AP.VIII.1.8 and VIII.2.82 respectively) at several places in the AP, we have no reasns to explain any of these usages referring to anything more than what is called "utterance", i.e. "a stretch of meaning of sound sequence bound by pauses". Consequently, in order to see if sentence was a unit for Pāṇini we have to look for implications (Jñāpakas[2]) if there are any.

II.2. From the AP. we can derive simple as well as complex sentences. However, the possibility of deriving a sentence is one thing and to assume it as the basic unit is something altogether different. The point emerges clear that we should note the differences between the approaches of the "structuralists" and those of the "transformationalists".

III.0. In the AP. sentence is a syntactic unit for Pāṇini. Let us analyse Pāṇinian derivations of some simple sentences. As the overall structure of simple and complex sentences can be identified, proving or disproving the simple sentences as the basic units will also hold for the complex sentences. For instance:-

(1) Grāmam gacchati Rāmaḥ
"Rāma goes to the village"
(2) Rāmeṇa gamyate grāmaḥ

These sentences have the following derivations:-

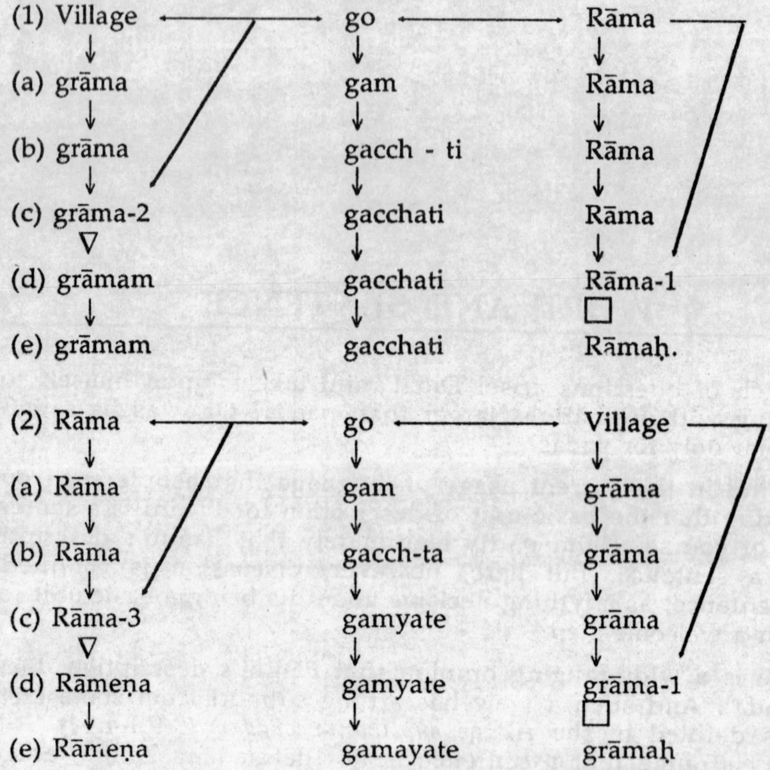

In these derivations the interdependence of the steps (b), (c) and (d) is the only relevant matter for our discussion. In derivation (1) the agent (or, as the diagram suggests the agential relation) gets expressed by *ti* attached to *gacch* in step (b), the unexpressed object (or the objective relation), therefore, gets expressed by-2 (dvitīya), in step (c). on the other hands, in derivation (2) the object gets expressed by - *ta* in step (b), and consequently the agent gets expressed by-3 (tṛtīyā) in step (C). Evidently, the above facts have consequences for the introducing of *Prathamā*.

III.1. It is this scheme of inter-dependence among *Padas* which shows that all the interdependent *padas* constitute a single syntactic unit. And this fact entitles us to say that the above sentences represent the syntactic units which Pāṇini wants to deal with in his Aṣṭādhyāyī.

IV.0. In the above derivations the nominal *Padas* depend on verbal *Padas*. And, we may ask: Do nominal *Padas* always depend on verbal *Padas* in a Pāṇinian system of derivation? For our case for a syntactic unit larger than *Pada* to be effective, the answer to the above question needs to be in the affirmative. Unfortunately, we have counter examples in the derivations of compounds. For instance, the compound:-

(3) Rājapurusa	"King's	man".
↓		
(b) King	man	
↓ ↓	↓ ↘	
(b) Rājan-6	Puruṣa-I	
□		
(c) Rājapuruṣa		

Here we do not find any verbal *Pada* on which the given nominal *Padas* would depend. Although one might argue that the above derivation is a part of a more comprehensive derivation of a sentence like *grāmam gacchati-Rājapuruṣaḥ*, the problem however hangs on as can be seen from the following fuller derivation:-

(4) Village	go	King	man
↓	↓	↓	↓
(a) grama	gam	Rājan	Puruṣa-I
↓	↓	▽	
(b) grama	gacch-ti	Rājapuruṣa	
↓	□	↓	
(c) grma-2	gacchati	Rājapuruṣa	
□	↓	↓	
(d) gramam	gacchati	Rājapuruṣa-I	
↓	↓	↓	□
(e) gramam	gacchati	Rājapuruṣaḥ.	

The introducing of -1 stop (d) depends on the earlier two steps but neither the introducing-6 (Ṣaṣaṭhī or 1 (Prathamā) in step (a) depends on any earlier steps.

Hence, we have a straight case evincing contradiction in the earlier method as an inter-dependence pattern of *Padas*. The argument that compounds are in someway prior to sentence formation and could not be considered as counter examples of the interdependence which is valid only in the sentence forming operations, does not hold. The compound forming operation that is, step (b) is an optional operation, it leaves the operation optionally as it is. Thus left Rājan - (Ṣaṣaṭhī) and Puruṣa- (Prathamā) do not depend on any verbal *pada*. Although it is not very clear why Pāṇini wanted the *tatpuruṣa* compounds to have all the components to be *Padas,* the above example proves to be a strong counter example for the interdependence of *Padas*.

In the light of the above discussion I can propose the following:-

Primarily, Pāṇini wanted to give a grammar for forming the *Padas*. Secondarily, he wanted to give a grammar which states the environmental restrictions among the *Padas*.

V.0. The persons who like to see transformational operations in Pāṇini's grammar mainly appeal to the fact that one can derive paraphrases in accordance with his grammar. In a Chomskian or Harrisian transformational approach it would be sentences which would be paraphrases. And, there would be certain optional transformations which will be giving the paraphrases. As already discussed, it is difficult to talk about sentences in Pāṇini's framework. However, it is possible to drive the paraphrases:-

(5) Rāmaḥ	grāmam	agacchat	Rāma went to a village.
(6) Rāmeṇa	grāmāḥ	gataḥ	

In the grammar of Pāṇini one cannot talk of transformational approach in such a context. Optionally, the derivation of these sentences is pre-operational. There is not optionality in the operations deriving these sentences whether, it would be one or the other sentence depends entirely on how the speaker wants to put things (Vivakṣā[3]). People see the transformational operations in the cases where Pāṇini has clearly provided for optional derivations. For instance, for certain parts of the following paraphrases, Pāṇini has provided derivations which are optional.

(7)	Aupamanyavaḥ Paṭhati (aupamanyava - Prathamā)	"Upamanu's son reads"
(8)	Upamanyu putraḥ Paṭhati (Upamnyu Putra. Prathamā)	
(9)	Upamanyo Putraḥ Paṭhati (Upamanu - Ṣaṣṭhī Putra. Prathamā)	

But the derivations give us nothing like what we expect. We expect that the non-common parts of the above paraphrases are provided by the optional operations, i.e. *aupamanyavaḥ, Upamanyu putraḥ* and *upamanyo putraḥ* which are results only of some optional rules: Actually we get the following:-

(10) Aupamanyava - upamanyu - (Ṣaṣṭhī) putra, and

(11) Upamanyu putra. Upamanyu - (Ṣaṣṭhī) putra - (Prathamā).

So it is clear, particularly in the case of (11), that Pāṇini's Paraphrasic transformations or operations do not relate forms of the same level of abstraction. In point of fact, his transformations are uniquely different.

REFERENCES

1. See Ref.No.5 'Primary suffixation.'
2. Indicator, a word generally emoployed in the sense of an indicatory statement. The aphorisms, particularly those of Pāṇini are very laconic and it is understood that not a single word in the aphorisms is devoid of aim. If it is asserted that a special word is without any aim, the object of it is completed in the other way. Generally, the commentators assign some purpose of the word to the aphorism. Such types of words or sometimes even the whole aphorism is known as *Jaṅāpaka*. (which indicates a special thing in grammar), e.g. The word *ūṭh* in the aphorism *Vāha ūṭh* (AP.VI.4.132) is termed as *Jñāpaka* of the *antaraṅgaParibhāṣā* cf. MB. on SS. I,3 and 5, on the AP.I.1.3.11, 18, 23 and 51. At first we find the use of the word *Jñāpaka* in the indicatory sense in the *Pribhāsāṣū ca na* of *vyāḍi*. Some other schools of grammar (other than Pāṇini), such as Kātantra, Jainendra, etc. have also drawn similar Jñāpakas in their respective grammars.
   The Jñapaka is known to be formed of four parts, i.e. *Vaiyarthya, Jñāpana, Svasmiñ cāritārthya* and *anyatraphala*. But, sometimes, it is not regularly formed of the four parts. In some places, it is shown as a mere indicator and is known as *Bodhaka* instead of Jñāpaka.
   There is a large number of instances where the terms *Jñāpaka* and *Jñāpana* are employed as synonymous though *Jñāpana* sometimes indicates the conclusions taken from a wording which is Jñāpaka.
   Moreover, the paribhāṣāṣ are mostly ~~derived by~~ *Jñāpaka siddha* from a word or words in an aphorism which succinctly seems to be *Vyartha* (without any aim) and which are shown as

sārthaka after a particular *Jñāpana* is drawn from them. Therefore, we can conclude that the *Jñāpaka* is indicator of a particular thing.

3. A desire, or an intention generally of the speaker with regard to the sense to be conveyed by his words, i.e. *Vaktur vivakṣā* are often employed by the grammarians to express the same sense; cf. *Katham, Vivakṣātaḥ* (MB. on AP.I.1.66-67, I.2.64 VK 53, IV 1.3; cf. also *Vivakṣātaḥ Kārkāṇi* (Pari.) cf. also *itikaraṇo vivakṣārthaḥ* (KK on AP.II.2.27, IV.2.21, IV. 2.55, 57 etc.) cf. also *Vivakṣā ādhīna Śabda Vyuptattiḥ* (DSV II.2.8).

CHAPTER - XI

FORMAL AND INFORMAL

1.0. It is something quite fascinating to deal with formal and informal categories in the grammar of Pāṇini and establish a relation between the two. It is a well-known fact that all the linguistic utterances can be put into two broad categories, viz. formal and informal. To analyse, while the word *gauḥ* (cow) has a linguistic form; it has a meaning also. Whereas the form *gauḥ*, composed of the sounds *g, au,* and the final *Visarjanīya,* is a formal category, its meaning "a cow", its gender feminine and its number singular of the nominative case are categories which cannot be filled into the phonetic form and hence are extra-formal. The same is the case with the verbal form *paṭhati* (he reads). While its phonetic form is composed of the sounds *p, ṭh, t, i* and *a* which intercepts the first two and the second two groups of consonantal sounds, its non-formal aspects include and imply its meaning (he reads), its number singular, its person third, and its tense prepsent. In this way every word in Sanskrit language and in all the languages has two aspects: one, the formal and the other non-formal. All the words in Sanskrit language, whether nominal forms or verbal formations, have the extra-formal categories of number and meaning; the nominal forms have the additional extra-formal category of gender, while the verbal forms have the additional extra-formal categories of tense and person. In addition to the formal aspect, we have five non-formal aspects in Sanskrit language, viz. *meaning, number person, gender* and *tense.*

I.1. Proceeding from the consideration of the above fact the composition of grammar of Sanskrit language which is highly inflected and full of complex forms encounters many difficulties. The purpose of composing grammar of a language is (a) to describe it so faithfully and comprehensively that no part of it is left uncovered, and (b) to render true help to its understanding. Thus the problem for a grammarian is: what categories should his grammar take into consideration? Merely formal? Merely non-formal? or both? What should be the scope of his grammar? If he considers only the formal categories, the non-formal aspect remaining untouched, the grammar will be a purely mechanical, dead thing. A classic example in Sanskrit for a mechanical, dead grammar is provided by the *uṇādiaphorisms* (cf. the derivation of the words like *taru* and *tri* without taking the meaning of either the *tṛ* from which both of them are derived or of the words, themselves into consideration). If the grammarian considers only the non-formal categories, his grammar will be a gigantic (dictionary with all the information about the word, except its form and derivation). The example of this is provided by the different dictionaries in Sanskrit. If the grammarian takes into account both categories, formal and non-formal, of the linguistic utterance, the grammar is likely to be identical with the general science of language, Linguistics, which studies language as a whole. Strictly speaking, a grammar is a part and a very essential and central part of the general science of linguistics. In considering both the formal and the non-formal categories in grammar, therefore, one is likely to stumple over such an identification of grammar with linguistics. If such a stumbling is to be avoided, one has to consider and demarcate very carefully the borderlines of formal and non-formal categories, he has also to be very careful in defining the exact relation of the formal with the non-formal categories. How is this to be achieved?

I.2. There is no doubt that the AP is the only oldest extent grammar and as such it is likely to give us a clue to answers to the problem, it must be clarified at the outset here that the division of a linguistic utterance into two independent, mutually exclusive categories of form and non-form, is only made for theoretical purposes and scientific analysis. In actual practice, a speaker of a language is hardly or not at all conscious of such a division. He simply uses the languages without any awareness on his part of the possible division of his utterance into the above two classes[1].

II.0. The aphorism of Pāṇini svam rupam *śabdasyāśabadasaṁjñā* (AP.I.6.68) succinctly states the sphere of grammar. Here the implication is that in grammar the form of the word in question (cf. the words *svam rūpam* in the aphorism) is of prime importance for its grammatical description[2]. KK. explicitly defines that the meaning of the word, to be described is not all the concern of grammar from the viewpoint of the AP[3]. What the aphorism also implies is that grammar is not only concerned with the meaning of the form in question, but it is also not concerned with the synonym of the same word. So, as Kk. on the AP. (I.1.68) explicitly designs, when an aphorism regarding a word, say, *agni* (fire) is explained (as in the AP. aphorism, *agnerḍhak* IV.2.23), the meaning of the word *agni* viz fire, as also its synonyms like *Pāvaka, Jvalana, Vahni* and so on are not to be taken into consideration, since evidently, a suffix (ḍhak) cannot be added to the actual "fire", the meaning which the word *agni* conveys. Patañjali on the AP. also begins his commentary with the aphorism, *atha śabdānuśāsamam*[4].

The aphorism of the AP. gives us a clear indication that the grammar he was writing would be based on strictly formal and non-formal considerations, which are the invariable associates of the form, and which would be allowed to creep in.

II.1. But as we analyse the grammar of Pāṇini in the light of the above definition of its sphere and scope, we are struck with surprise by the fact that in many of the cases Pāṇini has taken its meaning into consideration. Not only this, the total number of aphorisms in which a form is defined with special reference to its meaning, rises well above one thousand, that is to say, more than one-fourth of the total number of aphorisms in the AP. The instances given below from different sections of the AP. bear testimony to this fact:-

(a) The sphere fo feminine formations: Take for instance, the feminine form *Kūmārī* from the masculine *kumāra*. The termination is *ī* according *Vayasi prathame* (AP.IV.1.20) which lays down that a word which defines the "first" i.e. "young age" and which ends in *a* gets the termination *ī* (Pāṇinian ṅīp). Here is, therefore, an evident reference to the meaning of the word in question. Many such citations can be referred in this sphere alone from the AP in whose case Pāṇini takes into consideration the meaning of the word.

(b) The scope of secondary formations: the best instance in this field is given by the double meaning word *Kulaṭā* which provides two derivative formations different from each other according as the word carries the meaning of (1) "an unchaste woman" (cf. SK. on the AP.IV.1.127) *Ya tu Vyabhicārārtham kulāni aṭati* "that who moves from one house to another for immoral purposes" and (2) "honourable female mendicant" (cf. M.W.D.) cf. also, *satī bhkṣuky atra kulaṭā* (SK. on the AP.IV.1.127) "here *Kulaṭā* explicitly shows a good-behaving begger". The two derivatives that are available from the word in the sense of "his/her child/progeny" according to *tasyāpatyam* (AP.IV.1.92) are (1) *Kaulaṭera* "the child of Kulaṭā in the first sense and (2) *Kaulṭeya* "the child of Kulaṭa in the second sense. The termination of AP. in the first case is *ḍhrak* according to *Kṣudrābhyo vā* (AP.IV.1.131) and in the second case, it is *ḍhak* according to *Kulaṭāyā vā* (AP.IV.1.127). In this way, the distinction between the two formations is sought to be defined on purely semantic basis. Many other instances are available in which Pāṇini takes into consideration the semantic aspect of the word in this field also.

(c) The field of primary suffix formations: Let us take the instance of the two past participles (1) *dyūta* and (2) *dyūna* from the same root, i.e. *div* (4th conjugation) indicating two different meanings, (1) simple "to play, a gamble" with dices for enjoyment and (2) "to play with the desire for victory, to gamble for a win over", cf. *divu kṛḍāvijigīṣā vyavahāra dyuti stuti moda mada svapna kānti gatiṣu* (DPP., divādi-gaṇa-I). While the first formation *dyūta* is available only when the meaning" to play with the desire of victory" is present, the second one *dyūna* is available when the above sense of "victory" or "desire to win" is not intended; cf. *divo vijigiṣāyām* (AP.VIII.2.49), which defines that when the meaning of "desire for a victory" is not intended, the past participle termination *ta* is transformed into *na*. In this way, here is explicitly a case of the semantic purport.

(d) In the scope of accent: In defining the accent of the word *kṣaya*, as accented on the first syllable, Pāṇini had to take resort to its semantic aspect in *Kṣayo nivāse* (AP.VI.1.201) which explains that the word *Kṣaya* is accented on the first syllable as *Kṣaya* when it means "a dwelling or horse", (nivāsa). As opposed to this, the other word Kṣaya, accented on the last syllable (which is nowhere recorded in the Vedas) would mean, "warning, decrease", etc. from the root *kṣi* "to wane, to decrease", cf. *kṣi kṣaye* (DPP ? bhvādigaṇa). Similar is the case with other words like *Jaya* (a horse) etc.; cf. also another aphorism like *Sukhapriyayor hite* (AP.VI.2.15), *pritau ca* (AP.VI.2.16) *Svamsvāmini* (AP.VI.2.17), Patyāv aiśvarye (AP.VI.2.18) which, while defining the accent, make a reference to the meaning of the words of compounds[5].

(e) In the sphere of phonetic combination, which apparently seems to be far removed from semology, we get some instances in whose case Pāṇini has taken into consideration the Semological aspect of the word. Thus, for instance the aphorism *avyaktānukarana asy ta itau* (AP.VI.1.98) lays down that if the "bit" *at* in a word is employed in order to indicate imitation of an inarticulate sound, it totally absorbs into the following *i* of *iti* which the word is grouped. In this way, the *Sandhi* of *Patat* (meaning "the sound *Pat, Pat, Paṭ*" etc.) and *iti* is *Paṭiti*.

If, however, the "bit" *at* does not indicate the above sense, but gives the present participle termination (Pāṇinian *śatṛ*) as in *Paṭhat* (form paṭh "to read"), gamat (from gam "to go"), it does not absorb into the following *i* of *iti* but keeps itself and the Sandhi of a pres. participle *Paṭat* from *paṭ* "to go" cf. *Paṭa gatau* also *bhāṣārthaḥ* (Pāṇinian dhātupātha) and *iti* is Paṭaditi (*t-d*, according to *Jhalām Jaśonte*, (AP.VIII.2.39) and not *Paṭiti*. In the field of Phonetic combination also, therefore, Pāṇini has taken into account the semantic side of the words in some cases.

III.0. Some instances of gender considerations prevail in the case of formal description of a word with special reference to its gender[6]. The following instances help to explain the point under discussion.

III.1. The most important instance in gender-considerations in the feminine formations is provided by the *adhikāra*[7] aphorism, i.e. *striyām*[8] (AP.IV.1.3), which explicitly mentions that the suffixes for application, counted from this aphorism onwards upto the end of the *Stripratyayādhikāra,* i.e. (AP.IV.1.81) should be taken as forming feminine Prātipadikas, or are to be applied to feminine Prātipadikas. The succinct mention of the feminine gender in this aphorism is a position which appears antithetical to the definition of the sphere of grammar. A number of aphorisms succinctly state the consideration of other genders also, i.e., the masculine and the neuter genders, cf. for masculine, the aphorisms: *Puṁsi Saṁjñāyām ghaḥ prāyeṇa* (AP.III.3.118), Puṁvat *Karmadhārya Jātiyadeśīyeṣu* (AP.VI.3.42), and so on, for explicit mention of neuter, cf. *napuṁsake bhāve ktaḥ* (AP.III.3.114) *napuṁsakamanapuṁakenaikavaccāsyāṇyatarasyām* AP.I.2.9) *napuṁsakāc ca* (AP.VII.1.19) *svamor napuṁsakāt* (AP.VIII.1.23) etc. Thus, it can be clearly seen that Pāṇini has vividly analysed the forms with special reference to the genders.

IV.1. The next informal class that comprises a part of the formal description is that of number. The characteristic feature in the case of this informal class of number is that "number" which is stated by Pāṇini in sharp contrast to the earlier two classes of meaning and gender. The aphorisms of Pāṇini which state number are as follows: (1) *tāny ekavacanadvivacana bahuvacanany ekaśaḥ* (AP.I.4.102) and (2) *supaḥ,* (AP.I.4.103) whereas the previous aphorism states the number for the verbal forms, the latter does it for the nominal forms. These two aphorisms pre-suppose the knowledge of another pair of aphorisms viz. *tiptas jhisipthas tha mib vas mas tātāñjhathāssāthāṅ dvamidvahimahiṅ,* (AP.III.4.78) and *svaujasamauṭ chaṣṭābhyām bhis ṅebhyām bhyas ṅasi bhyām bhyas-ṅyasosām ṅyossup* (AP.IV.1.2). The first aphorism (AP.III.4.78), counts the terminations for the verb forms, and the second aphorism (AP.IV.1.2) teaches the terminations for the nominal declension. The aphorism of the AP. (I.4.102) pre-supposes the knowledge of the aphorism (AP.III.4.78), while the aphorism (AP.I.4.102) pre-supposes that of the aphorism (AP.IV.1.2). It is to be observed in this regard that both the aphorisms viz. (AP.III.4.78) and (AP.IV.1.2) whose knowledge is to be pre-supposed for the interpretation of the aphorisms (AP.I.4.102, 103) respectively come, surprisingly enough, later than the latter.

Moreover, a number of individual cases are described with special reference to number, the definition of number in terms of the pratyayas (terminations), both conjugational and declensional, itself runs counter to the sphere of grammar stated by Pāṇini himself in AP.(I.1.68). For individual cases of number consideration cf. the aphorisms of the AP. describing the co-ordinative compounds, both *Itaretara co-ordinative and Samāhāra co-ordinative.*

IV.2. Similarly, the concept of "Person" is also included in the formal description as recorded in the AP.? i.e. *tiṅastriṇitrīṇi prathama madhyamottamāḥ* (I.4.101) which also, like the aphorism (AP.I.4.102), noted above, pre-supposes the knowledge of the aphorism (AP.III.4.78) noted above, coming later. The aphorisms *Yuṣmadyupapade samānādhikaraṇe sthāniny api madhyamaḥ* (AP.I.4.105) *prahāse ca manyopade manyater uttama ekavac ca* (AP.I.4.106) *asmadyuttamaḥ,* (AP.I.4.107) and *śeṣe prathamaḥ* (AP.I.4.108) with full responsibility states the conditions as to when and where the three persons viz. first (uttama), second (madhyama) and the third (prathama) are extracted in the language.

Although, there are no individual cases treated with special reference to the person considerations in the AP; this is a hard fact that Pāṇini took special case to state the "person" in terms of the terminations to be applied itself goes against Pāṇini's own definition of the sphere of grammar i.e. formality.

V.1. Tense, as is clear, included in the formal description, is the characteristic feature of the conjugated verbal forms of some verbal derivatives like the past, present and future participles got from verbal bases. This is so closely connected with the verbal forms that no verbal form can be defined with reference to or a consideration of the tense, the grammar of Pāṇini also could not avoid tense-considerations in the explanation of verbal forms.

Pāṇini's greatest achievement in this field is that he has created an intermediary artificial level of arbitrary technical terms which are in all ten corresponding to the ten tenses and moods in Sanskrit language. The technical terms are given below in the brackets:-

Present (*laṭ*). prefect (*liṭ*), 2nd future (*luṭ*), Ist future (*lṛt*) subjunctive (*leṭ*), imperative (*loṭ*), past (*laṅ*) potential (*vidhi liṅ*), benedictive (*āśīrliṅ*), aorist (*luṅ*) conditional (*lṛṅ*). Here it is worth nothing that the *liṅ* is divided into the two sub types as mentioned above. In this way, we have in all eleven types of tenses and moods in Sanskrit language. All the sounds, except the first *l* in all the ten technical terms for the tense are known as exponents (Its[9]) according to the aphorism *halantylam* (AP.I.3.3) which terms all the final consonantal sounds *ṭ* and *ṅ* as *It*, and *upadeśe ajanunāsika It* (AP.I.3.2) which terms the anunāsika vowels as *it*, and hence they are all technically termed as *lopa* (elision) according to the aphorism *tasya-lopaḥ* (AP.I.3.9). Thus, what remains at the end is simply the sound *l*, hence all these terms are spoken of in Sanskṛt language by the name *lakāras*[10]. Pāṇini clarifies these tenses by the sound *l*; cf. *laḥ parasmaipadam* (AP.I.4.99) and *lasya* (AP.III.4.77). Like the in-formal classes of number and person, the class of tense or *lakāra* is also recorded in the Aṣṭābhyāyī by Pāṇini himself[11]. Pāṇini describes a verbal form with reference to its tense in the following way:-

Root : Tense

= Root: L (akāra), since the different lakāras represent different tenses.

Then in place of the lakāra, the relevant conjugational termination representing the *lakāra* is substituted (cf. *lasya* AP.III.4.77) and therefore, we receive the following equation :

Root: the relevant termination = conjugated form of the root. Now we can see from Pāṇini's procedure for the description of verbal conjugation noted earlier, that insertion of a *lakāra* acts as an intermediary stage or like, coming in between the actual termination representing the *lakāra*, on the one hand, and the concept of the tense, on the other.

V.2. In this way, Pāṇini not only includes the informal class of tense into the grammatical, that is, formal description of the conjugated verbal forms but also assigns a special place or position to it in his formal description. The total number of aphorism in which informal classes are taken into consideration rises now well high above two-thousand, i.e. more than half of the AP.

From all the instances quoted earlier, in which the informal classes also pay a significant-perhaps an equal-role informal description, it will be clear that Pāṇini's definition of the sphere of grammar in the AP.I.1.68 (quoted earlier) as envisaged on purely formal analysis and description, appears inadequate to explain grammar in its entirety and looks antithetical to the factual description by him. Secondly, one is again at a loss to understand the exact relation between the formal and in-formal classes.

From the above discussion it is clear that mere formal approach to linguistic description does not solve the whole problem; the in-formal considerations have got to be allowed in formal analysis and description. Now, the problem is: To what extent the in-formal classes should be allowed in formal grammar so that it does not degenerate, as is said above, into any of the two extremes, viz., into a mechanical, dead thing or into merely a dictionary? Thirdly, what is the point in framing an aphorism like AP.I.1.68 (noted earlier) when Pāṇini himself could not strictly follow his own definition of grammar?

In a bid to find answers to these problems and to resolve the paradox of the definition of grammar as purely formal while resorting to in-formal elements in actual description, one has again to take recourse to Pāṇini's grammar itself, since there is no alternative available.

VI.1. Should we take up the relation between formal and in-formal classes in grammar for consideration? We are again obtained to study very carefully all the aphorisms of the AP. in which the five in-formal classes viz. meaning, gender, tense, person, and number and defined; for the formal description of language, we find that whatever the in-formal class, it always remains in the suffix or termination. In this way, the semantic imports the two forms viz. *Kaulaṭera* and *Kaulaṭeya* reside in the two suffixes viz. *ra* and *ya*. Thus also with the gender. The gender-difference, according to the AP, between the two forms *devaḥ* (nom-sing. of devam) and *phalama* (nom-sing. of phala) is shown to have resided, not in the prātipadikas, i.e. the basic nominal norms viz. *deva* and *phala*, but in the declensional terminations viz. *S* (which is changed into Visarga) and *am* (which replaces *S* in the neuter according to the aphorism *ataḥ am* (AP.VII.1.24). The same is the case in regard to the informal classes of number, person and tense. The non-dual of masculine *deva* resides in the dual termination *au* in the form *devau;* the third person of pres. sing. *Paṭhati* from the root *paṭh* is located in the termination *ti;* the pres. tense also resides in the same termination *ti*.

Now we may say that the in-formal classes which Pāṇini has taken into consideration for formal analysis and description are always represented in some or the other formal class like the suffix or the terminations. They do not hang in the air. They invariably have a formal counterpart in the formal process of analysis and description. A converse follows from the previous discussion. If an informal class cannot be represented by a formal counter-part in the formal process, it is not taken into consideration. Take, for instance, the word *hari*, having two meaning "a lion" and "Lord Kṛṣṇa". Since the semantic distinction is not representable in any forms or derivatives of the prātipadika (viz. of hari), Pāṇini has nowhere described this word in the Aṣṭādhyāyī. Actually he has no reason to take the semantic distinction in the present case into consideration, since evidently it has no ground to stand on in the formal process. The same is the case with other in-formal classes. In this way, Pāṇini has totally excluded the words like *Kaṭa*[12] (both masculine and neuter), *iṣudhi*[13] (both masculine and feminine), *ūrṇā/ūrnam*[14] (both feminine and neuter) from formal analysis since their gender cannot be located in the formal elements. The word in the *ardharca* group, however, get a place in his description since evidently their gender can be easily marked out in the suffixes they get.[15] Same is the case with number, person and tense. Pāṇini would not lay down the tense of the forms like *Śitabhojin* (one who always eats cold food) since evidently tense cannot be represented in any formal part of the word.

No doubt, all these discussions bring out a vital point, but what Pāṇini, as a grammarian, appears concerned not with the bases, nominal or verbal, but with the suffixes and the termination. It is these suffixes and the terminations that play an important part in Pāṇinian grammar. What is, therefore, infused with the in-formal classes of meaning, gender, number person and tense, is not the basis but the suffixes and the terminations.

This entire process pre-supposes as Pāṇini visualises, a division of a form into two. First, the base or nucleus, nominal or verbal, i.e. *Prakṛti*, secondary, the suffix or termination or satellite[16], conjugational, derivational or declensional i.e. *Pratyaya*. This is very seriously summed up by Patañjali in his MB. when he taught that in Sanskrit, Pratyaya is a necessary class, without which no form is feasible in Sanskrit.[17] Out of these two viz. *Prakṛti* and *Pratyaya*, Pāṇini has wielded the latter to his advantage and infused it with the in-formal classes. As the author of the Vaiyākaraṇabhūṣaṇsāra says the *Pratyaya* predominates over the *Prakṛti*, since obviously *Prakṛti* is a class which already exists in Sanskrit and is static and hence Pāṇini, or even any other grammarian for that matter, cannot touch it, the only class that remains is *Pratyaya* which being dynamic, naturally predominates[18] and reflects the informal classes such as meaning, gender,number, person and tense. The nucleus or the *Prakṛti*, being comparatively static, is, so to say, in a dormant stage. The *pratyaya* on the othe hand makes the *prakṛti* play different roles in Sanskrit. In this regard, the *Pratyaya* in Pāṇini can be rightly compared with the *Prakṛti* of the *Sāṁkhyas* and the *Prakṛti* in Pāṇini with the *Puruṣa* of the Sāṁkhyas.

In the view of Pāṇini's division of a form into *Prakṛti* and *Pratyaya*, we can represent Pāṇini's formal analysis in the following way:-

(a) Form = Prakṛti + Pratyaya.

This equation succinctly represents the basic skeleton of Pāṇini's analysis and description of Sanskrit. Add to this skeleton-structure the in-formal classes like meaning, gender, number, person and tense and then we have,

(b) Meaning Form = Meaning (Prakṛti+Pratyaya) which when resolved is

= Meaning Prakṛti + Meaning Pratyaya.

Thus with Gender, Number, Person and Tense. Out of this, meaning Form and Meaning Prakṛti are fixed in Sanskrit. Pāṇini, therefore, used Pratyaya to his advantage and animated it with Meaning, Gender, Number, Person and Tense and so one can get the respective equation as follows:-

(c) Gender Form = Gender (Prakṛti + Pratyaya) = Gender Prakṛti + Gender Pratyaya.

(d) Number Form = number (Prakṛti + Pratyaya) = Number Prakṛti + Number Pratyaya.

(e) Person Form = Person (Prakṛti + Pratyaya) = Person Prakṛti + Person Pratyaya, and finally,

(f) Tense Form = Tense Prakṛti + Pratyaya) = Tense Prakṛti + Prakṛti Pratyaya.

The informal classes in the above equation, as also in the grammar of Pāṇini and in the language, depend upon the convention and the volition of the speakers who use the language. In this way, Meaning Prakṛti and Meaning Gender depend upon the social convention nd Number Prakṛti, Person Prakṛti and Tense Prakṛti depend upon the volition of the speakers. It is worth-noting in connection with meaning that the meaning which Pāṇini has taken into consideration in his grammar is the primary, i.e. the one based on that the rhetoricians or

Sāhityaśāstrakāras call as *abhidhā*. The other two meanings based on the word power *lakṣaṇā*, i.e. secondary and on *Vyañjanā*, i.e. suggestion are not resorted to in the linguistic analysis[19]. It is also very interesting to note in this regard that Pāṇini unlike the later *Sphoṭavādins*, does not bother about how the forms or phonemes give rise to meaning; he simply takes the primary meaning into consideration and proceeds on to formal analysis.'

VII.1. We are, therefore, in a position to analyse closely the grammatical procedure defined by Pāṇini. In the case of the three in-formal classes, namely, meaning, gender, and person, what Pāṇini has done is to locate them straightaway in the termination, and then to go for direct application of the suffix or termination to the bases. In this way, Pāṇini's process is:-

Kr+in (according to *supyajātauṇiṇistācchilye-* AP.III.2.78).

=Kārin = Prakṛti+Pratyaya=Form, where the meaning of *tācchilya* resides in pratyaya.

If we want feminine formation from-*Kārin* then we should apply the suffix ī, i.e. *ṅip* (according to *ṛnnebhyoṅīp*, AP.IV.1.5) and get the form as *Kāriṇī* in which the feminine gender is located in the feminine termination *ī*. Same is the case with person also. Thus, the process in the case of the three in-formal classes of meaning, gender and person is simple and straight. No in-between grammatical steps are inserted.

In the case of the remaining two in-formal classes of number and tense, although, the process of Pāṇini is a bit complicated, yet besides locating the number and tense, Pāṇini has inserted one more step in his grammar. In the case of number, the step involves the repetition of the base or *Prakṛti* as many times as the number is intended to be employed. In this way, if we want a dual, we have to repeat the base twice, and if plural, we have to do it at least three times. To illustrate:-

deva+au (dual termination; cf. *Su au Jas* .... AP.IV.1.2)=*deva* + *deva* + *au* (repeating the base twice, according to *aparimāṇbista*... AP.IV.1.22).

=deva+au (one deva+o, according to *sarūpā ṇām ekaśeṣa-ekavibhaktau* AP.I.2.64).

=devau (according to *prathamayoḥ pūrvasavarṇaḥ, nādici, vṛddhireci*, AP.VI.1.102, 104 & 88).

The same process is to be followed in the case of plural and of conjugated forms.

Thus, it comes to be seen that besides the location of the number in the termination, it is also indicated by the repetition of the base so many times. Thus, one more step of base-repetition is inserted by Pāṇini in his Aṣṭādhyāyī.

If we take up the case of the class of tense, then we see that Pāṇini has adopted a still different way. As we have already seen, in the actual grammatical process, we have, from the view point of Pāṇinian technique, to assume the presence of *lakāra* (which represents the tense) in front of the verbal base. The *lakāra* is then replaced by the actual conjugational terminations. To illustrate: tak 'hasane' + present tense *tak* + *laṭ* (cf. *vartamāne laṭ*. AP.III.2.123) = *tak* +*i* (*a* and ṭ both elided, according to *upadeśe aja-nunāsika it halant yam*, AP.I.3.2 and 3.)

=*tak+a+l* (*a* ; i.e. *śap* cf. *Karttariśap*, AP.III.1.68).

=*tak+a+ti* (*ti* i.e. *tip* replacing *l* cf. *lasya* AP.III.4.77) =*takati*, after proper morphophonemic changes.

Prakṛti + *lakāra* and then *Prakṛti* + *pratyaya*.

In this way, we see that besides locating the present tense in the termination *ti*, Pāṇini has also given the tense a position in the grammatical procedure. In the same way, the class of number also gets a position in the grammatical procedure of Pāṇini, in the form of repetition of the base.

What is worth noting in the case of two informal classes of number and tense is that unlike the informal classes of meaning, gender and person, they get a special place or position in the grammatical procedure.

The concept of a place or position for a class in the grammatical process is the most important principle taught by Pāṇini to the grammarians, and is a step further then mare location of the in-formal class in the some formal counterpart. Absence of such a step would not at all have created any difficulties in the grammatical procedure or description. However, if someone starts with a positional analysis, logic demands that one has to define everything in terms of position. That Pāṇini was aiming at positional analysis is clear from the fact that he has clearly stated the position of *pratyaya* as *para*, i.e. posterior to the *Prakṛti*, cf. Pāṇini's aphorism *pratyayaḥ* AP.III.1.1) and *paraś ca*, (AP.III.1.2). Pāṇini's aphorisms like *ṣaṣṭhisthāneyogā* (AP.I.1.49), *tasminniti nirdiṣṭe pūrvasya* (AP.I.1.66) *tasmād ity-uttarasya* (AP.I.1.67) etc. in which the words *pūrva*, *para*, *uttara* etc. are abundantly employed speak well of his approach to linguistic description being based on positional analysis. His concept of *lopa*[20] also points to the same conclusion. Pāṇini could have given a place to the in-formal classes of meaning, gender and person also. However, he has not done so and we do not receive any aphorism which defines that a termination invested with meaning, gender, or person should replace the meaning, gender or person. Nor are these classes represented technically by any arbitrary symbol or terms. We do not know why Pāṇini did not apply the same procedure, which he applied to number and tense, to meaning, gender and person. On the evidence of the procedure for number and tense, we may extend the same procedure for others also. It is remarkable that there is no succinct aphorism of Pāṇini to that effect.

To summarize, Pāṇini has given us that if the informal class brings about any difference in the formal structure, it should be taken into account in the formal analysis. Secondly, the informal class must be given its due in the grammatical procedure, and if possible, must be suitably represented in it. Last but not least the in-formal class must be reflected in some formal counter-part in the form unsable in Sanskrit language.

REFERENCES

1. Undoubtedly, the two aspects; viz. the spoken form and its meaning are closely related, has provided the poetic genius of Kālidāsa, with an excellent *Upamāna* for the divine *inseparable* couple of Lord Śiva and his consort, Goddess Pārvatī, cf. Vāgarthav *iva saṁpṛaktau-vande pārvatīparameśvarau* (Raghuvaṁśa I.1).

2. Cf. Bhaṭṭoji dīkṣita on the AP aphorism I.1.68 explains: *Śabdasya svamrupaṁ saṁjñi. Śabdaśātre, yā saṁjñatām vinā.*

3. Cf. KK. on the AP.I.1.68: *Svam eva rūpam śabdasya grāhyam bodhyam pratyāyyam bhavati, na bāhyorthaḥ... Śabdenārthāvagater arthe Kāryasyasaṁbhavāt tadvācinām śabdānām saṁpratyayo mābhūd iti sūtram idam ārabhyate.*

4. Cf. Patañjali, in the Pasaśāhnika aphorism. I.

5. For the explanation of the Vedic words with the help of the accentual aphorisms of the AP. Cf. *Svarasiddhānta candrikā* by Śrinivāsayajvam pub. by Annamali University, Madras, 1936. Cf. also Indian Antiquary, 1904 (P.126). For the utilisation of the accentual aphorisms of the AP. cf. The *SomaHymns* of the Ṛgveda (Vols.I.II and 3rd) by S.S. Bhawe.pub. by Oriental Institute, Baroda.
6. In this regard one must consider the distinction between the natural gender or what Jesperson calls sex-gender (cf. *Philosophy of grammar* by Jesperson Ch.17. p.226-43) and the grammatical gender, we have to draw this distinction in the case of many words where the natural or sex gender does not equal its grammatical gender, cf. words *dārā* (masculine) and *Kalatra* (neuter) both having the same meaning "wife" which has the natural gender or sex gender of feminine, and also the words *Jala* (neuter) and *āp* (feminine) both having the same meaning "water", which, being inanimate, has no natural gender or sex gender at all. In this way, language develops its own gender system, irrespective of the fact whether the grammatical genders equal the natural gender or sex gender or not.
7. See.Ref. No.6 'Primary suffixation'.
8. Cf. KK. on the aphorism (AP.IV.1.3) *states-yad ita ūrdhvam anukramisyāmaḥ, striyām eva tad veditavyam strivam ca, Pratyayārthaḥ, Prakṛtyarthaviśesaṇam cety ubhayathāpi Yujyate, striyām abhidheyāyām vā yat prātipadikam vartata iti.*
9. See Ref.No.1 'Primary suffixation'.
10. The personal endings affixed to the roots in the eleven types of tenses and moods in Sanskrit Vyākaraṇa which take different substitutes, e.g. *ti, taḥ, anti* etc. and have various modifications and augments in all the tenses and moods. A term generally employed by ancient grammarians to indicate *laṭ, liṭ, luṭ, lṛṭ, loṭ, leṭ, laṅ, vidhi liṅ, āśirliṅ, luṅ* and *lṛṅ*. Six of them have indicatory *ṭ* and five have indicatory *ṅ*. The phrase in the place of all those endings which are termed as the personal endings of all types of tenses and moods, and are known in their totality as *la*. Kāra an affix, which is added to a single letter for convenience of mention. cf. *Varṇaḥ Kārottaro Varṇa ākhyā, Varaṇkārau nirdeśakau* Tai. Pr. I, 16.XXII.4. cf. also Vs. Pr. I.37: also MB. on AP.I.3.11 and so on.
11. Cf. *laṭ* is stated in *Vartamāne laṭ* (AP.III.2.123), *liṭ* in *Parokṣe liṭ* (AP.III.2.115) *luṭ* in *anadyatane luṭ* (AP.III.3.15), *lṛṭ loṭ* in *loṭca* (AP.III.3.162) lṛt in lṛtśeṣeca (AP.III.3.13) *leṭ* in *liṅarthe leṭ* (AP.III.4.7) *laṅ* in *anadyatane laṅ* (AP.III.2.111) *liṅ* in *Vidhinimantraṇāmantraṇ ādhīṣṭasampraśnaprārthaneṣu liṅ, liṅāśiṣi* (AP.III.3.161, & III.4.116), *luṅ* in luṅ (AP.III.2.110) and *lṛṅ* in *liṅimite lṛṅ kriyātipattau* (AP.III.3.139).
12. Cf. *nāmaliṅgānuśāsanam*, the aphorism No.67.
13. Cf. *nāmliṅgānuśāsanam*, the aphorism *iṣudhiḥ strīca* (No.43).
14. Cf. *nāmaliṅgānuśāsanam*, the aphorism *sthūṇorṇe napuṁsake ca* (No.22).
15. Cf. the aphorism *ardharacaḥ Puṁsi ca* (AP.II.4.31).
16. Cf. "Pāṇini --- A Study of compound word-structures", Journal of the M.S. University of Baroda, Humanities, 1963, Vol.I. P.88-89, cf. also "Pāṇini - A Study of Non-compound word-structures", Hoshiarpur, 1963, Part IInd, P.324-338.
17. Cf. Patañjali on the AP.(I.2.4.5) *arthavadadadhātur-apratyayaḥ prātipadikam, Na kevalena Vṛksasasbdenārthogamyate, Kena tarhi. Sapratyayakena. navā Pratyayena nityasambandhāt Kevalasyā prayogaḥ. na vā eṣa doṣaḥ-Kim Kāraṇam. pratyayene nitya saṁbandhāt, nityasaṁbandhāv etāvarthau Prakṛtiḥ Pratyaya iti. Pratyayena nityasaṁbandhāt Kevalasya Prayogo na bhaviṣyati.*
18. Cf. *Prakṛtipratyayau Sahārtham, tayoḥ Pratyayarthasya Prādhānyam, in Vaiyākaraṇabhūsaṇasāra,* ed. by Sadashiva Shastri. Varanasi, 1939.
19. Cf. Kātyāyana's Vārttika on the AP. *Ṣaṣṭhyā ākrose* (VI.3.21) *devānām Priya iti ca murke;* it is this remarkable characteristic of meaning accepted for formal analysis by Pāṇini which does not warrant a correction or addition by Kātyāyana in his Vārttika, Since evidently the meaning of *devānām priyaḥ* as "*Murkha*" is a secondary one S.C. Vasu says in this respect. "The genitive affix is not elided in the compound *devānām priyaḥ.*" The author of SK. says "when the sense is that of a fool, the affix is not elided in *devānāmpriya*". There is no authority for this, either in the MB or the KK. This was the title of the famous Buddhist monarch *Aśoka*, who would not have adopted it, had it meant 'a fool'. The phrase *iti ca murkhe* has been added by BD. through Brāhmanical spite".
20. Lopa signifies disappearance of a letter. In Pāṇinian grammar when a letter becomes invisible, which is neither pronounced nor written, nor heard that is known as a *lopa* or elision. *Lopa* is the technical term in the grammar of Pāṇini which means disappearance of a

letter or word-form, previously appearent, cf. *adarśanam lopaḥ* (AP.I.1.60) cf. also KK. on the same aphorism *adarśanam aśravaṇa anuccāra ṇam anulabdhirabhāvo varṇavināśa iti arnarthāntaram, etaiḥ śabdai yo artho abhidhīyate tasya lopa itīyam saṁjñā bhavati* cf. also *Pratyaya lope Pratyaya lakśaṇam* (AP.I.1.62) and the KK. on the same *Pratyaya luptepi tadhetukam Kāryam bhavati.* It is also recorded in the AP.VI.1.66 and VI. 4.118. In grammar sometimes it is treated as having a real existence and rules are made applicable to it. Sometimes it identifies with the blank which corresponds the zero in Mathematics cf. W. Hass "Zero in Linguistic Description", Transactions of the philological society, London, 1964, also W.S. Allen "Zero and Pāṇini", Indian Linguistics, 1955, p.1055, p.105-112, and also "Zero in Pāṇini" by M.D. Pandit, Journal of the University of Baroda, Humanities Vol. XI.No.1. 1961. p.53-56.

CHAPTER - XII

CONTIGUITY

1.0. When Pāṇini presented his grammar of Sanskrit language in a highly condensed manner, as a true methodologist he put a profound system in the presentation. At the beginning of his treatise he has explained some of the techniques (of the types of saṁjñā, Paribhāṣa[1] etc.) employed by him in the system. Even then, some other techniques that he used but did not explain were probably either taken by him as being familiar to all the serious students in his time, or explained by him directly in oral instruction to his own batch of students. For want of an unfailing oral transmission, similar to the one in the case of Vedic texts, later interpreters like Kātyāyana and patañjali received some of these other techniques in the same form through tradition, which was not necessarily absolutely faithful to Pāṇini's own intentions as must have been reflected in his instruction to the batch of his own students. In the case of these and remaining techniques, Kātyāyana and Patañjali spent all their ingenuity in discovering them to be able to give a true interpretaiton of Pāṇini's rules.

1.1. The keys that were discovered by grammarians of the Pāṇinian school for a successful elucidation of his rules are generally well known[2]. But the history of independently putting one's intelligence in the service of Pāṇinian interpretation went on unabated in the school for centuries together. And one technique that is found to have been discovered or clearly presented by later scholastics as intended by Pāṇini and so applied by them to get a better interpretation, Viz. *continguity*, is not widely known outside the fold of scholars well versed in the tradition. To the modern student who is eager to know the basic technique employed by Pāṇini it is valuable to know this device, to judge it on merits, and to trace it to its sources.

II.0 Significance of the Design:

The device of continguity narrows down the field of association to the internal structure of an aphorism. It brings out the significance that was supposedly intended or attached by Pāṇini to the close association of certain items within an aphorism or of constituents of the same aphorism of Pāṇini. Thus, when an item suffers from the weakness or inconstancy of denoting more than one condition, thereby confusing the understanding of the students, it is its close company with another item possessing the strength or constancy always denting a single conditoin, that assumes significance and becomes of a decisive and conditioning nature, i.e. that other item is supposed to influence and determine or particularize the denotation of the item in hand of ambiguous reference, "an item is known by the company it keeps". This is an extension of a logical and commonsense approach in the field of scientific presentation of facts, giving it the status of a scientific principle.

II. Application of the design:

BD, the great interpreter of Pāṇini, has made use of the device more than two dozen times: ten times solely in SK, four times solely in SB, and ten times in both the texts, in addition to the two times when he comments in SK. on what are not the aphorisms of Pāṇini. A brief record of these, accompanied by some of the earlier such references from grammarians on those aphorisms, is presented here under the headings of characters which were sought to be determined.

I.Particular part of speech:

(a) Preverb or Presposition.

(1) Krīḍo nu-sam-paribhyaś ca (AP.I.3.21).

The aphorism is valid for *anu* as preposition and not as *karmapravacanīya*[3] for it is in company with *sam* which is a preposition.

(Earlier so noted in KK, also in SB. clearly, not intended in MB).

(2) *Pari-vy-avebhyaḥ Kriyaḥ* (AP.I.3.18).

Pari is presposition being in such company.

(-Noted only in SB and VPK).

(3) Vi Parābhyām Jeḥ (AP.I.3.19).

Prā is presposition being in such company.

(Noted by most scholasts in their works beginning with MB, in CV.I.4.53, but not in SK).

(b) Adverb or Noun.

(4) *Antarā-ntareṇa Yukte* (AP.II.3.4)

Antareṇa is adverb being in such company.

(Noted in MB, KK, and SB).

II. Particular kind of Adverb

(5) Pūraṇa-guṇa-suhitārtha-sa-avyaya-tatvya-samānādhi-karaṇena (AP.II.2.11).

Indeclinable is of the Kṛadanta[4] type being preceded and followed by Kṛdanta forms.

(Noted in SK. and SB, clearly, not intended in MB).

III. Particular Meaning of a Prefix.

(6) *Pañcamy ap-āṅ-paribhiḥ*.

Pari carries the sense of "exclusion" being in company with *apa*, both carrying that sense by *apa-pari-Varjane* (AP.I.4.88).

(-Noted in MB, and letter generally throughout, but no in SK. though in SB.).

IV. Particular kind of inflexional suffix.

Nominal or verbal.

(7) Auto am śasoḥ (AP.VI. 1.93).

Am is nominal being in company with nominal *śas*. (-Noted in CV.V.1.92, KK. MBP., PK. and SK. clearly, not intended in VK. and MB.).

(8) BD on *hal-ṅy-ābbhyo dīrghāt su-ti-sy-apṛktam hal* (AP.VI.6.68).

The aphorism relates to *āp* being followed by *su(p)* alone (and not by *ti* and *si* also), as *āp* is in company with *ṅīp* that is such (-Noted only in SK and ŚB).

V. Particular Meaning of a suffix.

(9) *Chandoga -authika-Yājñika-bahvṛc-anaṭāñ ñyaḥ* (AP.IV.3.129).

The word *naṭa*-Stands here in company with words denoting a *caraṇa* or Vedic school. Hence VK.No.2 on AP.IV.3.120, indicating the contexts of law and tradition for the use of secondary-suffix forms derived from *caraṇa*, is applied here in the case of *nāṭya* derived forms *naṭa*.

(-Noted in KK.SK. and SB.)

VI. Particular kind of Verbal suffix.

(a) Verb-ending or Tense Marker:

(10) *Hal-ṅy-ābbhyo dīrghāt su-ti-sy apṛktam hal* (AP.VI.1.68-b): *Si* suggests not (the infix) *Sic*, but *Sip*, being in company with *tip*, (Noted in KK; NS; PM, VPK, and SB, clearly, not intended in VK).

(b) *Sārvadhātuka*[5] or *Ārdhadhātuka*[6]:

(11) BD. on *ha eti* (AP.VII.4.52) read after *tās-astyor-lopaḥ* (AP.VII.4.50):

The change of *S* of *as-to h* applies before *e* if only it is *sārvadhātuka;* for as is in company with *tās* which is followed only by a *Sārvadhātuk* suffix. (-Noted only in SK).

(C) Of Active-Voice or Middle-Voice:

(12) *tanādibhyas ta-thāsoḥ* (AP.II.4.79).

Ta, accompanied by *thās*, denotes only the middle-voice suffix. (-Noted in MB: CV.I.1.64; KK; RT, VPK; and SB; clearly, not intended in VK.).

(d) *Singular or Plural*:

(13) SK. at DPP 1464 (cl.8) *tanādibhyas ta-thāsoḥ* (AP.II.4.79) *ta*, accompanied by *thās*, denotes singular.

(-Noted in MB, CV; I. 1.64 SK. and SB).

VII Particular kind of stem:

Nominal or verbal:

(14) SK. at 3435 (VI.4.131) on *Sānta-mahataḥ saṁyogasya* (AP.VI.4.10).

For this rule, a stem ending in *ns* (Sānta), being in company with *mahat-*, is nominal, not verbal.

(-Noted only in SK).

VIII. Particular Pada of a Root.

(15) *Dipa-Jana-budha-Pūri-tāyi-Pyāyibhyo anyatarasyām* (AP.III.1.61):

Jan- and *Budh* are middle-voice roots being in company with such.

(-Noted in NS, PM, MD, and VPK).

IX. *Particular Meaning of a Root.*

(16) SK. at DPP. 439 (Cl.1) on *Gupū dhūpa-vicchi-Paṇi-Panibhya āyaḥ* (AP.III.1.28):

Here *Paṇ*-Stands for *stuti*, being in company with *Pan*-meaning that

(-Noted in CV, I 1.47, KK, NS, DSV. III.2.15, RT, MD, VPK, SK, and SB).

X. Particular Conjugational class of a root.

(17) SK. at DPP 875 (Cl.1), *Dipa-Jana Budha-Pūri-tāyi-Pyāyibhyo Anyatarasyām* (AP.III.1.61)

budh- of this aphorism, being in company with class 4 roots, belong to Cl.4.

(- Noted in MD, SK and also for *Jan-*, in SB.)

18. SK. at DPP 982, 983, (Cl.1) on *sarti-śāstya -artibhyaś ca* (AP.III.1.56): *Sr-* and *ṛ-*, accompanied by *śās-* of the non-interpose Cl-2; are to be taken to belong to the non-interpose Cl.3.

(- Noted in CV 1.70, PM, VPK, SK, SB and Perhaps in KK.)

(19) SK. at DPP 988 (Cl.1) on *Stu-Su-dhūñbhyaḥ Parasmaipadeṣu* (AP.VII 2.72) *Su-* is suñ of Cl.5 and not *su-* of other classes being accompanied by *ñ-it* roots.

(- Noted only in SK)

(20) SK at DPP 1526 (cl.9) on *tiṣa- saha-lubha-ruṣa-riṣaḥ* (AP.VII.2.48): *Iṣ-* belongs to Cl.6 with the interpose *a*, being in company with *Saḥ* - of Cl.1. taking the interpose *a* (-Noted in PM, MD, SK and perhaps in KK, clearly, not intended in VK, and MB).

(21) SK at DPP 1675 (Cl.10) on *damśa-sañja-savñjam śapi* (AP VI 4.25): *Damś*-being in company with Sañj-, belongs to Cl.1

(-Noted only in SK).

(22) SK at DPP 1821 (Cl.10) on *se asici kṛta cṛta chṛda tṛada nṛtaḥ* (AP.VII.2.57):

Chṛd- is to be taken to belong to Cl.7, as the accompanying roots like *kṛt-* and *tṛd* - belong to it.

(- Noted only SK).

(23) SK on *Du-nyor-anupasarge* (AP.III.1.142):

Du- of this aphorism is *ṭudu* showing an indicatory- letter and belonging to Cl.5 (-not *du* of Cl.1-), being in company *nī-* i.e. *nīñ* showing an indicatory letter.

(- Noted in PM, SK; SB. and Perhaps in KK.)

(24) SK at 3054 (VII.2.17) on 3052, *niṣṭā śīn svidi midi kṣvidi- dhṛṣaḥ* (AP.I.2.19):

SVID- here is *ñisvidā* of Cl.1, not svidā of Cl.4 being accompanied by *ñ-it* roots.

(- Noted in PM, SK. and SB.)

(25) SK. (3099) on *Vibhāṣāgam hana vida Viśām* (AP.VII.2.68): *Vid*-here is of Cl.6, being accompanied by *Viś* of Cl.6.

(- Noted in KK, DSV IV.6.77, PM, VPK and SK).

(26) SK at DPP 1836 (Cl.10) on AP. VII 3.37) VK - *ṇicprakaraṇe dhūñ Prīñor nugvacanam:*

BD. refers here to the view of "some (grammarians)" who read the VK as dhūñ Prīṇor nug Vaktavyaḥ[5], and, by applying the law of continuity, understand here *dhū-* of Cl.9 it being in company with Prī (now) of Cl.9.

(-Noted only in SK)

(27) SK at DPP 1238 (Cl.4) on lup-from *Aniṭ - Kārikā*[6] at *ātamanepadeṣuanataḥ* (AP.VII.1.5):

lup - there is of Cl.6, being in company with *lip* of that class.

(-Noted only SK).

(28). MD. at VII there on *Sami yu dru duvaḥ: du-* of this aphorism is the bare *du*-without an indicatory letter and belonging to Cl.1 (-not *ṭudu* of Cl.5-), being in company with *dru*-not showing an indicatory.

(-Noted only in MD).

XI. Particular Root from the same Conjugational class.

(29) SK at DPP 825 (Cl.1) and at 378 (VIII 2.30), both on SK 294 *Varaśca-bhrasja- sṛja -mṛja-yaja-rāja-bhrāja-cchaśām ṣaḥ* (AP VIII.2.36):

The root *bhrāj* - at the base of the Primary derivatives bhrāj-etc., enumerated in the aphorism VIII 2.36 (mentioned above) for substituting the nominal stem-final by Ṣ is noted No.181 from Cl.1, but No.825 which belongs to the *phaṇādi*[7] sub-group of the same class and which undergoes the *Phaṇādi-kārya* by SK.2354 (AP.VI.1.85) for the company of *bhrāj-* with *rāj*-found at AP.VIII 2.36 is present only which No.825. (-Noted in MD, SK, and, as recorded in MD, by Maitreya Kṣīrasvāmin and sammatā-Kāra).

Footnotes to the Table given on the next page:

1. At SK.3054 (AP.VII 2.17)
2. At AP.II.3.8.
3. On DPP. 439 (Cl.1)
4. At AP.I.4.90.
5. On DPP. 875 (Cl.1).
6. At AP.III 1.11
7. At SK.435 (AP.VI 4.131).
8. On DPP. 1675 (Cl.10).
9. On DPP. 1526 (Cl.9).
10. On DPP. 1821 (Cl.10).
11. At SK.2758 (AP.III 1.66)
12. At SK.378 (AP.VIII 2.30 on DPP. 825 (Cl.1)
13. On DPP. 1826 (Cl.10).
14. On DPP. 1238 (Cl.4).
15. At AP.VIII 3.43.
16. At AP. I.1.6.

III.0 Validity of the Design discussed

It will be seen from the accompanying table that the design of contiguity was put into service largely in KK. (at least eleven times on ten aphorisms) and, apart from its commentaries, in VPK (nine times) and in the commentaries by BD. It is not that no proposals other than the above design were aimed.

Table showing use of the design by grammarians

On the APHORISM	VK.	MB.	CV.	KK.	NS.	DSV.	RT.	PM.	MPB.	MD.	VPK.	SK.	SB.	UM.	PBS
I.2.19	-	-(2)						√				√1	√		
I.3.18	-	-(1)		1							√		√		
I.3.19	-	√(1)	√	√	√			√					√	√	√
I.3.21	x	x		√								√	√		
II.2.11	-	x(1)										√	√		
II.3.4	x	√		√					√				√		
II.3.10	-	√2(2)		√3	3			√3			√	√	√3		
II.4.79	x	√(2)	√	√			√				√	√	√		
III.1.28	-	√(1)	√	√	√	√	√	√	√	√	√	√4	√		
III.1.56	-	-	√	?				√			√	√	√		
III.1.61	-	-			√			√		√	√	√	√		
III.1.142	-	-		?				√		√		√	√		
III.3.23	-	-								√					
IV.3.129	-	-		√								√	√		
VI.1.68-a	-	-										√5	√	6	
VI.1.68-b	x	x(3)		√	√			√			√	√			
VI.1.93	x	x(B)	√	√					√		√	√			
VI.4.10	-	-										√7			
VI.4.25	-	-(1)										√8			
VIi.2.48	x	x		?				√		√		√9			
VII.2.57	-	-										√10			
VII.2.68	-	x		√	√			√			√	√			
VII.2.72	-	-										√			
VII.4.52	-	-										√11			
VIII.2.36	-	-								√		√12			
VII.3.37(1)	x	x										√13			
-AK												√14			
I.1.6	:	x		√	√	√15		√		√15			√	√	
VIII.3.43	x	x(1)				√		√		√	√6	√16	√	√	

Explanation of the Signs:-

:	presenting the design.	?	doubtful if presenting the design.
:	(disregarding MB) first to present the design.	X	the text, present but, not suspecting the design.
-	present the design.	X̲	the text, clearly not, suspecting the design.
( ) :	possibly presenting the design figure within brackets: the aphorism occuring so many times in other parts fo the text (of MB) yet not suspecting the design there.	-	at all lacking the text (of VK or MB).

achieve the same interpretation of aphorisms have come forth from them. Further, it has also been pointed out by them that the principle of contiguity does not work in a few cases.

III.1 Alternative Suggestions

Thus, out of twenty-nine cases cited above at least seven cases show alternative proposals coming from the commentators. No (1): CV, instead of taking the help of this design, says that, if the use of a *Karmapravacanīya*[8] were seen in the aphorism, it would not be closely (or syntactically) connected with the root. Thus, the implication is that the use of a preposition is to be understood in the aphorism because of the fact that the aphorism relates to items only in close relation with the root. No.(2) NS and PM do not think of the working of contiguity here. They suggest that *Kriyaḥ* from the aphorism is not to be taken as the ablative, but as the genitive pointing out the relation thus:" Pari. etc. related to Krī." That relation is a semantic one of the *viśesaṇaviśesyabhāva,* which for the verb, is possible (in this context) only with a preposition. That is why a reference to preposition and not to *Karmapravacanīya* is to be seen in the aphorism, BD. in SB. sees here the use of preposition either by taking recourse to such procedures as multipurpose utterance or reiteration, or by adopting the device of contiguity.

No.(3) CV., while accepting the possibility of the use of contiguity here, also suggests alternatively that, if the noun *Vi* and the adjective *parā* were seen used in the aphorism (as in the examples *bharivi Jayati vanam, Parā Jayatisenā*), no close relation between them and the verb is got, implying thereby that the aphorism expects only such items as modify the verb.

No.(7): The whole discussion in VK. and MB. shows that Kātyāyana and Patañjali are prefectly aware of the need of ruling out the possibility of understanding the verbal suffix *am* in the aphorism. But their way out is understand here the repetition of *Sup*[9] from the previous aphorism. KK. here adopts contiguity as well as the repetition of *sup*. Kaiyaṭa knew this and, therefore remarked that the VK-MB suggestion of sub repetition was made as contiguity was not thought of VPK. has followed KK.

No.(19): BD. in SK. indicates that, by one interpretation, the aphorism *stusudhūñbhyaḥ Parasmaipadeṣu* (AP.VII.2.72) could apply to the root *su-* of Cl.1 and we could get the form *asāvit* in the *s-* Aorist 3rd singular, but, by an alternative interpretation based on the device of contiguity (...iti pakṣe), the aphorism could apply only to the root *su* - of Cl.5, *asāvīt* would be derived from that root, and from *su* of Cl.1, we could get the form *asauṣīt* in its place. This shows that BD. is not insistent on admitting the Principle of contiguity in this aphorism.

(20): BD. first refers to the view of "Some" who understood that the aphorism with the use of contiguity whereby *iṣ* of Cl.6 alone could get it optionally, but no *iṣ* of Cl.4 and of Cl.9. But he does not agree with this and follows Kātyāyana (VII.2.48.1) who omits *iṣ-* of Cl.4 alone from the jurisdiction of the aphorism, i.e., marks it obligatory for it alone, and optional for *iṣ-* of Cl.6 and of Cl.9.

But those who do not agree with Kātyāyana and want to make it optional by this aphorism for *iṣ* of Cl.6 alone do not employ contiguity in the aphorism but make *iṣ-udit*[10] there; as a result this gets *iṭ* optionally by the aphorism *udito vā* (AP.VII 2.56). This view is mentioned in KK, NS.and PM.

No.(25) PM. here and MBP. at (AP.VII.2.15) point out that *vid* is also in association with *han*-of Cl.2 yet its progressive association (here based on words, *śubdapara-vipratiṣedhāt,* as they say) with *Viś-* of Cl.6 is to be taken into account. Here Hardatta and Kaiyaṭa could have taken recourse to the Paribhāṣā,

Lugvikaraṇa-alugvikaraṇyor lugvikaraṇasya as Nāgeśa has done in PSB. (at Paribāṣā-90).

III.2. Objectionable Cases

In at least two instances the commentators found that the Principles of contiguity cannot be applied for a correct interpretation of Pāṇini's aphorism.

(a) *Dīdhī Vevīṭām* (AP.I.1.6):

This aphorism forbids the operation of *guṇa*[11] and *Vṛddhi*[12] to the roots *dīdhī* and *Vevī* and to *iṭ*. Now what is this *iṭ*[13] ?

If *iṭ* was understood on the Principle of contiguity to be the root *iṭ*-(i.e. *iṭ* ....gatau, DPP 318, Cl.I), it results in giving the unwanted verbal form *iṭati*, the wanted one being *eṭati* (with guṇa by *Pugantalaghūpodhasya ca*, AP.VII. 3.86). Further if *iṭ* were taken to be a root, another Principle of giving a position of Priority within a compound to an item of fewer syllables[14] is also vioated. Thus, we understand that this *iṭ* is not a root, but an augment. This also satisfies another Principle of compounding which was pointed out by Kātyāyana, that of giving a place of priority to an item that is more respectable[15], and here, we know a rot carries greater value than an augment[16].

This violation of the Principle of contiguity has been noted in NS, PM. and SB.

(b) *DVIS-Triś-Catur-iti Kṛtvo-orthe* (AP.VIII 3.43):

The affix *Kṛtvasuc* i.e. *Kṛtvaḥ* is added by *saṁkhyāyāḥ-Kriyābhyāvṛttigaṇane Kṛtvasuc* (AP.V.4.17) after a numeral to make it an adverb in the sense of *Kriyābhyāvṛtti-gaṇana* or "counting the repetition of action," but, after the numerals *dvi, tri,* and *catur,* not that affix but *suc* i.e. *S* is attached by *dvitricaturbhyaḥ suc* (AP.V.4.18) in the same (adverbial) "sense of *Kṛtvaḥ*" or in *Kṛtvoarth* i.e. in the sense of *Kriyābhyāvṛtti-gaṇana*. Now when Pāṇini tells us at *dvitriś caturiti Kṛtvo arthe* (AP.VIII.3.43) that ṣ is optionally substituted for Ṣ of *dvis, tris* and *catur* when followed by a guttural or a labial, he adds the word *Kṛtvo arthe* in the aphorism. But the forms *dvis* and *tris* ending in the suffix *suc* already show that they carry that sense, and although it is doubtful whether *catur* in the aphorism ends in *S* or not, by the Principle of contiguity, it also can be easily understood to be ending in *S* and carrying *Kṛtvo artha* still Pāṇini has, apparently unnecessarily and uneconomically added that word in the aphorism, and that suggests to our commentators that Pāṇini intended by this to convey (Jñāpanārtham) that, although in general he has made use of the device of contiguity, the device could not be uniformly extended to all the aphorisms. This is how the authors of NS, PM, MBP, SB, and UM look at the aphorism (and aphorisms) of Pāṇini.

III.3. The paribhāṣā Embodying the Device

Nāgeśa, the great grammarian of the Pāṇinian School has given us in his PBS, the Paribhāṣā (No.103):-

"*Sahacarita-asahacaritayoḥ Sahacaritasyaiva grahaṇam*". "(Whenever a term is employed in grammar which might denote) both (something resembling) that company with which it is (mentioned), and also something else (which would) not (resemble that) in company with which it is mentioned, it should be taken to denote only the former"[17].

The Paribhāṣāsaṁgraha edited by K.V. Abhyankar informs us that the

Paribhāṣā was earlier recorded in the Vyāḍipātha, the Sākaṭānyanapāṭha, the Paribhāṣāvṛtti each by puruṣottamadeva (latter half of the 12th cent.) Sīradeva (13th cent.)[18], and "Nilakaṇṭa, and the Paribhāṣābhāskara each by Haribhāskara and Śeṣādrināṭha (or śeṣādrisudhī)[19].

It may be mentioned in this connection that Paribhāṣā is also found quoted Verbatim by Jinendrabuddhi in his NS[20].If the reading is genuinely from the Jinendrabuddhi, it is a little Puzzling how Haradatta and Kaiyaṭa were ignorant of the form of Paribhāṣā in which it is found framed although they were well conversant with its import.

In PBS Nāgeśa explains the Paribhāṣā with the words....*Sādṛśyám eva niyāmakam. Sadṛśayor eva Saha Vivakṣā tayor eva saha Prayoga ity utsargācca---Saḍṛśānām Prayoge Sahāyabhāve bodhitaḥ.* Resemblance alone is the decisive factor. Also the rule (or the general Practice) is that only like matters are spoken of together, only they are used together".

Not only that, he seems to attach greater importance to this Paribhāṣā than the other Paribhāṣā (No.90).

"*Lugvikaraṇa-alugvikaraṇayor alugvikaraṇasya*': "(When there is any doubt) as to (whether a term that may be employed in grammar, should denote a root) that has *luk*[21] for its Vikaraṇ[22] (i.e. a root of the second class), or (a root) which has a vikaraṇa other than *luk* (i.e. a root of some other class, or both, then that term should be taken to denote only) such (a root) as has a vikaraṇa other than *luk* (or, in other words, a root which belongs to any but the second class[23])".

Earlier Kaiyaṭa had remarked that, had Pāṇini worded his aphorism, *Svarti-sūti-sūyati-dhūñ-ūdito ū* (AP.VII 2.44), with *sūṅ* instead of *sūti sūyati*, then *sūṅ* by the present Paribhāsā would have stood only for the *alugvikaraṇa su*-of Cl.4 not for the *lugvikaraṇa su-* of Cl.2, while Pāṇini wanted the aphorism to apply to *su-* of Cl.2 also. That is why he used in his aphorism both the *Su-* roots with the Vikaraṇa of each; and the fact that he did so is an indication (Jñāpaka) that he assumed this Paribhāṣā--Nāgeśa says, this is wrong. According to him, had Pāṇini worded the aphorism with *sūṅ*, then that *sūṅ*, not by the present Paribhāṣā, but by the contiguity paribhāṣā (Sāhacarya Paribhāṣā) would have stood only for the *alugvikaraṇa-su-* of Cl.4; for, the rest of the roots from the aphorism are alugvikaraṇa, whose company would have influenced our *sūṅ*.

At the same time, two aphorisms of Pāṇini I.1.6 and VIII 3.43 (mentioned earlier) are enough to convince Nāgeśa and other scholasts who preceded him that the Paribhāṣā or the device does not work unfailingly through all the aphorisms of Pāṇini; that contiguity cannot be the basis of or means for regulating the Presentation (Vyavasthā-hetu) everywhere; and that it is of irregular application (anitya) and cannot be restrictive or regulative in the case of all the aphorisms of Pāṇini[24].

The concept of contiguity seems to be of age-old familiarity as can be seen from its mention even by Yāksa in the Nirukta (II.20, III.16, XI.5). Bhartṛhari in his VP[25]. (II.315, 316) is found to have enumerated contiguity or association among the causes capable of apprehension of a particular meaning when there is doubt or difficulty in determining the meaning of a word. The Stanzas are quoted by Mammaṭa in the Kāvyaprakāśa (II.19), and in the *Alaṁkāraśāstra-contiguity* is an accepted Principle. The Amarakośa[26] has also accepted it determining the gender, which fact has been referred to by BD. as well (at SK.237, AP.VI.4.136).

In conclusion, it can now be remarked that the technique of contiguity was probably made use of and relied upon by Pāṇini generally as a sound Principle. It had received a place in other sciences as well. The fact that within the Pāṇinian system only in two instances the Principle is not found honoured-- rather, in the single instance of (AP.I.1.6) which really matters, as the resulting grammatical form differs only in this case -- should go to prove that Pāṇini did make use of it. In any case it is not so irregular (anitya) as some other Paribhāṣā-s that are found violated by a number of counter examples[27].

IV.0 Genesis of the device with the Muni-Dvaya.

It would now be worthwhile to know how far Kātyāyana and Patañjali, the earliest commentators of Pāṇini, made use of this Particular interpretative device, or, at least, how far they could be seen providing indications of their awareness of the device.

IV.1. With Patañjali

It is found that the expression of contiguity has been used by patañjali seven times independently and twice after Kātyāyana (AP.I.2.51). VK.3.1 2.64 VK. 55) had used it. On all these occasions, what is discussed is always the import of an expression itself, or a kind of the expressive power of the word which is closely associated with it: see the dictum *"Sāhacaryāt tāccchabdyam"* evolved by Patañjali there. Kaiyaṭa remarks at one such place on (AP.I.1.68 VK.4): *Sā Ca Śabdānuviddhasyaiva arthānugamāt;* and Nāgeśa thereupon quotes Bhaṛtrhari: *Na So asti Pratyayo loke yaḥ śabhāgamādṛte* (- VK, I.123 ab.)

There is, thus, no trace here of the discussion on the kind of contiguity within a rule of Pāṇini which we are examining.

IV.2. However, on four occasions, i.e.; while discussing the aphorisms; AP I.3.19, II 3.4; 8; 10; and II.4.79, Patañjali definitely shows that he interprets the aphorism on the basis of the contiguity Paribhāṣā; Thus, on AP.I.3.19 he says:

Yady api tāvad ayam Parā - Śabdo dṛṣṭā- Pacāra Upasargaś ca anupasargaś ca, ayam tu khalu Vi- Śabdo-adṛṣṭāpacāra-upasarga eva. tasyāsya Ko- anyo dvitīyaḥ Sahāyo bhavitum-arhaty anyad ata upasargāt? tad yathā-asya gordvitīyena arthaḥ, iti gaur evopādīyate nāśvo na gardabha iti[28].

This explanation of the aphorism is typical and is only repeated with the necessary *ūha*[29] or *mutatis mutandis,* on the other aphorisms. The word *'sahāya'* there stands for 'contiguity' and 'apacāra' for 'Varying or alternative denotation'.

IV.3. Further, although Nāgeśa has not expressly said so in his UM. on AP.VII 2.15 or on AP.VII 2.68, or in his PBS on Paribhāṣā 90 referring to Patañjali's words on AP.VII 2.15, it can be seen that Patañjali's argument there presupposes the application of the contiguity Principle. While discussing this Principle at Paribhāṣā 103, Nagesa sees it *dhvanita* (Suggested) at MB. on AP.II.3.8 for II 3.10, which MB- text, as has been said, is found repeated at MB. on AP I.3.19, II.3.4 and II 4.79. But in addition, Nāgeśa could have also seen it *'dhvanita'* at MB. on AP.VII.2.15, as pointed out there.

IV.4. There are, besides, certain important statements in MB.[30] which may be said to be seeds of the contiguity device of interpretation, notwithstanding the fact that they are made in quite different contexts. Thus we have:-

(1) Eṣā hyācāryasya Śailī Lakṣyate Yat: tulyajātīyāns tulyajātiyeṣu upadiśati (I.32.22).

(2) *Tulyajātiyasya niyamaḥ* (I.121.19, 195, 9, 219, 8f, 238.16, Ii.187. 22, III 54.14).

(3) *Tulyajātiyasya Jñāpakam* (I.156, 25, 193, 18f, III 46. 9.66. 20f.

(4) *Yathājātīyaka Utsargas tathājātīyakena apavādenabhavitvyam.* (III 146. 16f.).

(5) *Evam tarhi Jñāpayatyācāryo: Yathājātīyakam Uttarapadam tathājātīyakena Pūrvapadena samasyate iti* (I.402. 3f).

(6) *Dvayo raktayor madhye śuklam Vastram tadguṇam Upalabhyate badarapiṭake riktako lohakamsas tadguṇa upalabhyate* (I.206 20f., 355, 19f.)

(7) *Atajjātīyakam loke vyavadhāyakam bhavati* (I.59f., 19) "It is a matter of common experience) in the world that (within a group) what does not belong to the same type will agree with the .character (of the rest of group) becomes a matter of nuisance (there)".

(IV.5.) All such statements, when to the evidences earlier noted, can be taken as strong indication that Ptañjali attached much value and significance to factors in proximity in general and had it in mind to apply that Principle to the grammar of Pāṇini in order to bring about uniformity in the system.

V.I. With Kātyāyana

Although Kātyāyana has never shown awareness of this Principle, he has one VK: *na vā tajjātīyavyavāyāt* (AP.I.1.7 VK.8) which Patañjali elaborates with the statement quoted (as No.7) above, and two others (AP.I.2.51, VK.3.1.2.64 VK.55) concerning the expressive power of a word as mentioned earlier. Even if it would be too much to see more in these statements from him, and even if he does not refer to the contiguity Principle explicitly, it cannot be said that he was ignorant of it, but only that he assumed it for the purposes of grammar, it being a matter of common knowledge.

However, patañjali alone can be said to have been the first to clearly apply it in the manner of the later interpreters of Pāṇini .

REFERENCES

1. See.Ref. No.2 and 3'Language'.
2. (a) Kielhorn, Notes on the MB: 7: "Some Devices of Indian Grammarians" 1A (1887) 16. PP.224-57.
(b) Belvalkar. SK: System of Sanskrit grammar "Technical devices used by Pāṇini" (P.22-25) Poona-1915.
(c) Yajan Veer.
Sanskrit Vyākaraṇa Kī rūparekhā "*Pāṇini dvārā pāribhāṣika Śabadāvali Kā Prayoga*" (PP.21-27) Delhi-1982.
3. The word is employed as a technical term in grammar in connection with prefixes which are not used along with a root, but without it; cf. *Karma Proktavantaḥ Karmapravacanīyāḥ iti* (Patañjali on AP.I.4.83) e.g. *Śākalyasya Samhitāmanu Prāvarṣat, anvarjunam Yoddhāraḥ, ā Kumāram Yaśaḥ Pāṇine,* cf. KK. on AP.I.4.8 to 98; cf. also DPK. P.13, I.19-20 and also HVP.III.1.1. It is used in connection with a preposition which should be a verbal activity formerly, although for the present time it does not show it.
4. A technical term used in Pāṇinian grammar to indicate the word ending with a *kṛt* affix; the term *kṛt* is found employed in the aphorism of Pāṇini for *Kṛdanta*, cf. *Kṛttaddhitasamāsāśca* (AP.I.2.46) the term, *Kṛdanta* for nouns derived from roots, is found in the AV.Pr. (I.1.10, II 3.8, III 2.4), the MB. and all the later works on grammar.
5. This may be compared with the Kātantra aphorism *dhūñ-prīṇātyor naḥ* (III 6.24).

6. Cf. NS:-*Kriyo Ye sambandhinaḥ Paryādayaḥ*.
7. A sub group of seven roots headed by the root *Phaṇ*, which is related to the Ist conjugation and which have optionally their vowel *ā* changed into *e* and the reduplicative syllable omitted, in the form of the perfect tense before the affix *itha* and weak affixes; e.g. *pheṇatuḥ, pheṇuḥ, Pheṇitta, Paphaṇatuḥ, paphaṇuḥ, Paphaṇitha, in the same way rejatuḥ, rejuḥ, rejitha rarājatuḥ, rarājuḥ, rarājitha* and the like; cf. *phaṇām ca saptānām* (AP.VI.4.125).
8. Already explained in this chapter Ref.3.
9. A technical term employed in Pāṇinian aphorism to indicate locative case- affix *su*. It is a short term for case - affixes, as structed by the syllable *Su* (the nominative singular affix) at the beginning and the final consonant *P* of *sup*, the locative plural case-affix in the aphorism *svaujas.....sup* (AP.IV.1.2). These case affixes are known as terminations also. These *sup* affixes are dropped after an indeclinable word; cf. *avyayādāpsupaḥ* (AP.II.4.82) In Vedic language these case-affixes are replaced by *S, Ś, Yā, ḍā, ḍyā, Yāc,* and *āl*, accordingly, cf. supām.....ālaḥ (AP.VII.1.39). These case affixes have grave accent, excepting in such cases as are quoted in AP.VI.1.166 to 184 and 191.
10. Literally speaking, a term having *u* for its indicatory letter; cf. *aṇuditsavarṇasya āpratyayaḥ* (AP.I.1.69). For instance *u* is added to *K* and becomes *Ku*, here an indicatory *u* refers to, and includes its homogeneous letter also. Thus *ku* refers to all the five gutturals *k, kh, g, gh* and *ṅ*. The roots marked with indicatory letter *u* get the augment *i* optionally added before the Primary-affix *ktvā* e.g. *śomitvā* and *śāntvā*.
11. See Ref.No.6 'Phonology'.
12. See Ref.No.6 'Phonology'.
13. A technical term used by Pāṇini in his aphorism cf. *ārdhadhātukasyeṭ valādeḥ* (AP.VII.2.35). The *ṭ* in *iṭ* is an indicatory letter. An augment *i* prefixed, in general, in the case of all roots barring a few roots ending in vowels except *ū* and *ṛ* and roots *śak pac*, etc., to such affixes of non-conjugational tenses and moods as begin with any consonant except *h* and *Y*, cf. AP.VII.2.35 to 78 and its exceptions AP.VII.2-8 to 34.
It is also employed to indicate personal ending of the third person singular, middle-voice.
14. Cf. Alpāctaram (AP.II.2.34).
15. Cf. "Abhyarhitam ca Pūrvam nipatati iti Vaktavyam" VK. on AP.II.2.34.
16. Cf. Agamāpekśayā Prakṛter abhyarhitatvāt (SB).
17. Cf. According to Kielhorn, PBS, II, P.478.
18. Cf. According to K.V. Abhyankar, PBS, I, Introduction, PP. 5-6.
19. See PP. 492 F.N. from the sūcipatra (PP 463-93) appended at the end of the Paribhāṣāsaṁgraha, Poona-1967.
20. On AP.VIII 3.43 (quoted earlier) see Vol.6 P.527.
21. A technical term employed by Pāṇini for the disappearance of an affix or its part under some particular conditions as prescribed by an aphorism with the mention of the word *luk*; cf. *pratyayasya luk ślu lupaḥ* (AP.I.1.61) Augment *l* attached to the root *lā* in the sense of an oily thing; cf; *ghṛtam Vilālayati* cf; kk. on *līlornug lukāvanyatarasyām snehavipatāne* (AP.VII.3.39).
22. See ref. No.15 'Phonology'.
23. Kielhorn, PBS, II.P.433.
24. Cf. *nasarvatra sāhacaryam niyāmakam* (PM on AP. VIII 3.43). and *sāhacaryasya sarvatra aniyāmakatvāt* (SB. on AP.I.1.6).
25. Ed. by V.K. Abhyankar, and VP. limaye, Poona-1965.
26. Cf. Sāhacaryāc Ca Kutracit Strī-Pun-napuṁsakam Jñeyam, Introductory St. 3 bc.
27. See Kielhorn PBS II, Preface, PP XXf.
28. MB. Pub, By Haryāṇā Sāhitya Saṁsthān, Gurukul Jhajjar, Rohtak Haryāṇā - 1963.
29. Cf. *Ūhaḥ Khalvapi,* Na sarvailiṅgair na ca sarvābhirvibhaktibhir Vede mantrā nigaditāḥ, to ca avaśyam yajñagatena yathāyatham vipariṇamayitavyāḥ (Patañjali in MB. paspaśā hnika). Generally it is employed in Vedic hymns, so as to suit the context in which the hymn is to be utilised. Sometimes it makes a modification of a word, and sometimes by change of case affixes, adoption of hymn.
30. MB, giving reference to the volume, page and line of the book edited by Kielhorn.

CHAPTER - XIII

ARRANGEMENT AND ECONOMY

1.0 The AP. is a reasonably successful exercise in exhaustiveness of arrangement and economy in statements. It's data bespeak of Pāṇini's insight into the nature of AP. His sharply defined technical terms are the devices cleverly manipulated to capture generalization and achieve arrangement and economy without sacrificing lucidity and clarity. taking into account the AP. and the scheme working in his mind, Pāṇini has methodically classified all his aphorisms. His aphorisms can be divided into six categories as the (1) Definitions (2) Rules of interpretations (3) Injunctions (4) Restrictive rules (5) Rules indicating extended application by analogy (6) Governing rules.

1.1 In this connection he has employed three more key words, viz. *Anuvṛtti*, *Apakarṣa* and *maṇḍūkapluti*. Anuvṛtti[1] is the process of inserting the necessary words of the Governing-aphorisms in the following aphorisms to complete their meaning, while *Apakarṣa*[2] is the anticipatation of a word of a later aphorism in a former aphorism. When the words of a former aphorism are inserted in a later aphorism which comes after the intervention of some other aphorisms, the process of inserting such words is called *Maṇḍūkapluti*[3]. Such varieties have enabled Pāṇini to avoid unnecessary repetition of words and to maintain arrangement and economy of expression.

III.1. So arrangement and economy are the key-words of the Pāṇinian grammar. *Sandhi* or *Saṁhitā* is the euphonic coalition of the final letters of roots, stems and words with the initial letters of terminations, suffixes and other words. This coalition occurs only when the final and the initial letters are in closest proximity, cf. *Paraḥ. Sannikarsaḥ Saṁhitā* (AP.I.4.109). The question of the closest proximity does not arise in the case of formation of words, declensional and conjugational forms, because the grammatical parts have to be knit together in their case. But in the case of a sentence where each word is separate from the other, the closest proximity of final and initial letters of the words is absolutely necessary. Normally, a sentence is regarded as a euphonic chain which breaks only at the end of the sentence and is denoted by a virāma[4] (stop). If, however, there is a break in the middle of the sentence, then there will be no sandhi between the final and initial letters of the two words, e.g., if we speak the two words *Yajñadattaḥ* and *calati* with some interval between them, then there will be no sandhi but if we pronounce them quickly one after the other, then it will become *Yajñadattaścalati*. In this way, Pāṇini is always anxious to apply the rule in a specific form of expression of a language. The correct interpretation is: Sandhi is exigency of speech, i.e. where we have to stop in a sentence for the sake of emphasis or clarity, there will be no sandhi.

III.2. Now, Sandhi is of two kinds- *Svara Sandhi* (vowel combination) and *Hal Sandhi* (consonant combination). The first kind of Sandhi is between two vowels and the second between consonants and vowels or between consonants and consonants. There is another type of Sandhi which is known as *Visarjanīya*[5] *Sandhi*. We shall take it first. Visarjanīya is the full emission or expulsion of air from the open mouth. In words it must follow some vowels in order to be distinctly audible.

III.3. For the sake of arrangement, Pāṇini has changed the Visarjanīya into *s*; cf. *Visarjanīyasya saḥ*. (AP.VIII.3.34) before hard consonants. Therefore, its sandhi before soft consonants or sonants (i.e. the 3rd, 4th and 5th letter of a varga) does not arise in this context. For Visarjanīya-Sandhi, Pāṇini has two aphorisms, *Stoḥścunāścuḥ* & *ṣṭunāṣṭuḥ* (AP.VIII.4.40, 41) respectively. These prescribe that when the final *s* and *tavarga* combine with *ś* and *cavarga*, they become *ś* and *cavarga*, and when the final s and *tavarga* combine *ṣ* and *ṭavarga*, they become *ṣ* and *ṭavarga*. These aphorisms can be split into two parts, viz. the Sandhi of S with *ś* & *cavarga* or *ṣ* and *ṭavarga* and of *tavarga* with *ś* and *cavarga* and with *ṣ* and *ṭavarga*. Here we are concerned only with the sandhi of *s* with *ś*, *ṣ* and hard consonants of *cavarga* and *ṭavarga*, i.e. with C, *ch* and *ṭ ṭh*. For instance, *devadatta ś śete=devada-ttas śete, devadattas calati, devadattaś calati.*

III.4. The change of Visarjanīya into *s* has eliminated the necessity of a rule for the change of visarjanīya in combination with *ṭ* and *ṭh*.

III.5. A mute consonant cannot be pronounced and become audible without the help of a vowel. When a word with final *t* is spoken, the tip of the tongue remains in contact with the teeth, and the sound *t* remains inaudible. While speaking of a following word beginning with a letter of *cavarga* or *ṭavarga*, the position of the tongue shifts to the place of utterance of that letter, what would have been a *t* is now pronounced from the same new place, so that *t* becomes assimilated with that viz. the following letter. Here, the consonants are assimilated by the change of place.

III.6. In the case of the vowel Sandhi, let us first analyse the position of lips and the utterance of the simple vowels. Since there is no occasion of the speech organs in the utterance of the vowels, we have to mark the position of the lips only. In speaking the vowels *a* and *ā* the mouth is wide open and the distance between the upper and lower lips is the widest. In speaking the vowels *i* and *ī*, the corners of the lips stretch sideways and the distance between the upper and lower lips becomes very narrow. And in speaking the vowels *u* and *ū* the lips become rounded. This can best be illustrated by means of a triangle on the apex of which we shall place, *a*, *ā*, on the left of the base *i*, *ī* and on the right *u* and *ū*. In this way, Pāṇini has tried to show arrangement and economy through the medium of Sandhis, because Sandhi means the extreme contiguity of letters. The word Sandhi comes from Sam *dhā* (to join together).

IV.1. Pāṇini mentions arrangement and economy by accepting the theory of declensions. Without any declension, the crude form of a noun is considered as *prātipadhika*[6]. In the Pāṇinian grammar noun has three genders which are known as (i) Feminine-gender, (2) Masculine gender, (3) Neuter gender. It has three numbers in all - (1) Singular, (2) Dual (3) Plural. And there are eight cases in each number, as the (1) Nominative case (2) Vocative case (3) Accusative case (4) Instrumental case (5) Dative case (6) Ablative case (7) Genitive case and (8) Locative case.

IV.2. These cases express all the relations, between a word and a sentence. In recent literature we find people saying something to the effect that the basic unit of description according to Pāṇini is the sentence. The same people, of course, claim partly, legitimately, that Pāṇini's description even goes beyond the sentence. But we will limit ourselves to the consideration of the sentence, as anything decisive about its being a basic unit for Pāṇini would be quite a welcome step.

V.3. On the other hand, there is no lack of people who say that Pāṇini's description does not go beyond pada. This view has strong support from a certain fact of AP. We find, there is a *Pada*[7] defined , cf. *Suptinantam Padam* (AP.I.4.14), but not a sentence defined by Pāṇini and for that matter we do not find anything like Phrase or clause defined by him. Although Pāṇini uses the term *Vākya* in several places, we have no reasons to interpret any of these usages referring to anything more than is called utterance i.e. "a stretch of meaning of sound sequences bounded by pauses". Consequently, to see if the sentence was a unit for Pāṇini, we have to look for implications (Jñāpakas)[8] if there are any.

IV.4. With Pāṇini's grammar it is possible to derive simple as well as complex sentences. However, the possibility of deriving a sentence is one thing and to assume it as the basic unit is another. The point is made quite clear by the differences between the approaches of the *structuralists* and the *transformationalists.*

IV.5. This is the only fact which makes us say that the above explanation represents the arrangement and economy which Pāṇini wanted to deal with in his grammar (discussions).

V.1. To summarise the language, Pāṇini introduces the theory of *Kāraka*[9] cf; Kārake (AP.I.4.23). The word Kāraka is derived from the root Kṛ. "to do" by adding the agentive suffix *ṇvul* (=aka) meaning thus etymologically 'one who does (karoti iti kārakam)'. In his treatise he uses it as a technical term to denote anything that contributes towards the fruition of action. In other words, that which causes or occasions an action is a kāraka.

V.2. Pāṇini mentions the rule and arrangement when he describes the conversational elements. He recognises that sequential occurrence of sentence in a discourse may affect their synthetic structure. For instance, in *nṛpo brāhmaṇāya gām prati śṛṇoti* 'The king promises a cow to the brāhmana', the Saṁpradān[10] (dative) relation between the nominal stem brāhmaṇa and the verb *pratiśru* - 'promise' is based on the pre-supposition that earlier in the discourse has occured such a sentence as *brāhmaṇo nṛpam gām ayācat* 'the brāhmaṇa asked the king for a cow'. Pāṇini's formulation of the rule describing the use of saṁpradāna in the above example is based on an explicit understanding of such a sequential relationship. He states: the kartā[11] of the preceding (sentence), holds saṁpradāna relation with the verbal stem *śru* - preceded by *prati* or *ā* in the meaning of promise; cf. *pratyāṅbhyāmśruvaḥ Pūrvasyakartā* (AP.I.4.40). And likewise, in case of the verbs gṛ with *anu* or *prati* meaning 'encourage' by speaking after, i.e. repeating, the karttā of the previous (sentence) will hold saṁpradāna relation cf.; *anupratigṛnaś* ca (AP.I.4.41) e.g. *devadattaḥ hotre pratigṛṇāti* or *anu gṛṇāti, 'devadatta* repeats after the priest to encourage him'. Such a sentence presupposes an utterance like *hotā girati* "The priest chants".

V.3. The casual stems in Pāṇinian grammar are formed from simple ones by adding casual suffix, e.g. *Kārayati=kṛ+ṇic Śap+ti* 'he causes to do' *gamayati gam+ṇic+śap+ti* 'he causes to go' casual sentences are derived from the corresponding non-casual ones by affecting certain structural changes. The grammatical subject of the casual is called hetu[12] (causer) by Pāṇini; cf. *Tat prayojako hetuśca* (AP. I.4.55). But for the purpose of the syntactic relation it is treated as Karttā and all the rules that apply to Karttā at syntactic level are applicable to hetu also. Thus in a casual sentence hetu will hold the karttā relation with the casual verb. The karttā of the non-casual verb is no longer now related grammatically to the casual form. In the casual sentence thus it is represented by the 3rd Vibhakti[13] (case suffix) which denotes a karttā or karaṇa[14] which has not been already expressed by grammatical elements; cf. *Kartṛkaraṇayostṛtīyā*

(AP.II.3.18). This is the normal situation but there are certain exceptions to this general rule. Dealing with these Pāṇini states that the Karttā of the non-casual verb meaning 'motion' comprehension, eating having śabda (sound or literary composition) as their object (Karma)[15] and of intransitive verbs, becomes karma in the casual, cf. *gatibuddhi pratyavasānārtha-śabdakarmā-karmakānām-aṇi-karttā-sa-ṇau* (AP.I.4.52). Here the syntactic relations in non-casual sentences form the bases of synactic relations in the casual ones. Pāṇini finds that the theory of kārakas will be able to explain the syntactic phenomenon with arrangement and economy which is a well known fact about his treatise.

VI.1. Another, the most important feature of Pāṇini's theory and technique of arrangement and economy, is known as compound forms. Treatment of compounds in the AP. occurs at various places according to the context of a particular aspect. The name is introduced under the general guiding principle, cf. *Samarthaḥ padavidhiḥ* (AP.II.1.1). The rules pertaining to the Pada (word) are applicable only to those words which are syntactically related (Samarthaḥ)[16]. Then Pāṇini gives the governing rule (adhikāra sūtra)[17] for samāsa cf;, *Prākkaḍārāt samāsāḥ* (AP.II.1.3.) i.e., before the sūtra (*Kaḍārāḥkarmadhāraye* AP.II.2.38) with the word *Kaḍāra, Samāsaḥ* is the governing context. Further on the constituents of a compound in general, he observes that a nominal will be compounded with another nominal if it is syntactically related with it, cf; *saha supā* (AP.II.1.4). Thus he makes it clear that the necessary condition for two elements to enter into a compound is Samartha - syntactical capability - which also assumes semantic capability.

VI.2. Then he proceeds to describe the particular constituents alongwith the particular conditions to enter into a compound form of a particular category.

VI.3. Pāṇini recognises the following four main categories of compounds:-

1. Avyayībhāva (Adverbial compound).
2. Tatpuruṣa (Determinative compound).
3. Bahuvrīhi (Possessive compound).
4. Dvandva (Co-ordinative or copulative compound).

VI.4. These four categories are described in the same order as given above. The order is significantly designated so that the preceding class of the compounds forms an exception to the succeeding one. If the order is changed the sūtras will give rise to the undesirable or wrong formations of compounds.

VI.5. For illustration we come across examples which possess the characteristics of a particular class of compounds, but are placed in a different class, e.g. *Pañca-nadam* (five rivers), *Sapta-gaṅgam* (Seven gaṅges), etc., though characteristically dvigu-tatpuruṣas, have been classed as Avyayībhāvas, and *unmatta-gaṅgam* (name of the country where the waters of the Gaṅga roars furiously; Lohita-gaṅgam (name of a country where the waters of the Gaṅga are red), etc., having the characteristics (anyapadārthatva) of bahuvrīhis, are also classed as avyayībhāvas. These instances show that the avyayībhāva is an exception to both the tatpuruṣa and bahuvrīhi.

VI.6. Now, if avyayībhāva had been placed after the tatpuruṣa or bahuvrīhi, it would have lost its character as an exception and the expressions quoted above would have had two alternative forms, one under the tatpuruṣa or bahuvrīhi, and the other under the avyayībhāva, whereas no alternative forms in tatpuruṣa or bahuvrīhi exist in the language. To achieve economy in the wording of the sūtras,

Pāṇini has made full use of the notion of anuvṛtti[18] throughout in the AP. Now it can be said without any hesitation that the treatment of compounds described in the AP. would give us a clear idea as to how Pāṇini supports his theory and technique of arrangement and economy.

VII.1. Next comes Pāṇini's treatment of Kṛt-suffixes (Primary-suffixes). It is a well known principle in the descriptive grammar of Pāṇini that noun-forming suffixes are divided into two main classes: Kṛt (primary, added directly to a root and *taddhita* (secondary) added to a nominal stem.

VII.2. Pāṇini enumerates one hundred and twenty eight *kṛt*-pratyayas in the third chapter of his treatise. In fact fifty-six bound morphemes are distributed in these one hundred and twenty eight *kṛt* pratyayas which are taught in about four hundred and forty aphorisms by Pāṇini. AP. bound morpheme occurring at the final position of the derivative (prātipadika which is an open morphological construction) is suffixed to a root. The structure of a Pāṇinian Kṛt Pratyaya is such that the linkage of exponents to bound morphemes is seen in the initial, penultimate and final positions of suffixes. Pāṇini's formation of Kṛt-Pratyaya-structures with utmost care, the kṛt-stem-formation at the morphological level together with the grammatical operations such as morphophonemic-changes-all at one stroke reveal his remarkable sense of economy which is regarded as one of the most fascinating tools of modern linguistic description. For instance, in the (kṛt-pratyayas), *gh-ura-c* the exponents *gh* (occurring-initially) and *c* (appearing finally) are appended to the bound morpheme *ura-* the former linkage of exponents indicating here the substitution of a velar for a palatal, and the latter (*c*) the oxytonesis, cf. *bhañj bhāsmido ghurac* (AP.III.2.161).

VIII.1. The root being the basic constituent, Pāṇini lays special emphasis on its structure. Here too the principle of economy is at work, which is evident from the manner in which Pāṇini enumerates roots to which Kṛt Pratyayas are added.

VIII.2. The aphorism, *dhātoḥ* (AP.III.1.91) being an governing rule, extends its operation upto end of the third chapter of the AP. All kṛt Pratyayas which are different from *Tiṅ* (Tense makers) through the force fo the aphorism *kṛdatiṅ* (AP.III.1.93) must appear after verbal roots, cf; *Pratyayaḥ, Paraśca* (AP.III.1.1 & 2).

VIII.3. Pāṇini has listed five hundred roots approximately in the third chapter of the Aṣṭādhyāyī. Of these a certain number of roots have a general distribution, and others occur before some specified Kṛt-Pratyayas. In fact, the Kṛt-Pratyayas *Ṇ-VU-L, tṛ-c, tṛ-N, K-ta, K-tavat-u, Ś-at-Ṛ, Ś-āna-C* - only to mention a few - can be appended to all roots. But there are others which are suffixed to roots specified by Pāṇini in his aphorisms. An instance of this treatment is seen in *gāthakaḥ* (singer) derived from the root *gai* by means of the suffix *thaka-N,* cf;. *gasthakan* (AP.III.1.146).

VIII.4. So we can say that the roots to which Kṛt-Pratyaya are added may be broadly arranged in the AP. through which he always summarised the language.

IX.1. Treatment of *taddhita*-pratyayas (secondary-suffixes) is another point in support of Pāṇini's theory and technique of arrangement and economy. These are attached to Prātipadikas in various senses, and they bring changes in words to which they are attached. Pāṇini identifies a secondary-suffix even of unique occurrence if such a suffix does not require an independent aphorism for its treatment but can be combined in a single aphorism with some other suffix or suffixes. The suffies thus combined in a single aphorism may be either productive or unique. Thus, although the suffix in question be non-productive, the aphorism in which it occurs is not. The aphorism is in a position to account for more than a single word and hence is productive. In short, we may say that Pāṇini's formations indicate that either the suffix or the aphorism has to be productive.

1. An aphorism can be considered productive if it accounts for more than one word by directly teaching more than one suffix.
2. or if it adduces to other suffixes taught in the previous aphorisms by the use of the word *ca*,
3. Or if as an exception, it is included together with some other aphorisms under some governing aphorisms.

IX.2. The suffix *Kaṭya* (Kaṭyac) has been taught in the word *rathakaṭya* "a collection of chariots', cf. *Initrakāṭyacaśca* and *Khalagorathāt* (AP.IV.2.51.50) respectively. The suffix turns out to be non-productive, but it has been taught since it was possible to group it with two other suffixes, *ini* and *tra*. The aphorism thus forms, not one, but three words, viz. *Khalinī, gotrā* and *rathakaṭyā*.

IX.3. The suffixes *śāla* (śālac) and *śaṅkaṭa* (śaṅkaṭac) have been obtained from *Viśāla* (extensive' 'broad' and *Viśaṅkaṭa* 'extensive', 'large' cf; *Veḥ Śālacchankaṭacau* (AP.V.2.28). Both suffixes are of unique occurrence but as they have been combined in a single aphorism, the aphorism has become productive.

IX.4. The suffixes *ṭīṭa* (ṭītañ), *nāṭa* (*nāṭac*) and *bhraṭa* (bhraṭac) have been extracted from *avaṭiṭa, avanāṭa* and *avabhraṭa,* cf; *nate nāsikāyāḥ saṁjñāyām ṭitañ nāṭaj bhraṭacaḥ* (AP.V.2.31), all meaning 'bent nose' or 'one with bent nose'. All the three are unique occurrences but have been combined in a single aphorism making it productive.

XI.1. The most important feature of Pāṇini's treatment is the "treatment of roots". Under this title he has discussed the various functions of roots. DPP. contains about two thousand and two hundred roots in all, according to my count. He explains various functions in connection with roots, in various places in the Aṣṭādhyāyī, as per requirement of the context. As a matter of fact, one finds mentioning of the roots nearly in six hundred and forty four aphorisms out of about four thousand aphorisms of the AP. The number of roots mentioned thus is no fewer than five hundred and seventy.

X.2. The arrangement of chapters as adopted by Pāṇini is said to be ideal. The entire AP. appears to be built upon the principle of repetition (anuvṛtti) leading to arrangement and economy, the two key-words of Pāṇinian grammar. This has, however, posed rather a tough task for the students of grammar. The mention of root by Pāṇini in his treatise is indeed full of variety in every sense. Whether the origin of this variety lies with him or somewhere else, is a question that frequents the mind of Pāṇini's students.

X.3. To begin with let us find out as to how many topics contain such mention of roots. They are:-

(a) Direct mention of roots, cf., *Bhūvādayo dhātavaḥ* (AP.I.3.1).

(b) Statement of ātmanepada and Parasmaipada; cf. *Vāgamaḥ* and *abhipratyatibhyaḥ kṣipaḥ* (AP.I.2.3 and 1.3.80) respectively.

(c) Statement regarding tiṅādipratyayas; cf., *gupūdhūp-Vichhipaṇipanibhya ayaḥ, gadmadacayamaś canupasarge,* and *guptijkidbhyaḥ san* (AP.III.1.28, 100 and 5) respectively.

(d) Statement of functions relating to conjugations; cf; *adi prabhṛtibhyaḥ śapaḥ and tanādikṛnbhya uḥ* (AP.II.4.72 and III.1.79) respectively.

(e) Statement of functions relating to sub-conjugations cf., *dyubhyo luṅi, navṛdbhyaś-caturbhyaḥ* (AP.I.3.91 and VII.2.59) respectively.

(f) Statement of āgamas in general; cf. *Pataḥ pum* and *Vacaum* (AP.VII.4.19; 20) respectively.

(g) Statement of iḍāgam in particular; cf. *ṛddhanoḥ sye and Kiraśca Pañcabhyaḥ* (AP. VII.2.70 and 75) respectively.

(h) statement of hrasvaḥ; cf. *Pvādīnāmbrasvaḥ*, and *Upsargādhrasva ūhateḥ* (AP.VII.3.80 and VII.4.23) respectively.

(i) Statement of dīrghaḥ, cf. *graho-aliṭi dīrghaḥ* and *śamām aṣṭānām dīrghaḥ śyani*, (AP.VII.2.37 and VII.3.74) respectively.

(j) Statement of śatvah; cf., *Śāsivasighasī nām ca*, and *sphuratisphulatyornirnivvibhyaḥ* (AP.VIII.3.60 and 76) respectively.

(k) Statement of *ṇatvaḥ*; cf. *aniteḥ*, and *hanter-atpūrvasya* (AP.VIII.4.19 and 22) respectively.

(l) Statement of ādeśa; cf. *adojagdhir lyapti kiti* (AP.II.4.36).

X.4. On persusal of the above context, as to the mention of roots by Pāṇini, we obtain the following modes:-

(a) A single root is mentioned in two ways. For example:-

without case; cf. *hanovadha liṅi* (AP.II.4.42), with case; cf. *hanaśca vadhaḥ* (AP.III.3.76).

(b) A single root is mentioned in three ways:- with no addition; cf. *Samudorajaḥ paśuṣu* (AP.III.3.69). With an addition of *"a"*; cf. *....patamanavidaṣuñśiṅbhṛñinaḥ* (AP.III.3.99). With the help of *"ik"*; cf., *ajivrajyośca* (AP.VII.3.60).

(c) Sometimes all roots in one context are mentioned with the help of *"śtip"* cf. *Sravati śṛṇotidravati pravati plavati cyavatīnām vā* (AP.VII.4.81).

(d) Sometimes all the roots in one context are mentioned with the help of *"ik"*, cf., *nahivṛti vṛṣivyadhi rucisahitaniśukvau* (AP.VI.3.116).

(e) Sometimes both *"ik"*, and *"śtip"* are used for the mention of roots in a single aphorism, cf., *indhibhavatibhyāmca* (AP.I.2.6).

(f) Sometimes neither of the two *"ik"* or *"śtip"* is used for the above purpose; cf; *mṛḍa mṛda gudhakuṣa kliśa vadavasaḥ Ktvā, kṛsṛbhṛvṛstudrusru śruvo liti* (AP.I.2.7 & VII.2.13) respectively.

REFERENCES

1. See also Ref.No.76 'Phology'.
2. This term is found employed in very ancient grammatical work: cf. *Sathānakaraṇyorapakarṣeṇa nirastam nāma doṣa utpadyate* (RV.Pr.XIV.2) Pāṇini has made full use of it, drawing back a word or words from a succeeding aphorism of grammar to the preceding one; cf. *Vakśyati tasyā-yam Purastādapakarsaḥ, patañjali* on *Ṣaṣthī* (AP.II.2.8) cf. also *suttithostpapakarṣa vijñānam* (VK.2. on AP.III.4.104) *Kaiyaṭa says apakarṣaḥ - apavāḍaḥ*. Which Nāgeśa explains as *utkarṣapratidvandvy arthkāpakarṣaḥ śabdasya*. Sometimes it is being employed in the sense of inferiority (in the case of qualities) cf. *na ca dravyasya prakarṣā-pakarṣau staḥ* and so on.

3. Literally speaking it is like the jump of a frog. Aphorisms in the manner of a frog by omitting one or more aphorisms in the middle; cf. *maṇḍukaplutayo adhikāraḥ*, Patañjali on *Vibhāṣātilamāṣomābhaṅgaṇubhyaḥ* (AP.V.2.4). The word *maṇḍūkagati* is also employed in the same sense; cf. *manḍūkagatayo adhikārāḥ yathā maṇḍūke utplutyotplutya gacchati tadvadadhikārāḥ*, Patañjali on AP.I.1.3. VK. 2., II.3.32, II.4.34; VI.I.16; VI.3.49; and VII.2.117.

4. A technical term found used in Pāṇinian aphorism, Cf. *Virāmoavasānam* (AP.I.4.110) for a stop, where commentators have examined it as absence. cf. *Varṇāma bhāvovasānasṁjñaḥ syāt* (SK. on AP.I.4.110). Cf. also *Viratirvirāmaḥ viramyate anena iti vā virāmaḥ* (KK. on AP.I.4.110). According to KK. even the saṁhitā text, there is a duration of half a more between the various phonetic elements, even between two consonants or between a vowel and a consonant, which however, is quite imperceptible; Cf. *Paro yaḥ Sannikarṣo Varṇānām ardhamātrākāla Vyavadhānam sa saṁhitā Saṁjño bhavati* (KK. on AP.I.4.109) For details see MB. on AP.I.4. 109 and 110. It is an ancient term used before Pāṇini. Cf. *Virāme mātrā* (RKT. Pr. 35), Cf. also Rv. Pr. (I.16 & 17). Tai. Pr. has mentioned four kinds of virām; cf. *Ṛgvirāmaḥ Padavirāmo Vivṛtti-virāmaḥ samānapada- Vivṛttivirāmastrimātro dvimātra ekamātrordhmātra ityānupūrvyeṇa* (Tai, Pr. XXII.13). The duration between the two words of a compound word when split up in the disjoined text is also equal to one more; cf. Rv.Pr. (I.16). The quotations mentioned above clearly indicate that the duration of this vīrama is different in different circumstances; but sometimes under the same circumstances, it is described differently in the different ancient grammatical works (Prātiśākhyas). Generally, there is no pause between two consonants as also between a vowel and a consonant preceding or following it.

5. For Visarjanīya see Ref.No.1 'Euphonic - combination'.

6. See also Ref.No. 29 'Phonology'.

7. See also Ref.No. 5 'Primary-suffixation'.

8. See also Ref.No.2 'word and sentence'.

9. See ref. No.1 'Syntax'.

10. See ref. No.7 'Syntax'.

11. See ref. No.1 'Syntax'.

12. See ref. No.2 'Syntax'.

13. A technical term used in Pāṇinian aphorism cf. *Vibhaktiśca* (AP.I.4.104). Literally speaking, separation, division or separation of the base. It is generally employed in the sense of case affixes; but in Pāṇinian grammar it is applied also to personal endings applied to roots to form verbs; cf. *suptiṅau vibhakti Saṁjñnau Staḥ* (SK. on AP.I.4.104). It is also applied to secondary affixes which are applied to pronouns *Kim* and *bahu*, ending in the ablative or in the locative case or in other cases on rare occasions. Such affixes are *tasil, tral, ha, at, dā, ṛhil, dānīm, thāl* and *tham* mentioned in AP.V.3.1 to V.3.26. The case affixes are further divided into *upapadavibhakti* affixes and *kārakavibhakti* affixes; cf. also AP.II.3.1 to 73).

14. Cf. also Ref. No.5 'Syntax'.

15. See Ref.No.3 'Syntax'.

16. See Ref.No.5 'Compound'.

17. See Ref.No.6 'Primary-suffixation'.

18. See Ref.No.6 'Phonology'.

CHAPTER - XIV

OPTION

Mr. Paul Kiparsky in his book 'Pāṇini as a Variationist' published by University of Poona, 1979, asserts that the three terms (Vā[1], Vibhāṣā[2] and Anyatarasyām[3]) are not synonymous. His hypothesis has been examined in different aspects, and it is for the scholars to arrive at a sound conclusion. The facts are presented as under:-

I.01. Mr. P. Kiparsky translated them in the following way:-

Vā:- 'Or rather', 'usually', 'preferably'.

Vibhāṣā:- 'Or rather not', 'rarely', 'preferably not', 'marginally'.

Anyatarasyām:- 'Either way', 'sometimes', 'optionally', 'alternatively'.

I.02. He states that "(I) 2.3.71 *Kṛtyānām Kartari Vā* (50 Ṣaṣṭhi). According to this rule, the agent of Kṛtya (gerundive) formations is preferably (vā) in the genitive, as opposed to the marginal option of the instrumental by 2.3.18 *kartṛkaraṇayostṛtīyā*. Pāṇini himself uses the genitive as the only relevant example in the Aṣṭādhyāyī: 4.4.51 *tadasya paṇyam.* (Page.20)". It needs serious examination. Mr. P. Kiparsky seems to have misunderstood the relevence of the three aphorisms quoted by him. The *Kṛtyānām Kartari vā* (AP.II.3.71) aphorism lays that there will be genitive case alternatively, to denote the *agent*, when the word is governed by gerundive. For example, *'bhavatā kaṭaḥ kartavyaḥ'*, *'bhavataḥ kaṭaḥ kartavyaḥ'*. According to Mr. Kiparsky II.3.71 lays preferably (vā) genitive case and II.3.18 lays marginally (*vibhāṣā*) instrumental case. Here it is open to seek clarification about his use of 'preferably' and 'marginally'? Preferably, according to M. Williams, means 'rather death than poverty' (*varam mṛtyur na ca dāridryam*) or 'rather death than dishonour' (*apamānāt prāṇa tyāgo. viśiṣyate*) (M.M. Williams Dictionary). According to this definition of preferably Kiparsky's use of this word for *vā* is misleading.

I.02 (b) Marginally, according to the same authority, means 'alongwith the margin' (prāntas, prānte, anuprāntas etc.) (M.M. Williams Dictionary). In the light of this definition 'marginally' would not be applicable to the sense in which it has been used by Mr. Kiparsky. Moreover, the use of genitive case *'Kṛtyānām'* in (AP.II.3.71) is governed by the aphorism itself which has been explained by the author of KK. as *'Vā'-'vikalpaḥ'*[4] - 'an alternative', 'option'. The option of using instrumental case due to *kartṛkaraṇayostṛtīyā* (AP.II.3.18) does not indicate any type of option. Therefore, it is difficult to appreciate the strength of Mr. Kiparsky's argument in applying the marginally for *vā* in (AP.II.3.71).

II.03. Another point demanding our special attention is the etymology of the term *vibhāṣā* given by Mr. Kiparsky (Page-3). According to him "Bhāṣā means speech" and *vi* in noun compounds often meas different, deviant, bad, ... *vibhāṣā*, then is 'different speech'. It is well known that *vi* is a preposition and the prepositions are used in different senses as is laid down by Yāska in his Nirukta (*ucchāvacāḥ hi padarathāḥ bhavanti.* YN.I.1). Therefore, the meaning of *Vi* given by Kiparsky are not comprehensive and consequently the meaning of *Vibhāṣā* as understood by him is off the mark. On the other hand, the term *Vibhāṣā* has been explained by Whitney as 'diversity of usage' (AV.Pr.P.II). Diversity means *dvaividhyam* (English Sanskrit Dictionary of M.M. Williams). That is to say that the use of *Vibhāṣā* in a particular context would indicate two kinds of forms. In addition, *vi* means variety (M.M.Dictionary) *Bhāṣā* menas language. Therefore, *Vibhāṣā,* then stands for variety in the language. Variety is possible only through different types of usages and these are possible only through options and alternatives. Here, too, the technical meaning fits well with the ordinary meaning of the word. Therefore, the meaning and etymology of the term *'Vibhāṣā'* suggested by Mr. Kiparsky are misleading.

I.04. The interpretation of the Pāṇinian aphorism *"na veti vibhāṣā"* (AP.I.1.44) suggested by Mr. Kiparsky on (Page.9) is also not correct. He says "why has Pāṇini defined *Vibhāṣā* there as *"na vā"*? If, as the tradition maintains, *vibhāṣā* and *vā* are equivalent then the negation *'na* is entirely redundant, and the simpler rule **veti vibhāṣā* would have been preferable". In this connection, one should remember that the particle *na* is used for negation and *vā* for option. Therefore, the pair *'na* and *vā'* used to explain *vibhāṣā* would mean negation and option. For instance, in the case of *śuśāva* and *śiśvāya,* firstly there is negation of the application of the rule and in the second case there is option for application. Therefore, even this hypothesis proposed by Mr. Kiparsky, is baseless.

2.01 Further more, Mr. P. Kiparsky has raised an objection with regard to the use of *vā, vibhāṣā* and *anyatarasyām* by Pāṇini on the opening page of his introduction as to "why this variety, when one word would do"? He has made this observation bearing in mind the dictum *"Mātrā lāghavena vaiyākaraṇāḥ putra otsavam manyante"* that was current among grammarians. The internal evidence of the AP. clearly shows that Pāṇini did not subscribe to it. At no place did he declare that his endeavour was to effect brevity. Such notions were developed by the later grammarians.

2.02 Moreover, we have enough documentary evidences to show that the question of brevity (lāghava) & expense (gaurava) did not arise with regard to the use of synonymous words. An old work of unknown authorship lays down *"Paryāya śābdānām lāghava gaurava carcā nādariyate"*. (Pāribhāṣik Paribhāṣā No.103, by Swamī Dayānand Saraswatī Pub. Ajamer-1955). Another variant of the statement is given by Sīradeva *"Paryāya śabdānām gurū lāghava carcā nādariyate"*. (Paribhāṣā vṛtti, Paribhāṣā No.125. by Sīradeva). This is supported by the observation of Jinendra Buddhi, cf. *"Na prapañce gurū lāghavam cintyate", Kāśikā Vivaraṇa Pañjikā* i.e. the Nyāsa (Pub. by Varendra Research Society Rajasthan Bengal - 1913-16 Partī, Page-282). It clearly indicates that *vā, vibhāṣā, anyatara-syām, ubhayathā*[5] and *bahula*[6] have no consideration of short and long but either can be used in the language to denote the option.

2.03 Now the point to be met with is why did Pāṇini use three terms (*vā, vibhāṣā & anyatarasyām*) convenying the same sense? It is to be observed in this connection that Pāṇini fully utilized the terms used by his predecessors to show his respect towards them. *Vā* and *vibhāṣā* had been frequently used in the Prātiśākhyas and as such were used by Pāṇini also.

2.04 With regard to *Anyatarasyām* it may be pointed out that the term was used in opposition to the term *Bhāṣāyām* which Pāṇini used to indicate the deviations from the chāndasa language. The term *anyatarasyām* used by Pāṇini implies *'anyatarasyām Bhāṣāyām'* otherwise why should he use the pronominal word *'anyatara'* in feminine locative singular ? He could have used *'anyasmin'* or *'anyatarasmin'*. From the study of Pāṇini's *Aṣṭādhyāyī* it is very much evident that he was aware of dialects and sub-dialects prevalent in his days. Reference may be made to *chandsi, Mantre, Yajuṣi, sāmaṣu, brāhmaṇe, prāchām, udīcām,* etc. It is quite plausible that by using the term *anyatarasyām* he intended to refer to some such dialects which were spoken side bv side in those areas and were as much accepted as authentic.

2.05 Pāṇini himself repeated so many aphorisms in Aṣṭādhāyī as such i.e. *bahulam chandasi* (AP.II.4.39, 73, 76, III.2.88, V.2.122, VI.1.34, VII.1.8, VII.1.10, 103, VII.3.97, VII.4.78). The same question may be put to Mr. P.Kiparsky as to why Pāṇini repeated all these aphorisms a number of times when he could bring all the rules at one place applicable to Vedic language when he could have prescribed one aphorism *'bahulam chandasi'* which could have been the case with the following aphorisms *'ūrṇoter vibhāṣā'* (AP.VII.2.6, VII.3.90), *Śeṣe vibhāṣā* (AP.VIII.1.41, 50) etc.

2.06. It shows that it was not in Pāṇini's mind to use them "to denote different preferences among optional variants". (P.1). But after seeing the variety of usages in the language, he used them as synonymous, to denote the options, alternatives. It is also possible that he might have used them due to *pūrvācāryāṇām saṁjñā* as Pāṇini used in his aṣṭādhyāyī so many things in the name of *pūrvācāryāṇām* saṁjñā. So the hypothesis of Mr. P.Kiparsky is not well founded and shows lack of thorough grounding in Pāṇinian grammar.

3.01 Mr. P. Kiparsky has made another interesting statement: "Our main arguments will come from a systematic comparison of Pāṇini's optional rules with the attested facts of Sanskrit usage. If our hypothesis is correct, then such a comparison ought to reveal that the variants introduced by Pāṇini with vā are in general those preferred by Sanskrit authors in their writings, while those introduced by Pāṇini with *vibhāṣā* tend to be rare, perhaps even completely unattested" (Page 6). "Among the options marked with *anyatarasyām,* we find not only cases where both variants are about equally frequent..." (Page-193).

3.01 (a) Mr. P. Kiparsky's hypothesis is not corroborated by the evidence available in literature. As a sample for this survey we have examined all the variation aphorisms of Pāṇini so far as they are applicable in the language of the Atharva-Veda. We now present here some examples from the language of the Atharva-Veda to substantiate the point under discussion.

3.01 (b) According to Pāṇini's aphorism:- *vā dānta śānta pūrṇa dasta spaṣṭa cchanna jñaptāḥ.* (AP.VII.2.27).

The causative roots enunerated herein *dānta, śānta, pūrṇa, dasta, spaṣṭa, channa, jñapta,* optionally take thematic *iṭ* with the past participle *kta,* while alternatively they remain non-thematic. If we accept Mr. P. Kiparsky's hypothesis then the number of thematic past participle forms of these roots would be more frquent in literature, in comparison to non-thematic forms. But the internal evidence of the Atharva-Veda does not prove his hypothesis. The AV. records, forms with *aniṭ* are more frequent i.e. *Pūrnaḥ* (AV.X.6.2, XIX, 53.3, Pai. VIII 20.8. XI.1.8, XI.2.8). *Śāntaḥ* (AV.III.21.9. Pai, III.12.9). The AV. keeps one form only with *iṭ* i.e. *Śamitāya* (AV. XIX.42.2) that is also in dative case and in the 19th kāṇda, which is not recognized as the earliest part of Atharva-veda.

Vā am śasoḥ (AP.VI.4.80).

According to this rule the *ī* of *strī* is optionally substituted by *iyaṅ* before the *am* and *śas* of the accusative case. From the viewpoint of Mr.P. Kiparsky the forms without *iyaṅ* should be more frequent in literature. But the statistical figures (*striyaḥ*. AV.IV.5.2; 3.37; 11; VI.138 5; IX.14.15; Pai.1.68, 1, III.40.4; IV.6.3; 20; 3; V; 15.4. 21.4; VIII.9.10; IX.4.6; XII.7.12; XIII.10.2; XVI.67.6 and *striyam* (AV. VIII.4.24; 6; 9; 16; 25; Pai. XIII.4; 16; XVI.11.4; 79; 9; 80; 7; 81; 6; 152; 3.) of the Atharva-veda show that the forms with *iyaṅ* are more frequent. The Atharva-veda records some forms without *iyaṅ* also. (i.e. *strī*. AV. I.8.1. V.14.6; VII. 100.3.; XX. 8.4; 8.27; XX.12.6; Pai. IV.8.4; VII.1.12; XVI.158; 103.4). But these are very few in number in comparison with those which are formed with *iyaṅ*. This evidence also goes against his hypothesis.

Vibhāṣā ghrādheṭ śācchāsaḥ (AP.II.4.78).

According to this rule there will be optionally the elision of *Sic*, after the roots *ghrā*, *dheṭ*, *śā*, *chā*, and *sā* in parasmaipada. From the viewpoint of Mr. P.Kiparsky the forms with *sic* should be more frequent in literature. But in the AV. forms without *sic* are more frequent in comparison to those with *sic*. i.e. *acchāt* (AV.IV.21.5) *asāt* (AV.VI.128.1). The AV. does not record a single instance with *sic* whenever, the application of this rule is concerned.

Vibhāṣāṅyo (AP.VI.4.136).

There will be elision of *a* optionally in a stem ending in *a* before the locative ending *i* and before the ending *ī* of the nominative and accusative dual neuter. According to Mr. P. Kiparsky, instances with the elision of *a* should have been more frequent in literature. But from the numerical point of view the AV. records the examples with *a* in frequency in comparison with the elision of *a* i.e *rājani* (AV.VI.116.1. Pai. V.29.3, XVI.49.7) sāmani (Pai. XX.40.9). And where the elision of *a* takes place i.e. *rājñi* (Pai.XV.16.2.XX. 19.10).

Vibhāṣā gam han vid viśām (AP.VII.2.68).

In the light of this aphorism the roots *gam*, *han*, *vid* and *viś* optionally take *iṭ* when followed by *vas* affix. Accordingto Mr. P. Kiparsky the forms with *iṭ* should be more frequent in literature. But the AV. does not record a single instance, where *iṭ* is added to these roots. The AV. keeps some instances where *iṭ* does not take place i.e. *jaganvān* (AV.XVIII.1.1.) *jaghanvān* (AV.XX.12.3; Pai.XIII.6.11). It clearly indicates that the hypothesis suggested by Mr. P. Kiparsky is without any evidence.

Akśo anyatarsyām (AP.III.1.75)

Śap is optionally replaced by *Śnu* after the root *akś* when followed by a sārvadhātuk affix i.e. *akśṇoti*, *akśati*. According to Mr. P. Kiparsky the form of *anyatarsyām* with *śnu* and without *śnu* should be fifty-fifty in literature. But the AV. records *akśatu* (Pai. X.2.3) *akśati* (Pai. XVI.100.2, XVII.28.7; 29; 10;) and *akśatuḥ* (Pai. XIV.3.31) where *śnu* does not replace *śap*. We do not come across a single instance in the AV. where *śnu* had replaced *śap*.

Amāvasyadanyatarasyām (AP.III.1.122).

The root *vas* when imediately preceded by *amā* means 'along' or 'together' takes the suffix *ṇyat* in the sense of location of time and absence of lengthening (*vṛddhi*) which is permitted optionally i.e. *amāvasyā*, *amāvāsyā*. From the viewpoint of Mr. P. Kiparsky the usages with *vṛddhi* and without *vṛddhi* should be fifty-fifty in literature. The AV. has the following forms of it i.e. *amāvāsyā* (AV.VII.84.2; XV.2.14; XV.16.3,) and on the other hand *amāvasyā* (Pai.I.103,4) where *vṛddhi* is not substituted. The usages of both these forms are not equally found in literature. This again shows that his hypothesis with regard to the use of *anyatarasyām* at the ratio of fifty-fifty is erroneous.

Bhiyoanyatarasyām (AP.VI.4.115).

The *ī* of the root bhī optionally substituted by *i* before a sārvadhātuka affix beginning with a consonant and having an indicatory *k* and *ṅ* i.e. *bibhitaḥ, bibhītaḥ, bibhithaḥ, bibhīthaḥ, bibhivaḥ, bibhīvaḥ, bibhimaḥ, bibhīmaḥ.* According to the hypothesis under discussion the number of forms with long and short *i* should be at par in literature. But the AV. keeps the following examples of this rule i.e. *bibhītaḥ* (AV.II.15.1, II.15.2; II.15.3, II.15.4, II.15.5, II.15.6, Pai, VI.5.1, VI.5.2, VI.5.3, VI.5.4, VI.5.5, VI.5.6, VI.5.7, VI.5.8, VI.5.9, VI.5.10., VI.5.11, VI.5.12, VI.5.13). It shows that *ī* of the root *bhī* is not substituted by the *i* even once, in the AV. So the explanations given by Mr. P. Kiparsky are not correct and do not prove his thesis.

The AV. provides excellent material from the statistical point of view which is enough to prove that his hypothesis with regard to the use of *vā, vibhāṣā* and *anyatarasyām* by Pāṇini in the senses given by him is unsubstantiated by the available literary evidence. On a close examination of the AV. we find that merely forty percent of the variation aphorisms of Pāṇini are represented in the language of the AV. which provides sufficient ground to question the validity of Mr. P. Kiparsky's hypothesis.

4.01 There is yet another observation made by Mr. P. Kiparsky regarding the existence of uninterrupted tradition from Pāṇini to kātyāyana: "It is very doubtful that there is any direct paramparā succession connecting Pāṇini to kātyāyana" (P.13). It needs closer examination. There is a tradition current in India regarding the Sanskrit grammar which the outsiders do not have and without that tradition it is not possible to understand Pāṇini. The text of the aphorisms has been handed down to us almost intact by the method of oral transmission by which Sanskrit learning through the ages has descended from generation to generation through a succession of teachers and pupils (Guru-śiṣya-pāramoparya) instead of being concerned in writing. This method of oral teching of Pāṇini continued for many centuries and Yuan Chwang noticed that it was prevalent in his time also. "And so from that time masters have received it and handed it down in its completeness for the good of the world"[7].

4.02. There are some unnoticed cases where we have evidence of the fact that even before the time of patañjali, variant wording of the aphorism had come to be discussed; (cf. Ap.III.2.134) *Iha Kechidākve iti sūtram paṭhanti, kechit prāk-kveriti,* (Bhāṣya[7a] II.135). There are some additional variants also to be noticed i.e. KK.III.3.178; IV.1.117; VI.1.156; VI.2.134; PM IV.3.118, IV.4.88, SK.V.2.64, V.2.68 and so on. A comparative examination of the extant commentaries on *Pāṇini, Tripādī, Bhāgvṛtti* in quotation, KK. NS. PM. shows that each subsequent author was following the pre-existing Pāṇinian tradition.

4.03. In the case of the nasal and svarita marks the followers of the Pāṇinian school now take recourse to oral tradition to indicate where such marks existed in the aphorisms. This suggests an oral transmission from the time of Pāṇini's upadeśa or first instruction.

4.04. It may be noted that the KK. does not confine itself only to the tradition of Patañjali, Kātyāyan and Pāṇini; it has cited some older traditions showing that it considered a wide range of material. The best illustration of this fact is to be found in the example of aphorism *anu-Śāktāyanam Vaiyākaraṇāḥ* (AP.I.4.86) i.e. all grammarians were lesser than śākatāyana. Śākatāyana was a well known predecessor of Pāṇini. The KK. here cites and conserves an older grammatical tradition though Pāṇini long ago had eclipsed the fame of Śākatāyana. It also proves the tenacity of the tradition embodied in the example.

4.05. Patañjali also makes the interesting assumption that Pāṇini himself was responsible for explaining some of his aphorisms to his pupils in two different ways. An example may be cited on the aphorism *ākadārādekā Saṁjñā* (AP.I.4.1) where Patañjali inquires why there should be a doubt about the correct wording, and remarks that Pāṇini had taught his pupils both the alternative readings of the rule mentioned above (ubhayathāhyācāryeṇa śiṣyāḥ sūtram pratipāditāḥ). Even Kātyāyana was acquainted with the alternative wording of this aphorism (cf. vārttikas I and 9 on AP. I.4.1), for which he must have depended on a still earlier source, most likely Pāṇini's own explanation. In aphorisms (AP.V.I.50. V.1.94. V.4.21) there are examples of the same kind being interpreted by the KK. in two different ways. These instances show that Pāṇini became the originator of a tradition of aphorisms, and whose explanation was handed down through an unbroken succession of Pāṇinian teachers and pupils following that system *tadadhīte tadveda* (AP.IV.2.59). Moreover, in respect of the signs of vowels nasalisation and svarita accent on them, the Pāṇinian grammar relied on an oral tradition which must have originated with Pāṇini himself as a teacher (*pratijñānunasikyāḥ pāṇiniyāḥ* and *pratijñāsvaritāḥ pāṇiniyāḥ*, Kk. on 1.3.2 & 1.3.11) kaiyaṭa's comment on the śloka-vārttika, *tad-analpamater vachanam smarata* (1.4.51; 1.3.35) points to the unbroken continuity of the tradition (*āgamsya-avichchedam*). He also remarks that his own pradīpa commentary on the Bhāṣya was composed in accordance with the tradition (yathāgamam vidhāsye, introductory verses). The genuineness of the Pāṇinian tradition is a factor which must weigh in assessing the value of whatever commentaries are not left to us. Every commentary should be viewed as a link, and a very important link too, in the chain of Pāṇinian interpretation. Professor Kielhorn admits the same thing in the following way:-

"Kātyāyana was acquainted with the works of other scholars who, before him, had tried both to explain and to Pāṇini's grammar, and who had subjected the wording of the sūtra to that critical examination, which is so striking a feature of Kātyāyana's own vārttikas and also that between him and patañjali there intervenes a large number of writers in prose and verse, individual scholars and school of grammarians, all of whom have tried to explain and to amend the works of both pāṇini and kātyāyana"[8].

4.06. The treatises of pre-kātyāyana vārttika writers and pre-patañjali exponents of vārttikas typified by such names as the *Bhāradwājīya*, *Saunāgas*, *Kuṇāravāḍava*, *kroṣṭrīya* of more faintly symbolised in reference like *Kechid*, *Apara*, have become mere shadows, but those ancient masters passed on the fruits of their labours to Kātyāyana and Patañjali. An examination by the most eminent authority on Indian gramar in recent times professor Kielhorn runs like this:-

"To what extent kātyāyana and patañjali were indebted to those that went before them, we shall never know, judging from the analogy of the later grammatical literature of India we may, in my opinion, certainly assume, that, like Pāṇini himself, both have based their works on, and have preserved in them all that was valuable in the writings of their predecessors".[9]

This statement brings out the characteristic features of the evolution of Indian grammatical tradition from Pāṇini to Patañjali, and the same with equal soundness holds good for the period from MB. to the KK.

4.07. The most eminent historian of the time *Yuan Chwang* visited Śalātura (Pāṇini's birth place) in the seventh century A.D. and found that the tradition about Pāṇini was current there. He says:- "To the north-west of U-to-kia han-C' ho zo li or so we come to the town of P'o-IS-TU-Lo. This is the place where the Ṛṣi Pāṇini, who composed the ching-ming-lun (ciṅ, miṅ lun śabdavidyā) was born".[10]

Pāṇini's lowest date is considered i.e. 350 B.C. It is something very strange that Yuan Chwan who visited Śālātura several hundred years after the death of Pāṇini, knows the tradition and the native grammarians whereas these specially belonging to the Pāṇinian school do not know. He further says:- "The children of this town, who are his (Pāṇini's) disciples revere his eminent qualities, and a statute erected to his memory still exists".[11]

The chinese traveller visited Śālātura and the information collected by him on the spot must be regarded as trustworthy.

Dr. V.S. Agrawala writes:-

"For about five hundred years Śālātura continued as a centre of pāṇinian studies".[12]

After examining the internal evidence of the authors of the Pāṇinian school of grammar and the most eminent authorities on Indian history, we can propose that direct paramparā between pāṇini and kātyāyana was not lost. And the exact meaning of *vā, vibhāṣā,* and *anyatarasyām* as synonyms was in existence. So the hypothesis suggested by Mr. P. Kiparsky is not based on facts.

REFERENCES

1. A technical term employed in Sanskrit grammar to indicate the optional application of the aphorism. It is frequently used in the aphorisms of Pāṇini and others; cf. *Vā gamaḥ* (AP.I.2.13), *Vākyaṣaḥ* (AP.I.3.90) *Vā Chandasi* (AP.III.4.88), *Vā Jāte* (AP.VI.2.171); *Vā Padāntasya* (AP.VIII.4.59) etc. For more details see the AP.
2. It is defined by Pāṇini as *na veti vibhāṣā* (AP.I.1.44). cf. *neti pratiṣedho veti vikalpastayoḥ pratiṣedha vikalpayor vibhāṣā iti Saṁjñā bhavati, iti karaṇa artha niroleśārthaḥ, vibhāṣā pradeṣeṣu pratiṣedhavikalpau upatiṣṭete, tatra pratisedhena samīkṛte viṣaye paścāt vikalpaḥ pravarttate* (KK. on AP.I.1.44) e.g. *Śuśāva, śiśvāya.* Therefore, vibhāṣā means alternatively/optionally application of the aphorisms. The term vibhāṣā further divided into three kinds i.e. *prāptevibhāṣā, Aprāpte vibhāṣā and Ubhayatra vibhāṣā.* For more details see MB. on AP.I.1.44.
3. The term *anyatarasyām* is being employed in opposition to the term *bhāṣāyām* which pāṇini used to indicate the deviations from the *chāndasa* language. It implies *anyatarasyām bhāṣāyām.* Literally means option.
4. A technical term employed in Sanskrit grammar to indicate the alternative/optional application of the aphorisms as mentioned by the terms - *Vā, Vibhāṣā* and *anyatarasyām.* See for details KK. on AP.I.1.44.
5. First of all it is found in the Rv. Pr. i.e. *adhyāyānteṣūbhayathā Smaranti* (XV.8) which means in the case of an option/an alternative it is employed in both the ways; cf. *chandasyu-bhasyathā* (AP.III.4.117) cf. also KK. thereon. Patañjali states it as synonymous with *bahulam, anyatarasyām, vā,* and *ekeṣām;* cf. (MB. on AP. I.1.44 VK No.19).
6. We find the following verse in commentary on the VS. Pr. III.18:-
   "Kvacit pravṛttiḥ kvacidapravṛtiḥ kvacidavibhāṣā kvacidanyadeva. Vidher vidhānam bahudhā samīkṣya caturvidham bāhulakam vadanti".
   It means it is variously applied in Sanskrit grammar. Pāṇini employed this term in all such cases as mentioned in the VS. Pr. (quoted above), cf. AP.II.1.32, 57.II.3.62. II.4.39, 73, 76, 84. III.1.34 etc.
7. Cf. Siyuki. I.115.

7a. Cf. Kielhorn's edition.

8. Cf. Ind. Ant. XVI. P.106.
9. Cf. Ind. Ant. XVI. P.106.
10. Cf. Beal, Siyuki, I.P. 114, also foot-note equating the symbol P.'0 for this.
11. Cf. Siyuki. I.116.
12. Cf. "Indian as known to Fāṇini" by V.S. Agrawala Pub. Varansasi - 1963. P.11.

CHAPTER - XV

VEDIC CITATION

The AP. is a a complete grammar of Sanskrit language. No other grammarian here and abroad has produced such type of monumental work. It is a unique work in the field of language and linguistics. Whereas linguistic studies are going on in today's Europe; here we see Pāṇini did it many centuries ago. Every European scholar who came in touch with the AP. wondered after studying the linguistic approach of Pāṇini, and Bloomfield pointed out that "Pāṇini.... is one of the greatest monuments of human intelligence".[1] The AP. stands for its unique character for analysing the language. On the other hand, it contains various types of work such as social, political, economic, geographical, educational, cultural, religious, administrative etc. But here we will deal with the Vedic data found in the AP.

I.0. Pāṇini has given a lot of information about Vedic Literature while discussing language (Bhāṣā). Specialists in one field justified themselves by creative writings in producing advanced literature. Pāṇini mentions works composed by them. cf. *adhikṛtya kṛte granthe, kṛte granthe* (AP.IV.3.87 & 116). He refers to the two classes of Vedic authors, 1. *mantrakāraḥ* 2. *Padakāraḥ*, cf. *na Śabdaślokakalahagāthāvaira Cāṭusūtramantrapadeṣu* (AP.III.2.23). These terms point to the Vedic Literature and styles of composition which they represented. A writer on joint text (Saṁhita) is named *mantrakāraḥ*, and a writer on dis-joined text (Pada Pāṭha) is named *Padakāraḥ*. The highest intellectual output of the age was, however, the work of master-minds and original thinkers like Vedic Seers, who discovered and opened up new fields of knowledge, should be highlighted.

I.1. The AP. classifies literature on the basis of the character of the creative effort producing it e.g. *Dṛṣṭa*, cf. *Dṛṣṭam Sāma* (AP.IV.2.7). It indicates the literature that is revealed or seen. Under this class Pāṇini refers to the *Sāmans* named after their Ṛṣis (Seers), e.g. *Kāleya*, cf. *Kalerḍhak* (AP.IV.2.8) and *Vāmadevya*, cf. *Vāmadevāddyaddyau* (AP.IV.2.9).

I.2. *Prokta*, cf. *Tena Proktam* (AP.IV.3.101). Literature announced by the Seers, as founders of the different Vedic Charaṇas under this class Pāṇini included the Chāndas literature, cf. *Chando brahmṇāni ca tadviṣayāṇi* (AP.IV.2.66) or Śākhās e..g the Śākhā works of the Taittrīyas, cf. *Tittirivaratamtukhandikokhācchaṇ* (AP.IV.3.102), *Kaṭhas*, cf. *Kaṭhacarkālluk* (AP.IV. 3.107). *Kalāpās*, cf. *Kalāpiṇoaṇ* (AP.IV.3.108) and the older *Brāhmaṇas*, cf. *Puraṇaprokteṣu brāhmaṇakalpeṣu* (AP.IV.3.105). The Prokta literature was related with the teachers and students devoted to their study in the Charaṇas.

I.3. Another kind of *Prokta* literature developed in the Vedic Schools was that of the *Kalpas* or *Śrautasūtras*, classified as Vedāṅga Literature. Kātyāyana and Patañjali mention that the rule of *tadviṣayatā* did not apply to Kalpa literature, but an exception was made in the case of only two such kalpa books, viz. those of *Kāśyapa* & *Kauśika*, who are stated by Pāṇini as Ṛṣis, cf. Kāśyapa *kauśikābhyāmṛṣibhyām ṇini* (AP.IV.3.103).

I.4. Another variety of *Prokta* works indicated by Pāṇini consisted of two special kinds of aphorism literature, viz. Bhikśusūtras of Pārāśarya and Karmanda, and Naṭasūtras of Śilāin and Kṛśāśva, cf. *Pārāśaryya -- Śilalibhyām bhiksunaṭasūtrayoḥ, Karmandakṛśāśvādini* (AP.IV.3.110, 111). It is worth noting that the strict rule of *tad viṣayatā* which applied to Vedic Literature should have been extended to these four works of later origin and secular character. The citations quoted by Patañjali, *Pārāśariṇo bhikśavaḥ, Śailālino naṭāḥ,* state that these works were related with their own school with a succession of teachers, and pupils like other sacred works. The Pārāśara and śailalaka charaṇas were basically connected with the RV, but their activity later on centred round new subjects of study dealt with in their Bhikśusūtras, and Naṭasūtras. Most probably the Naṭasūtras of Śilālin were the original sources of the material in Bharat's Nāṭyayaśāstra. The Vedic Schools lent their authority to the secular subjects promoted by them, which were thus given the rank of chandas literature, cf. *Bhikśu-Naṭasūtra-yośehandastvam* (KK.on AP. IV.3.110). Pāṇini looked upon the dramaturgical treatises as *āmnāya* of sacred authority associated with the charaṇas, is borne out by the reference to *Nāṭya,* cf. *chandogaukthik-ayajñikabahyarcanaṭānyaḥ* (AP.IV.3.129) and also KK. on the same aphorism, *naṭa śabdādapidharmāmnāya yoreva bhavati.* It is beyond doubt that the Bhikśusūtras of Karmanda and the Naṭasūtras of Kṛśāśva were the product of the Vedic charaṇas of cf. *Atrāpitadviṣayatārthaṁ chandograhaṇam -- anuvartyam* (KK. on AP.IV.3.111). Surprising, it is not known as to which Veda these latter actually belonged.

II.0. Pāṇini derived grammatical material from the Vedic texts in composing the Aṣṭādhyāyī. He has fully utilized the texts of the RV, Taittirīya Saṁhitā, Kāṭhaka Saṁhitā, Vājasaneya Saṁhitā, Sāmveda, Atharva-veda, Brāhmaṇa Literature, Upaniśad & Kalpa works. A comprehensive and detailed study is given below:-

II.1. Pāṇini refers to the four schools of the RV. in his Aṣṭādhyāyī, e.g. *Śākala, Śilālin, Bahvṛca,* and *Śaunaka.* The Sākala recension is again divided into five branches founded by the disciples of Śākalaya, named as *Mudgala, Gālava, Vātsya, Sālīva* and *Śaiśrīya.*

II.2. Pāṇini mentions the pada-pāṭha of the RV. arranged by the Śākalya, cf. *Saṁbuddhau śākalyasit āvanāraṣe* (AP.I.1.16). And also states to students studying the prokta work of śākalya, cf. *Śakalādvā* (AP.IV.3.128). He formed an important school of the RV. The present recension of the RV. is that of the Śākalas and belongs to that branch of this school which contains the name of the *Śaiśirīyas.* We find the references of the Śaiśirīya recension in the introductory verses of the RV. Pr. Weber states, "Tradition makes the śākalas intimately connected with the śaunakas, and to śaunaka in particular a number of accessory works of the RV. are attributed"[2]. Pāṇini refers to the antevāsins of both these schools, śākalas and śaunakas, under the compound work *śākala śaunakaḥ* cf. *kārtakaujapādayaśca* (AP.VI.2.37). It indicates their intimate relationship.

II.3. Pāṇini mentions a krama-*pāṭha* in aphorism *kramādibhyovu* (AP.IV.2.61), which appears to imply the krama-pāṭha of the RV. traced to its author named Pañcāla, Bābhravya. A Bābhravya is referred in aphorism *madhubabhravobhrāhmaṇa-kauśikayoḥ* (AP.IV.1.106) as belonging to the Kauśika gotra. In the gaṇapāṭha of the aphorism (AP.VI.2.37) mentioned earlier Bābhravya's students are mentioned along with those of śaunaka as *śaunaka-Bābhravāḥ,* evidently implying that they were both followers of the same recension of the RV.

II.4. Pāṇini refers to Silālin as the writer of Naṭasūtras and the students forming this Vedic school of dancing were known as *Śailālino naṭāḥ* (AP.IV.3.110). keith states in his Āpastamba and the Bahvṛcha Brāhmaṇa.[3] "The Śailālakas were originally a Rigvedic Charaṇa with their own Brāhmaṇa, cited as the Śailālika Brahmaṇa in the Āpastamba Śrauta-sūtra". Kātyāyana also had knowledge of the students of this vedic school as *Śailālāḥ* on the AP. (VI.4.144).

II.5. Pāṇini states the Āmnāya and Dharma of the Bahvṛca school as *Bahvṛcya* in AP. (IV.3.129) and mentions Bahvṛca as the name of a caraṇa, cf. *Anṛco māṇavako iṅeyo bahavacaścaraṇākyāyāmiti* on the AP. (V.4.154). Patañjali also mentions *ekaviṁsatidhā Bāhvṛcam* (Paspaśāḥnika). While commenting on the Ṛgvedic recensions, it indicates that this school enjoyed wide circulation in those days.

II.6. Pāṇini refers to the Śaunaka school in his Aṣṭādhyāyī as *Saunakādibhyaś chandasi* (AP.IV.3.106). It shows that the Śaunaka school had its own chandas text, and the pupils were designated as *Śaunakinaḥ*. This school was very intimately related with the śākalas. Weber refers : "To Śaunaka in particular a number of writings on the Ṛgveda are attributed"[4].

II.7. Weber states giving the reference of the *caraṇavyūha*. 'Another important recension of the Ṛgveda was represented by the Bāśkalas'[5]. But this recension is not directly mentioned by Pāṇini in his Aṣṭādhyāyī. Indirect relation can be established. Pārāsara was the disciple of Bāśkala who founded the *Pārāśari śākhā*. Patañjali mentions in his Mahābhāṣya *Kalpa* literature of this school, whose students were known as *Pārāśara-Kalpika* (MB.IV.2.60). Pāṇini refers to the Bhiksu-sūtras of Pārāśarya, the pupils of which, having embraced the ascetic life, were called *Pārāśarino Bhikśavaḥ* (AP.IV.3.110). Pārāśarya school produces the Bhikśu-sūtras as a class of prokta work, and not the chāndasa literature for which they depended on the Bāśkala school. In this way, we can propose that Pāṇini had this school in mind while he has not mentioned it directly in his aphorisms.

III.0. Pāṇini mentions the Black Yājurveda (Taittirīya Saṁhitā) a number of times in his Aṣṭādhyāyī. Amongst teachers of this school Pāṇini refers to *Tittiri, Varatantu, Khaṇḍika, Ukha*, cf. *Tittirivartantukhaṇḍikokhacchaṇ* (AP.IV.3.102), *Kaṭha* cf. *Kaṭhacara-Kālluk* (AP.IV.3.107) and *Kalāpin* cf. *Kalāpinoaṇ* (AP.IV.3.108). The founder of this school was Vaiśaṁpāyana whose direct students are designated as Vaiśaṁpāyanantevāsin, cf. *Kalāpivaiśaṁpāyanante-Vāsibhyaśca* (AP.IV.3.104). KK. mentions on the same these disciples had the privilege of personal contact with the teachers cf. *Pratyakśakāriṇaḥ*, KK. on the AP. (IV.3.104). It has so many branches as mentioned by Patañjali, cf. *ekaśatamadhvaryuśūkhāḥ* (Paspaśāhnika).

IV.0. We find the reference of the white Yajurveda (Vājasaneya Saṁhitā) on (AP.IV.3.106) where the name Vājasaneya stands second in the Śaunakādi gaṇa which seeks to regulate the form Vājasaneyin to denote the chandas text of this school. Therefore, Gold Stücker's view that "the Vājasneyī Saṁhitā was not known to Pāṇini," is not tenable.

V.0. Pāṇini mentions two forms of the Sāmaveda which existed in the Aṣṭādhyāyī, viz. the *geya* (Songs) and the *ārcik* (the ṛch text marked with sāman accents). The geya is referred in aphorism *bhvyageyapravacanīyopasth ānīyajanyāplāvyāpātyāvā* (AP.III.4.68), and the arcika in aphorism *dvayajṛdbrāhmanark prathamādhvarapura-ŚCARṆANĀMĀKHYĀTĀTṬHAK* (AP.IV.3.72) which kāśikākāra interprets with reference to the Sāman songs.

VI.0. Aṣṭādhyāyī contains *Atharvaṇika* as a pupil devoted to the study of a treatise known as *Atharvan* which was promulgated by the seer Atharvan, cf. *dāṇḍināyanhāstināyanātharvaṇikajaihyaśineyavāśināyanibhrauṇahatyadhaivatyasāravaikśvāk amaitreyahiraṇmayāni* (AP.VI.4.174). Patañjali states in his MB. *Atharvan* and *Ātharvaṇa* as genuine readings in the Vasantādigroup cf. *Vasantādibhyaṣṭhak* (cf.

AP.IV.2.63) which, from the viewpoint of Pāṇini, were means of texts for study (Tadadhite tadveda); Patañjali clearly refers to the *Āmnāya* and *Dharma* of the *Ātharvaṇikas.* The compound name *Maudapaippalādāḥ* in the *Kārta-Kaujapadi* group cf. (AP.VI.2.37) quoted earlier, represented two schools of the Atharva Veda. Thieme[6] attributes definite knowledge of the Atharva-Veda to Pāṇini who states the form *ailayit*, cf. *nonayatidhvanayatyelayatyatradayatibhyaḥ* (AP.III.1.51) found only in the Atharva-Veda, (VI.16.3). Moreover, the *Jājalāḥ*, a school of the Atharva-Veda establishd by *Jājali* is referred to by Kātyāyana in a VK. on the aphorism AP. (VI.4.144). It is very much surprising to note that Gold Stücker held that "Pāṇini had no knowledge of the Atharva-veda"[7]. Weber denounced the view of Gold Stücker by saying "Pāṇini has actually utilised the material from this Veda"[8]. I propose that Gold Stücker had no knowledge of all the branches of the Vedic Literature and the AP. at all. The above mentioned material available in the AP. was overlooked by Gold Stücker. It is a great fault on the part of a scholar who makes such arbitrary statements out of lack of knowledge.

VII.0. There is an aphorism in the AP. *triṁśaccatvariṁśatobrāhmaṇe saṁjñayām daṇ* (V.1.62). It clearly shows that there are two brāhmaṇas which contain thirty and forty adhyāyas respectively. *Kauśitaki brāhmaṇa* is of thirty (30) adhyāyas and *Aitareya* of forty (40) adhyāyas. Pāṇini mentions both these brāhmaṇas by giving the number of their adhyāyas. The language of both these brāhmaṇas is decidedly older than the language (Bhāṣā) of Pāṇini. Liebich, a well known scholar, has also proved in detail its verbal forms[9].

VII.1. Pāṇini refers to some other Brāhmaṇa works also. According to him Brāhmaṇa and Kalpa literature announced by the older Ṛṣis cf. *pūrāṇaprokteṣubrāhmaṇakalpeṣu* (AP.IV.3.105) are brāhmaṇa works of Bhāllavinaḥ śāṭyāyaninaḥ, Aitareyeṇaḥ, and Kalpa works of Paiṅgī, Kalpaḥ etc. We find other Brāhmaṇas were known as Talavakāra in Śaunakādi-group, cf. (AP.IV.3.106) mentioned earlier. Talavakāra, a student of Pāṇini, re-edited his teacher's work designated as Talavakāra Brāhmaṇa. The references to *Hāridravika* and *Śailāli Brāhmaṇs* are also available in the AP, since Haridru as a disciple of Vaiśaṁpāyana is mentioned in (AP.IV.3.104) and the name of the Śilālin implied in (AP.IV.3.110).

VII.2. We receive a reference of Yājñavalka Brāhmaṇa i.e. Yājñavalkāni Brāhmaṇāṇi KK. on (AP. IV.3.105). According to KK. Yājñavalkya is a recent writer. We find a VK. on the same aphorism i.e. *yājñavalkyādibhyaḥ pratiśedhastulyakālatvāt.* Kaiyaṭa considers the VK. in the sense that the Brāhmaṇas of Yājñavalkya were of the same age as those of the older authors like Śākṭāyana.

VII.3. Pāṇini mentions some supplementary Brāhmaṇas in his Aṣṭādhyāyī i.e. *Anubrāhmaṇādiṇiḥ* (AP.IV.2.62). KK. explicitly interprets Anubrāhmaṇa as a treatise taking after a Brāhmaṇa, i.e. *Brāhmaṇa sadṛśoayam grantho anubrāhmaṇam* (on the aphorism quoted above). These supplementary books formed special subject of study by students whom Pāṇini designated *Anubrāhmāni.* Caland finds out a special Brāhmaṇa teastise known as *Anvākhyāna,* which is connected with the *Vādhūla sūtra* and keeps secondary Brāhmaṇas which may also be considered as *Anubrāhmaṇa*[10].

VIII.0. Pāṇini refers to the word *Upaniṣad* in Sūtra *Jīvikopaniṣadā vaupamye* (AP.I.4.79). It clearly indicates that Pāṇini was fully acquainted with the Upanisad literature. Keith also concludes on the basis of the same aphorism that "Pāṇini was acquainted with the *Upaniṣads*"[11].

IX.0. Pāṇini mentions the term *Kalpa* in one of the sūtras *puraṇaprokteṣu*

Brāhmaṇa Kalpeṣu (AP.IV.3.105). It is promulgated by ancient writers, of which the *Paiṅgikalpa* and *Aruṇaparājī kalpa* are citd as examples. KK. mentions *Kāśyapena proktam kalpmadhīyate Kāśyapinaḥ*, cf. (AP.IV.3.103). Here Pāṇini refers to the work of an old author, i.e. the Kalpa work.

X.0. The term Charaṇa mentioned earlier in a number of times needs an explanation. We have seen how Pāṇini was acquainted with the various types of literature as the output of the charaṇas, viz. (a) the Vedic text, (b) Brāhmaṇa Literature, (c) Kalpa treatise, (d) the *Dharmasūtras* cf. *charaṇebhyo dharmavat* (AP.IV.2.46). The Charaṇas were the custodians of the cultural traditions created by generations of their students and teachers. And these traditions were preserved in their literature built up through the ages. With the development of the legal works (Dharma-sūtras) there was set into motion a process of gradual separation of the secular and scientific studies on the one hand and religious and ritualistic on the other. The AP. itself is an example of this process at work, which introduced new subjects of study besides those traditionally comprised within the charaṇas.

REFERENCES

1. Language by Leonard Bloomfield, p.12.
2. History of Indian Literature by Weber, p.33.
3. Keith, J.R.A.S. 1915; p.498.
4. Weber. H.I.L.; p.33.
5. Weber H.I.L., p.32.
6. Thieme op.cit., p.64.
7. Pāṇini by Gold stücker, p.108.
8. Thieme 1b., p.73.
9. Keith, RV. brāhmaṇsa, H.O.S. Vol.25, p.42.
10. Bhagavaddatta, Op.cit., II. p.34.
    cf. Baudh. G.S. III.1.21-24.
11. Keith Tait. S.H.O.S.P.C. IXVII.

CHAPTER - XVI

LANGUAGE

1.0. Pāṇini's Aṣṭādhyāyī is a monumental work in the field of language and linguistics. The description of language in the AP is complete in itself. Howbeit, he has avoided altogether making any statement regarding his views on the nature of language and linguistics. Even then, his work is self-explanatory and does not require any addition and alteration. However, we have a long queue of illustrious and dedicated scholars who have interpreted and commented on the aphorisms of the AP. For instance, KK of Vamān and Jayāditya, Padmañjarī of Haradata, Nyāsa of Jinnendra buddhi, SK. of BD, MB. of Patañjali, Pradīpa and Udyota commentaries on MB. etc. are the greatest exposition of Pāṇini's aphorisms. Without the help of commentaries on the AP, one would feel completely lost. Therefore, a close scrutiny of his aphorisms, coupled with the observations of his commentators, will thus, enable us to get an idea of his theoretical assumptions.

1.1. From the viewpoint of Pāṇini, language is an integral part of total human behaviour, influencing and being influened by other norms of behaviour. He defines Sanskrit both in its structure and use. Sanskrit language has a network of inter-relationships between its formal units at various level. Therefore, the formal structure of language to be understood thoroughly in all its aspects does involve reference to his environs. It is worth noting that with regard to the spoken variety of language, the speaker, the hearer and the phenomenal world appear to be the relevant environmental factors. Pāṇini might have kept these in view while describing the language as current in his times in the speech community. Although, the problem of literary language was something different, the usages were fixed. Due to its being transmitted orally in different schools, there were variations in pronunciation. To preserve the original pronunciation meticulous attention, however, was given to it. The aims of studying the grammar, as defined by Patañjali in his *Paspaśa āhnika*, include the cultivation of skill in correct pronunciation. The grammar of Pāṇini is interpreted with such observations with regard to the literary language.[1]

II.0 According to Pāṇini constructions are inter-related derivationally. It is recorded by him abundantly in the treatment of primary-suffixes, secondary-suffixes, compounds and various types of other constructions. For instance, the desiderative verbal stem is constituted of two elements, i.e. the verbal root and the desiderative suffix *san* (sa). To derive *Jigamiṣa* (to desire to go), for example, we start with the string *gam+san*. Different types of morphonemic operations are applied to it to give us the final desired form quoted just above. Here, it is worth mentioning that in the description of such forms Pāṇini's keen insight into the structure of the language in explicating for us the attendant conditions under which *san* is introduced, certainly, impresses both the grammarians and the linguists altogather. His procedure follows:-

The *san* (sa) is added optionally in the meaning of "desire" to a verbal stem expressing the object of *IṢ* "wished for" provided the agents of the two verbal stems are identical, cf. *dhātoḥ karmaṇaḥ samāna kartṛkāt icchāyām vā* (AP.III.1.7), and also refer to *Samāna-kartṛkeṣu tumun* (AP.III. 3.158) which defines the suffix *tumun* (tum) is added to a verbal stem which is in construction with *IṢ*. "to wish" provided the agents of the two are the same. In this way, *Rāma Jigmiṣati* and *Rāma gantum icchati* are synonymous, expressing the meaning "Rama desires to go". These are derived from the same underlying structure, namely, *Rāma icchati* (the matrix sentence) and *Rāma gacchet* (the complement sentence of icchanti) where the agent, Rāma is the same.

II.1. It appears from the internal-evidence of the AP, that Pāṇini regards speech as a system of communciation par excellence, is essentially rooted in man's mental make up. Speech, in this way, as a sequence of noise at the physical level, is nothing but concretization of the speaker's intent. Linguistic mechanism is there to give shape to what one desires to express. So, Pāṇini explains the formal structure of some constructions in terms of what the speaker intends to express; cf. *āśansāyām bhūtavat ca* (AP.III.3.132-34, 55, etc.).

II.2. The rules of grammar are invested with some inherent properties which in fact are derived from the nature of language as a system. Some of these features have been succinctly defined by Pāṇini while others are implicit in his treatment and brought out and codified by his commentators. These are, now, available in the works on Paribhāṣās. Traditionally, the aphorisms in the AP are classified into six categories, viz. *Saṁjña*[2], *Paribhāṣā*[3], *Vidhi*[4], *niyama*[5], *atideśa*[6] and *adhikāra*[7]. A *Saṁjñā* aphorism enunciates and explains a technical term. *Paribhāṣās* are conventions for the explanation of the aphorisms of the AP. *Vidhi* aphorisms are prescriptive while *niyam* and *atideśa*, respectively, restrict and extend the scope of application of vidhi aphorisms. An *adhikāra*[7] aphorism introduces a topic and prescribes its sphere. hence, we shall take up only those properties of aphorisms that form an integral part of language which is discussed by Pāṇini in the Aṣṭādhyāyī.

III.0. It is taken for granted by Pāṇini that for the derivation of a formation from its underlying form, the rules of grammar have to be employed in an exact order. The construction of aphorisms as available in the AP represents that order. We see a subsequent rule sets aside a preceding rule when both seek simultaneous application cf. *Vipratiṣedhe Paramkāryam* (AP.I.4.2). The aphorisms, accordingly, are constructed, in an ascending order of their potency. On the other hand, the system of language is inherently complete and can be defined economically and is brought out by an orderly application of its aphorisms.

In governing the aphorisms, there may be a unit in the sequence which may consist of a block of rules rather than a single rule. The whole set of such rules may share a common feature as constructed with the rest of the rules. For example, we have situation wherein the derivation of linguistic structure from underlying constituents allows two rules to be operated simultaneously on the same string if both find scope or one of these has to be deprived of the privilege of application even when it finds scope. In which way, should we take care of such types of situations ? Simple sequential arrangement does not work. To achieve this Pāṇini hits on a very ingenious device. He arranges them in blocks. The aphorisms of the last three *pādas* of the 8th adhyāya illustrate it. The common feature enjoyed by aphorisms in this group is that these will be regarded not to be covered under the rules of the previous sections. Moreover, a later rule in this block will be deemed not to have taken effect with regard to the application of a preceding aphorism, cf. *Pūrvatra asiddham* (AP.VIII.2.1) The string dvau *ānaya-dvāvānaya* (cf. AP. *ekaḥ yaṇ aci* VI.1.77) › *dvā ānaya (AP. lopaḥ śākalyasya,* VIII.3.19). Here the application of an aphorism *ṣatva tukaḥ asiddhaḥ* (AP.VI.1.86) *ā ā* ›*ā* is prevented by assuming that the aphorism AP. VIII.3.19 (quoted just earlier), has not taken place. It indicates that the stage prior to the application of the aphorism AP.VIII.3.19 (Noted just above) i.e. *dvāvānaya* is restored. The aphorism AP. VI.1.86 (mentioned earlier) does not find scope on this string. In this way, the aphorism AP.VI.1.86 (quoted above) has been blocked from applying on the output of the aphorism AP. VIII.3.19 (noted earlier) likely the aphorisms AP.VI.1.86-109 and VI. 4.23-129 from blocks for specific purposes indicated there.

III.1. AP. has some other features of aphorisms which have operational relevance in the derivation of linguistic formations. These features are not shown in their formulations, nor in their arrangement, nor by any other visible device. These are specific properties enjoyed by some aphorisms as contrasted with other aphorisms. So each feature provides a binary division. These are being described as under. A succeeding aphorism feature blocks the application of any or every earlier one(s).

II.2. Eternal and non-eternal

Of the two aphorisms, say *Y* and *Z*, seeking application simultaneously, *Y* obtains scope whether Z has been used or not. But then, application of *Y* first blocks Z altogether. *Y* is thus more eternal than Z. It is known as ***nitya***[8] while the other one is *anitya*[9]. An eternal aphorism has precedence over non eternal whatever be the order in the sequence.

II.3 Internal and External

When two aphorisms are applied simultaneously, the aphorism for which the conditions of application are closer to the element affected, supersedes the other for which the conditions of application are farther away. In this way, proximity of the conditioning factors to the element affected determines the order of application. In this way, a dichotomy of internal (antraṅga[10]) and external (bahiraṅga[11]) cause aphorism is established.

III.4 General and specific

A specific (apavāda[12]) aphorism is more strong than a general (utsarga[13]) aphorism. It has precedence even over ordered, eternal and internal rules.

III.5. However rigorous the description of a language, a few facts not amenable to general statements, are always left out. These stick out, so to say, and mar the symmetry of description. However, consummation of treatment demands that such forms/constructions be included and explicated. In this connection the following statement is taken into account: "a rigorous statement may have practical disadvantages. It may take more discourage to describe a few eccentric forms that it would cite them."[14] Pāṇini is very much careful in this regard. Rather than attempting to provide aphorisms to account for such oddities, he simply lists them, cf. *abhyutsādayām-Prajanayām cikayām ramayāmakaḥ pāvayāmkriyāt vidāmakrannitic chandasi, ānā y yaḥ anitye, praṇāyyaḥ asammatau, śubhrādibhyaścaḥ.* (AP.III.1.42,III. 1.127, III.1.128 and IV. 1.123) and so on.

V.0. Pāṇini's description clearly shows his earnestness and anxiety to treat exhaustively the facts of the Sanskrit language. The treatment so may appear to be data-bound. Meticulous attention was taken to account for even unique constructions. To make his treatment all comprehensive, lists, open and close, have been appended. An extensive field-work and close scrutiny of literary compositions appear to have gone into his description. For a different reason he avoids all illustrations. It seems that these might have been taught orally, while teaching the pupil in the class. But the collection and the arrangement of data demonstrates a design or model of Sanskrit language that he kept in view. In this way, his treatment is aimed at presenting a comprehensive account of formation and use of Sanskrit in a theoretical framework that encompasses nature of language in general and sanskrit language in particular. Thus, the corner-stone of Pāṇini's structural analysis of Sanskrit language is brevity and order. Below, we shall give the style which he used to achieve his goal.

V.I. Pāṇini's style and formulation of aphorisms is very attractive. He wrote his Aṣṭādhyāyī in an aphoristic style. An aphorism is characterized in the following way: "The experts observe that a sūtra contains the maximum number of syllables, it is unambiguous, pithy, faultless, all-comprehensive and not composed in meter"[15]. Similar treatment is found in Sanskrit:- "*Alpākṣaram asandigdham sāravad viśvatomukham. Astobhamanavadyam ca sūtram sūtravido viduḥ.*" It is needless to say that the aphorism style was much favoured by scientific investigators at the time of Pāṇini. it was most suited for purposes of exercising brevity in treatment which was very highly prized. There is a saying in Sanskrit grammar "*Ardha-mātrā lāghavena pūtrotsvam manyānte vaiyākaraṇāḥ*" (PBS.122,). In this way, the climate of the time and the nature of the subject prompted Pāṇini to adopt this style.

As it has been discussed previously the aphorisms in the AP fall into six types. Of these the *adhikāra saṁjñā,* and some of the *pari bāṣā* aphorisms concern his technique of description and may be considered as meta-rules while the rest are related to the language data. To put it briefly *adhikāra* aphorisms announce the subject matter to be taken up next. The words of that aphorism are to be read in the following aphorisms which constitute its scope. An adhikāra aphorism is distinguished by placement of circumflex pitch, cf. *Svaritena adhikāraḥ* (AP.I.3.11). For example *dhātoḥ* (AP.III.I.91). "After a verbal stem (are attached the suffixes that follow)". Likely, *Pratyayaḥ* (AP. III.1.1) would mean that from now onward we talk of *pratyayas* (suffixes). Saṁjñā aphorisms state technical terms which have diverse bases of definition in Pāṇini. Now we shall discuss here the structural implications of some of his meta-aphorisms.

V.2. Simplest of these Saṁjñās are those which are stated by enumeration. *Vṛddhi* indicates, for example, the speech sounds *ā, ai* and *au,* cf. *Vṛddhirādaic* (AP.I.1.1); *bhū* and the rest are known *dhātus,* cf. *bhūvādayodhātavaḥ* (cf.AP.I.3.1). And more interesting from the point of view of his technique are the terms on the basis of the wording of the aphorisms, a characterization seemingly altogether whimsical. It will be clear from the following instances. An *upasarjana*[16] is a word occurring in the Ist termination in an aphorism connecting two compounds cf. *Prathamā nirdi, ṣṭam samāse upasarjanam* (AP.I.2.43). Likely an upapada[17] is explained as a word read with 7th termination in the section dealing with primary suffixes, cf. *tatra upapadam saptamīstham* (AP.III.1.92). This seems to be the most arbitrary and adhoc way of defining a technical term. This is pecisely equivalent to underscoring a word in red in a particular section of your grammar and calling it, say, *Upasarjana.* Moreover, in case of *Upasarjana* Pāṇini would also subsume under this term all such words which occur in an invariant Vibhakti form in the underlying formation cf. *ekavibhakti cāpūravanipāte* (AP.I.2.44). For instance, Kauśāmbī in the phrases *Kauśāmbhyā niragatam, kauśāmbhyā niggatena* etc. Hence *Kauśāmbi* occurs in the 5th termination form through out. Now a question arises as to how far Pāṇini is justified, according to linguistic theory, in making use of the terms stated in terms of formal features demonstrated in the wording of his statements, to explicate facts of structure. For example, in determining the order of constituents in a compound, the upasarjana occurs as prior member, cf. *Upasarjanampūrvam* (AP.II.2.30). The vowels in go (cow) and stems ending in a feminine suffix are shortened if these are upasarjana - finals, cf. *harsvo napunsake prātipadikasya* (AP.I.2.47)., e.g. *citrago›citra-gu* (one possessing variegated cow). In such examples determination of order of constituents in a compound or shortening of a vowel in a construction is accounted for in terms of Upasarjana, a term, as mentioned above characterized in terms of the wording of the rules also. The conditioning factor in the above instances has nothing to do with the elements of language. Nor is this a non-linguistic feature-semantic, social, biological, etc. Pāṇini is being simply eclectic here. There does not seem to be any justification on theoretical grounds to resort to such a technique. Let us have a second look at it.

To all appearances, it is no more than an ad-hoc device to subsume under one designation all such diverse elements in an underlying structure that are not capable of being characterized by any common features but which do share some linguistic behaviour in the derived construction. To account for these facts in an adequate and generalized way he resorts to this device. It frees him from the obligation of providing any listing which in any case would have been an open one. Exceptions to general statements are also adjusted without any fuss. Consider a few illustrative examples, *avyaya - avyayam vibhakti samīpa Samṛddhi Vyṛddhi arthābhāva-atyaya asamprati śabdaprādurbhāva paścād yathā ānupurva-Yougpadya sādṛśya sampatti sākalyā anta vacneṣu* (AP.II.1.6), *vibhaktis dvitīyā śritaatita patita gata atyasta prāpta āpannaiḥ* (AP.II.1.24) *tṛtīyā tatkṛtārthen guṇa vacanena* (AP.II.1.30), *upamāna-upamānānisāmānya vacanaiḥ* (AP.II.1.55), *Viśesaṇa viśeṣaṇam viśeṣyeṇa bahulam* (AP.II.1.57), etc. are read in Ist termination and by virtue of this all these bear the common label of *Upasarjana Prati-suppratina mātrārthe* (AP.II.1.9), *pari - akṣa śalākā samkhyāḥ pariṇā* (AP.II.1.10) etc. and do not conform to the general aphorism. The AP (II.1.6) mentioned above are thus exceptions to it. To denote this fact all that the reader is to do is not to read them in the Ist termination. Likely constituents which are optionally Upasarjan are read twice, once with Ist termination and IInd time without it, e.g. *āpanna* in (AP II.1.24) quoted earlier and *prāpta* in *prāptāpanne ca dvitīyayā* (AP.II.2.4). So the overall brevity in description offsets theoretical objections. Pāṇini, it appears, would approve a device, however, artificial it may be, if it could make his description simpler and more economic.

V.3. Some of Pāṇinian *Saṁjañās* are nothing short of fiction. He sets them up by a round about way. For example, he does not consider any vocative case (Kāraka). Formally the Ist termination (which does not represent any kāraka relation) and whatever forms represent the vocative are identical except mostly in the singular. He grasps at this formal resemblance and collapses the two together. But still he has to account for the formal difference in the singular. Here he creates a fiction. In the aphorism *prātipadika artha liṅga parimāṇa vacana mātre prathamā* (AP.II.3.46) Pāṇini lists the uses of Ist termination. The next aphorism *Saṁbodhane ca* (AP.II.3.47) adds a rider that it is used to denote addressing (calling out) also. When employed in this sense the Ist termination will be known as *āmantrita*, cf. *sa āmantritam* (AP.II.3.48). And further he adds that the singular form of *āmantrita* is known as *Saṁbuddhi*, cf. *ekavacanam Saṁbuddhiḥ* (AP.II.3.49). He has reached the end. Here the process is complete for him. He thus succeeds in setting up a technical term namely, *Saṁbuddhi*, for the singular of the Ist termination viz. *āmantrita*, which is another technical term to designate the sense of calling for the use of Ist termination (Prathamā vibhakti). Now he is well set to manipulate *Saṁbuddhi* to account for such formal contrasts as *Rāmaḥ*: *Rāma; Senānī; Senāni; Somapā; Somapaḥ; agniḥ; agne;* etc. In this way, Pāṇini technically succeeds in eliminating what could have been called the 8th termination (aṣṭamī vibhakti) and *Saṁbodhana kāraka* by collapsing it together with the Ist and yet by a clever sleight-of-hand he manoeuvres to account for the formal differences in the two. To get *bhāno* "O sun." we start with the underlying string *bhānu* + *su*. By AP. (II.3.49), as mentioned earlier, *su* is designated as *Saṁbuddhi*. Before Saṁbuddhi a short vowel of the stem is guanted by *harsvasya guṇaḥ* (AP.VII.3.108). Thus we get *bhāno* + *su*. Now by *halṅyābbhyo dīrghātsutisya apṛktam hal* (AP..VI.1.68) the consonant of Saṁbudhi, i.e. *s* and *m* in *am,* a substitute of *su* in neuter, is dropped after a stem final *e, o* and a short vowel. So bhāno + su ›bhāno.

V.4. Some of the paribhāṣā aphorisms are still more interesting from the viewpoint of illustrating his technique. Paribhāṣās represent convention set up for the correct explanation of aphorisms of the AP. Interpretation of aphorisms according to these conventions vouchsafe generation of correct forms. Moreover, these enable him to capture generalization and effect brevity.

The aphorism *pratyaya lope-pratyaya lakṣaṇam* (AP.I.1.62) laid down that an affix, though dropped, continues to effect its characteristic grammatical changes. Exceptions to it are mentioned in na *lumatāṅgsya* (AP.I.1.63). This permits him to zero an affix and still realize all those changes which its physical presence would have ensured. Now consider another example. The dictum laid down in *Sthānivat ādeśa anlal vidhau* (AP.I.1.56) that a substitute is like substituendum (with exceptions and counter-exceptions) plays a very significant and positive role in his system. The single linguistic form *tip*, for instance, is differentiated according as it is a substitute of *laṭ. liṭ,* etc. By resorting to this strategy he need not set up ninety nine (99) separate suffixes for *eleven* lakāras in *three* persons and *three* numbers. At one stage of their derivation gacchati "he goes" and gacchet "he may go", for example, have identical underlying form, namely *gacch* + *śap* + *tip*.

All this appears to be very arbitrary and artificial. Let us probe a little more into the working of Pāṇini's mind. Why does he resort to this stratagem ? Pāṇini recognizes a category which may be known as *tense-mode* in contradistinction to nominal inflection. The label provided for this category is *la* (a here is for facility of pronunciation) which is treated as a suffix. The structure of a verbal form is verb stem plus tense-mode suffix. So, to derive a form denoting *tense-mode* category, *la* is added to a verbal stem. In the process of derivation *la* is replaced by one of the eighteen suffixes. Further *la* may be specified as *laṭ, liṭ, laṅ,* etc. Once this has been determined, phonological changes in the underlying string are effected in terms of *laṭ, loṭ,* etc. For example, *i* occurring in *loṭ,* is replaced by *u,* cf. *eruḥ* (AP.III.4.86). In this way, *ti› tu* and *anti›antu* (*ant* replaces initial *Jh* of suffix by *Jhontaḥ* (AP.VII.1.3). Pāṇini here takes advantage of the partial phonetic similarly in the inflectional suffixes of various tenses and modes. Instead of rigorously applying the principles of linguistic analysis and isolating them as separate elements assigning meaning or functions to each one of them, he prefers to set up a base from which all these variants can be derived. And this is made feasible by positioning a category like tense-mode, i.e. *la*. This results in a much simpler description.

Accordingly by employing meta-linguistic devices defined succinctly by Pāṇini and quite a few more formulated and codified by his commentators from observations of the working of his aphorisms, he succeeds in capturing generalization and effecting brevity in statement. To achieve these goals, we may discuss the following additional ways:-

VI.0 Use of abbreviations in Pāṇini results in more compact and precise statements. For instance, in the aphorism *iko-yaṇ aci*, (AP.VI.1.77) from the point of view of this rule-*yaṇ*, replaces *ik* if followed by *ac*, the terms *ik*, *yaṇ* and *ac* are all abbreviations. *IK* stands for short and long *i, u, ṛ, ḷ* ; *yaṇ* for the semi-vowels *y, v, r, l* and *ac* for all vowels. Likely in the aphorism *suptiṅantam padam* (AP.I.4.14) the terms *sup* and *tiṅ* are abbreviations respectively. Thus, we find various types of abbreviations[18] in Pāṇini.

VI.1. The use of *it*[19] element in Pāṇinian grammar is also an interesting one. Pāṇini's reading of certain speech sounds or features (which are ultimately dropped) into grammatical forms to denote several types of grammatical functions or for purposes of classification or specification contributes to brevity of statement. For example, *Ś* and *P* in *Śap* are such segments, the real suffix being *a*. *Ś* here indicates that *śap* belongs to a class of suffixes known as *sārvadhātuka (tiṅśitsārvadhātukam,* (AP.III.4.113) and *P* denotes that it bears anudātta (low) pitch, cf. (anudādttau suppitau, AP.III.1.4).

VI.2. Through the use of *anuvṛtti*, Pāṇini arranges the aphorisms in such an ingenious manner that common word(s) in an aphorism can be read in the succeeding aphorism(s) from the preceding one(s). A few examples will illustrate the point:-

(1)	AP. IV.1.3 -	Striyām
	Ap. IV. 1.4 -	ajādyaṣṭāp (striyām, ni āp prātipadikāt).
	AP. IV. 1.5 -	ṛnnebhyo ṅīp (striyām, ṅi āp prātipadikāt).
	AP. IV. 1.6 -	Ugitaśca (striyām, ṅīp).
	AP. IV. 1.7 -	Vano ra ca (Striyām, ṅīp).
	AP. IV. 1.8 -	Pādonyatarasyām (striyām, ṅīp) etc.

This continuation is generally uninterrupted like the stream of a river (gaṅgāśrotovat).

(2)	AP. VI.1.32	hvaḥ saṁprasāraṇam
	AP. VI.1.33.	abhyastasya ca (saṁprasāraṇam hva).
	AP. VI.1.34	bahulaṁ chandasi (saṁprasāraṇam, hva).
		and so on.

It is only through the oral tradition that we know what word or words are to be read in the following aphorism(s). Moreover, sometimes the *anuvṛtti*, i.e. the common word(s) to be read in the following aphorism(s) jumps over some intervening aphorism(s). For instance, reading of *śap* in the following aphorisms, is interrupted by *Yaṅo ci ca* (AP.II.4.74) and then read in *juhotyādibhyaḥ śluḥ* (AP.II.4.75). It is called a maṇduka-pluti (frog-jump).

AP.II.4.72	adiprabhṛtibhyaḥ śapaḥ (luk),
AP.II.4.73	bahulam chandasi (śapaḥ, luk),
AP.II.4.74	yaṅo aci ca (luk)
AP.II.4.75	juhotyādibhyaḥ śluḥ (śapaḥ)

The aphorisms linked through the use of *anuvṛtti* constitute a block which usually relates to one topic. Incidentally the use of anuvṛtti brings out structural resemblances in the aphorisms.

VI.3. A minor factor contributing to brevity in statement is the use of elliptical constructions. Each aphorism in the AP. is assumed to be a complete sentence. But seldom do we come across an aphorism with all its constituents expressely defined. One or the other constituent is missing. However, all these are easily retrievable. Some of these, as mentioned above, are inducted from neighbouring aphorism(s) through the technique of *anuvṛtti*. Nevertheless, a linguistic form accordingly transferred from a preceding aphorism may have to be suitably modified grammatically keeping in view its syntax. For instance, *Śeṣaḥ* from *Sarūpāṇmeka- śeṣa ekavibhaktau* (AP.I.2.64), read into *bhrātṛ putrau-svasṛ duhitṛbhyām* (AP.I.2.68) is changed to *śiṣyete* "are retained" to agree with the nominative dual *bhrātṛ-putrau* - Likely *samāsaḥ* "compound" from *Prākkaḍārāt-samāsaḥ* (AP.II.1.3) is changed to Samasyante" and is compounded" to agree with the plural subject in *akṣa śalāka śaṁkhyāḥ pariṇā* (AP.II.1.10). The couple is never defined. The sentence structure will make it clear. For example, *adeṅguṇaḥ* (bhavati) AP.I.1.2; *Karmaṇyaṇ* (bhavati) AP.III.1.1. The following will make it

Svaṁrupaṁsabdasyaśabdasaṁjñā (grāhyam bhavati) AP.I.1.68; Aṇuditasavarṇasya cāpratyayaḥ (grāhako bhavati) AP.I.1.69; ādiratena sahetā (Svam rūpam, madhya patitān ca grāhyati) AP.I.1.71; Svaritenādhikā raḥ. (Veditavyaḥ) AP.I.3.11; *Prākkaḍārātsamāsaḥ* (Veditavyaḥ) AP.II.1.3; *Saha supā sup*, (anuvaratate) AP.II.1.4; *dhātoḥ* (iti anuvartate) AP.III.1.91 and the like.

Sometimes the context demands much more to be recorded in the aphorism to complete the meaning. Here tradition alone comes to our rescue. For instance, to explain *iko guṇa vṛddhī* (AP. I. 1.3), the words *guṇa-vṛddhī* are recorded from the preceding aphorisms. These are changed to *guṇa-vṛddhibhyām* to suit the syntax and then (śiṣyamāṇe bhavataḥ) are to be supplied in the context. The aphorism, accordingly, will read: iko guṇa-vṛddhī (guṇa-vṛddhibhyām) (Śiṣyamāṇebhavataḥ) *guṇa* and *vṛddhi* substitutes are effected in places of *ik* when these are taught by use of the terms *guṇa* and *Vṛddhī*. Finally, we can conclude that Pāṇini is a sentence grammarian. Moreover, he records a *Vākya* in his aphorisms e.g. *Upāt prati yatna vaikṛta vākya adhyāhāreṣu, Vākya ādeḥ āmantritasya asuyāsaṁmati Kopa Kutsana bhrtsaneṣu, Vākyasya teḥ Plutaḥ Udāttaḥ* (AP.VI.1.139, VIII.1.8.; 2.82) respectively. Vākya is interpreted by *KK - ekārthaḥ padasamūho Vākyam* on AP. (VIII.1.8) there upon S.C. Vasu says "A collection of words, expressing one idea is called a sentence or Vākya.". Therefore, the basic unit of description for Pāṇini is the sentence, which however, is recognized as part of a larger unit, the discourse. It is a fact that Pāṇini does not talk explicitly of discourse. However he does refer to elements in a neighbouring sentence if it is linguishtically pertainent for the explication of the structure of the sentence concerned.

REFERENCES

1. Cf. AP. Yajña Karmaṇi ajapa nyuṅkha sāmasu (I.2.34), *ucchaistarām vā vaṣaṭakāraḥ* (I.2.35), *Vibhāṣā chan dasi* (I.2.36), *na subrahmaṇyāyām svaritasya tu udāttaḥ* (I.2.37), *deva brahmaṇoḥ anudātaḥ* (I.2.38) *svaritāt saṁhitāyām anudāttānām* (I.2.39), *udattāḥ svarita parasya sannataraḥ* (I.2.40), *chandasi anekam api sākāṅikṣam* (VIII.1.35), *ye yajña karmaṇi* (VIII.2.88), *praṇavaḥ ṭeḥ* (VIII.2.89) *Yājyā antaḥ* (VIII.2.90) *bruhi preṣya śroṣat auṣaṭ āvahānām ādeḥ* (VIII.2.91), *he mapare vā* (VIII.3.26), *na pare naḥ* (VIII.3.27), *saheḥ pṛtanā ṛtābhyām ca* (VIII.3.109), *aṭ ku pu āṅ numvyayāye api* (VIII.IV.2) and so on.

2. In the AP., there are the first two padas of the first chapter providing and interpreting the technical terms whose number exceeds well nigh a hundred. Saṁjñā is a technical term, a term to know the common nature of things, a short wording to convey ample sense, cf. *Vṛddhi śabdaḥ Saṁjñā, ādecaḥ Saṁjñinaḥ*, Patañjali on the AP.(I.1.1). There are two main types

of Saṁjñā:- *akṛtrima saṁjñā*, which refers to the literal sense conveyed by the word such as *avyaya, sarvanām* and the like. *Kṛtrima Saṁjñā* (an artificial term) such as *ṭi, ghu* or *bha*, which is merely conventional. Some later grammarians such as the Cāndra eschew the purely conventional terms. These technical terms known as Saṁjñās are essential for every scientific work.

3. The correct explanation of the aphorisms of grammar is the removal of conflict between two aphorisms which takes place simultaneously in the process of the formation of words (rūpa siddhi). Different types of definitions are put forward of *Paribhāṣā* by the commentators viz. *Vidhau niyama kriṇī Paribhāṣā* (DSV), *Parito Vyāpṛtām bhāṣām Paribhāṣām Pracakṣate* (NS.), or *Parito bhāṣyate yā sā paribhāṣā prakīrtitā*. Paribhāṣā can also be succinctly stated as the convention of a standard writer, cf. *Paribhāṣā hi na Pāṇinīyāni vacanāni Purūṣottama deva, paribhāṣā* 119). At the end of *Paribhāṣā bhāskar* by Haribhāṣkara), we obtain that *Vyāḍi* was the first writer on Paribhāṣās. The aphorisms like *tasminniti nirdiṣṭe pūrvasya* (AP.I.1.66), *tasmādityuttarasya* (AP.I.1.67). etc. are meticulously defining the Paribhāṣā. In the different systems of Sanskrit grammars there are various collections of Paribhāṣās. In the school of Pāṇini, besides commentaries thereon, there are independent collections of *Paribhāṣās* by *Vyāḍi, Bhojadeva, purūṣottemadeva, Sīradeva, Nilakaṇṭha, Haribhāskara, Nāgeśa* and some others. Moreover, there are independent collections of Paribhāṣās. Similar is the case in the other systems of Sanskrit grammar viz. *Kātantra, Cāndra*, Śākaṭāyana, Jainendra and Hemachandra. Unhesitatingly, it can be stated that most of the paribhāsās are common in the different systems of Sanskrit gramar. The total number of *Paribhāṣās* in the various systems of Sanskrit grammar well nigh exceeds the five-hundred mark.

4. A prescriptive aphorism; cf. *Samarthaḥ Padavidḥi* (AP.II.1.1) and thereon Patañjali *Vipūrvātdhāñaḥ Karamsādhana ikāṛaḥ, Vidhīyate Vidhiriti*, cf. also *tatra apurvo vidhirstu niyamostu ityapurva eva vidhirbhaviṣyati na niyamaḥ*. Patañjali on the AP. (I.4.3), and also *asti bhāva - Sādhanaḥ, Vidhānam Vidhiḥ*, Patañjali on the AP. (I.1.57).

5. Regulation binding the term is frequently employed by the grammarians in regard to a restriction laid down with reference to the application of grammatical aphorism generally on the strength of that aphorism, cf. Patañjali on the AP.(I.1.3), KK on the AP (I.3.63) & VI.4.11), and also *aniyame niyamakāriṇī Paribhāṣā, anekaprāptā vā ekasya niyamo bhavati, śeṣeṣu aniyamaḥ, paṭu mṛduśuklāḥ Paṭuśuklāmṛdava iti*. Patañjali on the AP. (II.2.34, VK.No.2). A restrictive aphorism cf. *anudāttat ṅita ātmanepadam* (AP.I.3.12). An aphorism which provides a positive injunction eschewing a restrictive sense as far as possible, cf. *Vidhiniyama saṁbhave Vidhireva jyāyān* (Nāgeśa in PBS). The commentators on Sanskrit grammar have provided different types of restrictions, viz. *Saṁjñā niyama, abhidheya niyama, artha niyama, Pratyaya niyama, Prkṛti niyama* and *Prayoganiyama*. By the very ancient grammarians it is defined as "definitely fixed", cf. *Udāttapūrvam niyatam* (RV. Pr.III.9).

6. Extended application; attributes of one thing to another. It is a very common feature in Sanskrit grammar. It is formed generally by adding the secondary suffix *mat* or *vat* to the word whose attributes are conveyed to another cf. *loṭo laṅvat* (AP.III.4.85) Sometimes, it is noted even without the secondary suffix *mat* or *vat*, e.g. *gāṅkuṭā dibhyo añ ṇin ṅit* (AP.I.2.1). It is generally available in all the grammatical terms which end in *Vadbhāva* e.g. *Sthānivadbhāva* (AP.I.1.56-59), *Sanvadbhāva* (AP.VII.4.93) *abhūtatadbhāva* (AP.V.4.50), *antādivaddhāva* (AP.VI.1.85) etc. Trilocanadās on Durga's commentary on the KV aphorism (II.2.60) states five kinds of atideśa, e.g. *sa ca nimitta rūpa vyapadeśa śāstra kāryabhedāt*. Out of these *sthānivaddhāva* is the most prominent figure, and by virtue of which sometimes there is full substitution of the original form known as *sthānin* in the secondary form known as *ādeśa*. This complete substitution known as *rūpātideśa* is different from the usual one which is known as *Kāryātideśa*, cf. Patañjali on the AP.(I.2.1; VII.1.96; VIII.1.90; VK I, and VIII.1.95; VK 3). As far as the use of *atideśa* is concerned we find *sāmānya atideśe viśeṣānatideśaḥ* (cf. AP.III.3.132). Moreover, there is another dictum - *ātideśikamanityam*, cf. Patañjali on the AP (I.1.123, VK.4; I.2.1 VK.3, II.3.69 VK.2 etc. Kaiyaṭa on (II.1.2 & VI.4.22) NS on (AP.I.1.56, I.2.58 VK.3) Nāgeśa in PBS (93.6); The another dictum *ātideśikam anityam* cf. Nāgeśa in PBS 93.6.

7. See ref. No.6 'Primary suffixation'.

8. Eternal (immortal) termed as nitya in grammatical terminology; a word which is audible and reaches the mind is an eternal one, cf. *Vyāptimattvāttuśabdasya* (Nirukta (I.1) cf. also *sphoṭaḥ śabdaḥ, dhvani tadguṇaśca* (Paspaśāhnika) and also *sphoṭaḥ śabdo dhvanistasya vyāyāmādupajā yate* (Nirukta I.1.). Unchangeable, cf. *anyam nityaśabdostyeva Kuṭastheṣu avicāliṣu bhāveṣu vartate* (Patañjali on AP. VIII.1.4). The word in this sense is employed in connection with operations that do not optionally apply; cf. *Upapadasamāso nitya samāsaḥ, ṣaṣṭī samāsaḥ punarvibhāṣā* (Patañjali on AP.II.2.19) permanently functioning, cf. *nitya virate dvimātram* (RKT. Pr.II.37).

Nāgeśa in PBS *Kvacitkṛtākṛtaprasanmātreṇāpi nityatā* (pari.no.46) and also parānnityam balvat (Pari.No.42 of Nāgeśa). Constant; liable to be over-side by another cf. *Upabandhastu deśāya nityam, na rundhe nityam, nitya śabdaḥ prāptyantara ni ṣedhārthaḥ*, (Tai.Pr.I.59, IV.14).

9. The word *anitya* is employed in the sense of non-eternal. The word nitya means *Kṛtākṛtaprasaṅi* taking place before as well after another aphorism used, the latter being looked upon as *anitya* which does not do so. The word *nityatva* has got various types of limitations and exceptions which are discussed by Nāgeśa in his PBS 43-49. The primary-suffixes, secondary - suffixes and compounds are voluntary, instead of them, a phrase or an independent word can be employed to carry the sense. Such types of nitya affixes are mentioned by Patañjali on the AP.V.4.7. As far as the case and conjugational affixes are concerned it can be stated that those affixes can, in a way, be looked upon as obligatory because they have to be affixed to a crude nominal base or a root, there being a dictum in Sanskrit grammar that neither crude form without an affix can be employed nor affix alone without a base can be employed; both form a word and then convey the meaning.

10. The term *antraṅga* is not employed by Pāṇini himself. Kātyāyana has used this term thrice while commenting on the AP. aphorisms (e.g. I.4.2, VK 8, VI. 1.106, VK.10 and VIII 2.6, VK.1) obviously in the sense of 'urgent' 'immediate' of earlier occurrence. It is applied in a vareity of ways to the aphorisms which thereby can supersede other aphorisms. The term is generally defined as a possessive - compound meaning *'antaḥ aṅgāni nimittāni Yasya'*. The *antraṅgtva* is explained by the grammarians in different ways: (a) having causes of application within or before those of another e.g. *Syonaḥ* from the root *siv* (Si+Ū+ha) where the *Yaṇa* substitute for *i* is antraṅga being caused by *u* as compared to guṇa for *u* which is caused by *na*, (b) Taking place earlier in the order of several functions which occur in arriving at the complete form of a word; (c) not depending upon two padas (words), (d) having a smaller number of causes, (e) depending upon a cause of a *sāmānyāpekṣa* as opposed to one which depends on causes of a *Viśeṣāpekṣa* (f) having cause of application taking place before those of another in the wording of the form. Antraṅga is a rule whose causes of operation take place earlier in the wording of the form. It is stronger than any other rule, barring of cause exception rules. Kātyāyana, seems, in giving preference to *antraṅga aphorisms: antaraṅgabalīyastvāt* and *antraṅga bahirangātabalīyaḥ*. According to Nāgeśa *bahiraṅga* is invalid before the *antaraṅga*, cf. *asiddham bahiraṅgamantaraṅge* PBS.

11. The term *bahiraṅga* is employed in Sanskrit grammar in connection with a rule or operation the cause of which takes place later in place or time than the cause of the other which is known as *antaraṅga*. Literally it can be defined as external. The *bahiraṅga*, operations are weaker than the antaraṅga, cf. *antraṅga bahiraṅgātabalīya* which seems to be a paribhāṣā. Grammarians succeeding Kātyāyana, not only looked upon the *bahiraṅga* operation as weaker than *antaraṅga* but they looked upon it as invisible before the antraṅga operation had taken place. cf. *asiddham bahiraṅgamantraṅge*, etc. (Nāgeśa).

12. *Apavāda* is a specific rule which over rides the general rule. In other words, a rule which forms an exception to the general rule, for instance, *ātonupasarge kaḥ* (AP.III.2.2) which is an exception of the general aphorism - *Karmaṇi aṇ* (AP.III.2.1) cf. *Yena nāprāpatau yo vidhirar bhayate Sa tsya bādhako bhavati, tadapavā doyam yogo bhavati* (Nāgeśa in PBS, 57) cf. also *Nyāyaimiśrān apavādān Pratīyāt. nyāyā ustargāḥ mahāvidhayaḥ mahāvisayāvi-dhyaḥ apavādā alpaviṣayāḥ vidhyaḥ, tānutsargeṇa miśrānekīkṛtān Jāniyāt, apavādaviṣayam muktvā utsargāḥ pravartante itiarthaḥ* (RV. Pr. and Comm. there on). Uvaṭa considers *apavāda as a fault śāstrāṇāmapavādā doṣā santi...* while commenting on *śāstrāpavādāt prapattibhedāt* (RV.Pr. XIV.30).

13. *Utsarga* is a general rule as contrasted with a specific rule which is termed as apavāda in grammatical terminology cf. *Praklpya vāpavāda viṣayam tata utsargo abhiniviśate* (Nāgeśa in PBS-63) cf. also *utsargāpavādayo-rapavādo balīyān* HPP.56), and also *utsargasamānādeśā apavādāḥ* SPV.97), cf. also *nyāyairmiśrān apāvādan pratīyāt* defined by the commentators as - *nyāyā utsargā mahāviṣayā vidhayaḥ aparādā alpaviṣyā vidhayaḥ, tān utsargeṇa miśrān ekīkṛtān Jāniyāt, apavāda viṣayam muktvā utsargāḥ pravartante* (RV.Pr.I.23).

14. Hocket, C.F. in "The State of the Arts, "Mouton. The Hague (1968).

15. I.S. Pawate 'The Structure of the Aṣṭādhyāyī, Hubli.

16. A word applied to by the word which is put in the nominative case in aphorisms of Pāṇini describing compounds, e.g. *Kaṣṭa* (in the compound *Kaṣṭasṛtaḥ*) which is applied to by the word *dvitīya in the aphorism dvitīyāsṛta atita patita gata atyasta prāpta apannaiḥ* (AP.II.1.24) which prescribes the accusative - determinative compound. cf. *Upasarjanam pūrvam* (AP.II.2.30) and *Prathamānirdiṣṭam samāsa upasarjanam* (AP.I.2.43) A word which has the same case when a compound in the different cases is known as dissolved, e.g. the word *Kauśāmbī* in the compound *niṣkauśāmbiḥ* which retains, its ablative case when the compounds *niṣkauśāmbim*,

niṣkauśāmbinā, niṣkauśāmbaye etc. are dissolved; cf. *ekavibhakti cāpūrvanipāte* (AP.I.2.44). *Upasarjana* an adjective, or a subordinate number which does not get the treatment of the principal member e.g. *Saṁjnopasarjanībhūtāstu na sarvādayaḥ* on the AP.I.1.29 also AP.I.1.27, VK.2, *gostriyorupasarjanasya* (AP.I.2.48) *anupasarjanāt* (AP.IV.1.14).

17. See Ref.No.4 'Primary suffixation'.

18. He makes abbreviations by:-
a. Extracting the common factor to designate the group, e.g. *la* (*a* is for ease of pronunciation) for *laṭ, liṭ, luṭ, ḷṭ* etc.; *āp* for *ṭāp, ḍāp, cāp*, etc.
b. Adding *u* to the unaspirated voiceless stop to stand for the whole series, *aṇuditsavarṇasya cāpratyaya* (AP.I.1.69), e.g. *K-u* for velars; *tu* for dentals, etc.
c. Adding an *it* letter occurring in the śiva-āphorisms by any letter, *ādirantena sahetā* (AP.I.1.71) e.g. *ac, al, ak, jhal*, etc.
d. Use of homophonous stem, e.g. *dā* (dādhādgu adāp, AP.I.1.20) for *dā* "to give" *dha* "to place".
e. Putting together the initial and final of a group to represent the whole group, e.g. *Sup* (Su, au, - jas -- AP.IV.1.2) for nominal inflectional suffixes; *tiṅ* (tip tasjhi ... AP.III.4.78), for verbal suffixes; *taṅ* (taṅānātmanepadam, AP.I.4.100) for *ātmane pada* suffixes, and so on.
f. Attaching *prabhṛti ādi*, etc. (beginning with) to the initial of a group. e.g. *tiṣṭhad-gu-prabhṛtīni* (AP.II.1.17) represents a long list of such compounds as *tiṣṭhad-gu*. Similarly *prādayaḥ* (AP.I.4.58) stands for a long list of prepositions.
g. Definition, e.g. *gha* (*taraptamapau ghaḥ*, AP.I.1.20) indicates *tarap* and *tamap*. Likely niṣṭhā (*Ktaktavatu niṣṭhā*, AP.I.1.26) denotes *kta*, and *ktavat*, etc.
h. Reading in plural the first member of a group e.g. *dyutbhyaḥ luṅi* (AP.I.3.91)" after dyut, etc. 22 roots are referred to here *ardharcāḥ Puṁsica* (AP.II.4.31) refers to a big list (242 words) read there in the form of gaṇa-pāṭha.

19. *Iṭ* segments are utilized:-
a. For abbreviatory device (as mentioned earlier).
b. For classificatory purposes; e.g. *Ś* in *śap*, etc.)to include them in *Sārvadhātuka* class (AP.III. 4.13) quoted above, ñ or anudātta - pitch in case of verbal roots denotes that these belong to the *ātmane pada (anudātāt ṅita ātmanepadam*, (AP.I.3.12).
c. To provide a covering term - a common label for a group. e.g. *l*(a) for all the tenses and modes; *ṅi* (*ṅi āp prātipadikāt*, AP.IV.1.1.) for ṅīp, ṅīs and ṅīn.
d. To distinguish elements having the same realization, e.g. *ṭ, ḍ, c*, in *ṭāp, ḍāp*, and *cāp*, which are realized as *ā*.
e. For various grammatical operations such as placement of *pitch, guṇa, vṛddhi, lopa*, etc. (See also Ref. No.1 'Primary suffixation'.

CHAPTER XVII

SYNTAX

1.0 Pāṇini is a sentence grammarian and his treatise (aṣṭādhyāyī) is an excellent example of description of a sentence. A sentence in Pāṇini is accompanied by a word qualifying the verbal activity. Thus, a verb with such a word, makes a sentence cf. *Sa kriyā viśeṣaṇam ceti vaktavyam* (MB. on AP.II.1.1. VK.9) e.g. *Suṣṭhu Pacati*. cf. also *Ekarṭha Padasamūho Vākyam* (KK. on AP.VIII.1.8). A sentence giving an idea in a single unit of expression accompanied by the qualifying words such as the different cases or instruments and adverbs or causal agents for the verbal activity; cf. *ākhyātam sāvyayakāraka viśeṣaṇam vākyamiti* (NS on AP. VIII.1.8), cf. also *ākhyātam sāvyayam sakārakam sakārakaviśeṣaṇam vākya saṁjñam bhavatītivaktavyam* (MB. on AP.II.1.1. VK.10) e.g. with indeclinable - *uccaiḥ paṭhati*, with case *Odanam pacati*. The following will make it clear :-

1.2. We find the notion of case[1] in *Kārake* (AP.I.4.23), where a description of the sentence follows. Nevertheless, Pāṇini nowhere introduces a formal definition of it in his Aṣṭādhyāyī. Pāṇini uses it as a technical term to denote anything that contributes towards the fruition of an action. The original word *kāraka*, which is employed by Pāṇini himself in his grammatical treatise, is derived from the verbal root *Kṛ* means "do" by adding the genitive suffix *ṇvul* (aka), meaning thus etymologically 'one who does, in other words" *Karoti iti kārakam*. On the other hand what causes or occasions an action in a case, for instance in a sentence '*devadattaḥ kūpād hastena gurave ghaṭe jalam ānayati*', 'Devadatta bring water for the teacher in the jar from the well by hand", the various objects explicitly stated by nominals, contribute to the accomplishment of the act of 'bringing'. The sentence mentioned above may be thought of as a verbal rerpesentation: a speech act describing an event happening in the real world outside. It is a complex event involving a series of actions such as Devadatta carrying a jar in his hand, walking towards the well, tying it to one end of a long rope, dropping it into the well, drawing it up when filled with water, etc. ultimately culminating into teacher's getting the water. However, out of these several events only a few are represented in the speech act. The selection is strictly determined by the focus of the complex event, namely 'the act of bringing (water)' in the example under discussion. Accordingly, whatever is conducive to the realisation of 'the act of bringing' is crucial and has to be noticed in the verbal representation. Any adequate linguistic description of such a sentence will seek to define and state the various relationships obtaining between the act of 'bringing' and the 'things' involved. Devadatta performs the activity, the gurū (teacher) is benefited by it, the hand (hasta) is a means of carrying the jar, the well (kūpa) is the source of water, the jar (ghaṭa) is the object that holds the water and water (Jala) is the thing desired to be carried. The activity is thus organized around the notion ' bring (ā √ nī)' and whatever participates in its accomplishment is relevantly 'related to it. Such a relatoinship between 'things' and 'activities' when reflected in speech act is recognized as case in a sentence by Pāṇini. Such a relation will be precluded between '*Krośa* and *adhi* √ i (study) in *Ramāḥ krośam adhīte* 'Rāma studies for a distance of one Krośa, i.e. the time taken to travel one Krośa'. Nor is a case relation recognized between *Sukha* (ease) and √ gam (go) in the sentence *Rāmaḥ sukhena gacchati* 'Rāma walks with ease'. A formal definition accordingly could be formulated in the following way: The case is a nominal standing in syntactic relation with a verbal stem.

What could be the maximum number of such relations in a language is an open question. Pāṇini conceives six relations for Sanskrit but he does not consider *hetu*[2] as a separate case. In the case system, the position of 'activity' (linguistically represented by a verbal stem) is pivotal. These relations are spun around it. An 'activity' entails a 'doer or *Kartā*[3] (agent), one who performs it and a place, location(adhikaraṇa)[4] where it is carried out. Besides, some activities involve an instrument, a mean (karaṇa)[5] with or by which it is accomplished most effectively. Others imply a goal, destination (Karma[6]) which is desired to be achieved through that activity by the agent; while some in addition may require a recipient (saṁpradāna)[7] one who is benefited by it. Some 'activities', nevertheless, denote mere separation, recession (apādana)[8] of an object from another. All these relations are explicitly illustrated in the instances quoted earlier.

1.2 Pāṇini's way of characterization of case relatons:- Even a very superficial examination of the data of a natural language will convince oneself that the system underlying it is not all too neat and clean. A linguist struggling in to discover an altogether consistent and logical theory to explicate all facts of a language will be soon disillusioned to find that the facts of language are too complex to fit into the straight jacket of logic. Natural languages are products of diverse factors and appear conglomerations of several sub-systems. Pāṇini's characterization of case relations palpably demonstrates the truth of this observation. He realizes that he could not proceed on the assumption that case relations are capable of being characterized comprehensively by any one of the various features such as linguistic, semantic, logical and so on. We shall attempt here to capture the considerations that weight with Pāṇini while formulating the cases as recorded in the AP.I.4.24 to 55. A closer examination of his statements does confirm that no single criterion, linguistic or non-linguistic is adequate enough to define a case. Accordingly, he employs diverse criteria, drawn from total environments of the language. The following will make it clear:-

1.3. Natural relations between 'things' and 'processes'. To formulate case relations Pāṇini brings into picture, besides other factors, the physical environments intended to be represented by linguistic units. In other words, such a formulation reflects natural or inherent (logical) relations between 'things' and 'events' of the real world symbolized by linguistic expressions. In *rathāt devadattaḥ patati* (Devadatta falls from the chariot), the nominal stem ratha (chariot) stands in ablative relation with the verbal stem √ *pat* (fall). But see Pāṇini's formulation. He mentions 'the fixed one in relation to the act of recession is the case known as apādana (ablative); cf. *dhruvamapāyeapādānam* (AP.I.4.24). It is visibly expressed in terms of 'things' and 'processes' taking place in the physical world rather than in terms of linguistic units. The *dhruva* (fixed) is the 'thing' ratha (chariot) outside in the courtyard rather than the linguistic item ratha in the lexicon. Likely apāya (recession) is an 'event' occurring in nature rather than the verbal stem *pat* (fall) attested in Pāṇini's verbal lexicon. He was aware of it as much as we are. But by formulating his characterization of ablative in the above manner he gives recognition to the fact that language does not function in a vacuum - in the closed system of its units. It is intimately and intricately associated with the objects -- physical and non-physical, it seems to represent and in some cases, as in the present instance, it simply pictures the events of the outside world. Thus a meaningful study of its system cannot be divorced from its environments. Pāṇini, therefore, justifiably conceives the syntactic relation between two linguistic units in terms of 'things' and 'processes' of the world of nature when the latter are faithfully mirrored in language.

Now, we may proceed to examine constructions where nominal stems end in the ablative case type. Consider the following sentences from the MB. on AP.I.4.23 referred earlier.

(1) Vṛkṣāt Parṇam Patai; The leaf falls from the tree.

(2) Grāmād āgacchati śakaṭena; He comes in a cart from the village.

(3) Dharmād Viramati; He stops practising dharma.

(4) Vṛkebhyo bebheti; He is scared of the wolves.

(5) Dasubhyas trāyate; He protects (him) from robbers.

(6) Adhyayanāt Prājayate; He is overcome by study.

(7) Māṣebhyo gā Vārayati; He wards off the cows from beans.

(8) upādhyāyad antardhatte; He hides himself from the teacher.

(9) Gomayād vṛściko jāyate; The scorpion is born of cowdung.

(10) Himavato Gangā Prabhavati.

'The Ganges originates from the Himalayas'.

Such constructions, as illustrated above, provide us with numerous pairs of co occurring nominal and verb stems. All of these share a common formal feature, namely occurrence of the ablative case type with nominal stems. This does not seem to be a chance coincidence. The formal property exhibited by nominal stems rather points to a significant structural implication. We are most probably dealing here with a distinct construction type based on sameness of case relation between these pairs.

A further scrutiny of data happily reveals that the ablative case with nominal stems, whatever the number it denotes, alternates freely with the suffix *Tas*. Thus for (i) we may optionally have the following construction in the same meaning.

(11) Vṛṣataḥ Parnam Patati

In the sentence below *Hīnataḥ* may stand for Hīnāt or Hīnebhyaḥ etc.

(12) Na Hīnataḥ Param Abhyādadīta (MB.I.82.11)

'One should not extort the upmost from the lowly'.

Pāṇini, however, notices two exceptions here. Nominal stems occurring with the roots *hā* 'to abandon' and *ruh* 'to grow' do not replace ablative case with the suffix *tas*. In such sentences as given below only the ablative case is found cf. *Apadāne cāhīyaruhoḥ* (AP.I.4.45).

(13) Sārthād Ava-hīyate Pānthaḥ

'The traveller strays away from the caravan'.

(14) Asvād Ava-rohati Sainikaḥ 'The soldier mounts down the horse'.

These exceptions do not refer to any structural regularity. These are simple isolated facts of linguistic usage.

Free variation of ablative case with the suffix *tas*, thus provides additional evidence in favour of the assumption that these pairs constitute a distinct structural group where a common syntactic relationship exists between them.

Here is another grammatical property displayed by verb stems that occur with ablative case ending stems in a construction embedded in another. Consider the following :

(15) Gṛhapatiḥ Śayyāyā Utthāyam Cauram Anudhāvati

'The householder runs after the thief in all haste as soon as he gets up from his bed'.

Here the main clause is *Grhapatiḥ Cauram Anudhāvati* 'The householder runs after the thief'. The phrase *Śayyāyā Utthāyam* is a constituent embedded in it. It is derived from the underlying structure *Saḥ Śayyāyāḥ Uttiṣthati* 'He gets up from his bed'. The verbal stem *Ud-sthā* 'to get up' occurs with the nominal *Śayyā* 'a bad' here.

The main clause and the one embedded in it are related structurally. Both share the same Kartā, agent, namely *Grhapati*. Further, the action denoted by the stem *Ud-sthā* takes place in point of time prior to the one denoted by Anu-Dhāv 'to run after' (in the main clause). Whenever any two constructions meet these conditions, these may be collapsed together. One alternative is that the suffix *Tvā* (represented as *Ktvā* lexically and alternating with Ya = (Lyap) in certain environments) comes after verbal stems showing prior action. Thus the sequence Gṛhapatiḥ Śayyāyāṣ Uttiṣthati (tataḥ) Gṛhapatiḥ Cauram Anudhāvati 'The householder gets up from his bed (then) the householder runs after the thief' is reduced to Gṛhapatiḥ Śayyāyāḥ Utthāya Cauram Anudhāvati after effecting necessary structural changes. This is the usual pattern of structural realignment as constructions related in the way stated in AP. cf. *samānakartṛkayoḥ pūrvakāle* (III.4.21).

But in case of verbal stems co occurring with nominal stems ending in the ablative case and denoting prior action, the suffix *Am* (lexically *Namul*) instead of *Tvā* or its alternant *Ya* is added provided action denoted by the verbal stem in the main clause is performed in 'hurry' (cf. *Apādāne Parīpsāyām* (AP.III.4.52). In the above construction, thus, replacing *Ya* (alternant of *tvā*) by *am* we derive (15) in the meaning given above.

The nominal form ending in the ablative case may be optionally compounded with the verbal form ending in *am* cf. *Tritīyaprabhṛtīnyanyatarasyām* (AP.II.2.21) Thus optionally we have Gṛhapatiḥ Sayyotthyām Cauram Anudhāvati.

Selection of *am* in place of *tvā* in specific environments is an exclusive property of verb stems co occurring with stems ending in the ablative case. This adds further strength to the hypotheses that common case relationships obtain between ablative case ending stems and verb stem occurring with them.

Grammatical behaviour of unique verb stems occurring with ablative case ending stems additionally supports the above hypothesis.

Pāṇini notices that the rope roots *Anc* 'to go' and *Pā* to protect' occurring in such constructions condition certain phonological changes. The change of initial I of the suffix *ta* and *tavat* to *n* after *Añc* is blocked in these constructions. Note the following :-

(16) Tena Kūpāt Jalam Ud-aktam

(17) Saḥ Kūpāt Jalam Ud-ak Tavān 'He drew water from the well'.

In other syntactic environments these suffixes occurring after *Añc* show the change of *t* to *n* cf. *Añco npādāne* (AP.VIII.2.48). Note the following :-

(18) Śakuneḥ Pādau Sam-aknau Or Sam-ak Navantau

'The feet of the bird are bent down together'.

Again in the *Chandas*, the *Visarjanīya* in a nominal form ending in the ablative case diversely changes to *s* before a form made from the root *Pā* 'to protect' (cf. *Pātau ca bahulam* (AP.VIII.3.52) e.g. Rajñaḥ Pātu is realized as Rājñas Pātu 'May he protect (us) from the king.

Nominal stems *Bhīma, Sruva, Bhūmi* etc. are treated as complex in structure being derived from the root *Bhī* 'to fear'; *Sru* 'to flow'; *Bhū* 'to be, appear' etc. by adding the suffixes *ma, a, mi* etc. These stems belong to the class of stems which are related syntactically with nominal stems ending in the ablative case, e.g *Na Bibhesi Kim Mat-kopāt* 'Aren't you afraid of my anger'; *Netrābhyām Asrūṇi Sravanti* 'Tears flow from the eyes', etc.

In the derivation of these stems Pāṇini appears to assume an underlying structure such as *Ashmāt Bibheti* 'From which one fears', for instance, in case of *Bhīma*. The derivative thus comes to denote 'an entity that causes fear'. Pāṇini here equates *Bhīma,* the derivative, with *Kopa* in the underlying syntactic construction illustrated above. Similarly from the underlying structure *Asmāt Sravanti* 'from that flow'; is made *Sruva* denoting entities 'from which something flows' i.e. a sacrificial ladel from which ghee flows into fire'; and from *Tasmāt Bhavati* 'from which emerge' the stem *bhūmi* 'from which things emerge i.e. earth'.

Conceptually it appears Pāṇini relates the roots with nominal stems *Bhīma* etc. yet to be derived. The pronominal stem inthe ablative case in the underlying structure is a dummy standing for the derivative itself. In these derivatives verbal stems and nominal stems in the underlying structure related syntactically with them are fused together, so to say. In any case derivation of *Bhīma* etc. assumes that the suffix *Ma* etc. are attached to *Bhī* etc., only when these participate in a construction where nominal stems related syntactically with them take ablative case.

From a scrutiny of data consisting of constructions where one of the nominal stems end in the ablative case, Pāṇini comes to have numerous pairs of nominal and verbal stems related syntactically. Stems in these pairs are marked with formal features which are properties of either nominal or verbal stems. To recapitualate, nominal stems regularly take the ablative case suffix which may be replaced optionally by the suffix *Tas*. Verbal stems on the other hand, select the suffix *am* in place of *tvā* in constructions embedded in others in specific environments; the verbal roots *Añc* 'to go' and *Pā* 'to Protect' block or trigger Phonological alterations and the roots bhī 'to fear' etc. select the suffixes *ma* etc. in forming nominal stems from them.

The formal properties found either with nominal or verbal stems set off these pairs as constituting a distinct and coherent group indicating sameness of syntactic relation between stems in a pair. The properties thus taken together are the defining characteristics of a common case relation whch may be designated by any term. Pāṇini however, chooses to call it Apādāna (ablative), the term literally means 'taking off, moving away' being derived from *AP-Ā-DĀ* 'to take off, remove' by adding the suffix *Ana* (represented lexically Lyuṭ). In Pāṇini the term refers to nominal stems only in these pairs for the reasons discussed earlier.

The ablative stems are to be distinguished from another set of nominal stems that also end in the ablative case suffixes, one of the characteristics of ablative stems. Note the following constructions.

(19) Stokād Unnatim Yāti 'He acquires ascendancy for nothing'.

(20) Prītir Alpād Bhidyate 'Love may be broken with trifling'.

(21) Labdham Kṛcchrād Rakṣyate

'What has been acquired is preserved with difficulty'.

(22) Katipayāt Śatrūn Parājayate 'He defeats the enemy with ease'.

The stems *Stoka, Alpa, Kṛcchra* and *Katipaya* form a small group of stems that take ablative case when related with Verbal stems *Yā* etc. as illustrated in the above constructions. These differ from ablative stems in the following way.

These stems denote quality or attribute rather than substance (*Sattya, Dravya*) in which qualities inhere. Of these *Stoka* and *Alpa* in general mean 'little'; *Kṛcchra* 'difficult' and *Katipaya* 'some'. These are described by Pāṇini as denoting non-substance (*A-sattva-vacana*) cf. *karṇe ca stokalpakṛcchar katipayasyāsavavacanasya* (AP.II.3.33).

It is in their use as non-substantives that these take ablative case which may alternate with the instrument case. However, associated with substantives these take invariably only instrument case in the types of constructions illustrated above. For instance, we may have Stokena Prayatenena Unnatim Yāti. 'He achieves ascendancy with a little effort'. Here *Stokāt Prayatnāt* will be unacceptable. Thus the stems Stoka etc. used as non-substantive with 5th or 3rd case denote exactly the same case relation which they do while occurring exclusively in the 3rd case as associated with substantives.

The ablative stems, on the other hand, are substantives and always take the ablative case and denote a different case relation.

It may, however, be pointed out that any of the stems *Stoka* etc. if used as substantive, it takes ablative case to denote ablative relation, e.g. Kṛcchra in the sense of 'difficulty' in the following sentence :-

23. Sa Kṛcchṛān Mocayātmānam (MB.1.147.5),

'Now rid yourself of this impasse'.

The ablative case in ablative stems may be replaced optionally by the suffix *Tas*; but such replacement in case of Stoka etc. is not attested in the language. The construction *Kārāvāsāt Muktaḥ* 'He was released from the prison' and *Stokāt Muktaḥ* 'He got released easily' are distinguished on the basis that in case of one the ablative case is replaceable by Tas but not in case of the other. Thus *Kārāvāsataḥ Muktaḥ* is acceptable while *Stokataḥ Muktaḥ* is *not*.

(iii) In embedded constructions verbal stems co occurring with *stoka* etc. do not display the same type of structural changes as do those occurring with ablative stems as discussed earlier. For instance, no complex structure like Devadattaḥ Alpāt Aśvam Lābham Aplāyata in the sense 'Devadatta having grabbed the horse effortlessly made off with it' based on *Devadattaḥ Alpāt Aśvam*

Alabhata and *Devadattaḥ Apalāyata* where the actions denoted by verbal stems occur one after the other in point of time.

For the crucial role of nominal case suffixes in determing nature and type of case relation, he gathers initially constructions where nominal stems are found to end up with a particular case, suffix type. He thus comes to collect a large body of nominal and verb stems pairs sharing a formal feature. Next he proceeds to examine overall grammatical behaviour of these pairs in all its aspects. Consistency in their behaviour leads him to postulate common case relaitonship between them.

Below we shall look at how Pāṇini describes ablative relation in his grammar.

Formulation and presentation of structural statements in Pāṇini reflect his overriding commitment to evolving a mechanism capable of producing grammatical constructions at different levels of language organization. Simple classification and enumeration of structural units at each level of organization will not have achieved that end. His description of ablative illustrates very well his method and technique in this regard.

There are in all eight statements describing ablative (AP.I.4.24 to 31). These are read under Kārake referred earlier denoting that ablative is one type of case. Ancient commentators and modern students of Pāṇini as well, regard these as various definitions or characterizations of ablative. There are obvious difficulties in accepting this interpretation. In the first place, one would expect a *unitary* feature to define or characterize a case. But on the other hand, according to this interpretation some of the cases come to acquire multiple definitions, each unique and exclusive. He says : ablative has eight; ablative nine and accusative eleven. Do we really believe that Pāṇini is capable of creating such a mess ? We are unfortunately misreading him. These statements are never intended by him as definitions or characterization of cases. To appreciate formulation of these statements and comperhend their intended import one has to concede that each statement is meant to explicate specific linguistic data related structurally. One has, thus, to be fully aware of what these facts relating to structural relationships are, facts that go into the making of these statements. These facts are the one which Pāṇini extracts from linguistic data, as home task, by subjecting these to systematic and rigorous analysis. These are not reported in his grammar as such but are fully reflected in his statements.

Once more we may recapitulate here the steps he takes to obtain facts built into his statements describing ablative case. In the first step he isolates what nominal and verb stem pairs denote case relation as opposed to non case. In the next step he determines what case pairs indicate a *commonrelationship* called here ablative. In the third and final step he sorts out ablative pairs into *subsets* taking into consideration their cooccurrence preferences or constraints. Structural facts incorporated into each statement are thus: (1) nominal and verb stems that co occur, (ii) syntactic relation of case obtaining between them and (iii) the case relation is of the type of ablative. Format of these statements may be described as follows: *x* related as case with *y* is called *ki,* where *x, y* and *k1* stand respectively for classes of nominal and verbal stems and case type.

Now the hard task he is confronted with is to find out bases for sorting out these stems into subsets significant structurally. He must have tried options open to him. Finally, he turns around to organize verb stems in terms of semantic features. He finds that these neatly fall into *eight* groups, as we shall discuss below presently. What about groups of nominal stems co occurring with each class of verbal stem ? Semantically these are found to constitute heterogenous lots. Pāṇini steps out of semantic world. He examines roles of entities denoted by nominal stems vis-a-vis the action denoted by verb classes. He discovers that nominal stems co occurring with a particular verb class can be subsumed under one class on the basis of common role played by *entities* indicated by them in relation to the action denoted by the class of verb stems.

We notice here that to categorize nominal and verbal stems that occur together, Pāṇini makes use of criteria of different nature viz. semantic properties in case of verb stems and pragmatic roles of entities, physical or non-physical, denoted by nominal stems in relation to the action indicated by verb classes. Strictly speaking in terms of Pāṇini's view of language, both these considerations fall outside the domain of linguistic structure. But these do belong to the larger context of language use. For Pāṇini any factor from total environments of language use is good enough to account for any linguistic structure.

We may now watch him at work in organizing nominal and verb stems into various sub-sets in terms of the criteria pointed out above and formulating his statements accordingly. We shall see that once formulation of these statements is understood clearly, their intended import unfolds itself unambiguously.

As Pāṇini scans data relating to ablative constructions, he notices verb stems such as *Pat* 'to fall'; *Srams* 'to slip away'; *Ud-sthā* 'to get up from'; *Ava-ruh* 'to descend'; *Syand* 'to flow' etc. All such stems denote in common 'moving away' of an entity, physical or non-physical, from another such entity. Such stems for sharing a semantic feature constitute a class. To denote it Pāṇini uses the expression *Apāya* 'meaning moving away' being derived from the root *Apa-i* 'to go away' by adding the suffix *a* (represented lexical'y as Ac).

Following are a few illustrative examples where such verb stems occur.

(24) Vṛṣāt Parṇam Patati 'The leaf falls from the tree'.

(25) Aśvāt Trastāt Patitaḥ 'He fell down from a shying horse'.

(26) Āsanāt Ut-Tiṣṭhati Devaḥ 'His Majesty rises up from his seat'.

(27) Bubhukṣitaḥ Bhrāṣṭrāt Apūpān Apakarṣati 'The hungry pulls out cakes from the oven'.

(28) Kṛṣakaḥ Kūpāt Jalam Ud-aṅcati 'The farmer draws water from the well'.

(29) Gāṇḍīvam Saṁsrasate Hastāt 'The Gandiva bow slips off my hand'.

(30) Īṣīkām Muñjāt Pravahet 'One should separate the straw from MUNJA grass.

(31) Ghaṭāt Niścyotante Jala-bindavaḥ 'Water drops trickle down from the pitcher'.

(32) Parvatāt Avardhati Pathikaḥ 'The traveller descends from the hill'.

(33) Hīyate Arthād Ya U Preyo Vṛṇīte 'He falls short of his goal who chooses the pleasurable'.

(34) Asmāt Syandante Sindhavaḥ Sarvarūpāḥ 'From Him flow out rivers of all sorts'.

(35) Pretya Asmāl Lokād Amṛtā Bhavanti 'Having departed from this world they become immortal'.

(36) Bhaktaḥ Sarva-Papebhyaḥ Muchyate 'A devotee is absolved of all sins'.

(37) Nyāyyāt Pathaḥ Na Pravicalanti Dhīrāḥ 'The wise do not swerve from the path of righteousness'.

(38) Mām Tāvad Ud-dhara Śuco Dayitā-pravṛtyā 'Please! Save me from grief by getting the news of my beloved'.

Now the question is : Do nominal stems *Vṛkṣa* ' a tree'; *Hasta* 'a hand'; Aśva 'a horse'; *Artha* 'goal'; *Pāpa* 'sin' etc. denoting ablative constitute a class corresponding to the class of verb they occur with? Obviously these do not form a semantic class as these are diversified semantically. But these stems do signify entities, things, from which 'movement always originates. Such a pragmatic role may characterize these stems as a distinct class. Pāṇini uses the term *Dhruva* to denote it. Literally the term means 'stable, fixed'. However, it will be misleading to understand it here in its literal sense. It is intended to signify nominal stems that denote entities, physical or non-physical, moving or stationary, that play the role of a 'reference point' for 'moving away'.

Pāṇini now has all he information needed to formulate a structural statement describing syntactic relation ablative case ending nominal stems and verbal stems occurring with them in the type of constructions illustrated above. We may remind ourselves that all this information which he displays for the first time in his grammar is obtained from an analysis of linguistic data as homework. It does not come from the blue. Formulation and meaning of his structural statement may not be properly understood if we do not keep this fact in mind. To repeat, he is talking of case relations and among case relations he is talking of ablative the type displayed by ablative case ending nominal stems called Apādāna and he is organizing pairs denoting ablative relation into groups on the basis of their co occurrence features. His statement embodying these structural facts reads : (kārake) Dhruvam Apāye Apādānam referred earlier. It may be rendered as follows. 'On being case (Kārake) nominal stems denoting entities that serve as point of reference (dhruva) in relation to the act of moving away denoted by verbal stems co occurring with them (Apāya) are ablative.

Next, Pānini considers constructions in which stems like *Bhī; Tras; Śaṅk; Ud-vij* etc. are found to occur. All these stems have the sense 'to fear, 'be afraid of'. These may thus be subsumed under a semantic class denoted by the expression *Bhy-artha* i.e. 'stems having the meaning 'to fear'. A few examples of such constructions are :

(39) Vṛkebhyaḥ Bibheti Meṣapālaḥ 'The shephered is afraid of wolves'.

(40) Bibheti Alpa-Śrutād Vedo Mām Ayam Pratariṣyati 'That he will cheat me, the Veda fears a man of little knowledge'.

(41) Yamād Ud-vijate Janaḥ 'People fear Yama, the God of Death'.

(42) Sammānād Brahmaṇaḥ Nityam Ud-vijeta Viṣād Iva 'A brahmin should always fear honour as one would poison'.

(43) Pisunād Aheḥ Iva Śankata 'He is scared of a back-bite as one is of a snake'.

(44) Guroḥ San-trasyati Māṇavakaḥ 'The student is afraid of his teacher'.

Nominal stem *Vṛka* 'a wolf'; *Yama* 'Lord of Death'; *Guru* 'a teacher'; *Sammāna* 'honour' etc., though semantically wide apart, are put together in a class for the identical role of entities denoted by them in relation to the act of 'fearing'. These are 'cause of inspiring fear'. Pāṇini uses the expression Bhaya-hetu 'cause of fear' to designate this class of nominals. It may however be pointed out that there is nothing inherent in the nature of these entities that they must 'cause fear'. A snake may scare the mother but not necessarily the child. All that is intended to claim here is that whenever an entity denoted by such stems 'cause fear', then these stems stand in ablative relation vis-a-vis verbal stems meaning 'to fear'.

Now, to capture ablative relation displayed in the above constructions, Pāṇini could make a statement like (kārake) Bhy-arthānām Bhaya-hetuḥ (apādānam). But actually no such statement occurs in Pāṇini. The reason is not far to seek. He finds that the same class of nominal stems occurs with verb stems like *Trā; Pā; Raks* etc. meaning 'to Protect'. He sees a distinct advantage in treating these two sets of constructions together.

Consider the following examples :-

(45) Vṛkebhyaḥ Trāyate Meṣapālam Devadattaḥ 'Devadatta protects the shepherd from wolves'.

(46) Alpam Apy Asya Dharmasya Trāyate Mahato Bhayāt 'Even a little practice of this virtuous path saves one from great disaster'.

(47) Pāpāt Mā Pāhi Govinda 'O Govinda! Save me from sin'.

(48) Hariṇebhayaḥ Rakṣati Sasyam 'He gaurds his crops from the deer'.

To appreciate how entities denoted by *Vṛka* 'a wolf' etc. play the same role, namely 'cause of fear' vis-a-vis the act of 'protecting', we may examine the sentence (45).

The situation depicted here may be visualized as follows. Devadatta happens to go the way where he finds a shepherd being confronted with a pack of wolves. Apprehending harm from them, he proceeds to offer protection to the shepherd. What prompts Devadatta to take any action under the situation, is apprehension of 'potential' harm to the shephered from wolves. 'Wolves' etc. are 'cause of fear' not for the person who carries out 'the act of protecting' but for one who is being protected. However for explicating case relation between nominal stems denoting such entities and verbal stems meaning 'to protect', these entities are treated as 'cause of fear' in the sense explained above.

In the above constructions nominal stems denoting 'things from which one is protected' show the same syntactic relation i.e. ablative via-a-vis verbal stems meaning 'to protect'. Thus, instead of making two separate statements for explicating case relation in constructions involving respectively verb classes meaning 'to fear' and 'to protect', he clubs these two statements together. His composite statement reads : (Kārake) Bhī-trārthānām Bhaya-hetuḥ (apādānam) which may be rendered as : 'On being case, nominal stems standing for entities that are cause of fear, are ablative when related to verbal stems meaning 'to fear' or 'to protect'.

It may be pointed out that stem classes denoted by roots *bhī* and *trā* are respectively *intransitive* and *transitive.* Thus constructions involving these classes differ in structure. Difference in syntactic structures of these constructions, however, is of little concern here since roles played by entities denoted by nominal stems vis-a-vis the actions denoted by these classes are identical.

Parā-Ji is the only verbal stem that shows up in the data in the sense 'to be overcome by, be unbearable'. It is intransitive and constitutes a class by itself. Here are a few examples of its use.

(49) Adhyavanāt Parā-jayate Māṇavakaḥ 'The student is unable to cope with the studies'.

(50) Vyākaraṇāt Parā-jayante Manda-buddhayaḥ 'The dull-witted find the study of grammar unbearable'.

(51) Satroḥ Parājayate Kāpuruṣaḥ 'A coward is unable to stand the enemy'.

(52) Viṣayebḥyaḥ Parājayante Yoginaḥ

'Ascetics cannot suffer sensual pleasures'.

Nominal stems like *Adhyayana* 'study'; *Satru* 'enemy' etc. co occurring with *Parā-Ji* indicate entities which are 'unbearable'. By virtue of their role, thus, they constitute a distinct class which is denoted by the term *Asodha* in Pāṇini. The structural statement describing relationship between *Parā-ji* and nominal stem class Asodha runs as follows : (Kākake) Parājer Asoḍhaḥ (apādānam) (AP.I.4.26). It may be interpreted as - 'On being case (Kārake), nominal stems denoting objects that one finds unbearable (Asoḍha) are ablatives when connected with the verbal stem Parā-ji.

4. Here are a few instances of ablative constructions where verbal stems like *Vr, Ni-Vr* (both causal), *Ni-Sidh; Ni;rudh* etc. are found to occur. All these stems express the meaning 'to ward off; keep back'. These, thus, form a semantic class described by Pāṇini as Vāraṇārtha i.e. 'having the sense of 'warding off'.

(53) Māṣebhyaḥ Gāḥ Vārayati Kṛṣakaḥ

'The farmer keeps off cows from beans'.

(54) Yavebhaḥ Aśvān Ni-vārayati

'He wards off horses from barley'.

(55) Agneḥ Māṇavakam Vārayati

'He keeps the boy away from fire'.

(54) Kūpāt Andham Vārayati

'He holds back the blind from the well'.

(57) Cāpalāt Niṣedhati Guruḥ Śṣyam

'The teacher prevents the student from mischief'.

(58) Atyasanāt Niruṇaddhi Sisum Mātā

'Mother dissuades the child from over eating'.

To ascertain what features characterize nominal stems such as *Māṣa* 'beans', *Yava* 'barley'; *Agni* 'fire' etc., semantically a motley lot, we may examine the sentence (53) given above. 'Warding off' cows from beans obviously implies that the farmer regards beans as 'worthwhile'. The cows are likely to damage these. Thus he is keen to keep them off. It may be said that all such stems which denote things that are considered 'worthwile' constitute a group when these stems are related syntactically with verbal stems indicating 'warding off'. Pāṇini uses the expression *Īpsita* meaning literally 'desired to be obtained' to denote this class of stems. His statement describing these structural facts reads : (kārake) Vāraṇārthānām Īpsitaḥ (Apādānam) (AP.I.4.27). It may be interprted as : On being case nominal stems denoting entities considered worthwhile are ablatives when related to verb class meaning 'warding off'.

Next, Pāṇini takes up constructions where such verb stems as *Antar-dhā; Tiras-bhū; Ni-lī; Apa-Hnu* etc. meaning 'to hide oneself' are found to occur. A few examples are :

(59) Upādhyāyāt Antar-dhatte Māṇavakaḥ

'The student hides himself from the teacher'.

(60) Dasubhyaḥ Tirobhavati Pathikaḥ

'The wayfarer disappears from the sight of robbers'.

(61) Mātuḥ Nilīyate Śiśuḥ

'The child hides himself from his mother'.

(62) Rājapuruṣāt Apa-hnute Cauraḥ

'The thief hides himself from the policeman'.

Verb stems constitute a semantic class denoted by Pāṇini by the term *Antar-dhi* meaning 'hiding oneself'. Nominal stems such as *Upādhyāya; Dasyu; Mātr* etc., on the other hand, form a group on the basis of a common role they play in these constructions in relation to the action of 'hiding oneself'. These stems indicate entities (here human beings) by whom one does not like to be seen. To denote this class of stems Pāṇini makes use of the phrase *Yenādarśanam Icchati* 'one by whom one does not want to be noticed'. Thus his formulation making use of these two expressions reads : (Kārake) Antardhau Yenādarśanam Icchati (apādānam) (AP.I.4.28). It may be translated as : On being case nominal stems which indicate entities by whom one does not want to be seen are ablatives when connected with verbal stems denoting 'hiding oneself'.

Then, Pāṇini deals with the group of constructions that contain such verb stems as *Upa-yuj; Adhi-i; Ava-gam* (causal) etc. meaning 'to study, receive instructions'. These may be grouped under a semantic class denoted by Pāṇini by the term *Upa-yoga* which is interpreted by the commentators in the sense of 'regular instruction'. A few examples may be given here :-

(63) Upādhyāyāt Vyākaraṇam Adhīte

'He studies grammar from his teacher'.

(64) Kasmāt Tvayā Etad Sāstram Adhītam

'Whom did you learn this treatise from ?'

(65) Mayā Tīrthād Abhinaya-vidyā Śikūitā

'I received instructions in dramatics from an expert'.

(66) Yāskāt Avagamayati Vedam

'He studies the Veda from YĀSKA'.

(67) Purā Ācāryāt Śāstrāṇi Upa-yuñjate sma

'In ancient times people studied scriptures from a teacher'.

Nominal stems *Upādhyāya: Yāska; Kim; Asmad* etc. occur here in the role of a teacher. These can thus be subsumed under a distinct group. Pāṇini employs the expression *Ākhyatṛ* to indicate this class. Literally the term means 'one who communicates, narrates'. Structural statement made in terms of these expressions reads as follows : (kārake) Ākhyātopayoge (apādānam i.e. ablative) (AP.I.4.29). It may be rendered as : On being case, nominal stems denoting a teacher are ablatives when occurring with verbal stems meaning 'to study in a regular manner'.

Next, he considers constructions which contain verb stems like *Jan: Pra-jan; Sam-bhū* etc. all denoting the sense 'to be born'. A few examples follow :-

(68) Śṛngāt Śaraḥ Jāyate 'The arrow comes out of horn'.

(69) Go-lomāvi-lomabhyo Dūrvā Jāyante

'The Dūrvā grass grows out of the hair of a cow and those of a sheep'.

(70) Annād Vai Prajāḥ Prajāyante

From food indeed are born the creatures'.

(71) Putrāt Pramood Jāyate 'From son is born happiness'.

(72) Yathā Sataḥ Puruṣāt Kesa-lomāni Tathākṣarāt Saṁ-bhavatīha Viśvam

'As from the living man grow hair (on the head and body), so out of the Immutable is the universe born here'.

(73) Kāmāt Krodho Abhījājate 'From lust, anger arises'.

(74) Krodhād Bhavati Saṁmohaḥ 'From anger arises delusion'.

Verb stems are subsumed under *Jani* which may be treated as noun meaning 'birth' or verb root meaning 'to be born'. In any case it denotes here class of verb stems meaning 'to be born'. Nominal stems *Sṛṅga Go-loman: Anna* etc. occur in the role of 'stuff', physical or non-physical, from which are born 'things' denoted by stems that occur as Kartā, grammatical agent, of the verb stem class meaning 'to be born'. Pāṇini uses the term *Prakṛti* to indicate nominal class. It means 'original stuff, primary substance' from which something is born. Structural statement formulated in terms of these expressions reads as follows : (kārake) Jani-kartuḥ Prakrtiḥ (apādānam) (AP.I.4.30) This may be interpreted as : 'On being case, nominal stems indicating entities that are considered primary substance of some other entities that are denoted by nominal stems that occur as agent, of verbal stems meaning 'to be born', are ablative (when these occur with this class of verb stems).

It is interesting to note that here nominal stems are identified by a combination of non-linguistic and linguistic features, namely, role of entities denoted by them vis-a-vis the action indicated by the verb stems meaning 'to be born' and their being agent of the same class of verb stems.

Pāṇini is left with constructions which contain the lone root Bhū in the sense of 'to appear for the first time'. It constitutes a class by itself. It may be noted that the root is always preceded by the *Upsarga Pra* when used in the above meaning. A few examples of constructions illustrate its use as follows :-

(75) Himavataḥ Gangā Prabhavati

'The Ganges emerges from the Himalayas'.

(76) Dharmāt Arthaḥ Prabhavati

'From dharma issues forth prosperity'.

(77) Saṁ-gād Aseśāḥ Prabhavanti Doṣāḥ

'From (bad) association spring up evil of all sorts'.

Nominal stems Himavat; Dharma etc. denote entities that are considered as 'source' of entities denoted by stems occurring as agent, of *Bhū*. The expression *Prabhaya* derived from the stem *Pra-bhū* in the sense of 'source' is used by Pāṇini to designate nominal class. By reading the expression *Kartuḥ* from the previous aphorism, the statement formulated describing structural facts relating to above constructions, reads as follows : (Kārake) Bhuvaḥ (kartuḥ)prabhavaḥ (apādādānam) (AP.I.4.39) It is rendered as : On being case, nominal stems denoting entities that are source of entities indicated by stems acting as agent, of the root, *Bhū*, are ablatives (when occurring with *bhū* 'to appear for the first time)'.

To make clear what is meant by derivation of ablative constructions, it may be better to examine the following construction :-

(78) Vṛkṣāt Parṇam Bhūmau Patati

'A leaf falls from the tree on the ground'.

Here, the verbal form *Patati* 'falls' is simultaneously related with all the nominal forms. The construction is, thus, a sort of amalgam of the structures *Vṛkṣāt Patati* 'falls from the tree'; *Parṇam Patati* 'a leaf falls' and *Bhūmau Patati* 'falls on the ground'. The nominal stems *Vṛkṣa*, *Parṇa* and *Bhūmi* occurring with *Pat* denote different cases. A construction built around *Pat* will be deficient if structures involving these stems are not mentioned explicitly or understood implicitly. Thus, when we talk of derivation of ablative constructions all that is intended is to form structures like *Vṛkṣāt Patati* which necessarily forms integral part of total structure as illustrated in the above construction.

To all intents and purposes the derivative process seems to be a mirror image of analytical procedure. In one we dismantle structures while in the other we build up the same. Below we demonstrate how ablative structure including *Vṛkṣāt Patati* 'falls from the tree'; *Vṛkebhayaḥ Bibheti* 'fears the 'wolves' etc. are derived. As these structures have been dealt with in the course of our discussion of analytical procedure, we eschew unnecessary repetition here.

The case relations, as we know by now, obtain between nominal and verbal stems capable of occurring together. Thus, to produce any case construction such pairs form the nucleus. To initiate production of an ablative construction, the speaker may pick up a pair appropriate to what he intends to talk about from one of the sets described in (AP.I. 4.24-31). At this stage rudimentary constructions like *Vṛksa Pat* (AP.1.4.24; *Vṛka Bhī* AP.1.4.25); *Adhyayana Prā-hi* AP.1.4.26) etc. are produced.

In our discussion of analytical procedure it was revealed that ablative case alone denotes a case that was called Apādāna. Thus, in the next stage of derivation the ablative case suffix in any desired number is attached to nominal stems in rudimentary constructions cf. sāmantritam (AP.II.3.48). Thus from *VṚKṢA Pat* etc. we get *Vṛkṣāt Pat; Vṛkebhyaḥ Bhī* and so on.

Inflectional suffixes with verb stems, on the other hand, as demonstrated earlier, play no part in determining case relations. (The question of representation of agent accusative cases by verb inflection will be taken up later). The speaker is, thus, free to add any suffix consistent with categorial distinctions he has in mind. To denote, for instance, distinctions of 3rd person singular, active voice and present tense, the suffix *Ti* or *Te* is added to the stems. The structures realized at this point are *Vṛksāt Patati* 'falls from the tree'; *Vṛkebhyaḥ Bibheti* 'fears the wolves' etc.

This completes derivation of ablative constructions from *vṛka Pat; bhī* etc. However, to develop fully the construction of these structures constitutes integral part, we derive in a similar manner other cases structures by adding appropriate case-endings suffixes to nominal stems that cooccur with *Pat, Bhī* etc. To cut short finally we may have *Vṛksāt (Parṇam) (bhūmau) Patati ; (aranye) (mesapālaḥ Vṛkebhyaḥ Bibheti* 'In the forest the shedperd is afraid of wolves.

The ablative constructions thus derived, as illustrated above, though complete in all respects, may however undergo an optional structural change. The ablative case suffix, irrespective of number it may indicate, may be replaced optionally by the suffix *Tas* (AP.V.4.45) referred earlier. Thus replacing ablative case in above constructions by *Tas* we have *Vṛksataḥ (parṇam) (bhūmau) Patati ; (aranye) (mesapālaḥ Vṛkataḥ Bibheti.* etc. We need not repeat what we have discussed earlier in this regard.

We take this opportunity to point out that the suffix *tas* alternates optionally with other case-ending denoting case ro non-case relations. It replaces, for instance, ablative denoting non-case relations in such constructions as *Arjunāt Prati Bhimaḥ Asti* 'Here is Bhima on behalf of Arjun' etc. cf. *pariyoge Pañcamyāstasiḥ* (AP.V.4.44) 3rd case denoting case or non-case (depending on what interpretation one puts on) in *Cāritreṇa Atigṛhyate* 'He excells (others) by means of his (good) character'; Cāritreṇa Hīyate 'He is deserted because of his (bad) character' etc. cf. atigrahāvyathanakṣepesvakarttaritritīyayāḥ & hīyamān pāpyogācca (AP.V.4.46, 47). and genitive case denoting non-case relation in Devā Arjunasya Abhavan 'The gods were on the side of Arjuna'; Kāsasya Kuru 'Treat your hiccough' etc. where the genitive case is in construction respectively with *Pakṛa* 'side' and *Pratīkāra* 'remedy' in these constructions of which there is ellipasis cf. *ṣaṣṭhya Vyāśraye, rogāccāpanayane* (AP.V.4.48, 49).

Alternation of *Tas* with ablative case denoting ablative differs significantly structurally in as much as it is the only case-ending denoting case where replacement is not conditional. In all other cases alternation takes place in specified environments.

There are obligatory structural changes in ablative constructions involving unique verbal stems or stems in general under specified environments.

In the construction given in (15) the ablative construction embedded there is *Śayyāyāḥ Utthāyam.* Its derivation may be recounted here. Here the nucleus structure is the stem pair : *Śyyā Ud-sthā.* Next we have *Śyyāyāḥ Ud-sthā* by adding ablative case to *Śayyā.* In environments stated in *samānakartṛkayoḥ pūrvakāle* (AP.III.4.21), the suffix *Tvā* comes after verbal stems in a construction embeded in another. Thus *Sayyāyāḥ Ud-sthā* assumes the form *Śayyāyāḥ Ud-sthā-tvā.* Again, in environments described in AP.III.4.52 referred earleir the suffix *tvā* is obligatorily replaced by *am* if the verbal stem occurs in an ablative construction. Thus, *śiayyāyāḥ Ud-sthā-tvā* gives place to śayyāyāḥ Ud-Sthā-am which after application of appropriate phonological operations is finally realized as *Sayyāyāḥ Utthāyam.* It may be compounded optionally and thus we have alternant structure *Śayyotthāyam* (AP.II.2.21) referred earlier.

In deriving on ablative construction involving the root *Añc* 'to go' the change of initial *t* to n is blocked if the suffixes coming after the root are *ta* or *tavat*

(AP.VIII.2.48) mentioned above. Thus, from the structure *Kūpa (jala) Ud-añc-ta* we get *Kūpāt (jalam) Ud-ak-tam* 'Water was drawn from the well' or *(Sah) Kupāt (jalam) Udak-tvān* 'He drew water from the well'.

Again, in an ablative construction *Rājñaḥ Pāhi* derived from the initial structure *Rājan dā*, and *Visarjanīya* changes to *s* before *Pā* 'to protect; (AP.VIII.3.52) referred earlier.

Derivation of nominal stems like *Bhīm* etc. is made from a hypothetical underlying ablative structure such as *x Bhī*. The roots select suffixes like *mā* etc. The hypothetical stem merges with the derivative so to say. Thus the derivative *Bhīma*, for instance, means 'an object that inspires fear, something terrifying'.

Traditionally the underlying structure is displayed as *Asmāt or Yasmāt Bibheti*, an ablative structure. Here the pronominal stem is dummy. The underlying structure is treated as a sort of paraphrase of the derivative to be made, thus more in tune with its meaning.

Likewise *Sruva* 'a sacrificial ladle' may be derived from the underlying structure *x Sru* or from the traditional paraphrase *Asmāt or Yasmāt Sravati* by attaching the suffix *a* signifying 'something from which something else flows out'.

As pointed out above Pāṇini treats the derivative *Bhīma, Sruva* etc. as ablative cf. bhimādayo pādāne (AP.III.4.74). We can thus legitilmately expect such ablative constructions as *Bhīmāt Bibheti* 'He fears the terrible one'; *Sruvāt (ghṛtam) Sravati* 'Ghee flows from the sacrificial ladel' etc.

Nominal inflections, as shown above, play crucial role in characterizing case relations. As a first step, one plausible and fruitful line of approach to determine nature and types of case relations, thus, may seem to be to consider simpler constructions with nominal stems ending in a particular case-ending type. Thus we come to gather an indefinite number of stem pairs marked uniquely with a formal feature, namely occurrence of the same case-ending type. This cannot be brushed aside as accidental. Rather it strongly suggests of a common syntactic bond between all such pairs.

In the next step we may proceed to probe this assumption further by adding more data including complex structures. We may ask such question as: Do these pairs share features, grammatical or otherwise, in other grammatical environments also? In other words, we propose to examine their overall grammatical behaviour at all levels of structure. If this group is found to hold together and displays consistency in its behaviour in different structural environments, we have legitimate and adequate grounds to recognize sameness of case relation between all such pairs.

We might even go a step further and claim that sharing of case suffix alone by a group of pairs could be a reasonable basis for assuming identical case relation between them if such an assumption does not militate against any other well established case relation. There is nothing odd about it theoretically or pragrmatically since case suffix is a sine qua non of realization of case relation.

Pāṇini's analytical procedure for determining case relations, as outlined above, is simple and straight forward based on a close scrutiny of linguistic data. It hardly involves any abstruse and subtle assumptions of Philosophical and metaphysical nature. It appears to be all common sense.

Pāṇini's characterization of other cases is also worded in similar terms. The thing approached (by the agent) by means of karma is the case known as dative case (Sampradāna); cf. *Karmaṇā yamabhipraiti sa sampradānam* (AP.I.4.32); e.g. *Vipra-in Yajñadatto Vipr -āya gām dadati* 'Yajñadatta makes a gift as a cow to the vipra'. The thing which is the most effective means (of accomplishing the act) is the case called instrument (Karaṇa); cf. *sādhakatamaṁ karaṇam* (AP.I.4.42), e.g. *dātra*-sickle' in *yajñadatto dātreṇa lunāti* 'Yajñadatta cuts with the sickle'. The locus (where an activity takes place) is the case known as locative (*adhikaraṇa); cf. ādhāro adhikaraṇam* (AP.I.4.45). e.g. *Kaṭa* 'mat' *Yajñadattaḥ Kate śete* Yajñadatta sleeps on the mat. 'The thing most desired of the Agent is the case called accusative (Karma); cf. *Karturīpsitatamaṁ Karma* (AP.I.4.49); e.g. *Yajña datto grāmaṁ gacchati* 'Yajñadatta goes to the village'. The self prompted one (in performing an activity) is the case known as nominative (Kartā) cf. *Svatantraḥ Kartā* (AP.I.4.54) e.g. *Yajñadattaḥ Pacati* 'Yajñadatta cooks'.

It may be worth noting that the notions 'thing' and 'process' are extended to include their figurative use also. Thus the same syntactic relations are assumed to obtain between such abstract concepts as 'truth', 'resolve', 'mind', etc. and the various 'activities' involved. For example *anṛta* (untruth) and *satya* (truth) are treated as ablative and accusative respectively in *idam adham anṛtāt saṭyam upaimi*, 'Here I approach truth (moving away) from untruth'. In *Nyāyyāt Patho na vicalanti dhīrāḥ* 'the men of fortitude do not swerve from the path of righteousness', Pathin (patha) is ablative. Again manas (mind) is locative (adhikaraṇa) in *na nama mansi kiñcit tiṣṭhati* 'there is nothing in my mind', and the like.

Nevertheless such case-relations would be considered to hold good even though the actual attendant circumstances have not been realized; these are simply anticipated. For example in the sentence *Vipronṛpād gām Yācate* 'the Vipra asks a cow from the king', *nṛpa* (King) holds ablative relation with √*yāc* (ask for) although no actual transfer to cow has taken place from the king to the vipra. Mere 'request' does not cause 'recession' apāya, which is the necessary condition of ablative relation, the king may or may not ultimately decide to give over a cow to him. There is 'recession' only when the king actually hands over the cow requested to.[9]

It may be stated that a characterization based on inherent relations between 'things' and 'processes' in nature is language independent and may not constitute a language universal.

1.31 Semantics: Pāṇini notices that the above characterization is not adequate enough to account for all the facts of the language. He needs to seek some other basis to encompass them. He accordingly introduces several other criteria in his attempt to achieve total accountability of linguistic data, which in any case, is the minimum and legitimate demand on a linguistic theory. He next turns to meaning. He recognizes appropriate semantic categories to establish case relations (in a sentence) in certain environments. In relation with the verbal stems meaning 'fear', protect, etc.' the source of fear is the case known as ablative; cf. *Bhirāthānām bhayahetuḥ (AP.I.4.25). e.g. caura* (thief) in *caurebhyo rakṣati* 'he protects (him) from thieves' and *vṛka* (wolf) in *Vṛkād bibheti* 'he fears the wolf'. Similarly, the desired object is in ablative in relation to the verbal stems meaning 'ward off' cf. *Vāraṇārthānāmīpsitaḥ* (AP.I.4.27) e.g. *Yava* (barley) in *yavebhyo gām vārayati* 'he keeps off the cow from the barley field. 'The person whose sight one wishes to avoid is called ablative - case; cf. *antarddhau yenādarśanamicchati* (AP.I.4.28) e.g. *adyāpaka* (teacher) in *adyāpakān nilīyate* he avoids the sight of the teacher', i.e. he does not wish to be seen by the teacher.' Also, 'the teacher is ablative in relation to the verbal stems signifying regular teaching cf. *ākhyātopa yoga* (AP.I.4.29) e.g. *adyāpakād adhite* 'he receives regular instructions from a teacher'. Likely, in relation to verbal stems meaning 'like' one that is being pleased is known at dative - case; cf. *rucyarthānām prīyāmanaḥ* (AP.I.4.33) e.g. *Yajñadatta* in *Yajñadattāya rocate śaṣkulī* 'The cake please yajñadatta i.e. 'Yajñadatta likes cake.' The verb √*spṛh* (desire) governs dative of the thing desired cf. *Spṛhe rīpsitaḥ* (AP.I.4.36) e.g. *Puṣpebhyaḥ spṛhyati*, 'he longs for flowers'. In relation to the verbal stems meaning 'be angry, injure, envy and detract, the person against whom anger (etc.) is directed is called dative., cf. *Krudhadruherṣyā Sūyārthānām yam pratikopaḥ* (AP.I.4.37), e.g. *Yajña datta in Yajña dattāya Krudhyāti*' 'he is angry with Yajñadatta.'

There are, nevertheless, some verbs that have more than one meaning and only in one specified meaning they govern a particular case relation. For example, 'in case of the verbal stem *Prā* √ *ji* 'be fed up, tired of' that which is unendurable holds an ablative relation with it, cf. *Prājerasoḍhaḥ* (AP.I.4.26) e.g. *adhyayana* (study) in *adhyayanāt Prājayate* 'he is fed up with study'. However, in other meanings it governs an accusative case as in *śatrūn Prājayate* 'he conquers the enemies'. Likewise 'the material source (cause) of the agent of the verbal stem √*jan* (be born) and the source in case of the agent of √*bhu* govern ablative case; cf. *Janikarttuḥ prakṛtiḥ, bhuvaḥ Prabhavaḥ* (AP.I.4.30 and 31) respectively, e.g. *gomaya* (cowdung) and *himālaya* (the Himalayas) respectively in the following instances: *gomayād vṛściko jāyate* cowdung breeds scorpions' and *himālayād gaṅgā prabhavati* 'the Ganges originates from the Himalayas'. 'The one who is intended to be informed holds dative relation with the verbs √*ślāgh* (Praise), √*hnu* (hide from) √*stha* (wait for) and √*śap* (course); cf. *ślāghuṅsthāśapām-jñipsyamānaḥ* (AP.I.4.34). Examples are: *Yajñadda ślāghate* 'he praises Yajñadatta and wishes that Yajñadatta should know of it'. If such a wish is not intended on the part of the agent then the person praised holds accusative relation. Accordingly *Yajñadattam ślāghate* would simply mean 'he praises Yajñadatta'. Similarly, sā *Yajñadattāya tiṣṭhate* 'She waits for Yajñadatta and wishes it to be known to him'. The verb √*dhṛ* (owe) governs dative relation of the creditor; cf. *dhāreruttam ṛṇaḥ* (AP.I.4.35) and √*rādh* (propitiate) and √*ikṣ* (like to) of the person about whom questions are asked; cf. *rādhīkṣyoryasya vipraśna* (AP.I.4.39). For example, *Yajñadattāya śatam dhārayati* 'he owes one hundred (rupees) to Yajñadatta', otherwise, *ahamtva ādeśam śirsā dhārayāmi*, 'I carry your order respectfully on my head'. *Yajñadattāya rādhyati*' he wishes Yajñadatta good', *Yajñadattāya īkṣate* 'he inquires about the welfare of Yajñadatta', otherwise, *Yajñadattam īkṣate* 'he sees Yajña datta'.

There are certain verbs that optionally govern two cases. The verbal stem *div* (gamble) governs accusative or instrument optionally of the thing that is the best means in the accomplishment of the action; cf. *divaḥ karma ca* (AP.I.4.43); e.g. *akṣān dīvyati* or *akṣair dīvyati* 'he plays dice or with dice'. Likely the verb pri+kri 'hire on wages, employ', govern instrument or dative of the person employed; cf. *Parikaryaṇe sampradānamanya tarasyām* (AP.I.4.44); e.g. *śatena* or *śatāya Parikrītaḥ* 'he was hired for a hundred, i.e. to work off a hundred (rupee debt).

I.3.2 Grammatical class: The semantic criterian described above, however, does not encompass the facts of the language. For example, the person against whom anger (etc.) is expressed is known as accusative case in relation to the verbal stems *krudh* (be angry) and *druh* (injure) if these are preceded by verbal prefixes; cf. *Krudhdṛuho rupasṛṣṭayoḥ Karma* (AP.I.4.38). In this way, we have *Yajñadattāya Kudhyati*, but *Yajñadattam abhikrudhyati*, he is angry with Yajñadatta. To express the same semantic notion Pāṇini recognises two different case relations. Similarly, in case of the verbal stems *śi* (lie down), *stha* (stand) and *ās* (sit), preceded by verbal prefixes *adhi+viś* (enter) by *adhi+ni* and *vas* (dwell) by *upa*, *adhi* and *ā*, the locus is called accusative-case; cf. *adhiśīṅsthāsām karma, abhiniviśaśca, upānavadhyāṅ vasaḥ* (AP.I.4.46, 47, 48) respectively. Thus to describe the situation 'Yajñadatta lies down on the ground', the nominal *bhūmi* (ground) occurs in locative or accusative depending on whether the verb *śi* (lie) is used by itself or is preceded by *adhi*, etc. we shall thus accordingly *Yajñadatto bhūmau śete* or *Yajñadatto bhūmim adhiśete.*

In the above instances, it is evident that the verbal prefixes, though not affecting the semantic structure of the verb, bring about syntactic realignment. Now a noun associated with these verbs will be subject to the operation of all the rules that apply to an object. The factor that conditions this change is the grammatical category of the verbal prefixes upasarga. So case reassignment in the above examples has a grammatical basis.

I.4. Co-referential elements in speech: Pāṇini recognizes that sequential occurrence of sentences in a speech may affect their syntactic structure. For example, in *nṛpo devadattāya gām pratisṛṇoti* 'the king promises a cow to Devadatta, the dative relation between the nominal stem Devadatta and the verb *prati+śru* (promise) is based on the pre supposition that earlier in the speech has occurred such as a sentence as *deva-datto-nṛpam gām yācate*, 'Devadatta asks the king for a cow'. Pāṇini's formulation of the aphorism describing the use of dative in the above instance is based on an explicit understanding of such a sequential relationship. He states: The agent of the preceding (sentence) holds dative relation with the verbal stem *śru*-preceded by *prati* or *ā* in the meaning of 'promise', cf. *Pratyāṅ bhyām śruvaḥ pūrvasya karttā* (AP.I.4.40). And likely, in case of the verb *gṛ* with *anu* or *prati* meaning 'encouraged by speaking after, i.e. repeating', the agent of the previous (sentence) will hold dative relation; cf. *anupratigṛṇa, śca* (AP.I.4.41) e.g. *Yajñadatto hotre prati gṛṇāti* or *anugṛṇāti*, 'Yajñadatta repeats after the priest to encourage him'. Such a sentence presupposes an utterance like *hotā girati* 'the priest chants'.

I.5. Derivational relation among sentences: Pānini derives certain constructions from underlying structures. Derivation in such cases entails realignment of syntactic relations among the members of the underlying structure. To illustrate this point, we may refer to Pāṇini's treatment of causals. The causal stems in Sanskrit language are formed from simple ones by means of suffixation; e.g. *Kārayati-Kṛ-ṇic-śap-ti*[10], 'he causes to do', *gamayati gam-ṇic-śap-ti*, 'he causes to go'. Causal sentences are derived from corresponding non-causal ones by effecting certain structural changes. The grammatical subject of the causal is known as causer by Pāṇini; cf. *tat prayojako hetuśea* (AP.I.4.55). But for the purposes of denoting syntactic relations it is treated as agent and all the aphorisms that apply to agent at syntactic level are applicable to causer also. Thus, in a causal sentence causer will hold the agent relation with the causal verb. The agent of the non-causal verb is no longer now related grammatically to causal form. In the causal sentence thus it is represented by the third vibhakti (case suffix) which denotes a nominative or instrument which has not been already expressed by a grammatical element; cf. *Kartṛkaraṇyostṛtīyā* (AP.II.3.18). From *Yajñadattaḥ Patram likhati* 'Yajñadatta writes a letter' is derived the causal *devadatto Yajñadattena patram lekhayati* 'Devadatta causes Yajñadatta to write a letter'. The causer here occurs in the first case-suffix, since it is already expressed by the verbal form *lekhayati*, while the agent of the non-causal sentence occurs in the third case-suffix. This is the normal situation. But there are certain exceptions to this general aphorism. Dealing with these Pāṇini records that the agent of the non-causal verb meaning 'motion, comprehension, eating or having śabda (sound or literary composition) as their object and intransitive verbs becomes accusative in causals; cf. *gatibuddhi pratyavasānārthaśabda karmākarmakāṇām aṇi karttā sa ṇau* (AP.I.4.52). Here the syntactic relations in non-causal sentences form bases of syntactic relations in causals. In this way, *Yajñadatta āste* 'Yajña datta sits down' - *devadatto Yajña dattam āsayati* 'Devadatta makes Yajñadatta sit', *śiśur dughdham pibati* 'the child drinks milk' - *janani śiśum dugdham pāyayati* 'mother makes the child drink milk'. Nevertheless, in case of √*hṛ* (carry) and √*Kṛ* (do) there is an option, cf. *hṛ kroranyatarasyām* (AP.I.4.53) e.g. *Yajña datto kaṭam kāroti* 'Yajña datta makes a mat' - *Yajña dattena Yajñadattam kaṭam kārayati* "He causes Yajñadatta to make a mat'. And later grammarians add several exceptions .and counter-exceptions to these aphorisms of Pāṇini (see KK. on the AP.I.4.52 and the MB. thereon, Pub. Haryāṇā Sāhitya Saṁasthāna Gurukul jhajjar Rohtak - 1963, Vol.2., P.429-435.

Restructuring of case-relations in the derived sentences is affected purely on the formal bases. If Pāṇini had intended to define case relations exclusively in terms of semantic features, he would obviously have no way of representing an agent as object in the above cases while allowing it to remain an agent (to be represented by third case - suffix) in other cases. Most obviously non-semantic considerations, namely grammatical transformations in the present case, forced him to recognize the non-causal agent as object in the above examples. We can have an object denoted by Verbal form in such sentences as *Yajñadattena devadetta āsyate* -- *Yajñadatto devadattam* āsayati - *devadatta āste*, 'Devadatta sits'.

I.6. Inadvertent association of a nominal with a verb:- The object is characterized as the thing most desired of the agent; cf. *Karturīpsitatamaṁ karma* (AP.I.4.49). But sometimes the agent may inadvertently or incidentally happen to come by something which he never intended to achieve through his efforts. In such circumstances, the things, though never consciously desired by the agent but however incidentally acquired by him, has in reality been affected by his action in the same manner as the one desired to be obtained. Grammatically thus it also comes to hold the object in relation with the verb; cf. *tathā yukttam cānīpsitam* (AP.I.4.50). For example one wishing to eat rice happens to eat poison by sheer inadvertence or for the reason that poison is mixed in rice. In such a case 'poison' undergoes all the processes (grammatical and non-grammatical) denoted by 'eating', viz., of being lifted with hand, put into mouth, masticated, swallowed, etc. The way poison -- an undesired objct -- is affected by the action expressed by the verbal stem 'eat' does not differ from the action affecting 'rice' - an object so fondly desired. So *viṣa* (Poison) though *anīpsita* (undersired) is treated as object in *Yajñadatto viṣam Khādati* 'Yajñadatta takes poison though he never intended it', or *odanam khādan Yajñadatto viṣam khādati* 'Yajñadatta wished to take rice but instead takes poison inadvertently'. Similarly, *grāmam gacchan tṛṇāni spṛsati* 'on his way to the village he treads over (touches) the grass'. Here *tṛṇa* (grass) was never intended to be the goal of his activity. Incidental association with the activity, however, entitles it to be treated as object.

1.7. *Linguistic usage*: While enumerating characterizations of accusative case Pānini observes that 'a case relation not (expressly) stated (in a sentence by the appropriate case) is treated as accusative-case; cf. *akathitam ca* (AP.I.4.51). This, however, does not imply that any case relation when suppressed could be represented by object. Pānini's statement is so cryptic that practically it tells nothing. His commentators have, however, made it explicit by providing a list of verbal stems in case of which the observation holds good (cf. K K. on the AP.I.4.5, and M B. thereon, pub. Haryāṇā Sāhitya Saṁsthāna Gurukul Jhajjar, Rohtak-1963; Vol.2., p.413ff.). From the instances cited by the commentators we can reasonably interpret *akathita* (not expressed) as a covering term for dative, ablative and locative cases which are alternatively expressed by the accusative in case of the verbs listed therein. Here the optional use of the accusative is solely determined in terms of the linguistic usage. For example, in the sentence *chātram brūte dharmam* 'he explains dharma to his student', *purūṣam panthānampṛcchati*, 'he asks the man the path,' and *anvavaruṇaddhi gām Vrajam* 'he confines the cow in the pen', the nominal *chātra* (student), *purūṣa* (man) and *vraja* (Pen) are originally dative, ablative and locative respectively; cf. MB, Pub. Haryāṇā Sāhitya Saṁsthāna Gurukul Jhajjar, Rohtak 1963, Vol.2. PP. 416-417.

It may be noticed that not all *akathita karmas* i.e. the indirect objects, described above, are treated alike in other grammatical constructions, say for instance, in forming passive constructions. We have *dhenuḥ payo duhyate* 'the cow is milked of its milk' -*dhenum payo dogdhi*, but *ajā grāmam nīyate* 'the goat is led to the village-ajām grāmam nayati. In the case of the first sentence *dhenu*-- the *akathita* object is denoted by the passive verbal form while in the second sentence *ajā* -- the *non-akathita*.

In brief, we may conclude that the case relations are characterized by Pāṇini in terms of (a) natural relations between 'things' and 'processes' (b) semantics (c) Grammatical classes (d) co-referential elements in discourse (e) derivational relations among sentences (f) inadvertent or incidental association of a nominal with verbal activity and (g) linguistic usage.

II.0 *Linguistic representation of cases in sentence:*

It follows from the above interpretation of Pāṇini's formulation of cases that he has no single and uniform criterion to characterize them. What is subsumed under a particular case ends up as being of heterogeneous nature. He lists for instance eight characterizations of ablative case to which Kātyāyana adds one more.[11] These characterizations, as mentioned earlier, fall into two broad groups, viz. (a) those which are language independent, and (b) that are language specific. If the analysis presented here is correct then it won't be wholly correct to maintain that 'Pāṇini arrived at his categorization on the basis of formal grammatical analysis...".[12] It is not to assert that Pāṇini's definitions of cases are set up exclusively on the semantic level.[13] We have endeavoured to establish that these bases of characterization are manifold; indulging both formal and semantic ones.

The notion of case plays a vital role in the overall linguistic theory of Pāṇini. It will indeed be interesting to investigate what linguistic considerations motivated Pāṇini to set up such a concept. Before we address ourselves to this task we shall attempt to discuss how cases are represented linguistically.

The case relations are essentially abstract syntactic relations between nominal and verbal stems. At syntactic level, these are largely denoted by inflectional endings attached to those stems, and only in some cases by what are called derivative suffixes. For instance, *Yajña datto Mahābhāṣyam adhīte* (Yajña datta studies the Mahābhāṣya), the verbal ending - *te* denotes agent, while object is expressed by the nominal ending - *am* attached to Mahābhāṣay. In *Yajña dattena Vedo adhītaḥ* (the Veda is studied by Yajña datta), the primary derivative suffix

(Kṛt) *-ta* added to the verbal stem *adhi + i* (study) expresses object and agent by the nominal ending - *ṭā* (ina) added after yajña datta. At morphological level, i.e. in derived nominal stems, the case relations are expressed by primary (kṛt) and secondary (taddhita) suffixes and by compound formations. For example, in *śrotṛ*, the primary *suffix-tṛ* attached to the verbal root *śru* (listen) expresses agent. Likewise in *tatkṛta* (done by him) the compound construction expresses the agent. In analytical constructions, however, these relations will be expressed by verbal and nominal endings e.g. *śro-tṛ* is derived from *śṛṇoti yaḥ* (one who listens) where *-ti* expresses the agent and *tatkṛta* - from *tena kṛtam* where third termination *ina* expresses the agent. In such a sentence as *śrotā-ṣvapiti* (the listener sleeps), there are in fact two agent relations, one with regard to *svap* (sleep) and another in relation *śru* (listen). Pāṇini has described such phenomenon accordingly. Thus, representation of case relations by inflectional endings on the one hand, and by derivative suffixes and nominal compound constructions on the other, differ significantly. In case of the former the output is a syntactic construction, while in the latter it is a morphological one. The underlying input, however, in both the cases is the same, i.e., an abstract syntactic construction.

With these preliminary remarks we now propose to deal with case representation in sentences in greater detail below.

II.1. *Representation by nominal endings:-*

There are seven sets of nominal endings, cf. *su-au jas, am-auṭ-śas, ṭā-bhyām-bhis, ṅe-bhyām-bhyas, ṅasi-bhyām-bhyas, ṅas-aus-ām, ṅi-aus-sup* (AP.IV.1.2). Each set is a triplet signifying three numbers, namely singular, dual and plural. However, there are only six case relations to be represented by them. Obviously there is no one to one's correspondence. Besides, as we shall demonstrate below a particular case may be represented by more than one termination or conversely a termination may express more than one case. Pāṇini enunciates that 'case relations in a construction are expressed by terminations in case these are not already represented by any other linguistic elements; cf. *anabhihite* (AP.II.3.1)'. If a case relation has already been expressed by any other device, the termination even though occurring with the nominal will be emptied of its function of denoting a case. The first termination, for example never expresses any case relation (see II.2.). Representation of cases by terminations is described by Pāṇini in aṣṭādhyāyī II.3.2. ff. Thus, object is denoted by second termination; cf., *Karmaṇidvitīyā* (AP.II.3.2); e.g. *Yajña datto grāmaṁ gacchati* (Yajñadatta goes to the village); dative by fourth termination; cf. *caturthisaṁpradāne* (AP.II.3.13); e.g. *Yajña dattaḥ puṣpebhyaḥ spṛhayati* (Yajñadatta desires flowers); agent and instrument by the third termination; cf. *kartṛkaraṇayostṛtīyā* (AP.II.3.18); e.g. *Yajñadatto dātreṇa lunāti* (Yajña datta cuts with the sickle); ablative by the fifth termination; cf. *apādāne pañcami* (AP.II.3.28) e.g. *vṛkṣāt patram patati* (the leaf falls from the tree); and locative by the seventh termination; cf. *Saptamyadhikaraṇe ca* (AP.II.3.36); e.g. *Yajñadatto bhūmau śete* (Yajñadatta lies on the ground).

The third termination in the instances quoted above represents the agent and instrument. Likewise, the fourth termination represents dative (see above) and also object of a verb not expressed and which has, in formation therewith, another verb denoting an action performed for the sake of another action; cf., *Kriyārthopapadasya ca Karmaṇi sthāninaḥ* (AP.II.3.14), e.g. *Puṣpebhyo gacchati* (he goes for flowers). In this way, the third and fourth terminations denote two cases each.

We may now give a few instances to illustrate that a particular case is represented by several terminations. The object, for example, is expressed by the second (AP.II.3.2 mentioned above) (for instance see above); by the third; cf. *saṁjño anyatarasyām karmaṇi* (AP.II.3.22); e.g. *Pitrā saṁjānite* (he recognizes his father); by the fourth cf. *gatyarthakarmaṇi dvitiyā caturthau cheṣṭāyāmanddhavi, Kriyārthopapadsya ca karmaṇi sthāninaḥ* (AP.II.3.12, 14) respectively e.g. *gurūkulāya vrajati* (he goes to the gurūkula); and by the sixth; cf. *adhīgarthadayeśāmkarmaṇi* (AP.II.3.52 to 61), e.g. *mātuḥ smarti* (he remembers his mother). Similarly instrument by third, cf. *Kartṛkaraṇyostṛīyā* (AP.II.3.18), fifth; cf. *Karaṇe ca stokālpa kṛcchrakatipayāsatva vacanasya* (AP.II.3.33) and sixth, cf. *ṣaṣthiśeṣe yajeśca karaṇe* (AP.II.3.50 & 60) respectively, in the following sentences: *aham aśvena yāmi* (I go on a horse): *Kṛccrāt / Kṛccreṇa gaccati* (he can barely walk); *madhunojānīte*, he proceeds (to perform this sacrifice) with honey.

Such representations of a case in a sentence by two or more terminations should, however, be distinguished from termination representation of optional case relations (by definition). For instance, in the case of √*div* (gamble), the most effective means is optionally instrument or accusative; cf. *divaḥ karma ca* (AP.I.4.43) and these are to be represented by third and second terminations, respectively, by AP.II.3.18 and II.3.2 (quoted earlier). We have thus, *akṣai/akṣān dīvyati* (he plays with dice or dice). Pāṇini, in such a case, does not concede that the same case relation, instrumet here, is represented optionally by the third and second terminations, as he does for instance, in the case of √*hu* (sacrifice) cf. *tṛtīyā ca hośchandasi* (AP.II.3.3) where accusative is represented by second and third terminations. The reason is not far to seek. If *akṣān* in the above instance is merely second termination representing instrument, and not the one representing accusative, then the passivization of aphorism *laḥ karmaṇi ca bhāve cākarmakebhyaḥ* (AP.III.4.69) according to which only accusative and not any other case is denoted by the verbal ending, will not be operative. We have no way to generate the correct form *akṣā dīvyante*.

It may also be noted that the cases do not exhaust the termination use. The terminations also express non-case relations -- i.e., relations between nominals and non-verbals. In this way, a dichotomy of case termination and upapada[14] termination (non-case representation by terminations) is recognized.

II.2. *Representation by verbal endings*:

Pāṇini speaks of representation of case relations by verbal endings. Besides denoting the categories of person, number, voice (middle-voice and active-voice) and tense-mood, these express distinctions, of nominative and accusative. In case of transitive verbal stems object and agent (semantic notion denoted by the root) in case of intransitive ones (AP.III.4.69) mentioned earlier. The verbal endings - *ti* and *te* (both third person, singular, present tense, one active-voice and the other middle-voice) denote nominative in *devo lokam sṛjati* (God creates the world and *Yajñadatta āste* (Yajñadatta sits). While-*te* in *devena lokaḥ sṛjyate* (The world is created by God) expresses the accusative, but in *Yajñadattena āsyate* (it is sat by Yajñadatta) i.e., *Yajñadatta sits, -te* expresses only the state or action denoted by √*ās* (sit). It may be described as an impersonal construction. We may note that only agent and object are expressed by the verbal endings.

One may wonder why Pāṇini chose to make a departure from the general practice of making agent relations by nominal endings (a practice he has followed all along) in preference to representing these by verbal endings in the above cases. He could have as well formulated an aphorism like *'Kartṛ Karmaṇoḥ Prathamā'* to represent agent and object, where first termination will be used. On the surface it looks simple and straightforward. A little reflection will show that such a formulation would have been unique and directly in clash with *Karmaṇi dvitīyā* (AP.II.3.2) and *Kartṛ-Karaṇayostṛtrīyā* (AP.II.3.18) which are general statements with regard to termination representation of object and agent. True, a case could be represented by more than one termination. Examples of such cases have already been given above. But Pāṇini has taken care in each case to state precisely the environments where a case would be represented by more than one termination. No such carteblanche has been issued in favour of any case. It would certainly spell disaster and confusion. One would be left guessing as to under what syntactic environments an agent, for example, is to be represented by the first or third termination. If we attempt to specify the syntactic environments under which the first termination could repesent agent or object, we shall notice that verbal endings will perforce enter into the picture. The only way to describe the environments is to state the endings. This is exactly what Pāṇini has done. The verbal endings in these cases show agreement in person and number with the agent or object as the case may be. No other case holds such a relation with the verbal endings. Pāṇini thus should be credited for keeping - two representations of agent and object separate (in active and passive formations) by expressing them differently by nominal and verbal endings. An attempt to represent categorical (grammatical) distinctions motivated by different grammatical formations (active and passive formations in the present case) at the same level in identical terms (i.e. by termination here) is sure to bring confusion. Now in Pāṇini's governing aphorism *anabhihite,* the case relations are represented by terminations if not already expressed by other grammatical devices (AP.II.3.1) makes perfect sense.

II.3. *Representation by Primary Suffixes*:

Suffixes other than verbal inflectional endings(tiṅ) added to verbal roots (dhātu) are known as *Kṛt* or primary; cf. *Kṛtatiṅ* (AP.III.1.93). As a general rule a primary suffix denotes agent. cf. *Karttarikṛt* (AP.III.4.67). These are only a few suffixes which express other case relations. We give here a few illustrative examples. The suffixes *ṇvul* (aka) and *tṛc* (tṛ) are added to verbal roots to denote agent; cf. *ṇvultṛcau* (AP.III.1.133), e.g. *Kr+ṇvul-kārvu=kār-aka* (One sho does); *nī+tṛc-ne+tṛc=netṛ* (one who leads). The suffix *ṣṭran* (tra) is added to *dhā* (dhai) 'feed' to express the accusative; cf. *dhaḥ karmaṇi ṣṭran* (AP.III.2.181), *dhā* + *stran-dhā+tra=dhātra-ī* (fem.) 'who is suck (by children), i.e. wet-nurse'. 'The suffix *ṣṭran* (tra) is added to the roots √*dā* (cut), *nī* (lead), *śas* (kill) to denote instrument, cf; *dāmnī śasa yu yujar tu tud si sic mih pat daś nahaḥ karaṇe* (AP.III.2.182) e.g. *dā+ṣṭran=dā-tra* 'that with which one cuts, 'i.e. a sickle; *śas+ṣṭran=śas-tra-* 'that with which one kills, i.e. a weapon'; The words *dāśa* and *goghna* denote the dative; cf. dāśagoghnau-*sampradāne* (AP.III.4.73), *dāśa* is formed by adding *ac;* cf. *nandigrahipacādibhyo lyuṇinyacaḥ* (AP.III.1.134) to √*dāś* (give). Thus, *dāś+ac=dāś-a* (one to whom something is given', i.e. a servant; *ṭak* (a) is added to √*han* (kill) to express the dative; cf. *lakṣṇe Jāyāpatyoṣṭak* (AP.III.2.55 ff). The *derivative han-ṭak-ghn-a=ghna* iscompounded with *go* 'cow' giving the form *go-ghuna* - 'for whom a cow is killed, i.e. a guest, etc. The words *bhīm* - 'one who is source of fear' (formed irregularly by uṇādi suffixes) denote the ablative; cf. Bhīmādayo apādāne (AP.III.4.74). The suffix *Kta* (ta) added to the verbal roots meaning 'stability, motion, and eating 'denotes the locative also; cf. *Kto adhikaraṇe ca-dhrauvyagatipratyavasānārthebhyaḥ* (AP.III.4.76) e.g. *ās-kta-ās-i-ta=āsita-* the place where one sites', *bhuj+kta=bhuk-ta-* 'the place of eating'.

II.4. *Representation by secondary suffixes:*

The secondary suffixes are introduced by taddhitāḥ; cf. (AP.IV.1.76) 'here follow the suffixes called taddhita, These are added to nominal and are governed by the general statement: 'A taddhita suffix is added optionally to a constituent in syntactic formation and stated initially in a grammatical aphorism in the AP. *samarthānām prathāmātvā* (AP.IV.1.82). In other words, the underlying formation from which a derivative is formed is a phrase and a derivative formation is optional. For example, one may use the phrase *upagoḥ putraḥ* 'the son of Upagu' or a derivative *aupagava*. Pāṇini's formulation of the rule that is applicable in the present case is : *tasyā patyam* (AP.IV.1.92). It means literally 'his son'. But as a grammatical rule, interpreted in accordance with the rules of interpretation operative in the AP, it means, 'the relevant suffix (*aṇ* here) is added to a nominal in the sixth termination standing in construction with another word (here *putraḥ*) in the meaning of 'descendent of'. Thus *upagu-aṇ-aupagau-a* 'descendent of upagu'.

Quite a few relations denoted by the taddhita suffix are case relations. However, Pāṇini in his aphorisms does not always indicate the case relation explicitly. Instead, he mentions only the appropriate termination representing the case. To derive *Krauñca*--from the underlying phrase *kruñcena dṛṣtam* (Sāma) 'the (sāma) revealed by Kruñca, 'he adds a suffix *aṇ* to Kruñca to convey the meaning 'reveald by'. To pack all this information in as few words as possible, he frames his aphorism as follows: *dṛṣtam sāma* (AP.IV.2.7) meaning literally 'revealed by him'. A fuller interpretation following the conventions is : 'the appropriate suffix (here *aṇ*) is added to a nominal in the third termination in formation with *dṛṣta*, in the meaning of 'a sāma revealed by so and so'. Here the relation obtaining in the underlying phrase and sought to be represented by the taddhita suffix *aṇ* is that of agent. Similarly in *tad adhīte tad veda* (AP.IV.2.59) meaning, 'the appropriate suffix is added to the nominal occurring in the second termination and standing in formation with the verbal roots *adhi* √*i* 'study' or √*vid* 'know' in the meaning of 'one who studies that 'or 'one who knows that'. Thus, *Vyākaraṇam adhīte-Vyākaraṇa-aṇ-Vaiyā kraṇa-a=Vaiyākaraṇa* - 'One who studies grammar, i.e. 'a grammarian'. Clearly grammar here manifests the accusative case but Pāṇini in his aphorism indicates it by *'tad'* standing for second termination. An appropriate suffix is attached to a nominal in the fifth termination in formation with *pra* √*bhū*, in the meaning of 'appear for the first time' cf. *prabhavati* (AP.IV.3.83) e.g. *himālayāt prabhavati-himālaya+aṇ-haimalaya-a=haimalayi* (fem.) 'the Ganges emerging from the Himālayas'. The suffix *aṇ* here denotes ablative relation. 'The suffix *ṭhak* (ika) is added to a nominal in formation and occuring in first termination, in the meaning of 'to whom that is given regularly; cf. *tadasmai dīyate niyuktam* (AP.IV.4.66). This expresses dative case relation. Thus in *apūpā nityam yasmai diyante* 'to whom cakes are given daily' - *āpūpa - ṭhak - āpūpa-ika-āpūpika*, the suffix *ṭhak* (ika) comes after *dadhi* (curd) occuring in the seventh termination and information (with another word), in the meaning of 'food prepared in', cf. *dadhnaṣṭhak* (AP.IV.2.18). In this way dadhni *Saṁskṛtam-dadhi-ṭhak-dādhi-ika=dādhika*. Here the suffix ṭhak expresses locative case.

II.5. Representation by compound formations:

Formation of compounds is governed by the general dictum laid down by Pāṇini in *Samarthaḥ padavidhiḥ* (AP.II.1.1), that such formations are affected where words are related syntactically. We do not expect many such syntactic formations between nominals and verbals which would form nominal compounds. We shall give a few instances where such possibilities occur. A nominal ending in the third termination denoting agent or instrument is mostly compounded with a derivative formed with primary suffixes. The compound thus formed is determinative; cf. *Kartṛkaraṇe kṛtā bahu lam* (AP.II.1.32). Thus *ahinā hataḥ* 'Killed by Snake' - *ahi-hata; paraśunā chinnaḥ* 'cut by an axe' - *paraśu cchinna.* A nominal occurring in the second termination is compounded with *śrita* 'gone to', *atīta 'gone by'*, *patita 'fallen'*, *gata 'gone'*, *styasta*, 'passed', *prāpta*, *'obtained'* and *āpanna 'reached'*; cf. *dvitīyā śrita atita-patita gata atyasta prāptā pannaiḥ* (AP.II.1.24), e.g. *grāmam gataḥ* 'gone to the village' - grāma-gata-second termination here expresses accusative relation. A word occuring in this fifth termination is compounded with bhaya - 'fear', cf. *Pañcamī bhayena* (AP.II.1.37). *Vṛkād bhayam* 'fear from wolf' - *vṛka-bhaya*. The fifth termination expresses ablative case relation. Similarly, the compound *māsa-deyam* (ṛṇam) '(a debt) to be paid in a month' denotes locative case, cf. *Kṛtyair ṛṇe* (AP.II.1.43). Even such an anomalous compound as *adhi-stri* 'concerning women' expresses the seventh termination which obviously is locative. Thus, almost all case relations are expressed by compound formations, but not in many formations.

To sum up: In a sentence primarily nominal endings express case relations. The agent and the accusative alone are represented by verbal endings. The derivative suffixes and compound formations do express almost all cases but in a very restricted way.

III.0 *Hierarchical Relation among cases in a sentence:*

Pāṇini describes the cases in the order of ablative, dative, instrument, locative, accusative and nominative (AP.I.4.24 to 54). Later grammarians notice in this order an hierarchy of practical use in selecting the appropriate case, when a nominal holds simultaneously two or more case-relations with a verb in a sentence. The one mentioned later in the above enumeration prevails in case of conflict. The instances cited are:-

(a) dhanuṣā (instrument) vidhyati 'he shoots with a bow'.

VS. dhanuṣo (ablative) vidhyati 'he shoots from a bow'.

(b) Kāṁspātryām (locative) bhuṅkte 'he eats in a plate'.

VS. Kāṁsapātryā (ablative) bhuṅkte 'he eats from a plate'.

(c) gām (accusative) dogdhi 'he milks the cow'.

VS. goḥ (ablative) dogdhi, 'he milks from the cow'.

(d) geham (accusative) praviśati 'he enters the house'.

VS. geha (locative) praviśati 'he enters in the house'.

(e) dhanur (nominative) vidhyati 'the bow shoots'.

VS. dhanuṣā (instrument) Vidhyati 'he shoots with a bow'.

(f) Sthāli (nominative) Pacati 'the Pot cooks'.

VS. Sthālyām (locative) Pacati 'he cooks in the pot'.

(MB. by Patañjali, Pub. by Haryāṇā Sāhitya Sansthān Gurukul Jhajjar, Rohtak, 1963, Vol. 2nd. PP.315-316).

It is maintained here that in each case, the case-relation occurring in the sentences mentioned first in the above group supersedes the rest. Arguing in support of the proposition Kaiyyaṭa observes: '*dhanuṣa* cannot serve as the most effective means of 'shooting' unless *apāya* (recession, movement away) is desired'.

Thus there is an occasion for two saṁjñā to show up (- one based on apāya, i.e. ablative and another on sādhakatamatva, i.e. instrument), and instrument being later prevails'. Commenting on Kaiyyaṭa, Nāgojibhaṭṭa observes that since shooting is actually done with the arrow discharged from the bow, the bow cannot be regarded as instrument. However, *dhanuṣa* 'bow' being the point of departure for arrow must be treated as an instrument in the series of actions culminating in shooting.[15] So both ablative and instrument are realised simultaneously in case of 'bow'.

The above discussion, however, does not settle the point. It is not convincing that two case relations are arising simultaneously. In fact *dhanuṣa* holds neither ablative nor instrument relation with *Vyadh* 'shoot'. The commentators have rightly pointed out that it is the 'arrow' which is the real instrument, which of course, is not mentioned here. And the 'bow' serves as a starting point for the 'arrow' and thus in ablative relation with a verb meaning 'discharge', which again is not mentioned here. Thus, *dhanuṣa* can be related to 'shoot' only very indirectly. The underlying sentence would be something like -- *dhanuṣo nirgatena śareṇa vidhyati* 'he shoots with an arrow discharged from the bow'. Here *dhanuṣa* holds ablative relation with the verb *nir* + *gam*'discharge'. Now '*śara*- 'arrow' whcih is in instrumental relation with √*Vyadh* 'shoot' is suppressed here and instead, the instrument function is transferred to *dhanuṣa* 'bow', to give *dhanuṣā vidhyati* 'he shoots with a bow'. The question of conflict based on simultaneous realization of two or more case-relations does not arise.

In *gām dogdhi* Vs. *gor dogdhi* there is no conflict. There are two alternatives where the speaker exercises his option (vivakṣā). Pāṇini's aphorism *akathitam ca* (AP.I.4.51) sanctions use of the accusative in case the ablative, etc. are not expressed.

However, in *Kāṁsapātryām bhuṅkte* Vs. *Kāṁsapātryā bhuṅkte* and *geham praviśati* Vs. *geha praviśati*, simultaneous realization of two case relations may be recognized. Here the conflict is resolved by selecting the one that is mentined later. Thus, the hierarchy of selection may be said to operate in a very limited way.

IV.0. *Cases a verb governs in a sentence:-*

A verbal root plays the central role in determining the case organization in a simple sentence. It appears that all verbs can take the nominative and the locative. The verbs seem to fall into five classes according to the number of cases they govern. These are:-

a. Verbs that take the minimum number -- nominative and locative; e.g. *Īśvaro brahmāṇde asti* 'God is in the universe'.

b. Verbs that can take nominative, locative and instrument; e.g. *bālakaḥ sukhena śayyāyām svapiti* 'the child sleeps in comfort in the bed.'

c. Verbs that can take nominative, locative, instrument and ablative, e.g. *vāyor vegena vane vṛksāt Patrāṇi Patāṇti* 'With the Vehemence of the wind leaves fall from the *trees* in the forest'.

d. Verbs that can take the accusative besides the above; e.g. *Vane devo hastena nadyā jalam pibhati* 'in the forest Deva drinks water from a river with his hand'.

e. Verbs can take the dative also in addition to the above; e.g. *Devo*

where the accent of *Jas* termination after *tisṛ* (cf. *tisṛbhyo Jasaḥ* AP.VI.1.166), though *satiśiṣṭa,* is debarred by Negative-accent taught in *tat-puruṣe tulyārthatṛtīyā-Saptamyupamānāvyayadvitīyākṛtyāḥ* (AP.VI.2.2) for Negative compounds are determinative.

II.5. The accent of Negative is stronger than the accent of that which is occasioned by a termination. Thus *acatvāraḥ*. Here the augment *ām* in *catvāra* is caused because of the case-affix, for it is added only, then when a strong case-affix follows (cf. *Caturanaḍuhorāmudāttaḥ* AP.VII.1.98). This *ā́* is acutely accented (cf. AP.VI.1.98). But this acute is superseded by the accent of the Negative particle.

Why is it stated 'in the body of a pada'? In a sentence each word will retain its accent. As *devddatta gāmabhyājaśuklām.* The word pada is, in fact, employed here in it when the affix *āyá* is attached to it by AP.III.1.28 (noted earlier), the word becomes *gopā́ya* and it keeps the accent of the affix, cf. *ādyudāttaśca* AP.III.1.3) i.e. the accent now falls on *Pā*, but now comes aphorism *sanā dyantā dhātavaḥ* (AP.III.1.32) according to a word taking the affix *āya* is a root. In this way, *gopāya* takes the designation of root and thus gets the accent of a root by AP.VI.1.162 (quoted earlier) and the accent falls on *Ya.*

II.6. The aphorism is that except one particular accent taught in an aphorism the other letters are gravely accented. So, where there is a conflict of aphorisms, the accent is governed by the maxim i.e. *"Paranityānta-raṅgapavādaiḥ Svarairvyavasthā Satiprakṛtiśiṣṭena ca"*, namely (a) the sequence, a succeeding aphorism setting aside a prior aphorism, (b) an eternal aphorism is stronger than non-eternal, (c) enternal stronger than external, (d) the specific is stronger than general. When all these are exhausted, as mentioned above, then we apply the aphorism of *satiśiṣṭa*[16]. What is this aphorism ? KK. explains it in the following way *"Yo hi yasmin sati śiṣyate sa tasy bādhako bhavati"* on (AP.VI.1.158). Thus in *gopāyati*, here the accent of the affix (AP.III.1.3) by which the acute accent is on the first letter of the affix which is a specific to the accent of the root (AP.VI.1.192) by which the final of a root is acute accent, and it debars the root accent, but this affix-accent in its turn debars secondary sense, namely that which gets the designation of 'pada' when completed. Had it meant the full ready made 'pada', this word would not have been repeated in *Padasya, Padāt* (AP.VIII. 1.16, 17) respectively. Had a full 'pada' been meant, the incongruity would arise in the following. The word *Kúvala* gets the acute accent on the first as relating to *grāmādi* class (cf.PSP.II.15) attaching the feminine affix *ṅiṣ* to it by its belonging to *gaurādi* class, we get *Kuvalī*, which retains its acute accent on the first because it is not technically a *Pada*. But the fact belies the assertion, the word *Kuvalī* has grave-accent on the first syllable, (cf. PSP.II.15) and hence we can apply the *añ* affix to it by *anudāttāderañ* (AP.IV.2.44) in this way, *Kuvalyāvikāraḥ=Kauvalam.* Likewise, the word *garbhiṇī* Produced from *gárbha* (belonging to grāmādi class PSP.II.15) with, the affix *ini* (cf. *ata iniṭhanau* (AP.V.2.115) and the feminine *ṅip*. If here the affix *ini* being acute causes all the rest syllables grave, just at the very moment of its application, without seeing whether the word was a 'pada' or not, then the word *garbhiṇī* being grave-hood would have taken *añ*, and therefore, its exception is proper in the *bhikśādi* class cf. *bhikśādibhyaḥ aṇ* (AP.IV.2.38) but if the grave-hood of the rest syllables were to follow after a word had got the designation of 'Pada' then the word *garbhiṇī* would get acute accent on the first and its enumeration in AP.IV.2.38 (mentioned above) would be worthless.

II.7. The first syllable of the root in the infinitives ending with *tavai* affixes,

brāhmaṇāya rajjvā vane kupāt Jalam Karṣati 'Deva draws water for the brāhmaṇa from a well with rope in the forest'.

We may notice that the dative is dependent on the accusative but not vice-versa.

Usually there is only one occurrence of a case in a simply sentence. However, grammarians notice that there could be two or more in case of certain verbs. Nāgojibhaṭṭa for instance, cites an example where three instrument relations occur in a sentence; *aśvena pathā dīpikayā gaccati.* 'He goes on a horse along the road in the light of a small lamp.' Two accusatives occur in such a sentence as *aham tvām tṛṇamapi na manye.* 'I do not consider you even a straw'. or *Vipro nṛpam gām Yācate.* 'The brāhmaṇa asks the king for a cow'.

IV.0. Motivation:

Pāṇini seems to have been motivated to set up the case categories to account for facts of grammar at various levels. For instance, at syntactic level transformation of a sentence structure into another and nominalization of sentences in embedded constructions is stated in terms of cases. The case relations in his system offer explanation of certain Phonological and morphophonemic features and serve as conditioning factors for selection of verbal endings and derivative suffixes. He is also able to capture certain generalisations in terms of cases in the statement of the rules of grammar. We shall now briefly notice these in the discussion that follows.

Before we proceed further, it is important to point out that very often Pāṇini does not make any explicit mention of case relations in the statements of his aphorisms. Instead, he refers to the terminations representing them. In fact, whenever he has a choice he prefers to formulate his rules in terms of terminations rather than cases. For example, to explain the formation of Vārija - 'lotus', born in water'. Pāṇini states : 'The suffix *ḍa* (*a*) is added to the verbal root *jan* 'be born' in the meaning of past, when it is in formation with a nominal occurring in the seventh termination, cf. *Saptamyām Janer ḍaḥ* (AP.III.2.97). Thus *Vāriṇi jātaḥ-Vāri-jan-ḍa=Vāri-ja.* The seventh termination here denotes locative-case beyond any doubt by *ādhāro adhikaraṇam* (AP.I.4.45) 'the lotus is locative.

There are, however, good reasons why he does so; (1) It allows him to make more comprehensive generalisation, as the terminations express both case and non-case relations; (2) It also facilitates manipulation of *anuvṛtti* (already explained at Phonology' Ref.No.76) 'carrying over process'. This may not seem a compelling grammatical consideration. That is true. But with Pāṇini it is more than an adequate reason since he prizes economy in statements of his rules as cherishingly as anything else. Thus, while looking for cases in Pāṇini we should constantly bear this fact in mind. We shall probably be able to resurrect quite a few case relations camouflaged under terminations.

IV.1. Now we proceed to consider those related syntactic formations which are described by Pāṇini in terms of case notions. The treatment is just illustrative. No attempt is made to exhaust such formations.

Active-passive (Kartari-Karmaṇi):

(a) Take the following pair of sentences :-

1. *Yajña dattaḥ Kaṭam Karoti* 'Yajñadattaḥ makes a mat'

2. *Yajñadattena Kaṭaḥ Kriyate* 'A mat is made' by Yajñadatta.

There are three linguistic elements in both the sentences, namely, *Yajñadatta*, a nominal functioning as the nominative in both; *kaṭa* (mat), another nominal, the accusative in both and lastly √*Kṛ*, a verbal meaning 'do'. The two sentences exhibit different structural arrangements of these. The two sentences appear to be related structurally and are semantically identical. Pāṇini notices this fact and brings out their structural relatedness. He enunciates that the verbal ending in (1) expresses the nominative, thus the accusative takes second termination, cf. Karmaṇidivitīyā and *te* in (2) expresses the accusative, cf. *bhāvakarmmaṇoḥ* (AP.I.3.13), thus the nominative takes third termination cf. bhāvakammaṇoḥ (AP.I.3.13), thus the nominative takes third termination, cf. *Kartṛ Karaṇyostṛtīyā* (AP.II.3.18) while the nominative in (1) and the accusative in (2) are represented by first termination. The identity of meaning is established by identical case relations between the linguistic elements in both the sentences. These however, differ in their case realizations.

(b) *aṇi-aṇi,* non-causal-causal :

Now observe the following sentences:-

(1) *Sevakaḥ odanam Pacti* 'The servant cooks rice'.

(2) *Yajñadattaḥ Sevakena odanam Pācayati* 'Yajñadatta makes the servant cook rice'.

In Pāṇinian system the two sentences are related as simple vs. causal. In (1) the 'servant' is nominative and carries out the activity on his own accord, while in (2), he is directed by Yajñadatta. Thus by *hetumati ca* (AP.III.1.26) 'to express causation the suffix the suffix *ṇic* is attached to the verbal root'. We have *Pac-ṇic-śap-ti-pāc-ay-a-ti=pācyati* 'he causes to cook'. The verbal ending *ti* in both the sentences, denotes nominative (which in case of (2) is known hetu also; cf. *tat prayojako hetuśca* (AP.I.4.55). The nominative of the non-causal sentence is represented by the third termination in the causal by *sā āmantritam* (AP.II.3.48). The linguistic elements thus related to cases bring out how the two sentences are related structurally.

(C) *Kartari-karma-kartari*

Let us consider the following sentences.

1. *Yajñadattaḥ Kāṣṭham bhinatti* 'Yajñadatta splits wood'.

2. *Kāṣṭham bidyate* 'The wood splits'.

Structurally the two sentences seem to be related. Semantically also there is much common. Let us first state how Pāṇini treats these. He describes the structure of (2) in terms of (1). he lays down that 'a nominative, affectd by the verbal action in a similar manner as accusative', is treated like an accusative, so far as its realization in language is considered, cf. *Karmavat Karmaṇa tulyakriyaḥ* (AP.III.1.87).

In order to understand what Pāṇini means by the above statement, let us analyze these sentences further. Kāṣṭha- 'wood' in (1) is accusative and nominative in (2); but in both cases it is equally affected by the action denoted by the verbal form, i.e. it is wood that is split. In (1), it is Yajñadatta who is responsible for splitting it, while in (2) the wood splits in its own accord. Nevertheless in both cases the wood is cut into pieces. This is exactly what Pāṇini means by stating 'a nominative affected by the verbal action in a similar manner as an accusative'.

How is such a nominative then different from an ordinary nominative ? Or in other words, how does the nominative in (1) differ from the nominative in (2) ? In a sentence the verbal form expresses either the nominative or the accusative. When it expresses the accusative it takes middle voice (ātamanepada) suffixes; cf. *bhāvakarnmaṇoḥ* (AP.I.3.13) and *yak* (=yā) is added to the roots; cf. *Sārvadhātuke yak* (AP.III.1.67). Elsewhere active voice[16] (Parasmaipada) suffixes are attached to the root to express the nominative; cf. *Śeṣāt Karttari parasmaipadam* (AP.I.3.78). Thus in (1) the active voice suffix-*ti* express it. In (2) also the nominative should have been realized in the same manner. But there is a difference. The nominative in (2) is affected by the verbal action as the accusative in (1). To express such a nominative AP.III.1.87 (mentioned above) lays down a special provision. it has to be treated like the accusative for the purposes of linguistic representation. Thus it is to be represented by a form identical with the one that expresses the accusative, which from the root *bhid* 'split' will be realized by adding middle-voice suffix and *yak*. Thus we have *bhid-yak -te- bhid -ya-te=bhidyatte.* (However, in accentuation the form differ optionally from the one that denotes the accusative. *Acaḥ Kartṛyaki* (AP.VI.1.195) states that 'a root read with a final vowel in the Dhātupāṭha may optionally have acute on the first syllable before *yak* when it denotes the nominative). Now Kāṣtha - in (2) is a nominative but at the same time it suffers from the action denoted by the verb like an accusative. in Pāṇinian grammar such a nominative is called *Karmakartā*, cf. *acaḥ Karmakarttari* (AP.III.2.62) the accusative assuming the role of the nominative. And its peculiar role is matched by a hybrid sort of verbal form.

Obviously, such a formation is possible in case of transitive verbs. But all transitive verbs do not undergo this transformation. To explain this KK[17] introduces the notion of bhāva and Kriyā, which stated briefly is as follows.

When the action denoted by the verbal root is realized (actualized) by such means as involve physical movement etc. it is called *Kriyā*. e.g. *Yajñadatto grāmam gacchati* 'Yajña datta goes to the village'. The action denoted by the root gam '*go*' involves physical exertion on the part of the agent (Kartā) for its realizaiton. The action of the verbal root is *Kriyā* and *exists in agent*. In *Yajñadattaḥ Kāṣṭam bhinathi* 'Yajñadatta splits wood', the action of splitting is again *Kriyā* and *resides in the object* (Karma). But on the other hand, if the action denoted by the verbal root is actualized by such means as involve no physical movements, etc. it is known as *bhāva*. For example, in the sentences *agnir ghaṭam pacati* 'the fire bakes the earthen pot', and *Yajñadattas tām cintayati* 'Yajñadatta thinks of her', the *bhāva* type of action exists in object (Karma and agent (Kartā) respectively. Only such verbal roots where *Kriyā* or *bhāva* resides in object will undergo Karmakartari-transformation.

In this context we will like to consider the following sentences also:

(1) *ārohante hastinam hastipakāḥ* 'The elephant driver mount the elephant'.

(2) *ārohayate hastī* (svayam eva) 'The elephant allows itself to be mounted'.

Obviously the sentences are related (1) is non-causal while (2) is causal. Besides the accusative (1) has become the nominative in (2). The verbal form in (2) is rightly causal but it takes middle-voice suffix which was not expected. Aphorism *ṇicaśca* (AP.I.3.74) lays down that 'after a verbal root taking *ṇic* (causal suffix) middle-voice ending will be added if the fruit of the action goes to nominative[18]. However, in the example under discussion the elephant is in no way benefited by the action. Pāṇini explains the special circumstances when a causal verb can admit middle-voice endings even though the nominative is not benefited by the action of the verb. He says: 'the middle voice endings occur after a verb in the causal if what is accusative in the non-causal becomes nominative in the causal except in case of the verb meaning 'regret', cf. *ṇer aṇau yat karma ṇau cet sa Karttānādhyāne* (AP.I.3.67).

Well, this again is a case of Karmakaratari type formation. The KK raises the question what is the necessity of enunciating this rule while middle-voice ending is allowed for its being a case of Karmavad bhāva, i.e. accusative becoming a nominative as in the example discussed above. It then points out the difference between the two. Only those roots are susceptible to causal transformation where *bhāva* or *Kriyā* resides in the nominative. Thus Pāṇini treats both types, namely *kāṣṭhambhidyate* (svayam eva) and *hasti ārohayate* (svayam eva), as manifestations of the same phenomenon, Karmakaratri. The difference lies in the class of verbs, in one case the *bhāva* or *kriyā* reside in the accusative while in the other in the nominative.

In these illustrations Pāṇini wishes to draw our attention to the fact that the role of the nominative is completely redundant. The acusative assuming the role of the nominative expresses felicity and effortlessness of the exception of actiōn. It is intended to give a feeling that the action is proceeding smoothly without any apparent exertion on the part of any agency. The accusative, which in any case is involved in action, is competent in itself to accomplish the action. The commentators have rightly added the phrase *svayam eva* 'on its own accord' to bring out the fact that the accusative is itself performing the activity.

In fact, these transformations form part of a bigger complex. Patañjali[20] in all seriousness directed his attention to the phenomenon where any case could assume the role of the nominative. He cites such instances as *aṣih chinatti* 'the sword cuts', *sthālī pacati* 'the pot cooks', *balāhako vidyatate* 'the cloud flashes', etc. where instrument, locative and ablative respectively become the nominative.

Kiparsky and Stoal in discussing the derivation of *Kareṇur ārohayate niṣādinam* 'the she-elephant allows itself to be mounted by the elephant-driver 'as reflexive misses the point which Pāṇini so pains-takingly wishes to make. He is not interested in describing the deletion of the accusative, rather, he raises it to the position of the nominative. Then, he notes down the consequent grammatical changes. We thus view all the examples discussed here as manifestation of the Karmakartari phenomenon expanded by patañjali to include even other cases.

IV.2. Verbalization:

Next, we take up the treatment of transformations which turn a nominal holding various case relations with the main verb of a simple or complex sentence, into a verb and replacing the whole verb phrase. We shall here give only illustrative examples and do not offer an exhaustive treatment of the subject. These are described by Pāṇini chiefly in (AP.III.1.7 to 21). Take the following pair of sentences : –

(1) *Yajñadatta ātmanaḥ putram icchati 'Yajñadatta* wishes a son for himself'.

(2) *Yajñadattaḥ Putrīyati* 'Yajñadatta wishes a son for himself'.

Pāṇini derives (2) from (1). He describes the necessary conditions where such a derivation is possible and also lays down the consequent morphological changes to be made. He formulates the rule as follows: 'The suffix *Kyac* (ya) is attached to an inflected nominal form standing in the accusative relation with the verb *iṣ* 'desire, wish', in the meaning o. 'wish that for one's self; cf. *supa ātmanaḥ kyac* (AP.III.1.8). The necessary conditions for the application of this rule exist in (1) *Putram*, an inflicted form is accusative of *icchati* and the object is desired by the nominative of *icchati* for his ownself. Thus we have *Putram-Kyac-putra-ya=putrīya* 'desire for one's self a son'. The rule will not be operative in *Yajñadatto rājñaḥ putram icchati* 'Yajñadatta wishes a son for the king'.

The suffix *Kyac* (=ya) is optionally added to an inflected nominal which is an accusative serving as a standard of comparison in the meaning of 'consider, treat as' cf. *upamānād ācāre* (AP.III.1.10). Thus *gardabham iva ācarati aśvam* 'he treats the horse like a donkey' will give us *gardabhīyati aśvam* in the same meaning by adding *Kyac* to *gardabham*. (The morphological derivation is the same as in the previous example).

Similarly, *śyene iva ācarati kakāḥ-śyenāyate kākaḥ* 'the cow behaves like a hawk'. Here 'the suffix *Kyaṅ* (=ya) is attached optionally to an inflected nominal being a nominative and serving as the object of comparison. The final *s* of the nominal (if there is any) is dropped cf. *Kartuḥ kyaṅ salop aśca* (AP.III.1.11). Thus *śyenaḥ-kyaṅ-śyenāya-* 'behave like a hawk'.

Likewise *Yajñadatta gantum icchati-yajñadatto gigmisati* 'Yajñadatta wants to go'. To the verbal stem occurring as accusative of the verb *iṣ* 'desire' is added optionally the suffix *san* in the meaning of 'desire to' provide the nominative of the two 'i.e. √*iṣ* and the verb that occurs is accusative is the same, cf. *dhātoḥ Karmaṇaḥ samānakaṛtrkāt icchāyām vā* (AP.III.1.7). Here we have *gantum* (a gerundive) as an accusative of √*iṣ*. Thus *gam-san-ji-gam-i-sa=jigmiṣa* 'desire to go'.

We may add here a more interesting example. The suffix *kyaṅ* (=ya) is attached to the nominal *sukha -*, etc., occurring as accusative if *sukha -*, etc. are experienced by the nominative of the sentence of *Sukhādibhyaḥ Kartṛvedanāyām* (AP.III.1.18). In *Yajñadattaḥ sukham Vedayate* 'Yajñadatta experiences happiness', the experiencer of happiness is Yajñnadatta, the nominative of √*vid*-experience, feel'. Thus *Kyaṅ* is added to give *sukhāyate* (through application of other relevant rules of derivation).

IV.3. Nominalization:

We shall deal here with such cases of nominalization as are derived from the underlying formations that represent case relations in sentence. These are formed by primary or secondary suffixes. These occur embedded in large formations.

To indicate futurity the suffixes *tumun* (=tum) and *ṇvul* (=aka) are added to a verbal root which is in formation with another verb denoting an action performed for the sake of the further action; cf. *tumun ṇvulau kriyāyām kriyārthāyām* (AP.III.3.10). We have a sentence *bhokṣye iti vrajati*, 'I shall eat thus he goes'. Here we have a verb 'eat' which is in formation with another verb 'go'. The action denoted by the latter is performed for the same of 'eat' which here indicates futurity. Thus the suffix *ṇvul* is attached to 'eat' to give us a noun that denotes futurity and also the nominative by *ṇvultṛacu* (AP.III.1.133). Thus, we have *bhuj-ṇvul-bhuj-aka=bhojaka* -- 'One who will eat'. In the above sentence *bhokṣye* now is replaced by *bhojakaḥ* and the derived sentence *bhokako gacchati* is used in the same meaning.

To take another example. 'The suffix *aṇ* is also attached to a verbal root governing an accusative and in formation of a verb denoting an action performed for another action, cf. *aṇ karmaṇi ca* (AP.III.3.12). For instance *Kambalam dāsyāmi* iti *vrajati-kambala - dāyo vrajati* 'he goes to distribute 'blankets'. Here the suffix *aṇ* is added to √*dā* 'give' to express futurity. √*Dā* has in formation the root *gam* 'go' the action of which is performed for the sake of √*dā*. He does so that he may be able to give. Similarly *Kumbham Karoti-Kumbha-Kāraḥ* 'he makes a pot, i.e. he is a potter'. Here the suffix *aṇ* is attached to the root *kṛ* 'to do'. The necessary condition is that the root should govern an accusative, which is *Kumbha* 'pot' in the present case, cf. *Karmaṇy aṇ* (AP.III.2.1). (The compounds in the above cases are affected by *upapadamatiṅ* (AP.II.2.19), *tatra upapadam saptimīstham* (AP.III.1.92) which, not an inflected verbal form, is compounded with a nominal standing in formation with it.

We may also give an example to illustrate the use of secondary suffixes to form such nouns. Such formations are however, optional. *Śatena krito aśvah-śatyo aśvaḥ* 'a horse purchased for hundred'. Here the suffix *yat* (=ya) is attached to the nominal occurring in the third termination and in formation with Krita. The 3rd termination here denotes instrument case relation. Pāṇini's formulation of the rule reads *tena krītam*, 'the appropriate suffix (here yat) is added to a nominal occurring in the third termination and in formation with *krita*, in the meaning of 'bought with', cf. *tena krītam* (AP.V.1.37).

IV.4. *Explication of grammatical features*:

Pāṇini finds that certain grammatical facts can be explained through a case in a sentence. We shall produce here a few examples to elucidate this point :-

(a) *Morphophonemic changes*:

To describe morphophonemic changes, Pāṇini has made use of Phonological, morphological, syntactic and semantic environments. However, some of these are explained in terms of cases. Note, for example, his observation with regard to change of *n* into *ṇ* in *Pāna*. The *n* of *Pāna* changes optionally into *ṇ* if it occurs as second member in a compound in the meaning of bhāva[21] or instrument and appropriate phonological conditions of change occur in the prior member of the compound, cf. *Vā bhāvakaraṇayoḥ* (Pānam) AP.VIII.4.10. Thus, we have *Kṣīra+Pāna=Kṣīra-Pāṇa* 'drinking of milk or a vessel with which milk is drunk'.

The *ta* of *niṣṭha*[22] (past passive participle suffix) attached to √*añac* changes into *na* provided the word thus formed is not in formation with a word in the ablative, cf. *añco anpādane* (AP.VIII.2.48). Thus *añc-ta* would give two forms *akta* and *ak -na* depending on the syntactic environments in which it is used. For instance *tasmāt Paśavo nyaknāḥ*. Therefore the animals are bent low; while *udaktam* udakam kūpāt.

(b) *Placement of accent*

Placement of accent in certain instances is conditioned by the case relations exhibited by the words in question. A few examples are given below:-

The first syllable of a root read in the Dhātupāṭha (verb root lexicon) with a final vowel carries acute accent before the suffix *yak* (=ya) expressing the nominative; cf. *bhīhrībhṛhumadajanadhanadhanadaridrājāgarām pratyayāt pūrvam piti* (AP.VI.1.192). *Yak* is attached to a verbal root before *Sārvadhātuka* suffix to denote action and object; cf. *Sārvadhātuke yak* (AP.III.1.67), but *Karmavat karmaṇātulyakriyaḥ* (AP.III.1.87) it expresses agent also. Examples are: *lúyate kedāraḥ* 'the field harvests (itslef)', *bhidyáte kāṣṭham* 'the wood splits'. Otherwise *bhidyate Kāṣṭham* 'the wood is being split' (Yak expresses object here).

The word occurring in the third termination in a compound retains its original accent if followed, by a word expressing the accusative; cf. *tṛtiyā karmaṇi* (AP.VI.2.48), e.g. *ahi-hataḥ* 'killed by a snake'. *dátra-lūnaḥ* 'cut by a scyth'.

A verbal form in future (lṛṭ) occurring in a complex sentence with a form in the imperative (loṭ) of the verbs meaning 'motion' does not bear a grave (anudātta)[23] accent unless the cases of both the verbs are wholly different from each other; cf. *gatyarthalotā lṛṇ na ce. kārakaṁ sarvānyat* (AP.VIII.1.51). e.g. *āgaccha Yajñadatta grāmam, drakṣyasi enam* 'come on Yajñadatta to the village; you will see it'. But *āgaccha Yajñadatta grāmam. Pitā te odanam bhokṣyate* 'come on Yajñadatta to the village. Your father will take rice'. In the latter sentences the cases of the verbs have nothing in common. Thus *bhokṣyate* (lṛṭ) carries grave accent (which is not marked).

(c) *Selection of derivative suffixes:*

Selection of primary or secondary suffixes in certain formations in a sentence is conditioned by case relations. For instance, 'the suffix *ghañ* (=a) is attached to a verb to form an abstract or common noun (Saṁjñā) denoting a case relation other than that of the nominative with the verb; cf. *akartari ca kārake saṁjañāyām* (AP.III.3.19) e.g. *pra-as-ghañ-prās-a* (mas.) 'a spear, that which is thrown (accusative), *pra-sīv-ghañ-pra-seva* (accusative) that which is sewn, 'a bag'.

The suffix *śas* is attached optionally after a word meaning 'much or little' if it denotes a case relation; cf. *bahvalpārthācchas kārakād anyatrasyām* (AP.V.4.42), e.g. *bahūni dadāti, bahuśaḥ dadāti* 'he give much; *stokam dadāti, stokaśaḥ dadāti* 'he gives little'.

The suffix *tasi* (=tas) is substituted optionally in place of the fifth termination denoting the ablative except in case of roots *hā* 'give up' and *ruh* 'grow' cf. *apādānecāhīyarūhoḥ* (AP.V.4.45) e.g. *caurāt bibheti-cauratah bibheti* 'he fears the thief'; *gṛhāt prasthitaḥ-gṛhataḥ prasthitaḥ* 'he started off from home'.

The suffix *ṇamul* (=am) is added to a verb to express 'haste' if a noun in the ablative is in formation with it, cf. *apādāne-parīpsāyām* (AP.III.4.52) e.g. *śayyāyā utthāya dhāvati - śayyottham (śayyā-utth-am) dhāvati* 'he runs off as soon as he gets up from his bed'. Likewise, 'the suffix *ṇini* (=in) is attached to a verb in formation with a work in the nominative denoting an object of comparison cf. *Karttary upamāne* (AP.III.2.79) e.g. *uṣtra iva krośati-uṣtra-kruś-in-uṣtra-Krośin* 'who makes a noise like a camel'. Also, the suffix *ṇin* (=in) is added to √*yaj* 'sacrifice' in formation with a word denoting instrument, in the meaning of 'past' cf. *Karaṇe yajaḥ* (AP.III.2.85) e.g. *agniṣṭomèna iṣṭvān - agniṣṭoma - yaj-ṇin--agniṣṭoma-yaj-in-* 'one who sacrifices with agniṣṭoma sacrifice'.

(d) Selection of verbal endings:

The selection of verbal endings by some verbs is conditioned by the case relation denoted by the nominal in formation with it. The verb *nī* takes middle voice endings when it governs an accusative which is incorporeal residing in the nominative, cf. *Kartṛsthe cāśarīre Karmaṇi* (AP.I.3.37) e.g. *Yajñadattaḥ Krodham Vinayate* 'Yajñadatta subdues his anger', but *Yajñadatto rāmasya Krodham vinayati* Yajñadatto removes Rāma's anger.

The active-voice endings are added after a causal verb which is intransitive in its non-causal form if it has sentient being as its nominative, cf. *aṇāvakarmakāc cittavat-kartṛkāt* (AP.I.3.88) e.g. *bālaḥ śete* 'the child sleeps' - *Jananī bālam śāyayati* 'mother sends the child to sleep', *Yajñandatta āste* 'Yajñadatta sits' - *Yajñadatto* devadattam āsayati *'Yajñadatta makes Devadatta sit'*.

(e) Restrictions on compound formation:-

Restrictions on certain constituents entering into compounds are stated in terms of case relations in a sentence. For example, a word in the sixth termination will not form a compound with another inflected word in formations with it if it denotes the locative or the nominative relation expressed by *kta* and *tṛc* or *aka* suffixes, respectively, cf. *adhikaraṇavācinā ca & tṛjakābhyām kartari* (AP.II.2.13 & II.2.15). No compound will be formed in the following: *idam chātrāṇām yātam* 'this is the place where the students went'; *idam chātrāṇām bhuktam* 'this is the place where the students ate', *bālasya śāyikā* 'the act of sleeping by a child'. Likewise, 'the noun in the sixth terminaition is not compounded with a noun denoting a nominative expressed by *tṛc* or *aka*, cf. *Kartari ca* (AP.II.2.16). Thus compounding is debarred in *apām sṛṣṭā* 'the creator of waters' *odanasya bhojakaḥ* 'the eater of rice'.

Once the case categories have been established in the language for reasons discussed above it consequently enables Pāṇini to make a generalization such as *Karmaṇi dvitīyā* (AP.II.3.2), the second termination is used to denote the accusative; *apādāne Pañcami* (AP.II.3.38); 'to express the ablative fifth termination is employed; etc. Besides, the use of fifth or seventh termination in *Yajñadattaḥadya bhuktvā dvyahāt dvyahe vābhoktā* 'Yajñadatta having eaten today will eat two days later from today', is accounted for by Pāṇini in terms of case relations in the sentence. He says: 'The fifth or Seventh termination is used with a word denoting time or space interval between two cases, cf. *Saptamī-Pañcamyau Kārakamadhye* (AP.II.3.7).

Theoretical Implications

V.0. Pāṇini has nowhere explicitly stated the theoretical framework he was working in. We can form an idea of his theory of language from the way he organizes his description of Sanskrit language. It seems he views language broadly as representation of an abstract system formulated in terms of conceptual relations, established on rational (logical) and/or empirical considerations. His grammatical categories thus correspond to underlying conceptual relations as far as it could be possible.

V.1. A natural language, however, grows and functions within the confines of social organization and history, time and space. Social and historical forces influence the linguistic system in diverse ways; as a result of which a system always comes to acquire idiosyncratic features. Pāṇini recognizes constrains of actual linguistic usage on linguistic system. His sense of realism thus keeps him close to the facts of the language. He is never swayed away by logical considerations. With a penetrating insight he is able to discern the role of various forces acting on each other in shaping the language. The sentences illustrate this point magnificiently. Though conceived as some sort of logical relations, these were willingly further modified by conceding various other bases just to accommodate the actual world of Sanskrit language.

V.2. To Pāṇini language is a unified system organised hierarchically. Various levels and sub-levels are intimately inter-related and interact on one another. Language, according to him, seems to be organized in a set of concentric circles each representing a level or sub-level. The inner circle may comprise formal features (Phonological, morphological, syntactic, etc.) and the outer circles successively may denote semantic content of language and events of the real world, the colourful playground of language. Pāṇini would reach out to the outer circle(s) if no satisfactory explanation of a linguistic fact is available in terms of the inner circle(s). We may also note here that as we move outward the number of facts to be explained declines gradually. For instance, most of the morphophonemic changes are resolved in terms of phonological units, some in terms of morphology, a few in terms of syntax, and very few in terms of meaning and real world. This is true at other levels also. From this, one might get an impression that Pāṇini is being adhoc and eclectic in offering explanations of linguistic facts in such unrelated terms. But as we have observed earlier he considers total environments in which language functions as relevant to explication of linguistic facts. He has no compunction in seeking explanations in terms of one another. One should not be surprised if Pāṇini accounts for the accent and extra-length of the final vowel in a particular sentence in terms of social classes and the facts of the real world, cf. *Vākyasya ṭeḥ pluta duāttaḥ, pratyabhivāde aśudre* (AP.VIII.2.82.83), respectively. The case notions are established on various bases and employed in sentences to explain linguistic facts almost at all levels.

In conclusion we may then say that Pāṇini is conscious of the fact that he is dealing with a phenomenon that is deeply associated with human behaviour in general and at the same time based in smaller social groups. Thus, his theoretical framework, whatever it may have been, is hedged and circumscribed by the actual facts of the real world. His statements are thus at once general, particular and unique.

REFERENCES

1. In Pāṇinian grammar the word *kāraka* (case) is employed in the technical sense of 'Instrument of action', cf. *kāraka śabdaśca nimittaparyāyaḥ. Kārakam heturitinārthāntaram. Kasya hetuḥ Kriyāyāḥ* KK on the AP.I.4.23 and also, *Kāraka iti Saṁjañānirakśaḥ sādhakam nirvartakam kāraka Saṁjñam bhavati* (MB. Gurukul Jhajjar Publication, 1963, Vol.2. p.376). The word Kāraka literally means 'doer of an action'. Patañjali remarks *Sapta hastāsaḥ Sapta Vibhaktayaḥ* MB Gurukul Jhajjar Pub. 1963. Vol.I. p.17. Cf. also DPK. thereon. There are six kāraks attested in all the grammatical works, i.e. *Kartṛ* (nominative) *Karman* (accusative), *Karaṇa* (instrumental), *Saṁpradāna* (dative) apādāna - (ablative) and *adhikaraṇa* (locative) to indicate the case-affixes (Vibhaktis) *prathamā, dvitīyā, tṛtīyā, caturthī, Pañcamī* and *saptmī* respectively. These are known as *Kārakavibhaktis* as contrasted with *Upapadavibhaktis*, which show a relation between two substantives and hence are looked upon as weaker than the *Kārakavibhaktis*, cf. *Upapadavibhakteḥ Kārakavibhaktir balīyasi* (Paribhāṣā No.83 in Pāribhāṣika, commented by Swamī Dayānandā Sarasvatī, Pub. Ajamar). The Word Kāraka, in short, denotes the capacity in which a thing becomes instrumental in bringing about an action. This capacity is looked upon as the sense of the case affixes which express it. The topic of Kārakas is considered the most important chapter in the field of Sanskrit grammar. Therefore, there is a long queue of scholars, who have written small compendiums on the kārakas. See AP.I.4.23 to 55; MB Gurukul Jhajjar Publication-1963; Vol.2nd P.376 to 439. KV. II 4.8 to 42 etc.

2. Due to the following reasons *hetu* (causer) is not treated as a separate case. Pāṇini mentions causer as *tat-prayoja-kohetuśca* (AP.I.4.55), 'the prompter (causer) of that *Kartā* is known as *hetu*'. 'Pāṇini in this way assigns two technical terms (Saṁjñā) to the causer of kartā, namely *hetu* and *Kartā*. Commenting on the above aphorism the KK observes:-
Svatantrasya prayojako you arthaḥ tatkārakaṁ hetu saṁjmñam bhavati, cakārāt kartṛsaṁjñam ca, Saṁjñā samāveśārtha ścakāraḥ kuruvāṇam prayuṅkte Kāṛayati, hārayati 'The thing that prompts the karatā is the Kārakā called *hetu* and it bears the name of Kartā also by reading *ca* in the aphorism. He causes him to do, causes him to carry. Further, KK. adds: *hetutvāt ṇico nimittaṁ*

kartṛtvācca kartṛ pratyayenocyate, 'by virtue of being hetu, it introduces ṇic (causal suffix) and being kartā it is indicated by Kartṛ-suffix. Pāṇini's intention in designating the causer of Kartā by two labels is to invoke two grammatical operations viz. introduction of *ṇic* (causal) suffix by *hetu mati ca,* (AP.III.1.26) and representing it grammatically by terminations appropriate to Kartā, cf. *Śeṣāt Kartari parasmaipadam, Katṛkaraṇayostṛtīyā* (AP.I.3.78 & II.3.18).

Suppose we concede for a moment that causer is a separate case in its own right. The question arises how it is to be represented linguistically. Pāṇini has described the linguistic representation of cases in *Śeṣāt Kartari Parasmaipadam* (AP.I.3.78), *anabhihite* (AP.II.3.1) *Kartarikṛt* (AP.III.4.67). But he has not talked of causer anywhere in this regard. In fact, both case and causer have identical representation always either by Ist or 3rd termination. We do not have any example in the language where causer is represented differently from *Kartā* (agent).

In fact, for all practical purposes, Pāṇini uses agent as a covering term for both causer and agent. He uses causer only when he has to refer to its exclusive connotation viz. prompter of agent; Otherwise he subsumes it under agent. Even in instances where he could have justifiably introduce causer he uses agent. The following will make it clear. The middle-voice (ātmanepada) suffix is employed with a verbal stem taking *ṇi* (causal suffix) if what is Karma in *a-ṇi* (non-causal) becomes agent in *ṇi* (causal) except in case of verbs meaning 'remember with regret', cf. *ṇeraṇau yat karmaṇau cet sa karttā nādhyāne* (AP.I.3.67). The case relation with the causal verb here is known as agent instead of causer. Also, the agent of the non-causal forms of *hṛ* (carry) and *Kṛ* (do) is optionally Karm in the causal (otherwise it remains agent) cf. *hṛkror anyatarasyām* (AP.I.4.53). In conclusion we assert that to denote case relations the prompter of agent is always subsumed under agent and is never deployed separately as causer. The notion of causer is to introduce certain grammatical operations such as introduction of *ṇic,* and so on.

3. Pāṇini defines *Kartā* as *svatantraḥ Kartā* (AP.I.4.54) and explained it in KK. as *aguṇibhūto yaḥ Kriyāprasiddhau svatantryeṇa vivakṣyate tat kā-rakaṁ kartṛ Saṁjñam bhavati.* This is being used in grammar as 'doer', 'agent' 'subject', 'agent of an action', and as a nominative case. This produces the result of an action without depending on any other instrument. The Kartā (agent) is put in the nominative case in the active-voice (cf. AP.I.4.54) mentioned above; in the instrumental case in the passive-voice cf. *Kartṛkaraṇayostṛtīyā* (AP.II.3.18), and in the genitive-termination when it is connected with a noun of action or verbal derivative noun; cf. *Kartṛ Karmaṇo Kṛti* (AP.II.3.65).

4. Pāṇini states *adhikarṇa* (locative) as *ādhāroadhikaraṇam* (AP.I.4.45) literally means 'support'. It is a place of verbal activity shown by the locative case, cf. *SaptamYadhıkaraṇe ca* (AP.II.4.36). Patañjali defines it as *dravya* (Substance) *anadhikaraṇa Vāci adravya vāci iti gamyate* on the AP.II.1.1. Bhartṛhari defines it as *Vicārasthāna* cf. VP.II.116 & II.7, 148, 155.

5. Pāṇini defines *Karaṇa* (instrument) as *Sādhakatamam Karaṇam* (AP.I.4.42) and KK. thereon *"Kriyāsiddhau yat Prakṛṣṭopakārakam vivakṣitam tat sādhakatamam kārakam karaṇasaṁjñam bhavati".* which indicates the most efficient means for accomplishing an act, e.g. *masigrabheṇa* in *masigarbheṇa likhati,* 'he writes with pen'. Secondly, this term signifies the disposition of the organ which creates the sound; cf. *śvāsanādobhayānām viśeṣaḥ karaṇamityucyate, etacca pāṇini saṁmatābhyantaraprayatna iti bhāti,* commentary on RV. Pr. XIII.3; and also, *Sthānakaraṇānupradānāni,* Patañjali on the AP.I.2.32; cf. also *anupradānatsaṁsargāt sthānāt karaṇ vinyayāt, Jāyate Varṇavaiśeṣyam Parīmāṇācca Pañcamāt.* Tai. Pr.XXIII.2 where instrument is illustrated to be of five kinds i.e. *anupradāna, saṁsarga, sthāna, karaṇavinyaya* and *parimāṇa* and commentary thereon *akārasya tāvatanupradānam, nādaḥ, Saṁsargaḥ, Kaṇṭhe, Sthānamhanū, Karaṇavinyayaḥ Oṣṭhau Parimāṇam mātrākālaḥ, anupradānādidhiḥ pañcabhiḥ karaṇairvarṇānām vaiśeṣyaṁ jāyate.* The Vājasaneyī Prātiśākhya records two instruments i.e. *Saṁvṛta* and *Vivṛta;* cf. *dve Karaṇe saṁvṛta vivṛtākhe vāyorbhavataḥ* (Vs.Pr.I.2). Thirdly, the term describes the effort inside the mouth (ādhyantara-prayatna) to produce sound, e.g. touching of the particular place (sthāna) inside the mouth for uttering consonants, cf. *spṛṣṭham sparśānām karaṇam,* Patañjali on the AP.I.1.10 VK 3. Finally, use of a word e.g. *Vatkaraṇam, itikaraṇam,* patañjali mentions *Kimupasthitam nāma anārṣa itikaraṇaḥ* (MB on AP.VI.1.129).

6. Pāṇini mentions *Karma* as a technical term in his grammar. It is put in the accusative case, cf. *Karturipsitatamam Karma* (AP.I.4.49) *Karmaṇi dvitīyā* (AP.II.3.2). The term Karma is connected with a verbal activity activity; cf. *tathā yuktam-cānīpsitam, akathitam ca,* & *gatibudhipratyavasānartha śabdakarmākarmakā ṇā maṇi kartā sa ṇau* (AP.I.4.50 to 52) respectively; cf. *Yat Kriyate tat Karma,* KV. (II.4.13), *Kartrāpyam,* JV. (I.2.120) and *Karturvyāpyam karma* SHS (II.2.3). This term is also employed in the sense of activity in general, as for example, the sense of a word e.g. *nāmākhyātayostu karmopasaṁyoga dyotakā bhavanti,* YN I.3.4) where Durgācārya illustrates Karma as *sense* (artha). It is also used in the sense of *Kriyā* cf. *Karttari Karma vyatihāre, udonur dhvakarmaṇi ādhikarmaṇi ktaḥ kartari ca* (AP.I.3.14, 24. III.4.71)

respectively. Sometimes a case related to the activity as dative, ablative or locative is also treated as Karma (accusative), if it is not meant or desired as ablative, dative, etc. It is known as *akathitakarma* in such cases, cf. *apādānadiviśeṣakathābhiravivakṣitam akathitam*, KK. on the AP. (I.4.51). The accusative case (Karma) which is *Īpsitatama* is treated to be of three kinds with reference to the way in which it is obtained from the kriyā (activity). It is designated *Vikārya* when a transformation is noted in the object as a result of the verbal activity, e.g. *Kāṣṭham bhinatti* etc. It is known *Prāpya* when no change is seen to result from the action, the object only coming into contact with the subject, e.g. *nagaram yāti*, etc. It is called *nirvartya* when the object is brought into being under a specific name, e.g. *śākam pacati*, cf. *nirvartyam ca vikāryam ca prāpyam ceti tridhā matam, tatrepsitatamam*, PM on the AP.I.4.49 and Nyāsa thereon; as also VP.III.7.45. The object which is not *Īpsitatma* is also subdivided into four kinds e.g. (i) *anīpsita (grāmam gacchan) tṛṇam spṛśati* (2) *audāsīnyena prāpya or itarat or anubhya* e.g. *(grāmam gacchan) Vṛkṣamūlāni upasarpati*, (3) *anākhyāta* or *akathita* e.g. *balim* in *balim yācate vasudhām* (4) *anyapūrvaka e.g. akṣān dīvyati*, cf. PM on the AP.I.4.49. JV. records seven kinds e.g. *prāpya, Viṣayabhūta, nirvartya, vikariyātmaka, ipsita, anīpsita* and *itarat* stating *karma* as *kartrā kriyayā yad āpyam tat kārakam karma*. Apart from this object (Karma) is to be achieved by an activity, it is always syntactically connected with a verb or a verbal derivative when connected with verbs or verbal derivatives, indeclinables or words ending with the affixes *uka tṛn, kta, ktavatu* etc.; it is put in the accusative case. It is put in the genitive termination when it is connected with affixes other than those quoted above; cf. *Kartṛkarmaṇoḥ Kṛti, na lokāvyaya niṣṭhākhalarthatṛnām* (AP.II.3.65 and 69) respectively. When, nevertheless, the accusative case is expressed (abhihita) by a verbal termination (tiṅ) or a verbal noun termination (kṛt), or a noun-affix (taddhita) or a compound, it is put in the nominative case e.g. *Kaṭaḥ kriyate, kaṭaḥ kṛtaḥ, śatyaḥ, prāptodakaḥ grāmaḥ* and so on. It is termed *abhihita* in such cases; cf. *anabhihite* (AP.II.3.1).

7. Pāṇini describes *Saṁpradāna* (dative case) *Karmaṇā Yamabhiprati sa Saṁpradānam* (AP.I.4.32), cf. also Bharthari in VP.III.7.12. The term is technically employed in connection with the bearer of such a relation. It is a case relation between a noun and the verb with which it is connected. It is a relation of the type donation and the donee.

8. Pāṇini defines *apādāna* as a *dhruvamapāyeapādānam* (AP.I.4.24) and the subsequent aphorism (AP.I.4.25 to 31) and which is put in the ablative-case cf. *apādāne pañcami* (AP.II.3.28). It is being used as a technical term in Pāṇian grammar: Literally it means recession, detachment, separation and point of departure.

9. Cf. also MB Pub. Haryāṇā Sāhitya Saṁhitān Gurukul Jhajjar, Rohtak-1963, Vol.2nd P.417. f.

10. We have often skipped the aphorisms of derivation of morphological forms. It would have simply clouded the presentation of main arguments.

11. Cf. *Jugupsā Virām Pramādārthānām Upasaṁkhyānam*. 'The objects associated with the Verbs meaning 'aversion', 'cessation', and 'negligence' should also be included.

12. Cf. Cardona, George; "Pāṇini's Syntactic categories", Journal of Oriental Institute, Baroda, Vol.XVI (1967) p.212.

13. Mme. Rocher reported by Cardona, op.cit. p.214.

14. Literally, a word prefixed or placed near. At first the term *Upapada* is employed in Vedic grammar where it means a word standing near and affecting some change; cf. *ca va ha aha eva etāni caprabhṛtīni Yāniupapadāni Uktāni ākhyātasya Vikārīṇi* (Uvvaṭa on VS.Pr.VI.23). In Pāṇinian grammar, it is found used in the locative case; cf. *tatropapadam septamistham* (AP.III.1.92). Pāṇini mentions in his aphorisms from III.1.90 to III.4. end. This term is also applied in the sense of an adjoining word connected in sense, e.g. *Yuṣmadyupapade samānāchi karaṇe sthāniapi madhyamaḥ* (AP.I.4.105) as also *phrāse ca manyopapade manyateruttama ekavacca* (AP.I.4.105) cf. also, *Kriyārthāyām Kriyayāmu papade dhātorbhaviṣyati kāle tumun ṇvulau bhavataḥ* (KK on AP.III.3.10) cf. also *mithyopapadāt kṛñobhyāse* (AP.I.3.71) as also *upapadamatiṅ* (AP.II.2.19) and *gatikārkakopadātkṛt* (AP.VI.2.139). Kaiyaṭa on MB.III.1.92 VK.2 illustrates the term Upapada as *Upoccāri* or *Upoccāritam padam Upapadam*. In CSL it is employed as previously *uttered; dhanurupapadam vedam* (Bhāravi XVIII.44). In CSL it is found used as a secondary word of a sentence, a preposition, article etc.

15. cf. Dhanuṣā vidhyati iti-apāya-vivakṣayā vinā dhanuṣo vyadheḥ sādhaktama--tvābhāvāt saṁjñādvaya-prasaṅge paratvāt karaṇa Saṁjña bhavati (Kaiyyaṭa), apāyetidhanur-nirgata-śara-karaṇak -vedhe dhanuṣaḥ sākṣāt Karaṇatvāsam bhavād avaśym nirgamana-purvake vedhe vidhyatimvarttyitvātad-ghaṭaka nirgamanasya avadhi-bhāvena eva nirvarttakam dhanur vedhe paramparayā karaṇam·iti avaśyam vācyam iti udhayoḥ prāptir iti bhāvaḥ (Nāgojibhaṭṭa).

16. One of the two voices in which verbs in Sanskrit are conjugated. A voice for another. In Pāṇinian grammar the term active-voice is given to the first nine affixes *ti, taḥ, anti, si, thaḥ, tha, mi, vaḥ,* and *maḥ,* while the term middle-voice is employed in connection with the next nine affixes *ta, ātām, jha, thās, āthām, dhvam, i, vahi* and *mahi.* The term active-voice is contrasted with the passive-voice. Indian ancient grammarians have used the term *parasmaibhāṣa* in the sense of active-voice; cf. AP.VI.3.8 VK. 1. The term *paramaipadin* was substituted for *parasmaibhāṣa* later on, more commonly. The term parasmaibhāṣa alongwith *ātmanebhāṣa* is found almost invariably used in the Dhātupāṭha attributed to Pāṇini, cf. *bhū* sattāyām udāttaḥ parasmaibhāṣa. Edhādaya udāttā anudātteta ātmanebhāṣa (DPP).

17. *Karmastha-bhāvakānām karmastha-kriyāṇām ca Kartā Karmvad bhavati* (KK. on AP.III.1.87).

18. *Kartrabhiprāye Kriyā-phale* (KK. on AP.I.3.74).

19. Cf. *nanu cātra karmakartari; mūlodāharaṇāni tatra karma vad bhāvena eva siddham ātmanepadam kim artham idim ucyate. Karmastha bhāvakānām karmastha-Kriyāṇām ca karmavad atideśo vijñāyate. Kartṛsthārthe ayam ārambhaḥ tathā ca ruhiḥ Kartṛsthakriyaḥ dṛśiḥ kartṛstha bhāvak udāhṛtaḥ* (KK. on AP.I.3.67).

20. MB, Pub. Haryāṇā Sāhitya Saṃasthān gurukul Jhajjar Rohtak, Haryana, 1963, Vol.2., p.380 ff.

21. In Sanskrit grammar the term *bhāva* is employed many times in the sense of a root which is incomplete activity or process of evolving cf. *tad ākhyātam yena bhāvam sa dhātuḥ* (RV. Pr.XII.5) cf. also, *ṣat bhāvavikāra bhavanti* (YN I.36), *pūrvāparībhūtam bhāvam ākhyātena ācaṣṭe* (YN.I.1) Patañjali describes it as *tadarthasya bhāvaḥ tād arthyam* (on AP.II.3.13) Śaunaka mentions *tatra-prathamāstṛtīyabhāvam* (RV.Pr.II.4) Cf. *Śabdasya Pravṛttīnimittam bhāva śabdena ucyate* (KK. V.I.119), Cf. also *Siddhaśabdaḥ Kūṭastheṣu bhāveṣu avicāliṣu vartate* (Patañjali on MB I.1) Cf. *Kṛdabhito bhāvo dravyavad-dhbhavati* (Patañjali on AP.II.2.19, III.1.67, IV.1.3, V.4.19 cf. also *bhāvastsu ekaḥ* (Patañjali on AP.III.1.67) cf. also, *bhāvaḥ kriyā* (KK.on AP.II.3.37), cf. also *bhāvagarhāyām dhātvarth agaryāyām* (KK.III.1.24).
In poetic compositions bhāvas are either primary or subordinate. The former are eight or nine, according as the *rasas* are taken to be eight or nine each, *rasa* having its own Sthāyibhāva. Therefore, the term bhāva being used in dramatic science is quite different from what it is being used in grammar.
In Gita it is used in the sense of existence, cf. *nāsato vidyate bhāvaḥ* (II.16) etc. In other CSL it is used in different senses.

22. *Nisṭhā;* a Saṃjñā in Pāṇinian grammar. The affixes *kta* and *ktavatu* are known as *Niṣṭhā.* cf. *Kta-ktavatu niṣṭhā* (AP.I.1.26).

23. The term *anudātta* is employed in the sense of *an+udāttaḥ* i.e. *avidya mānaudāttaḥ* (AP.VI.1.161 & 190). It is applied to such roots as have their vowel grave, the chief characteristic of such roots being the non-admission of the augment *i* before an ārdhadhātuka affix placed after them. Literally, it means absence of the acute accent, one of the external efforts to produce sound. The grave accent is uttered accentless, cf. *anudāttam padamekavarjam* (AP.VI.1.158). It is found defined in all the grammar works; cf. *nīcair anudāttaḥ* (Tai.Pr.I.39; Vs.Pr.1.109; AP.I.2.30), KK. defines it; *Yasmin uccāryamāṇe gātrāṇāmanvavasargo mārdavam bhavati svarasya mṛdutā snigdhatā, kaṇṭh vivarasyoruthā mahatā* (KK on AP.I.2.30). cf. also *anvavasargo mārdavam urutā svarsyeti nīcaiḥ karaṇi sabdasya* (Patañjali on AP.I.2.30) cf., also *udāttaścānudattaśca svaritaś ca trayaḥ svarāḥ, āyāmaviśrambhākśepaista ucyante akśarāśrayāḥ* (RV.Pr.III.1.).

CHAPTER XVIII

ACCENT

I.0 There is a dictum in Sanskrit grammar that AP. was accented. Pāṇini himself marked the accent on the aphorisms of the Aṣṭādhyāyī. Now the question arises why it disappeared later. Many arguments can be put forward in this regard. The major argument in this connection, in the opinion of the author is the lack of Vedic studies. In Pāṇini's time Vedic studies were on high pedestal. Accent plays a major role in Vedic studies. Vedic studies are generally considered difficult due to their technical nature. From Pāṇini onward, people left the Vedic studies and turned to studies of classical Sanskrit literature[1] where accent has nothing to do and language is free from Variation of tone or pitch and there is hardly any difference of stress involved. Classical Sanskrit marks no accent. Owing to this reason accent disappeared from AP.

I.1. From the internal evidence of AP. it seems that Pāṇini had taught the Aṣṭādhyāyī to his pupils with a proper sense of accent[2]. MB gives evidence that AP. was in a monotonous accent[3]. Kaiyaṭa by quoting some other grammarian's viewpoint explicitly states that AP. was in monotony accent[4]. But Nāgeśa differs here. According to him, AP. was not in monotony accent[5]. He quotes a line in his support from MB, i.e. *ādyudātta nipātanam Kariṣyate*[6]. This quotation does not require any furhter explanation as it is self-explanatory. It clearly indicates that AP. was in monotony accent, otherwise Patañjali would have used *Kṛtam* instead of *Kariṣyate* in the quotation mentioned just above. Therefore, the view of Nāgeśa is not correct. Thus, it is not acceptable to us, and it seems that AP. was originally marked in monotony accent. Moreover, we have come across a statement in *Pratijñāpariśiṣṭa*[7] i.e. Tāna *evāṅgopāṅām*. It means, the books which are known as *aṅga* and *upāṅga* are in monotony accent. The AP. also falls under this category. I, therefore, agree with the recommendations made by Patañjali in this regard. According to him, Pāṇini taught all his aphorisms, in monotony accent. There are, however, evidences to show that the AP. was at one time in monotony accent[8]. I have, therefore, marked the accent in the original text of the AP. which is appended at the close of this treatise.

II.0 Pāṇini has mentioned three acute (udātta) grave (anudātta) and circumflex (svarita) accents in his aṣṭādhyāyī and he has explained them fully. Acute is defined as having a high tone, cf. *Uccairudāttaḥ* (AP.I.2.29). Grave is explained as having a low tone, cf. *nīcairanudāttaḥ* (AP.I.2.30). Circumflex is mentioned as having a middle tone, cf. *Samāhāraḥ Svaritaḥ* (AP.I.2.31). It is worth noting here that the accents are the qualities of vowels.

II.1. Generally, acute is the chief accent of every word. Pāṇini has given a definition regarding accent i.e. in a word, a single syllable is acutely accented all the rest are left un-marked, cf. *anudāttam Padamekavarijam* (AP.VI.1.158). Whenever an accent whether it is acute or a circumflex is ordained with regard to a worth, there, this definition must be employed to make all the other syllables of that word unmarked. The aphorism *dhātoḥ* (AP.VI.1.162) mentions that a final syllable of a root is acutely accented. Thus, with the exception of the final syllable, all the other syllables are unmarked, e.g. in *gopāyati ya* is acutely accented, all the rest are unmarked. The accent of a root is superseded by *ā* accent, e.g. in *lunāti*, *ā* is acutely accented. The *ā* accent is superseded by *tas* accent, e.g. in *lunītáḥ, taḥ,* is acutely accented. The *taḥ* accent is superseded by *ām* accent e.g. in lunītastarám, here *ām* is acutely accented.

II.2. When a special accent is mentioned for a word the words with the exception of one syllable indicate that the seperate accent of an augment, a preparative element, a stem and an affix should cease. In this way, the aphorism *caturanaḍuhorāmudāttaḥ* (AP.VII.1.98) clearly shows *ām* gets acute accent in the augment of *catur,* and *anaḍuḥ,* when a strong case affix follows. So, *catavāraḥ anaḍvāhaḥ* here the augment-accent supersedes the accent of the stem, for *cátura* has the acute accent on the first syllable, thus also *anaḍúḥ,* these being structured by the affixes *uran* and *asun* respectively. So *cat+uran=Cátura,* cf. *Cateruran* (US.V.58) and accent by *ñnityādirnityam* (AP.VI.1.197). *Anḍuḥ* is derived in the following way: *ano vahati=anas+ vah+Kvip,* here the *S* is replaced by *ḍ,* and there is vocalisation of *V* of *√Vah* by *VacisvapiyajādināmKiti* (AP.VI.1.15). Thus, we get *anḍuh.* The word is produced by a primary affix with a case preposition, theefore, the second term will keep its original accent, namely the final acute of a root, cf. *dhāṭoḥ, gatikārako papadātkṛt* (AP.VI.1.162 and VI.2.139) respectively. *Anas* itself is derived by attaching the affix *asun* (cf. US.IV.189) which makes the formation acutely accented on the first syllable. Likely as to *Vikāra (vikaraṇa) asthidadhisakthyakś ṇāmanṅudāttaḥ* (AP.VII 1.75) informs instead of *asthi, dadhi, Sakthi* and *akśi* there will be *anaṅ* which gets acute accent when any of the subsequent termination beginning with a vowel follows. Thus *ana* will supersede the acute accent of the first *a* of the stem, e.g. *asthdni.* The word *ásthi* comes from *ás* by adding the affix *Kthin*[9] which has the acute accent on the first syllable, cf. *ñnityādiranityam* (AP.VI.1.197) so it can be treated as an example of Vikāra. Similarly in *gopāyati* the accent of the stem mentioned in *dhātoḥ* (AP.VI.1.162) supersedes the accent of the interpose *āya,* cf. *gupūdhūpavicchipaṇipanibhya āyaḥ* (AP.III.1.28) i.e. the acute accent on *ā* in *āya* which gives way to the root-accent due to *ya* is acutely accented. Thus also the accent of the affix supersedes that of the stem i.g. *karttayám* and *harttavydm* which are structured by the affix *tavyata* cf. *tavyattv Yānīyaraḥ* (AP.III.1.96) here *titsvaritam* (AP.VI.1.185) debars the accent of the root.

II.3. The firmness of the actual accent of a word depends upon the various aphorisms that have gone to form it, and the sequence of those aphorisms e.g. a latter aphorism superseding a prior aphorism, an eternal[10] aphorism superseding a non-eternal aphorism[11], an internal[12] superseding an external[13], a specific[14] aphorism superseding a general[15] aphorism. But another test is, what is the remaining aphorism that applies after giving scope to all. An aphorism, that in spite of another aphorism, finds scope, bards that former aphorism. As *gopāyati.* It comes from *√gúp,* which as a root has accent on the syllable *gú,* cf. AP VI.1.162 (quoted above) in the case of derivative verbs formed with affixes by the aphorism of satiśiṣṭa[15(a)], because even after the addition of the affix, these words retain the designation of root. Likely in *Kārṣṇottarāsaṅgaputram,* the possessive-accent (AP.VI.2.1) being specific to compound-accent (AP.VI.1.223), debars the compound-accent, but this possessive-accent is in its turn debarred by the aphorism of *satiśiṣṭa* when a further compound is structured and the final word is a compound only, and not a possessive. Though the accent of the interpose is a *satiśiṣṭa,* yet it does not debar the sārvadhātuka- accent (AP. VI.1.186). In this way, *lunītaḥ* the accent of the interpose *nī* does not debar the accent of *tas.*

II.4. The Negative-accent is stronger than the case affix accent. As in *atisraḥ,* gets the acute accent and affix *tavai* gets the acute accent on its final syllable, simultaneously, e.g. *'étavai'*, 'to go' *Pātavaí* 'to drink', cf. *antaśca tavai Yugapat* (AP.VI.1.200). This is an exception to aphorism *ādyudāttaśca* (AP.III.1.3) by which *ta* of *tavai* ought to have got the accent, and it also countermands aphorism *anudāttam Padamekavarjam* (AP.VI.1.158) by which there can be only a single acute accent in a single word formation. But when a preposition is compounded with the root ending with *tavai*-affix, then a preposition retains its original acute accent e.g.; *ántetavai, páristaritavi páripātavaí, abhícaritavaí* etc. cf. *tavai cāntaśca yugapat* (AP.VI.2.51). All prepositions have acute accent on the first except *abhi*: which therefore has acute accent on the final syllable. PSP.IV.13 which declares *Upasargā ādyudāttā abhivarjam.* This debars root-born accent (cf. *gatikārakopapadātkṛt,* AP.VI.2.139) and is an exception to the aphorism that in a single word, a single syllable only has acute accent. In *Vanaspati and co.*, both members of the compound retain their original accent at one and the same time. (cf. *ubhe vanaspatyādiṣu Yugapat* AP.VI.11.140). Here in *Vánaspáti*, both *vana* and *pati* are acutely accented on their first syllable and *suṭ* augment comes by *Pāraskaraprbhṛtīnī ca saṁjñāyām* (AP.VI.1.154). *Bṛ́haspáti=bṛhatām patiḥ* (cf. VI.1.157) the word *bṛhat* has acute accent on the final, according to some authorities it is acutely accented on the first. *Sácīpáti* (it is shaped by *ṅīṣ*) according to some scholars it has acute accent on the first by mentioning it in *śārangrava-* class (cf. *Śārangravavādyaño ṅīn* AP.IV.1.73). *Tanunápāt* (it is structured by *ū* cf. US.1.80) it gets acute accent on the final. According to some authorities it is acutely accented on the first syllable and *napāt=na pāti* or *na palāyati* with *kvip* and it gets acute accent on the first syllable. *Nárāśāṅaḥ narā asminnāsīnāḥ śansanti* or *narā eva śansanti*. The word *nara* is structured by *ap* and it is acutely accented on its first syllable, *śansa* is produced by *ghañ*, the lengthening takes place by *anyeṣāmapidṛśyate* (AP.VI.3.137) *śúnaḥ śépaḥ* = *śuna eva śepo asya* is a possessive compound: the genitive is not elided by *Ṣaṭhīprakaraṇe vāk dik paśyadbhyo yukttidaṇḍahareṣu yathāsaṁkhyamalug Vakttvyaḥ* V.K. on (AP.VI.3.21) and both the words are a acutely accented on their first syllable. *Śáṇḍāmárkau*, here both the words i.e. *śaṇḍa* and *marka* are structured by *ghañ*, and both are acutely accented on their first syllable: lengthening is governed by AP.VI.3.137) (quoted earlier). *Tṛ́ṣṇāvarúcī*, in this compound *tṛṣṇā* has acute accent on the first, Varucī has acute accent on the final. The lengthening is ordained by AP.VI.1.137 (mentioned above). *Bambā́viśváyasau*, here *bamb* gets accent on final and *Viśva* by *bahubrīhau Viśvam Samjñāyām* (AP.VI.2.106) is acutely accented on its final syllable, as *Vaśvavayas* is a possessive compound. The lengthening takes place by AP.VI.3.137 (quoted earlier). *Mármṛtyúḥ*, mar is structured by *Vic* affix and *maṛtyu* gets the acute accent on the final syllable. In *Devatā dvandva* compounds both the members keep their original accent, cf. *devatā dvandve ca* (AP.VI.2.141) e.g. *mitrā́várunā*, the word *mitra* has the acute accent on the first syllable. Under this category all the names of Deities will be treated in the same way.

III.0. We find in AP. that the monotony is substituted by grave if followed by circumflex in close proximity cf. *svaritātsaṁhitāyāmanudāttānām* (AP.I.2.39) e.g. *emám me gaṅge Yamune Saraswati Śútudri.* (RV.X.75.5). In this hymn the word *emám* gets acute accent on its final syllable. Here the word *me* is basically grave but by *Udāttādanudāttasya Svaritaḥ* (AP.VIII.4.66) following an acute accent, it becomes a circumflex. After this circumflex all grave like *gaṅge and Co.*, are changed into monotony accent, and are pronounced monotonously. All the vowels of the word *gaṅge Yamune and Co.*, had grave accent by *āmantritasya Ca* (AP.VIII.1.19). It should be noted here that all vocatives change into grave accent if these stand in the middle of a sentence and not in the beginning of a stanza. It is also worth noting, the word saṁhitā employed in the aphorism to indicate that when there is a hiatus between the words then there is no change of grave accent into monotony.[17]

III.1. The *sannatara* accent takes the place of the grave-accent when it is followed by an acute or a circumflex, cf. *Udāttasvaritaparasya Sannatarah* (AP.I.2.40) e.g. as in fore cited example the word *saraswat* is grave. The word *śútudri* has acute accent on the first syllable. In the phrase *Saraswati Śútudri* the syllable *ti* is grave, because a grave + grave = grave. This grave *ti*, preceding the acute *śú* is changed into *sannatara* accent.

It was stated in AP.I.2.39 (mentioned above) that a grave preceded by a circumflex becomes monotony. If, however, such a grave is followed by an acute or a circumflex, it becomes *sannatara*[18] instead of monotony, i.e. lower than grave. Therefore, Pāṇini observes here the *sannatara* is that accent which was basically grave and which is preceded by a circumflex and is followed by an acute or a circumflex.

IV.1. Pāṇini has explicitly mentioned that the vowel which has the combination of acute and grave accents is circumflexly marked[19], cf. *Samāhāraḥ Svaritaḥ* (AP.I.2.31) e.g. *Kvà, Kamyā̀* and *Śikyàm* etc. It is put on by a perpendicular line on the syllable, in devanāgari script. It is pronounced by the combined raising and falling of the tones or a syllable is said to be circumflex into which the two other tones (acute and grave) enter together. According to Rv. Pr. and AV. Pr. a passing through from the high to the low tone is known as circumflex[20]. A grave accent following an acute accent is changed into circumflex accent[21], cf. *Udāttādanudāttasya Svarita, nodāttasvarito dayamagārgyakāśyapagālavānām* (AP.VIII.4.66 & 67). e.g. *agnim+īḷe=agnimīḷe.* It is worth noting here that the *ī* which was grave by aphorism *tiṅatiṅaḥ* (AP.VIII.1.28) changes into circumflex by the present aphorism, as it comes after the acute *i* of *agni*. According to some authorities half the mora of a circumflex, at its commencement, becomes acute[22]. Pāṇini clearly mentions in this regard that in circumflex, the first half portion (1/2) of a short vowel remains acute and the rest half portion (1/2) becomes grave. If a long vowel, is circumflex then 1/2 will be acute and 1.5 will be grave. If a portracted vowel, be circumflex, then 1/2 will be acute and the rest 2.5 will be grave[23], cf. *tasyādita udāttamardhahrasvam* (AP.I.2.32) e.g. *Śikhàm*, here the short *a* is circumflex, half (1/2) being acute, the remaining half (1/2) is grave. In *Kanyā̀* the long *ā* is circumflex, the first 1/2 is acute, the rest 1.5 is grave. In *mānavakā̀* ३, the protected *ā* ३ is circumflex its first 1/2 is acute, the remaining 2.5 mora is grave. Thus Pāṇini classifies here which portion of circumflex should be treated as acute and which portion should be regarded as grave. Because he has already defined AP.I.2.31 (mentioned above) that circumflex accent is a combination of acute and grave accents, so the aphorism in question clears up the difficulty.

IV.2. In case of the conversion into a semi-vowel of an acute and circumflex vowel, in such a case a grave vowel becomes circumflex[24], cf. *Udāttasvaritayoryaṇaḥ svaritoanudāttasya* (AP.VIII.2.4) e.g. *Kumāryàḥ*, here the word Kumarí is having an acute accent on the last syllable, because the *ī* of *ṅīp* changes acute *á* of *Kumāra* by *anudāttasya ca yatrodāttalopaḥ* (AP.VI.1.16). The semi vowel *Y* takes the place of acute *ī*, the grave *ā* becomes circumflex after this acute *Y*. Similarly, *Khalapvì+āśā=Khalapvyā̀śā* is combined by euphonic rules, this circumflex *ì* changed into *Y*. The grave *ā* becomes circumflex after this circumflex *Y*.

Now the question arises that the circumflex accent on *ì* in *Khalavpì* is due to this aphorism; this circumflex is to be regarded as invalid (*asiddha*)[25] for the sake of *yaṇ* substitute (*ādeśa*) of *Oḥ supi* (AP.VI.4.83). How can then Y as substituted for *i* be regarded as circumflex - *Yaṇ* ?

The answer to this problem is very simple i.e. *āśrayāt siddhatvam bhaviṣyati*[27], this is regarded as valid (*siddha*[28]) by *āśraya*[29].

If it is so, then *Udāttādanudāttasya Svaritaḥ* (AP.VIII.4.66) should also be taken as valid and we should have circumflex in *dadhyāśā and Co.* also. For *dádhi* the first syllable is acutely accented by PSP.II.3. Thus grave *dhì* becomes circumflex by AP.VIII.4.66 (mentioned above). Y is regarded circumflex *yaṇ*, after this grave *ā* should become circumflex, according to this point of view, but it is not so.

The following will make it clear :-

The semi-vowel accent should be regarded as valid, for the sake of semi-vowel substitution, cf. *Yaṇ-svaro Yaṇādeśe siddho Vaktvyaḥ* (MB. on AP.VIII.2.4). According to some good authorities, in the cases like *dadhyàśā*, the earlier rule becomes operative and grave vowel changes into circumflex- vowel, if it follows a circumflex - *Yaṇ* which is preceded by an acute accent. They mention the following Verse:- *Yáste Viśvāḥ Samidhaḥ Santyàgne (Taittīrīya Śākhā* III.5.5.7), in which the *a* of *àgne* is read as circumflex. Likely in the Brāhmaṇa: *dadhàśayati*, the *ā* is pronounced as circumflex. But from the view point of VK. and MB. the grave-accent does not change into circumflex accent by this aphorism, when a circumflex-yaṇ comes after it which is preceded by an acute accent.

To encumber these irregularities, Patañjali suggests various options, of which two are discussed below:-

First, he suggests that the aphorism should be divided into two parts (a) *Udāttayaṇaḥ Parasya anudāttasyasvarito bhavati* (A grave-accent changes into circumflex-accent, when it comes after on acute-*Yaṇ*). (b) *Svaritayaṇaśca Parasya anudāttasya Svarito bhavati* (a grave-accent changes into circumflex-accent, when following a circumflex-*Yaṇ*) and in this second suggestion, we will read the repetition of *udātta-yaṇ* from the first half of the aphorism in question. In this way, this half will mean: *Udāttayaṇa ityevamyo nirvṛttaḥ svaritaḥ tasya yaṇaḥ parasya anudāttasya svarito bhavati*. The circumflex must have been extracted by the application of the first half of this aphorism and this circumflex should be changed into *yaṇ* which would change the grave accent into circumflex-accent. Thus the circumflex *Yaṇaḥ* means that this peculiar circumflex is extracted by the application of this very aphorism.

Secondly, he suggests that the circumflex should not be read into the aphorism under discussion. The circumflex in *Sakṛllvyàśā* would then be defined by *acute-yanḥ Sakṛllu+i + āśā = sakṛllv+y+ āśā*. In this example V is acute-*yaṇ*. It resolves that *ā* too become circumflex. The interposing circumflex Y is regarded as not existing for the sake of accent, cf. *Svaravidhau Vyañjanamavidyamānavat*. Nor is this Y to be regarded as similar to the original behaviour (sathāni vad[30]) to *i* by *acaḥ parasminpūrva Vidhau* (AP.I.1.57) for concentrating on the aphorisms's accent, such a substitute is not regarded as *sthāni-vad* by *na padānta dvirvacanavare lalopa svarasavarṇa anusvāra dīrgha Jaścar vidhiṣu* (AP.I.1.58).

IV.3. When two vowels coalesce and form a single vowel, in case either of the two is acute, the resulting syllable will be acute[31] cf. *ekādeśa udāttenodāttaḥ* (AP.VIII.2.5) e.g.: *Vāyú*, here acute U of *vāgú* and for the case-ending *au* which is grave, there is always substituted long U single by *Prathamyoḥ Pūrvasavarṇaḥ*

(AP.VI.1.102). This single substitute is known as acute from the view point of present aphorism.

IV.4. When a grave vowel standing at the beginning of a word, with an actue vowel, then the resulting syllable may alternatively be circumflex or acute[32], cf. *Savarito Vā anudātte Padādau* (AP.VIII.2.6) e.g. : *Su+Utthitaḥ=Sūtthitaḥ,* In this example *Su* is a *Karmapravacanīya*[33] by *Suḥ Pūjāyām* (AP.I.4.94), when it is compounded by *Prādisamāsa*[34] with the past Participle, the Adverbial compound contains its first member, cf. (*tatpuruṣe-tulyārthatṛtīyāsaptamī-upamāna avya dvitīya kṛtyāḥ* AP.VI.2.2), Therefore, it gets the acute accent on the first syllable and the rest becomes grave. To this point the acute *Ú* of *Su* is compounded with the grave *U* of *Utthitaḥ* which stands at the beginning of a word, and therefore, the single substitute is alternatively circumflex.

Accent of Compounds

V.0. From the point of view of Pāṇini, the general rule as to the accentuation of a common compound, is that it gets the acute-accent on the last member; cf. Samāsasya (AP.VI.1.223) e.g. *Rājapuruśáḥ, Brāhmaṇakambaláḥ, Kamyākhanáḥ, Paṭahaśabdhaḥ, Nadīghoṣáḥ, Rājadṛṣát, Brāhmaṇásamit.*

V.1. The possessive compound places its own natural accent on the prior members, cf. *bahuvrīhau Prakṛtyā Pūrvapadam* e.g. *Kárṣṇottarāsangāḥ, Brahmacāripariskandaḥ* etc. The *Kārṣṇa* is deduced by the Secondary Suffix añ cf. (*Prāṇirjatādibhyo añ* AP.IV.3.154) and having a *ñit* accent by *dvitribhyāmpātdatmūrdhdasu bhuvīhau* (AP.VI.2.197) i.e. on the first letter, which the word retains in its compound form also. Likewise, the *Brahmacārin* is structured by Primary suffix and places the acute on the final by *gatikārakopapadātkṛt* (AP.VI.2.139) and the like.

Therefore, we can propose that possessive, governing and iterative compounds get their original accent on the first member, co-ordinative, determinative, adverbial and the rest compounds place their accent on final member and to a large extent on its last word. The general rule follows various exceptions. We shall discuss it below in a detailed way.

V.2. In Deity Co-ordinative compound both the members (prior and latter) contain their natural accent[35], cf. *Devatādvandve ca* (AP.VI.2.141) e.g.: *Índrāsómau* etc.: In this example *Indra* gets the acute accent on the prior member (by Particle) and *soma* is structured by *man,* cf. (US.I.140) and places the acute accent on the prior member by *ñnityādirnityam* (AP.VI.1.197).

V.3. But in some examples of Deity - co-ordinative compound, by force of general rules, final word gets the acute accent[36] cf. *nottarapade anudattādāvapṛthivī rudrapuṣamanthiṣu* (AP. VI.2.142) e.g.: *Indravāyú Indrāgní.* Here both the final members *vāyu* and *agni* have acute accent on the last word. Why we remark with the exception of *Prithivi, rudra, Pūṣa, Mantha* ? watch carefully *dyávāpṛthivyaú,* here dvyāvā is acutely accented on the first syllable of first members, while Pṛthivi being structured by *ṅiṣ,* gets the acute accent on the last syllable of the final member, so also *sómārudraú, índrāpaṣṇau* and *Śukrámanthinaú.*

V.4. In Deity co-ordinative compound, the numeral syllable, standing as the first member, retains its original accent cf. *Saṁkhyā* (AP.VI.2.35) e.g.: *ékādaśa, trayódaśa.* In *ékādaśa* the word *eka* is deduced from the root *iṇ* by adding a *Kan* suffix; cf. (US.III.43) and places the acute accent on the first syllable; cf.

AP.VI.1.197 (quoted earlier). *Tri* is replaced by *trayas* cf. *Trestrayaḥ* (AP.VI.3.48) and gets the acute accent on the last syllable.

V.5. In a determinative compound, the prior member contains its natural accent, when it is preceded by the words, resemblance, instrumental locative, comparison, indeclinable, accusative and future passive participle[37] cf. *tatpurūṣe tulyārthatṛtīyāsapt myupamānāvyayadvītīyākṛtyāḥ* (AP.VI.2.2) e.g. *Sadṛ́śa-lohitaḥ*, here *sadṛ́śa* is structured by *Kañ* attached to root *dṛg* by AP.VI.1.197 (mentioned earlier) the accent places on √*dṛ* cf. *gatikārakopapadātkṛt* (AP.VI.2.139). So also *Sadṛ́śaśvetaḥ*, *Sadṛ́śamahān* and the like. *Śámkulākhaṇḍaḥ*, the word *śamkulā* is deducted from *Śamku+lā*. The affix *Ka* is attached to the root *la* with the force *Ghañ*. In this way, the noun *lā* becomes acute, etc. *Akśáśauṇḍoḥ*, in this example *akśa* is structured by the affix *sa* attached to √*aś* cf. (US.III.65) and is acutely accented on its final syllable, cf., *ādyūdāttaśca* (AP.III.1.3) etc., *Śastrīśyāmā*, here the word *śastrī* is structured by *ṅiṣ* and is acutely accented on its final member and so on. *Ávraṣalaḥ*, It is an indeclinable compound, therefore, has an acute accent of the first syllable. So also *abrāhmaṇaḥ*, *átimālaḥ* etc. *Muhūrttásukham*, the word *muhūrta* is in *Pṛṣodarādi* class and gets the acute accent on its final syllable. So also *muhūrttdramaṇīyam* etc., *Bhòjyàlavaṇam*, here the word *bhojya* is structured by *ṇyat* and places the circumflex, accent on its final syllable. So also *bhojyòṣṇam*, *haraṇīyàcūrṇam*. etc.

V.6. A prior member of the dative compound gets its original accent, if the latter member is past passive participle or conveyed sense, cf. *Caturthitadarthe, arthe, Khe ca* (AP.VI.2.43, 44 and 45) respectively, e.g.: *Yū́pāyadāru=Yūpadārū*, here *Yūpa* contains its original (acute) accent on the prior syllable, as it is structured by *Pa*, cf. (US.III.27) and regarded as a *nit*, (US.III.26); *góbhyodīyate=gorakśitam; Mātre idam=mātrátnam*, all these keep their original accent.

V.7. A prior member of the genetive compound contains its original (acute) accent, when the latter member ending in *Pati* (Master); cf. *Patyāvaiśvarye* (AP.VI.2.199) e.g. *gṛhdpatiḥ*, here *gṛha* is structured by *Ka*, cf. *Gehe ka* (AP.III.1.144) and places the original (acute) accent on the final syllable cf. *ādyudāttaśca* (AP.III.1.3) so also *gópati*, *Páśupati*, etc.

In some examples of the Vedic language, the word *Pati*, as a latter member, gets the original (acute) accent on its first syllable, cf. *Parādibhśchandasi bahulam* (AP.VI.2.199) e.g. *rayipáti*, *Viśpati* (RV.) *Citpáti*; *Vākpati* (VS.); *Sthapáti*, *Bhūtpáti* (AV.) etc.

Moreover, in some examples of the latter vedic language, the word *pati*, as a second member, places the original (acute) accent on its last syllable; cf. *na bhūvākciddidhiṣu*, *Vā bhūvanam* (AP.VI.2.19 & 20) respectively. e.g. *apsarāpatí*, *Vrājapatí* (AV.) *aharpatí*, *bhuvanpatí*, *bhūpatí* (Ms.), *upapatí*, *nadīpatí*, *amhasaspatí* (VS.) and the like.

V.8. If the latter member of determinative compound ending in *kti* suffix then the prior member retains acute accent, cf. *Kurugārhapatariktagurvasūtajarastyaślī-ladṛḍharūpapāre-vaḍavātaitilakadruḥ Panyakambalodāsī bhārāṇāmca* (AP.VI.2.42)[38] e.g. *deváhūti*, *devájūti*, *dhanásāti*, *vasúnīti and somápīti* (AV.).

V.9. In some examples of the genetive compound both members contain acute accent simultaneously, cf. *Ubhe Vanaspatyā-diṣu Yugapat* (AP.VI.2.140)[39] e.g. *bṛ́haspáti*, *nárāsáṁsa*, *ráthaspáti*, *vánaspáti*, *śácīpáti*, etc.

V.10. In dependent compound and indeclinable compound, a word ending in primary affix gets its original accent, cf. *gatikārakopapadātkṛt* (AP.VI.2.139) e.g. *deva-mádana, ahi-hátya, deva-hū́ya, pathi-rákṣi, soma-pā́van* etc.

V.11. In descriptive compound, a word indicating comparision preserves the original accent on the prior member, e.g. *ū́rṇā-mṛdu, śúka-babhru, śyená-jūta* and so on.

V.12. In negative compound and prādi compound prior member retains its original acute accent, e.g. *ákṛta, ákavi, átandra, ámanyamāna, ákumāra, ávidvān, ánagnidagdha, prá-ṇapāt, prápitāmaha* and the like.

But some examples of the negative compound preserves the acute accent on the final syllable[40], e.g. *asādhú, anāśú*, etc.

V.13. According to general rule, in anomalous compound final syllable gets the acute accent, e.g. *ye-yajāmaháḥ*.

V.0. *Accent of Possessive compound, Iterative compound* and *participle compound.*

Generally prior member of these compounds retains its original acute accent. But Pāṇini has noted down some exceptions in this regard which are discussed below:-

VI.1. A possessive compound structured by *nañ* or by *su* keeps acute accent on the final word, cf. *nañsubhyām* (AP.VI.2.172) e.g. *aphalā́, abalá, abhrātṛ́, sugandhí, suphalá* etc. But in some examples first syllable of latter member gets acute accent[41] e.g., *ajára, ajā́ni, amára, amítra, sukrátu, subhága, suvī́ra* and so on.

(b) If a prior member of possessive compound contains numeral words *dvi* and *tri* then the latter member gets acute accent, cf. *dvitribhyāmpāddatmurddhasu bahuvīhau* (AP.VI.2.197) e.g. *dvipát, dvipā́d, tricakrá, trinā́bhi* etc. But in some examples *dvi* and *tri* also get acute accent, e.g. *dvíśavas, tríhotṛ*.

(c) If a prior member of possessive compound having two syllables ends in *i* or *u*, then the latter member places acute accent, cf. *bahornañvaduttara Padabhumani, Śiternityā bahvajbahuvrīhavabhasat* (AP.VI.2.175 and VI.2.138) respectively. e.g. *Purūputrá, Purūvā́ra, bahvanná, ṛjukrátu, tuvidyumná, śitipā́daḥ* etc. But in some examples prior member gets acute accent, e.g. *purū́ṇāman, śítikakud.*

VI.2. Prior member of Iterative compound retains acute accent cf. *Ikam bahuvīhivat, tasya paramāmreḍitam, anudāttam ca* (AP.VIII.1.9; VII 1.2 & 3) respectively, e.g. *aharaḥ divédive, pibápiba, prápra* etc.

VI.3. Prior member of participle compound places acute accent, cf. *Pūrvapadāntodātta Prakaraṇemurudvṛddhādīnam chandsyupasamkhyānam* (VK. on AP.VI.2.199) e.g. *mandayátsakham, Vidávatsu* etc.

Accent in Declension

VII.0 From the point of view of general aphorisms of Pāṇini, *Sup*[42] the case affixes, and *Pit*[43], the affixes having an indicator *P*, are gravely accented, cf. *anudāttau suppitau* (AP.VII.1.4.) e.g. *dṛṣadau*, here the case-affix *au* is gravely accented; so also in *vacati*, the *ti* (3rd Per.Sing. affix) gets the grave accent. But this general aphorism has some exceptions, in some special circumstances, the *sup* (case-affixs) are acutely accented. The following detailed study will make it clear:

VII.1. If the stem is monosyllablic before the locative plural then the case affixes of the instrumental dative, ablative, genetive, and locative are acutely

८८ उत्परस्याऽतः ।
८९ ति च ।
९० रीगृदुपधस्य च ।
९१ रुग्रिकौ च लुकि ।
९२ ऋतश्च ।
९३ सन्वल्लघुनि चङ्परेऽनग्लोपे ।
९४ दीर्घो लघोः ।
९५ अत्स्मृदृत्वरप्रथम्रदस्तृस्पशाम् ।
९६ विभाषा वेष्टिचेष्टयोः ।
९७ ई च गणः ।

इति सप्तमाध्यायस्य चतुर्थः पादः ।।७।४।।

इति सप्तमोऽध्यायः समाप्तः ।।७।।

पूर्वसूत्रयोगः ३१७२

सप्तमाध्याये ४३६

योगः ३६०८

accented, cf. *sāvekācastṛtīyādirvibhaktiḥ* (AP.VI.1.168) e.g. *Vācá, Vāgbhyā́m, Vāgbhyā́m, Vāgbhíḥ, Vācé, Vāgbhyáḥ, Vācáḥ, Vācí, Vācā́m* and the like.

When the stem ends in *Vāh, idam, pad* and *co.* (upto *niś* VI.1.63), *ap, pums, rai and div* then the weak case-endings place the acute accent, cf. *ūḍidampadādyappumraidyubhyaḥ* (AP.VI.1.171) e.g. *praṣṭhauhaḥ ābhyām, nipadaḥ, apaḥ, pumsaḥ, rāyāḥ, divaḥ,* etc. It is worth noting here that the *ūṭh* is the substitute of the *Vā* of *Vāh* (cf. AP. VI.4.132) and not the *Ūṭh* mentioned in AP.VI.4.19 and Co.

It is interesting to note that all the formations of the word *śvan* gets the acute accent on the crude from cf. *nayośvantsāvavarṇarādaṅkṛunkṛdbhyaḥ* (AP.VI.2.182) *devo jhal* (AP.VI.1.83) and *nṛconyatarasyām* (AP.VI.1.184) e.g. *śunā́ śundḥ, śvabhiḥ, śvabhayaḥ*

VII.2. When a Participle in *at* is followed by weak case endings beginning with vowels then the termination gets the acute accent, cf. *śatrunumo nadyājadi*[44] (AP.VI.1.173) e.g. *addt, adatdḥ, adatā́, adaté, adatdḥ, adatáḥ, adatām, adati.* In the same way, the words *bṛhatī* and *mahatī* also place the acute accent, cf. *bṛhanmahatīrupasamkhyānam* (KK. on VK. at AP. VI.1.173) e.g. *bṛhatī́, mahatī́, bṛhatā́, mahatā́.* Likewise, when we are under the way of forming the feminine crude form then under the same aphorism, the suffix *ī* gets the acute accent, if not preceded by *num,* e.g. adatī́, bṛhatī́, mahatī́ and so on.

VII.3. The crude form endings in strong cases are acutely accented when coming after *añc,* cf. *añceśchandasya-sarvanamasthānam* (AP.VI.1.170) e.g. *Prācá, practīcā́.* But this aphorism is not universally applicable. In the Vedic language a crude form-ending in the word *añc,* Place the acute accent not only on the affixes quoted earlier, but on the accusative plural affix also. For instance *indrā dadhīcó asthabhiḥ* (RV.I.84.13). In this example the word *dadhīc* had an acute accent on *dhī́* by virtue of *cau* (AP.VI.1.222) but by virtue of aphorism under discussion the accent places on the case affix *as.*

VII.4. If the preceding vowel of unaccented crude-form is omitted, on account of it, the weak-case ending gets the acute accent, cf. *anudāttasya ca yatrodāttalopaḥ* (AP.VI.1.161) For instance, *Pathín+śas=Patháḥ.* Here the word *Pathín* has acute accent of final vowel, when the unaccented *Śas* is attached to it, the *i* is dropped by *bhasya ṭerlopaḥ* (AP.VII.1.88), the unaccented *a* of *Śas* become acute. So also *Vṛtraghndḥ, mahimnā́, bhūnā́, pathā́, Kumārī́,* and the like.

VII.5. If a semi-vowel is placed for the acutely accented final vowel of the crude-from which is also preceded by a consonant then the feminine *ī* and weak case endings (beginning with vowel) get the acute accent, cf. *Udāttayaṇo-halpūrvāt* (AP.VI.1.174) e.g. *agní+os=agnyóḥ, devī́ + ā = devyā́, dhenú+ā=dhenvā́, Vadhū́+ai+Vadhaí, odayitṛ+ī=Codayitī́,* etc. It will be worth noting here that the aphorism also applies when the crude form ends in *n* cf. *nakāragrahaṇām ca Karttavyam* (VK. on AP.VI.1.174) e.g. *citpatnī́, Vākpatnī́* and so on.

It should also be taken into account - the feminine *Ūṅ* (AP.IV.1.66), weak case-endings are not acutely accented, when for the acutely accented final vowel of the crude-form, a semi-vowel is substiuted, and which is preceded by a consonant, cf. *noṅdhātvoḥ* (AP.VI.1.175) e.g. *tanū+ā=tanvā, subhū+e=subhve.* It is also worth noting that some stems ending in *ī* do not have the acute accent, e.g. *Vṛkī+e=Vṛkye, rathī+ā=rathyā.* In the same way, strong case-endings (beginning with vowel) are also not acutely accented, e.g. *nadī + am + nadyam, Vṛkī + as = Vṛkyaḥ, dhṛtapū + as = dhṛtapvaḥ* etc.

VII.6. The *mat* (vat) takes the acute accent when it is preceded by acute stem ends in short vowel or augment *nuṭ*, cf. *hrasvanuḍbhyām matup* (AP.VI.1.176) e.g. *agnimā́n, vāyumā́n, kartṛmā́n, haṛtrmā́n, Akśaṇvátā, śīrṣaṇvátā.* In *akśaṇvátā* by virtue of *chandasyapi-dṛśyate* (AP.VII.1.76) the word *akśi* keeps *anaḍ* and becomes *akśan* then *nuṭ* is attached by *anounṭ* (AP.VIII.2.16), then we have *akśan n matup*. The preceding *n* is dropped. Now, the crude-form is not acute, therefore, the *mat* (vat) is oxytoned. This aphorism will apply where the crude-form is oxytoned and where the acute-form is acute (ādyudātta) then it will not apply, e.g. *vásumān*, here the word *Vasu* is having the acute accent on first word; as it is structured from *Vas* with the *U* affix (US I.10) which is *nit* (US.1.9) therefore, the affix *matup* remains unaccented.

After the long vowel *re*, the affix *matup* takes the acute accent, cf. *reśabdācc matup udāttatvamvamvakttavyam* (VK. on AP VI.1.176), e.g. *ārevān*.

After the *tri*, the affix *matup* will not get acute accent, cf. *treścapratiṣedho vakttavyaḥ* (VK. on AP.VI.1.176) e.g. *trívatīryājyānuvākyābhavanti*, here *tri* retains acute accent.

VII.7. If an acute crude-form ends in *i*, *u*, and *ṛ*, then the acute accent will fall optionally on genetive ending in *nām*, cf. *nāmanyataasyām* (AP.VI.1.177) e.g. *agnīnā́m, agnī́nām, dhenūnā́m, dhenū́nām, dātṛnā́m, dātṛ́ṇām.*

In Vedic language, some feminine stems ending in *ī* get the acute accent diversely on genitive plural, cf. *ṅyā́ścandasi bahūlam* (AP.VI.1.178) e.g. bahvīnā́m, *abhibhañjatīnā́m* etc. where it does not apply - *nádīnām pāre, jayantīnām marutaḥ.* etc.

VII.8. The termination of Nominative plural (jas) gets the acute accent when it is preceded by *tisṛ.*, cf. *tisṛbhyo josaḥ* (AP.VI.1.166) e.g. *tisráḥ*. It is worth noting; of the seven plural cases, the accusative plural places the acute accent on the last syllable by *Udāttayaṇohalpūrvāt* (AP.VI.1.174), the rest cases (instrumental, Dative, Ablative, Genitive and Locative) will have acute accent by *Ṣaṭtricaturbhyohalā́diḥ* (AP.VI.1.179). Therefore, the only case which is not covered by any aphorism is Nominative plural (Jas), which would be circumflex by *Udāttasvaritayoryaṇa Svaritoanudattasya* (AP.VIII.2.4). But the aphorism underr discussion debars the circumflex which provides the acute accent.

VII.9. The word *catur*, when it is followed by accusative Plural (*śas*) then it places the acute accent on the final syllable, cf. *Caturaḥ Śasi* (AP.VI.1.167) e.g. *catúraḥ*. But some scholars have discordance here. Professor Böhtlingk marks the accent on *a* of *caturáḥ*, Professor Mäx Muller places the accent on *U* of *catúraḥ*. As far as I think Prof. Mäx Muller is more near the fact instead of Prof. Böhtlingk. If we accept the interpretation of Prof. Böhtingk, it will make the ending *śas* acutely accented, not the final of *catur*. Moreover, the acutely accented *á* in *caturáḥ* is of *śas*, not of *catur*. Therefore, Prof. Mäx Muller's interpretation is correct and explicitly tend to expose the Pāṇinian phenomena.

VII.10. The weak case-endings are acutely accented, when they come after the long form *aṣṭā*, cf. *aṣṭano dīrghāt* (AP.VI.1.172) e.g. *aṣṭābhíḥ, aṣṭabhyáḥ aṣṭānā́m*. It is interesting to note that the weak case-endings do not get acute accent when these come after the short *aṣṭa*, e.g. *aṣṭábhiḥ aṣṭásu* etc.

VII.11. The case endings beginning with consonant are acutely accented when they are preceded by the numerals known as *ṣaṭ*, cf. *Ṣṇāntā ṣaṭ* (AP.I.1.24) as well as preceded by *tri* and *catur*, cf. *ṣaṭtricatur bhyo halādiḥ* (AP.VI.1.179), e.g. *tribhíḥ*, *tribhyáḥ, trīṇā́m, triṣú, trayāṇā́m, ṣaḍbhíḥ, ṣaṇṇā́m, tisṛ́ṇā́m, caturṇā́m, catasṛṇā́m, pañcānā́m, saptānā́m, navānā́m, daśānā́m* etc.

Moreover, the numerals *ṣaṭ, tri* and *catur* ending in case-affix beginning with *Jhal Pratyāhāra*[45] have the acute accent on the penultimate syllable and the form (pada) must not be less than three syllables cf. *jhalyupottamam* (AP.VI.1.180) e.g. *pañcábhiḥ, pañcábhyaḥ, pañcásu, navábhiḥ, navábhyaḥ, daśábhiḥ, daśábhyaḥ, daśásu, ekādaśábhiḥ, ekādaśábhyaḥ* But the acute will take place optionally in ordinary spoken language, cf. *Vibhāṣā bhāṣyām* (AP.VI.1.181) e.g. *tisṛ́bhiḥ, tisṛ́bhiḥ, pañcábhiḥ, pañcabhíḥ, saptā́bhiḥ, saptabhī́ḥ* and the like.

Verbal Accent.

VIII.0. The verb in majority remains unaccented. Sometimes it is shifted upon the endings, sometimes upon the root and sometimes upon the characteristic class-sign.

VIII.1. The augments *aṭ* and *āṭ* of the verbal stem in the aorist, imperfect and the conditional are acutely accented, cf. *luṅlaṅlṛṅkṣvaduḍāttaḥ, āḍajādīnām* (AP.VI.4.71 and 72), e.g. *ábhūt, ábhavat, ákariṣyat, aíkśata* etc.

VIII.2. The augment *yāsuṭ* of the verbal stem in the active voice of potential gets the acute accent, cf. *Yāsuṭ parasmaipadeṣūdāttoṅicca* (AP.III.4.103) e.g. *Kuryā́t, Kuryā́tām* and in the middle voice the termination gets the acute accent, i.g. *bravāthá*.

VIII.3. The augment *ām* is acutely accented when it is preceded by *catur* and *anḍuh* in the strong cases, cf. *caturanḍuhorāmudāttaḥ* e.g. *catavā́raḥ, anaḍvā́n, anaḍvā́hau, anaḍvā́haḥ, anaḍvā́ham.*

VIII.4. In the first conjugation which adds *a* to the root, the first syllable of the root is acutely accented, cf. *Karttari śap* (AP.III.1.68) e.g. *Pácati, líkhati*, etc.

VIII.5. The second conjugation has no characteristic class-sign, cf. *adiprabhṛtibhyaḥ śapaḥ* (AP.II.4.72) e.g. *atti, attaḥ*, etc. Therefore, the vowel of the root gets the acute accent, cf. *ādyudāttaśca* (AP.III.1.3) e.g. *átti, áttaḥ, éti* and so on.

It is worth noting here that the roots *svap* and *Śvas* have the acute accent on the first syllable, cf. *tāsyanudāttenṅidadupadeśāllasāvadhātukamanudāttamahnivṅoḥ* (AP.VI.1.186). When a personal ending, provided that the vowel is not the augment *i*, cf. *svapādihinsāmcyaniṭi* (AP.VI.1.188) e.g. *svápantu, śvásantu*, etc.

VIII.6. The third conjugaton effectively structures its stem by prefixing a reduplication to the root. The acute accent falls on the first letter of the reduplicate verbs when followed by an affix beginning with a vowel, cf. *abhyastānāmādiḥ*, (AP.VI.1.89) e.g. *√bhī=bíbheti, √gā=Jígāti* etc.

Also, when the unaccented endings of the three per. in the sing. follow, then the first letter of the reduplicate-form gets acute accent, cf. anudātte ca (AP.VI.1.190) e.g. *dádāti, jáhāti, jíhīte, mímīte*, etc.

But after these reduplicate forms, affix has an accent on its first syllable, e.g. *√dā=dattáḥ, √dhā=dhattáḥ, dhattám, dhattā́t, dhattám, √hu=juhuthá* and the like.

It is significant to note that some reduplicate forms of the roots are acutely accented, before the three per. sing. on the letter which precedes the affix, cf. *bhīhrībhṛhumadajanadhana daridrā jāgarāmpratyayāt pūrvam piti* (AP.VI.1.192) e.g. *bibheti jihréti, bibhártti, juhóti, mamáttu, jajánat, dedhánat, daridrā́ti, jagárti.*

VIII.7. The fourth conjugation adds *Ya* to the root and its inflections are also precisely like that of the first conjugation. In this class the syllable of the root places the acute accent cf. *divādibhyaḥ śyan* (AP.VI.1.69), e.g. √*Kuth=Kúthyati*, √*Púṣp=Púṣpyati*, √*íṣ=iṣyati* etc.

VIII.8. The characteristic class-sign. *nu*, of the fifth conjugation gets the acute accent, when it is followed by the three per. in sing. affixes, cf. *svādibhyaḥ śnuḥ* (AP.III.1.73) e.g. √*ṣu=sunóti, sunóṣi, sunómi*; √*ṣi=sinóti, sinóṣi, sinómi* etc; and the rest of affixes get the acute accent e.g. √*Kṛ kṛṇutaḥ* √*ṣu=sunvanti*, √*ci=cinute*, etc.

VIII.9. In the sixth conjugation the characteristic class sign *a* places the acute accent in its whole inflections, cf. *tudādibhyaḥ śaḥ* (AP.III.1.77) e.g. √*tud=tudáti* √*ṇud=nudáti* √*kṛṣ=kṛsáti*, √*mṛṇ=mṛṇáti*, etc.

VIII.10. The characteristic class-sign *na* of the seventh conjugation keeps the acute accent, when it is followed by the three per. in sing. affixes, cf. *rudhādi bhyaḥ śnam* (AP.III.1.78) e.g. √*rudh=ruṇáddhi*, √*bhid=bhinátti*, √*chid=chinátti*, √*Yuj=Yunáktti* and the like. And the rest of the affixes retain the acute accent, e.g. *ruṇdhánti, śiṣṭáḥ* etc.

VIII.11. The eighth conjugation which interposes *u*, is acutely accented on the final syllable cf. *tanādikṛñbhya uḥ* (AP.III.1.99) e.g. √*tun=tanoti, tanuté*, √*van=vanuté*, √*Kṛ=karotí*, √*manu=manuté* etc.

VIII.12. The characteristic class-sign *nā* of the ninth conjugation gets the acute accent, when it is followed by three per. in sing. affixes, cf. *Kryādibhyaḥśnā* (AP.III.1.81) e.g. √*krī krīṇáti*, √*mī=mīnáti* √*lū=lūnáti*, √*vṛ= vṛṇáti*, √*mṛd=mṛdanáti* etc. And the rest of the suffixes get the acute accent. e.g. *krīṇītáḥ, krīṇanti*, etc.

VIII.13. In the tenth (derivative) and causative conjugations, affixes ending in *ṇi* are termed as *dhātuḥ* by *sanādyanta dhātavaḥ* (AP.III.1.32), the root is acutely accented on its final letter, cf. *dhātoḥ* (AP.VI.1.162) e.g. √*cura=coráyiti*, √*Pratha=Pratháyati* √*Pāla=Pāláyati; bhāváyati, ropáyati, ghātáyati* and so on.

It is interesting to note that the roots generally get the acute accent on its final syllable, e.g. *Yáti, paṭháti, Pacáti*, etc.

VIII.14. In the desiderative verbs an acute accent falls on the first syllable because *san* is nitya, cf. *ñnityādirnityam* (AP.VI.1.197), e.g. √*path=Pípaṭhiṣati* √*gam=jígamiṣati*, √*tan=títanisati*, √*tṛ=títariṣati* and the like.

VIII.15. In intensive, cf. *dhātorekācohalādeḥ kriyā-samabhi hāre yaṅ* (AP.III.1.22), Denominative, cf. *supa sātmane kyac* (AP.III.1.8, VK. on the same-*chandasi Parecchāyāmiti Vakttvyam*, MB. on the same-*ācārya Pravṛttir Jñāpayati-bhavatyagha śabdāt chandasi Parecchāyām kyajiti*) cf. also *Upamānādācāre*, (AP.III.1.10), *namovarivaścitraṅaḥ kyac* (AP.III.1.19), *Kartuḥ kyaṅ salopaśca* (AP.III.1.11. VK. on the same-*Ojaso aparaso nityamitareṣām vibhāṣayā*) *bhṛśādibhyo bhuvya cver lopaśca halaḥ (AP.III.1.12) lohitādiḍājbhyaḥ kyaṣ* (AP.III.1.13). *Kaṇḍvādibhyo yak* (AP.III.1.27) and object of the verb (karmavācya) cf. *sārvadhātuke yak* (AP.III.1.67), the acute accent falls on the *ya*, in ya-affix ending stem, e.g. *Pāpacyáte Putrīyáti, Prāvārīyáti, namasyáti, śyenāyáte, bhṛśāyáte, lohitāyáte, kaṇḍuyáte; mucyáte.*

VIII.16. In the intensive (Yaṅluganta) verbs the accent falls on the first letter of the reduplicate form, when followed by an affix beginning with a vowel, cf. *Yaṅo aci ca* (AP.II.4.74) e.g. *bó bhavīti, jóhavīti, lólūyate, lálapīti, róravīti* etc.

VIII.17. Immediately preceding syllable of the affixes having an indicatory *l* (*ṇal, thal* and *ṇal*) gets the acute accent, cf. *liti* (AP.VI.1.193) e.g. *cakā́ra jagántha, babhū́va*, etc.

VIII.18. The acute accent falls on the final letter of the affix that has an indicatory C (*irec, ghurc, bahuc, akac*) etc. cf. *citaḥ* (AP.VI.1.163) e.g. *cakriré, meduram, bahupaṭúṇ uccaikdḥ* and so on.

VIII.19. Generally a stem (structured in Sic-aorist) gets the acute accent on the first syllable, cf. *ādiḥ sico anyatarasyām* (AP.VI.1.187) and VK. on the same-*Sica ādyudāttatva aniṭaḥ Pitaḥ Pakśe Udāttatvam Vakttavyam*, e.g. *Vámsi, máthiḥ, bódhiṣat, śdmsiṣam* etc.

VIII.20. The acute accent falls on the interpose *Ya* in future, cf. *tāsyanudā tḥen ṅidadupadeśāllasārvadhātukamanudāttamahnvinoḥ* (AP.VI.1.186) e.g. *kariṣyási, eṣyā́mi* etc.

IX.0. Accent of Primary and secondary suffixes.

Pāṇini has deeply dealt with the accent of primary and secondary suffixes in his grammar. it is worth noting that indicatory letter is added to a suffix keeping in view the accent of crude-form. Some modern scholars are dealing the suffixes without taking into account of their indicatory letters and read them just *a* only of *aṇ, i,* only of *iñ* etc. In this way, one cannot get the actual accent of the words which are formed with the help of these suffixes, if the indicatory letters are not read with them properly. With the help of these indicatory letters, we can understand well where *Vṛddhi, guṇa, samprasāraṇa, svara* etc. will take place. Here the rules of accentuation on primary and secondary suffixes are dealt below:-

IX.1. Generally a suffix gets the acute accent on its first letter, cf. *ādyudāttaśca* (AP.III.1.3), thus primary suffix *tavya* has an acute accent on the first letter *a*, e.g. *janitávya, gantávya, Paṭhitávya, likhitávya* etc. So also, the secondary, suffix *īya* has the acute accent of it's first letter *ī*, e.g. *āhavanī́ya, svasrī́ya,* etc. The acute accent places on the suffix if it contains more than one vowel, then it will be marked on the first of the vowels. But it should be noted here that this general rule of accent will operate only where no particular rule is mentioned. It has numerous exceptions. Thus, the aphorisms AP.III.1.4 VI.1.163, 165, 185, 193, 197, 217 etc., debar the application of the aphorism under discussion.

IX.2. All the case-affixes (Pit), those are having an Indicatory *P* are gravely accented, cf. AP.III.1.4 (*quoted earlier*) e.g. *lyap=ādā́ya, tamap=śreṣṭatama, Vatup=áśvavat*, etc.

IX.3. The stems which are formed by the Primary and secondary affixes having an indicatory C, place an acute accent on the final letter cf. *citaḥ, taddhitasya* (AP.VI.1.63, 164) respectively e.g. *śānac=duhānáḥ, tṛc=dātṛ́, ḍatarac=kataró* and the like.

IX.4. The stems which constructed by the secondary affixes having an indicatory K, gets an acute accent on the final letter, cf. *kitaḥ* (Ap.VI.1.165) e.g. *ḍhak=āditeya, ātreya,* etc.

IX.5. The stems which are formed by the primary and secondary-affixes having an indicatory *ñ* or *n* place the acute accent on the first letter cf. AP.VI.1.197 (mentioned earlier) e.g. *Vuñ=gáṇaka; śyañ=brā́hmaṇyam; iran=médhira, taven=gántave, tuman=gántum* and so on.

IX.6. The stems which are constructed by the primary and secondary affixes having an indicatory *l*, get the acute accent on the letter immediately preceding the affix, cf. AP.VI.1.193 (quoted earlier) e.g. *lyu=cétana, lyuṭ=bhójana, tal=bandhútā.*

IX.7. The stems which are formed by the primary and secondary-affixes having an indicatory *r*, place the acute accent on the penultimate letter and the formation consists of more than two letters because a penultimate letter can be possible only in a formation which consists of at least three letters; cf. *upottamam riti* (AP.VI.1.217), e.g. *anīyar=upajīvanīya, haraṇīya, darśanīya, jātīyar=mṛdujātīya, paṭujātīya* and the like.

IX.8. The stems which are constructed generally by the secondary-affixes having an indicatory *t*, have an independent circumflex accent on the last syllable, cf. *titsvaritam* (AP.VI.1.185) e.g. *yat=Vāyavya, ṇyat=Kāryam, tavyat=hinsitavya* etc. This debars the application of AP.III.1.3 (mentioned above) due to which all affixes become grave. But the aphorism *yato anāvaḥ* (AP.VI.1.213) is the exception of the aphorism under discussion. According to this a stem ending in *yat* affix having a disyllabic word, the acute will fall on the first letter, e.g. *khánya, Jéya, céya* and so on.

Accent of Sentence

X.0. Pāṇini is a sentence grammarian. His information regarding the accent of the sentence is affirmative. He has discussed it very minutely. And his treatment of the accent of the sentence is very much exhaustive. The following will make it clear:-

X.1. The first letter of the vocative case is acutely accented, cf. *āmantritasya ca*[46] (AP.VI.1.198) e.g. *ágne, sómadatta.* About the accent of the vocative case it can be stated that it remains acutely accented when such a word at the beginning of a hemistich, as well as sentence, e.g. *indra gīrbhír na á, ágne supāyanobhava,* etc. But it is noteworthy here that the vocative case remains enclitic, if it does not stand at the beginning of the hemistich[47], cf. *Padasya, Padāt, anudātam Sarvamapādādau, āmantritasya ca* (AP.VIII.1.16, 17, 18, 19) respectively, e.g. *líkhasi somadatta, Pacasi Devadatta,* here *somadatta* and *devadatta* are vocatives, therefore, remain enclitic, so also, *uń muñca pāśān tvám agne, úp tvāgne,* in both of the instances the word *agne* is vocative, therefore, remains enclitic.

X.2. When a vocative comes at the beginning of a hemistich then it is regarded as non-existent for the purpose of the accent of the following word, cf. *āmantritam Pūrvamavidyamāna vat* (AP.VIII.1.72).

Therefore, the first syllable of all the vocative cases gets the acute accent, if it is followed by vocative only, e.g. *ágne índra váruṇa mítra dívāḥ ádite mítra-váruṇa* and the like.

X.3. If a preceding substantive vocative is followed by a co-ordinative adjective vocative then the former is not regarded as non-existent; cf. *nāmantrite Samānadhikaraṇe Sāmānyavacanam* (AP.VIII.1.73). Thus, the subsequent vocative becomes enclitic, e.g. *hótar yaviṣṭh sukrataḥ,* here the former vocative being regarded as existing, the subsequent vocative becomes enclitic. So also, *ágne gṛhapate māṇavaka Jaṭilakāddhyāpaka.* If the former vocative is adjective and the subsequent vocative is substantive then the same aphorism takes place, e.g. *Yavíṣṭha dūta, javíṣṭhahotaḥ.* But if the former and the subsequent vocatives are not related with a relation of adjective and substantive and every hemistich in them indicates something important (special) then the former vocative is considered as non-existent; e.g. - *ū́rjo napād bhádraśoce, Vásiṣṭha śúkra dī́divaḥ Pā́vaka* and the like.

X.4. A case-affix (most probably a genetive case) followed by a vocative is considered as component part of the later vocative, then an aphorism regarding accent takes place, cf. *subāmantrite parāṅgavatsvare*[48] (AP.II.1.2). Thus, from the view point of accent, the component parts are considered as one and then the accent is marked, e.g. *áśvina yájvarīriṣo drávat Pāṇī śubhaspatī*. Here the word *Patī* (Lord) has an acute accent on the first letter, when it is preceded by another inflected noun *śubhas*, then the accent will be marked on *śu*, both the words (Śubhas and Patī) are regarded as a single word. So also in the following *Ūrjo napāt Sahasāvan, mádrāṇām rājan, Práśunā vṛścan, márutām pitaḥ*. In all these examples, the acute accent remains on the first syllable as a component part of such subsequent vocative.

X.5. A finite verb becomes enclitic when it is preceded by a non-finite verb, cf. *tiṅṅatinaḥ* (AP.VIII.1.28) e.g. *somadevaḥ gacchati*. Here *gacchati* is a finite verb and it is preceded by *somadevaḥ*, which is not a finite verb. Therrefore, *gacchati* (a finite verb) remains enclitic. So also, in the following examples - *Yájamānasya paśū́npāhi*, here *Pāhi* is enclitic. *Ágne Sūpāyanó bhava*, here *bhava* is enclitic. *Sa iddeveṣú gacchati*, here *gacchati* is enclitic. *Agnimīḍe Purohitam*, here *iḍe* is enclitic, etc.

But it is significant to note that the aphorism under discussion is not applied regularly. Exceptions are there. Sometimes a finite verb, if it occurs in the beginning of the hemistich or sentence, is acutely accented; e.g. in the beginning of hemistich-*ī́ḷe agnī́m vipaścitam, jáhi prajā́m náyasva ca*. In both the examples, *īle* and *jahi* (finite verbs) get the acute accent which are in the beginning of hemistich. In the beginning of sentence-*śúndhdhvam daívyāya Kármaṇe*, here, *śúndhadhavam* (finite verb) has the acute accent due to its being in the beginning of the sentence.

X.6. A collection of words which contains a finite verb is considered a complete sentence[49]. So, after a first finite verb, the next every finite verb is regarded as a beginning of the new sentence, resulting every following finite verb is marked with an acute accent, e.g.: *jahí prajā́m náyasva ca, té̄ṣām pāhi śrudhī́ hávam, tardṇirijjaydti kśití Pū́syati*, etc. In such instances first finite verb only becomes enclitic, if it does not occur in the beginning of the hemistich or sentence. And the other finite verbs become acute.

X.7. Because a vocative comes at the beginning of a hemistich or a sentence is considered as non existent for the purpose of the accent of the following word (cf. X.2). Thus, the finite verb gets the acute accent, if it is preceded by a vocative; e.g. *índra jīva, sūrya jīva, dévā jīvata*. This example contains three sentences and the finite verb of each sentence is acutely accented.

X.8. In a sentence, a finite verb is always acutely accented if it is preceded by a pronoun *Yad* including all its forms, cf. *Yadvarttānnityam* (AP.VIII.1.66), although, the other words come in between e.g. *yat Kāmāste Juhumáḥ, na Yam dípsanti, Yen bhunktté, yáthā na Pū́rvamaparo Jáhāti* and the like.

X.9. Most probably in connection with the particles cf. (AP.VIII.1.30 to 50 and 64) the finite verb is acutely accented, even if it does not come at the beginning of hemistich or sentence, e.g. *Yat Karóti, havka pácati, Kuvídasyavédat, tvam hi baladā́ ási, viceducchánti, yavad bhunktté, yathādhīté, mūṇavakastu bhunktté śobhanam, kaṭambho Kariṣyasi, namugácchāmi bhoḥ, kimsomadatta Pácati, ehimanye odanam bhokśyaśe, jātu kariṣyā́mi, kasmai cid dádāti, utaho páṭhati, āhosomadevaḥ pácati, bṛhaspati vai devanām purohite ā́sīt, ayam vāva hasta ā́sīt*, etc.

X.10. If a sentence contains any particles among the *ca, cana, cid, id, eva, evā, vā, ha* and a finite verb should not be preceded by any preposition, then the finite verb gets the acute accent, even if it does not come at the beginning of hemistich or sentence, cf. *canacidivagotrādita adhitāmreḍiteṣvagateḥ, cādiṣu* (AP.VIII.1.57 and 58) respectively, e.g. *somadevaḥ Pácati cana, índraścamṛḷáyatinaḥ somadevaḥ pácatīve, ádha smā no maghavañcarkṛtā́tit, somadevaḥ pácati vā khádati vā* etc.

X.11. In connection with the particles *ca* and *vā* the first finite verb is acutely accented, if the relation is established in their meaning , cf. *ca vā yoge prqthamā* (AP.VIII.1.59) e.g. *gardabhāñś ca Kā́layati, viṇām ca vādayati, gardabhān vā Kālayati, viṇām vā vādayati, sam cedhyaśvāgne pra ca vardháyemam, údva siñcáddhvamupa vāpṛṇadhvam* and the like.

X.12. In connection with *éka* and *anyá* , the first finite verb gets the acute, accent, especially when the antithesis is indicated, cf. *ekānyābhyām samrthā bhyām* (AP.VIII.1.65) e.g. *Prā́jamekā Jínvaturjameka, rāṣṭtamekā rakśati devayū́nām prápránye yánti paryanya āsate.* In both of these examples, the first finite verb in each sentence i.e. *jínvati* and *yánti* respectively, is acutely accented.

X.13. In Pāṇini, prepositions are always used in composition with the verbs, cf. *upasargāḥ kriyā yoge* (AP.I.4.59), e.g. *pra+namati=Praṇamati.* Here *ṇ* is substituted in place of *n* because of pra (getting the designation of preposition) by *upasargādasamāse api ṇopadeśeśasya* (AP.VIII.4.14). Similarly, *praṇayati, prinayati* etc. But it is noteworthy, in the Vedic language, prepositions are used prior to the verbs and also subsequent to the verbs. When a preposition is not compounded with a verb then prepositions(s) retain(s) their original accent, e.g. *ā́* (RV.I.1.5) *upá prá yāhi* (RV.1.82.6) *ā te nayatu* (AV.II.36.8). *jáyema sám yudhí spṛdhaḥ* (RV.I.8.3), *gámadvā́jebhirā́ sa naḥ* (RV.I.5.3) etc.

X.14. The prepositions are gravely accented, when they are composed with the acute finite verbs, cf. *tiṅi codāttavati*[50] (AP.VIII.1.71) e.g., *yat Pra Karoti, yat pra Pacati, Pratipáśyati, Upayāthdḥ.* In all these examples, prepositions remain enclitic, we get some instances also where all the prepositions remain enclitic when more than one prepositions are compounded with an acute finite verb e.g. *pari pra yathá.* In this example two prepositions (pari and pra) are employed with an acute finite verb. Both remain enclitic.

X.15. When more than one preposition are compounded with an unaccented finite verb, then the only final of them is acutely accented and the others becoming proclitic, cf. *gatirgatau*[51] (AP.VIII.1.70) e.g. *anusam práyāhi, upágahi, samā́kṛṇoṣi,* etc. In these examples final prepositions (*pra, ā* and *ā*) get the acute accent and others remain proclitic.

X.16. As it has been stated earlier that Pāṇini is a sentence grammarian so he discussed the sentence in detail from various angles. The solemn aim of Pāṇini is to describe the language. And the language can be described only through the sentence. The whole of the AP. is an excellent example of description of sentence. The main point which is thought to be stressed here is that the final vowel of a sentence is lengthened and is acutely accented, cf. *vākyasyaṭeḥ pluta udāttaḥ* (AP.VIII.2.82) Pāṇini has noted very minutely, when and where, which portion of a sentence should be lengthened and suitably marked with the accent. He has discussed this phenomena in his Aṣṭādhyāyī from VIII.2.82 to 108 and noted in detail the usages prevailing in Sanskrit language. For instance, we can take up his aphorism *pratyabhi0vādeśudre* (AP.VIII.2.83) which says: In uttering the formula of salutation, the final syllable of a sentence becomes lengthening and is acutely accented, but this will apply only when it is addressed to *Brāhmaṇa, kśatrīya* and *vaiśya* classes only, other than *Śudra*. Thus, *abhivādaye somadevo aham* is said by somadeva to his teacher. The teacher says *Bho āyuṣmān edhi somadevā३*. Here *somadevā३* which is an answer to a salutation and not addressed to a *Śudra* then it become lengthening and places acute accent.

In this way, Pāṇini has described the accent of the sentence in detail and has noted, even the very minute changes/references, current in the language.

REFERENCES

1. Cf. Patañjali in MB-Tvarita Vaktaro bhavanti.... lokācca laukikāḥ (Paspaśāhnika).
2. cf. AP.I.2.29 to 40; I.3.11-12, I.3.72 and 78; I.4.98-99. II.4.32 and 33. III.1.3. and 4; III.2.149; III. 3.96; III.4.103; IV.1.37 and 39, 52, IV 2.43, 108; IV.3.67, 138, IV.4.108. VI.1.59, 118, VI.4.37, VII.2.98, VII.3.34. VIII.1.3.8, 67, 71, VIII.2.4, 5, 6, 82, 100, 103, VIII.4.66, 67 etc.
3. Cf. *Abhedakā guṇā*, MB.I.1.1 and *eka śrutinirdeśāt siddham*. MB.VI.4.172.
4. Cf. *Anye Tvāhuḥ eka śrutyā sūtrāṇi paṭyante iti* (Bhāṣya Pradīpa Udyota. I.1.1)
5. Cf. *Nanvevamapi catasaryādyudattanipātana sāmarthyāccatasra ityatra 'caturaḥ śasi' ityasyāpra vṛttiriti bhāṣyoktamanupapannam... Sampūraṇāaṣṭādhyāyī ācāryeṇa aika śrutyā Paṭhitā ityatra na mānam. Kvacit kasyacit padasya aika śrutyā pāṭho yathā dāṇdināyanādisūtre aikśvāketi, etāvadeva bhāṣyāl labhyate.* (Bhāṣya pradīpodyota I.1.1). Same statement of Nāgeśa is found on 'Abhedakāguṇāḥ' (Paribhāṣā 118) in paribhāṣaśendu śekhara.
6. cf. MB. on *caturaḥ śasi* (AP.VI.1.168).
7. *Pratijñāpariśiṣṭa* is of two kinds (1) Pariśiṣṭa of Prātisākinya (2) Pariśiṣṭa of śraut sūtra. Former is printed at the end of Yajuḥ Prātiśākhya published from Kāśi, caukhambā sanskrit series.
8. Cf. Foot Note 2 of this chapter.
9. Cf. US.III.1.54.
10. See Ref.No.8 'Language'.
11. See Ref.No.9 'Language'.
12. See Ref.No.10 'Language'.
13. See Ref.No.11 'Language'.
14. See Ref.No.12 'Language'.
15. See Ref.No.13 'Language'.
16. See Ref.No.66 'Phonology'.
17. Cf. *Svarāṇāmanudāttādīnāmavibhāgaḥ abhedaḥ tirodhā namekaśrutiḥ* (KK.I.2.33); *Kśīrodakavaduddāttānudātt ayorbhedahirodhānamekaśrutirityarthaḥ. Svarite tu vibhāgena tayorupalabdhiḥ* (MBP.I.2.33) *Udāttānudāttasvaritānām Paraḥ sannikarṣa ekśrutyam* (ASS.1.2)
18. Cf. *Udāttaparasya svaritaparasya cānudāttasya Sannatara ādeśo bhavati* (KK. on AP.I.2.40).
19. Cf. *Ekākśarasamāveśe Pūrvayoḥ Svaritaḥ svaraḥ* (RV.Pr.II.3.) *Ubhayavāntsvaritaḥ* (VS.Pr.I.110), *Samāhāraḥ Svaritaḥ* (Tai.Pr. 1.40).
20. Cf. *Ākśepo nāma tiryaggamanam gātrāṇām Vāyunimittam* (uvaṭa on RV. Pr.III.1.), *Ākśiptam svaritam* (AV.Pr.I.16).
21. *Udāttapūrvam niyatam vivṛttyā vyañjanena vā, Svaryate antarhitam na cedudāttasvaritodayam* (Rv.Pr.III.17); *Udāttaccānudāttam Svaritam, Nihitamudāttasvaritaparam; Anavagrahe* (Vs.Pr.IV.135; 136 and 137). *Udāttatparo anudāttaḥ Svaritam; Vyañjanāntarhito api, nodāttasvaritaparaḥ* (Tai.Pr.XIV.29, 30 and 31). *Udāttadanudātam Svaryate, Vyāseapi Samānapade, Avagrahe ca, nodāttasvaritaparam* (AV.Pr.III.67, 68, 69, and 70), respectively.
22 Cf. *Tasyādita Udāttam Svarārdhamātram* (Vs.Pr.I.126), *Svaritasya āditomātrārdhamudattam* (Av.Pr.I.17).
23. Cf. *Tasyodāttatarodāttadardhamātrārdhameva vā, Anudāttaḥ Paraḥ śeṣaḥ sa udāttaśrutiḥ* (Rv.Pr.III.4. and 5) *Tasyādiruccaistarāmudāttadanantare yāvadardhamhrasvsya. Udāttasamaḥ śeṣaḥ. Savyañjano api. Anantaro Vā nīcaistarām. Anudāttasamo Vā. Ādirasyodāttasamaḥ śeṣo anudāttasama ityācāryāḥ.* (Tai.Pr.I.41, 42, 43, 44, 45 and 46).

24. Cf. *Vaivṛtatairo vyañjanau Kśaiprābhinihitau ca tān, Praśliṭam ca yathā sandhi svarānācakśate pṛthak* (RV.Pr.III.18). *Yuvarṇau Yavau Kśaipraḥ* (VS.Pr.I.115). *Evarṇokāryor yavakāra bhāve kśaipra Udāttayoḥ* (Tai.Pr.XX.1). *Antaḥsthāpatau udāttasyānudātte Kśaipraḥ* (AP.Pr.III.58).

25. See Ref.No.65 'Phonology'.

26. See Ref.No.10 'Phonology'.

27. MB. on AP.I.I.12 VK.4.

28. See Ref.No.64 'Phonology'

29. A technical term employed in Pāṇinian grammar to indicate relation of dependence; cf. *āśrayātsiddhatvam bhasviṣyati* MB. on AP.I.1.12 VK.4; Cf. also, *asylum*, A place of refuge; cf. *guṇavacanānām śabdānāmāśrayato liṅgavacanāni bhavanti. śuklam Vastram, śuklā śāṭī, śuklaḥ Kambalaḥ*. MB. on AP.II.2.29.

30. It is a technical term which in used by Pāṇini in his treatise to indicate similar to the original behaviour; cf. *Sathānivadādeśo analvidhau* (AP.I.1.56).

31. Cf. *Udāttavatyekībhāva udāttam sandhyakśaram* (RV.Pr.III.11). *Udāttavānudāttaḥ* (VS.Pr.IV.132) *Udāttamudāttavati* (Tai. Pr.X.10) *Ekādeśe Udāttenodāttaḥ* (AV.Pr.III.66).

32. Cf. *Māṇḍūkeyasya sarveṣu Praśliṣṭeṣu tathā samaret* (RV.Pr.III.14).

33. A technical term employed in Pāṇinian grammar to indicate a Preposition which appeared as a verbal activity formerly, in spite of the fact, it does not show for the time being. It is used in connection with prefixes which are not employed along with a root. Cf. AP.I.4.83 to 98; cf. DPK. p.13, 19-20, cf. also HVP.III.1.1; cf. *Karma Prokvantaḥ Karmapravacanīyaḥ iti*, MB. on AP.I.4.83 e.g. *Śākalyasya saṁhitāmanu Prāvarṣat, anvarjunam Yodhāraḥ, ā kumāram Yasaḥ Pāṇineḥ*.

34. It is defined by Pāṇini as *Kugatiprādayaḥ* (AP.II.2.18) and examined in detail by Kātyāyana, *Prādayo gathādhyarthe Prathamayā* on AP.II.2.18 VK.4 which comes under the general head determinative compound, it is also known as *Prāditatpurūṣa*, cf. *Katham Prabhāvo rājñaḥ. Prakṛto bhāvo iti Prādis amāso bhaviṣyati.* KK. on AP.III.3.24 and also, *Prāntaḥ Prayantaḥ, bahuvrīhirayam Prādisamāso vā* (KK. on AP.VI.2.180).

35. Cf. *Devatādvandvānicānāmantritāni* (Vs.Pr.II.48).

36. Cf. *Dvandvancendrasomapūrvam Pūṣāgni vāyuṣu, Agniścendre, ṚK sāmani ca.* (Vs.Pr.II.55, 56, 57) respectively.

37. Cf. *Avyaye nañkunipātānāmiti Vaktvyam* (VK. on AP.VI.2.2).

38. Cf. *Yasya tatpuruṣya pūrvapada prakṛtisvartvamiṣyate, na ca* (viśiṣya vacanam. SK.), *Vihitam Sa Sarvo api* (SK.) *Dāsībhāradiṣu drṣṭvyaḥ* (KK. and SK. on AP.VI.2.42).

39. Cf. *Bṛhaspatirvanaspatirnarāśaṁsastanūnaptretanūnapānnaktoṣāsoṣāsānktādyāvāpṛthivīdyāvākśāmā Kratūdakśā bhyametavā anveta vā iti ca* (Vs.Pr.II.47).

40. Cf. *naño guṇapratiṣedhe saṁpādyarhahitālamarthastaddhitāḥ, Yayatoścātadarthe, acakāvaśaktau, ākrośe ca, samjñāyām, Kṛtyokeṣṇuccārvādayaśca, vibhāṣā tṛnnannatīkśṇaśuc iṣu* (AP.VI.2.155 to 161).

41. Cf. *naño jaramarami tramṛtāḥ, sormansī alomoṣos ī, Kṛtvādayaśca, ādyudāttam dvyacchandasi, Vīravīryau ca* (AP.VI.2.116-120) respectively.

42. See Ref. No.9 'Contiguity'.

43. *Pit*; A technical term employed in Pāṇinian grammar, which is marked with letter *P*. The affixes *tip*, *sip* and *mip* are known as *pit*. *Pit* is an indicative of grave accent, cf. *anudāttau suppitau* (AP.III.1.4). It causes many operations in Pāṇinian grammar: A short vowel gets *t* augment, cf. *hrasvasyapiti kṛti tuk* (AP.VI.1.71); The roots *bhī hrī bhṛ* etc. get the acute accent cf. *bhīhrī bhṛhumadajanadhanadaridrājāgarām Pratyayāt Pūrvampiti* (AP.VI.1.192); Substitution of *guṇa*, cf. *Sārvadhātukārddhādhātukayoḥ* and guṇo apṛkte (AP.VII.3.84 and 91); Prevention of *guṇa*, cf. *Nābhyasta syāci Piti sārvadhātuke, bhūsuvostiṅi* (AP.VII.3.87 and 88); substitution of *vṛddhi*, cf. *uto vṛddhirluki hali, ūrṇoter vibhāṣā* (AP.VII.3.89 and 90); Augments of *i* and *ī*, cf. *tṛṇaha im, bruva īṭ, yaṅo vā* (AP.VII.3.92, 93 and 94);

44. Cf. *Tudatī, nudatī...Śaturnumo nadyajādirantodātadityeṣa svaro yathā syāt* (MB. on AP. VIII 2.6 VK.2).

45. *Pratyāhāra*; A technical term is employed in Sanskrit grammar. It is a very ancient term. It is not so that Pāṇini applied it for the first time. First of all it is available in RKT. Pr.I.3 "*Pratyāhārartho Varṇānubandho Vyañjanam*". It is also found in Vs.Pr. Bopadeva in his grammar *Mugdhabodha*, uses the term *samāhāra* instead of *Pratyāhāra*. We do not find any

definition of Pratyāhāra, in Pāṇinian grammar. We can gather its meaning through its usages available in grammar. Literally we can define it as short wording. Pāṇini makes the Pratyāhāra by taking any particular syllable and associating it with any mute final syllable (anubandha) of the fourteen Pratyahara aphorisms with a view to including all the syllables coming in between e.g. *Ac* including all the vowels and *Hal* includes all the consonants. There are forty one pratyābhāras in all. Most of the schools of grammar after Pāṇini, have adopted them either in the same way or with alterations.

46. cf. *āmantritam ca* (VS.Pr.II.24) and also, VS.Pr.II.20-23, 25-45.

47. cf. *Padapūrvamāmantritamanānārthe apadādau* (Vs.Pr.II.27).

48. cf. *āmantritasya Parāṅgavadbhāve ṣaṭhyāmantritakārakavacanam* (MB. on VK. at AP.II.1.2) cf. also, *Pūrvāṅgavacceti Vakttavyam* (SK. on AP.II.1.2) MB. on the same-*Paramapicchandasi Īivasyāṅga Vadbhavatīti Vakttavyam.* cf. also, *tenānantara ṣaṣthyekapadavat.*

49. cf. *ākhyātam sāvyayakārakaviśiṣaṇam Vākyam, sakriyaviśi ṣaṇam ca, ekatiṅ* (VK.(s) in MB on AP.II.1.1) cf. also, *ekatiṅ Vākya samjñam bhavatīti Vakttvyam* (MB. on VK. *ekatiṅ* at AP.II.1.1) cf. also, *na ca smāna vkāye dve tiṅante staḥ* (MB. on AP.VIII.1.28).

50. cf. *anudatopasarge cākhyāte* (Vs.Pr.V.16), *upasarga ākhyātenodāttena samasyate* (AV.Pr.IV.1).

51. cf. *akeno anudāttenāpi* (AV.Pr.IV.2).

SELECTED BIBLIOGRAPHY

Saṁhitās

Atharvaveda, ed. by S.P. Pandit, Bombay, 1985-98.

Jaiminīya Saṁhitā, ed. by W. Caland, Breslam 1907.

Kapiṣṭhala Kaṭha Saṁhitā ed. by Rghu Vira, Lahore 1932.

Kāṭhak Saṁhitā, ed. L.V. Schroder, Leipzing, 1900-11.

Maitrāyaṇī Saṁhitā, ed. by L.V. Schroder, Leipzing, 1981-86.

Ṛgveda Saṁhitā, ed. by F. Max Muller, Berlin 1890-92.

Sāmaveda Saṁhitā, ed. by Benfey, Leipzing 1948.

Tattīriya Saṁhitā, ed. A Weber, Berlin, 1871-72.

Vājasaneyi Saṁhitā, ed. Weber, London 1852.

Brāhmaṇas and Āraṇyakas

Aitareya brāhmaṇa, ed. by Th. Aufrecht, Bonn. 1879.

Ārśeya brāhmaṇa, ed. by A.C. Burnell, Bangalore 1876.

Gopatha brāhmaṇa, ed. Gaastra, Leiden, 1919.

Jaiminīya brāhmaṇa, ed. Lokesh Chandra, Nagpur 1950.

Kauśitaki brāhmaṇa, ed. by B.Lindner; Jena, 1887.

Sāmavidhāna brāhmaṇa, ed. by A.C. Burnell, London 1873.

Śatapatha brāhmaṇa, ed. A. Weber, London, 1885.

Ṣaḍvinisa brāhmaṇa, ed. H.F. Elsingh, leyden, 1908.

Taittrīya brāhmaṇa, Pub. in An. S.S. Poona, 1899.

Aitareya Āraṇyaka, ed. A.B. Keith, Oxford, 1909.

Ancient and Modern Works on grammar

Abhyankar, K.V., 'A dictionary of Sanskrit grammar', Baroda 1977.

Allen, W.S. 'Phonetics in ancient India', Oxford 1953.

Arntz, H. 'Sprachliche Beziehungen Zwischen arisch und Elato-Slavisch', Heidelberg 1933.

Benveniste, E. 'origines de la formation des noms en indo europeeh 'I', Paris 1935.

Bhattoji Dīkśita. 'Siddhanta Kaumudi', Bombay 1959.

Bloch, J. 'Lindo-aryen du Veda aux temps moderness', Paris 1934.

Böhtlingk 'Pāṇini Grammatik' Leipzing 1887:

Reprografischer Nachdruck 1964.

Brügmann, H. 'Grundriss der Vergleichende Grammatik der Indo-geranischen Sprachen', 2nd ed.

Strassburg 1897-1916 (Reprint, Berlin 1967).

Bühler, J.G. 'Indische Palagraphie', Stressburg 1896.

Burrow, T. 'The Sanskrit Language', London 1973.

Candragomin, 'Cāndra Vyākaraṇa', ed. by K.C. Chatterje Poona, 1953.

Cardona. 'Pāṇini (A Survey of research) Mouton 1976.

Chakravarti, P.C. 'The Philosophy of Sanskrit Grammar' - Linguistic Speculations of the Hindus'.

Chatterji, S.K. 'Indo-Aryan and Hindi', Ahmedabad 1942.

Delbrück, B. 'Altindische Syntax', Halle 1818.

Devasthali, G.V. 'Anubandhas of Pāṇini', Poona 1967.

Dvivedi H.P. 'Studies in Pāṇini', Delhi 1977.

Edgerton F. 'Buddhist Hybird Sanskrit 'I', Grammar II Dictionary, Newhaven 1953.

Entwistle, W.J. 'Aspects of language', London 1951.

Friedrich, J. 'Hethitisches Elementarbuch 'I', Heidelberg 1940.

Geiger, W. 'Pali Literature und Sprache', Strassburg 1916.

Ghosh, B. 'Linguistic Instruction to Sanskrit', Calcutta 1937.

Gleason, H.A. 'An Introduction to Descriptive Linguistics', New York 1955.

Goldstücker, T. 'Pāṇini' London 1816.

Gonda, J. 'Old Indian' (Handbuch der orientalistik, II Abt. Bd. I, Abschnitt I) Leiden/Koln 1971.

Grierson, G.A. 'Linguistic Survey of India', 1903-28.

Haradatta. Padamañjarī' ed. by Dwarikādāsa Shastri and Kalikaprasad Shukla, Varaṇasi 1965-67.

Hass. W. 'Zero in Linguistic Description' London 1964.

Hendriksen, H. 'Untersuchungen Uber Bedeutung des

Hethitischen für die Laryngaltheorie', Copenhagen 1941.

Hockett, C.F. 'A Course in Modern Linguistics', New York 1958.

Jacabsohn, H. 'Arier und Ugrofinnen', Göttingen 1922.

Jag Deva Singh, Pāṇini: His Description of Sanskrit, New Delhi 1991.

Jesperson 'Language' London 1922.

Jinendrabuddhi, 'Kāśikā Vivaraṇa Pañjikā (the Nyāsa), the Varendra research society, Rajshahi Bengal 1913-1916.

Katre, S.M. 'Some problems of historical linguistics in Indo-Aryan', Poona 1965.

Kātyāyan, 'Śukla Yajurveda Prātiśākhya (Vājasaneyi prātiśākhyam). ed. and comm. by V.K. Varma, Varanasi 1975.

Kārttikeya, 'The Taittirīya Prātiśākhya with commentary the Tribhāṣyaratna, ed. and comm. by Whitney W.D.

Kent, R.G. 'Old Persian Grammar' text Lexicon', Newhaven 1950.

Kielhorn, F. 'Kātyāyana and Patañjali and their relation to each other and to Pāṇini'.

Kurylowicz, J. 'laccentuation des langues Indo-Européennes', Cracow 1952.

Louis, H.G. 'Foundations of Language', 1939.

Lehmann, W.P. 'Historical Linguistics' an Introduction New York 1962.

Macdonell, A.A. 'Vedic Grammar', Strassburg 1910.

Mansion, J. 'Esquisse dune historie de la language Sanskrite' Paris 1931.

Mayrhofer, M. 'Kurzgefasstes etymologisches Wörtherbuch des Altindischen', Heidelberg 1953.

Meillet, A. 'Les dialectes Indo-européenes', Paris 1908.

Nāgeśa. 'Laghuśabdenduśekhara', Chowkhamba Sanskrit Series,

- 'Vaiyākaraṇasiddhanta Paramalaghumañjūṣā, Kurukshetra University 1975.

- 'Paribhāṣenduśekhara', Bhavani Shankara Balkrishnana Series, Banaras.

Patañjali, 'Vayākaraṇa Mahābhāṣyam' with Pradīpa of Kaiyaṭa and Udyota of Nāgeśa, Gurukul Jhajjar, Rohtak 1962.

Pāndeya, C.K. 'Pāṇini and his Aṣṭādhyāyī.

Pāwate, I.S. 'The structure of the Aṣṭādhyāyī.

Petersen, H. 'Hettitisch und die anderen indo europäischen Sprachen', Copenhagen 1938.

Pischel, R. 'Grammatik der Prakvit-Sprachen', Strassburg 1910.

Pokorny, J. 'Indogermanisches etymologisches Wörterbuch, Bern 1959.

Renou, L. 'Grammaire Sanscrite' 1930.

Śaunaka. ',Śaunakīyā Caturādhyāyikā (the Atharva-Veda Prātiśākhya)' ed. and comm. by W.D. Whitney, Varaṇasi 1962.

- Ṛgveda Prātiśākhyam, ed. and comm. by Dr. V.K. Varma Vārāṇasi, 1970.

Speyer, J. 'Sanskrit Syntax, leiden 1886.

Sturtevant, E.H. 'The Indo-Hittite Laryngeals', Baltimore 1942.

Szemerenyi, O. 'Einführung in die Vergleichende Sprachwissens chaft', Darmstadt 1970.

Taraporewala I.J.S. 'Elevents of the Science of Language', Calcutta, 1978.

Thumb, A. 'Handbuch des Sanskrit' Heidelberg 1958-59

Thieme Paul. 'Pāṇini and the pronunciation of Sanskrit' - Pāṇini and the Veda'.

Tripāṭhi Rāmadeva 'Bhāṣā Vijñāna Kī Bhāratiya Paramprā aura Pāṇini' Patna 1977.

Tripāṭhi Ramaśureśa 'Sanskrit Vyākaraṇa Darśana' Delhi 1972.

Uhlenbeck, C.C. 'Kurzgefasstes etymologisches

Wörterbuch der altindischen Sprache', Amsterdam 1898-99.

Varma, S. 'Critical Studies in the Phonetic Observations of Indian Grammarians' Delhi 1961.

- Pāṇini and Elision, Hoshiarpur 1978.

Vasu, S.C. 'The Aṣṭādhyāyī of Pāṇini (translation)' Reprint Delhi 1962.

Vāmana and Jayāditya 'Kāśikā', Banaras 1952.

Wackernagel, J. 'Altindische Grammatik', Göttingen 1896-1954.

Walde, A. 'Vergleichendes Wörterbuch der Indogermanischen Sprachen, herausgegeben und bearbeitet Von J. Pokorny, 3 Vols. Berlin and Leipzing 1927-32.

Whitney, W.D. 'A Sanskrit Grammar', Leipzing 1924.

Yajan Veer, The language of the Atharva-veda, Delhi 1979.

Yāska. 'Nirukta' ed. and trns. by Dr. Laksman Sarup Reprint, Delhi 1967.

General Works

Ātmānand, Comm. on 'Geeta' Delhi 1936.

Bhatti 'Bhatilkaryam', Banaras, 1951.

Bhāravi 'Kirātārjunīyam, Varaṇasi 1961.

Kalhaṇa 'Rājataraṅgiṇī' Delhi 1961.

Kālidāsa 'Raghuvaniśa' Delhi 1972.

Kumārillbhatta 'Śloka Vārttika' Calcutta, 1900, 1908.

Shrinivāsayajvam 'Svarasiddhānta Candrikā' Madras, 1936.

Sureśvarācārya 'Saṁbandha Vārttika', Madras, 1972.

Williams M. 'A Sanskrit English Dictionary Oxford, 1899.

Yajan Veer, Sanskrit Vyākaraṇa Kī rūparekhā, Delhi 1982.

Yuan Chwang 'Siyuki' (Beal) Calcutta 1957.

Journals (Old and New)

Adyar Library Bulletin.

Allahabad University Studies, Allahabad.

Annals of the Bhandarkar Oriental Research Institute, Poona.

Annalso of the Venkateśvara Oriental Institute, Tirupati.

Bhāratīsodhasāra saṁgraha Jaipur.

Bulletin of the School of Oriental Studies, London.

Calcutta Oriental Journal, Calcutta, Calcutta.

Harward Journal of Oriental Studies.

Indian Antiquary. 1904 (p.126).

Indian Linguistics Deccan College, P.G. Research Institute, Poona.

Journal of Ganganath Jhā Kendriya Sanskrit Vidyapeeth, Allahabad.

Journal of the American Oriental Society.

Journal of the Asiatic Society of Bengal, Calcutta.

Journal of the Bombay branch of the Royal Asiatic Society.
Journal of the M.S. University, Baroda.
Journal of Oriental research Madras.
Journal of VVRI, Hoshiarpur.
Maharashi Dayanand University Research Journal (Arts).
Proceedings of the All India Oriental Conference.
Shri Jagannath Jyoti Jagannath University, Journal of Indology.
Vedic Path. G.K. University, Hardwar.
Viśva Saṁskritam, Hoshiarpur.

अथ प्रथमोऽध्यायः

प्रथमः पादः

१ वृद्धिरादैच् ।

२ अदेङ् गुणः ।

३ इको गुणवृद्धी ।

४ न धातुलोप आर्द्धधातुके ।

५ क्ङिति च

६ दीधीवेवीटाम् ।

७ हलोऽनन्तराः संयोगः ।

८ मुखनासिकावचनोऽनुनासिकः ।

९ तुल्यास्यप्रयत्नं सवर्णम् ।

१० नाज्झलौ ।

११ ईदूदेद्द्विवचनं प्रगृह्यम् ।

१२ अदसो मात् ।

१३ शे ।

१४ निपात एकाजनाङ् ।

१५ ओत ।

१६ सम्बुद्धौ शाकल्यस्येतावनार्षे ।

१७ उञ ऊँ ।

१८ ईदूतौ च सप्तम्यर्थे ।

१९ दाधाघ्वदाप् ।

२० आद्यन्तवदेकस्मिन् ।

२१ तरप्तमपौ घः ।

२२ बहुगणवतुडति सङ्ख्या ।

२३ ष्णान्ता षट् ।

२४ डति च ।

२५ क्तक्तवतू निष्ठा ।

२६ सर्वादीनि सर्वनामानि ।

२७ विभाषा दिक्समासे बहुव्रीहौ ।

२८ न बहुव्रीहौ ।

२९ तृतीयासमासे ।

३० द्वन्द्वे च ।

३१ विभाषा जसि ।

३२ प्रथमचरमतयाल्पार्द्धकतिपयनेमाश्च ।

३३ पूर्वपरावदक्षिणोत्तरापराधराणि
व्यवस्थायामसंज्ञायाम् ।

३४ स्वमज्ञातिधनाख्यायाम् ।

३५ अन्तरं बहिर्योगोपसंव्यानयोः ।

३६ स्वरादिनिपातमव्ययम् ।

३७ तद्धितश्चासर्वविभक्तिः ।

३८ कृन्मेजन्तः ।

३९ क्त्वातोसुन्कसुनः ।

४० अव्ययीभावश्च ।

४१ शि सर्वनामस्थानम् ।

४२ सुडनपुंसकस्य ।

४३ न वेति विभाषा ।

४४ इग्यणः सम्प्रसारणम् ।

४५ आद्यन्तौ टकितौ ।

४६ मिदचोऽन्त्यात्परः ।

४७ एच इग्घ्रस्वादेशे ।

४८ षष्ठी स्थानेयोगा ।

४९ स्थानेऽन्तरतमः ।

५० उरण् रपरः ।

५१ अलोऽन्त्यस्य ।

५२ ङिच्च ।

५३ आदेः परस्य ।

५४ अनेकालशित्सर्वस्य ।

५५ स्थानिवदाशोऽनल्विधौ ।

५६ अचः परस्मिन्पूर्वविधौ ।

५७ न पदान्तद्विर्वचनवरेयलोपस्वर
सवर्णानुस्वारदीर्घ जश्चर्विधिषु ।

५८ द्विर्वचनेऽचि ।

५९ अदर्शनं लोपः ।

६० प्रत्ययस्य लुक्श्लुलुपः ।

६१ प्रत्ययलोपे प्रत्ययलक्षणम् ।

६२ न लुमताऽङ्गस्य ।

६३ अचोऽन्त्यादि टि ।

६४ अलोऽन्त्यात्पूर्व उपधा ।

६५ तस्मिन्निति निर्दिष्टे पूर्वस्य ।

६६ तस्मादित्युत्तरस्य ।

६७ स्वं रूपं शब्दस्याशब्दसंज्ञा ।
६८ अणुदित्सवर्णस्य चाप्रत्ययः ।
६९ तपरस्तत्कालस्य ।
७० आदिरन्त्येन सहेता ।
७१ येन विधिस्तदन्तस्य ।
७२ वृद्धिर्यस्याचामादिस्तद् वृद्धम् ।
७३ त्यदादीनि च ।
७४ एङ् प्राचां देशे ।

इति प्रथमाध्यायस्य प्रथमः पादः ।। १ ।।

द्वितीयः पादः

१ गाङ्कुटादिभ्योऽञ्णिन्ङित् ।
२ विज इट् ।
३ विभाषोर्णोः ।
४ सार्वधातुकमपित् ।
५ असंयोगाल्लिट् कित् ।
६ इन्धिभवतिभ्यां च ।
७ मृडमृदगुधकुषक्लिशवदवसः क्त्वा ।
८ रुदविदमुषग्रहिस्वपिप्रच्छः संश्च ।
९ इको झल् ।
१० हलन्ताच्च ।
११ लिङ्सिचावात्मनेपदेषु ।
१२ उश्च ।
१३ वा गमः ।
१४ हनः सिच् ।
१५ यमो गन्धने ।
१६ विभाषोपयमने ।
१७ स्थाघ्वोरिच्च ।
१८ न क्त्वा सेट् ।
१९ निष्ठा शीङ्स्विदिमिदि क्ष्विदिधृषः ।
२० मृषस्तितिक्षायाम् ।
२१ उदुपधाद्भावादिकर्मणोरन्यतरस्याम् ।
२२ पूङः क्त्वा च ।
२३ नोपधात्थफान्ताद्वा ।
२४ वञ्चिलुञ्च्यृतश्च ।
२५ तृषिमृषिकृशेः काश्यपस्य ।
२६ रलो व्युपधाद्धलादेः संश्च ।
२७ ऊकालोऽज्झ्रस्वदीर्घप्लुतः ।
२८ अचश्च ।
२९ उच्चैरुदात्तः ।
३० नीचैरनुदात्तः ।
३१ समाहारः स्वरितः ।
३२ तस्यादित उदात्तमर्धह्रस्वम् ।
३३ एकश्रुति दूरात्सम्बुद्धौ ।
३४ यज्ञकर्मण्यजपन्यूङ्खसामसु ।
३५ उच्चैस्तरां वा वषट्कारः ।
३६ विभाषा छन्दसि ।
३७ न सुब्रह्मण्यायांस्वरितस्य तूदात्तः ।
३८ देवब्रह्मणोरनुदात्तः ।
३९ स्वरितात्संहितायामनुदात्तानाम् ।
४० उदात्तस्वरितपरस्य सन्नतरः ।
४१ अपृक्त एकाल् प्रत्ययः ।
४२ तत्पुरुषः समानाधिकरणः कर्मधारयः ।
४३ प्रथमानिर्दिष्टं समास उपसर्जनम् ।
४४ एकविभक्ति चापूर्वनिपाते ।
४५ अर्थवदधातुरप्रत्ययः प्रातिपदिकम् ।
४६ कृत्तद्धितसमासाश्च ।
४७ ह्रस्वो नपुंसके प्रातिपदिकस्य ।
४८ गोस्त्रियोरुपसर्जनस्य ।
४९ लुक्तद्धितलुकि ।
५० इद्गोण्याः ।
५१ लुपि युक्तवद् व्यक्तिवचने ।
५२ विशेषणानां चाऽऽजातेः ।
५३ तदशिष्यं संज्ञाप्रमाणत्वात् ।
५४ लुब्योगाप्रख्यानात् ।
५५ योगप्रमाणे च तदभावेऽदर्शनं स्यात् ।
५६ प्रधानप्रत्ययार्थवचनमर्थस्यान्यप्रमाणत्वात् ।
५७ कालोपसर्जने च तुल्यम् ।
५८ जात्याख्यायामेकस्मिन्बहुवचनमन्यतरस्याम् ।
५९ अस्मदो द्वयोश्च ।
६० फल्गुनीप्रोष्ठपदानां च नक्षत्रे ।
६१ छन्दसि पुनर्वस्वोरेकवचनम् ।
६२ विशाखयोश्च ।
६३ तिष्यपुनर्वस्वोर्नक्षत्रद्वन्द्वे बहुवचनस्य द्विवचनं नित्यम् ।

६४ सरूपाणामेकशेष एकविभक्तौ ।
६५ वृद्धो यूना तल्लक्षणश्चेदेव विशेषः ।
६६ स्त्री पुंवच्च ।
६७ पुमान् स्त्रिया ।
६८ भ्रातृपुत्रौ स्वसृदुहितृभ्याम् ।
६९ नपुंसकमनपुंसकेनैकवच्चास्यान्यतरस्याम् ।
७० पिता मात्रा ।
७१ श्वशुरः श्वश्र्वा ।
७२ त्यदादीनि सर्वैर्नित्यम् ।
७३ ग्राम्यपशुसंघेष्वतरुणेषु स्त्री ।

इति प्रथमाध्यायस्य द्वितीयः पादः ।। १।२ ।।

तृतीयः पादः

१ भूवादयो धातवः ।
२ उपदेशेऽजनुनासिक इत् ।
३ हलन्त्यम् ।
४ न विभक्तौ तुस्माः ।
५ आदिर्ञिटुडवः ।
६ षः प्रत्ययस्य ।
७ चुटू ।
८ लशक्वतद्धिते ।
९ तस्य लोपः ।
१० यथासङ्ख्यमनुदेशः समानाम् ।
११ स्वरितेनाधिकारः ।
१२ अनुदात्तङित आत्मनेपदम् ।
१३ भावकर्मणोः ।
१४ कर्तरि कर्मव्यतिहारे ।
१५ न गतिहिंसार्थेभ्यः ।
१६ इतरेतरान्योन्योपपदाच्च ।
१७ नेर्विशः ।
१८ परिव्यवेभ्य क्रियाः ।
१९ विपराभ्यां जेः ।
२० आङो दोऽनास्यविहरणे ।
२१ क्रीडोऽनुसंपरिभ्यश्च ।
२२ समवप्रविभ्यः स्थः ।
२३ प्रकाशनस्थेयाख्ययोश्च ।
२४ उदोऽनूर्ध्वकर्मणि ।
२५ उपान्मन्त्रकरणे ।
२६ अकर्मकाच्च ।
२७ उद्विभ्यां तपः ।
२८ आङो यमहनः ।
२९ समो गम्यृच्छिभ्याम्
३० निसमुपविभ्यो ह्वः ।
३१ स्पर्धायामाङः ।
३२ गन्धनावक्षेपणसेवनसाहसिक्य
प्रतियत्नप्रकथनोपयोगेषु कृञः ।
३३ अधेः प्रसहने ।
३४ वेःशब्दकर्मणः।
३५ अकर्मकाच्च ।
३६ संमाननोत्सञ्जनाचार्यकरणज्ञान
भृतिविगणनव्ययेषु नियः ।
३७ कर्तृस्थे चाऽशरीरे कर्मणि ।
३८ वृत्तिसर्गतायनेषु क्रमः ।
३९ उपपराभ्याम् ।
४० आङ उद्गमने ।
४१ वेः पादविहरणे ।
४२ प्रोपाभ्यां समर्थाभ्याम् ।
४३ अनुपसर्गाद्वा ।
४४ अपह्नवे ज्ञः ।
४५ अकर्मकाच्च ।
४६ संप्रतिभ्यामनाध्याने ।
४७ भासनोपसंभाषाज्ञानयत्नविमत्युपमन्त्रणेषु
वदः ।
४८ व्यक्तवाचां समुच्चारणेः
४९ अनोरकर्मकात् ।
५० विभाषा विप्रलापे ।
५१ अवाद्ग्रः ।
५२ समः प्रतिज्ञाने ।
५३ उदश्चरः सकर्मकात् ।
५४ समस्तृतीयायुक्तात् ।
५५ दाणश्च सा चेच्चतुर्थ्यर्थे ।
५६ उपाद्यमः स्वकरणे ।
५७ ज्ञाश्रुस्मृदृशां सनः ।
५८ नानोर्ज्ञः ।
५९ प्रत्याङ्भ्यां श्रुवः ।
६० शदेः शितः ।

६१ म्रियतेर्लुङ्लिङोश्च ।
६२ पूर्ववत् सनः ।
६३ आम्प्रत्ययवत्कृञोऽनुप्रयोगस्य ।
६४ प्रोपाभ्यां युजेरयज्ञपात्रेषु ।
६५ समः क्ष्णुवः ।
६६ भुजोऽनवने ।
६७ णेरणौ यत्कर्म णौ चेत्स कर्त्ताऽनाध्याने ।
६८ भीस्म्योर्हेतुभये ।
६९ गृधिवञ्च्योः प्रलम्भने ।
७० लियः समाननशालीनीकरणयोश्च ।
७१ मिथ्योपपदात्कृञोऽभ्यासे ।
७२ स्वरितिञितः कर्त्रभिप्राये क्रियाफले ।
७३ अपाद्वदः ।
७४ णिचश्च ।
७५ समुदाङ्भ्यो यमोऽग्रन्थे ।
७६ अनुपसर्गाज्ज्ञः ।
७७ विभाषोपपदेन प्रतीयमाने ।
७८ शेषात्कर्त्तरि परस्मैपदम् ।
७९ अनुपराभ्यां कृञः ।
८० अभिप्रत्यतिभ्यः क्षिपः ।
८१ प्राद्वहः ।
८२ परेर्मृषः ।
८३ व्याङ्परिभ्यो रमः ।
८४ उपाच्च ।
८५ विभाषाऽकर्मकात् ।
८६ बुधयुधनशजनेङ्प्रुद्रुस्रुभ्यो णेः ।
८७ निगरणचलनार्थेभ्यश्च ।
८८ अणावकर्मकाच्चित्तवत्कर्त्तृकात् ।
८९ न पादम्याङ्यमाङ्यसपरिमुह
रुचिनृतिवदवसः ।
९० वा क्यषः ।
९१ द्युद्भ्यो लुङि ।
९२ वृद्भ्यः स्यसनोः ।
९३ लुटि च क्लृपः ।

चतुर्थः पादः

१ आकडारादेका संज्ञा ।
२ विप्रतिषेधे परं कार्यम् ।
३ यू स्त्र्याख्यौ नदी ।
४ नेयङुवङ्स्थानावस्त्री ।
५ वाऽऽमि ।
६ ङिति ह्रस्वश्च ।
७ शेषो घ्यसखि ।
८ पतिः समास एव ।
९ षष्ठीयुक्तश्छन्दसि वा ।
१० ह्रस्वं लघु ।
११ संयोगे गुरु ।
१२ दीर्घं च ।
१३ यस्मात्प्रत्ययविधिस्तदादि प्रत्ययेऽङ्गम् ।
१४ सुप्तिङन्तं पदम् ।
१५ नः क्ये ।
१६ सिति च ।
१७ स्वादिष्वसर्वनामस्थाने ।
१८ यचि भम् ।
१९ तसौ मत्वर्थे ।
२० अयस्मयादीनि च्छन्दसि ।
२१ बहुषु बहुवचनम् ।
२२ द्व्येकयोर्द्विवचनैकवचने ।
२३ कारके ।
२४ ध्रुवमपायेऽपादानम् ।
२५ भीत्रार्थानां भयहेतुः ।
२६ पराजेरसोढः ।
२७ वारणार्थानामीप्सितः ।
२८ अन्तर्द्धौ येनादर्शनमिच्छति ।
२९ आख्यातोपयोगे ।
३० जनिकर्तुः प्रकृतिः ।
३१ भुवः प्रभवः ।
३२ कर्मणा यमभिप्रैति स सम्प्रदानम् ।
३३ रुच्यर्थानां प्रीयमाणः ।
३४ श्लाघह्नुङ्स्थाशपां ज्ञीप्स्यमानः ।
३५ धारेरुत्तमर्णः ।
३६ स्पृहेरीप्सितः ।
३७ क्रुधद्रुहेर्ष्यासूयार्थानां यं प्रति कोपः ।
३८ क्रुधद्रुहोरुपसृष्टयोः कर्म ।
३९ राधीक्ष्योर्यस्य विप्रश्नः ।
४० प्रत्याङ्भ्यां श्रुवः पूर्वस्य कर्त्ता ।
४१ अनुप्रतिगृणश्च ।

४२ साधकतमं करणम् ।
४३ दिवः कर्म च ।
४४ परिक्रयणे सम्प्रदानमन्यतरस्याम् ।
४५ आधारोऽधिकरणम्।
४६ अधिशीङ्स्थासां कर्म ।
४७ अभिनिविशश्च ।
४८ उपान्वध्याङ्वसः ।
४९ कर्त्तुरीप्सिततमं कर्म ।
५० तथायुक्तं चानीप्सितम् ।
५१ अकथितं च ।
५२ गतिबुद्धिप्रत्यवसानार्थशब्दकर्मा
कर्मकाणामणि कर्त्ता स णौ ।
५३ हृक्रोरन्यतरस्याम् ।
५४ स्वतन्त्रः कर्त्ता ।
५५ तत्प्रयोजको हेतुश्च ।
५६ प्राग्रीश्वरान्निपाताः ।
५७ चादयोऽसत्वे ।
५८ प्रादयः उपसर्गाः क्रियायोगे ।
५९ गतिश्च ।
६० ऊर्य्यादिच्विडाचश्च ।
६१ अनुकरणं चानितिपरम् ।
६२ आदरानादरयोः सदसती ।
६३ भूषणेऽलम् ।
६४ अन्तरपरिग्रहे ।
६५ कणेमनसी श्रद्धाप्रतिघाते ।
६६ पुरोऽव्ययम् ।
६७ अस्तं च ।
६८ अच्छ गत्यर्थवदेषु ।
६९ अदोऽनुपदेशे ।
७० तिरोऽन्तर्द्धौ ।
७१ विभाषा कृञि ।
७२ उपाजेऽन्वाजे ।
७३ साक्षात्प्रभृतीनिच ।
७४ अनत्याधान उरसिमनसी ।
७५ मध्ये पदे निवचने च ।
७६ नित्यं हस्ते पाणावुपयमने ।
७७ प्राध्वं बन्धने ।
७८ जीविकोपनिषदावौपम्ये ।
७९ ते प्राग् धातोः ।
८० छन्दसि परेऽपि ।
८१ व्यवहिताश्च ।
८२ कर्मप्रवचनीयाः ।
८३ अनुर्लक्षणे ।
८४ तृतीयार्थे ।
८५ हीने ।
८६ उपोऽधिके च ।
८७ अपपरी वर्जने ।
८८ आङ्मर्यादावचने ।
८९ लक्षणेत्थम्भूताख्यानभागवीप्सासु
प्रतिपर्यनवः ।
९० अभिरभागे ।
९१ प्रतिः प्रतिनिधिप्रतिदानयोः ।
९२ अधिपरी अनर्थकौ ।
९३ सुः पूजायाम् ।
९४ अतिरतिक्रमणे च ।
९५ अपिः पदार्थसम्भावनान्ववसर्ग
गर्हासमुच्चयेषु ।
९६ अधिरीश्वरे ।
९७ विभाषा कृञि ।
९८ लः परस्मैपदम् ।
९९ तङानावात्मनेपदम् ।
१०० तिङस्त्रीणि त्रीणि प्रथममध्यमोत्तमाः ।
१०१ तान्येकवचद्विवचनबहुवचनान्येकशः ।
१०२ सुपः ।
१०३ विभक्तिश्च ।
१०४ युष्मद्युपपदे समानाधिकरणे
स्थानिन्यपि मध्यमः ।
१०५ प्रहासे च मन्योपपदे मन्यतेरुत्तम एकवच्च ।
१०६ अस्मद्युत्तमः ।
१०७ शेषे प्रथमः ।
१०८ परः सन्निकर्षः संहिता ।
१०९ विरामोऽवसानम् ।

इति प्रथमाध्यायस्य चतुर्थः पादः ।। १।४ ।।

अथ द्वितीयोऽध्यायः

प्रथमः पादः

१ समर्थः पदविधिः ।
२ सुबामन्त्रिते पराङ्गवत्स्वरे ।
३ प्राक्कडारात्समासः ।
४ सह सुपा ।
५ अव्ययीभावः ।
६ अव्ययं विभक्तिसमीपसमृद्धिव्यृद्ध्यर्था
भावात्ययासम्प्रति- शब्दप्रादुर्भावपश्चाद्य-
थानुपूर्व्ययौगपद्यसादृश्य- सम्पत्ति-
साकल्यान्तवचनेषु ।
७ यथाऽसादृश्ये ।
८ यावदवधारणे ।
९ सुप् प्रतिना मात्रार्थे ।
१० अक्षशलाकासंख्याः परिणा ।
११ विभाषाऽपपरिबहिरञ्चवः पञ्चम्या ।
१२ आङ्मर्यादाभिविध्योः ।
१३ लक्षणेनाभिप्रती आभिमुख्ये ।
१४ अनुर्यत्समया ।
१५ यस्य चायामः ।
१६ तिष्ठद्गुप्रभृतीनि च ।
१७ पारे मध्ये षष्ठ्या वा ।
१८ संख्या वंश्येन ।
१९ नदीभिश्च ।
२० अन्यपदार्थे च संज्ञायाम् ।
२१ तत्पुरुषः ।
२२ द्विगुश्च ।
२३ द्वितीयाश्रितातीत पततिगतात्यस्तप्राप्तापन्नैः
२४ स्वयं क्तेन ।
२५ खट्वा क्षेपे ।
२६ सामि ।
२७ कालाः ।
२८ अत्यन्तसंयोगे च ।
२९ तृतीया तत्कृतार्थेन गुण वचनेन ।
३० पूर्वसदृशसमोनार्थकलहनिपुण
मिश्रश्लक्ष्णैः ।

३१ कर्तृकरणे कृता बहुलम् ।
३२ कृत्यैरधिकार्थवचने ।
३३ अन्नेन व्यञ्जनम् ।
३४ भक्ष्येण मिश्रीकरणम् ।
३५ चतुर्थी तदर्थार्थबलिहितसुखरक्षितैः ।
३६ पञ्चमी भयेन ।
३७ अपेतापोढमुक्तपतितापत्रस्तैरल्पशः ।
३८ स्तोकान्तिकदूरार्थकृच्छ्राणि क्तेन ।
३९ सप्तमी शौण्डैः ।
४० सिद्धशुष्कपक्वबन्धैश्च ।
४१ ध्वाङ्क्षेण क्षेपे ।
४२ कृत्यैर्ऋणे ।
४३ संज्ञायाम् ।
४४ क्तेनाहोरात्रावयवाः ।
४५ तत्र ।
४६ क्षेपे ।
४७ पात्रे समितादयश्च ।
४८ पूर्वकालैकसर्वजरत्पुराणनवकेवलाः
समानाधिकरणेन ।
४९ दिक्सङ्ख्ये संज्ञायाम् ।
५० तद्धितार्थोत्तरपदसमाहारे च ।
५१ सङ्ख्यापूर्वो द्विगुः ।
५२ कुत्सितानि कुत्सनैः ।
५३ पापाणके कुत्सितैः ।
५४ उपमानानि सामान्यवचनैः ।
५५ उपमितं व्याघ्रादिभिः सामान्याप्रयोगे ।
५६ विशेषणं विशेष्येण बहुलम् ।
५७ पूर्वापरप्रथमचरमजघन्यसमान
मध्यमध्यमवीराश्च ।
५८ श्रेण्यादयः कृतादिभिः ।
५९ क्तेन नञ्विशिष्टेनानञ् ।
६० सन्महत्परमोत्तमोत्कृष्टाः पूज्यमानैः ।
६१ वृन्दारकनागकुञ्जरैः पूज्यमानम् ।
६२ कतरकतमौ जातिपरिप्रश्ने ।
६३ किं क्षेपे ।

६४ पोटायुवतिस्तोककतिपयगृष्टिधेनुवशावेहद्बष्कयणी-प्रवक्तृश्रोत्रियाध्यापकधूर्तैर्जातिः ।
६५ प्रशंसावचनैश्च ।
६६ युवा खलतिपलितवलिनजरतीभिः ।
६७ कृत्यतुल्याख्या अजात्या ।
६८ वर्णो वर्णेन ।
६९ कुमारः श्रमणादिभिः ।
७० चतुष्पादो गर्भिण्या ।
७१ मयूरव्यंसकादयश्च ।

इति द्वितीयाध्यायस्य प्रथमः पादः ।। २।१ ।।

द्वितीयः पादः

१ पूर्वापराधरोत्तरमेकदेशिनैकाधिकरणे ।
२ अर्द्धं नपुंसकम् ।
३ द्वितीयतृतीयचतुर्थतुर्याण्यन्यतरस्याम् ।
४ प्राप्तपन्ने च द्वितीयया ।
५ कालाः परिमाणिना ।
६ नञ् ।
७ ईषदकृता ।
८ षष्ठी ।
९ याजकादिभिश्च ।
१० न निर्धारणे ।
११ पूरणगुणसुहितार्थसदव्ययतव्यसमानाधिकरणेन ।
१२ क्तेन च पूजायाम् ।
१३ अधिकरणवाचिना च ।
१४ कर्मणि च ।
१५ तृजकाभ्यां कर्त्तरि ।
१६ कर्त्तरि च ।
१७ नित्यं क्रीडाजीविकयोः ।
१८ कुगतिप्रादयः ।
१९ उपपदमतिङ् ।
२० अमैवाव्ययेन ।
२१ तृतीयाप्रभृतीन्यन्यतरस्याम् ।
२२ क्त्वा च ।
२३ शेषो बहुव्रीहिः ।
२४ अनेकमन्यपदार्थे ।
२५ सङ्ख्ययाऽव्ययासन्नादूराधिकसङ्ख्याः सङ्ख्येये ।
२६ दिङ्नामान्यन्तराले ।
२७ तत्र तेनेदमिति सरूपे ।
२८ तेन सहेति तुल्ययोगे ।
२९ चार्थे द्वन्द्वः ।
३० उपसर्जनं पूर्वम् ।
३१ राजदन्तादिषु परम् ।
३२ द्वन्द्वे घि ।
३३ अजाद्यदन्तम् ।
३४ अल्पाच्तरम् ।
३५ सप्तमीविशेषणे बहुव्रीहौ ।
३६ निष्ठा ।
३७ वाऽऽहिताग्न्यादिषु ।
३८ कडाराः कर्मधारये ।

इति द्वितीयाध्यायस्य द्वितीयः पादः ।। २ ।।

तृतीयः पादः

१ अनभिहिते ।
२ कर्मणि द्वितीया ।
३ तृतीया च होश्छन्दसि ।
४ अन्तरान्तरेणयुक्ते ।
५ कालाध्वनोरत्यन्तसंयोगे ।
६ अपवर्गे तृतीया ।
७ सप्तमीपञ्चम्यौ कारकमध्ये ।
८ कर्मप्रवचनीययुक्ते द्वितीया ।
९ यस्मादधिकं यस्य चेश्वरवचनं तत्र सप्तमी ।
१० पञ्चम्यपाङ्परिभिः ।
११ प्रतिनिधिप्रतिदाने च यस्मात् ।
१२ गत्यर्थकर्मणि द्वितीयाचतुर्थ्यौ चेष्टायामनध्वनि ।
१३ चतुर्थी सम्प्रदाने ।
१४ क्रियार्थोपपदस्य च कर्मणि स्थानिनः ।
१५ तुमर्थाच्च भाववचनात् ।
१६ नमःस्वस्तिस्वाहास्वधाऽलं- वषड्योगाच्च ।
१७ मन्यकर्मण्यनादरे विभाषाऽप्राणिषु ।
१८ कर्तृकरणयोस्तृतीया ।
१९ सहयुक्तेऽप्रधाने ।
२० येनाङ्गविकारः ।

२१ इत्थम्भूतलक्षणे ।
२२ संज्ञोऽन्यतरस्यां कर्मणि ।
२३ हेतौ ।
२४ अकर्त्तर्यृणे पञ्चमी ।
२५ विभाषा गुणेऽस्त्रियाम् ।
२६ षष्ठी हेतुप्रयोगे ।
२७ सर्वनाम्नस्तृतीया च ।
२८ अपादाने पञ्चमी ।
२९ अन्यारादितरर्तेदिक्शब्दाञ्चूत्तर
पदाजाहियुक्ते ।
३० षष्ठ्यतसर्थप्रत्येन ।
३१ एनपा द्वितीया ।
३२ पृथग्विनानानाभिस्तृतीयाऽन्यतरस्याम् ।
३३ करणे च स्तोकाल्पकृच्छ्र-
कतिपयस्यासत्ववचनस्य ।
३४ दूरान्तिकार्थैः षष्ठ्यततरस्याम ।
३५ दूरान्तिकार्थेभ्यो द्वितीया च ।
३६ सप्तम्यधिकरणे च ।
३७ यस्य च भावेन भावलक्षणम् ।
३८ षष्ठी चानादरे ।
३९ स्वामीश्वराधिपतिदायाद-
साक्षिप्रतिभूतप्रसूतैश्च ।
४० आयुक्तकुशलाभ्यां चासेवायाम् ।
४१ यतश्च निर्द्धारणम् ।
४२ पञ्चमी विभक्ते ।
४३ साधुनिपुणाभ्यामर्चायां सप्तम्यप्रतेः ।
४४ प्रसितोत्सुकाभ्यां तृतीया च ।
४५ नक्षत्रे च लुपि ।
४६ प्रातिपदिकार्थलिङ्गपरिमाण-
वचनमात्रे प्रथमा ।
४७ सम्बोधने च ।
४८ साऽऽमन्त्रितम् ।
४९ एकवचनं सम्बुद्धिः ।
५० षष्ठी शेषे ।
५१ ज्ञोऽविदर्थस्य करणे ।
५२ अधीगर्थदयेशां कर्मणि ।
५३ कृञः प्रतियत्ने ।
५४ रुजार्थानां भाववचनाना- मज्वरे ।
५५ आशिषि नाथः ।
५६ जासिनिप्रहणनाटक्राथपिषां हिंसायाम् ।
५७ व्यवहृपणोः समर्थयोः ।
५८ दिवस्तदर्थस्य ।
५९ विभाषोपसर्गे ।
६० द्वितीया ब्राह्मणे ।
६१ प्रेष्यब्रु वोर्हविषो देवतासंप्रदाने ।
६२ चतुर्थ्यर्थे बहुलं छन्दसि ।
६३ यजेश्च करणे ।
६४ कृत्वोऽर्थप्रयोगे कालेऽधिकरणे ।
६५ कर्तृकर्मणोः कृति ।
६६ उभयप्राप्तौ कर्मणि ।
६७ क्तस्य च वर्त्तमाने ।
६८ अधिकरणवाचिनश्च ।
६९ न लोकाव्ययनिष्ठाखलर्थतृनाम् ।
७० अकेनोर्भविष्यदाधमर्ण्ययोः ।
७१ कृत्यानां कर्त्तरि वा ।
७२ तुल्यार्थैरतुलोपमाभ्यां
तृतीयाऽन्यतरस्याम् ।
७३ चतुर्थी चाशिष्यायुष्यमद्र-
भद्रकुशलसुखार्थहितैः ।

इति द्वितीयाध्यायस्य तृतीयः पादः ।। २।३ ।।

चतुर्थः पादः

१ द्विगुरेकवचनम् ।
२ द्वन्द्वश्च प्राणितूर्यसेनाङ्गानाम् ।
३ अनुवादे चरणानाम् ।
४ अध्वर्युक्रतुरनपुंसकम् ।
५ अध्ययनतोऽविप्रकृष्टा- ख्यानाम् ।
६ जातिरप्राणिनाम् ।
७ विशिष्टलिङ्गोनदी देशोऽग्रामाः ।
८ क्षुद्रजन्तवः ।
९ येषाँ च विरोधः शाश्वतिकः ।
१० शूद्राणामनिरवसितानाम् ।
११ गवाश्वप्रभृतीनि च ।
१२ विभाषा वृक्षमृगतृणधान्य
व्यञ्जनपशुशकुन्यश्ववडवपूर्वा-
पराधरोत्तराणाम् ।
१३ विप्रतिषिद्धं चानधिकरणवाचि ।

१४ न दधिपर्यआदीनि ।
१५ अधिकरणैतावत्वे च ।
१६ विभाषा समीपे ।
१७ स नपुंसकम् ।
१८ अव्ययीभावश्च ।
१९ तत्पुरुषोऽनञ्कर्मधारयः।
२० संज्ञायां कन्थोशीनरेषु ।
२१ उपज्ञोपक्रमं तदाद्याचिख्यासायाम् ।
२२ छाया बाहुल्ये ।
२३ सभा राजाऽमनुष्यपूर्वा ।
२४ अशाला च ।
२५ विभाषा सेनासुराच्छायाशाला निशानाम् ।
२६ परवल्लिङ्गं द्वन्द्वतत्पुरुषयोः ।
२७ पूर्ववदश्ववडवौ ।
२८ हेमन्तशिशिरावहोरात्रे च च्छन्दसि ।
२९ रात्राह्नाहाः पुंसि ।
३० अपथं नपुंसकम् ।
३१ अर्द्धर्चाः पुंसि च ।
३२ इदमोऽन्वादेशेऽशनुदात्तस्तृतीयादौ ।
३३ एतदस्त्रतसौचोनुदात्तौ ।
३४ द्वितीयाटौस्स्वेनः ।
३५ आर्द्धधातुके ।
३६ अदो जग्धिर्ल्यप्ति किति ।
३७ लुङ्सनोर्घस्लृ ।
३८ घञपोश्च ।
३९ बहुलं छन्दसि ।
४० लिट्यन्यतरस्याम् ।
४१ वेञो वयिः ।
४२ हनो वध लिङि ।
४३ लुङि च
४४ आत्मनेपदेष्वन्यतरस्याम्
४५ इणोगालुङि
४६ णौ गमिरबोधने ।
४७ सनि च ।
४८ इङश्च ।
४९ गाङ्लिटि ।
५० विभाषा लुङ्लृङोः ।
५१ णौ च संश्चङो ।
५२ अस्तेर्भूः।
५३ ब्रुवो वचिः ।
५४ चक्षिङः ख्याञ् ।
५५ वा लिटि ।
५६ अजेर्व्यघञपोः ।
५७ वा यौ ।
५८ ण्यक्षत्रियार्षितो यूनिलुगणिञोः ।
५९ पलादिभ्यश्च ।
६० इञः प्राचाम् ।
६१ न तौल्वलिभ्यः ।
६२ तद्राजस्य बहुषु तेनैवास्त्रियाम ।
६३ यस्कादिभ्योगोत्रे ।
६४ यञञोश्च ।
६५ अत्रिभृगुकुत्सवसिष्ठगोतमाङ्गिरोभ्यश्च ।
६६ बह्वच इञः प्राच्यभरतेषु ।
६७ न गोपवनादिभ्यः ।
६८ तिककितवादिभ्यो द्वन्दे ।
६९ उपकादिभ्योऽन्यतरस्यामद्वन्द्वे ।
७० आगस्त्यकौण्डिन्ययोरगस्तिकुण्डिनच् ।
७१ सुपो धातुप्रातिपदिकयोः।
७२ अदिप्रभृतिभ्यः शपः ।
७३ बहुलं छन्दसि।
७४ यङोऽचि च ।
७५ जुहोत्यादिभ्यः श्लुः ।
७६ बहुलं छन्दसि।
७७ गातिस्थाघुपाभूभ्यः सिचः परस्मैपदेषु ।
७८ विभाषा घ्राधेट्शाच्छासः ।
७९ तनादिभ्यस्तथासोः ।
८० मन्त्रेघसह्वरणशवृदहाद्वृच्कृगमिजनिभ्योलेः
८१ आमः ।
८२ अव्ययादाप्सुपः ।
८३ नाव्ययीभावादतोऽम्त्वपञ्चम्याः
८४ तृतीयासप्तम्योर्बहुलम् ।
८५ लुटः प्रथमस्य डारौरसः ।

इति द्वितीयाध्यायस्य चतुर्थः पादः ।। २ ।४ ।।

इति द्वितीयोऽध्यायः समाप्तः

अथ तृतीयोऽध्यायः

प्रथमः पादः

१ प्रत्ययः ।

२ परश्च ।

३ आद्युदात्तश्च ।

४ अनुदात्तौ सुप्पितौ ।

५ गुप्तिज्किद्भ्यः सन् ।

६ मान्बधदान्शान्भ्यो दीर्घश्चाभ्यासस्य ।

७ धातोः कर्मणः समानकर्तृकादिच्छायां वा ।

८ सुपः आत्मनः क्यच् ।

९ काम्यच्च ।

१० उपमानादाचारे ।

११ कर्त्तुः क्यङ् सलोपश्च ।

१२ भृशादिभ्यो भुव्यच्वेर्लोपश्चहलः ।

१३ लोहितादिडाज्भ्यः क्यष् ।

१४ कष्टाय क्रमणे ।

१५ कर्मणो रोमन्थतपोभ्यां वर्त्तिचरोः ।

१६ वाष्पोष्मभ्यामुद्वमने ।

१७ शब्दवैरकलहाभ्रकण्वमेघेभ्यः करणे ।

१८ सुखादिभ्यः कर्तृवेदनायाम् ।

१९ नमोवरिवश्चित्रङः क्यच् ।

२० पुच्छभाण्डचीवराण्णिङ् ।

२१ मुण्डमिश्रश्लक्ष्णलवणव्रतवस्त्रहल-
कलकृततूस्तेभ्यो णिच् ।

२२ धातोरेकाचो हलादेः क्रियासमभिहारे
यङ् ।

२३ नित्यं कौटिल्ये गतौ ।

२४ लुपसदचरजपजभदहदशगॄभ्यो
भावगर्हायाम् ।

२५ सत्यापपाशरूपवीणातूलश्लोकसेना-
लोमत्वचवर्मवर्णचूर्ण- चुरादिभ्यो णिच् ।

२६ हेतुमति च ।

२७ कण्ड्वादिभ्यो यक् ।

२८ गुपूधूपविच्छिपणिपनिभ्य आयः ।

२९ ऋतेरीयङ् ।

३० कमेर्णिङ् ।

३१ आयादय आर्द्धधातुके वा ।

३२ सनाद्यन्ता धातवः ।

३३ स्यतासी लृलुटोः ।

३४ सिब्बहुलं लेटि ।

३५ कास्प्रत्ययादाममन्त्रे लिटि ।

३६ इजादेश्च गुरुमतोऽनृच्छः ।

३७ दयायासश्च ।

३८ उषविदजागृभ्योऽन्यतरस्याम् ।

३९ भीह्रीभृहुवां श्लुवच्च ।

४० कृञ् चानुप्रयुज्यते लिटि ।

४१ विदाङ्कुर्वन्त्वित्यन्यतरस्याम् ।

४२ अभ्युत्सादयां प्रजनयां चिकयां रमयामकः
पावयांक्रियाद्विदामक्रन्नितिच्छन्दसि ।

४३ च्लि लुङि ।

४४ च्लेः सिच् ।

४५ शल इगुपधादनिटः क्सः ।

४६ श्लिष आलिङ्गने ।

४७ न दृशः ।

४८ णिश्रिद्रुस्रुभ्यः कर्त्तरि चङ् ।

४९ विभाषा धेट्श्व्योः ।

५० गुपेश्छन्दसि ।

५१ नोनयतिध्वनयत्येलयत्यर्दयतिभ्यः ।

५२ अस्यतिवक्तिख्यातिभ्योऽङ् ।

५३ लिपिसिचिह्वश्च ।

५४ आत्मनेपदेष्वन्यतरस्याम् ।

५५ पुषादिद्युताद्य्लृदितः परस्मैपदेषु ।

५६ सर्त्तिशास्त्यर्त्तिभ्यश्च ।

५७ इरितो वा ।

५८ जृस्तम्भुम्रुचुम्लुचुग्रुचुग्लुचुग्लुञ्चुश्विभ्यश्च ।

५९ कृमृदृरुहिभ्यश्छन्दसि ।

६० चिण् ते पदः ।

६१ दीपजनबुधपूरितायिप्यायिभ्योऽन्यतरस्याम् ।

६२ अचः कर्मकर्त्तरि ।
६३ दुहश्च ।
६४ न रुधः ।
६५ तपोऽनुतापे च ।
६६ चिण् भावकर्मणोः ।
६७ सार्वधातुके यक् ।
६८ कर्त्तरि शप् ।
६९ दिवादिभ्यः श्यन् ।
७० वा भ्राशभ्लाशभ्रमुक्रमुक्लमुत्रसित्रुटिलषः ।
७१ यसोऽनुपसर्गात् ।
७२ संयसश्च ।
७३ स्वादिभ्यः श्नुः ।
७४ श्रुवः शृ च ।
७५ अक्षोऽन्यतरस्याम् ।
७६ तनूकरणे तक्षः ।
७७ तुदादिभ्यः शः ।
७८ रुधादिभ्यः श्नम् ।
७९ तनादिकृञ्भ्य उः ।
८० धिन्विकृण्व्योर च ।
८१ क्र्यादिभ्यः श्ना ।
८२ स्तम्भुस्तुम्भुस्कम्भुस्कुम्भुस्कुञ्भ्यः श्नुश्च ।
८३ हलः श्नः शानज्झौ ।
८४ छन्दसि शायजपि ।
८५ व्यत्ययो बहुलम् ।
८६ लिङ्याशिष्यङ् ।
८७ कर्मवत्कर्मणा तुल्यक्रियः ।
८८ तपस्तपःकर्मकस्यैव ।
८९ न दुहस्नुनमां यक्चिणौ ।
९० कुषिरजोः प्राचां श्यन् परस्मैपदं च ।
९१ धातोः ।
९२ तत्रोपपदं सप्तमीस्थम् ।
९३ कृदतिङ् ।
९४ वाऽसरूपोऽस्त्रियाम् ।
९५ कृत्याः प्राङ्ण्नुत ।
९६ तव्यत्तव्यानीयरः ।
९७ अचो यत् ।
६८ पोरदुपधात् ।
९९ शकिसहोश्च ।

१०० गदमदचरयमश्चानुपसर्गे ।
१०१ अवद्यपण्यवर्य्या गर्ह्यपणितव्यानिरोधेषु ।
१०२ वह्यं करणम् ।
१०३ अर्य्यः स्वामिवैश्ययोः ।
१०४ उपसर्य्या काल्या प्रजने ।
१०५ अजर्य्यं सङ्गतम् ।
१०६ वदः सुपि क्यप् च ।
१०७ भुवो भावे ।
१०८ हनस्त च ।
१०९ एतिस्तुशास्वृदृजुषः क्यप् ।
११० ऋदुपधाच्चाक्लृपिचृतेः ।
१११ ई च खनः ।
११२ भृञोऽसंज्ञायाम् ।
११३ मृजेर्विभाषा ।
११४ राजसूयसूर्य्यमृषोद्यरुच्यकुप्य
कृष्टपच्याव्यथ्याः ।
११५ भिद्योद्ध्यौ नदे ।
११६ पुष्यसिद्ध्यौ नक्षत्रे ।
११७ विपूयविनीयजित्या मुञ्जकल्कहलिषु ।
११८ प्रत्यपिभ्यां ग्रहेश्छन्दसि
११९ पदास्वैरिबाह्यापक्ष्येषु च ।
१२० विभाषा कृवृषोः ।
१२१ युग्यं च पत्रे ।
१२२ अमावस्यदन्यतरस्याम् ।
१२३ छन्दसि निष्टर्क्यदेवहूयप्रणीयोन्नी-
योच्छिष्यमर्यस्तर्याध्वर्यखन्यखान्यदेवयज्या-
पृच्छ्य प्रतिषीव्य ब्रह्मवाद्यभाव्यस्ताव्यो-
पचाय्यपृडानि ।
१२४ ऋहलोर्ण्यत् ।
१२५ ओरावश्यके ।
१२६ आसुयुवपिरपिलपित्रपिचमश्च ।
१२७ आनाय्योऽनित्ये ।
१२८ प्रणय्योऽसम्मतौ ।
१२९ पाय्यसांनाय्यनिकाय्यधाय्या
मानहविर्निवाससामिधेनीषु ।
१३० क्रतौ कुण्डपाय्यसञ्चाय्यौ ।
१३१ अग्नौ परिचाय्योपचाय्यसमूह्याः ।
१३२ चित्याग्निचित्ये च ।

१३३ ण्वुल्तृचौ ।
१३४ नन्दिग्रहिपचादिभ्यो ल्युणिन्यचः ।
१३५ इगुपधज्ञाप्रीकिरः कः ।
१३६ आतश्चोपसर्गे ।
१३७ पाघ्राध्माधेट्दृशः शः ।
१३८ अनुपसर्गाल्लिम्पविन्द- धारिपारिवेद्यु
दैजिचेति - सातिसाहिभ्यश्च ।
१३९ ददातिदधात्योर्विभाषा ।
१४० ज्वलितिकसन्तेभ्यो णः ।
१४१ श्याद्व्यधास्रु संस्रवतीणवसावहृलि
हश्लिषश्वसश्च ।
१४२ दुन्योरनुपसर्गे ।
१४३ विभाषा ग्रहः ।
१४४ गेहे कः ।
१४५ शिल्पिनि ष्वुन् ।
१४६ गस्थकन् ।
१४७ ण्युट् च ।
१४८ हश्च व्रीहिकालयोः ।
१४९ प्रुसृल्वः समभिहारे वुन् ।
१५० आशिषि च ।

इति तृतीयाध्यायस्य प्रथमः पादः ।। ३।१ ।।

द्वितीयः पादः

१ कर्मण्यण् ।
२ ह्वावामश्च ।
३ आतोऽनुपसर्गे कः ।
४ सुपि स्थः ।
५ तुन्दशोकयोः परि-मृजापनुदोः ।
६ प्रे दाज्ञः ।
७ समि ख्यः ।
८ गापोष्टक् ।
९ हरतेरनुद्यमनेऽच् ।
१० वयसि च ।
११ आङिताच्छील्ये ।
१२ अर्हः ।
१३ स्तम्बकर्णयो रमिजपोः ।
१४ शमि धातोः संज्ञायाम् ।
१५ अधिकरणे शेतेः ।
१६ चरेष्टः ।
१७ भिक्षासेनादायेषु च ।
१८ पुरोऽग्रतोऽग्रेषु सर्तेः ।
१९ पूर्वे कर्त्तरि ।
२० कृञो हेतुताच्छील्यानुलोम्येषु ।
२१ दिवाविभानिशाप्रभाभास्करान्ता
नन्तादिबहुनान्दी- किंलिपिलिबिवलि
भक्ति-कर्तृचित्रक्षेत्रसङ्ख्याजङ्घा
बाह्वहर्य्यत्तद्धनुररुष्षु ।
२२ कर्मणि भृतौ ।
२३ न शब्दश्लोककलहगाथा
वैरचाटुसूत्रमन्त्रपदेषु ।
२४ स्तम्बशकृतोरिन् ।
२५ हरतेर्दृतिनाथयोः पशौ ।
२६ फलेग्रहिरात्मम्भरिश्च ।
२७ छन्दसि वनसनरक्षिमथाम् ।
२८ एजेः खश् ।
२९ नासिकास्तनयोर्ध्माधेटोः ।
३० नाडीमुष्टयोश्च ।
३१ उदि कूले रुजिवहोः ।
३२ वहाभ्रे लिहः ।
३३ परिमाणे पचः ।
३४ मितनखे च ।
३५ विध्वरुषोस्तुदः ।
३६ असूर्य्यललाटयोर्दृशितपोः ।
३७ उग्रम्पश्येरम्मदपाणिन्धमाश्च ।
३८ प्रियवशे वदः खच् ।
३९ द्विषत्परयोस्तापेः ।
४० वाचि यमो व्रते ।
४१ पूःसर्वयोर्दारिसहोः ।
४२ सर्वकूलाभ्रकरीषेषु कषः ।
४३ मेघर्त्तिभयेषु कृञः ।
४४ क्षेमप्रियमद्रेऽण् च ।
४५ आशिते भुवः करणभावयोः ।
४६ संज्ञायां भृतवृजिधारिसहितपिदमः ।
४७ गमश्च ।
४८ अन्तात्यन्ताध्वदूरपारसर्वानन्तेषु डः ।
४९ आशिषि हनः ।
५० अपे क्लेशतमसोः ।

५१ कुमारशीर्षयोर्णिनिः ।
५२ लक्षणे जायापत्योष्टक् ।
५३ अमनुष्यकर्तृके च ।
५४ शक्तौ हस्तिकपाटयोः ।
५५ पाणिघताडघौ शिल्पिनि ।
५६ आढ्यसुभगस्थूलपलित- नग्नान्धप्रियेषु च्व्यर्थेष्वच्वौ कृञः करणे ख्युन ।
५७ कर्त्तरि भुवः खिष्णुच्खुकञौ ।
५८ स्पृशोऽनुदके क्विन् ।
५९ ऋत्विग्दधृक्स्रग्दिगुष्णि-गञ्चुयुजिक्रुञ्चां च ।
६० त्यदादिषु दृशोऽनालोचने कञ् च ।
६१ सत्सूद्विषद्रुहदुहयुजविद-भिदच्छिदजिनीराजामुपसर्गेऽपि क्विप् ।
६२ भजो ण्विः ।
६३ छन्दसि सहः ।
६४ वहश्च ।
६५ कव्यपुरीषपुरीष्येषुञ्युट् ।
६६ हव्येऽन्तःपादम् ।
६७ जनसनखनक्रमगमो विट् ।
६८ अदोऽनन्ने ।
६९ क्रव्ये च ।
७० दुहः कब्घश्च ।
७१ मन्त्रे श्वेतवहोक्थशस्पुरोडाशो ण्विन् ।
७२ अवे यजः ।
७३ विजुपे छन्दसि ।
७४ आतो मनिन्क्वनिब्वनिपश्च ।
७५ अन्येभ्योऽपि दृश्यन्ते ।
७६ क्विप् च ।
७७ स्थः क च ।
७८ सुप्यजातौ णिनिस्ताच्छील्ये ।
७९ कर्त्तर्युपमाने ।
८० व्रते ।
८१ बहुलमाभीक्ष्ण्ये ।
८२ मनः ।
८३ आत्ममाने खश्च ।
८४ भूते ।
८५ करणेयजः ।
८६ कर्मणि हनः ।
८७ ब्रह्मभ्रूणवृत्रेषु क्विप् ।
८८ बहुलं छन्दसि ।
८९ सुकर्मपापमन्त्रपुण्येषु कृञः ।
९० सोमे सुञः ।
९१ अग्नौ चेः ।
९२ कर्मण्यग्न्याख्यायाम् ।
९३ कर्मणीनि विक्रियः ।
९४ दृशेः क्वनिप् ।
९५ राजनि युधिकृञः।
९६ सहे च ।
९७ सप्तम्यां जनेर्डः ।
९८ पञ्चम्यामजातौ ।
९९ उपसर्गे च संज्ञायाम् ।
१०० अनौ कर्मणि ।
१०१ अन्येष्वपि दृश्यते ।
१०२ निष्ठा ।
१०३ सुयजोर्ङ्वनिप् ।
१०४ जीर्यतेरतृन् ।
१०५ छन्दसि लिट् ।
१०६ लिटः कानज् वा ।
१०७ क्वसुश्च ।
१०८ भाषायां सदवसश्रुवः ।
१०९ उपेयिवाननाश्वाननूचानश्च ।
११० लुङ् ।
१११ अनद्यतने लङ् ।
११२ अभिज्ञावचने लृट् ।
११३ न यदि ।
११४ विभाषा साकाङ्क्षे ।
११५ परोक्षे लिट् ।
११६ हशश्वतोर्लङ् च ।
११७ प्रश्ने चासन्नकाले ।
११८ लट् स्मे ।
११९ अपरोक्षे च ।
१२० ननौ पृष्टप्रतिवचने ।
१२१ नन्वोर्विभाषा ।
१२२ पुरि लुङ् चास्मे ।
१२३ वर्त्तमाने लट् ।

१२४ लटः शतृशानचावप्रथमासमानाधिकरणे ।
१२५ सम्बोधने च ।
१२६ लक्षणहेत्वोः क्रियायाः ।
१२७ तौ सत् ।
१२८ पूङ्यजोः शानन् ।
१२९ ताच्छील्यवयोवचनशक्तिषु चानश् ।
१३० इङ्धार्योः शत्रकृच्छ्रिणि ।
१३१ द्विषोऽमित्रे ।
१३२ सुञो यज्ञसंयोगे ।
१३३ अर्हः प्रशंसायाम् ।
१३४ आक्वेस्तच्छीलतद्धर्मतत्साधुकारिषु ।
१३५ तृन् ।
१३६ अलंकृञ्निराकृञ्प्रजनो-
त्पचोत्पतोन्मदरुच्यपत्रप-
वृतुवधुसहचर इष्णुच् ।
१३७ णेश्छन्दसि ।
१३८ भुवश्च ।
१३९ ग्लाजिस्थश्च ग्स्नुः ।
१४० त्रसिगृधिधृषिक्षिपेः क्नुः ।
१४१ शमित्यष्टाभ्यो घिनुण् ।
१४२ सम्पृचानुरुधाङ्यमाङ्यस -
परिसृसंसृजपरिदेवि- संज्वरपरिक्षिप
परिरटपरिवदपरिदहपरिमुहदुषद्विष-
द्रुहदुहयुजाक्रीडविविचत्यजरजभजा
तिचरापचरामुषाभ्याहनश्च ।
१४३ वौ कषलसकत्थस्रम्भः ।
१४४ अपे च लषः ।
१४५ प्रे लपसृद्रुमथवदवसः ।
१४६ निन्दहिंसक्लिश
खादविनाशपरिक्षिपपरिरटपरि
वादिव्याभाषासूयो वुञ् ।
१४७ देविक्रुशोश्चोपसर्गे ।
१४८ चलनशब्दार्थादकर्म-काद्युच् ।
१४९ अनुदात्तेतश्च हलादेः
१५० जुचङ्क्रम्यदन्द्रम्यसृगृधि-
ज्वलशुचलषपतपदः ।
१५१ क्रुधमण्डार्थेभ्यश्च ।
१५२ न यः ।

१५३ सूददीपदीक्षश्च ।
१५४ लषपतपदस्थाभूवृषहन-
कमगमशॄभ्य उकञ् ।
१५५ जल्पभिक्षकुट्टलुण्टवृङः षाकन्।
१५६ प्रजोरिनिः ।
१५७ जिदृक्षिविश्रीण्वमाव्यथा-
भ्यमपरिभूप्रसूभ्यश्च ।
१५८ स्पृहिगृहिपतिदयिनिद्रा- तन्द्राश्रद्धाभ्य
आलुच् ।
१५९ दाधेट् सिशदसदो रुः ।
१६० सृघस्यदः क्मरच् ।
१६१ भञ्जभासमिदो घुरच् ।
१६२ विदिभिदिच्छिदेः कुरच् ।
१६३ इण्नश्जिसर्तिभ्यः क्वरप् ।
१६४ गत्वरश्च ।
१६५ जागरूकः ।
१६६ यजजपदशां यङ् ।
१६७ नमिकम्पिस्म्यजसकम हिंसदीपो रः ।
१६८ सनाशंसभिक्ष उः ।
१६९ विन्दुरिच्छुः ।
१७० क्याच्छन्दसि ।
१७१ आदृगमहनजनः किकिनौ लिट् च ।
१७२ स्वपितृषोर्नजिङ् ।
१७३ शॄवन्द्योरारुः ।
१७४ भियः क्रुक्लुकनौ ।
१७५ स्थेशभासपिसकसो वरच्
१७६ यश्च यङः ।
१७७ भ्राजभासधुर्विद्युतोर्जि-
पृजुग्रावस्तुवः क्विप् ।
१७८ अन्येभ्योऽपि दृश्यते ।
१७९ भुवः संज्ञान्तरयोः ।
१८० विप्रसंभ्यो ड्वसंज्ञायाम् ।
१८१ धः कर्मणि ष्ट्रन् ।
१८२ दाम्नीशसयुयुजस्तुतुदसि-
सिचमिहपतदशनहः करणे ।
१८३ हलसूकरयोः पुवः ।
१८४ अर्तिलूधूसूखनसहचर इत्रः ।
१८५ पुवः संज्ञायाम् ।

१८६ कर्त्तरि चर्षिदेवतयोः ।
१८७ ञीतः क्तः ।
१८८ मतिबुद्धिपूजार्थेभ्यश्च ।

इति तृतीयाध्यायस्य द्वितीयः पादः ।। ३.२।।

तृतीयः पादः

१ उणादयो बहुलम् ।
२ भूतेऽपि दृश्यन्ते ।
३ भविष्यति गम्यादयः ।
४ यावत्पुरानिपातयोर्लट् ।
५ विभाषा कदाकर्ह्योः ।
६ किंवृत्ते लिप्सायाम् ।
७ लिप्स्यमानसिद्धौ च ।
८ लोडर्थलक्षणे च ।
९ लिङ् चोर्ध्वमौहूर्त्तिके ।
१० तुमुन् ण्वुलौ क्रियायां क्रियार्थायाम् ।
११ भाववचनाश्च ।
१२ अण् कर्मणि च ।
१३ लृट् शेषे च ।
१४ लृटः सद्वा।
१५ अनद्यतने लुट् ।
१६ पदरुजविशस्पृशो घञ् ।
१७ सृ स्थिरे ।
१८ भावे ।
१९ अकर्तरि च कारके संज्ञायाम् ।
२० परिमाणाख्यायां सर्वेभ्यः ।
२१ इङश्च ।
२२ उपसर्गे रुवः ।
२३ समि युद्रुदुवः ।
२४ श्रिणीभुवोऽनुपसर्गे ।
२५ वौ क्षुश्रुवः ।
२६ अवोदोर्नियः ।
२७ प्रे द्रुस्तुस्रु वः ।
२८ निरभ्योः पूल्वोः ।
२९ उन्योर्ग्रः ।
३० कृ धान्ये ।
३१ यज्ञे समि स्तुवः ।
३२ प्रे स्त्रोऽयज्ञे ।
३३ प्रथने वावशब्दे ।
३४ छन्दोनाम्नि च ।
३५ उदि ग्रहः ।
३६ समि मुष्टौ ।
३७ परिन्योर्नीणोर्द्यूताभ्रेषयोः ।
३८ परावनुपात्यय इणः ।
३९ व्युपयोःशेतेः पर्य्याये ।
४० हस्तादाने चेरस्तेये ।
४१ निवासचितिशरीरोपसमाधानेष्वादेश्च कः ।
४२ संघे चानौत्तराधर्य्ये ।
४३ कर्मव्यतिहारे णच् स्त्रियाम् ।
४४ अभिविधौ भाव इनुण् ।
४५ आक्रोशेऽवन्योर्ग्रहः ।
४६ प्रे लिप्सायाम् ।
४७ परौ यज्ञे ।
४८ नौ वृ धान्ये ।
४९ उदि श्रयतियौतिपूद्रुवः ।
५० विभाषाऽऽङि रुप्लुवोः ।
५१ अवे ग्रहो वर्षप्रतिबन्धे ।
५२ प्रे वणिजाम् ।
५३ रश्मौ च ।
५४ वृणोतेराच्छादने ।
५५ परौ भुवोऽवज्ञाने ।
५६ एरच् ।
५७ ऋदोरप् ।
५८ ग्रहवृदृनिश्चिगमश्च ।
५९ उपसर्गेऽदः ।
६० नौ ण च ।
६१ व्यधजपोरनुपसर्गे ।
६२ स्वनहसोर्वा ।
६३ यमः समुपनिविषु च ।
६४ नौ गदनदपठस्वनः ।
६५ क्वणो वीणायां च ।
६६ नित्यं पणः परिमाणे ।
६७ मदोऽनुपसर्गे ।
६८ प्रमदसम्मदौ हर्षे ।
६९ समुदोरजः पशुषु ।
७० अक्षेषु ग्लहः ।
७१ प्रजने सर्तेः ।

७२ ह्वः संप्रसारणं च न्यभ्युपविषु ।
७३ आङि युद्धे ।
७४ निपानमाहावः ।
७५ भावेऽनुपसर्गस्य ।
७६ हनश्च वधः ।
७७ मूर्तौ घनः ।
७८ अन्तर्घनो देशे ।
७९ अगारैकदेशे प्रघणः प्रघाणश्च ।
८० उद्घनोऽत्याधानम् ।
८१ अपघनोऽङ्गम् ।
८२ करणेऽयोविद्रुषु ।
८३ स्तम्बे क च ।
८४ परौ घः ।
८५ उपघ्न आश्रये ।
८६ सङ्घोद्घौ गणप्रशंसयोः ।
८७ निघो निमितम् ।
८८ ड्वितः क्त्रिः ।
८९ ट्वितोऽथुच् ।
९० यजयाचयतविच्छप्रच्छरक्षो नङ् ।
९१ स्वपो नन् ।
९२ उपसर्गे घोः किः ।
९३ कर्मण्यधिकरणे च ।
९४ स्त्रियां क्तिन् ।
९५ स्थागापापचो भावे ।
९६ मन्त्रे वृषेषपचमनविदभूवीरा उदात्तः ।
९७ ऊतियूतिजूतिसमतिहेति कीर्त्तयश्च ।
९८ व्रजयजोर्भावे क्यप् ।
९९ संज्ञायां समजनिषदनिपत-
मनविद्षुञ्शीङ् भृञिणः ।
१०० कृञः श च ।
१०१ इच्छा ।
१०२ अ प्रत्ययात् ।
१०३ गुरोश्च हलः ।
१०४ षिद्भिदादिभ्योऽङ् ।
१०५ चिन्तिपूजिकथिकुम्बिचर्चश्च ।
१०६ आतश्चोपसर्गे
१०७ ण्यासश्रन्थो युच् ।
१०८ रोगाख्यायां ण्वुल्बहुलम् ।

१०९ संज्ञायाम् ।
११० विभाषाऽऽख्यानपरिप्रश्नयोरिञ् च ।
१११ पर्यायार्हर्णोत्पत्तिषु ण्वुच् ।
११२ आक्रोशे नञ्यनिः ।
११३ कृत्यल्युटो बहुलम् ।
११४ नपुंसके भावे क्तः ।
११५ ल्युट् च ।
११६ कर्मणि च येन संस्पर्शात् कर्तुः
शरीरसुखम् ।
११७ करणाधिकरणयोश्च ।
११८ पुंसि सञ्ज्ञायां घः प्रायेण ।
११९ गोचरसंचरवहव्रजव्यजापणनिगमाश्च ।
१२० अवे तॄस्त्रोर्घञ् ।
१२१ हलश्च ।
१२२ अध्यायन्यायोद्यावसंहाराश्च ।
१२३ उदङ्कोऽनुदके ।
१२४ जालमानायः ।
१२५ खनो घ च ।
१२६ ईषद् दुःसुषु कृच्छ्राकृच्छ्रार्थेषु खल् ।
१२७ कर्तृकर्मणोश्च भूकृञोः ।
१२८ आतो युच् ।
१२९ छन्दसि गत्यर्थेभ्यः
१३० अन्येभ्योऽपि दृश्यते ।
१३१ वर्त्तमानसामीप्ये वर्त्तमानवद्वा ।
१३२ आशंसायां भूतवच्च ।
१३३ क्षिप्रवचने लृट् ।
१३४ आशंसावचने लिङ् ।
१३५ नानद्यतनवत्क्रियाप्रबन्धसामीप्ययोः ।
१३६ भविष्यति मर्यादावचनेऽवरस्मिन् ।
१३७ कालविभागे चानहोरात्राणाम् ।
१३८ परस्मिन्विभाषा ।
१३९ लिङ्निमित्ते लृङ् क्रियातिपत्तौ ।
१४० भूते च ।
१४१ वोताप्योः ।
१४२ गर्हायां लडपिजात्वोः ।
१४३ विभाषा कथमि लिङ् च ।
१४४ किंवृत्ते लिङ्लृटौ ।
१४५ अनवक्लृप्त्यमर्षयोरकिंवृत्तेऽपि ।

१४६ किंकिलास्त्यर्थेषु लृट् ।
१४७ जातुयदोर्लिङ् ।
१४८ यच्चयत्रयोः ।
१४९ गर्हायां च ।
१५० चित्रीकरणे च ।
१५१ शेषे लृडयदौ ।
१५२ उताप्योः समर्थयोर्लिङ् ।
१५३ कामप्रवेदनेऽकच्चिति ।
१५४ सम्भावनेऽलमिति चेत्सिद्धाप्रयोगे ।
१५५ विभाषा धातौ सम्भावन वचनेऽयदि ।
१५६ हेतुहेतुमतोर्लिङ् ।
१५७ इच्छार्थेषु लिङ लोटौ ।
१५८ समानकर्तृकेषु तुमुन् ।
१५९ लिङ् च ।
१६० इच्छार्थेभ्यो विभाषा वर्तमाने ।
१६१ विधिनिमन्त्रणामन्त्रणाधीष्टसम्प्रश्न प्रार्थनेषु लिङ् ।
१६२ लोट् च ।
१६३ प्रैषातिसर्गप्राप्तकालेषु कृत्याश्च ।
१६४ लिङ् चोर्ध्वमौहूर्तिके ।
१६५ स्मे लोट् ।
१६६ अधीष्टे च ।
१६७ कालसमयवेलासु तुमुन् ।
१६८ लिङ् यदि ।
१६९ अर्हे कृत्यतृचश्च ।
१७० आवश्यकाधमर्ण्ययोर्णिनिः ।
१७१ कृत्याश्च ।
१७२ शकि लिङ् च ।
१७३ आशिषि लिङ्लोटौ ।
१७४ क्तिच्क्तौ च संज्ञायाम् ।
१७५ माङि लुङ् ।
१७६ स्मोत्तरे लङ् च ।

इति तृतीयाध्यायस्य तृतीयः पादः ।। ३।३।।

चतुर्थः पादः

१ धातुसम्बन्धे प्रत्ययाः ।
२ क्रियासमभिहारे लोट् लोटो हिस्वौ वा च तध्वमोः ।
३ समुच्चयेऽन्यतरस्याम् ।
४ यथाविध्यनुप्रयोगः पूर्वस्मिन् ।
५ समुच्चये सामान्यवचनस्य ।
६ छन्दसि लुङ्लङ्लिटः ।
७ लिङर्थे लेट् ।
८ उपसंवादाशङ्कयोश्च ।
९ तुमर्थे सेसेनसेअसेन्क्सेकसेनध्यैअध्यैन्कध्यैकध्यैन्शध्यैशध्यैन्तवैतवेङ् तवेनः ।
१० प्रयै रोहिष्ये अव्यथिष्यै ।
११ दृशे विख्ये च ।
१२ शकि णमुल्कमुलौ ।
१३ ईश्वरे तोसुन्कसुनौ ।
१४ कृत्यार्थे तवैकेन्केन्यत्वनः ।
१५ अवचक्षे च ।
१६ भावलक्षणे स्थेण्कृञ्वदिचरिहुतमिजनिभ्यस्तोसुन् ।
१७ सृपितृदोः कसुन् ।
१८ अलंखल्वोः प्रतिषेधयोः प्राचां क्त्वा ।
१९ उदीचां माङो व्यतीहारे ।
२० परावरयोगे च ।
२१ समानकर्तृकयोः पूर्वकाले ।
२२ आभीक्ष्ण्ये णमुल् च ।
२३ न यद्यनाकाङ्क्षे ।
२४ विभाषाग्रेप्रथमपूर्वेषु ।
२५ कर्मण्याक्रोशे कृञः खमुञ् ।
२६ स्वादुमि णमुल् ।
२७ अन्यथैवंकथमित्थंसुसिद्धाप्रयोगश्चेत् ।
२८ यथातथयोरसूयाप्रतिवचने ।
२९ कर्मणि दृशिविदोः साकल्ये ।
३० यावति विन्दजीवोः ।
३१ चर्मोदरयोः पूरेः ।
३२ वर्षप्रमाण ऊलोपश्चास्यान्यतरस्याम् ।
३३ चैले क्नोपेः ।
३४ निमूलमूलयोः कषः ।
३५ शुष्कचूर्णरूक्षेषु पिषः ।
३६ समूलाकृतजीवेषु हन्कृञ् ग्रहः ।
३७ करणे हनः ।
३८ स्नेहने पिषः ।

३९ हस्ते वर्तिग्रहोः ।
४० स्वे पुषः ।
४१ अधिकरणे बन्धः ।
४२ संज्ञायाम् ।
४३ कर्त्रोर्जीवपुरुषयोर्नशिवहोः ।
४४ ऊर्ध्वे शुषिपूरोः ।
४५ उपमाने कर्मणि च ।
४६ कषादिषु यथाविध्यनुप्रयोगः ।
४७ उपदंशस्तृतीयायाम् ।
४८ हिंसार्थानां च समानकर्मकाणाम् ।
४९ सप्तम्यां चोपपीडरुधकर्षः ।
५० समासत्तौ ।
५१ प्रमाणे च ।
५२ अपादाने परीप्सायाम् ।
५३ द्वितीयायां च
५४ स्वाङ्गेऽध्रुवे ।
५५ परिक्लिश्यमाने च ।
५६ विशिपतिपदिस्कन्दां
व्याप्यमानासेव्यमानयोः ।
५७ अस्यतितृषोः क्रियान्तरे कालेषु ।
५८ नाम्न्यादिशिग्रहोः ।
५९ अव्ययेऽयथाभिप्रेताख्याने कृञः
क्त्वाणमुलौ ।
६० तिर्यच्यपवर्गे ।
६१ स्वाङ्गे तस्प्रत्यये कृभ्वोः ।
६२ नाधार्थप्रत्यये च्व्यर्थे ।
६३ तूष्णीमि भुवः ।
६४ अन्वच्यानुलोम्ये ।
६५ शकधृषज्ञाग्लाघटरभलभक्रम-
सहार्हास्त्यर्थेषु तुमुन् ।
६६ पर्याप्तिवचनेष्वलमर्थेषु ।
६७ कर्त्तरि कृत् ।
६८ भव्यगेयप्रवचनीयोपस्थानीयजन्याप्ला-
व्यापात्या वा ।
६९ लः कर्मणि च भावे चाकर्मकेभ्यः ।
७० तयोरेव कृत्यक्तखलर्थाः ।
७१ आदिकर्मणि क्तः कर्तरि च ।
७२ गत्यर्थाकर्मकश्लिषु-
शीङ्स्थासवसजनरुहजीर्य्यतिभ्यश्च ।
७३ दाशगोघ्नौ सम्प्रदाने ।
७४ भीमादयोऽपादाने ।
७५ ताभ्यामन्यत्रोणादयः ।
७६ क्तोऽधिकरणे च
ध्रौव्यगतिप्रत्यवसानार्थेभ्यः ।
७७ लस्य ।
७८ तिप्तस्झिसिप्थस्थमिब्व
स्मस्तातांझथासाथांध्वमिड्वहिमहिङ् ।
७९ टित् आत्मनेपदानां टेरे ।
८० थासः से ।
८१ लिटस्तझयोरेशिरेच् ।
८२ परस्मैपदानां णलतुसुस्थलथुसणल्वमाः ।
८३ विदो लटो वा
८४ ब्रुवः पञ्चानामादित आहो ब्रुवः ।
८५ लोटो लङ्वत् ।
८६ एरुः ।
८७ सेर्ह्यपिच्च ।
८८ वा छन्दसि ।
८९ मेर्निः ।
९० आमेतः ।
९१ सवाभ्यां वामौ ।
९२ आडुत्तमस्य पिच्च ।
९३ एत ऐ ।
९४ लेटोऽडाटौ ।
९५ आत ऐ ।
९६ वैतोऽन्यत्र ।
९७ इतश्च लोपः परस्मैपदेषु ।
९८ स उत्तमस्य ।
९९ नित्यं ङितः ।
१०० इतश्च ।
१०१ तस्थस्थमिपां तांतंतामः ।
१०२ लिङः सीयुट् ।
१०३ यासुट् परस्मैपदेषूदात्तो ङिच्च ।
१०४ किदाशिषि ।
१०५ झस्य रन् ।
१०६ इटोऽत् ।
१०७ सुट्तिथोः ।

१०८ झेर्जुस् ।
१०९ सिजभ्यस्तविदिभ्यश्च ।
११० आतः ।
१११ लङः शाकटायनस्यैव ।
११२ द्विषश्च ।
११३ तिङ्शित्सार्वधातुकम् ।
११४ आर्द्धधातुकं शेषः ।
११५ लिट् च ।
११६ लिङाशिषि ।
११७ छन्दस्युभयथा ।

इति तृतीयाध्यायस्य चतुर्थः पादः ।। ३।४।।

इति तृतीयोऽध्यायः समाप्तः ।।३ ।।

पूर्वसूत्रयोगः.....६३१
तृतीयाध्याये.....६३१
योगः.........१२६२

अथ चतुर्थोऽध्यायः

प्रथमः पादः

१ ङ्याप्प्रातिपदिकात् ।
२ स्वौजसमौट्छष्टाभ्याम्भिस्ङेभ्यांभ्यस्ङसिभ्यांभ्यस्ङसोसाम्ङ्योस्सुप् ।
३ स्त्रियाम् ।
४ अजाद्यतष्टाप् ।
५ ऋन्नेभ्यो ङीप् ।
६ उगितश्च ।
७ वनो र च ।
८ पादोऽन्यतरस्याम् ।
९ टाबृचि ।
१० न षट्स्वस्रादिभ्यः ।
११ मनः ।
१२ अनो बहुव्रीहेः ।
१३ डाबुभाभ्यामन्यतरस्याम् ।
१४ अनुपसर्जनात् ।
१५ टिड्ढाणञ्द्वयसज्दघ्नञ्मात्रच्तयप्ठक्ठञ्कञ्क्वरपः ।
१६ यञश्च ।
१७ प्राचां ष्फस्तद्धितः ।
१८ सर्वत्र लोहितादिकतन्तेभ्यः ।
१९ कौरव्यमामाण्डूकाभ्यां च ।
२० वयसि प्रथमे ।
२१ द्विगोः ।
२२ अपरिमाणबिस्ताचितकम्बल्येभ्यो न तद्धितलुकि ।
२३ काण्डान्तात्क्षेत्रे ।
२४ पुरुषात्प्रमाणेऽन्यतरस्याम् ।
२५ बहुव्रीहेरूधसो ङीष् ।
२६ सङ्ख्याव्ययादेर्ङीप् ।
२७ दामहायनान्ताच्च ।
२८ अन उपधालोपिनोऽन्यतरस्याम् ।
२९ नित्यं सञ्ज्ञाछन्दसोः ।
३० केवलमामकभागधेयपापापरसमानार्यकृतसुमङ्गलभेषजाच्च ।
३१ रात्रेश्चाजसौ ।
३२ अन्तर्वत्पतिवतोर्नुक् ।
३३ पत्युर्नो यज्ञसंयोगे ।
३४ विभाषा सपूर्वस्य ।
३५ नित्यं सपूर्वस्य ।
३६ पूतक्रतोरै च ।
३७ वृषाकप्यग्निकुसितकुसीदानामुदात्तः ।
३८ मनोरौ वा ।
३९ वर्णादनुदात्तात्तोपधात्तो नः ।
४० अन्यतो ङीष् ।
४१ षिद्गौरादिभ्यश्च ।
४२ जानपदकुण्डगोणस्थलभाजनागकालनीलकुशकामुककबराद् वृत्यमत्रावपनाकृत्रिमाश्राणास्थौल्यवर्णानाच्छादनाऽयोविकारमैथुनेच्छा केशवेशेषु ।
४३ शोणात्प्राचाम् ।
४४ वोतो गुणवचनात् ।
४५ बह्वादिभ्यश्च ।
४६ नित्यं छन्दसि ।
४७ भुवश्च ।
४८ पुंयोगादाख्यायाम् ।
४९ इन्द्रवरुणभवशर्वरुद्रमृडहिमारण्यमवयवनमातुलाचार्य्याणमानुक् ।
५० क्रीतात्करणपूर्वात् ।
५१ क्तादल्पाख्यायाम् ।
५२ बहुव्रीहेश्चान्तोदात्तात् ।
५३ अस्वाङ्गपूर्वपदाद्वा ।
५४ स्वाङ्गाच्चोपसर्जनादसंयोगोपधात् ।
५५ नासिकोदरौष्ठजङ्घादन्तकर्णश्रृङ्गाच्च ।
५६ न क्रोडादिबह्वचः ।
५७ सहनञ्विद्यमानपूर्वाच्च ।
५८ नखमुखात्सञ्ज्ञायाम् ।
५९ दीर्घजिह्वी च च्छन्दसि ।
६० दिक्पूर्वपदान्ङीप् ।
६१ वाहः ।

६२ सख्यशिश्वीति भाषायाम् ।
६३ जातेरस्त्रीविषयादयोपधात् ।
६४ पाककर्णपर्णपुष्पफलमूलवालोत्तरपदाच्च ।
६५ इतो मनुष्य जातेः ।
६६ ऊङुतः ।
६७ बाह्वन्तात्संज्ञायाम् ।
६८ पङ्गोश्च ।
६९ ऊरूत्तरपदादौपम्ये ।
७० संहितशफलक्षणवामादेश्च ।
७१ कद्रुकमण्डल्वोश्छन्दसि ।
७२ सञ्ज्ञायाम् ।
७३ शार्ङ्गरवाद्यञोङीन् ।
७४ यङश्चाप् ।
७५ आवट्याच्च ।
७६ तद्धिताः ।
७७ यूनस्तिः ।
७८ अणिञोरनार्षयोर्गुरूपोत्तमयोः ष्यङ् गोत्रे ।
७९ गोत्रावयवात्
८० क्रौड्यादिभ्यश्च ।
८१ दैवयज्ञिशौचिवृक्षिसात्य-
मुग्रिकाण्ठेविद्धिभ्योऽ न्यतरस्याम् ।
८२ समर्थानां प्रथमाद्वा ।
८३ प्राग्दीव्यतोऽण् ।
८४ अश्वपत्यादिभ्यश्च ।
८५ दित्यदित्यादित्यपत्युत्तरपदाण्ण्यः ।
८६ उत्सादिभ्योऽञ् ।
८७ स्त्रीपुंसाभ्यां नञ्स्नञौ भवनात् ।
८८ द्विगोर्लुगनपत्ये ।
८९ गोत्रेऽलुगचि ।
९० यूनिलुक् ।
९१ फक्फिञोरन्यतस्याम् ।
९२ तस्यापत्यम् ।
९३ एकोगोत्रे ।
९४ गोत्राद्यून्यस्त्रियाम् ।
९५ अत इञ ।
९६ बाह्वादिभ्यश्च ।
९७ सुधातुरकङ् च ।
९८ गोत्रे कुञ्जादिभ्यश्चफञ् ।
९९ नडादिभ्यः फक् ।
१०० हरितादिभ्योऽञः ।
१०१ यञिञोश्च ।
१०२ शरद्वच्छुनकदर्भाद् भृगुवत्साग्रायणेषु ।
१०३ द्रोणापर्वतजीवन्तादन्यतरस्याम् ।
१०४ अनृष्यानन्तर्ये विदादिभ्योऽञ् ।
१०५ गर्गादिभ्यो यञ् ।
१०६ मधुबभ्रवोर्ब्राह्मणकौशिकयोः ।
१०७ कपिबोधादाङ्गिरसे ।
१०८ वतण्डाच्च ।
१०९ लुक् स्त्रियाम् ।
११० अश्वादिभ्यः फञ् ।
१११ भर्गात् त्रैगर्त्ते ।
११२ शिवादिभ्योऽण् ।
११३ अवृद्धाभ्यो नदीमानुषीभ्यस्तन्नामिकाभ्यः ।
११४ ऋष्यन्धकवृष्णिकुरुभ्यश्च ।
११५ मातुरुत्संख्यासंभद्रपूर्वायाः ।
११६ कन्यायोः कनीन च ।
११७ विकर्णशुङ्गच्छगलाद् वत्सभरद्वाजात्रिषु ।
११८ पीलाया वा ।
११९ ढक् च मण्डूकात् ।
१२० स्त्रीभ्यो ढक् ।
१२१ द्व्यचः ।
१२२ इतश्चानिञः ।
१२३ शुभ्रादिभ्यश्च ।
१२४ विकर्णकुषीतकोत्काश्यपे ।
१२५ भ्रुवो वुक् च ।
१२६ कल्याण्यादीनामिनङ् ।
१२७ कुलटाया वा ।
१२८ चटकाया ऐरक् ।
१२९ गोधाया ढ्रक् ।
१३० आरगुदीचाम् ।
१३१ क्षुद्राभ्यो वा ।
१३२ पितृष्वसुश्छण् ।
१३३ ढकि लोपः ।
१३४ मातृष्वसुश्च ।
१३५ चतुष्पादभ्यो ढञ् ।
१३६ गृष्ट्यादिभ्यश्च ।

१३७ राजश्वशुराद्यत् ।
१३८ क्षत्राद् घः ।
१३९ कुलात् खः ।
१४० अपूर्वपदादन्यतरस्यां यड्ढकञौ ।
१४१ महाकुलादञ्खञौ ।
१४२ दुष्कुलाड्ढक् ।
१४३ स्वसुश्छः ।
१४४ भ्रातुर्व्यच्च ।
१४५ व्यन्सपत्ने ।
१४६ रेवत्यादिभ्यष्ठक् ।
१४७ गोत्रस्त्रियाः कुत्सने ण च ।
१४८ वृद्धाट्ठक्सौवीरेषु बहुलम् ।
१४९ फेश्छ च ।
१५० फाण्टाहृतिमिमताभ्यां णफिञौ ।
१५१ कुर्वादिभ्यो ण्यः ।
१५२ सेनान्तलक्षणकारिभ्यश्च ।
१५३ उदीचामिञ् ।
१५४ तिकादिभ्यः फिञ् ।
१५५ कौसल्यकार्मार्याभ्यां च ।
१५६ अणो द्व्यचः ।
१५७ उदीचां वृद्धादगोत्रात् ।
१५८ वाकिनादीनां कुक् च ।
१५९ पुत्रान्तादन्यतरस्याम् ।
१६० प्राचामवृद्धात्फिन् बहुलम् ।
१६१ मनोर्जातावञ्यतौ षुक् च ।
१६२ अपत्यं पौत्रप्रभृति गोत्रम् ।
१६३ जीवति तु वंश्ये युवा ।
१६४ भ्रातरि च ज्यायसि ।
१६५ वान्यस्मिन्सपिण्डे स्थविरतरे जीवति ।
१६६ जनपदशब्दात्क्षत्रियादञ् ।
१६७ साल्वेयगान्धारिभ्यां च ।
१६८ द्व्यञ्मगधकलिङ्गसूरमसादण् ।
१६९ वृद्धेत्कोसलाजादाञ्ञ्यङ् ।
१७० कुरुनादिभ्यो ण्यः ।
१७१ साल्वावयवप्रत्यग्रथकल-कूटाश्मकादिञ्
१७२ ते तद्राजाः ।
१७३ कम्बोजाल्लुक् ।
१७४ स्त्रियामवन्तिकुन्तिकुरुभ्यश्च ।
१७५ अतश्च ।
१७६ न प्राच्यभर्गादियौधेयादिभ्यः ।

इति चतुर्थाध्यायस्य प्रथमः पादः ।।४।१।।

द्वितीयः पादः

१ तेन रक्तं रागात् ।
२ लाक्षारोचनाट्ठक् ।
३ नक्षत्रेण युक्तः कालः ।
४ लुबविशेषे ।
५ संज्ञायां श्रवणाश्वत्थाभ्याम् ।
६ द्वन्द्वाच्छः ।
७ दृष्टं साम ।
८ कलेर्ढक्
९ वामदेवाड्ड्यड्ड्यौ ।
१० परिवृतो रथः ।
११ पाण्डुकम्बलादिनिः ।
१२ द्वैपवैयाघ्रादञ् ।
१३ कौमारापूर्ववचने ।
१४ तत्रोद्धृतममत्रेभ्यः ।
१५ स्थण्डिलाच्छयितरि व्रते ।
१६ संस्कृतं भक्षाः ।
१७ शूलोखाद्यत् ।
१८ दध्नष्ठक् ।
१९ उदश्वितोऽन्यतरस्याम् ।
२० क्षीराड् ढञ् ।
२१ सास्मिन्पौर्णमासीति ।
२२ आग्रहायण्यश्वत्थाट्ठक् ।
२३ विभाषा फल्गुनीश्रवणाकार्ति
कीचैत्रीभ्यः ।
२४ सास्य देवता ।
२५ कस्येत् ।
२६ शुक्राद् घन् ।
२७ अपोनप्त्रपांनप्तृभ्यां घः ।
२८ छ च ।
२९ महेन्द्राद् घाणौ च ।
३० सोमाट्ट्यण् ।
३१ वाय्वृतुपित्रुषसो यत् ।
३२ द्यावापृथिवीशुनासीरमरुत्वदग्नीषो
मवास्तोष्पतिगृह- मेधाच्छ च ।

३३ अग्नेर्ढक् ।

३४ कालेभ्यो भववत् ।

३५ महाराजप्रोष्ठपदाट्ठञ् ।

३६ पितृव्यमातुलमातामहपितामहाः ।

३७ तस्य समूहः ।

३८ भिक्षादिभ्योऽण् ।

३९ गोत्रोक्षोष्ट्रोरभ्रराजराजन्य
राजपुत्रवत्समनुष्याजाद् वुञ् ।

४० केदाराद्यञ्च ।

४१ ठञ् कवचिनश्च ।

४२ ब्राह्मणमाणववाडवाद्यन् ।

४३ ग्रामजनबन्धुभ्यस्तल् ।

४४ अनुदात्तादेरञ् ।

४५ खण्डिकादिभ्यश्च ।

४६ चरणेभ्यो धर्मवत् ।

४७ अचित्तहस्तिधेनोष्ठक् ।

४८ केशाश्वाभ्यां यच्छावन्यतस्याम् ।

४९ पाशादिभ्यो यः ।

५० खलगोरथात् ।

५१ इनित्रकट्यचश्च ।

५२ विषयो देशे ।

५३ राजन्यादिभ्यो वुञ् ।

५४ भौरिक्याद्यैषुकार्यादिभ्योविधल्भक्तलौ ।

५५ सोऽस्यादिरिति च्छन्दसः प्रगाथेषु ।

५६ संग्रामे प्रयोजनयोद्धृभ्यः ।

५७ तदस्यां प्रहरणमिति क्रीडायां णः ।

५८ घञः सास्यां क्रियेति ञः ।

५९ तदधीते तद्वेद ।

६० क्रतूक्थादिसूत्रान्ताट्ठक् ।

६१ क्रमादिभ्यो वुन् ।

६२ अनुब्राह्मणादिनिः ।

६३ वसन्तादिभ्यष्ठक् ।

६४ प्रोक्ताल्लुक् ।

६५ सूत्राच्च कोपधात् ।

६६ छन्दोब्राह्मणानि च तद्विषयाणि ।

६७ तदस्मिन्नस्तीति देशे तन्नाम्नि ।

६८ तेन निर्वृत्तम् ।

६९ तस्य निवासः ।

७० अदूरभवश्च ।

७१ ओरञ् ।

७२ मतोश्च बह्वजङ्गात् ।

७३ बह्वचः कूपेषु ।

७४ उदक्च विपाशः ।

७५ सङ्कलादिभ्यश्च ।

७६ स्त्रीषु सौवीरसाल्वप्राक्षु ।

७७ सुवास्त्वादिभ्योऽण् ।

७८ रोणी ।

७९ कोपधाच्च ।

८० वुञ्छण्कठजिलसेनिरढञ्ण्यय
फक्फिञिञ्ञ्यकक्ठकोऽरी-
हणकृशावर्श्यकुमुदकाशतृणप्रेक्षा
श्मसखि सङ्काशबलपक्ष-
कर्णसुतङ्गमप्रदिन्वराहकुमुदादिभ्यः ।

८१ जनपदे लुप् ।

८२ वरणादिभ्यश्च ।

८३ शर्कराया वा ।

८४ ठक्छौ च ।

८५ नद्यां मतुप् ।

८६ मध्वादिभ्यश्च ।

८७ कुमुदनडवेतसेभ्यो ड्मतुप् ।

८८ नडशादाड् ड्वलच् ।

८९ शिखाया वलच् ।

९० उत्करादिभ्यश्छः ।

९१ नडादीनां कुक् च ।

९२ शेषे ।

९३ राष्ट्रावारपाराद् घखौ ।

९४ ग्रामाद्यखञौ ।

९५ कत्त्र्यादिभ्यो ढकञ् ।

९६ कुलकुक्षिग्रीवाभ्यः श्वास्यलङ्कारेषु ।

९७ नद्यादिभ्यो ढक् ।

९८ दक्षिणापश्चात्पुरसस्त्यक् ।

९९ कापिश्याः ष्फक् ।

१०० रङ्कोरमनुष्येऽण् च ।

१०१ द्युप्रागपागुदक्प्रतीचो यत् ।

१०२ कन्थायाष्ठक् ।

१०३ वर्णौ वुक् ।

१०४ अव्ययात्यप् ।
१०५ एषामोह्यःश्वसोऽन्यतरस्याम् ।
१०६ तीररूप्योत्तरपदादञ्ञ्यौ ।
१०७ दिक्पूर्वपदादसंज्ञायां ञः ।
१०८ मद्रेभ्योऽञ् ।
१०९ उदीच्यग्रामाच्च
बह्वचोऽन्तोदात्तात् ।
११० प्रस्थोत्तरपदपलद्यादि कोपधादण् ।
१११ कुण्वादिभ्यो गोत्रे ।
११२ इञश्च ।
११३ न द्व्यचः प्राच्यभरतेषु ।
११४ वृद्धाच्छः ।
११५ भवतष्ठक्छसौ ।
११६ काश्यादिभ्यष्ठञ् ञिठौ ।
११७ वाहीकग्रामेभ्यश्च ।
११८ विभाषोशीनरेषु ।
११९ ओर्देशेठञ् ।
१२० वृद्धात्प्राचाम् ।
१२१ धन्वयोपधाद् वुञ् ।
१२२ प्रस्थपुरवहान्ताच्च ।
१२३ रोपधेतोः, प्राचाम् ।
१२४ जनपदतदवध्योश्च ।
१२५ अवृद्धादपि बहुवचनविषयात् ।
१२६ कच्छाग्निवक्त्रगर्त्तोत्तरपदात् ।
१२७ धूमादिभ्यश्च ।
१२८ नगरात्कुत्सुनुप्रावीण्ययोः ।
१२९ अरण्यान्मनुष्ये ।
१३० विभाषा कुरुयुगन्धराभ्याम् ।
१३१ मद्रवृज्योः कन् ।
१३२ कोपधादण् ।
१३३ कच्छादिभ्यश्च ।
१३४ मनुष्यतत्स्थयोर्वुञ् ।
१३५ अपदातौ साल्वात् ।
१३६ गोयवाग्वोश्च ।
१३७ गर्त्तोत्तरपदाच्छः ।
१३८ गहादिभ्यश्च ।
१३९ प्राचां कटादेः ।
१४० राज्ञः क च ।
१४१ वृद्धादकेकान्तखोपधात् ।
१४२ कन्थापलदनगरग्रामह्रदोत्तरपदात् ।
१४३ पर्वताच्च ।
१४४ विभाषाऽमनुष्ये ।
१४५ कृकणपर्णाद् भारद्वाजे ।

इति चतुर्थाध्यायस्य द्वितीयः पादः ।।४।२।।

तृतीयः पादः

१ युष्मदस्मदोरन्यतरस्यां खञ् च ।
२ तस्मिन्नणि च युष्माकास्माकौ ।
३ तवकममकावेकवचने ।
४ अर्द्धाद्यत् ।
५ परावराधमोत्तमपूर्वाच्च ।
६ दिक्पूर्वपदाट्ठञ्च ।
७ ग्रामजनपदैकदेशादञ्ठञौ ।
८ मध्यान्मः ।
९ असांप्रतिके ।
१० द्वीपादनुसमुद्रं यञ् ।
११ कालाट्ठञ् ।
१२ श्राद्धे शरदः ।
१३ विभाषा रोगातपोः ।
१४ निशाप्रदोषाभ्यां च ।
१५ श्वसस्तुट् च ।
१६ सन्धिवेलाद्यृतुनक्षत्रेभ्योऽण् ।
१७ प्रावृष एण्यः ।
१८ वर्षाभ्यष्ठक् ।
१९ छन्दसि ठञ् ।
२० वसन्ताच्च ।
२१ हेमन्ताच्च ।
२२ सर्वत्राण् च तलोपश्च ।
२३ सायञ्चिरम्प्राह्णेप्रगेऽव्ययेभ्यष्ट्युट्युलौ
तुट् च ।
२४ विभाषापूर्वाह्णापराह्णाभ्याम्
२५ तत्र जातः ।
२६ प्रावृषष्ठक् ।
२७ संज्ञायां शरदो वुञ् ।
२८ पूर्वाह्णापराह्णार्द्रामूलप्रदोषावस्कराद् वुन् ।
२९ पथःपन्थ च ।
३० अमावास्याया वा ।

३१ अ च ।
३२ सिन्ध्वपकराभ्यां कन् ।
३३ अणञौ च ।
३४ श्रविष्ठाफल्गुन्यनुराधास्वातितिष्य-
पुनर्वसुहस्तविशाखाषाढाबहुलाल्लुक् ।
३५ स्थानान्तगोशालखरशालाच्च ।
३६ वत्सशालाभिजिदश्वयुक्शतभिषजो वा ।
३७ नक्षत्रेभ्यो बहुलम् ।
३८ कृतलब्धक्रीतकुशलाः ।
३९ प्रायभवः ।
४० उपजानूपकर्णोपनीवेष्ठक् ।
४१ संभूते ।
४२ कोशाड् ढञ् ।
४३ कालात्साधुपुष्प्यत्पच्यमानेषु ।
४४ उप्ते च ।
४५ आश्वयुज्या वुञ् ।
४६ ग्रीष्मवसन्तादन्यतरस्याम् ।
४७ देयमृणे ।
४८ कलाप्यश्वत्थयवबुसाद् वुन् ।
४९ ग्रीष्मावरसमाद् वुञ् ।
५० संवत्सराग्रहायणीभ्यां ठञ् च ।
५१ व्याहरति मृगः ।
५२ तदस्य सोढम् ।
५३ तत्र भवः ।
५४ दिगादिभ्यो यत् ।
५५ शरीरावयवाच्च ।
५६ दृतिकुक्षिकलशिवस्त्यस्त्यहेर्ढञ् ।
५७ ग्रीवाभ्योऽण् च ।
५८ गम्भीराञ्ञ्यः ।
५९ अव्ययीभावाच्च ।
६० अन्तःपूर्वपदाट्ठञ् ।
६१ ग्रामात् पर्यनुपूर्वात् ।
६२ जिह्वामूलाङ्गुलेश्छः ।
६३ वर्गान्ताच्च ।
६४ अशब्दे यत्खावन्यतरस्याम् ।
६५ कर्णललाटात् कनलङ्कारे ।
६६ तस्य व्याख्यान इति च
व्याख्यातव्यनाम्नः ।
६७ बह्वचोऽन्तोदात्ताट्ठञ् ।
६८ क्रतुयज्ञेभ्यश्च ।
६९ अध्यायेष्वेवर्षेः ।
७० पौरोडाशपुरोडाशात् ष्ठन् ।
७१ छन्दसो यदणौ ।
७२ द्व्यजृद्ब्राह्मणर्क्प्रथमाध्वर-
पुरश्चरणनामाख्याताट्ठक् ।
७३ अणृगयनादिभ्यः।
७४ तत आगतः ।
७५ ठगायस्थानेभ्यः ।
७६ शुण्डिकादिभ्योऽण् ।
७७ विद्यायोनिसम्बन्धेभ्यो वुञ् ।
७८ ऋतष्ठञ् ।
७९ पितुर्यच्च ।
८० गोत्रादङ्कवत् ।
८१ हेतुमनुष्येभ्योऽन्यतरस्यां रूप्यः ।
८२ मयट् च ।
८३ प्रभवति ।
८४ विदूराञ्ञ्यः ।
८५ तदगच्छति पथिदूतयोः ।
८६ अभिनिष्क्रामति द्वारम् ।
८७ अधिकृत्य कृते ग्रन्थे ।
८८ शिशुक्रन्दयमसभद्वन्द्वेन्द्रजननादिभ्यश्छः ।
८९ सोऽस्य निवासः ।
९० अभिजनश्च ।
९१ आयुधजीविभ्यश्छः पर्वते ।
९२ शण्डिकादिभ्यो ञ्यः ।
९३ सिन्धुतक्षशिलादिभ्योऽणञौ ।
९४ तूदीशलातुरवर्मतीकूचवाराड्ढ-
क्छण्ढञ्यकः ।
९५ भक्तिः ।
९६ अचित्ताददेशकालाट्ठक् ।
९७ महाराजाट्ठञ् ।
९८ वासुदेवार्जुनाभ्यां वुन् ।
९९ गोत्रक्षत्रियाख्येभ्यो बहुलं वुञ् ।
१०० जनपदिनां जनपदवत्सर्वं जनपदेन
समानशब्दानां बहुवचने ।
१०१ तेन प्रोक्तम् ।

१०२ तित्तिरिवरतन्तुखण्डिकोखाच्छण् ।
१०३ काश्यपकौशिकाभ्यामृषिभ्यां णिनिः ।
१०४ कलापिवैशम्पायनान्तेवासिभ्यश्च ।
१०५ पुराणप्रोक्तेषु ब्राह्मणकल्पेषु ।
१०६ शौनकादिभ्यश्छन्दसि ।
१०७ कठचरकाल्लुक् ।
१०८ कलापिनोऽण् ।
१०९ छगलिनो ढिनुक् ।
११० पाराशर्यशिलालिभ्यां भिक्षुनटसूत्रयोः ।
१११ कर्मन्दकृशाश्वादिनिः ।
११२ तेनैकदिक् ।
११३ तसिश्च ।
११४ उरसो यच्च ।
११५ उपज्ञाते ।
११६ कृते ग्रन्थे ।
११७ संज्ञायां कुलालादिभ्यो वुञ् ।
११८ क्षुद्राभ्रमरवटरपादपादञ् ।
११९ तस्येदम् ।
१२० रथाद्यत् ।
१२१ पत्त्रपूर्वादञ् ।
१२२ पत्त्राध्वर्युपरिषदश्च ।
१२३ हलसीराट्ठक् ।
१२४ द्वन्द्वाद्वुन् वैरमैथुनिकयोः ।
१२५ गोत्रचरणाद् वुञ् ।
१२६ सङ्घाङ्कलक्षणेष्वञ्यञिञामण् ।
१२७ शाकलाद्वा ।
१२८ छन्दोगौक्थिकयाज्ञिकबह्वृचनटाञ्ञ्यः ।
१२९ न दण्डमाणवान्तेवासिषु ।
१३० रैवतिकादिभ्यश्छः ।
१३१ तस्य विकारः ।
१३२ अवयवे च प्राण्योषधिवृक्षेभ्यः ।
१३३ बिल्वादिभ्योऽण् ।
१३४ कोपधाच्च ।
१३५ त्रपुजतुनोः षुक् ।
१३६ ओरञ् ।
१३७ अनुदात्तादेश्च ।
१३८ पलाशादिभ्यो वा ।
१३९ शम्याष्ट्लञ् ।
१४० मयड् वैयतोर्भाषायामभक्ष्याच्छादनयोः ।
१४१ नित्यं वृद्धशरादिभ्यः ।
१४२ गोश्च पुरीषे ।
१४३ पिष्टाच्च ।
१४४ संज्ञायां कन् ।
१४५ व्रीहेः पुरोडाशे ।
१४६ असंज्ञायां तिलयवाभ्याम् ।
१४७ द्व्यचश्छन्दसि ।
१४८ नोत्वद्वर्ध्रबिल्वात् ।
१४९ तालादिभ्योऽण् ।
१५० जातरूपेभ्यः परिमाणे ।
१५१ प्राणिरजतादिभ्योऽञ्
१५२ ञितश्च तत्प्रत्ययात् ।
१५३ क्रीतवत्परिमाणात् ।
१५४ उष्ट्राद् वुञ् ।
१५५ उमोर्णयोर्वा ।
१५६ एण्या ढञ् ।
१५७ गोपयसोर्यत् ।
१५८ द्रोश्च ।
१५९ माने वयः ।
१६० फले लुक् ।
१६१ प्लक्षादिभ्योऽण् ।
१६२ जम्ब्वा वा ।
१६३ लुप् च ।
१६४ हरीतक्यादिभ्यश्च ।
१६५ कंसीयपरशव्ययोर्यञञौ लुक् च ।

इति चतुर्थाध्यायस्य तृतीयः पादः ।।४।३।।

चतुर्थः पादः

१ प्राग्वहतेष्ठक् ।
२ तेन दीव्यति खनति जयति जितम् ।
३ संस्कृतम् ।
४ कुलत्थकोपधादण् ।
५ तरति ।
६ गोपुच्छाट्ठञ् ।
७ नौद्व्यचष्ठन् ।
८ चरति ।
९ आकर्षात् ष्ठल् ।
१० पर्पादिभ्यः ष्ठन् ।

११ श्वगणाट्ठञ् च ।
१२ वेतनादिभ्यो जीवति ।
१३ वस्नक्रयविक्रयाट्ठन् ।
१४ आयुधाच्छ-च ।
१५ हरत्युत्सङ्गादिभ्यः ।
१६ भस्त्रादिभ्यः ष्ठन् ।
१७ विभाषा विवध वीवधात् ।
१८ अण् कुटिलिकायाः ।
१९ निर्वृत्तेऽक्षद्यूतादिभ्यः ।
२० क्त्रेर्मम्नित्यम् ।
२१ अपमित्ययाचिताभ्यां कक्कनौ ।
२२ संसृष्टे ।
२३ चूर्णादिनिः ।
२४ लवणाल्लुक् ।
२५ मुद्गादण् ।
२६ व्यञ्जनैरुपसिक्ते ।
२७ ओजः सहोम्भसा वर्त्तते ।
२८ तत्प्रत्यनुपूर्वमीपलोमकूलम् ।
२९ परिमुखं च ।
३० प्रयच्छति गर्ह्यम् ।
३१ कुसीददशैकादशात्ष्ठन्ष्ठचौ ।
३२ उञ्छति .
३३ रक्षति ।
३४ शब्ददर्दुरं करोति ।
३५ पक्षिमत्स्यमृगान् हन्ति ।
३६ परिपन्थं च तिष्ठति ।
३७ माथोत्तरपदपदव्यनुपदं धावति ।
३८ आक्रन्दाट्ठञ्च ।
३९ पदोत्तरपदं गृह्णाति ।
४० प्रतिकण्ठार्थललामं च ।
४१ धर्मं चरति ।
४२ प्रतिपथमेति ठञ्च ।
४३ समवायान् समवैति ।
४४ पषिदो ण्यः ।
४५ सेनाया वा ।
४६ संज्ञायां ललाटकुक्कुट्यौ पश्यति ।
४७ तस्य धर्म्यम् ।
४८ अण् महिष्यादिभ्यः ।
४९ ऋतोऽञ् ।
५० अवक्रयः ।
५१ तदस्य पण्यम् ।
५२ लवणाट्ठञ् ।
५३ किसरादिभ्यः ष्ठन् ।
५४ शलालुनोऽन्यतरस्याम् ।
५५ शिल्पम्
५६ मड्डुकझर्झरादणन्यतरस्याम् ।
५७ प्रहरणम् ।
५८ परश्वधाट्ठञ्च ।
५९ शक्तियष्ट्योरीकक् ।
६० अस्तिनास्तिदिष्टं मतिः ।
६१ शीलम् ।
६२ छत्रादिभ्यो णः ।
६३ कर्माध्ययने वृत्तम् ।
६४ बह्वचपूर्वपदाट्ठञ् ।
६५ हितं भक्षाः ।
६६ तदस्मै दीयते नियुक्तम् ।
६७ श्राणामांसौ दनाट्टिठन् ।
६८ भक्तादणन्यतरस्याम ।
६९ तत्र नियुक्तः ।
७० अगारान्ताट्ठन् ।
७१ अध्यायिन्यदेशकालात् ।
७२ कठिनान्तप्रस्तारसंस्थानेषु व्यवहरति ।
७३ निकटे वसति ।
७४ आवसथात् ष्ठल् ।
७५ प्राग्घिताद्यत् ।
७६ तद्वहति रथयुगप्रासङ्गम् ।
७७ धुरो यड्ढकौ ।
७८ खः सर्वधुरात् ।
७९ एकधुराल्लुक् च ।
८० शकटादण् ।
८१ हलसीराट्ठक् ।
८२ संज्ञायां जन्याः ।
८३ विध्यत्यधनुषा ।
८४ धनगणं लब्धा ।
८५ अन्नाण्णः ।
८६ वशं गतः ।

८७ पदमस्मिन्दृश्यम् ।
८८ मूलमस्याबर्हि ।
८९ संज्ञायां धेनुष्या ।
९० गृहपतिना संयुक्ते ञ्यः।
९१ नौवयोधर्मविषमूलमूलसीतातु
लोभ्यस्तार्यतुल्यप्राप्यवध्यानाम्य
समसमितसंमितेषु ।
९२ धर्मपथ्यर्थन्यायादनपेते ।
९३ छन्दसो निर्मिते ।
९४ उरसोऽण् च ।
९५ हृदयस्य प्रियः ।
९६ बन्धने चर्षौ ।
९७ मतजनहलात् करण जल्पकर्षेषु ।
९८ तत्र साधुः ।
९९ प्रतिजनादिभ्यः खञ् ।
१०० भक्ताण्णः ।
१०१ परिषदो ण्यः ।
१०२ कथादिभ्यष्ठक् ।
१०३ गुडादिभ्यष्ठञ् ।
१०४ पथ्यतिथिवसतिस्वपतेर्ढञ् ।
१०५ सभाया यः ।
१०६ ढश्छन्दसि ।
१०७ समानतीर्थे वासी ।
१०८ समानोदरे शयित औ चोदात्तः।
१०९ सोदराद्यः ।
११० भवे छन्दसि ।
१११ पाथोनदीभ्यां ड्यण् ।
११२ वेशन्तहिमवद्भ्यामण् ।
११३ स्रोतसो विभाषाड्यड्ड्यौ ।
११४ सगर्भसयूथसनुताद्यन् ।
११५ तुग्राद् घन् ।
११६ अग्राद्यत् ।
११७ घच्छौ च ।
११८ समुद्राभ्राद् घः ।
११९ बर्हिषि दत्तम् ।
१२० दूतस्य भागकर्मणी ।
१२१ रक्षोयातूनां हननी ।
१२२ रेवतीजगतीहविष्याभ्यः प्रशस्ये ।
१२३ असुरस्य स्वम् ।
१२४ मायायामण् ।
१२५ तद्वानासामुपधानो मन्त्र इतीष्टकासु
लुक्च मतोः ।
१२६ अश्विमानण् ।
१२७ वयस्यासु मूर्ध्नो मतुप् ।
१२८ मत्वर्थे मासतन्वोः ।
१२९ मधोर्ञ्च ।
१३० ओजसोऽहनि यत्खौ ।
१३१ वेशोयशआदेर्भगाद्यल् ।
१३२ ख च ।
१३३ पूर्वैः कृतमिनियौ च ।
१३४ अद्भिः संस्कृतम् ।
१३५ सहस्रेण संमितौ च ।
१३६ मतौ च ।
१३७ सोममर्हति यः ।
१३८ मये च ।
१३९ मधोः ।
१४० वसोः समूहे च ।
१४१ नक्षत्राद् घः ।
१४२ सर्वदेवात्तातिल् ।
१४३ शिवशमरिष्टस्य करे ।
१४४ भावे च ।

इति चतुर्थाध्यायस्य चतुर्थः पादः ।। ४।४।।

इति चतुर्थोऽध्यायः समाप्त ।।४।।

पूर्वसूत्रयोगः १२६२
चतुर्थाध्याये ६२९
योगः १८९१

अथ पञ्चमोऽध्यायः

प्रथमः पादः

१ प्राक् क्रीताच्छः ।
२ उगवादिभ्यो यत् ।
३ कम्बलाच्च सञ्ज्ञायाम् ।
४ विभाषा हविरपूपादिभ्यः ।
५ तस्मै हितम् ।
६ शरीरावयवाद्यत् ।
७ खलयवमाषतिलवृषब्रह्मणश्च ।
८ अजाविभ्यां थ्यन् ।
९ आत्मन्विश्वजनभोगोत्तरपदात् खः ।
१० सर्वपुरुषाभ्यां णढञौ ।
११ माणवचरकाभ्यां खञ् ।
१२ तदर्थं विकृतेः प्रकृतौ ।
१३ छदिरुपधिबलेर्ढञ् ।
१४ ऋषभोपानहोर्ञ्यः ।
१५ चर्मणोऽञ् ।
१६ तदस्य तदस्मिन्त्स्यादिति ।
१७ परिखाया ढञ् ।
१८ प्राग्वतेष्ठञ् ।
१९ आर्हादगोपुच्छसंख्यापरिमाणाट्ठक् ।
२० असमासे निष्कादिभ्यः ।
२१ शताच्च ठन्यतावशते ।
२२ संख्याया अतिसदन्तायाः कन् ।
२३ वतोरिड् वा ।
२४ विंशतित्रिंशद्भ्यां ड्वुन्नसञ्ज्ञायाम् ।
२५ कंसाट्टिठन् ।
२६ शूर्पादञन्यतरस्याम् ।
२७ शतमानविंशतिकसहस्रवसनादण् ।
२८ अध्यर्द्धपूर्वद्विगोर्लुगसंज्ञायाम् ।
२९ विभाषा कार्षापणसहस्राभ्याम् ।
३० द्वित्रिपूर्वान्निष्कात् ।
३१ विस्ताच्च ।
३२ विंशतिकात् खः ।
३३ खार्या ईकन् ।
३४ पणपादमाषशताद्यत् ।
३५ शाणाद्वा ।
३६ द्वित्रिपूर्वादण् च ।
३७ तेन क्रीतम् ।
३८ तस्य निमित्तं संयोगोत्पातौ ।
३९ गोद्व्यचोऽसंख्यापरिमाणाश्वादेर्यत् ।
४० पुत्राच्छ च ।
४१ सर्वभूमिपृथिवीभ्यामणञौ ।
४२ तस्येश्वरः ।
४३ तत्र विदित इति च ।
४४ लोकसर्वलोकाट् ठञ् ।
४५ तस्य वापः ।
४६ पात्रात्ष्ठन् ।
४७ तदस्मिन् वृद्ध्यायलाभशुल्कोपदा दीयते ।
४८ पूरणार्द्धाट्ठन् ।
४९ भागाद्यच्च ।
५० तद्धरति वहत्यावहति भाराद्वंशादिभ्यः ।
५१ वस्नद्रव्याभ्यां ठन्कनौ ।
५२ संभवत्यवहरति पचति ।
५३ आढकाचितपात्रात्खोऽन्यतरस्याम् ।
५४ द्विगोष्ठंश्च ।
५५ कुलिजाल्लुक्खौ च ।
५६ सोऽस्यांशवस्नभृतयः ।
५७ तदस्य परिमाणम्
५७क संख्यायाः संज्ञासंघसूत्राध्ययनेषु ।
५८ पङ्क्तिविंशतित्रिंशच्चत्वारिं-
शत्पञ्चाशत्षष्टिसप्तत्यशीतिनवतिशतम् ।
५९ पञ्चद्दशतौ वर्गे वा ।
६० सप्तनोऽञ् छन्दसि ।
६१ त्रिंशच्चत्वारिंशतोर्ब्राह्मणे संज्ञायां ढण् ।
६२ तदर्हति छेदादिभ्यो नित्यम् ।
६३ शीर्षच्छेदाद्यच्च ।
६४ दण्डादिभ्यो यत् ।
६५ छन्दसि च ।
६६ पात्राद् घंश्च ।
६७ कडङ्करदक्षिणाच्छ च ।
६८ स्थालीबिलात् ।

६९ यज्ञर्त्विग्भ्यां घखञौ ।
७० पारायणतुरायणचान्द्रायणं वर्तयति ।
७१ संशयमापन्नः ।
७२ योजनं गच्छति ।
७३ पथः ष्कन् ।
७४ पन्थो ण नित्यम् ।
७५ उत्तरपथेनाहृतं च ।
७६ कालात् ।
७७ तेन निर्वृतम् ।
७८ तमधीष्टो भृतो भूतो भावी ।
७९ मासाद्वयसि यत्खञौ ।
८० द्विगोर्यप् ।
८१ षण्मासाण् ण्यच्च ।
८२ अवयसि ठंश्च ।
८३ समायाः खः ।
८४ द्विगोर्वा ।
८५ रात्र्यहः संवत्सराच्च ।
८६ वर्षाल्लुक् च ।
८७ चित्तवति नित्यम् ।
८८ षष्टिकाः षष्टिरात्रेण पच्यन्ते ।
८९ वत्सरान्ताच्छन्दसि ।
९० संपरिपूर्वात् ख च ।
९१ तेन परिजय्यलभ्यकार्यसुकरम् ।
९२ तदस्य ब्रह्मचर्यम् ।
९३ तस्य च दक्षिणा यज्ञाख्येभ्यः ।
९४ तत्र च दीयते कार्यं भववत् ।
९५ व्युष्टादिभ्योऽण् ।
९६ तेन यथाकथाचहस्ताभ्यां ण्यतौ ।
९७ संपादिनि ।
९८ कर्मवेषाद्यत् ।
९९ तस्मै प्रभवति सन्तापादिभ्यः ।
१०० योगाद्यच्च ।
१०१ कर्मण उकञ् ।
१०२ समयस्तदस्य प्राप्तम् ।
१०३ ऋतोरण् ।
१०४ छन्दसि घस् ।
१०५ कालाद्यत् ।
१०६ प्रकृष्टे ठञ् ।
१०७ प्रयोजनम् ।
१०८ विशाखाषाढादण् मन्थदण्डयोः ।
१०९ अनुप्रवचनादिभ्यश्छः ।
११० समापनात्सपूर्वपदात् ।
१११ ऐकागारिकट् चौरे ।
११२ आकालिकडाद्यन्तवचने ।
११३ तेन तुल्यं क्रिया चेद्वतिः ।
११४ तत्र तस्येव ।
११५ तदर्हम् ।
११६ उपसर्गाच्छन्दसि धात्वर्थे ।
११७ तस्य भावस्त्वतलौ ।
११८ आ च त्वात् ।
११९ न नञ्पूर्वात् तत्पुरुषाद्-
चतुरसंगतलवणवटयुधकतरसलसेभ्यः ।
१२० पृथ्वादिभ्य इमनिज्वा ।
१२१ वर्णदृढादिभ्यः ष्यञ्च ।
१२२ गुणवचनब्राह्मणादिभ्यः कर्मणि च ।
१२३ स्तेनाद्यन्नलोपश्च ।
१२४ सख्युर्यः ।
१२५ कपिज्ञात्योर्ढक् ।
१२६ पत्यन्तपुरोहितादिभ्यो यक् ।
१२७ प्राणभृज्जातिवयोवचनोद्गात्रादिभ्योऽञ् ।
१२८ हायनान्तयुवादिभ्योऽण् ।
१२९ इगन्ताच्च लघुपूर्वात् .
१३० योपधाद् गुरुपोत्तमाद्वुञ् ।
१३१ द्वन्द्वमनोज्ञादिभ्यश्च ।
१३२ गोत्रचरणाच्छ्लाघात्याकारतदवेतेषु ।
१३३ होत्राभ्यश्छः ।
१३४ ब्रह्मणस्त्वः ।

इति पञ्चमाध्यायस्य प्रथमः पादः ।।५।१।।

द्वितीयः पादः

१ धान्यानां भवने क्षेत्रे खञ् ।
२ व्रीहिशाल्योर्ढक् ।
३ यवयवकषष्टिकाद्यत् ।
४ विभाषा तिलमाषोमाभङ्गाणुभ्यः ।
५ सर्वचर्मणः कृतः खखञौ ।
६ यथामुखसंमुखस्य दर्शनः खः ।
७ तत्सर्वादेः पथ्यङ्गकर्मपत्रपात्रं व्याप्नोति ।

८ आप्रपदं प्राप्नोति ।
९ अनुपदसर्वान्नायनयं बद्धाभक्षयतिनेयेषु ।
१० परोवरपरम्परपुत्रपौत्रमनुभवति ।
११ अवारपारात्यन्तानुकामं गामी ।
१२ समांसमां विजायते ।
१३ अद्यश्वीनावष्टब्धे ।
१४ आगवीनः ।
१५ अनुग्वलंगामि ।
१६ अध्वनो यत्खौ ।
१७ अभ्यमित्राच्छ च ।
१८ गोष्ठात्खञ् भूतपूर्वे ।
१९ अश्वस्यैकाहगमः ।
२० शालीनकौपीने अधृष्टाकार्ययोः .
२१ व्रातेन जीवति ।
२२ साप्तपदीनं सख्यम् ।
२३ हैयङ्गवीनं सञ्ज्ञायाम् ।
२४ तस्य पाकमूले पील्वादिकर्णादिभ्यः कुणब्जाहचौ ।
२५ पक्षात्तिः ।
२६ तेन वित्तश्चुञ्चुपचणपौ ।
२६ विनञ्भ्यां नानाञौ न सह ।
२८ वेः शालच्छङ्कटचौ ।
२९ संप्रोदश्च कटच् ।
३० अवात्कुटारच्च ।
३१ नते नासिकायाः सञ्ज्ञायां टीटञ्नाटज्भ्रटचः ।
३२ नेर्बिडज्बिरीसचौ ।
३३ इनच्पिटच्चिकचि च ।
३४ उपाधिभ्यां त्यकन्नासन्नारूढयोः ।
३५ कर्मणि घटोऽठच् '
३६ तदस्य सञ्जातं तारकादिभ्य इतच् ।
३७ प्रमाणे द्वयसज्दघ्नञ्मात्रचः ।
३८ पुरुषहस्तिभ्यामण् च ।
३९ यत्तदेतेभ्यः परिमाणे वतुप् ।
४० किमिदंभ्यां वो घः ।
४१ किमः सङ्ख्यापरिमाणे डति च ।
४२ संख्याया अवयवे तयप् ।
४३ द्वित्रिभ्यां तयस्याज्ज्वा ।
४४ उभादुदात्तो नित्यम् ।
४५ तदस्मिन्नधिकमिति दशान्ताड्डः ।
४६ शदन्तविंशतेश्च ।
४७ संख्याया गुणस्य निमाने मयट् ।
४८ तस्य पूरणे डट्
४९ नान्तादसंख्यादेर्मट्
५० थट् च च्छन्दसि ।
५१ षट्कतिकतिपयचतुरां थुक् ।
५२ बहुपूगगणसङ्घस्य तिथुक् ।
५३ वतोरिथुक् ।
५४ द्वेस्तीयः ।
५५ त्रेः संप्रसारणं च ।
५६ विंशत्यादिभ्यस्तमडन्यतरस्याम् ।
५७ नित्यं शतादिमासार्द्धमाससंवत्सराच्च ।
५८ षष्ट्यादेश्चासंख्यादेः
५९ मतौ छः सूक्तसाम्नोः ।
६० अध्यायानुवाकयोर्लुक् ।
६१ विमुक्तादिभ्योऽण् ।
६२ गोषदादिभ्यो वुन् ।
६३ तत्र कुशलः पथः ।
६४ आकर्षादिभ्यः कन् ।
६५ धनहिरण्यात्कामे ।
६६ स्वाङ्गेभ्यः प्रसिते ।
६७ उदराट्ठगाद्यूने ।
६८ सस्येन परिजातः ।
६९ अंशं हारी ।
७० तन्त्रादचिरापहृते ।
७१ ब्राह्मणकोष्णिके सञ्ज्ञायाम् ।
७२ शीतोष्णाभ्यां कारिणि ।
७३ अधिकम् ।
७४ अनुकाभिकाभीकः कमिता ।
७५ पार्श्वेनान्विच्छति ।
७६ अयः शूलदण्डाजिनाभ्यां ठक्ठञौ ।
७७ तावतिथं ग्रहणमिति लुग्वा ।
७८ स एषां ग्रामणीः ।
७९ श्रृङ्खलमस्य बन्धनं करभे ।
८० उत्क उन्मनाः ।
८१ कालप्रयोजनाद्रोगे ।

८२ तदस्मिन्नन्नं प्राये संज्ञायाम् ।
८३ कुल्माषादञ् ।
८४ श्रोत्रियंश्छन्दोऽधीते ।
८५ श्राद्धमनेन भुक्तमिनिठनौ ।
८६ पूर्वादिनिः ।
८७ सपूर्वाच्च ।
८८ इष्टादिभ्यश्च ।
८९ छन्दसि परिपन्थिपरिपरिणौ पर्य्यवस्थातरि ।
९० अनुपद्यन्वेष्टा ।
९१ साक्षाद् द्रष्टरि संज्ञायाम् ।
९२ क्षेत्रियच् परक्षेत्रे चिकित्स्यः
९३ इन्द्रियमिन्द्रलिङ्गमिन्द्रदृष्ट-
मिन्द्रसृष्टमिन्द्रजुष्टमिन्द्रदत्तमिति वा ।
९४ तदस्यास्त्यस्मिन्निति मतुप् ।
९५ रसादिभ्यश्च ।
९६ प्राणिस्थादातो लजन्यतरस्याम् ।
९७ सिध्मादिभ्यश्च ।
९८ वत्सांसाभ्यां कामबले ।
९९ फेनादिलच्च ।
१०० लोमादिपामादिपिच्छादिभ्यः शनेलचः।
१०१ प्रजाश्रद्धार्चाभ्यो णः ।
१०२ तपःसहस्राभ्यां विनीनी ।
१०३ अण् च ।
१०४ सिकताशर्कराभ्यां च ।
१०५ देशे लुबिलचौ च ।
१०६ दन्त उन्नत उरच् ।
१०७ ऊषशुषिमुष्कमधो रः ।
१०८ द्युद्रुभ्यां मः ।
१०९ केशाद्वोऽन्यतरस्याम् ।
११० गाण्डयजगात्संज्ञायाम् ।
११ काण्डाण्डादीरन्नीरचौ ।
११२ रजःकृष्यासुतिपरिषदो वलच् ।
११३ दन्तशिखात्सञ्ज्ञायाम् ।
११४ ज्योत्स्नातमिस्राशृङ्गिणोर्जस्विन्नूर्जस्वल
-गोमिमलिनमलीमसाः ।
११५ अत इनिठनौ ।
११६ व्रीह्यादिभ्यश्च ।
११७ तुन्दादिभ्य इलच्च ।
११८ एकगोपूर्वाद् ठञ् नित्यम् ।
११९ शतसहस्रान्ताच्च निष्कात् ।
१२० रूपादाहतप्रशंसयोर्यप् ।
१२१ अस्मायामेधास्रजो विनिः ।
१२२ बहुलं छन्दसि ।
१२३ ऊर्णाया युस् ।
१२४ वाचो ग्मिनिः ।
१२५ आलजाटचौ बहुभाषिणि ।
१२६ स्वामिन्नैश्वर्ये ।
१२७ अर्शआदिभ्योऽच् ।
१२८ द्वन्द्वोपतापगर्ह्यात्प्राणिस्थादिनिः ।
१२९ वातातीसाराभ्यां कुक्च ।
१३० वयसि पूरणात् ।
१३१ सुखादिभ्यश्च ।
१३२ धर्मशीलवर्णान्ताच्च ।
१३२ हस्ताज्जातौ ।
१३४ वर्णाद् ब्रह्मचारिणि ।
१३५ पुष्करादिभ्यो देशे ।
१३६ बलादिभ्यो मतुबन्यतरस्याम् ।
१३७ संज्ञायां मन्माभ्याम् ।
१३८ कंशंभ्यां बभयुस्तितुतयसः ।
१३९ तुन्दिबलिवटेर्भः ।
१४० अहंशुभमोर्युस् ।

इति पञ्चमाध्यायस्य द्वितीयः पादः ।।५।२।।

तृतीयः पादः

१ प्राग्दिशो विभक्तिः ।
२ किंसर्वनामबहुभ्योऽद्व्या दिभ्यः ।
३ इदम इश् ।
४ एतेतौ रथोः ।
५ एतदोऽन् ।
६ सर्वस्य सोऽन्यतरस्यां दि ।
७ पञ्चम्यास्तसिल् ।
८ तसेश्च ।
९ पर्यभिभ्यां च ।
१० सप्तम्यास्त्रल् ।
११ इदमो हः ।
१२ किमोऽत् ।
१३ वा ह च च्छन्दसि ।

१४ इतराभ्योऽपि दृश्यन्ते ।
१५ सर्वैकान्यकिंयत्तदः काले दा ।
१६ इदमो र्हिल् ।
१७ अधुना ।
१८ दानीं च ।
१९ तदो दा च ।
२० तयोर्दार्हिलौ च च्छन्दसि ।
२१ अनद्यतने र्हिलन्यतरस्याम् ।
२२ सद्यः परुत्परार्यैषमः
परेद्यव्यद्यपूर्वेद्युरन्येद्यु-
रन्यतरेद्युरितरेद्युरपरेद्यु-
रधरेद्युरुभयेद्युरुत्तरेद्युः ।
२३ प्रकारवचने थाल् ।
२४ इदमस्थमुः ।
२५ किमश्च ।
२६ था हेतौ च च्छन्दसि ।
२७ दिक्शब्देभ्यः सप्तमीपञ्चमी-प्रथमाभ्यो
दिग्देशकालेष्वस्तातिः ।
२८ दक्षिणोत्तराभ्यामतसुच् ।
२९ विभाषा परावराभ्याम् ।
३० अञ्चेर्लुक् ।
३१ उपर्युपरिष्टात् ।
३२ पश्चात् ।
३३ पश्च पश्चा च च्छन्दसि ।
३४ उत्तराधरदक्षिणादातिः .
३५ एनबन्यतरस्यामदूरेऽपञ्चम्याः ।
३६ दक्षिणादाच् ।
३७ आहि च दूरे ।
३८ उत्तराच्च ।
३९ पूर्वाधरावराणामसि पुरधवश्चैषाम् ।
४० अस्ताति च ।
४१ विभाषावरस्य ।
४२ संख्याया विधार्थे धा ।
४३ अधिकरणविचाले च ।
४४ एकाद्धो ध्यमुञन्यतरस्याम् ।
४५ द्वित्र्योश्च धमुञ् ।
४६ एधाच्च ।
४७ याप्ये पाशप् ।
४८ पूरणाद्भागे तीयादन् ।
४९ प्रागेकादशभ्योऽच्छन्दसि ।
५० षष्ठाष्टमाभ्यां ञ च ।
५१ मानपश्वङ्गयोः कन्लुकौ च ।
५२ एकादाकिनिच्चासहाये ।
५३ भूतपूर्वे चरट् ।
५४ षष्ठ्या रूप्य च ।
५५ अतिशायने तमबिष्ठनौ ।
५६ तिङश्च ।
५७ द्विवचनविभज्योपपदे तरबीयसुनौ ।
५८ अजादी गुणवचनादेव ।
५९ तुश्छन्दसि ।
६० प्रशस्यस्य श्रः ।
६१ ज्य च ।
६२ वृद्धस्य च ।
६३ अन्तिकबाढयोर्नेदसाधौ ।
६४ युवाल्पयोः कनन्यतरस्याम् ।
६५ विन्मतोर्लुक् ।
६६ प्रशंसायां रूपम् ।
६७ ईषदसमाप्तौ कल्पब्देश्यदेशीयरः ।
६८ विभाषा सुपो बहुच् पुरस्तात्तु ।
६९ प्रकारवचने जातीयर् ।
७० प्रागिवात्कः ।
७१ अव्ययसर्वनाम्नामकच् प्राक्टेः ।
७२ कस्य च दः ।
७३ अज्ञाते ।
७४ कुत्सिते ।
७५ सञ्ज्ञायां कन् ।
७६ अनुकम्पायाम् ।
७७ नीतौ च तद्युक्तात् ।
७८ बह्वचो मनुष्यनाम्निष्टज्वा ।
७९ घनिलचौ च ।
८० प्राचामुपादेरडज्वुचौ च ।
८१ जातिनाम्नः कन् ।
८२ अजिनान्तस्योत्तरपदलोपश्च ।
८३ ठाजादावूर्ध्वं द्वितीयादचः ।
८४ शेवलसुपरिविशालवरुणार्यमादीनां
तृतीयात् ।

८५ अल्पे ।
८६ ह्रस्वे।
८७ सञ्ज्ञायां कन् ।
८८ कुटीशमीशुण्डाभ्यो रः ।
८९ कुत्वा डुपच् ।
९० कासूगोणीभ्यां ष्टरच् ।
९१ वत्सोक्षाश्वर्षभेभ्यश्च तनुत्वे ।
९२ किंयत्तदोर्निर्द्धारणे द्वयोरेकस्य डतरच् ।
९३ वा बहूनां जातिपरिप्रश्ने डतमच् ।
९४ एकाच्च प्राचाम् ।
९५ अवक्षेपणे कन् ।
९६ इवे प्रतिकृतौ ।
९७ सञ्ज्ञायां च ।
९८ लुम्मनुष्ये ।
९९ जीविकार्थे चापण्ये ।
१०० देवपथादिभ्यश्च ।
१०१ वस्तेर्ढञ् ।
१०२ शिलाया ढः ।
१०३ शाखादिभ्यो यत् ।
१०४ द्रव्यं च भव्ये ।
१०५ कुशाग्राच्छः ।
१०६ समासाच्च तद्विषयात् ।
१०७ शर्करादिभ्योऽण् ।
१०८ अङ्गुल्यादिभ्यष्ठक् ।
१०९ एकशालायाष्ठजन्यतरस्याम् ।
११० कर्कलोहितादीकक् ।
१११ प्रत्नपूर्वविश्वेमात्थाल् छन्दसि ।
११२ पूगाञ्ञ्योऽग्रामणीपूर्वात् ।
११३ व्रातच्फञोरस्त्रियाम् ।
११४ आयुधजीविसङ्घाञ्ञ्यड् -
वाहीकेष्वब्राह्मणराजन्यात् ।
११५ वृकाट्टेण्यण् ।
११६ दामन्यादित्रिगर्तषष्ठाच्छः ।
११७ पर्श्वादियौधेयादिभ्योऽणञौ ।
११८ अभिजिद्विदभृच्छालाव-
च्छिखावच्छमीवदूर्णावच्छ्रुमदणो यञ् ।
११९ ञ्यादयस्तद्राजाः ।

इति पञ्चमाध्यायस्य तृतीयः पाद- ।।५।३।।

चतुर्थः पादः

१ पादशतस्य सङ्ख्यादे-
वीप्सायां वुन्लोपश्च ।
२ दण्डव्यवसर्गयोश्च ।
३ स्थूलादिभ्यः प्रकारवचने कन् ।
४ अनत्यन्तगतौ क्तात् ।
५ न सामिवचने ।
६ बृहत्या आच्छादने ।
७ अषडक्षाशितङ्ग्वलङ्कर्मा-
लम्बरुषाध्युत्तरपदात्खः ।
८ विभाषाञ्चेरदिक् स्त्रियाम् ।
९ जात्यन्ताच्छ बन्धुनि ।
१० स्थानान्तद्विभाषा सस्थाने नेति चेत् ।
११ किमेत्तिङव्ययघादाम्वद्रव्य प्रकर्षे ।
१२ अमु च च्छन्दसि ।
१३ अनुगादिनष्ठक् ।
१४ णचः स्त्रियामञ् ।
१५ अणिनुणः ।
१६ विसारिणो मत्स्ये ।
१७ सङ्ख्याया क्रियाभ्यावृत्तिगणने कृत्वसुच् ।
१८ द्वित्रिचतुर्भ्यः सुच् ।
१९ एकस्य सकृच्च ।
२० विभाषा बहोर्धाऽविप्रकृष्टकाले ।
२१ तत्प्रकृतवचने मयट् ।
२२ समूहवच्च बहुषु ।
२३ अनन्तावसथेतिह भेषजाञ्ञ्यः ।
२४ देवतान्तात्तादर्थ्ये यत् ।
२५ पादार्धाभ्याञ्च ।
२६ अतिथेर्ञ्यः ।
२७ देवात्तल् ।
२८ अवेः कः ।
२९ यावादिभ्यः कन् ।
३० लोहितान्मणौ ।
३१ वर्णे चानित्ये ।
३२ रक्ते ।
३३ कालाच्च ।
३४ विनयादिभ्यष्ठक् ।

३५ वाचो व्याहृतार्थायाम् ।
३६ तद्युक्तात्कर्मणोऽण् ।
३७ ओषधेरजातौ ।
३८ प्रज्ञादिभ्यश्च ।
३९ मृदस्तिकन् ।
४० सस्नौ प्रशंसायाम् ।
४१ वृकज्येष्ठाभ्यां तिलतातिलौ च च्छन्दसि ।
४२ बह्वल्पार्थाच्छस्कारकादन्यतरस्याम् ।
४३ सङ्ख्यैकवचनाच्च वीप्सायाम् ।
४४ प्रतियोगे पञ्चम्यास्तसिः ।
४५ अपादाने चाहीयरुहोः ।
४६ अतिग्रहाव्यथनक्षेपेष्वकर्तरि तृतीयायाः ।
४७ हीयमानपापयोगाच्च ।
४८ षष्ठ्या व्याश्रये
४९ रोगाच्चापनयने ।
५० कृभ्वस्तियोगे संपद्यकर्तरिच्विः ।
५१ अरुर्मनश्चक्षुश्चेतोरहोरजसां लोपश्च ।
५२ विभाषा साति कार्त्स्न्ये ।
५३ अभिविधौ संपदा च ।
५४ तदधीनवचने ।
५५ देये त्रा च ।
५६ देवमनुष्यपुरुषपुरुमर्त्येभ्यो द्वितीयासप्तम्योर्बहुलम् ।
५७ अव्यक्तानुकरणाद् द्व्यजवरार्द्धादनितौ डाच् ।
५८ कृञो द्वितीयतृतीयशम्ब- बीजात्कृषौ ।
५९ सङ्ख्यायाश्च गुणान्तायाः
६० समयाच्च यापनायाम् ।
६१ सपत्रनिष्पत्रादतिव्यथने ।
६२ निष्कुलान्निष्कोषणे ।
६३ सुखप्रियादानुलोम्ये ।
६४ दुःखात्प्रातिलोम्ये
६५ शूलात्पाके ।
६६ सत्यादशपथे ।
६७ मद्रात्परिवापणे ।
६८ समासान्ताः ।
६९ न पूजनात् ।
७० किमः क्षेपे ।
७१ नञस्तत्पुरुषात् ।
७२ पथो विभाषा ।
७३ बहुव्रीहौ सङ्ख्येये डजबहुगणात् ।
७४ ऋक्पूरब्धूःपथामानक्षे ।
७५ अच्प्रत्यन्ववपूर्वात्सामलोम्नः ।
७६ अक्ष्णोऽदर्शनात् ।
७७ अचतुरविचतुरसुचतुर-स्त्रीपुंसधेन्वनडुहर्क्सामवाङ् मनसाक्षिभ्रुवदारगवोर्वष्ठीवपदष्ठीवनक्तंदिव-रात्रिंदिवाहर्दिवसरजंसनिःश्रेयसपुरुषायुषद्व्यायुषत्र्यायुषर्ग्यजुषजातोक्ष-महोक्षवृद्धोक्षोपशुनगोष्ठश्वाः ।
७८ ब्रह्महस्तिभ्यां वर्चसः ।
७९ अवसमन्धेभ्यस्तमसः ।
८० श्वसो वसीयःश्रेयसः ।
८१ अन्ववतप्ताद्रहसः ।
८२ प्रतेरुरसः सप्तमीस्थात् ।
८३ अनुगवमायामे ।
८४ द्विस्तावा त्रिस्तावा वेदिः ।
८५ उपसर्गादध्वनः ।
८६ तत्पुरुषस्याङ्गुलेः सङ्ख्याव्ययादेः ।
८७ अहः सर्वैकदेशसङ्ख्यात् पुण्याच्च रात्रेः ।
८८ अह्नो ह्न एतेभ्यः ।
८९ न सङ्ख्यादेः समाहारे ।
९० उत्तमैकाभ्यां च ।
९१ राजाहःसखिभ्यष्टच् ।
९२ गोरतद्धितलुकि ।
९३ अग्राख्यायामुरसः ।
९४ अनोऽश्मायः सरसां जातिसंज्ञयोः ।
९५ ग्रामकौटाभ्यां च तक्ष्णः ।
९६ अतेः शुनः ।
९७ उपमानादप्राणिषु ।
९८ उत्तरमृगपूर्वाच्च सक्थ्नः ।
९९ नावो द्विगोः ।
१०० अर्धाच्च ।
१०१ खार्याः प्राचाम् ।
१०२ द्वित्रिभ्यामञ्जलेः ।
१०३ अनसन्तान्नपुंसकाच्छन्दसि ।

१०४ ब्रह्मणो जानपदाख्यायाम् ।
१०५ कुमहद्भ्यामन्यतरस्याम् ।
१०६ द्वन्द्वच्चुदषहान्तात्समाहारे ।
१०७ अव्ययीभावे शरत्प्रभृतिभ्यः .
१०८ अनश्च ।
१०९ नपुंसकादन्यतरस्याम् ।
११० नदीपौर्णमास्याग्रहायणीभ्यः ।
१११ झयः ।
११२ गिरेश्च सेनकस्य
११३ बहुव्रीहौ सक्थ्यक्ष्णोः स्वाङ्गात्षच् ।
११४ अङ्गुलेर्दारुणि ।
११५ द्वित्रिभ्यां ष मूर्ध्नः ।
११६ अप्पूरणीप्रमाण्योः ।
११७ अन्तर्बहिर्भ्यां च लोम्नः ।
११८ अञ्नासिकायाः संज्ञायां नसं चास्थूलात् ।
११९ उपसर्गाच्च ।
१२० सुप्रातसुश्वसुदिवशारि-
कुक्षचतुरश्रैणीपदाजपदप्रोष्ठपदाः ।
१२१ नञ्दुःसुभ्यो हलिसक्थ्यो- रन्यतरस्याम् ।
१२२ नित्यमसिच् प्रजामेधयोः
१२३ बहुप्रजाश्छन्दसि ।
१२४ धर्म्मादनिच् केवलात् ।
१२५ जम्भा सुहरिततृणसोमेभ्यः ।
१२६ दक्षिणेर्मा लुब्धयोगे ।
१२७ इच् कर्म्मव्यतिहारे ।
१२८ द्विदण्ड्यादिभ्यश्च ।
१२९ प्रसंभ्यां जानुनोर्ज्ञुः।
१३० ऊर्ध्वाद् विभाषा ।
१३१ ऊधसोऽनङ् ।
१३२ धनुषश्च ।
१३३ वा सञ्ज्ञायाम् ।
१३४ जायाया निङ् ।
१३५ गन्धस्येदुत्पूतिसुसुरभिभ्यः ।
१३६ अल्पाख्यायाम् ।
१३७ उपमानाच्च ।
१३८ पादस्य लोपोऽहस्त्यादिभ्यः
१३९ कुम्भपदीषु च ।
१४० सङ्ख्यासुपूर्वस्य ।
१४१ वयसि दन्तस्य दतृ ।
१४२ छन्दसि च ।
१४३ स्त्रियां संज्ञायाम् ।
१४४ विभाषा श्यावारोकाभ्याम् ।
१४५ अग्रान्तशुद्धशुभ्रवृषवराहेभ्यश्च ।
१४६ ककुदस्यावस्थायां लोपः ।
१४७ त्रिककुत्पर्वते ।
१४८ उद्विभ्यां काकुदस्य ।
१४९ पूर्णाद्विभाषा ।
१५० सुहृद्दुर्हृदौ मित्रामित्रयोः ।
१५१ उरः प्रभृतिभ्यः कप् ।
१५२ ईनः स्त्रियाम् ।
१५३ नद्यृतश्च ।
१५४ शेषाद्विभाषा ।
१५५ न संज्ञायाम् ।
१५६ ईयसश्च ।
१५७ वन्दिते भ्रातुः ।
१५८ ऋतश्छन्दसि ।
१५९ नाडीतन्त्र्योः स्वाङ्गे ।
१६० निष्प्रवाणिश्च ।

इति पञ्चमाध्यास्य चतुर्थः पादः ।।५।४।।
इति पञ्चमोऽध्यायः समाप्तः ।।५ ।।

अथ षष्ठोऽध्यायः

प्रथम पादः

१ एकाचो द्वे प्रथमस्य ।
२ अजादेर्द्वितीयस्य ।
३ नन्द्राः संयोगादयः ।
४ पूर्वोऽभ्यासः ।
५ उभे अभ्यस्तम् ।
६ जक्षित्यादयः षट् ।
७ तुजादीनां दीर्घोऽभ्यासस्य ।
८ लिटि धातोरनभ्यासस्य ।
९ सन्यङोः ।
१० श्लौ ।
११ चङि ।
१२ दाश्वान् साह्वान् मीढ्वांश्च ।
१३ ष्यङः संप्रसारणं पुत्रपत्योस्तत्पुरुषे ।
१४ बन्धुनि बहुव्रीहौ ।
१५ वचिस्वपियजादीनां किति ।
१६ ग्रहिज्यावयिव्यधिवष्टिविचतिवृश्चतिपृच्छतिभृज्जतीनां ङिति च ।
१७ लिट्यभ्यासस्योभयेषाम् ।
१८ स्वापेश्चङि ।
१९ स्वपिस्यमिव्येयां यङि ।
२० न वशः ।
२१ चायः की ।
२२ स्फायः स्फी निष्ठायाम् ।
२३ स्त्यः प्रपूर्वस्य ।
२४ द्रवमूर्तिस्पर्शयोः श्यः ।
२५ प्रतेश्च ।
२६ विभाषाभ्यवपूर्वस्य ।
२७ श्रृतं पाके ।
२८ प्यायः पी ।
२९ लिङ्यङोश्च ।
३० विभाषा श्वेः ।
३१ णौ च संश्चङोः ।
३२ ह्वः संप्रसारणमभ्यस्तस्य च ।
३३ बहुलं छन्दसि ।
३४ चायः की ।
३५ अपस्पृधेथामानृचुरानृहुश्चिच्युषेतित्याजश्राताः श्रितमाशीराशीर्ताः ।
३६ न संप्रसारणे संप्रसारणम् ।
३७ लिटि वयो यः ।
३८ वश्चास्यान्यतरस्यां किति ।
३९ वेञः ।
४० ल्यपि च ।
४१ ज्यश्च ।
४२ व्यश्च ।
४३ विभाषा परेः ।
४४ आदेच उपदेशेऽशिति ।
४५ न व्यो लिटि ।
४६ स्फुरतिस्फुलत्योर्घञि ।
४७ क्रीङ्जीनां णौ ।
४८ सिध्यतेरपारलौकिके ।
४९ मीनातिमिनोतिदीङां ल्यपि च ।
५० विभाषा लीयतेः ।
५१ खिदेश्छन्दसि ।
५२ अपगुरो णमुलि ।
५३ चिस्फुरोर्णौ ।
५४ प्रजने वीयतेः ।
५५ बिभेतेर्हेतुभये ।
५६ नित्य स्मयतेः ।
५७ सृजिदृशोर्झल्यमकिति ।
५८ अनुदात्तस्य चर्दुपधस्यान्यतरस्याम् ।
५९ शीर्षश्छन्दसि ।
६० ये च तद्धिते ।
६१ सञ्छस्प्रभृतिषु ।
६२ धात्वादेः षः सः ।
६३ णो नः ।
६४ लोपो व्योर्वलि ।
६५ वेरपृक्तस्य ।
६६ हल्ङ्याब्भ्यो दीर्घात् सुतिस्यपृक्तं हल् ।
६७ एङ् ह्रस्वात्सम्बुद्धेः ।
६८ शेश्छन्दसि बहुलम् ।
६९ ह्रस्वस्य पिति कृति तुक् ।

७० संहितायाम् ।
७१ छे च ।
७२ आङ्माङोश्च ।
७३ दीर्घात् ।
७४ पादान्ताद्वा ।
७५ इको यणचि ।
७६ एचोऽयवायावः ।
७७ वान्तो यि प्रत्यये ।
७८ धातोस्तन्निमित्तस्यैव ।
७९ क्षय्यजय्यौ शक्यार्थे ।
८० क्रय्यस्तदर्थे ।
८१ भय्यप्रवय्ये च च्छन्दसि ।
८२ एकः पूर्वपरयोः ।
८३ अन्तादिवच्च ।
८४ षत्वतुकोरसिद्धः ।
८५ आद् गुणः ।
८६ वृद्धिरेचि ।
८७ एत्येधत्यूठसु ।
८८ आटश्च ।
८९ उपसर्गादृति धातौ ।
९० वा सुप्यापिशलेः ।
९१ औतोऽम्शसोः ।
९२ एङि पररूपम् ।
९३ ओमाङोश्च ।
९४ उस्यपदान्तात् ।
९५ अतो गुणे ।
९६ अव्यक्तानुकरणस्यात् इतौ
९७ नाम्रेडितस्यान्त्यस्य तु वा ।
९८ अकः सवर्णे दीर्घः ।
९९ प्रथमयोः पूर्वसवर्णः ।
१०० तस्माच्छसो नः पुंसि ।
१०१ नादिचि ।
१०२ दीर्घाज्जसि च ।
१०३ वा छन्दसि ।
१०४ अमि पूर्वः ।
१०५ सम्प्रसारणाच्च ।
१०६ एङः पदान्तादति ।
१०७ ङसिङसोश्च ।
१०८ ऋत उत् ।
१०९ ख्यत्यात्परस्य ।
११० अतो रोरप्लुतादप्लुते ।
१११ हशि च ।
११२ प्रकृत्यान्तः पादम् ।
११३ अव्यदवद्यादवक्रमुरव्रता-
यमवन्त्ववस्युषु च ।
११४ यजुष्युरः ।
११५ आपो जुषाणो वृष्णो ।
वर्षिष्ठे अम्बे अम्बालेअम्बिके पूर्वे ।
११६ अङ्ग इत्यादौ च ।
११७ अनुदात्ते च कुधपरे ।
११८ अवपथासि च ।
११९ सर्वत्र विभाषा गोः ।
१२० अवङ् स्फोटयनस्य ।
१२१ इन्द्रे च ।
१२२ प्लुतप्रगृह्या अचि नित्यम् ।
१२३ आङोऽनुनासिकश्छन्दसि ।
१२४ इकोऽसवर्णे शाकल्यस्य ह्रस्वश्च ।
१२५ ऋत्यकः ।
१२६ अप्लुतवदुपस्थिते ।
१२७ ई३ चाक्रवर्म्मणस्य ।
१२८ दिव उत् ।
१२९ एतत्तदोः सुलोपोऽकोरनञ्समासे हलि ।
१३० स्यश्छन्दसि बहुलम् ।
१३१ सोऽचि लोपे चेत्पादपूरणम् ।
१३२ सुटकात्पूर्वः
१३३ संपरिभ्यां करोतौ भूषणे ।
१३४ समवाये च ।
१३५ उपात्प्रतियत्नवैकृतवाक्याध्याहारेषु ।
१३६ किरतौ लवने ।
१३७ हिंसायां प्रतेश्च ।
१३८ अपाच्चतुष्पाच्छकुनिष्वा लेखने ।
१३९ कुस्तुम्बुरूणि जातिः ।
१४० अपरस्पराः क्रियासातत्ये ।
१४१ गोष्पदं सेवितासेवितप्रमाणेषु ।
१४२ आस्पदं प्रतिष्ठायाम् ।
१४३ अश्चर्यमनित्ये ।

१४४ वर्च्चस्केऽवस्करः ।
१४५ अपस्करो रथाङ्गम् ।
१४६ विष्किरः शकुनौ वा ।
१४७ ह्रस्वाच्चन्द्रोत्तरपदे मन्त्रे ।
१४८ प्रतिष्कशश्च कशेः ।
१४९ प्रस्कण्वहरिश्चन्द्रावृषी ।
१५० मस्करमस्करिणौ वेणुपरिव्राजकयोः ।
१५१ कास्तीराजस्तुन्दे नगरे ।
१५२ कारस्करो वृक्षः
१५३ पारस्करप्रभृतीनि च संज्ञायाम् ।
१५४ अनुदात्तं पदमेकवर्जम् ।
१५५ कर्षात्वतो घञोऽन्त उदात्तः ।
१५६ उञ्छादीनां च ।
१५७ अनुदात्तस्य च यत्रोदात्तलोपः ।
१५८ धातोः ।
१५९ चितः ।
१६० तद्धितस्य ।
१६१ कितः ।
१६२ तिसृभ्यो जसः ।
१६३ चतुरः शसि ।
१६४ सावेकाचस्तृतीयादि विभक्तिः ।
१६५ अन्तोदात्तादुरपदादन्य-
तरस्यामनित्यसमासे ।
१६६ अञ्चेश्छन्दस्य सर्वनामस्थानम् ।
१६७ ऊडिदंपदाद्यप्पुम्रैद्युभ्यः ।
१६८ अष्टनो दीर्घात् ।
१६९ शतुरनुमो नद्यजादी ।
१७० उदात्तयणो हल्पूर्वात् ।
१७१ नोङ्धात्वोः ।
१७२ ह्रस्वनुड्भ्यां मतुप् ।
१७३ नामन्यतरस्याम् ।
१७४ ङ्याश्छन्दसि बहुलम् ।
१७५ षट्त्रिचतुर्भ्यो हलादिः ।
१७६ झल्युपोत्तमम् ।
१७७ विभाषा भाषायाम् ।
१७८ न गोश्वन्साववर्णराडङ्क्रुङ्कृद्भ्यः ।
१७९ दिवो झल् ।
१८० नृ चान्यतरस्याम् ।
१८१ तित्स्वरितम्
१८२ तास्यनुदात्तेन्ङिददुपदेशाल्लसार्वधातु-
कमनुदात्तमह्न्विङोः ।
१८३ आदिः सिचोऽन्यतरस्याम् ।
१८४ स्वपादिहिंसामच्यनिटि ।
१८५ अभ्यस्तानामादिः ।
१८६ अनुदात्ते च ।
१८७ सर्वस्य सुपि ।
१८८ भीह्रीभृहुमदजनधनदरिद्राजागरां
प्रत्ययात्पूर्वं पिति ।
१८९ लिति ।
१९० आदिर्णमुल्यन्यतरस्याम् ।
१९१ अचः कर्तृयकि ।
१९२ थलि च सेटीडन्तो वा ।
१९३ ञ्नित्यादिर्नित्यम् ।
१९४ आमन्त्रितस्य च ।
१९५ पथिमथोः सर्वनामस्थाने ।
१९६ अन्तश्च तवै युगपत् ।
१९७ क्षयो निवासे ।
१९८ जयः करणम् ।
१९९ वृषादीनां च ।
२०० संज्ञायामुपमानम् ।
२०१ निष्ठा च द्व्यजनात् ।
२०२ शुष्कधृष्टौ ।
२०३ आशितः कर्त्ता ।
२०४ रिक्ते विभाषा ।
२०५ जुष्टार्पिते च च्छन्दसि ।
२०६ नित्यं मन्त्रे ।
२०७ युष्मदस्मदोर्ङसि ।
२०८ ङयि च ।
२०९ यतोऽनावः ।
२१० ईडवन्दवृशंसदुहां ण्यतः ।
२११ विभाषा वेण्विन्धानयोः ।
२१२ त्यागरागहासकुहश्वठक्रथानाम् ।
२१३ उपोत्तमं रिति ।
२१४ चङ्यन्यतरस्याम् ।
२१५ मतोः पूर्वमात्सञ्ज्ञायांस्त्रियाम् ।
२१६ अन्तोऽवत्याः ।

२१७ ईवत्याः ।

२१८ चौ ।

२१९ समासस्य ।

इति षष्ठाध्यायस्य प्रथमः पादः ।।६।१।।

द्वितीयः पादः

१ बहुव्रीहौ प्रकृत्या पूर्वपदम् ।

२ तत्पुरुषे तुल्यार्थतृतीया-
सप्तम्युपमानाव्ययद्वितीयाकृत्याः ।

३ वर्णो वर्णेष्वनेते ।

४ गाधलवणयोः प्रमाणे ।

५ दायाद्यं दायादे ।

६ प्रतिबन्धि चिरकृच्छ्रयोः ।

७ पदेऽपदेशे ।

८ निवाते वातत्राणे ।

९ शारदेऽनार्तवे ।

१० अध्वर्युकषाययोर्जातौ ।

११ सदृशप्रतिरूपयोः सादृश्ये ।

१२ द्विगौ प्रमाणे ।

१३ गन्तव्यपण्यं वाणिजे ।

१४ मात्रोपज्ञोपक्रमच्छाये नपुंसके ।

१५ सुखप्रिययोर्हिते ।

१६ प्रीतौ च ।

१७ स्वं स्वामिनि ।

१८ पत्यावैश्वर्य्ये ।

१९ न भूवाक्चिद्दिधिषु ।

२० वा भुवनम् ।

२१ आशङ्काबाधनेदीयस्सु सम्भावने ।

२२ पूर्वे भूतपूर्वे ।

२३ सविधसनीडसमर्य्याद-
सवेशसदेशेषु सामीप्ये ।

२४ विस्पष्टादीनि गुणवचनेषु ।

२५ श्रज्याऽवमकन्पापवत्सु भावे कर्मधारये ।

२६ कुमारश्च ।

२७ आदिः प्रत्येनसि ।

२८ पूगेष्वन्यतरस्याम् ।

२९ इगन्तकालकपालभगालशरावेषु द्विगौ ।

३० बह्वन्यतरस्याम् ।

३१ दिष्टिवितस्त्योश्च ।

३२ सप्तमी सिद्धशुष्कपक्वबन्धेष्वकालात् ।

३३ परिप्रत्युपाऽपा वर्ज्यमानाऽहोरात्रावयवेषु ।

३४ राजन्यबहुवचनद्वन्द्वेऽन्धकवृष्णिषु ।

३५ सङ्ख्या ।

३६ आचार्य्योपसर्जनश्चाऽन्तेवासी ।

३७ कार्त्तकौजपादयश्च ।

३८ महान्व्रीह्यपराह्णगृष्टीष्वासजाबालभार
भारहैलिहिल-रौरवप्रवृद्धेषु ।

३९ क्षुल्लकश्च वैश्वदेवे ।

४० उष्ट्रः सादिवाम्योः ।

४१ गौः सादसादिसारथिषु ।

४२ कुरुगार्हपतरिक्तगुर्वसूत-
जरत्यश्लीलदृढरूपा पारेवडवा
तैतिलकद्रूः पण्यकम्बलो दासीभाराणां च ।

४३ चतुर्थी तदर्थे ।

४४ अर्थे ।

४५ क्ते च ।

४६ कर्मधारयेऽनिष्ठा ।

४७ अहीने द्वितीया ।

४८ तृतीया कर्मणि ।

४९ गतिरन्तरः ।

५० तादौ च निति कृत्यतौ ।

५१ तवैचान्तश्च युगपत् ।

५२ अनिगन्तोऽञ्चतौ वप्रत्यये ।

५३ न्यधी च ।

५४ ईषदन्यतरस्याम् ।

५५ हिरण्यपरिमाणं धने ।

५६ प्रथमोऽचिरोपसम्पत्तौ ।

५७ कतरकतमौ कर्मधारये ।

५८ आर्यो ब्राह्मणकुमारयोः ।

५९ राजा च ।

६० षष्ठी प्रत्येनसि ।

६१ क्ते नित्यार्थे ।

६२ ग्रामः शिल्पिनि ।

६३ राजा च प्रशंसायाम् ।

६४ आदिरुदात्तः ।

६५ सप्तमीहारिणौ धर्म्येऽहरणे ।

६६ युक्ते च ।

६७ विभाषाऽध्यक्षे ।
६८ पापं च शिल्पिनि ।
६९ गोत्रान्तेरासिमाणवब्राह्मणेषु क्षेपे ।
७० अङ्गानि मैरेये ।
७१ भक्ताख्यास्तदर्थेषु ।
७२ गोबिडालसिंहसैन्धवेषूपमाने ।
७३ अके जीविकार्थे ।
७४ प्राचां क्रीडायाम् ।
७५ अणि नियुक्ते ।
७६ शिल्पिनि चाऽकृञः ।
७७ सञ्ज्ञायां च ।
७८ गोतन्तियवं पाले ।
७८ णिनि ।
८० उपमानं शब्दार्थप्रकृतावेव ।
८१ युक्तारोह्यादयश्च ।
८२ दीर्घकाशतुषभ्राष्ट्रवटं जे ।
८३ अन्त्यात्पूर्वं बह्वचः ।
८४ ग्रामेऽनिवसन्तः ।
८५ घोषादिषु च ।
८६ छात्र्यादयः शालायाम् ।
८७ प्रस्थेऽवृद्धमकर्क्यादीनाम् ।
८८ मालादीनां च ।
८९ अमहन्नवं नगरेऽनुदीचाम् ।
९० अर्मे चावर्णं द्व्यच्त्र्यच् ।
९१ न भूताधिकसंजीवमद्राश्मकज्जलम् ।
९२ अन्तः ।
९३ सर्वं गुणकार्त्स्न्ये ।
९४ संज्ञायां गिरिनिकाययोः ।
९५ कुमार्य्यां वयसि ।
९६ उदकेऽकेवले ।
९७ द्विगौ क्रतौ ।
९८ सभायां नपुंसके ।
९९ पुरे प्राचाम् ।
१०० अरिष्टगौडपूर्वे च ।
१०१ न हास्तिनफलकमार्देयाः ।
१०२ कुसूलकूपकुम्भशालं बिले ।
१०३ दिक्शब्दा ग्रामजनपदाख्यानचानराटेषु ।
१०४ आचार्योपसर्जनश्चान्तेवासिनि ।
१०५ उत्तरपदवृद्धौ सर्वं च ।
१०६ बहुव्रीहौ विश्वं संज्ञायाम् ।
१०७ उदराश्वेषुषु क्षेपे ।
१०८ नदी बन्धुनि
१०९ निष्ठोपसर्गपूर्वमन्यतरस्याम् ।
११० उत्तरपदादिः ।
१११ कर्णो वर्णलक्षणात् ।
११२ संज्ञोपम्ययोश्च ।
११३ कण्ठपृष्ठग्रीवाजङ्घं च ।
११४ शृङ्गमवस्थायां च ।
११५ नञो जरमरमित्रमृताः ।
११६ सोर्मनसी अलोमोषसी ।
११७ क्रत्वादयश्च ।
११८ आद्युदात्तं द्व्यच् छन्दसि ।
११९ वीरवीर्य्यौ च ।
१२० कूलतीरतूलमूलशालाऽक्षसम-
मव्ययीभावे ।
१२१ कंसमन्थशूर्प्पपाय्यकाण्डं द्विगौ ।
१२२ तत्पुरुषे शालायां नपुंसके ।
१२३ कन्था च ।
१२४ आदिश्चिहरणादीनाम् ।
१२५ चेलखेटकटुककाण्डं गर्हायाम् ।
१२६ चीरमुपमानम् ।
१२७ पललसूपशाकं मिश्रे ।
१२८ कूलसूदस्थलकर्षाः सञ्ज्ञायाम् ।
१२९ अकर्मधारये राज्यम् ।
१३० वर्ग्यादयश्च ।
१३१ पुत्रः पुम्भ्यः ।
१३२ नाचार्य्य राजत्विकसंयुक्त ज्ञात्याख्येभ्यः ।
१३३ चूर्णादीन्यप्राणिषष्ठ्याः ।
१३४ षट् च काण्डादीनि ।
१३५ कुण्डं वनम् ।
१३६ प्रकृत्या भगालम् ।
१३७ शितेर्नित्याबह्वज् बहुव्रीहावभसत् ।
१३८ गतिकारकोपपदात् कृत् ।
१३९ उभे वनस्पत्यादिषु युगपत् ।
१४० देवताद्वन्द्वे च ।
१४१ नोत्तरपदेऽनुदात्तादाव-

पृथिवीरुद्रपूषमन्थिषु ।
१४२ अन्तः ।
१४३ थाथघञ्क्ताजबित्रकाणाम् ।
१४४ सूपमानात् क्तः ।
१४५ सञ्ज्ञायामनाचितादीनाम् ।
१४६ प्रवृद्धादीनां च ।
१४७ कारकाद्दत्तश्रुतयोरेवाशिषि ।
१४८ इत्थंभूतेन कृतमिति च ।
१४९ अनो भावकर्मवचनः ।
१५० मनक्तिन्व्याख्यानशयना-
सनस्थानयाजकादिक्रीताः ।
१५१ सप्तम्याः पुण्यम् ।
१५२ ऊनार्थकलहं तृतीयायाः ।
१५३ मिश्रं चानुपसर्गमसन्धौ ।
१५४ नञो गुणप्रतिषेधे
संपाद्यर्हहितालमर्थास्तद्धिताः ।
१५५ ययतोश्चातदर्थे ।
१५६ अचकावशक्तौ ।
१५७ आक्रोशे च ।
१५८ संज्ञायाम् ।
१५९ कृत्योकेष्णुच्चार्वादयश्च ।
१६० विभाषा तृन्नन्नतीक्ष्णशुचिषु ।
१६१ बहुव्रीहाविदमेतत्तद्भ्यः प्रथमपूरणयोः
क्रियागणने ।
१६२ सङ्ख्यायाः स्तनः ।
१६३ विभाषा छन्दसि ।
१६४ संज्ञायां मित्राजिनयोः ।
१६५ व्यवायिनोऽन्तरम् ।
१६६ मुखं स्वाङ्गम्
१६७ नाव्यदिकशब्दगोमहत्
स्थूलमुष्टिपृथुवत्सेभ्यः ।
१६८ निष्ठोपमानादन्यतरस्याम् ।
१६९ जातिकालसुखादिभ्योऽनाच्छादनात्
क्तोऽकृत- मितप्रतिपन्नाः।
१७० वा जाते ।
१७१ नञ्सुभ्याम् ।
१७२ कपि पूर्वम् ।
१७३ ह्रस्वान्तेऽन्त्यात्पूर्वम् ।
१७४ बहोर्नञ्वदुत्तरपदभूम्नि ।
१७५ न गुणादयोऽवयवाः ।
१७६ उपसर्गात्स्वाङ्गं ध्रुवमपर्शु ।
१७७ वनं समासे ।
१७८ अन्तः ।
१७९ अन्तश्च ।
१८० न निविभ्याम् ।
१८१ परेरभितोभावि मण्डलम् ।
१८२ प्रादस्वाङ्गं सञ्ज्ञायाम् ।
१८३ निरुदकादीनि च ।
१८४ अभेर्मुखम् ।
१८५ अपाच्च ।
१८६ स्फिगपूतवीणाऽञ्जोऽ-
ध्वकुक्षिसीरनाम नाम च ।
१८७ अधेरुपरिस्थम् ।
१८८ अनोरप्रधानकनीयसी ।
१८९ पुरुषश्चान्वादिष्टः ।
१९० अतेरकृत्पदे ।
१९१ नेरनिधाने ।
१९२ प्रतेरंश्वादयस्तत्पुरुषे ।
१९३ उपाद्द्व्यजजिनमगौरादयः ।
१९४ सोरवक्षेपणे ।
१९५ विभाषोत्पुच्छे ।
१९६ द्वित्रिभ्यां पाद्दन्मूर्धसु बहुव्रीहौ ।
१९७ सक्थं चाक्रान्तात् ।
१९८ परादिश्छन्दसि बहुलम् ।

इति षष्ठाध्याययस्य द्वितीय पादः ।।६।२।।

तृतीयः पादः

१ अलुगुत्तरपदे ।
२ पञ्चम्याः स्तोकादिभ्यः।
३ ओजःसहोऽम्भस्तमसस्तृतीयायाः ।
४ मनसः सञ्ज्ञायाम् ।
५ आज्ञायिनि च ।
६ आत्मनश्च ।
७ वैयाकरणाख्यायां चतुर्थ्याः परस्य च
८ हलदन्तात्सप्तम्याः सञ्ज्ञायाम् ।
९ कारनाम्नि च प्राचां हलादौ ।
१० मध्याद् गुरौ ।

११ अमूर्द्धमस्तकात्स्वाङ्गादकामे ।
१२ बन्धे च विभाषा
१३ तत्पुरुषे कृति बहुलम् ।
१४ प्रावृट्शरत्कालदिवां जे ।
१५ विभाषा वर्षक्षरशरवरात् ।
१६ धकालतनेषु कालनाम्नः ।
१७ शयवासवासिष्वकालात् ।
१८ नेन्सिद्धबध्नातिषु च ।
१९ स्थे च भाषायाम् ।
२० षष्ठ्या आक्रोशे ।
२१ पुत्रेऽन्यतरस्याम् ।
२२ ऋतो विद्यायोनिसम्बन्धेभ्यः .
२३ विभाषा स्वसृपत्योः ।
२४ आनङ् ऋतोद्वन्द्वे ।
२५ देवताद्वन्द्वे च ।
२६ ईदग्नेः सोमवरुणयोः .
२७ इद्वृद्धौ ।
२८ दिवो द्यावा ।
२९ दिवसश्च पृथिव्याम् ।
३० उषासोषसः ।
३१ मातरपितरावुदीचाम् ।
३२ पितरामातरा च च्छन्दसि ।
३३ स्त्रियाः पुंवद्भाषितपुंस्कादनूङस
मानाधिकरणे - स्त्रियामपूरणीप्रियादिषु ।
३४ तसिलादिष्वाकृत्वसुचः ।
३५ क्यङ्मानिनोश्च ।
३६ न कोपधायाः ।
३७ सञ्ज्ञापूरण्योश्च ।
३८ वृद्धिनिमित्तस्य च तद्धितस्यारक्त-
विकारे ।
३९ स्वाङ्गाच्चेतः ।
४० जातेश्च ।
४१ पुंवत्कर्मधारयजातीयदेशीयेषु ।
४२ घरूपकल्पचेलड्ब्रुवगोत्रमतहतेषु
ङ्योऽनेकाचो ह्रस्वः ।
४३ नद्याः शेषस्यान्तरस्याम् ।
४४ उगितश्च ।
४५ आन्महतः समानाधिकरणजातीययोः ।
४६ द्व्यष्टनः संख्यायामबहुव्रीह्यशीत्योः ।
४७ त्रेस्त्रयः ।
५८ विभाषा चत्वारिंशत्प्रभृतौ सर्वेषाम् ।
४९ हृदयस्य हृल्लेखयदण्लासेषु ।
५० वा शोकष्यञ्रोगेषु ।
५१ पादस्य पदाज्यातिगोपहतेषु ।
५१ पद्यत्यतदर्थे ।
५२ हिमकाषिहतिषु च ।
५३ ऋचः शे ।
५४ वा घोषमिश्रशब्देषु ।
५५ उदकस्योदः सञ्ज्ञायाम् ।
५६ पेषंवासवाहनधिषु च ।
५७ एकहलादौ पूरयितव्येऽन्यतरस्याम् ।
५८ मन्थौदनसक्तुबिन्दुवज्र
भारहारवीवधगाहेषु च ।
६० इको ह्रस्वोऽङ्यो गालवस्य ।
६१ एकतद्धिते च ।
६२ ङ्यापोः सञ्ज्ञाछन्दसोर्बहुलम् ।
६३ त्वे च ।
६४ इष्टकेषीकामालानां चिततूलभारिषु ।
६५ खित्यनव्ययस्य ।
६६ अरुद्विषदजन्तस्य मुम् ।
६७ इच एकाचोऽम्प्रत्ययवच्च ।
६८ वाचयमपुरंदरौ च ।
६९ कारे सत्यागदस्य ।
७० श्येनतिलस्य पाते ञे ।
७१ रात्रेः कृति विभाषा ।
७२ नलोपो नञः।
७३ तस्मान्नुडचि ।
७४ नभ्राण्नपान्नवेदानासत्या-
नमुचिनकुलनखनपुंसकनक्षत्रनक्रनाकेषु-
प्रकृत्या ।
७५ एकदिश्चैकस्य चादुक् ।
७६ नगोऽप्राणिष्वन्यतरस्याम् ।
७७ सहस्य सः सञ्ज्ञायाम् ।
७८ ग्रन्थान्ताधिके च ।
७९ द्वितीये चानुपाख्ये ।
८० अव्ययीभावे चाकाले ।

८१ वोपसर्जनस्य ।
८२ प्रकृत्याऽऽशिषि ।
८३ समानस्य छन्दस्यमूर्द्धप्रभृत्युदर्केषु ।
८४ ज्योतिर्जनपदरात्रिनाभि-
नामगोत्ररूपस्थानवर्णवयोवचनबन्धुषु ।
८५ चरणे ब्रह्मचारिणि ।
८६ तीर्थे ये ।
८७ विभाषोदरे ।
८८ दृग्दृशवतुषु ।
८९ इदंकिमोरीश्की ।
९० आ सर्वनाम्नः ।
९१ विष्वग्देवयोश्च टेरद्र्यञ्चतौ वप्रत्यये ।
९२ समः समि ।
९३ तिरसस्तिर्य्यलोपे ।
९४ सहस्य सध्रिः ।
९५ सध मादस्थयोश्छन्दसि ।
९६ द्व्यन्तरुपसर्गेभ्योऽप ईत् ।
९७ ऊदनोर्देशे ।
९८ अष्ठय्यतृतीयास्थस्याऽन्यस्य
दुगाशीराशास्थास्थितोत्सुकोति
कारकरागच्छेषु ।
९९ अर्थे विभाषा ।
१०० कोः कत्तत्पुरुषेऽचि ।
१०१ रथवदयोश्च ।
१०२ तृणे च जातौ ।
१०३ का पथ्यक्षयोः ।
१०४ ईषदर्थे ।
१०५ विभाषा पुरुषे ।
१०६ कवं चोष्णे ।
१०७ पथि च च्छन्दसि ।
१०८ पृषोदरादीनि यथोपदिष्टम् ।
१०९ सङ्ख्याविसायपूर्वस्याह्नस्याहनन्य
तरस्यां ङौ ।
११० ढ्रलोपे पूर्वस्य दीर्घोऽणः ।
१११ सहिवहोरोदवर्णस्य ।
११२ साढ्यै साढ्वा साढेति निगमे।
११३ संहितायाम् ।
११४ कर्णे लक्षणस्याविष्टाष्ट
पञ्चमणिभिन्नच्छिन्न- च्छिद्रस्रु
वस्तस्तिकस्य ।
११५ नहिवृतिवृषिव्याधिरुचिसहितनिषु क्वौ ।
११६ वनगिर्य्योः संज्ञायां कोटरकिंशुलु
कादीनाम् ।
११७ वले ।
११८ मतौ बह्वचोऽनजिरादीनाम् ।
११९ शरादीनां च ।
१२० इको वहेऽपीलोः ।
१२१ उपसर्गस्य घञ्यमनुष्ये बहुलम् ।
१२२ ईकः काशे ।
१२३ दस्ति ।
१२४ अष्टनः संज्ञायाम् ।
१२५ छन्दसि च ।
१२६ चितेः कपि ।
१२७ विश्वस्य वसुराटोः ।
१२८ नरे सञ्ज्ञायाम् ।
१२९ मित्रे चर्षौ ।
१३० मन्त्रे सोमाश्वेन्द्रियविश्वदेव्यस्य मतौ ।
१३१ ओषधेश्च विभक्तावप्रथमायाम् ।
१३२ ऋचि तुनुघमक्षुतङ्कुत्रोरुष्याणाम् ।
१३३ ईकः सुञि ।
१३४ द्व्यच्योऽतस्तिङः ।
१३५ निपातस्य च ।
१३६ अन्येषामपि दृष्यते ।
१३७ चौ ।
१३८ संप्रसारणस्य ।

इति षष्ठाध्यायस्य तृतीयः पादः ।।६।३।।

चतुर्थः पादः

१ अङ्गस्य ।
२ हलः ।
३ नामि ।
४ न तिसृचतसृ ।
५ छन्दस्युभयथा ।
६ नृ च ।
७ नोपधायाः ।
८ सर्वनामस्थाने चासम्बुद्धौ ।
९ वा षपूर्वस्य निगमे ।

१० सान्तमहतः संयोगस्य ।
११ अप्तृन्तृच्स्वसृनप्तृनेष्टृत्वष्टृ-
क्षत्तृहोतृपोतृप्रशास्तृणाम् ।
१२ इन्हन्पूषार्यम्णां शौ ।
१३ सौ च ।
१४ अत्वसन्तस्य चाऽधातोः ।
१५ अनुनासिकस्य क्विझलोः क्ङिति ।
१६ अज्झनगमां सनि ।
१७ तनोतेर्विभाषा ।
१८ क्रमश्च क्त्वि ।
१९ च्छ्वोः शूडनुनासिके च ।
२० ज्वरत्वरस्रिव्यविमवामुपधायाश्च ।
२१ राल्लोपः ।
२२ असिद्धवदत्राभात् ।
२३ श्नान्नलोपः ।
२४ अनिदितां हल उपधायाःक्ङिति ।
२५ दंशसञ्जस्वञ्जां शपि ।
२६ रञ्जेश्च ।
२७ घञि च भावकरणयोः ।
२८ स्यदो जवे ।
२९ अवोदैधौद्मप्रश्रथहिमश्रथाः ।
३० नाञ्चेः पूजायाम्।
३१ क्त्वि स्कन्दिस्यन्दोः ।
३२ जान्तनशां विभाषा ।
३३ भञ्जेश्च चिणि ।
३४ शास इदङ्हलोः ।
३५ शा हौ ।
३६ हन्तेर्जः ।
३७ अनुदात्तोपदेशवनतितनोत्या-
दीनामनुनासिकलोपो झलि क्ङिति ।
३८ वा ल्यपि ।
३९ न क्तिचि दीर्घश्च ।
४० गमः क्वौ ।
४१ विड्वनोरनुनासिकस्याऽत् ।
४२ जनसनखनां सञ्झलो ।
४३ ये विभाषा ।
४४ तनोतेर्यकि ।
४५ सनः क्तिचि लोपश्चास्यान्यतरस्याम् ।
४६ आर्द्धधातुके ।
४७ भ्रस्जो रोपधयो रमन्यतरस्याम ।
४८ अतो लोपः ।
४९ यस्य हलः ।
५० क्यस्य विभाषा ।
५१ णेरनिटि ।
५२ निष्ठायां सेटि ।
५३ जनिता मन्त्रे ।
५४ शमिता यज्ञे
५५ अयामन्ताल्वाय्येत्न्विष्णुषु ।
५६ ल्यपि लघुपूर्वस्य ।
५७ विभाषाऽपः ।
५८ युप्लुवोर्दीर्घश्छन्दसि ।
५९ क्षियः ।
६० निष्ठायामण्यदर्थे ।
६१ वाऽऽक्रोशदैन्ययोः ।
६२ स्यसिचस्युटतासिषु
भावकर्मणोरुपदेशेऽज्झन ग्रहदृशां वा
चिण्वदिद् च ।
६३ दीङो युडचि क्ङिति ।
६४ आतो लोप इटि च ।
६५ ईद्यति ।
६६ घुमास्थागापाजहातिसां हलि
६७ एर्लिङि ।
६८ वान्यस्य संयोगादेः ।
६९ न ल्यपि ।
७० नयतेरिदन्यतरस्याम् ।
७१ लुङ्लङ्लृङ्क्ष्वडुदात्तः ।
७२ आडजादीनाम् ।
७३ छन्दस्यपि दृश्यते ।
७४ न माङ्योगे ।
७५ बहुलं छन्दस्यमाङ्योगेऽपि ।
७६ इरयो रे ।
७७ अचि श्नुधातुभ्रुवां य्वोरियङुवङौ ।
७८ अभ्यासस्यासवर्णे ।
७९ स्त्रियाः ।
८० वाम्शसोः ।
८१ इणो यण् ।

८२ एरनेकाचोऽसंयोगपूर्वस्य ।
८३ ओः सुपि ।
८४ वर्षाभ्वश्च ।
८५ न भूसुधियोः ।
८६ छन्दस्युभयथा ।
८७ हुश्नुवोः सार्वधातुके ।
८८ भुवो वुग् लुङ्लिटो ।
८९ ऊदुपधाया गोहः ।
९० दोषो णौ ।
९१ वा चित्तविरागे ।
९२ मितां ह्रस्वः ।
९३ चिण्णमुलोर्दीर्घोऽन्यतरस्याम् ।
९४ खचि ह्रस्वः ।
९५ ह्लादो निष्ठायाम् ।
९६ छादेर्घेऽद्व्युपसर्गस्य ।
९७ इस्मन्त्रन्क्विषु च ।
९८ गमहनजनखनघसां लोपः क्ङित्यनङि ।
९९ तनिपत्योश्छन्दसि ।
१०० घसिभसोर्हलि ।
१०१ हुझल्भ्यो हेर्धिः ।
१०२ श्रुशृणुपृकृवृभ्यश्छन्दसि ।
१०३ अङितश्च ।
१०४ चिणो लुक् ।
१०५ अतो हेः ।
१०६ उतश्च प्रत्ययादसंयोगपूर्वात् ।
१०७ लोपश्चास्यान्यतरस्यां म्वोः ।
१०८ नित्यं करोतेः ।
१०९ ये च ।
११० अत उत्सार्वधातु के ।
११ श्नसोरल्लोपः ।
११२ श्नाभ्यस्तयोरातः
११३ ईहल्यघोः ।
११४ इद्दरिद्रस्य ।
११५ भियोऽन्यतरस्याम् ।
११६ जहातेश्च ।
११७ आ च हौ
११८ घ्वसोरेद्धावभ्यासलोपश्च ।
१२० अत एकहल्मध्येऽनादेशादेर्लिटि ।
१२१ थलि स सेटि ।
१२२ तॄफलभजत्रपश्च ।
१२३ राधो हिंसायाम् ।
१२४ वा जॄभ्रमुत्रसाम् ।
१२५ फणां च सप्तानाम् ।
१२६ न शसददवादिगुणानाम् ।
१२७ अर्वणस्त्रसावनञः ।
१२८ मघवा बहुलम् ।
१२९ भस्य ।
१३० पादः पत् ।
१३१ वसोः संप्रसारणम् ।
१३२ वाह ऊठ् ।
१३३ श्वयुवमघोनामतद्धिते ।
१३४ अल्लोपोऽनः ।
१३५ षपूर्वहन्धृतराज्ञामणि ।
१३६ विभाषा ङिश्योः ।
१३७ न संयोगाद्वमन्तात् ।
१३८ अचः ।
१३९ उद् ईत् ।
१४० आतो धातो ।
१४१ मन्त्रेष्वाङ्यादेरात्मनः ।
१४२ ति विंशतेर्डिति ।
१४३ टेः ।
१४४ नस्तद्धिते ।
१४५ अह्नष्टखोरेव ।
१४६ ओर्गुणः ।
१४७ ढे लोपोऽकद्रवाः ।
१४८ यस्येति च ।
१४९ सूर्यतिष्यागस्त्यमत्स्यानां य उपधायाः ।
१५० हलस्तद्धितस्य ।
१५१ आपत्यस्य च तद्धितेऽनाति ।
१५२ क्यच्व्योश्च ।
१५३ बिल्वकादिभ्यश्छस्य लुक् ।
१५४ तुरिष्ठेमेयस्सु ।
१५५ टेः ।
१५६ स्थूलदूरयुवह्रस्वक्षिप्र- क्षुद्राणां यणादिपरं पूर्वस्य च गुणः ।
१५७ प्रियस्थिरस्फिरोरुबहुल-

गुरुवृद्धतृप्रदीर्घवृन्दार- काणां
प्रस्थस्फवर्बहिगर्वषित्रब्दाघिवृन्दाः ।
१५८ बहोर्लोपो भू च बहोः ।
१५९ इष्ठस्य यिट् च ।
१६० ज्यादादीयसः।
१६१ र ऋतो हलादेर्लघोः ।
१६२ विभाषर्जोश्छन्दसि ।
१६३ प्रकृत्यैकाच् ।
१६४ इनण्यनपत्ये।
१६५ गाथिविदथिकेशिगणिपणिनश्च ।
१६६ संयोगादिश्च ।
१६७ अन् ।
१६८ ये चाभावकर्मणोः।
१६९ आत्माध्वानौ खे ।
१७० न मपूर्वोऽपत्येऽवर्मणः ।
१७१ ब्राह्मोऽजातौ ।
१७२ कार्मस्ताच्छील्ये ।
१७३ औक्षमनपत्ये ।
१७४ दाण्डिनायनहास्तिनायना-
थर्वणिकजैह्माशिनेय
वाशिनायनिभ्रौणहत्यधैवत्य-
सारवैक्ष्वाकमैत्रेय हिरण्मयानि ।
१७५ ऋत्व्यवास्त्वयवास्त्वमाध्वी
हिरण्ययानि च्छन्दसि ।

इति षष्ठाध्ययस्य चतुर्थः पादः ।।६।४।।

इति षष्ठोऽध्यायः समाप्तः ।।६।।

पूर्वसूत्रयोगः २४४४
षष्ठाध्याये ७२८
योग ३१७२

अथ सप्तमोऽध्यायः

प्रथमः पादः

१ युवोरनाकौ ।
२ आयनेयीनीयियः फढखछघां प्रत्ययादीनाम् ।
३ झोऽन्तः ।
४ अदभ्यस्तात् ।
५ आत्मनेपदेष्वनतः ।
६ शीङो रुट् ।
७ वेत्तेर्विभाषा ।
८ बहुलं छन्दसि ।
९ अतो भिस ऐस् ।
१० बहुलं छन्दसि ।
११ नेदमदसोरकोः ।
१२ टाङसिङसामिनात्स्याः ।
१३ ङेर्यः ।
१४ सर्वनाम्नः स्मै ।
१५ ङसिङ्योः स्मात्स्मिनौ ।
१६ पूर्वादिभ्यो नवभ्यो वा ।
१७ जसः शी ।
१८ औङ आपः ।
१९ नपुंसकाच्च ।
२० जश्शसोः शिः ।
२१ अष्टाभ्य औश् ।
२२ षड्भ्यो लुक्।
२३ स्वमोर्नपुंसकात् ।
२४ अतोऽम्।
२५ अद्ड्डतरादिभ्यः पञ्चभ्यः ।
२६ नेतराच्छन्दसि ।
२७ युष्मदस्मभ्यां ङसोऽश् ।
२८ ङेप्रथमयोरम् ।
२९ शसो न ।
३० भ्यसो भ्यम् ।
१ पञ्चम्या अत् ।
२ एकवचनस्य च ।
३ साम आकम् ।
३४ आत औ णलः ।
३५ तुह्योस्तातङ्ङाशिष्यन्यतरस्याम् ।
३६ विदेः शतुर्वसुः ।
३७ समासेऽनञ्पूर्वे क्त्वो ल्यप् ।
३८ क्त्वापि छन्दसि ।
३९ सुपां सुलुक्पूर्वसवर्णाच्छेयाडाड्यायाजालः ।
४० अमो मश् ।
४१ लोपस्त आत्मनेपदेषु
४२ ध्वमो ध्वात्
४३ यजध्वैनमिति च ।
४४ तस्य तात् ।
४५ तप्तनप्तनथनाश्च ।
४६ इदन्तो मसिः ।
४७ क्त्वो यक् ।
४८ इष्ट्वीनमिति च ।
४९ स्नात्व्यादयश्च ।
५० आज्जसेरसुक् ।
५१ अश्वक्षीरवृषलवणानामात्मप्रीतौ क्यचि ।
५२ आमि सर्वनाम्नः सुट् ।
५३ त्रेस्त्रयः ।
५४ ह्रस्वनद्यापो नुट् ।
५५ षट्चतुर्भ्यश्च ।
५६ श्रीग्रामण्योश्छन्दसि ।
५७ गोः पादान्ते ।
५८ इदितो नुम्धातोः ।
५९ शे मुचादीनाम् ।
६० मस्जिनशोर्झलि ।
६१ रधिजभोरचि ।
६२ नेट्यलिटि रधेः
६३ रभेरशब्लिटोः ।
६४ लभेश्च ।
६५ आङो यि ।
६६ उपात्प्रशंसायाम् ।
६७ उपसर्गात्खल्घञोः ।

६८ न सुदुर्भ्यां केवलाभ्याम् ।
६९ विभाषा चिण्णमुलोः ।
७० उगिचानां सर्वनामस्थानेऽधातोः ।
७१ युजेरसमासे ।
७२ नपुंसकस्य झलचः ।
७३ इकोऽचि विभक्तौ ।
७४ तृतीयादिषु भाषितपुंस्कं पुंवद्गालवस्य ।
७५ अस्थिदधिसक्थ्यक्ष्णामनङुदात्तः ।
७६ छन्दस्यपि दृश्यते ।
७७ ई च द्विवचने ।
७८ नाभ्यस्ताच्छतुः ।
७९ वा नपुंसकस्य ।
८० आच्छीनद्योर्नुम् ।
८१ शप्श्यनोर्नित्यम् ।
८२ सावनडुहः ।
८३ दृक्स्ववस्स्वतवसां छन्दसि
८४ दिव औत् ।
८५ पथिमथ्यृभुक्षामात् ।
८६ इतोऽत्सर्वनामस्थाने ।
८७ थो न्थः ।
८८ भस्य टेर्लोपः ।
८९ पुंसोऽसुङ् ।
९० गोतो णित् ।
९१ णलुत्तमो वा ।
९२ सख्युरसम्बुद्धौ ।
९३ अनङ् सौ ।
९४ ऋदुशनस्पुरुदंसोऽनेहसां च ।
९५ तृज्वत्क्रोष्टुः ।
९६ स्त्रियां च ।
९७ विभाषा तृतीयादिष्वचि ।
९८ चतुरनडुहोरामुदात्तः ।
९९ अम्सम्बुद्धौ ।
१०० ऋत इद्धातोः ।
१०१ उपधायाश्च ।
१०२ उदोष्ठ्यपूर्वस्य ।
१०३ बहुलं छन्दसि।

इति सप्तमाध्यायस्य प्रथमः पादः ।।७।१।।

द्वितीयः पादः

१ सिचि वृद्धिः परस्मैपदेषु ।
२ अतो ल्रान्तस्य ।
३ वदव्रजहलन्तस्याचः ।
४ नेटि ।
५ ह्म्यन्तक्षणश्वसजागृणिश्व्येदिताम् ।
६ ऊर्णोतेर्विभाषा ।
७ अतो हलादेर्लघोः ।
८ नेड्वशि कृति ।
९ तितुत्रतथसिसुसरकसेषु च ।
१० एकाच उपदेशेऽनुदात्तात् ।
११ श्र्युकः किति ।
१२ सनि ग्रहगुहोश्च ।
१३ कृसृभृवृस्तुद्रुस्रुश्रुवो लिटि ।
१४ श्वीदितो निष्ठायाम् ।
१५ यस्य विभाषा ।
१६ आदितश्च ।
१७ विभाषा भावादिकर्मणोः ।
१७ क्षुब्धस्वान्तध्वान्तलग्नम्लिष्ट-
विरिब्धफाण्टबाढानि मन्थमनस्तमः
सक्ताविस्पष्ट- स्वरानायासभृशेषु ।
१९ धृषिशसी वैयात्ये ।
२० दृढः स्थूलबलयोः ।
२१ प्रभौ परिवृढः ।
२२ कृच्छगहनयोः कषः ।
२३ घुषिरविशब्दने ।
२४ अर्देः संनिविभ्यः ।
२५ अभेश्चाविदूर्ये ।
२६ णेरध्ययने वृत्तम् ।
२७ वा दान्तशान्तपूर्णदस्तस्पष्टच्छन्नज्ञप्ताः ।
२८ रुष्यमत्वरसंघुषास्वनाम् ।
२९ हृषेर्लोमसु ।
३० अपचितश्च ।
३१ हु ह्वरेश्छन्दसि ।
३२ अपरिह्वृताश्च ।
३३ सोमे ह्वरितः ।
३४ ग्रसितस्कभितस्तभितोत्तभित

चतविकस्ता विशस्तृशंस्तृशास्तृतरुतृंरूतृ-
वरुतृंवरूतृवरूत्रीरुज्ज्वलितिक्षरिति
क्षिमितिवमित्यर्मितीति च। ।
३५ आर्द्धधातुकस्येड् वलादेः ।
३६ स्नुक्रमोरनात्मनेपदनिमित्ते ।
३७ ग्रहोऽलिटि दीर्घः ।
३८ वृतो वा ।
३९ न लिङि ।
४० सिचि च परस्मैपदेषु ।
४१ ईट् सनि वा ।
४२ लिङ्सिचोरात्मनेपदेषु ।
४३ ऋतश्च संयोगादेः ।
४४ स्वरतिसूतिसूयतिधूञूदितो वा ।
४५ रधादिभ्यश्च ।
४६ निरः कुषः ।
४७ ईण् निष्ठायाम् ।
४८ तीषसहलुभरुषरिषः ।
४९ सनीवन्तर्द्धभ्रस्जदम्भुश्रिस्वृयूर्ण-
भरज्ञपिसनाम् ।
५० क्लिशः क्त्वानिष्ठयोः ।
५१ पूङश्च ।
५२ वसतिक्षुधोरिट् ।
५३ अञ्चेः पूजायाम् ।
५४ लुभो विमोहने ।
५५ जृव्रश्च्योः क्त्वि ।
५६ उदितो वा ।
५७ सेऽसिचि कृतचृतच्छृद-तृदनृतः ।
५८ गमेरिट् परस्मैपदेषु ।
५९ न वृद्भ्यश्चतुर्भ्यः।
६० तासि च क्लृपः ।
६१ अचस्तास्वत्थल्यनिटो नित्यम् ।
६२ उपदेशेऽत्वतः ।
६३ ऋतो भारद्वाजस्य ।
६४ बभूथाततन्थजगृम्भववर्थेति निगमे ।
६५ विभाषा सृजिदृशोः ।
६६ इडत्यर्तिव्ययतीनाम्
६७ वस्वेकाजाद्घसाम् ।
६८ विभाषा गमहनविदविशाम् ।
६९ सनिंससनिवांसम् ।
७० ऋद्धनोः स्ये ।
७१ अञ्जेः सिचि ।
७२ स्तुसुधूञ्भ्यः परस्मैपदेषु ।
७३ यमरमनमातां सक् च ।
७४ स्मिपूङरञ्ज्वशां सनि ।
७५ किरश्च पञ्चभ्यः ।
७६ रुदादिभ्यः सार्वधातुके
७७ ईशः से ।
७८ ईडजनोर्ध्वे च ।
७९ लिङः सलोपोऽनन्त्यस्य ।
८० अतो येयः ।
८१ आतोङितः ।
८२ आने मुक् ।
८३ ईदासः ।
८४ अष्टन आ विभक्तौ ।
८५ रायो हलि ।
८६ युष्मदस्मदोरनादेशे ।
८७ द्वितीयायां च ।
८८ प्रथमायाश्च द्विवचने भाषायाम् ।
८९ योऽचि ।
९० शेषे लोपः ।
९१ मपर्यन्तस्य ।
९२ युवावौ द्विवचने
९३ यूयवयौ जसि ।
९४ त्वाहौ सौ ।
९५ तुभ्यमह्यौ ङयि ।
९६ तवममौ ङसि ।
९७ त्वमावेकवचने ।
९८ प्रत्ययोत्तरपदयोश्च ।
९९ त्रिचतुरोः स्त्रियां तिसृचतसृ ।
१०० अचि र ऋतः ।
१०१ जराया जरसन्यतरस्याम् ।
१०२ त्यादादीनामः ।
१०३ किमः कः ।
१०४ कु तिहोः ।
१०५ क्वाति ।
१०६ तदोः सः सावनन्त्ययोः ।

१०७ अदसु औ सुलोपश्च ।
१०८ इदमो मः ।
१०९ दश्च ।
११० यः सौ ।
१११ इदोऽय् पुंसि ।
११२ अनाप्यकः ।
११३ हलि लोपः ।
११४ मृजेर्वृद्धिः ।
११५ अचोञ्णिति ।
११६ अत उपधायाः ।
११७ तद्धितेष्वचामादे
११८ किति च ।

तृतीयः पादः

१ देविकाशिंशपादित्यवाड्दीर्घसत्रश्रेयसामात् ।
२ केकयमित्रयुप्रलयानां यादेरियः ।
३ न य्वाभ्यां पदान्ताभ्यां पूर्वौ तु ताभ्यामैच ।
४ द्वारादीनां च ।
५ न्यग्रोधस्य च केवलस्य ।
६ न कर्मव्यतिहारे ।
७ स्वागतादीनां च ।
८ श्वादेरिञि ।
९ पदान्तस्यान्यतरस्याम् ।
१० उत्तरपदस्य ।
११ अवयवादृतोः ।
१२ सुसर्वार्द्धाज्जनपदस्य ।
१३ दिशोऽमद्राणाम् ।
१४ प्राचां ग्रामनगराणाम् ।
१५ संख्यायाः संवत्सरसङ्ख्यस्य च ।
१६ परिमाणान्तस्यासंज्ञाशाणयोः ।
१८ जे प्रोष्ठपदानाम् ।
१९ हृद्भगसिन्ध्वन्ते पूर्वपदस्य च ।
२० अनुशतिकादीनां च ।
२१ देवताद्वन्द्वे च ।
२२ नेन्द्रस्य परस्य ।
२३ दीर्घाच्च वरुणस्य
२४ प्राचां नगरान्ते
२५ जङ्गलधेनुवलजान्तस्य विभाषितमुत्तरम् ।
२६ अर्द्धात्परिमाणस्य पूर्वस्य तु वा ।
२७ नातः परस्य ।
२८ प्रवाहणस्य ढे ।
२८ तत्प्रत्ययस्य च ।
३० नञः शुचीश्वरक्षेत्रज्ञकुशलनिपुणानाम् ।
३१ यथातथयथापुरयोः पर्य्यायेण ।
३२ हनस्तोऽचिण्णलोः ।
३३ आतो युक् चिण्कृतोः ।
३४ नोदात्तोपदेशस्य मान्तस्यानाचमेः ।
३५ जनिवध्योश्च ।
३६ अर्त्तिह्रीव्लीरीक्नूयीक्ष्माय्यातां पुग् णौ ।
३७ शाच्छासाह्वाव्यावेपां युक् ।
३८ वो विधूनने जुक् ।
३९ लीलोर्नुग्लुकावन्यतरस्यां स्नेहविपातने ।
४० भियो हेतुभये षुक् ।
४१ स्फायो वः ।
४२ शदेरगतौ तः ।
४३ रुहः पोऽन्यतरस्याम् ।
४४ प्रत्ययस्थात्कात्पूर्वस्याऽत इदाप्यसुपः ।
४५ न यासयोः ।
४६ उदीचामातः स्थाने यकपूर्वायाः ।
४७ भस्त्रैषाजाज्ञाद्वास्वानञ्पूर्वाणामपि ।
४८ अभाषितपुंस्काच्च ।
४९ आदाचार्य्याणाम् ।
५० ठस्येकः ।
५१ इसुसुक्तान्तात्कः ।
५२ चजोः कु घिण्ण्यतोः ।
५३ न्यङ्क्वादीनां च ।
५४ हो हन्तेर्ञ्णिन्नेषु ।
५५ अभ्यासाच्च ।
५६ हेरचङि ।
५७ सन्लिटोर्जेः ।
५८ विभाषा चेः ।
५९ न क्वादेः ।
६० अजिव्रज्योश्च ।
६१ भुजन्युब्जौ पाण्युपतापयोः ।
६२ प्रयाजानुयाजौ यज्ञाङ्गे ।
६३ वञ्चेर्गतौ ।
६४ ओकःउचः के ।

६५ ण्यं आवश्यके ।
६६ यजयाचरुचप्रवचर्चश्च ।
६७ वचोऽशब्दसंज्ञायाम् ।
६८ प्रयोज्यनियोज्यौ शक्यार्थे ।
६९ भोज्यं भक्ष्ये ।
७० घोर्लोपो लेटि वा ।
७१ ओतः श्यनि ।
७२ क्सस्याचि ।
७३ लुग्वा दुहदिहलिहगुहामात्मनेपदे दन्त्ये ।
७४ शमामष्टानां दीर्घः श्यनि ।
७५ ष्ठिवुक्लमुचमां शिति ।
७६ क्रमः परस्मैपदेषु ।
७७ इषुगमियमां छः।
७८ पाघ्राध्मास्थाम्नादाणदृश्य-
र्त्तिसर्त्तिशदसदां पिबजिघ्रधमतिष्ठमन
यच्छपश्यच्छधौशीयसीदाः ।
७९ ज्ञाजनोर्जा ।
८० प्वादीनां ह्रस्वः ।
८१ मीनातेर्निगमे ।
८२ मिदेर्गुणः ।
८३ जुसि च ।
८४ सार्वधातुकार्धधातुकयोः ।
८५ जाग्रोऽविचिण्णल्ङित्सु ।
८६ पुगन्तलघूपधस्य च ।
८७ नाभ्यस्तस्याचि पिति सार्वधातुके ।
८८ भूसुवोस्तिङि ।
८९ उतो वृद्धिर्लुकि हलि ।
९० ऊर्णोतेर्विभाषा ।
९१ गुणोऽपृक्ते ।
९२ तृणह इम् ।
९३ ब्रुव ईट् ।
९४ यङो वा ।
९५ तुरुस्तुशम्यमः सार्वधातुके ।
९६ अस्तिसिचोऽपृक्ते ।
९७ बहुलं छन्दसि ।
९८ रुदश्च पञ्चभ्यः ।
९९ अड्गार्ग्यगालवयोः ।
१०० अदः सर्वेषाम् ।
१०१ अतो दीर्घो यञि ।
१०२ सुपि च ।
१०३ बहुवचने झल्येत् ।
१०४ ओसि च ।
१०५ आङि चापः ।
१०६ सम्बुद्धौ च ।
१०७ अम्बार्थनद्योर्ह्रस्वः ।
१०८ ह्रस्वस्य गुणः ।
१०९ जसि च ।
११० ऋतो ङिसर्वनामस्थानयोः ।
१११ घेर्ङिति ।
११२ आण् नद्याः ।
११३ याडापः ।
११४ सर्वनाम्नः स्याड्ढ्रस्वश्च ।
११५ विभाषा द्वितीयातृतीयाभ्याम् ।
११६ ङेराम्नद्याम्नीभ्यः ।
११७ इदुद्भ्याम् ।
११८ औत् ।
११९ अच्च घेः ।
१२० आङो नास्त्रियाम् ।

चतुर्थः पादः

१ णौ चङ्युपधाया ह्रस्वः ।
२ नाग्लोपिशास्वृदिताम् ।
३ भ्राजभासभाषदीपजीवमील-
पीडामन्यतरस्याम् ।
४ लोपः पिबतेरीच्चाभ्यासस्य ।
५ तिष्ठतेरित् ।
६ जिघ्रतेर्वा ।
७ उर्ऋत् ।
८ नित्यं छन्दसि ।
९ दयतेर्दिगि लिटि ।
१० ऋतश्च संयोगादेर्गुणः ।
११ ऋच्छत्यॄताम् ।
१२ शॄदॄप्रां ह्रस्वो वा ।
१३ केऽणः ।
१४ न कपि ।
१५ आपोऽन्यतरस्याम् ।
१६ ऋदृशोऽङि गुणः ।

१७ अस्यतेस्थुक् ।
१८ श्वयतेरः ।
१९ पतः पुम् ।
२० वच उम् ।
२१ शीङः सार्वधातुके गुणः ।
२२ अयङ् यि क्ङिति ।
२३ उपसर्गाद्ध्रस्व ऊहतेः ।
२४ एतेर्लिङि ।
२५ अकृत्सार्वधातुकयोर्दीर्घः ।
२६ च्वौ च ।
२७ रीङृतः ।
२८ रिङ् शयग्लिङ्क्षु ।
२९ गुणोऽर्त्तिसंयोगाद्योः ।
३० यङि च ।
३१ ई घ्राध्मोः ।
३२ अस्य च्वौ ।
३३ क्यचि च ।
३४ अशनायोदन्यधनाया बुभुक्षापिपासागर्द्धेषु ।
३५ न च्छन्दस्य पुत्रस्य ।
३६ दुरस्युर्द्रविणस्युर्वृषण्यतिरिषण्यति ।
३७ अश्वाघस्यात् ।
३८ देवसुम्नयोर्यजुषि काठके ।
३९ कव्यध्वरपृतनस्यर्चि लोपः ।
४० द्यतिस्यतिमास्थामित् ति किति ।
४१ शाच्छोरन्यतरस्याम् ।
४२ दधातेर्हिः ।
४३ जहातेश्च क्त्वि ।
४४ विभाषा छन्दसि ।
४५ सुधितवसुधितनेमधितधिष्वधिषीय च ।
४६ दो दद् घोः ।
४७ अच उपसर्गात्तः ।
४८ अपो भि ।
४९ सः स्यार्धधातुके ।
५० तासस्त्योर्लोपः ।
५१ रि च ।
५२ ह एति ।
५३ यीवर्णयोर्दीधीवेव्योः ।
५४ सनि मीमाघुरभलभशकपतपदामच इस् ।
५५ आप्ज्ञप्यृधामीत् ।
५६ दम्भ इच्च ।
५७ मुचोऽकर्मकस्य गुणो वा ।
५८ अत्र लोपोऽभ्यासस्य ।
५९ ह्रस्वः ।
६० हलादिः शेषः ।
६१ शर्पूर्वाः खयः ।
६२ कुहोश्चुः ।
६३ न कवतेर्यङि ।
६४ कृषेश्छन्दसि ।
६५ दाधर्तिदर्द्धर्तिदर्द्धर्षिबोभूतु-
तेतिक्तेऽलर्ष्यापनीफणत्
संसनिष्यदत्करिक्रत्कनिक्रदद्
भरिभ्रद्दविध्वतोदविद्युतत् तरित्रतः सरीसृ-
पतंवरीवृजन्मर्मृज्यागनीगन्तीति च ।
६६ उरत् ।
६७ द्युतिस्वाप्योः संप्रसारणम् ।
६८ व्यथो लिटि ।
६९ दीर्घ इणः किति ।
७० अत आदेः ।
७१ तस्मान्नुड् द्विहलः ।
७२ अश्नोतेश्च ।
७३ भवतेरः ।
७४ ससूवेति निगमे ।
७५ निजां त्रयाणां गुणः श्लौ ।
७६ भृञामित् ।
७७ अर्त्तिपिपर्त्योश्च ।
७८ बहुलं छन्दसि ।
७९ सन्यतः ।
८० ओः पुयण्ज्यपरे ।
८१ स्रवतिशृणोतिद्रवतिप्रवतिप्ल
वतिच्यवतीनां वा ।
८२ गुणो यङ्लुकोः ।
८३ दीर्घोऽकितः ।
८४ नीग्वञ्चुस्रंसुध्वंसुभ्रंसुकसपतपदस्कन्दाम् ।
८५ नुगतोऽनुनासिकान्तस्य ।
८६ जपजभदहदशभञ्जपशां च ।
८७ चरफलोश्च ।

अथाष्टमोऽध्यायः

प्रथमः पादः

१ सर्वस्य द्वे ।

२ तस्य परमाम्रेडितम् ।

३ अनुदात्तं च ।

४ नित्यवीप्सयोः ।

५ परेर्वर्जने ।

६ प्रसमुपोदः पादपूरणे ।

७ उपर्य्यध्यधसः सामीप्ये ।

८ वाक्यादेरामन्त्रितस्यासूयासम्मति-
कोपकुत्सनभर्त्सनेषु ।

९ एकं बहुव्रीहिवत् ।

१० आबाधे च ।

११ कर्मधारयवदुत्तरेषु ।

१२ प्रकारे गुणवचनस्य ।

१३ अकृच्छ्रे प्रियसुखयोरन्यतरस्याम् ।

१४ यथास्वे यथायथम् ।

१५ द्वन्द्वं रहस्यमर्य्यादावचन-
व्युत्क्रमणयज्ञपात्रप्रयोगाऽभिव्यक्तिषु ।

१६ पदस्य ।

१७ पदात् ।

१८ अनुदात्तं सर्वमपादादौ ।

१९ आमन्त्रितस्य च ।

२० युष्मदस्मदोः षष्ठीचतुर्थी-
द्वितीयास्थयोर्वान्नावौ ।

२१ बहुवचनस्य वस्नसौ ।

२२ तेमयावेकवचनस्य ।

२३ त्वामौ द्वितीयायाः ।

२४ न चवाहाहैवयुक्ते ।

२५ पश्यार्थैश्चानालोचने ।

२६ सपूर्वायाः प्रथमाया विभाषा ।

२७ तिङो गोत्रादीनि कुत्सनाभीक्ष्ण्ययोः ।

२८ तिङ्ङतिङः ।

२९ न लुट् ।

३० निपातैर्यद्यदिहन्तकुविन्न
च्चेच्चण्कच्चिद्यत्रयुक्तम् ।

३१ नह प्रत्यारम्भे ।

३२ सत्यं प्रश्ने ।

३३ अङ्गाऽप्रातिलोम्ये

३४ हि च ।

३५ छन्दस्यनेकमपि साकाङ्क्षम् ।

३६ यावद्यथाभ्याम् ।

३७ पूजायां नानन्तरम् ।

३८ उपसर्गव्यपेतं च ।

३९ तुपश्यपश्यताहैः पूजायाम् ।

४० अहो च ।

४१ शेषे विभाषा ।

४२ पुरा च परीप्सायाम् ।

४३ नन्वित्यनुज्ञैषणायाम् ।

४४ किं क्रियाप्रश्नेऽनुपसर्गमप्रतिषिद्धम् ।

४५ लोपे विभाषा ।

४६ एहिमन्ये प्रहासे लृट् ।

४७ जात्वपूर्वम्

४८ किंवृत्तं च चिदुत्तरम् ।

४९ आहो उताहो चानन्तरम् ।

५० शेषे विभाषा ।

५१ गत्यर्थलोटा लृण् न चेत्कारकं
सर्वान्यत् ।

५२ लोट् च ।

५३ विभाषितं सोपसर्गमनुत्तमम् ।

५४ आम एकान्तरमामन्त्रितमनन्तिके ।

५६ यद्धितुपरं छन्दसि ।

५७ चनचिदिवगोत्रादि तद्धिताऽम्रेडितेष्वगतेः ।

५८ चादिषु च ।

५९ चवायोगे प्रथमा ।

६० हेति क्षियायाम् ।

६१ अहेति विनियोगे च ।

६२ चाहलोप एवेत्यवधारणम् ।

६३ चादिलोपे विभाषा ।

६४ वैवावेति च च्छन्दसि ।

६५ एकान्याभ्यां समर्थाभ्याम् ।

६६ यद्वृत्तान्नित्यम् ।

६७ पूजनात्पूजितमनुदात्तम् ।

६८ सगतिरपि तिङ् ।

६९ कुत्सने च सुप्यगोत्रादौ ।

७० गतिर्गतौ ।

७१ तिङि चोदात्तवति ।

७२ आमन्त्रितं पूर्वमविद्यमानवत् ।

७३ नामन्त्रिते समानाधिकरणे ।

७४ सामान्यवचनं विभाषितं विशेषवचने ।

द्वितीयः पादः

१ पूर्वत्रासिद्धम् ।

२ नलोपः सुप्स्वरसंज्ञा तुग्विधिषु कृति ।

३ न मु नें ।

४ उदात्तस्वरितयोर्यणः स्वरितोऽनुदात्तस्य ।

५ एकादशे उदात्तेनोदात्तः ।

६ स्वरितो वानुदात्ते पदादौ ।

७ नलोपः प्रातिपदिकान्तस्य

८ न ङिसम्बुद्ध्योः ।

९ मादुपधायाश्च मतोर्वोऽयवादिभ्यः ।

१० झयः ।

११ संज्ञायाम् ।

१२ आसन्दीवदष्ठीवच्चक्रीवत्-
कक्षीवद्रुमण्वच्चर्मण्वती ।

१३ उदन्वानुदधौ च

१४ राजन्वा सौराज्ये ।

१५ छन्दसीरः ।

१६ अनो नुट् ।

१७ नाद्घस्य ।

१८ कृपो रो लः ।

१९ उपसर्गस्यायतौ ।

२० ग्रो यङि ।

२१ अचि विभाषा ।

२२ परेश्च घाङ्कयोः ।

२३ संयोगान्तस्य लोपः ।

२४ रात्सस्य ।

२५ धि च ।

२६ झलो झलि।

२७ ह्रस्वादङ्गात् ।

२८ ईट ईटि ।

२९ स्कोः संयोगाद्योरन्ते च ।

३० चोः कुः ।

३१ हो ढः ।

३२ दादेर्धातोर्घः ।

३३ वा द्रुहमुहष्णुहष्णिहाम् ।

३४ नहो धः ।

३५ आहस्थः ।

३६ व्रश्चभ्रस्जसृजमृजयजराजभ्राजच्छशां षः ।

३७ एकाचो बशो भष् झषन्तस्य स्ध्वोः ।

३८ दधस्तथोश्च ।

३९ झलां जशोऽन्ते ।

४० झषस्तथोर्धोऽधः ।

४१ षढोः कः सि ।

४२ रदाभ्यां निष्ठातो नः पूर्वस्य च दः ।

४३ संयोगादेरातो धातोर्यण्वतः ।

४४ ल्वादिभ्यः ।

४५ ओदितश्च ।

४६ क्षियो दीर्घात् ।

४७ श्योऽस्पर्शे ।

४८ अञ्चोऽपादाने ।

४९ दिवोऽविजिगीषायाम् ।

५० निर्वाणोऽवाते ।

५१ शुषः कः।

५२ पचो वः ।

५३ क्षायो मः ।

५४ प्रस्त्योऽन्यतरस्याम् ।

५५ अनुपसर्गात्फुल्लक्षीबकृशोल्लाघाः ।

५६ नुदविदोन्दत्राघ्राह्रीभ्योऽन्यतरस्याम् ।

५७ न ध्याख्यापृमूर्च्छिमदाम् ।

५८ वित्तो भोगप्रत्यययोः ।

५९ भित्तं शकलम् ।

६० ऋणमाधमर्ण्ये ।

६१ नसत्तनिषत्ताऽनुत्तातूर्तसूर्तगूर्तानि च्छन्दसि ।

६२ क्विन्प्रत्ययस्य कुः ।

६३ नशेर्वा ।

६४ मो नो धातोः ।

६५ म्वोश्च ।

६६ ससंजुषो रुः ।
६७ अवयाःश्वेतवाःपुरोडाश्च ।
६८ अहन् ।
६९ रोऽसुपि ।
७० अम्नरूधरवरित्युभयथा छन्दसि ।
७१ भुवश्च महाव्याहृतेः ।
७२ वसुस्रंस्रुध्वंस्वनडुहां दः ।
७३ तिप्यनस्तेः ।
७४ सिपि धातो रुर्वा ।
७५ दश्च ।
७६ र्वोरुपधाया दीर्घ इकः ।
७७ हलि च ।
७८ उपधायां च ।
७९ न भकुर्छुराम् ।
८० अदसोऽसेर्दादु दो मः ।
८१ एत ईद् बहुवचने ।
८२ वाक्यस्य टेः प्लुत उदात्तः ।
८३ प्रत्यभिवादेऽशूद्रे ।
८४ दूराद्धूते च ।
८५ हैहेप्रयोगे हैहयोः ।
८६ गुरोरनृतोऽनन्त्यस्याप्येकैकस्य प्राचाम् ।
८७ ओमभ्यादाने ।
८८ ये यज्ञकर्मणि ।
८९ प्रणवष्टेः ।
९० याज्यान्तः ।
९१ ब्रूहिप्रेष्यश्रौषड्वौषडावहानामादेः ।
९२ अग्नीत्प्रेषणे परस्य च ।
९३ विभाषा पृष्टप्रतिवचने हेः ।
९४ निगृह्यानुयोगे च ।
९५ आम्रेडितं भर्त्सने ।
९६ अङ्गयुक्तं तिङाकाङ्क्षम् ।
९७ विचार्यमाणानाम् ।
९८ पूर्वं तु भाषायाम् ।
९९ प्रतिश्रवणे च ।
१०० अनुदात्तं प्रश्नान्ताभिपूजितयोः ।
१०१ चिदिति चोपमार्थे प्रयुज्यमाने ।
१०२ उपरिस्विदासीदिति च ।
१०३ स्वरितमाम्रेडितेऽसूयासम्मति-
कोपकुत्सनेषु ।
१०४ क्षियाशीः प्रैषेषु तिङाकाङ्क्षम् ।
१०५ अनन्त्यस्यापि प्रश्नाख्यानयोः ।
१०६ प्लुतावैच इदुतौ ।
१०७ एचोऽप्रगृह्यस्यादूराद्धूते
पूर्वस्यार्द्धस्यादुत्तरस्येदुतौ ।
१०८ तयोर्य्वावचि संहितायाम् ।

इत्यष्टमाध्यायस्य द्वितीयः पादः ।।८।२।।

तृतीयः पादः

१ मतुवसो रु सम्बुद्धौ छन्दसि ।
२ अत्रानुनासिकः पूर्वस्य तु वा ।
३ आतोऽटि नित्यम् .
४ अनुनासिकात्परोऽनुस्वारः ।
५ समः सुटि ।
६ पुमः खय्यम्परे ।
७ नश्छव्यप्रशान् ।
८ उभयथर्क्षु ।
९ दीर्घादटि समानपादे ।
१० नॄन्पे ।
११ स्वतवान्पायौ ।
१२ कानाम्रेडिते ।
१३ ढो ढे लोपः ।
१४ रो रि ।
१५ खरवसानयोर्विसर्जनीयः ।
१६ रोः सुपि ।
१७ भोभगोअघोअपूर्वस्य योऽशि ।
१८ व्योर्लघुप्रयत्नतरः शाकटायनस्य ।
१९ लोपः शाकल्यस्य ।
२० ओतो गार्ग्यस्य ।
२१ उञि च पदे ।
२२ हलि सर्वेषाम् ।
२३ मोऽनुस्वारः ।
२४ नश्चापदान्तस्य झलि ।
२५ मो राजि समः क्वौ ।
२६ हे मपरे वा ।
२७ नपरे नः ।
२८ ङ्णोः कुक्टुक्शरि ।
२९ डः सि धुट् ।

३० नश्च ।
३१ शि तुक् ।
३२ ङमो ह्रस्वादचि ङमुण् नित्यम् ।
३३ मय उञो वो वा ।
३४ विसर्जनीयस्य सः ।
३५ शर्परे विसर्जनीयः ।
३६ वा शरि ।
३७ कुप्वोः ᳲकᳲपौ च ।
३८ सोऽपदादौ ।
३९ इणः षः ।
४० नमस्पुरसोर्गत्योः ।
४१ इदुदुपधस्य चाप्रत्ययस्य ।
४२ तिरसोऽन्यतरस्याम् ।
४३ द्विस्त्रिश्चतुरिति कृत्वोऽर्थे ।
४४ इसुसोः सामर्थ्ये ।
४५ नित्यं समासेऽनुत्तरपदस्थस्य ।
४६ अतः कुकृमिकंसकुम्भ-
पात्रकुशाकर्णीष्वनव्ययस्य ।
४७ अधः शिरसी पदे ।
४८ कस्कादिषु च ।
४९ छन्दसि वाऽप्राम्रेडितयोः ।
५० कःकरत्करतिकृधिकृतेष्वनदितेः ।
५१ पञ्चम्याः परावध्यर्थे ।
५२ पातौ च बहुलम् ।
५३ षष्ठ्याः पतिपुत्रपृष्ठपारपदपयस्पोषेषु ।
५४ इडाया वा ।
५५ अपदान्तस्य मूर्द्धन्यः ।
५६ सहेः साडः सः ।
५७ इण्कोः ।
८ नुम्विसर्जनीयशर्व्यवायेऽपि ।
९ आदेशप्रत्यययोः ।
० शासिवसिघसीनां च ।
१ स्तौतिण्योरेव षण्यभ्यासात् ।
२ सः स्विदिस्वदिसहीनां च ।
प्राक्सितादड्व्यवायेऽपि ।
स्थादिष्वभ्यासेन चाभ्यासस्य ।
उपसर्गात्सुनोतिसुवति-
स्यतिस्तौतिस्तोभतिस्थासेन-
यसेधसिचसञ्जस्वञ्जाम् ।
६६ सदिरप्रतेः ।
६६ स्तन्भेः ।
६८ अवाच्चाऽलम्बनाऽविदूर्ययोः ।
६९ वेश्च स्वनो भोजने ।
७० परिनिविभ्यः सेवसितसयसिवु-
सहसुटस्तुस्वञ्जाम् ।
७१ सिवादीनां वाड्व्यवायेऽपि ।
७२ अनुविपर्यभिनिभ्यः स्यन्दतेरप्राणिषु ।
७३ वेः स्कन्देरनिष्ठायाम् ।
७४ परेश्च ।
७५ परिस्कन्दः प्राच्यरतेषु ।
७६ स्फुरतिस्फुलत्योर्निर्निविभ्यः ।
७७ वेः स्कभ्नातेर्नित्यम् ।
७८ इणः षीध्वंलुङ्लिटां धोऽङ्गात् ।
७९ विभाषेटः ।
८० समासेऽङ्गुले सङ्गः ।
८१ भीरोः स्थानम् ।
८२ अग्नेः स्तुस्तोमसोमाः ।
८३ ज्योतिरायुषः स्तोमः ।
८४ मातृपितृभ्यां स्वसा ।
८५ मातु-पितुर्भ्यामन्यतरस्याम् ।
८६ अभिनिसः स्तनः शब्दसञ्ज्ञायाम् ।
८७ उपसर्गप्रादुर्भ्यामस्तिर्यच्परः ।
८८ सुविनिर्दुर्भ्यः सुपिसूतिसमाः ।
८९ निनदीभ्यां स्नातेः कौशले ।
९० सूत्रं प्रतिष्णाम् ।
९१ कपिष्ठलो गोत्रे ।
९२ प्रष्ठोऽग्रगामिनि ।
९३ वृक्षासनयोर्विष्टरः ।
९४ छन्दोनाम्नि च ।
९५ गवियुधिभ्यां स्थिरः ।
९६ विकुशमिपरिभ्यः स्थलम् ।
९७ अम्बाऽम्बगोभूमि,सव्यापद्वित्रि-
कुशकुशङ्क्वङ्गुमञ्जि पुञ्जिपरमेबर्हिर्दिव्य-
ग्निभ्यः स्थः
९८ सुषामादिषु च ।
९९ एति सञ्ज्ञायामगात् ।

१०० नक्षत्राद्वा ।
१०१ ह्रस्वात्तादौ तद्धिते ।
१०२ निसस्तपतावनासेवने ।
१०३ युष्मत्तत्ततक्षुःष्वन्तः पादम् ।
१०४ यजुष्येकेषाम् ।
१०५ स्तुतस्तोमयोश्छन्दसि ।
१०६ पूर्वपदात् ।
१०७ सुञः ।
१०८ सनोतेरनः ।
१०९ सहेः पृतनर्त्ताभ्यां च ।
११० न रपरसृपिसृजिस्पृशिस्पृहिसवनादीनाम् ।
१११ सात्पदाद्योः ।
११२ सिचो यङि ।
११३ सेधतेर्गतौ ।
११४ प्रतिस्तब्धनिस्तब्धौ च ।
११५ सोढः ।
११६ स्तम्भुसिवुसहां चङि ।
११७ सुनोतेः स्यसनोः ।
११८ सदेः परस्य लिटि ।
११९ निव्यभिभ्योऽड्व्यवाये वा छन्दसि ।

इत्यष्टमाध्यायस्य तृतीयः पादः ।।८।३।।

चतुर्थः पादः ।

१ रषाभ्यां नो णः समानपदे ।
२ अटकुप्वाङ्नुम्व्यवायेऽपि ।
३ पूर्वपदात् सञ्ज्ञायामगः ।
४ वनं पुरगामिश्रकासिध्रका-
सारिकाकोटराग्रेभ्यः ।
५ प्रनिरन्तःशरेक्षुप्लक्षाम्रकार्ष्यख-
दिरपीयूक्षाभ्योऽसञ्ज्ञायामपि ।
१६ आनि लोट् ।
१७ नेर्गदनदपतपदघुमास्यतिहन्ति-
यातिवातिद्रातिप्साति-
वपतिवहतिशाम्यतिचिनोतिदेग्धिषु च ।
१८ शेषे विभाषाकखादावषान्त उपदेशे ।
१९ अनितेरन्तः ।
उभौ साभ्यासस्य ।
हन्तेरत्पूर्वस्य ।
वमोर्वा ।

२३ अन्तरदेशे ।
२४ अयनं च ।
२५ छन्दस्यृदवग्रहात् ।
२६ नश्च धातुस्थोरुषुभ्यः ।
२७ उपसर्गादनोत्परः ।
२८ कृत्यचः ।
२९ णेर्विभाषा ।
३० हलश्चेजुपधात् ।
३१ इजादेः सनुमः ।
३२ वा निंसनिक्षनिन्दाम् ।
३३ न भाभूपूकमिगमिप्यायीवेपाम् ।
३४ षात्पदान्तात् ।
३५ नशेः षान्तस्य ।
३६ पदान्तस्य ।
३७ पदव्यवायेऽपि ।
३८ क्षुभ्नादिषु च ।
३९ स्तोः श्चुना श्चुः ।
४० ष्टुना ष्टुः ।
४१ न पदान्ताट्टोरनाम् ।
४२ तोः षि ।
४३ शात् ।
४४ यरोऽनुनासिकेऽनुनासिको वा ।
४५ अचोरहाभ्यां द्वे ।
४६ अनचि च ।
४७ नादिन्याक्रोशे पुत्रस्य ।
४८ शरोऽचि ।
४९ त्रिप्रभृतिषु शाकटायनस्य ।
५० सर्वत्र शाकल्यस्य ।
५१ दीर्घादाचार्य्याणाम् ।
५२ झलां जश् झशि ।
५३ अभ्यासे चर्च ।
५४ खरि च ।
५५ वाऽवसाने ।
५६ अणोऽप्रगृह्यस्यानुनासिकः ।
५७ अनुस्वारस्य ययि परसवर्णः ।
५८ वा पदान्तस्य ।
५९ तोर्लि ।
६० उदः स्थास्तम्भोः पूर्वस्य ।

६१ झयो होऽन्यतरस्याम् ।
६२ शश्छोऽटि ।
६३ हलो यमां यमि लोपः ।
६४ झरो झरि सवर्णे ।
६५ उदात्तादनुदात्तस्य स्वरितः ।
६६ नोदात्तस्वरितोदयमगार्ग्य-
काश्यपगालवानाम् ।

६७ अ अ ।
इत्यष्टमाध्यायस्य चतुर्थः पादः ॥८।४॥
इत्यष्टमोऽध्यायः समाप्तः ॥८॥
पूर्वसूत्रयोगः ३००८
अष्टमाध्याये ३६८
सर्वसूत्राणि ३९७६
समाप्तिमिदं पाणिनीयाष्टकम् ॥

INDEX

A

Ā

C

D

L

M

R

Author

Dr. Yajan Veer Dahiya (Formerely Professor & Head Department of Dayanand Studies Chair and Director, Institute of Sanskrit & Indological Studies Kurukshetra University, Kurukshetra) an eminent sanskrit scholar and Indologist. At present he is a Professor and Head, Department of Sanskrit, Pali & Prakrit and Dean, Faculty of Humanities, M.D. University, Rohtak.

Dr. Dahiya belongs to Dahiya Gotra which came from Maharshi Dadhīci. In linguistic process *dh* changes into *h* and final semi vowel *i* changes into *y* i.e. (Dadhīci-Dādhīca-Dahiyā). Therefore, in due course of time it became Dahiya. This Gotra belongs to Saraswati (Goddess of learning). Once she happens to be wife of Dadhīca due to curse of Durvāsā, although she was a daughter of Brahmā.

In medival India for the protection of the country the Dahiyas faught against the invaders and therefore, they are popularly known as *Dahiya-Badshehas* now-a-days. Since then they became Khatriyas.

Dr. Dahiya was born in 1949 in the Jat family of warriers and wrestlers of National fame (of village Rohna, District Sonepat, Haryana) for which Pāṇini has recorded a *dhātu* (root) in the Dhātupāṭha 4th century B.C. or earlier e.g. *Jat Saṁghate* (war, battle, killing etc. MWD). Again Pāṇini recorded a word *Yaudheya* in his *Aṣṭādhyāyī* in a number of times and in the contemporary Sanskrit Literature we find a term *Āyudhajīvindḥ* (those who depend on war) for the same.

In his childhood Dr. Dahiya joined the Gurukul Jhajjar (Pāṇinian School of Grammar) studies there for a number of years and did Shastri and Vyākaraṇācārya. After that he studied at Kurukshetra University doing B.A. (Hons. in English). Dr. Dahiya did his M.A. in 1973, Ph.D in 1977 from Panjab University, Chandigarh and D. Litt from Garhwal University, Srinagar in 1989. He served as a lecturer at Panjab University, Chandigarh for two years. By this time, Department of Sanskrit was started at Maharshi Dayanand University, Rohtak, he joined the Department as its founder in 1978 and since then he was on the staff of Maharshi Dayanand University, Rohtak. In 1990 he joined the Kurukshetra University, Kurukshetra as Professor & Head Department of Dayanand Studies Chair & Director Institute of Sanskrit & Indological Studies. Again, he joined the Department of Sanskrit, M.D. University, Rohtak as Professor.

Apart from the book in hand "The language of the Atharva-Veda" And Sanskrit Vyakaran Ki Ruperekha" more than fifty research papers are already published in leading Journals. He is keen participant at All India Oriental and Linguistic Conferences. He is fully conversant in Ancient and modern technique of learning.

He was editor of : PRĀCHĪ-JYOTI: Digest of Indological Studies, Kurukshetra University, Kurukshetra. He is double Honours i.e. Sanskrit & English. It is an unique qualification.

He organised a National Seminar on Indology in December, 1990, while he was a Professor & Director of the Institute of Sanskrit & Indological Studies Kurukshetra University, Kurukshetra.

SOME CONCURRENCE

The work 'The language of the Atharva-Veda' done by Yajan Veer Dahiya is highly applauded by the national and international scholars. Their views are as under:-

THE HINDU : 19.7.79

LANGUAGE OF THE ATHARVA-VEDA : By Yajan Veer, Inter-India Publications, 105, Anand Nagar, Delhi - 1100035

Rs.75.

Studies in the Atharva-Veda are not many as those in the Ṛg-Veda. Especially an in-depth study in the language of this text has so far remained a desideratum. It is made for the first time that a work like the present one is available. Dr Yajan Veer deals with the Phonology, Sandhi, declension, conjugation, compounds syntax and accent in a scholarly manner. His grounding in the Paninian grammar, the Pratisakhyas as well as familiarity with methods of modern Philological research have stood him in good stead. His comparisons of usages the in Ṛg-Veda and the Atharva-Veda are highly interesting. One looks forward by future studies by the author in the field of Vedic Studies.

M.P.P

ASSAM TRIBUNE 29.7.79

The Present work which appears to be doctoral dissertation, is a welcome addition to the modern works on the various aspects of the Vedic language. The author has undertaken a detailed study of the language of the Atharva-Veda with all the important aspects including Phonology, euphonic combination, declension, compounds, conjugations, suffixes, syntax and accent. The treatment is scholarly and the work is profusely documented. There is an impressive bibliography. On the whole, the book will be useful to those interested in Vedic studies.

DECCAN HERALD 22.7.79. says it as an *'Independent system'* :-

........The text of this corups was published as early as 1856 by Roth and Whitney; and since then, several aspects of the text have been studied. This is the first time, however, the attention has been focussed on its language.....The major difficulty in such a study is one of equipment : the student must have mastery over the Prātiśākhyas and the Pāṇinian grammar, and must be thoroughly conversant with vedic commentaries and glosses as well as modern linguistic analysis. This is a rare equipment. It is gratifying, therefore, to find that here is a student so equipped ....The work has been accomplished with great care, and this grammatical study will be found by Vedic students useful and rewarding.

THE SUNDAY STANDARD : Nov. 25, 1979.

.... Very few scholars have subjected it to critical research. DR. Y. Veer's thesis analyses the languages of this Veda in all its grammatical aspects such as Phonology, Sandhi, declension, conjugations, compounds, suffixes, syntax and accent. He has illustrated all the rules he has quoted with suitable examples, properly accented and furnished with references......The book is a welcome and